U0109894

金門行業文化史

羅志平 著

來金門，如何能不與歷史相逢？如何能不追憶古聖先賢？一堵殘牆、一把鋼刀、幾座碉堡、幾條坑道，古厝風華也好，戰地鐘聲也罷，放眼望去，無處不是歷史。

自 序

　　這本書從構想到完稿，前後歷經四年，其間曾一度擱置，打算放棄，坦白說，直到現在我仍然不明白為何要寫這本書。長時間在電腦桌前，早已視茫茫的眼睛，又多了老花與閃光，有時候甚至因為用眼過度完全看不清畫面，心裡難免會想，這樣的下場究竟是為了什麼？年少之時讀《紅樓夢》，對曹雪芹的「滿紙荒唐言，一把辛酸淚」，雖然有些感觸，但體會不出他的心境。如今，在接近知天命之年，終於嚐到那種掩卷嘆息的悲涼感覺。我將一本學術論著寫得像散文集，而且篇幅大到出版社都沒有意願，除了需要勇氣外，也需要像曹雪芹那樣的傻勁和執著。「文章千古事，得失寸心知」，多年的投稿審稿經驗，我已可平常心看待各種批評，心中比較過意不去的是未能向提供資料的單位與朋友一一致謝。從寫作到出版，過程中確實遭遇不少困難，主要還是資料的取得與查證，至於未獲相關單位的實質資助，固然遺憾，但未必是壞事，我因此反而可以更客觀公正地論述，更真誠的面對問題。

　　本書的內容是我這一代金門人共同的記憶，因此，從某方面看，它是歷史也是傳記。人到中年，容易被溫情主義感染，閑暇時特別愛回憶過去，女兒說這是一種老化的現象。透過對家鄉人事物的敘事，我得以寄託少小離家的思鄉之情，其中有回憶，有期許，有憤慨，有時不我予的無奈，總而言之，這是我「不務正業」的結果，卻也是我真正想要的成果。學術太硬，文學太多情，我用學術研究的框架包裹一份對文學的熱愛，透過書籍出版，得以展現多年浸淫歷史的情懷。寫完升等論文後，我有較多的時間思考，重新學習一些事物，有機會去實現年少時的一些夢想。寫這樣一本書或許不在人生的計劃中，但並不突兀，是可以預測的結果。

　　然而，書可以順利出版還是要感謝很多人，尤其是家人的陪伴，雖然經常被小孩吐槽，仍堅持要讓他們明白，身為金門子弟，是宿命也是榮耀。在義守通識教育中心這些年，同事的鼓勵，學校器材的支援，讓我在教學之餘有更充裕的時間從事研究。由衷感謝松柏、信立、延宗幾位朋友幫忙蒐集、查證資料，秀威出版社林泰宏先生的用心編輯，使這本書得以完美

i

呈現。書成之時正逢孫師同勛八十大壽，我自進博士班求學、大婚、教書，一路走來都受恩師教誨，恩師的學問與風骨常在我心。我寫此書不為升等，不為版稅，純粹是個人對過往生活的記憶，其間自然也包括與恩師的相識相處。二十年師生情誼是難得的機緣，謹將此書獻與恩師，為恩師暖壽，敬祝恩師萬壽無疆。

羅志平序於台北中和寓所，2010 年 8 月。

目　次

第一章　導論

第一節　「金門學」研究

　　金門，許多人對它是既熟悉又陌生。它是「金酒的故鄉」、「詩人的國度」、「美麗的島嶼」，我們可以在各種報導文學或旅遊簡介中讀到眾多這類詞語，似乎每個人都能講述一段他們與金門邂逅的故事。有人去過金門旅遊，有人在金門當過兵，有人娶了金門姑娘，有人嫁作金門媳婦，有人因為小三通路過金門，可以說，金門已是許多中外人士部份的生活記憶。對這段記憶有人給予正面的評價，有人偶而發出負面的怨言。面對紛雜難辨真假的耳語，金門子弟常有「欲辯無言」的感觸。金門自 1915 年建縣以來，歷經國民政府統治、日本短暫佔領、軍管，到 1992 年戰地政務解除，數十年來，因為「戰地」的關係，各種資訊都被封鎖，「士農工商」幾乎都處於未「開發」的狀態。民選政府成立後，為金門帶來新的希望，兩岸三通尤其激勵了一股再造金門的期許，「文化立縣，觀光金門」成了主政者大力推銷的發展方向。為了建設這座「海上花園」，金門政經各界紛紛動起來，思索各種可能的方案來吸引觀光人潮，發展金門經濟。近年來，金門縣政府文化局與民間的一些文史工作者更成立了「金門學」研究會，出版金門學叢刊，甚至遠赴南洋訪問金門華僑，從事口述歷史工作。在文化局的帶動下，興起一股對金門古蹟、建築、文物、語言、風土民情的調查與研究風潮，十幾年下來累積的成果，確實相當可觀。[1]

　　金門向來被譽為「海濱鄒魯」，先賢中不乏著名的作品留傳，尤其是志書的編纂，對金門的文史書寫影響甚大，例如明洪受的《滄海紀遺》，雖然成書於明穆宗隆慶二年（1568），流傳至今已有數百年，但是只要談到金門的早期歷史，必然要介紹它。這本書循傳統志書的體例，記述金門的山川、建置、人才、風俗、賓祀、本業、物產、災變、詞翰與雜記等「十

---

[1] 參閱李錫隆總編輯，《金門縣世界遺產潛力點研究書目》，金門：金門縣立文化中心，2003 年。

紀」，是金門有方志之始。《滄海紀遺》之後，清道光十六年（1836）林焜熿依《廈門志》體例編修《金門志》十六卷，自此金門開始有自己專屬的方志，其史實紀錄也比較完整有系統。林焜熿是金門後浦人，少有文名，另著有《竹畦詩文鈔》、《浯洲見聞錄》等書。金門獨立建縣之後，知事左樹燮延請前清進士劉敬與金門鄉賢共同編纂《金門縣志》，以林焜熿《金門志》為版本，增補 1921 年以後之歷史資料。自古以來，統治者都喜歡修史，即便是「烽火連天」的年代，[2]軍政當局對修史也十分重視，在 1958 年完成《新金門志》的編輯，這是戰地政務主導下的金門官方史書。1967 年金門文獻委員會重修《金門縣志》，1977 年再度重編，1987 年終於完成三大卷的《續修金門縣志》。解嚴後，金門文史研究風起雲湧，民選縣長也想為自己的政績留下記錄，於是趕在卸任前出版 12 巨冊的《96 年續修金門縣志》。[3]除了縣志之外，鄉鎮志也不遑多讓，解嚴後，金門的政治人物和文史工作者頗熱衷於修史與歷史書寫，這股風氣，造就了「金門學」的興起和發展。

與台灣其他縣市相較，金門縣志的纂修是比較頻繁的，這些努力一方面反映了金門人對於保存歷史記憶的重視，另一方面也顯示金門地方文史工作者作了不少的調查與研究，累積了相當多的資料。從《金門學叢刊》目前為止所收錄的 30 部作品來看，幾乎涵蓋了各個領域，不獨史蹟、民俗與文物，也有自然科學，而未收錄的文史著作更是數倍於此。金門的文字工作者本著對鄉土的熱愛，不停的從事鄉野調查與書寫，長年下來，已為金門累積了豐富的文獻資料。然而，從學院的角度來看，要將這些文史資料匯編視為研究，視為一種「學」（-ology），顯然不符合學術慣例。地方文史研究，偏向於史蹟、民俗、文物的調查與記錄，屬於靜態的現象描述，缺乏脈絡化的歷史分析，因此，儘管這類撰述對保存文史資料有其貢獻，卻不是具史學意義的歷史重建，一般讀者很難從其中建構出一套有系統的歷史認知。[4]

2　郭哲銘編著，《浯鄉小事典》（金門縣：金門縣文化局，2006 年），頁 130。

3　1999 年金門縣政府策劃重修金門縣志，並於 2000 年春開始，由台大教授楊肅獻總編纂，定名為《續修金門縣志》。此次縣志編修活動僅有文稿，沒有出版。2007年 3 月，金門再度籌劃修志，由史學博士李仕德總編纂，計十六志，2009 年 12 月出版，共 12 大冊，另出光碟版。

4　參閱楊肅獻，〈金門史的研究與寫作：評《金門史稿》〉，《台大歷史學報》34（2004.12），頁 425-434。

在中國學術發展史上曾經有過「古文經學」與「今文經學」之爭，也曾經有過研究《易經》和事物變易的學問，稱為「易學」。在英文造字中，「易學」翻譯成 Yi-ology，ology 代表一種「科學」（science），或者「學問」（learning），例如「博物館學」（museum-ology）、「網路學」（Network-ology）、「簡約」（simple-ology）等。許慎在《說文解字》中把「學」釋為「覺悟」，段玉裁給出進一步的解釋，認為「學所以自覺，下之效也；教人所以覺人，上之施也，故古統謂之學也。」這裡的「學」是動詞，而我們要談的則是作為名詞的「學」字，我們必須先理解「學」的意義，才能進一步解釋或去「發展」所謂的「金門學」（Kinmen-ology）。據《解嚴後金門地方學之發展》一書的記述，[5]「金門學」概念的引進始於 1990 年，構想來自「海南學」的啟發。[6]海南是中國第二大島，它在社會、歷史、人文方面，有著明顯的特殊性。作為一個深具開發意義的獨立實體，為世界多種學科的學者所矚目。在 1983 年前，台灣的公共圖書館、文教機構及私人庋藏中，專論海南的中、日文專著，計有 350 多種，單篇論文 2,000 多篇，有德、法、英、美及日本等國的學者，遠到海南島從事研究。「海南學」已是世界知名的區域研究，因此若金門也能仿效，由此形成一套金門特有的文化觀和歷史觀來和世界對話，對金門未來的發展絕對有正面的意義。

近代日本透過「蘭學」（Dutch learning）而走向西方，走出鎖國政策，藉著蘭學，日本得以學習當時歐洲在科學革命所達致的成果，奠下日本早期的科學根基。金門若能藉由「金門學」走出戒嚴，走出閉鎖的 50 年，走向世界，自然是金門人的福祉，因此它不能僅是「金門地方學」的簡稱。2006 年 5 月，在金門縣文化局的輔導下，「金門學研究會」召開成立大會，接著舉辦「第一屆金門學學術研討會」，出版研討會論文集。賡續 2006 年的議題，2007 年時續辦「閩南文化學術研討會」，2008 年時更將研討會地點移至國立中興大學，以此宣示金門走出去的決心。然而，回顧「金門學研究會」成立的宗旨，不免為「金門學」未來的發展擔憂。

5　張火木，《解嚴後金門地方學之發展》（金門：金門縣文史工作協會，2001 年），頁 1。
6　郭哲銘，〈金門學芻議〉（《金門文藝》第 9 期（2005.11），頁 16-26。）一文將「金門學」研究追溯至《滄海紀遺》，這種說法與作者的認知不同，只有一個人書寫的東西，不能稱之為「學」，「學」必須是一種「流派」或「風氣」，如楊肅獻所說，解嚴前金門的地方文史書寫不能視為「金門學」。

　　金門學研究會成立的宗旨，在藉由民間力量建構本縣地方研究主體、豐富地方文化資產、強化島嶼的人文風味。其成員都是定居金門的熱情人士，包括任職於地區中小學的教師，或是專業文史從業人員。[7]也就是說，現階段的金門學研究會仍是地方性的民間社團組織，若無政府（文化局）的資助，很難舉辦大型的活動。解嚴後，金門的文史工作者極力想擺脫統治者對思想的拑制，藉由創作以抒發被壓抑的心靈，然而，當「黑名單」解除後，金門的敘事與書寫也不見那種批判與抗議精神。除了「精緻璞玉，璀璨明珠」之外，是否還有別的詞彙可以用來形容金門學研究？文化局自許為金門地區文化工廠，成立的時間雖晚，但急起直追的結果，成果驚人，除了創辦《金門文藝雜誌》、《金門季刊》外，還發行《金門文學叢刊》、《僑鄉文學叢刊》，出版大量的《金門文化叢書》，建構「數位典藏系統」，補助私人文化著作出版，累積的文史叢書超過 150 本，可以說，幾乎所有涉及金門的研究或書寫，都和文化局產生某種關係。沒有文化局，沒有「金門學」，這也正是令人擔憂的事，這座工廠明顯已生產過剩了。「量」遠遠超過了「質」，如果還有下一階段，品質控管應更嚴厲，放到籃子內的是真的璞玉與明珠，而不是一堆濫竽。

　　2000 年前後，中山大學、銘傳大學相繼在金門開設在職進修的碩士學分班，提供地區人士不必離開工作崗位即可進修的機會，對地方研究風氣的提升助益甚大。許多在公務體系服務的公務人員，利用其接觸文獻史料的便利性，以及本身對相關業務的熟識度，完成一篇篇與金門相關的研究論文。在銘傳大學的「碩博士系統」中，與金門相關的論文多達 44 篇，閩台地區以金門為題的碩博士論文書寫已超過 300 份，[8]這些研究生中，真正金門籍的不多，之所以對金門產生興趣，主要是該所或指導教授與金門的關係。這股研究金門的熱潮始於 1990 年代初，最積極的是一批建築史專家，他們運用現代的研究方法，套用西方的建築學理論，探討金門的閩南建築和聚落空間等課題；另外一些社會科學家則從地理學、人類學與社會學角度，研究金門的地景空間變化、經濟變遷與開放觀光對社會的衝擊

---

[7]　蔡鳳雛，〈地球的精彩故事由金門開始──金門學研究會的文化宿願〉，《金門文藝》25（2008.7），頁 20-22。

[8]　沈靜，〈以書寫展現文化金門魅力──淺談博碩士論文補助出版〉，《金門文藝》31（2009.7），頁 25。

等議題。[9] 除了個別論文外，甚至整個系所的師資都加入研究的行列，例如「淡江大學建築研究所」、「台灣大學建築與城鄉研究所」，接受金門縣政府的大型委託案，結合了政府與學院的力量，將「金門學」研究帶向另一個層次。

　　「金門技術學院」成立「閩南文化研究所」後，從各個領域延攬了一批年青學者，因緣聚會也加入金門學的研究。「閩南所」的發展重點有三：宗族文化及其聚落研究、僑鄉研究、戰地研究，雖未能涵括所有的金門學，但是「閩南所」有意以學術背景為後盾，整合某些文史社團，將產官學融為一體，積極開拓金門相關文史題材書寫，對金門學的研究幫助甚大。下一階段的金門學研究勢必走向國際化，引介國際學者加入金門學的研究，目前只有閩南所有這樣的能力。金門技術學院升格後，閩南所將有更多的資源可以主導金門學的研究，「金門學」要成為全國乃至全世界認同的學術，路還很長，除了繼續研究，也需要大師的帶領，更重要的是結合其他科學，不能自囿於文史、文化、文獻等概念。自從「金門國家公園」立後，金門正以它珍貴的自然生態逐漸獲得國內外的重視，「生態保育」是國際公認的重要議題，人與自然共生的關係愈來愈密切，歷史不能離開環境，同樣的，離開土地，金門學只是無根的切花。就此而言，金門國家公園的存在擴大了金門學研究的縱深，金管處歷年所委託的各項研究，包括人文、戰役、古蹟修復、經營管理、動植物、地質地形等，累積的報告成果和影音出版品不下百種。這些資料可以提供金門學研究，事實上，受託研究的學者專家多數也是金門學的研究專家，不論是基於保存歷史或資助研究，金管處的貢獻不能抹煞。

第二節　撰述旨趣與方法

壹、撰述旨趣

　　世界各個偉大城市，都有屬於自己城市文化的研究與討論，累積這些研究與論述，就成為這個都市特有的「城市學」。美國紐約、日本東京、

9　例如江柏煒、米復國、吳培輝、林明毅、徐志仁、林文炳、李錫祥、湯文昊、徐雨村、金以蕾、黃世明、洪曉聰等。

法國巴黎等城市，其城市學的討論都非常豐富與多元。長久以來，台灣一直缺乏城市學的論述，在台灣史的研究中我們或許可以見到諸如「台北學」、「鹿港學」、「澎湖學」、「宜蘭學」這類名稱，但大抵上都是一種地方性的文史研究，是個別性的區域研究，不是經過統合的學術研究，主其事者多為地方政府的建設局或文化局，某種程度上說，它是一種城市行銷學，招徠觀光的目的大於學術的價值。因此也就不會有人真正在意何謂「台北學」，更不會有人想藉由「台北學」去凝聚「台北人」意識。因為台北只是個社區，台北人不是一個民族，沒有原生的台北人，白先勇小說《台北人》中的主角多是「外省人」。但金門人不同，金門是個「擬民族」，也許我們不能從種族上去定義金門人，但也不會有人只因住過金門就說自己是金門人，這正是金門作為一個族群最弔詭的地方。安德生（Benedict Anderson）說民族是一種「想像的共同體」，這樣的想像並不是虛無、捏造的，而是一種認知的過程，是一種社會學心理學上的「社會事實」。[10]換句話說，民族其實是可以建構的。[11]因此，「金門學」不同於一般的區域研究，金門學最終的目的在建構一種文化上的金門民族主義，通過文字書寫，把想像變成事實，再透過歷史敘事召喚金門人的集體意識，然後在整個過程中埋入一種隱藏的分離主義種子，靜待未來政治局勢的變化。

　　作者早年研究外資企業與外交關係，[12]深知企業發展最終必須面對民族主義的問題，民族主義並沒有因為全球化而消褪，反而深入現今的國際社會中。外資企業的形象和國家民族經常被連結在一起，商業可以無國界，但商人不能沒有祖國。我們甚至可以這樣說，品牌的背面就是民族主義，「made in Taiwan」重點在於「台灣」，不在「製作」。金門高粱酒之所以名聞遐邇，是因為金門給人的意象，與高粱酒本身的品質關係不大，也就是說，金門高粱酒販賣的是經過包裝後的金門歷史與人文，是金門的文化成就了金門高粱酒的知名度，剝離了「金門」這個 logo，金門高粱酒就只是一種酒。金門，或許難以定義為一個「民族」，但是，毫無疑

10　參閱 Benedict Anderson 原著，吳叡人譯，《想像的共同體：民族主義的起源與散布》（台北：時報，2010 年新版），頁 6-15。
11　參閱拙著，《民族主義：理論、類型與學者》，台北：旺文社，2005 年。
12　參閱拙著，《清末民初美國在華的企業投資》，台北：國史館，1996 年。

問的，它是一個顯明的「族群」，金門這個「共同體」自有其特色，行銷金門產品和行銷金門是同一件事，尤其在觀光旅遊產業的發展上更是如此。「觀光立縣，文化金門」，明白說，就是一種「民族主義」的宣傳，一種經濟民族主義的理論。發展金門經濟，一方面要放眼未來，另一方面要回顧過去，所謂的「回顧過去」就是「金門學」的研究，以文化的根基作為產業發展的養分。

　　論者向來認為金門缺少發展工商企業的自然與人文環境，沒有可堪論述的產業（除了金酒公司），因此認為金門的產業沒有研究價值。個人對此抱持不同看法，對歷史有研究的人可以輕易在歷史中找到例證，部份的天時地利是可以創造的：香港割讓之前，只是一個名不經傳的捕魚產鹽之地，隨著時代變遷，香港逐漸由貿易港口轉型成製造業城市，再轉型為今日的國際金融業中心；新加坡剛獨立時，連水都沒得喝，國際社會對這個蕞爾小國完全不抱希望，如今它是繁榮的東南亞金融中心和忙碌的世界港口；杜拜原本只是阿拉伯聯合大公國七個邦聯裡的一個小城，在 1981 年由薩伊德任國王後，運用出售石油賺來的錢，發展觀光，大興土木，短短 25 年間，由一個沙漠小城，發展成為中東的商業中心、觀光城、購物城，締造 21 世紀的傳奇。金門解嚴之後，兩岸三通，地理位置愈來愈重要，是否也能創造自己的傳奇，一方面要靠主政者的智慧，另一方面也要看金門人是否有這種雄心。十幾年來，金門的政經發展仍未見雄圖大略，卻已走到發展經濟與保存歷史的矛盾，有人高唱「走出去」，但不知該「向左走、向右走」，有人不想走，或許「往回走」也是一種選擇，有很多金門人希望金門是個與世無爭的「香格里拉」（Shangri-La）。該何去何從，作者也沒有答案，本書能提供的只是一個思考的方向。

　　作者從小生長在金門，負笈來台之後，經常得回鄉省親。親人朋友同學中，幾乎都經營工商企業，有些是家傳事業，有些是從台灣本島引進的新興行業，不論從事何種行業，無不希望生意興隆，財源廣進。可惜，自從國軍精簡後，生意一落千丈，商家們急欲了解金門的產業該何去何從，他們的事業該何去何從。開放觀光帶來新的希望，然而，傳統的事業似乎趕不上新社會的變遷，在收歇與轉型之間徘徊，我們這些所謂的學者專家自然就成了諮詢的對象。在「金門學」研究的感召之下，於是也構想了一個研究計劃：「戰地政務解除與兩岸三通對金門產業發展的影響」。經過

訪談與資料收集後，逐漸發現，在「金門學」的研究中不乏產業與經濟發展的論述，金門縣政府委外調查的縣政規劃案早已堆積如山，再多的研究報告也左右不了金門的發展。史學工作者的主要職責是記錄歷史，不是去擬訂政策，與其書空咄咄，議論時政，不如仿效古人作史，把這個時代的故事記錄下來，於是思索寫一部庶民文化史。當金門有十萬大軍駐守時，幾乎家家戶戶都在做生意，因此一部庶民生活史也正是一部行業發展史，因此取名為《金門行業文化史》，是一部從庶民生活角度觀察行業發展的記事。

貳、研究方法

我利用企業史研究的方法，追溯金門各行各業創業、經營與擴展或歇業的歷程。其中有整體的分析，有個案說明；有文獻的徵引論述，也有實地的田野調查。有關金門工商業的資料，向來缺乏完整的普查系統，雖然有工商登記，但是錯誤太多。有些是過時未辦理異動，有些是名不副實，有些則是人去樓空，難以稽查。金門每隔數年舉行一次的工商普查資料，經常傳出因普查員怠惰，或是商家不願配合，數據造假的情形。目前，比較值得信賴的是經濟部「全國商工登記資料公示查詢系統」，從該系統中可以查詢金門營利登記的商家，包括營利事業的名稱、負責人名字、核准成立日期、最近異動日期、資本額、組織型態、現況、地址以及營業項目等，工廠的部份則包括產業類型。該系統使用經濟部「公司行號營業項目代碼表」，係基於行政管理需要，依據公司名稱及業務預查審核準則，並配合各目的事業主管機關之專業法規編訂，以營利事業為對象，因此不包括法律、會計、教育、學術研究、醫療保健、社會服務團體、人民團體和公共行政業等，與行政院主計處參照聯合國行業標準分類編訂，就所有經濟活動（含地下經濟）分類的「中華民國行業標準分類」不同。

金門目前究竟有多少家工商企業在營運中，無由得知，很難統計。但是自民國 50 年代有營業登記以來，陸續成立的商家高達一萬八千家以上（包括已歇業的）。我利用上述兩個分類系統選擇金門「百大行業」，建立一個約三千家事業體的工商名錄，作為田野調查的資料庫。這個資料庫除了參酌「中華電信黃頁」所登錄，仍在營運的金門商家外，也參考金門

縣政府歷年的統計年報。至於政策方面的研究，主要為縣政府委託學術單位對金門地方進行的各種調查報告，包括淡江大學建築研究所的《金門地區觀光資源調查與整體計畫》、台大城鄉研究所的《金門產業發展調查報告》、金門國家公園管理處的《金門小型產業調查研究》等。整體而言，論述金門文史的文獻相當豐富，但以金門行業為論述對象的著作則多為報導文學，例如李錫隆、洪春柳、許維民、李增德、張火木、楊樹清、楊天厚等，都有不錯的鄉土記事。新出版的《續修金門縣志》雖然增補並更新了部份資料，可惜編得太匆促，新舊雜陳，可讀性反而不如鄉鎮志，例如《金沙鎮志》、《金城鎮志》、《金寧鄉志》、《烈嶼鄉志》和《金湖鎮志》。前縣長陳水在的《敬恭桑梓，飛躍十年》，記錄金門解嚴後縣政重大施政，有關產業方面僅有數據，沒有工商企業事業體的發展概況。另外，《金門日報》上常有一些論述金門經濟發展的評論短文，較具學術性的文章多偏向政治，題材多為兩岸三通與戰地政務功過問題，部份資料可以利用，大抵而言與本書無太大關聯。

　　傳統上，有關工商企業的研究屬於經濟或管理學門，我的本職是歷史，跨足這個領域時必然會有一些學術訓練上的不足，尤其是管理學的理論和研究方法。這個問題在我當研究生時便已存在，為此我去選修一些企業概論的課程，設法了解管理科學的術語。相較於當時的外資研究，此次的研究較為單純。我將此研究定位在歷史的敘事，只使用簡單的歸納與統計、問卷與田野調查、以及部份的口述歷史，沒有太複雜的學理。歷史研究需要藉助前人的成果，屬於他人的成就與見解，都有詳細的註解。依我的研究經驗，讀者不會用太艱深的理論去理解金門的企業發展，本書以一般大眾為主要閱讀對象，因此不使用過於學術性的語彙，論述時也採用第一人稱，希望透過「我」的觀點來了解金門各行各業的歷史。在文體上有時會流於「文學性」，用了不少主觀且有點溫情的語彙，嚴格說來不符合學術的要求，但這是我想要塑造的風格，史書常因過於生硬而被束之高閣，可供人研究卻不適合閱讀，因此，某種程度上說，這也是一本關於歷史敘事的「文集」，雖然融入了個人的史觀與史論，但是始終遵守史學研究的方法和規範，資料來源與論述都有依據，經過查證。

　　本書的研究大致上有四個進程：首先是將金門的產業加以分類，建立一份營利事業體工商名錄的資料庫，作為後續資料分析與田野調查的索引

指南。其次是依此名錄從事實地的訪查工作，包括訪談商家、地方耆老、政府官員、駐軍、觀光客、文史工作者等。第三步驟是閱覽資料檔案，查看文獻。最後是撰述。基本上，這些工作都不會太難，較困難是受訪者配合的意願，雖然金門人好客重人情，但是對於較私人性的問題，還是放不開心胸，開誠佈公。因此，我特別請當地的民意代表引荐，藉助他們的「選民服務」，透過各種管道取得原始資料。另一種困難是某些實業的經營，牽涉到軍方機密，隨著部隊的精簡裁撤，資料早已銷毀，無從查證。如前所言，這本書的原先構想是「戰地政務解除與兩岸三通對金門產業發展的影響」，對「戰地政務」、「小三通」、「金馬撤軍」等國家政策必然會有論述，因此它已不完全是地方性的研究。本書可以作為一種評量，了解國家政策如何影響產業發展，產業經營如何與國家政策互動。金門雖是小縣，政治意涵卻不容忽視，產業產值對國家的貢獻或許不大，但產業發展的成功與否卻關係到國家政策的方向。就題材而言，本書的內容談不上新穎或獨具創意，但它是一個基礎，一個可以提升金門區域研究學術層次的基礎。雖然本書的論點有事實與理論的根據，但我並不認為這就是定論，任何學者都可以質疑，我衷心期盼藉由學者對金門行業發展的關注，一方面擴展「金門學」的研究，一方面讓更多的人了解金門居民的過去、現在與未來。

參、內容概要

　　本書除導論與結語外共分四章，首先論述影響金門產業發展的歷史環境，包括自然與人文的背景。人文方面主要為建置沿革與縣政發展，從金門的名稱開始談起，接著是各鄉鎮名稱的演變，歸結到未來土地規劃與區域調整的問題。在影響金門產業發展的議題上包括三個範圍，有地理條件的限制，有歷史發展的宿命，有人為的政策失當，但這些因素都不是絕對的，雖然不敢說人定勝天，但局部的環境優勢是可以創造的，尤其是社會環境的營造，關係到產業發展的未來，這一切得看政府與統治者的決心。因應環境的變化，金門的行業各自尋找有利自己的發展空間，興盛起落，收歇轉型，有統計數量上的變化，也有經營類型上的變化，用表格與數字來呈現，可以清楚了解其演變趨勢。

　　本書將金門的「百大行業」依其主要消費對象分成三個群體，這樣的歸類方式會有爭議，主要問題在於某些營利事業體的消費對象無所不包，沒有固定的顧客群，而且即便有比例上的偏向，可能也必須個別而論。然而，為方便理解還是不得不作這樣的安排，章節的名稱雖然不是重點，但彼此之間仍有環環相扣的關聯性。某些行業確實是為駐軍而設，一旦大軍離開後幾乎收歇一空；某些新興行業係因開放觀光而產生，在戰地政務未廢止之前聞所未聞；某些以居民為主的行業，則完全不受阿兵哥與觀光客影響，有自己的發展節奏，但不論哪一類的行業，都無法不受大環境的影響。

　　以駐軍為消費主體的行業，如今多已沒落，將來也不可能再回來，但從庶民生活的角度來看卻是最讓人懷念的行業。國軍未駐守金門之前，金門居民的物質所需甚為簡單，民生用品大都由大陸輸入，有市集進行交易，但沒有行業形成。十萬大軍來了之後，衣食住行育樂都需民間支援，以金門原本就匱乏的環境，再多的物資也是供不應求，據耆老說，撿柴燒水都可以賺大錢。為服務駐軍，各種相關行業因應而生，主要為飲食、休閒、服務、副食品供應。金門為戰地，休閒娛樂設施不多，軍人的假日生活不外乎逛街、吃東西、打彈子、看小說、看電影、網路興起後則是泡網咖。來往軍營與市街，為爭取時間也為躲憲兵，計程車是最理想的交通工具，早年金門計程車是特許行業，穩賺不賠。農漁牧產是軍民共同所需，但還是以部隊的需求量最大。至於「特約茶室」，設立目的在服務官兵，不是以營利為主，而且也不是民間經營，但畢竟還是一種「行業」，而且對金門治安頗有影響，因此也一併在此章論述。

　　金門行業文化史的主角是金門居民，因此第四章才是論述的重點，篇幅也較多。阿兵哥終於走光了，觀光客來來去去，沒人有把握會不會愈來愈少，最後還留在這塊土地上的將是守著數百年祖先家業的人民。金門先民遷到這個海上仙洲，營造居室，落地生根，住居形式、衣飾穿著、生活禮儀自然承襲閩南故地。但生活艱苦，落番經商，使金門成了著名的僑鄉，百來棟的洋樓建築，見證　段金門屋宅建築史。解嚴後，金門的住宅營造業方興未艾，但在傳統與現代之間還沒有找到合適的路。現代化是金門要走的路，享受現代化的商品與設施不再是奢求，經過半個世紀的苦難，如今金門已走在時尚的尖端，家庭用品、生活用品、衣服飾品大都能與台灣本島同步流行，甚至連最具地方色彩的宗教服務業也不落人後。金門變

了，行業在變，地理景觀在變，敬天畏祖的心也在變，只剩下想在這塊土地上安身立命的心意，勉強不變。

開放觀光似乎是金門目前唯一能走的路，解嚴後，以觀光客為消費主體的產業如雨後春筍般冒出來，這塊旅遊大餅讓人充滿無限想像，傳統老行業擴大經營規模，原本不相干的行業也設法轉型加入競爭，老幹新枝，大有可為。可惜好景不長，來金門旅遊的人數未如預期，旅遊業削價競爭，終於搞垮整個市場，旅行社與大飯店一家一家的倒，只剩下一些傳統品牌和資力雄厚的商家在支撐。金門的觀光產業最能體現資本主義的精神：大者恆大，大的吃小的。金門太小，開放觀光的時間太短，商家來不及打造品牌，商品同質性太高，很容易就被大資本家「統一」，最後整個市場就會被宰制和操控。即便是最賺錢的金酒公司，面對大陸白酒開放進口，加入 WTO，勢必不再是有利可圖的產業，靠金酒福利生活的金門居民，又將何去何從！

俗話說「窮則變，變則通」，金門的商家向來都明白這個道理，困境自有困境的生存方式。從盜匪劫奪、日寇登臨、國軍駐守，到觀光客蜂湧而至，台商過門不入，金門都有應變之道。「走出去」，除了商品要賣到外面去，金門的行象也要推展出去，只有把金門行銷出去，才能把人引進來。商品行銷是把金門推出去，新節慶活動是把人引進來，兩項工作都需要政府力量介入。對金門的行業發展來說，只有轉變才能帶來新生的契機。因此，我的結論是：金門行業發展的願景取決於商家的意願、消費者的認知、政府的魄力，加上居民對歷史潮流的敏感度，是以，這不是經濟操作問題，是教育與哲學思考的問題。

第三節　行業與文化釋義

壹、文化的界定

「文化」（culture），這個字來自拉丁文 cultura，意為「教化」、「培植」或「養育」。文化概念最早出現在十八世紀的歐洲，用於指稱農業或園藝栽培方面的進展。到了十九世紀開始指稱個人經由受教育後的改善狀況（即「有教養」的意思），以及民族理想與希望的實現。到了十九世紀

中葉，許多科學家開始用「文化」一詞指涉普遍的人類行為能力。二十世紀以後，文化一詞主要用於人類學方面，在美國的人類學學術界，文化有兩層涵意：

1、人類經由演化而得的一種能力，能夠藉由象徵符號重現或分類過去的經驗。

2、世界各地不同民族的不同生活方式，各自代表他們的生活經驗。

第二次世界大戰以後，文化一詞變得更重要，廣泛使用於社會學、文化研究、組織心理學和管理研究，也因此，意思變得更為複雜。1952 年美國著名的人類學家克羅伯（Alfred Louis Kroeber）和克陸坤（Clyde Kluckhohm）合寫了一本關於文化概念與定義的書，書中總共收錄了 164 條關於文化的定義，[13]依據他們兩人的研究，文化的意義大致上可以歸納為以下六大類：

一、描述性的定義

如泰洛爾（Terrell）說：「文化或文明，乃是人類在社會中所習得的知識、信仰、美術、道德、法律、風俗、以及任何其他能力和習慣的綜合整體。」其方式是強調內容的列舉，屬於廣泛的定義。

二、歷史性的定義

強調社會遺產和傳統因襲，如林頓（R. Linton）說：「社會遺業就是文化。」

三、規範性的定義

強調「規律」或「方式」，林頓說：「文化意指任何社會方式的總和。」

四、心理性的定義

強調文化在學習及習慣等方面的功能。如布魯門索（Blumenthal）說：「文化包含了人類在調適過程中所學習到的所有成果。」

---

[13] Alfred Kroeber and C. Kluckhohn, *Culture: A Critical Review of Concepts and Definitions,* New York: Alfred A. Knopf, Inc., 1963.

五、結構性的定義

強調文化的系統性和組織性。例如：維萊（Willey）說：「文化是由相關的和互賴對應型式所構成的一個系統或體系。」

六、創生性的定義

強調文化的來源面。如達德（Dodd）說「文化包括人際學習而得來的全部產物。」

由此可知，文化是人類集體生活的總稱，是人類進步積聚的成果。誠如大英百科全書的解釋：「人類社會由野蠻至文明，其努力所得的成績，表現於各方面者，如科學、藝術、宗教、道德、法律、學術、思想、風俗、習慣、器用、制度等……其綜合全體，謂之文化。」為了方便理解，我們可以將文化分成狹義與廣義兩方面來說。就狹義而言，文學、繪畫、戲劇、音樂等，使人們精神更加豐富、美善的藝術表現，自是文化重要的內涵。廣義的說，生活即文化，食衣住行是文化，倫理、政治、信仰等也是文化。於是，飲食文化、建築文化、服飾文化、政治文化、宗教文化、行業文化等等，都是文化的範疇。[14]

文化是一個弔詭的概念，這個名詞目前已經被濫用到必須採取一些定義以及消去法的地步。在《文化研究介紹》（Introducing Cultural Studies）一書中，若丁·薩達（Ziauddin Sardar）以漫畫方式來解釋何謂「文化研究」，這是一個令人興奮且熱門的領域，它已取代「社會」成為新的研究主題，而且似乎無所不在，大家都在談論。[15]但文化研究並不是研究「文化」，文化研究是結合了社會學、文學理論、影像研究與文化人類學來研究工業社會中文化現象的一門學問。文化研究者時常關注某個現象是如何與意識形態、種族、社會階級與（或）性別等議題產生關連。在文化研究的脈絡下，「文本」（text）這個概念不只是在講書寫下來的文字，還包括了電影、攝影、時尚或髮型；文化研究的文本對象包含了所有有意義的文化產物。同樣地，「文化」這個概念也被擴大。對一個文化研究者來說，

---

[14] 楊麗祝編纂，《續修澎湖縣志》，卷十三，《文化志》（澎湖：澎湖縣政府，2004年），「序言」。

[15] Ziauddin Sardar, *Introducing Cultural Studies*, New York: Totem Books, 1998.

「文化」不只是傳統上所謂的精緻藝術（high art）與普普藝術（popular art），還包括了所有日常生活的意義與活動。事實上，後者已經變成了文化研究中的主要研究對象。文化研究這個名詞有時會用來當作區域研究（area studies）的同義詞，區域研究這個名詞是用來指稱針對特別一個文化來進行的學術研究，比如說伊斯蘭研究、亞洲研究、非洲研究等。

貳、行業的意義與歷史發展

　　行業一詞，屬於中文表述的一種習慣，極少作為術語來表示特定的概念，有時與詞彙「產業」混淆使用，表示同一概念，指社會中的各個領域。中國民間常說：「三百六十行、行行出狀元」。這裡所謂的「行」，指的是行業，三百六十行，泛指行業之多，是一種民間約定俗成的說法，並不是一個確切之數。行業，從傳統的意義上來說，主要是指手工業、商業、運輸業、以及文化娛樂業等。現代社會所指稱的「行業」，意義較廣泛，除了指經濟活動部門之種類外，尚包括從事生產各種有形商品與提供各種服務之經濟活動。事實上，行業一出現就是和商業緊緊結合在一起的，是商品經濟的主要組成部份。

　　人類文明發展初期，隨著社會生產力的提高，產生了商品經濟，商品流通的要求不斷增長，社會上出現了不從事生產活動，專門從事經營商品交換的一個社會階層，此即是商人，商業從農業和手工業中逐漸被分離出來。到了唐代，隨著農業、手工和交通運輸業的發展，商業出現了十分繁榮的局面。都城長安是當時全國內外貿易中心，設置了東市和西市兩個商業區。市裡的店鋪叫做「肆」，以後幾乎都是這樣稱呼。由於市場很大，為了便於管理，把經營同類商品的「肆」集中在同一區域，組成了「行」。行，也就成為保護同業商人利益，與官府交涉事務的民間組織。據《長安志》記載，當時長安的東市有「貨財二百二十行」。行業的出現，是社會分工的結果，是社會生產力發展和人類生活品質不斷提升的產物。人類社會愈發展，社會分工愈精細，愈專業化，行業也就愈多。

　　三十六行是中國唐代社會主要行業的統稱，反映當時社會行業的分工。三十六行延伸出七十二行或三百六十行的行業分類之說。三十六行的論述，見於（宋）周輝的《清波雜錄》。徐珂在《清稗類鈔・農商類》中

進一步說:「三十六行者,種種職業也。就其分工而約計之,曰三十六行,倍之則為七十二行,十之則為三百六十行。」另外一種說法,認為農曆一年有三百六十天,每天學一行或者做一行的話,整年就能學成或者做成三百六十行。也有人認為圓周360度,「三百六十」從時間上和空間上來看,是一個完美的整數。「三百六十」有天下全部行業的含意,上下左右和古往今來的行業全都包括進去了。不論何種說法,顯示三百六十行只是對社會各階層所從事行業的概括性說法,並非真正總數。事實上,在百業興旺的昌盛朝代,行業總數是絕對超過三百六十行的,而且隨著歷史的演進,行業總數一直在更迭變化。不過,大體而言,在二十世紀以前,中國仍處於農業社會型態,所有行業的產生,幾全是為了滿足食衣住行等基本物質需求,其次才是民俗節慶,以及宗教信仰等屬於精神層面的行業。[16]

縱覽歷史,每一個朝代,當它處於和平、發展、繁榮時期,社會百業就愈發達興旺。行業發達興旺反過來刺激了人們生活需求的多樣化,促進了社會經濟和文明的發展。宋代以後,商品經濟有了新的發展。北宋都城汴京(開封)是全國商業和交通的中心,城內外店鋪遍佈,到處是茶坊、食肆、酒樓、伎館,盛極一時。宋代名畫「清明上河圖」就是汴京城百業繁榮景象的真實寫照。明代中葉,商業發展到了一個空前繁榮的時期。由於商業資本的高度集中,出現了不少富可敵國的富商大賈,從商可以快速致富的示範,導致社會上出現「棄農就商」的風氣,商人數目迅速膨脹,成為對政治、經濟、社會生活都很有影響力的社會階層。明代是市民文學繁榮時期,而市民的主要構成成分就是商人,明代的小說、戲劇中保留了大量對商人和百業的描寫,至今讀來仍很親切,成為後人了解和研究古代行業發展的生動史料。

從史料來看,三百六十行的說法肇自明代。明人田汝成的《西湖遊覽志餘》中有:「杭州三百六十行,各有市語」。清人翟灝《通俗篇》據此稱:「增多為三百六十行,乃明人語耳」,不少稗史筆記還記載了明代百業的盛況。(明)沈榜的《宛署雜記》記錄了北京附近行業納稅情況:

> 今查得宛(宛平)」、大(大興)二縣,原編一百三十行,除本多
> 利重如典當行等,仍行照舊納,如遇逃故消乏,許其告首,查實豁

---

[16] 羅秀華,《台灣的老行業》(台北:遠足文化,2004年),頁10。

免外，將网邊行、針篦雜糧行、碾子行、炒鍋行、蒸作行、土鹼行、豆粉行、雜菜行、豆腐行、抄報行、賣筆行、荊筐行、柴草行、燒媒行、等秤行、泥罐行、裁縫行、刊字行、圖書行、打碑行、鼓吹行、捵刷行、骨簪籠圈行、毛繩行、淘洗行、箍桶行、泥塑行、媒人行、竹篩行、土工行，共三十二行，仰祈皇上特賜寬恤，斷自本年六月初一，以後免其納銀。

這段話涉及政府的徵稅，所列舉的行業應該是完全可靠的。從這段話還可以看出，行業的數目和名稱是因時而異，因地而異的。明清以降，商業資本進一步滲入了生產領域，資本主義的生產方式開始萌芽和發展，行業的分工更細緻，也更專業化。中國古代的行業，在其漫長的發展過程中，還形成了自己獨特的行業文化。傳統的行業文化大致包括以下幾個方面。

一、行業組織

鬆散的行業組織在唐代即已出現，到了宋代有了很大的發展，行會組織或行會制度的作用大抵有三個方面：

1、協調同行業經營，避免惡性競爭。

2、抵制行業外人員的經營，保護同行商人的經濟利益。

3、負責同官府聯絡、交涉的工作。

行業組織稱為「會館」，又稱「會所」，是一種具有同鄉性質的商業幫會，以後又演變成近代商會組織。行會組織經過長期的發展和演變，大多形成了自己的行規，以約束行會中成員的行為。舊社會的行會組織帶有強烈的封建壟斷色彩和宗法色彩，從某個角度看，是近代「黑社會」形成的溫床。

二、行業神崇拜

許多行業都曾流行尊奉行業保護神或祖師的習俗，它是民間信仰崇拜的組成部份。行業神是護佑特定行業及從業人員的神祇，一般與該行業發展歷史或行業特徵有一定的聯繫。行業神崇拜是社會分工和行業發展在宗教信仰領域中的反映，是一種特殊的文化現象。每一個行業都有自己的保護神或行業祖師，如姜太公是漁業和卜相業供奉的行業祖師，樊噲是屠宰

業供奉的行業祖師，杜康是釀酒業供奉的行業祖師，同一行業在不同地區可以有不同的崇拜對象，如紡織業的崇拜神，在上海是元代的黃道婆，在杭州是唐代的褚載，在蘇州是漢代的張衡。民間流傳下來的行業神不下二、三百，每一個祖師爺後面都流傳一段有關行業的故事，從側面反映了中國傳統行業的發展狀況。

三、行業隱語

田汝成《西湖遊覽志餘》稱：「杭州三百六十行，各有市語」。所謂市語，即行話、隱語，這是同行業內部相互交往時為了保護自己的商業秘密，避免局外人了解而產生和使用的一種秘密語言，如海味業中稱大蝦仁為金鈎，小蝦仁為開洋，刺參為毛蟲，魷魚為招風；錢莊中稱銀圓為花邊，紙鈔為軟邊，銅洋為硬黃貨，銅錢為內方等。許多隱語在長期流傳過程中或變為黑社會的切口，或變為現代的日常生活用語。

四、商業廣告

商業廣告是中國傳統商業文化內容之一，《清明上河圖》中描繪不少門前張掛的彩色錦旗，就是當時很流行的商業廣告——幌子。商業廣告可分為物象廣告、市聲廣告、包裝廣告和傳單等，民間各行各業的叫賣在長期的發展過程中形成一套富有色的吆喝聲，這種市聲廣告已成為父市民喜聞樂見的傳統文化習俗。[17]

各行各業都有自己的行業文化，行業文化是影響行業興衰的重要關鍵因素。行業文化至少具備了以下三種功能，在中外行業管理與實踐經驗中已充分被證明。

一、行業文化具有導向功能：行業中富有哲理性的語言揭示了行業發展的目標和方向，並逐步深入到從業人員的精神世界，使組織分子自覺地把行業統一到行業所期望的方向上去，促使從業人員堅定而執著地為既定的目標而奮鬥。

---

[17] 參閱上海圖書館編，《老上海風情錄：行業寫真卷》（三）（上海：上海文化出版社，1998 年），頁 1-8。

二、行業文化具有激勵、凝聚功能：它對強化成員工作動機，激發成員工作主動性、積極性和創造性都產生了巨大作用。行業文化賦予成員共同的目標、理想、志向和期望，給成員提供了一套價值標準，有利於培養成員的集體主義精神，增強成員對行業的向心力。

三、行業文化具有約束、調適功能：行業精神文化從價值觀、道德規範上對成員進行軟約束；行業制度文化通過落實、檢查和獎懲對成員進行硬約束；而行業物質文化通過為成員提供良好的工作、生活環境和豐富多彩的業餘文化生活，更能調適成員心理，培養成員的積極性人格。

文化是一種價值觀，是人們的價值追求。因此，行業文化作為一種特殊的組織文化，它是一種企業或組織在自身發展過程中形成的一套價值觀念，是社會文化與組織管理實踐長期融合的產物。地域環境、歷史淵源、文化傳統以及人文活動都會間接或直接影響行業文化；國家現行政策、當地政府對產業的重視程度、以及工商主管的知識水準與愛好，也會影響該地區的行業文化。行業沒有文化，就沒有靈魂，先進的企業文化已成為企業持續發展的不竭資源。

第二章　產業發展的人文與自然背景

第一節　歷史概述

壹、建制沿革

　　金門，舊稱「浯洲」，又名「仙洲」，另有浯江、浯島、浯海、滄浯、吳洲等別稱。除了浯洲一詞有較詳細的文獻記載外，其餘別名大都是附會之詞，無從考證。即使舊的典籍中有「浯洲」一詞，也是多有所指，難以據此推斷便是今日之金門島。金門之得名，始於明洪武二十年設置守禦千戶所，江夏侯周德興築城於此，因其形勢「固若金湯，雄鎮海門」，故取名「金門城」。金門一詞於是漸漸取代浯洲，成為這座島嶼的通稱。[1]

　　從空中鳥瞰，金門本島位於福建省東南沿海九龍江口外，約東經 118 度 17 分至 28 分，北緯 24 度 24 分至 32 分，西面與廈門隔海相對，成犄角之勢，共扼閩南門戶，地位險要。因對外交通便利，平時商旅往還十分方便，自古以來即為東亞海商重要航道必經之地，明代以來更是東南海疆重鎮。

　　論述金門，必須先從福建的歷史講起。就地理上來看，金門島是福建的一部份，而且是邊陲地帶，距離中國文化發祥地的黃河流域，相當遙遠。西元前 334 年，越王勾踐七世孫無彊與楚威王作戰，失敗被殺，越國（位於今浙江省紹興一帶）遂被楚國所滅。越國王族於是航海入閩，越國國民則遷居福建北部與當地的原住民「百越族」合流，建立閩越國，「閩」字後來就演變成福建省的簡稱。許慎《說文解字》說：「閩」為「東南蛇越種」。以「閩」字的構成從「門」，從「虫」。蛇在古語中稱為「長虫」，可知「閩」是以蛇為圖騰的民族。[2]

---

[1]　參閱李增德，《金門史話》，金門：金門縣文化局，1995 年。

[2]　吳守禮，「閩南方言過台灣：綜合閩南方言基本字典」，吳守禮，1986，閩南方言過台灣：「綜合閩南方言基本字典」，http://olddoc.tmu.edu.tw/chiaushin/shiuleh-1.htm。

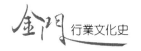

　　西元前 221 年，秦在統一六國以後，派軍隊向福建進軍。第二年，在閩越人活動的區域設置了「閩中郡」。當時朝廷認為閩中遠離中原，是「荒服之國」，山高路險，而且民風強悍，難於統治。因此，「閩中郡」雖為秦四十郡之一，建制卻大不相同，秦並未派守尉令長，只是廢去閩越王的王位，改用「君長」的名號讓他繼續統治。因此，秦只是名義上建立了閩中郡，實際上並未在閩中實施統治。但是，為了加強對閩中的控制，秦一方面把大量閩越族人遷移到現在的浙江省北部、安徽、江西等省境內，另一方面又把中原的罪犯流放到閩中來。這一政策一方面造成了各個不同民族的互相融合，另一方面也造成了閩越族原本的文化和漢文化的互相交流。

　　楚漢相爭之時，閩越人因助劉邦攻秦有功得以建國，閩越國成了當時漢代東南一帶勢力最強的國家。在往後將近一個世紀的發展中，閩越人一方面保持了福建遠古百越文化中的風俗習慣、宗教觀念、文化藝術，又在政治和經濟等方面受到華夏文化某種程度的影響，從而創造出燦爛一時的閩越古國文化。漢武帝即位，漢朝進入鼎盛時期，他不能容忍各邊遠地區政權的日益強大，於是在擊敗北方匈奴、解除北方邊患之後，在西元前 110 年派遣朱買臣率領大軍，兵分四路進攻閩越國。戰後，為了徹底消除後患，武帝把閩越貴族、官僚階層、軍隊，部分人口遷到江、淮一帶居住，閩越國 92 年的統治到此結束。

　　福建的閩越人北遷後，泉州一帶人去樓空，於是，分散於閩中郡各地的先秦遺民，紛紛來此尋找庇護所，此時人煙稀少且富庶的泉州一帶便成了他們的世外桃源。漢人入泉州建立屬於自己的家園，前後歷時 300 多年，此一時期正是泉州方言形成的關鍵期。閩南泉州地區是朝廷鞭長莫及之處，偶有戰事也都集中在閩北、閩東，直至東吳入閩，戰火也只波及閩江周圍。因此這些入閩漢族移民逐漸佔據了整個閩南地區，並且同化這一帶的閩越遺民。西晉末期，中原地區戰亂頻繁，南遷入閩的北方人更多。西元 308 年，中原動蕩，衣冠士族入閩者八族：林、陳、黃、鄭、胡、何、邱、詹，這就是歷史上所說的「衣冠南渡、八姓入仙」。在此之前，北方漢族就有進入福建的，但為數較少，永嘉年間及其以後，北方漢人入閩者較多，形成了一次高潮。

　　據《金門縣志》記載，金門最早的移民記錄始於晉朝。晉元帝建武年間（317），因避五胡亂華之禍，中原人士輾轉逃來此地。金門地處福建邊陲，亂世時，利用山海險阻，可暫時偏安局外。晉以後各朝，每當政局變動，都有中原移民來此避難，遂使金門漸漸成為人文薈萃的地方。考地方族譜，其中蘇、陳、吳、蔡、李、顏等六個姓氏，都說自己的祖先是晉代中原衣冠世族，應該是實情，可惜文獻缺乏，未能確實了解先民的開拓經過。但是可以肯定的是先民來金門開拓，距今已有一千六百餘年。

　　另外，根據金門考古學的研究，[3]金門地區在有文獻記錄之前已有人類文明。金門的史前文化主要可以分成兩個階段：一是史前時代前期的「復國墩文化」，年代約在距今 7,000 至 8,000 年前到 5,800 年前後，這個遺址的文化年代，大致與福建和台灣目前最早的新石器時代文化遺留同時；另一是史前時代後期的「浦邊類型」，遺址面積較大且文化層較厚，為較長期居住的聚落遺址，年代約在距今 4,000 至 3,500 年前後。其後直到晉朝，金門地區才出現文獻記錄，而進入歷史時期，不過目前尚未發現屬於晉朝的考古遺留。雖然民國 44 年，國軍在金城鎮賢庵一帶構築工事時，意外發掘一批兩漢到六朝的古代磚塊，但經考古學家鑑定後，認為這類花紋的磚塊可能只是中原一帶居民舉家搬遷所帶來的民生器物，不是史前遺址遺留。

　　金門真正有官方設治開拓，經管民生，始自唐代。唐德宗貞元二十年（804）七月，福建觀察使柳冕上奏朝廷，以閩中本是南朝畜牧地，建議設置牧區於東越，名為「萬安監」，又置五個牧馬區於泉州，浯洲島（今金門）為其中之一。[4]陳淵受命為牧馬監，率十二姓氏前往牧馬，浯洲島耕稼漁鹽開始興起，人口日益蕃衍。島民感念陳淵，為之立廟崇拜，尊為「開浯恩主」。北宋時，地方建置大致依循唐代，福建稱福建路，行政區劃為福、建、泉、漳、汀、南劍六州和邵武、興化二軍，南渡後升建州為建寧府。福建因此包括一府五州二軍，共計八個同級行政機構，號稱「八閩」，下轄 42 個縣。太平興國三年（978），宋太宗滅了錢鏐所建的「吳越」，

---

[3]　金門國家公園，《國家公園季刊》，2007 年一月號。（電子期刊）
[4]　《新校本舊唐書》「本紀」，卷十三，本紀第十三，德宗下，貞元二十年。

平海軍改為泉州。至此，泉、漳二州正式歸順宋王朝，福建全境真正納入宋朝版圖。是年，浯洲島居民開始納稅，行政區域，歸泉州同安縣管轄。南宋紹熙元年（1190），朱熹任同安縣簿，為度量閩中經界，[5]曾抵金門視察，對此地樸素民風，秀麗山林甚為讚許，傳聞曾在今金城鎮太文山麓，創建「燕南書院」，設帳講學，島上文風由此興起。金門從此人文薈萃，宋、明、清三代，浯島士子屢屢考中科舉，在朝為官，因而有「一榜五進」、「八鯉渡江」、「父子進士」、「海濱鄒魯」，以及「人丁不滿百、京官三十六」等美譽。[6]

　　元、明、清三代，沿襲宋代舊制，金門仍舊隸屬同安縣。金門靠海，不乏漁鹽之利，據陽翟《浯陽陳氏家譜》記載，早在五代十國便有陳達主理浯洲鹽事，但是史書對於浯洲鹽場的記錄卻遲至元成帝大德元年（1297）：「建浯洲場，征鹽」。目前太武山上有一塊浯洲場鹽司令陳元澤築造山寨及舖路的碑石，該石的落款為至正二十三年，是年正是朱元璋擊敗陳友諒，元朝敗亡前十年。元滅亡後，流寇與海上倭寇合流，為害東南沿海島嶼。明代為防倭寇，在金門島西南隅的南盤山，設置守禦千戶所城，藉打造「金門」為海疆重鎮以抗倭寇。除此之外，明代又於陳坑、峰上、田浦、官澳、烈嶼等地，設立五個巡檢司，協助緝捕盜匪。清兵入關後，鄭成功進據金門，隆武二年（清順治三年，1646），清軍攻破福州，鄭成功與一群文武舊僚會盟於烈嶼吳山，共謀復明大業，延續明代國祚於海疆。清康熙三年（1664），清兵佔據金廈，焚屋毀城，徙遺民於界內，島民多流離失所，金門幾成廢墟。直到康熙十九年，清兵再度入島，沿明代舊制，金門隸屬同安，設置金門鎮總兵官，轄中、左、右三營。島民被迫遷往內地者，漸漸回返故土。鴉片戰爭後，五口通商，廈門闢為商埠，交通方便，眾多金門人因而遠渡南洋謀生。辛亥革命，民軍光復金廈，紳商公舉都司饒肇昌，成立臨時民政廳，維持地方秩序。民國三年撤廢清制，廈門自同安縣獨立，分置思明縣，隸金門於思明，派分治員駐金理事。

5　《新校本宋史》「志」，卷一百七十三，「志」第一百二十六，食貨上一，農田，農田之制。
6　參閱楊天厚、林麗寬，《金門匾額人物》，金門：金門縣文化局，1995 年。

貳、縣治發展

　　清末民初，就北京而言地處偏遠的金門島，因時局混亂，地方治安相當不安寧，經常有內地盜匪登島劫掠，百姓苦不堪言。1914 年，旅居新加坡的僑商黃安基、陳芳歲與地方士紳林乃斌等 123 人，先後呈請改制，經福建省巡按使許世英咨陳內務部，於 1915 年 4 月 9 日批示，准其所議，金門正式成立縣治。最初稱縣知事並設縣公署，轄區包括大金、小金、大嶝、小嶝等，福建省政府派左樹燮擔任金門縣知事。1925 年改知事為縣長，1927 年縣公署始改稱為縣政府。1935 年本縣試行地方自治，設置區公所，劃分舊後浦、古賢、古湖三保為第一區；劉浦、瓊山、陽田、汶沙、滄湖五保為第二區；烈嶼為第三區；大嶝為第四區，區長由縣府遴派。1937年，日軍鐵騎攻陷金門島，日本以一中隊駐守金門，強迫島民種植鴉片並以土法構築機場，縣府因而遷往大嶝，金門人不願被異族統治，再度遠走他鄉。

　　光復初期，設珠浦、沙美 2 鎮，古湖、滄湖、烈嶼、大嶝 4 鄉。1946年，珠浦與古湖合併為珠浦鎮，沙美與滄湖合併為沙美鎮，烈嶼、大嶝仍設鄉，全縣共分 46 個保。1949 年前後，國共內戰方熾，金門島上又陷入了幾近無政府的混亂狀態，盜匪夜劫或擄人勒贖的重大案件頻傳。被金門人推崇為現代「恩主公」的國軍第 12 兵團司令胡璉將軍，於 1949 年 10月 26 日接掌金門防務。縣政府撤銷，改為軍管區，區分為金東、金西、烈嶼三區，各設民政處，由該區駐軍臨時權理該區庶政。福建省政府播遷金門，中央任命胡璉為福建省政府主席，是年底金門防衛部正式成立。1950年「金門行政公署」成立，三區民政處同時結束。次年，行政公署調整全縣行政區域為金城、金寧、金湖、金碧、烈嶼 5 個行政區。1953 年福建省政府撤銷金門行政公署，恢復金門縣政府，次年發生「九三炮戰」，原莆田縣烏坵鄉由金門代管。1956 年 7 月，行政院頒佈施行「金門、馬祖戰地政務實驗辦法」，福建省政府遷往台灣辦公，負責研究有關金門地區之重建計劃、對大陸地區之廣播、閩僑聯繫與不屬於戰地政務之一般行政工作，金門軍管進入了另一個新階段。

　　在長達 50 年的戰地政務與軍管時期，台海之間發生過數次重大戰役，舉其犖犖大者有：1949 年的「古寧頭戰役」、1952 年的「九三砲戰」、

25

以及 1958 年的「八二三砲戰」。每一場戰役都是金門鄉親用血汗寫下的一頁輝煌歷史，卻也在金門人心底留下了一道難以撫平的傷痛。軍管期間，所有建設都以作戰為導向，民生、經濟建設不但停滯，甚且倒退。軍事化管理在生活上所帶來的重重管制，雖然造成生活上的極度不便，但號稱十萬大軍的駐守，卻為金門創造了另一種特殊的經濟體制。基本上，金門人只要依靠阿兵哥消費，生活就不成問題。早年軍方「成立」的酒廠，現在成了金門最重要的「金雞母」，每年為金門帶來數十億的稅收，以砲彈彈體打造的砲彈鋼刀，也成了金門馳名中外的特產。

　　1992 年 11 月 7 日，金門解嚴，戰地政務解除，金門縣諮詢代表會改制為金門縣臨時議會。次年 2 月 6 日「金門馬祖地區開放觀光辦法」公布，金馬正式開放觀光。同年 11 月 27 日，第一屆民選縣長選舉，由原本官派的金門縣長陳水在當選，次年元月選出第一屆縣議員，成立議會監督縣政，金門從此邁向民主時代。金門開放觀光不久，國軍實施「精實專案」，自 1997 年 10 月開始陸續裁軍，從十萬大軍連年裁撤，到 90 年代底約剩 5 萬多人，至今則只剩數千人。長久以來，金門的經濟靠的就是軍隊以及酒廠，軍隊為居民提高收入，酒廠則增加地方政府歲入。金門軍隊連年裁撤，對居民經濟收入造成不少影響。面對不斷地縮減兵員，金門理應積極從事社區營造、改變生活態度、提倡永續的生產與消費，將經濟發展轉到漁業或觀光，尤其是生態觀光與文化觀光，都是值得發展的方向。可惜長期的依賴駐軍，讓人民不願動腦筋，面對挑戰，因此小三通後轉而依賴廈門。2001 年元旦金門與廈門、馬尾實施小三通，使隔絕多時的金、廈兩門終於再次連結在一起。同年 12 月李炷烽當選金門第三屆民選縣長，以「觀光立縣，文化金門」、「讓兩岸認識金門，讓金門走向世界」作為施政主軸，於 2004 年 7 月成立「文化局」，深耕文化產業，積極推展文化藝術，營造書香社會，尤其在文化層面的紮根及推廣更是貢獻良多。

　　2004 年大陸方面宣布開放福建地區人民進入金門觀光政策，也為開放了 10 年已陷入景氣循環的觀光產業得以再度回春。十餘年來，金門縣政府、民間都在轉型的困境中努力掙扎，希望找到一條發展的道路。由於兩岸週末包機即將在 2008 年 7 月份啟動，金門在兩岸小三通的地位將大為降低，勢必嚴重衝擊觀光業，金門縣長李炷烽於是在 6 月 11 日以促進金門觀光為理由，向中央政府提出「金門撤軍」的訴求，希望只留一、兩連

駐軍做為主權象徵就好了。李縣長的「金馬撤軍論」，引來不少非議，但也讓相關單位正視金門的生存問題。事實上，隨著武器軍備的改進，金馬駐軍，只存在經濟意義、政治意義，已不存在戰略意義。就在李炷烽重提金馬撤軍論後，《聯合報》報導，國防部官員私下表示，「金馬撤軍是個政治問題」，軍方一向規劃將金門、馬祖的兵力逐步縮減，甚至最後降至一個聯兵旅。站在軍方的立場，在中共武力威脅未解除前，仍必須有象徵性的部署。至於最終是否完全撤軍，就要看政府高層決定。

十九世紀時，金門人為了討生活，紛紛選擇前往南洋殖民地當外勞，創立事業，造就了目前東南亞僑民的經濟實力，金門因此被稱為「僑鄉」。粗略估計，金門華僑高達 20 萬人。[7]1949 年國共戰亂，兩岸隔絕，為避戰火，又有不少金門人前往台灣，故台灣也有約 30 萬的金門人。但是留在本島的居民，據金門縣政府主計室的統計，2010 年 1 月的現住人口為 94,205人，事實上這只是設籍人口數，真正常住人口可能不到 5 萬人。金門自設縣以來，人口外移情形嚴重，1915 年設縣之時人口總數為 79,357 人，至1929 年，人口數只剩 49,650 人，銳減至 40%。[8]「八二三砲戰」之後，情形更嚴重，許多村落早已人去樓空，形同廢墟。

1965 年，金門行政區重新劃分，確定為五個鄉鎮，分別為金城鎮、金湖鎮、金沙鎮、金寧鄉與烈嶼鄉，共 37 個行政村，167 自然村，並代管福建省甫田縣烏坵鄉兩個村。近年由於各項政經建設突飛猛進，新式國宅建築，農莊別墅如雨後春筍，處處林立可見。新街道與新市鎮的出現已經大大地改變了原來的城鄉結構，對一個總面積只有 150.5 平方公里，中間狹長，東西較寬，如金錠狀的小島而言，疊床架屋的行政官僚體係，和名存實廢的自然村落，將來勢必要有新的思考和調整。軍隊退出後所空出來的空間，金門國家公園所劃歸的區域，如何善用，如何維護，不僅關係到金門未來的發展，也關係到下一代金門人的生活方式。一切就看學工程出身的新科縣長李沃士，要將金門帶往哪裡，要許金門一個怎樣的未來。

回顧金門走過的歷史歲月，有輝煌、有血淚。未來，金門如何能走出一條自己的路，這一切，都掌握在遍及兩岸三地與海外的金門子弟手裡。

---

[7]　一說七、八十萬人，華僑總數向來很難統計。本書依據金門縣政府全球資訊網所公佈的資料。http://www.kinmen.gov.tw/：「關於金門：人文概況」。

[8]　金門縣政府編，《金門縣志》（1992 年），卷三，「人民志」，頁 354。

從唐代陳淵牧馬以來，金門的歷史超過 1,200 年，「金門」不只是個空間上地名，也是個時間上的記憶，金門人將以它獨特的歷史文化，在人類文明史上留下一個標記，金門這個「民族」絕對不會是「想像的共同體」。[9]透過開放觀光與學術研究，金門人的群體意識逐漸在強化中，一個被遺忘半世紀的族群，勢必再度引領風騷，重回典範。

第二節　產業發展環境

壹、自然環境

　　金門縣總面積為 150.456 平方公里，島形中狹，東西端較寬，除大金門本島之外，尚包括小金門、大膽、二膽、東碇、北碇等 12 個島嶼，星羅棋布，如眾星拱月。島上主峰為太武山，海拔 253 公尺，為金門第一高峰，氣勢雄偉，獨冠嶼上。越江遠望，山形蜿蜒，若仙人倒地之狀，故云：「浯江斷嶼入海水，仙人倒地臥不起。」因此，太武山別稱仙山，金門人俗稱大山。據聞當年鄭成功曾在此山觀兵奕棋，留下「觀兵奕棋處」。1952 年元月，蔣總統巡視金門，在此山崖壁上親題「毋忘在莒」四個大字，字大徑丈，雄巍峻奇，作為島上軍民臥薪嘗膽，朝夕惕勵之精神指標。作者就讀高中時期，每年的「青年節」全校師生都要來這裡「朝聖」，從金城的校園出發，一路徒步走到這裡向勒石呼口號，向領袖宣示效忠，然後一聲令下作鳥獸散，各自想辦法回家。山上有一著名古剎，因太武山上岩石紛奇嶙峋如印章篆刻故取名「海印寺」。金門民俗，農曆正月初九天公生，除了作粿祭天外，還要齋戒沐浴，步行上太武山海印寺進香。此項民俗，即使在戰地政務期間，太武山全面禁止通行的時代裡，亦獲得軍方特別允許，正月初一至十五，開放民眾上山進香。因此，金門人對太武山一直以來都很親近，說金門人都是「爬太武山長大的」，絕對不會太超過。

　　在戰地管制時期，太武山區塞滿了阿兵哥，約有萬人之多，整個太武山就是一個大的要塞堡壘，裡面佈滿了大大小小的坑道，小的坑道僅容一

---

[9]　參閱 Benedict Anderson 原著，吳叡人譯，《想像的共同體：民族主義的起源與散布》，台北：時報出版社，1999 年。

人步行，大的坑道段可以車輛相互會車，據耆老轉述，金門第一個「紅綠燈」就設在這裡。除太武山之外，金門再無其他高山峻嶺，東之鵲山、鳳山、塔山；南之雙山、長安山、豐蓮山、太文山（古燕南山）、獻台山；西之矛山；東北之獅山、虎山、天摩山、金山等，皆為大小起伏之丘陵。因受地形影響，金門無巨川長流，最長者為西半島之浯江溪，惟已呈現乾涸狀態，舊河床隱約可辨。島上東部有金沙溪、後水溪、前浦溪、山外溪；西部有小徑溪、西堡溪、浯江溪，均為涓涓細流，源短量小。平時多已涸渴，如遇風雨，又復一瀉入海，雨不能得其利，旱則患其災。

　　近十數年來，島上軍民齊力，大興水利，攔河築壩，新闢湖塘如太湖、蘭湖、慈湖、雙鯉湖、榮湖、陵水湖、田浦水庫、金沙水庫等，均具蓄水灌溉給水作用，兼具綠化功能，形成遊憩勝景。小金門則有西湖、蓮湖、菱湖等。金門是大陸邊緣的一座小島，地理位置在福建東南的廈門港外，北向隔著圍頭灣與大陸的晉江、南安、同安、廈門市、海澄等縣相望，昔時兩地船行約半個鐘頭的時間，而東南隔著台灣海峽，約與台中、彰化的緯度相當。

　　金門與廈門、同安遙遙相對，緯度相同，均屬於亞熱帶海洋性氣候。然廈同比鄰內山，氣候稍和，風勢較弱；金門則為大海中崛起之島嶼，四面無高山屏障，中間則丘陵起伏，故風力較強。根據金門縣農業試驗所1991年至2003年之觀測資料，及尚義機場氣象站1979年至1998年之觀測資料，因受季風影響，造成金門冬夏溫差大，夏季吹西南風，氣溫較高。秋、冬季因受東北季風影響，氣溫較低。雨量方面，年平均降水量為97.7公釐，降水量非常低，降雨大多集中在3月至8月之梅雨與颱風季節，全年平均降雨天數為8日。金門四面環海，自9月中旬起，東北季風盛行，氣壓漸昇風力漸強，海面風浪亦逐漸增高，至翌年4月間風力始漸轉弱，6月間漸轉為西南風，惟至8月間仍有東風或東北風，夏季風力較弱。當地最頻繁之風向為東北風，是主要影響金門地區之風向。

　　由於蒸發量大於降雨量，對農作物的生長影響很大。加上花崗片麻岩是構成金門島的基岩，島上土壤概以砂土及裸露紅壤土為代表。前者沙層厚、保水保肥力均差；而後者表土薄、酸性重，腐植質少，皆不宜耕作，故島上農作僅宜經濟價值較低的耐旱性雜糧，如高粱、玉米、花生、蕃薯等。據農業試驗所統計，本縣公私有耕地面積 6,900 餘公頃，公有地占

23%，私有地占 77%，其中部份土地用做造林及軍事用地，可利用耕地面積約 4,900 餘公頃。每一農戶平均耕地面積約 0.79 公頃，均為旱田，耕地可灌溉率，占農戶總耕地面積 1.2%。本縣自耕農占 72%，半自耕農佔 25%，代耕農佔 3%。專業農戶占全縣農牧戶 18.49%，兼業戶占 81.51%。農牧戶數總計 3,300 餘戶，從事農牧業的人口約有 23,000 餘人，占全縣總人口數 45%，均為小農經營制度。

金門四面環海、四周海域為大陸棚漁場之一，因此早年小型的沿海捕撈業頗為發達。小農之家平時也畜養一些豬、牛、雞、鴨等家畜，可以說，金門是一個農漁經濟結構的社會。經濟產業以第一級產業為主，國軍駐守後，才有第二級產業的出現，諸如酒廠、陶磁廠、花崗石廠、發電廠等，這些產業的加入，豐富了金門的經濟活動。[10]小農經濟結構的社會，農業所需勞力是季節性的，平均為一百多天，其餘時間則利用自有的材料，從市場中以現金購買或用成品交換，經過簡單的工具加工後，個別出售於市場而謀求收入的增加，這是農村社會相當普遍的經濟現象。傳統手工業，緊密的鑲嵌在農村社會結構之中，形成農村的副業，所呈現的型態相當多元，如養家禽、家畜、紡紗、織布等。在農隙時間，利用農村的剩餘勞力來進行其他的工作，只需簡單工具，不需再支付額外的生產費用，自給自足，甚至多餘者可提供交易，若交易的量夠大，自然就會形成市場，由農村經濟轉換成商品經濟，並因此帶動工商業的發展。

根據《修訂金門縣總體發展計畫》的研究，金門的一級產業已發展到一個瓶頸，飽受衝擊。農業發展頗受地形土質結構與水源影響，可耕作土地不多，農作物仍以種植高粱和小麥為主。金門縣政府與金酒公司對於小麥與高粱實行「保價收購」政策，小麥較高粱易於種植，收購價較高，故農民紛紛轉種小麥，導致小麥的產量在近幾年逐年提升，而高粱產量卻是逐年減少。目前金門酒廠製酒所需的高粱及製酒麴的小麥，金門農民生產的產量還不及酒廠所需的十分之一，其他不足之處都是從國外進口。金酒公司向國外收購的高粱小麥價格遠低於向當地農民保價款收購的價格，縣政府站在保護農民的立場，仍全數收購農民生產的小麥高粱。但在加入

---

[10] 一般而言，我們將直接利用自然資源的生產活動，如農業（林業、漁業、牧業）等稱為第一級產業；利用各種原料所從事的製造活動，如工業、礦業等稱為第二級產業；提供各種服務，如商業、運輸業等稱為第三級產業。

WTO 後，將逐年削減對高粱、小麥之保價收購制度，當補貼政策皆取消後，農民將無法負擔耕作的成本，導致農民耕作意願低落而拋荒土地的情況，當大量農地成為荒地時，因缺乏管理造成景觀與鼠疫之外部性問題，將嚴重影響金門當地農作環境與相關環境之治理。

畜牧業佔金門農業產值一半以上，且為縣府積極推動的產業。金門的畜牧業生產以牛、羊、豬、雞為主要飼養種類，目前生產規模小，其各項生產資材均需自台進口。飼料方面除了仰賴台灣進口之外，部分也使用酒廠的酒糟作為飼料。其生產成本偏高，市場競爭力薄弱。金門的畜產品除了牛在早期有外銷台灣之外，其他的畜產品皆以內需市場為主。多年前由於口蹄疫事件，加上金門地區因鄰近大陸疫區，故禁止金門的畜產品活體外銷至台灣，所以目前金門在畜牧業的供需方面，現況為自給自足。台灣在加入 WTO 後，豬腹脅肉、雞肉、動物雜碎等將取消進口限制，開放自由進口，對於金門之畜牧產品將有很大的衝擊。金門的畜牧業在未來競爭力將日益下降，配合觀光發展觀光休閒牧場將是轉型辦法之一。

在漁業人口方面，自 1973 年至今現有統計數字，整體呈下滑減少的趨勢。關於漁業生產量，根據《金門縣統計年報》，金門縣近海漁業生產量自 1994 年以後就持續下降，至 1991 年，僅有 2,988 公噸。1992 年尚有 3,714 公噸，到 1998 年僅剩下 1,850 公噸，產量已不及以往的一半。原因來自大陸漁船越界濫捕與非法捕撈造成漁業資源加速枯竭、漁業人口結構逐漸老化，加上與大陸漁船直接交易管道便利。隨著金門開放觀光之後對於漁產市場的需求有增無減，因此金門漁獲之一的重要管道便是與大陸漁船交易。過去金門的養殖業分為牡蠣養殖、箱網養殖及紫菜養殖，現在金門的養殖漁業，陸上養殖部分約有十多戶，牡蠣的養殖戶則有幾百戶。目前金門的牡蠣生產是自給自足，價格與台灣相差不遠。福建省的東山縣主要產業為養殖業，在其他沿海地區亦有大量漁民養殖牡蠣，當地的養殖業勞力與產品成本低廉。以牡蠣為例，當地的牡蠣品質好、數量多且成本低廉，在兩岸雙方入會後將直接影響金門牡蠣養殖業者。另外，金門的魚苗培育，主要是由水試所培養魚苗後，部分放流進行保育工作，部分再推廣給漁民試養，農民本身並無培育技術，影響金門漁業升級發展。金門魚苗培育的苗種必須是台灣與大陸所缺乏的魚苗種才能展現金門本身的競爭力，如黃魚苗、鰻苗等是未來有發展潛力的苗種。

貳、人文環境

　　古早的金門是一個傳統的農漁牧社會，這塊土地上的居民，有亂世移民、有拓墾移民、有征戍移民，先民們浮舟渡海到此落地生根，建立家園，聚落的集結，大致以血緣為主。金門的近代史，始終與「兵燹」有不可解之緣，中國海盜、日本倭寇（明嘉靖年間）一再登臨騷擾，鄭氏家族也曾在此立足，圖謀北伐東征，清康熙更曾派兵遣將，把金門島堅壁清野一番，一連串的戰火洗禮，終於把金門鍛鍊成了「戰地」。1949 年古寧頭戰役後，金門變成國共對峙的一個戰地前哨，熱戰與冷戰，漫沿了半個世紀之久。

　　1949 年國軍進駐後，金門才開始有二級與三級產業，但是在戰地政務的層層管制下，根本難以發展。在戰地政務將近 40 年期間，地區實施各種管制，使得民眾日常生活倍受限制，極不自由，其中某些管制更直接影響到產業的發展。茲列舉較具體的管制項目如下：

一、宵禁：早期入夜後即實施宵禁，不但管制人員進出，出門必須背誦口令，同時須申請宵禁通行證，後來雖宵禁時間延後，對民眾生活仍造成極大不便。

二、燈火管制：入夜後，須關閉門窗，所有燈具都需掛上燈罩，一旦有「燈光外洩」情況，輕者警告，重者施以罰款處分。

三、軍法審判：民眾犯法，視同軍人，交由軍法審判，遇到判決不公，不能請律師，亦無人辯護，嚴重影響民眾權益。而政府機關又動輒以行政命令任意拘禁或處罰人民，幾無人權可言。

四、入出境管制：依憲法規定，人民有遷徙自由，但金馬人民往來同為中華民國領土的台澎地區，卻需向內政部境管局申請核發入出境許可證，形同出國，擾民又不便。

五、電信管制：台灣地區電信發展進步神速，電話早已直通世界各地，唯獨金馬地區封鎖電訊，與外界聯絡僅靠書信和電報。並規定民眾不准擁有收音機，早期甚至連電視機都要事先申請，始能進口。

六、金融管制：金馬地區單獨發行金幣和馬幣，雖同屬台灣銀行發行，但在台無法使用，金門居民赴台，須購買匯票或兌換台幣，往往大排長龍，頗感困擾。

七、電器用品管制：除照明設備外，電冰箱、洗衣機、電鍋、冷氣等高耗電的電器，均嚴禁使用，民眾生活品質大大降低。

八、其他管制：建築物不得超過兩層樓；籃球、排球、救生圈、輪胎等「漂流物」管制進口；照相機、攝影機不得自由使用；沖天炮、檳榔不准進口；不准養鴿子、放風箏等。

金門地區實施戰地政務，在長期軍管下，民眾生活固然受到層層管制，享受不到基本人權，但不可否認，戰地政務實施期間，金門政委會積極投入地方基層建設、興建學校強化師資、協助農林漁牧之發展、改善交通、強化醫療設施等種種努力，對繁榮金門的貢獻，也不能抹煞。[11]茲分述如下：

一、基層建設：本縣基層建設道路興築，碼頭闢建、村容改善，都有賴戰地政務軍政一元體制，動員大批兵工協建完成，本縣寬敞的道路、整齊劃一的國宅，都奠基於戰地政務期間，防區官兵居功厥偉。像是「中央公路」，已不單純是一條道路，更是一段史蹟的見證。當年技術財力不足，機具缺乏的情況下，全靠人力雙手萬能，圓鍬十字鎬開挖路基，司令官胡璉跟各軍師長一起由太武山肩石同行，與官兵同甘苦，工作之艱辛，今日無法想像。

二、興建學校強化師資：戰地政務期間，為普及教育，村村設校，滿足地區青年求知慾，並充實各學校各項軟硬體設備。鑒於師資缺乏，政委會洽請教育部保送地區青年至師專、師院、師大深造，師資大為提升。加上軍中義教支援國中教學，對地區教育發展深具貢獻。另外，為掃除文盲，辦理民眾補習教育，強迫失學民眾進修，提升民眾知識文化水準，功不可沒。目前金門有很多小學，多以當年的部隊長官命名，以示對他們的感念。

三、協助農林漁牧發展：戰地政務期間，勵行農業生產，供銷農具、興建水利、充實農機設備、開墾荒地、強化水土保持。同時軍民同心協力廣植林木，如今林木蓊鬱，綠蔭處處，早已不是當年童山濯濯。漁業部分興建單拖漁船，引進優良漁法，改善經營型態，

---

[11] 參閱李增德，《金門史話》，頁 232-241。

並輔導漁民從事近海養殖事業，奠定漁業發展基礎；畜牧方面，輔導民間成立大規模養豬、養羊、養雞場，從事肉雞、蛋雞之飼養，達自足之境。

四、改善交通：政委會成立後，積極開闢公路，舖設鄉村主幹道及村落聯絡道，如今道路四通八達，無遠弗屆。同時完成碼頭設施，發展大小金之間的交通，解決民眾乘船需求。另外全力投入郵政電信電力的建設，使民眾邁向現代化生活水平。

五、強化醫療設施：戰地政務實施後，逐年增加預算，充實醫療設備，興建縣衛生院、附設醫院、並於各鄉普設衛生所，發展基層醫療，同時利用軍方軍機運輸運補作業時，支援緊急傷病患後送任務，保障地區民眾生命安全。

　　早期的金門因為戰地政務，人員、物資與器具都無法隨意進入金門，限制了金門地區的發展。當時的金門除了當地民眾之外，就是大量的駐守官兵，這些官兵成為當時金門最大的消費族群，而金門居民則大多以零售業與餐飲業，提供官兵的消費。金門的三級產業以批發、零售及餐飲業為主，多為食品什貨批發業和食品什貨零售業，其次為社會服務及個人服務業。近幾年興起的服務業另有金融、保險、不動產業，乃是為了因應觀光需求而產生。由於近年金門駐軍人口日益減少，消費人口也因此減少，取而代之的是到金門觀光旅遊的觀光客，這些觀光客成為金門主要的消費者。現今的三級產業比例約占總產業結構的78%，二級產業約占20%，一級產業逐漸轉型為休閒農漁業，二級產業則引入觀光範疇。金門屬於二級產業的有六大特產，所謂「三寶二味一珍」，計有金酒、一條根、陶瓷、麵線、鋼刀及貢糖。除貢糖、麵線等食品的製造、批發、零售外，觀光工廠的發展也為因應觀光產業而興起，逐漸加重三級產業的產值。

　　二級產業中，以食品及飲料製造業、非金屬礦物製品製造業、營造業為主，其中以飲料製造業為大宗，原因在於金門高粱酒的製造，才有如此高的生產總額，而糖果及烘焙食品製造業的生產主要還是貢糖。金門另一個特產為鋼製菜刀，隨著觀光發展，產量也維持在一定水準。在非金屬礦物製品製造業中，花崗石廠已轉型為道路、路燈養護的「養護工程所」，陶瓷廠在未來幾年可能走上關廠或轉型成博物館之途。高粱酒製酒的過程與氣候、微生物兩項製酒重要元素息息相關，而這樣些生產必備要素是來

自金門的特殊環境與氣候，故金門高粱酒產業是緊緊與金門環境聯繫在一起，必須立基於金門的特殊條件才能製造金門高粱特有的風味。金門貢糖與菜刀，目前消費群主要為到金門觀光旅遊的觀光客，這兩項皆為金門當地特有產品，其在金門的銷路較其他地區好，故貢糖與菜刀銷路的好壞與觀光業的發展有高度相關性。金門在生產面上由於自然資源的缺乏，沒有發展製造業所需的原料，製造業所需的原料皆須由台灣進口，因此成本高昂；加上當地年輕人口外流，勞動力成本高，形成對於金門二級產業的限制。故金門二級產業未來的發展，勢必配合觀光業旅遊業等三級產業的發展。

參、社會環境

金門縣政府為為鼓勵民間投資、促進產業發展、繁榮地方經濟，特制定《金門縣促進投資獎勵自治條例》乙種，對投資案件有許多優惠之措施。近年所設定的「投資計畫與發展遠景」產業類別包括觀光產業、農工商水產品加工業、金門地區傳統產業、高科技產業、其他符合本縣需求之產業。就觀光資源而言，以發展高優質旅遊為主軸，相關產業如旅館、餐飲、購物、會議、休閒度假中心等，經評估後認為是較具發展潛力與前景的行業。符合本自治條例之產業，依其業別與投資金額，政府分別給予部份或全部之優惠。優惠項目包括土地之取得、資金之取得、租稅之減免、獎勵金之給與、公共設施之配合等。金門產業發展的自然條件可能不盡理想，但若能妥善強化社會環境，營造一個適合投資的氛圍，相信有助於招商，吸引外來資金。除了政府的獎勵政策外，更重要的是相關的支援是否到位，也就是說金門這個「地點」的空間網絡能否與世界接軌，物資的進入、產品的輸出、資訊的掌握、工作的意願、生活的品質都關係到招商的成敗，金門二級、三級產業發展能否成功，就看以下這些環境的治理能否令人滿意。

一、水電供應

1997 年奉行政院核定「金門電力公司」改組，併入國營之台電公司，同年 7 月 1 日成立「台灣電力公司金門區營業處」。金門地區用電普及率

已達 100%，預估到 2011 年以前，金門地區的電力供應都不虞匱乏，並在中央經費大力支援之下，電價調整到與台灣相同。以金門的用電量力計，發電成本比台灣高很多，台電每年要負擔 10 億元以上的虧損，「用電愈多，虧損愈大」，惡性循環下，對金門的經濟發展極為不利。「小三通」之後，地方民意代表建議向大陸漳州電廠購電，省下的電費可用於其他基礎建設，提升金門的競爭力。雖然這純粹是經濟考量，但要完全不涉及國家認同或政治問題，似乎也不可能。

金門地區自來水普及率已達 99%，但供水並不穩定，枯旱時段軍民多為缺水所苦，加上開放觀光旅遊及外流人口回流等因素影響，未來供水將更加不足。為因應未來發展所需，金門自來水廠建有海淡廠一座，湖庫 15座，除積極開闢新水源，更新輸水幹管之外，另著手執行金門地區公共給水系統全面改善工程，並規劃從大陸接管供水之研究。除了供水問題外，金門自來水的水質長久以來也被居民所詬病。2009 年環保署抽驗全台 1萬多件自來水水樣，共 40 件不合格，其中金門縣不合格率最高，不合格件數高達 22 件，不合格的原因除了淨水場操作管理不當，也因為金門地區水源多來自平地水庫，水源容易受到生活用水污染。金門縣用水問題也包括「總三鹵甲烷」與「亞硝酸鹽氮」等化學物質過高，可能造成中樞神經病變以及心血管問題，而且「總三鹵甲烷」與「亞硝酸鹽氮」無法完全靠煮沸消除。目前環保署已經補助金門縣政府辦理太湖周邊污水截流工程，可望逐漸改善金門水質問題。[12]

二、交通系統

在對外交通上，金門目前與台灣之高雄港、台南安平港、台中港、嘉義布袋港、基隆港、花蓮港等均有航線；另與大陸之廈門、泉洲等均有商船來往，海運交通便利。2000 年 12 月行政院核定「金門港」為「國內商港」，同時指定為「離島兩岸通航港口」，劃分為一港三區，包括料羅港區、水頭港區、九宮港區。料羅港位於料羅灣，1957 年 9 月 1 日成立，原名漁港碼頭管理處，為金門縣軍、商漁共用港。1975 年 7 月 1 日更名為金門縣漁港管理檢查處，1985 年 9 月 1 日改制正名為金門縣港口檢查處。戰

---

12 李彥穎，〈水要煮沸，飲用水金門不合格率最高〉，《台灣醒報》，2010 年 4 月 6 日。

地政務解除後，核定正名為「福建省金門縣金門港務處」。由於料羅港區範圍不大，碼頭擴張受限，無法成為優良大港，因此經中央核定，自 2001年開始在水頭海域興建「金門水頭商港」。水頭與九宮碼頭為大小金門往返之門戶，為方便旅客及貨物載運，進行碼頭拓寬與延伸、購置新型客貨輪、闢建浮動碼頭等設施。目前金門縣車船處購建有「浯江號」、「富國號」、「裕民號」、「太武號」等交通船，負責大、小金門間人、貨之載運，民間亦投資客、貨船 20 艘加入海運服務工作。為有效改善大、小金門之間的交通問題，刻正進行有關「金門大橋」之規劃設計，此一跨世紀的大工程完竣後，除立即有效解決離島交通問題外，「金門大橋」將成為本縣最具觀光價值的新地標。在「小三通」方面，已闢闊金門至廈門定期航線，由「太武號」載運旅客往返於金、廈之間。目前由民間所投資「馬可波羅號」、「東方之星」、「新金龍號」等大型客輪也加入金、廈之間觀光客往返之服務。

金門的對外航站為金門尚義機場，屬丙種航空站，空中航運交通概況，計有：立榮、遠東、復興、華信等四家航空公司，經營金門有至台北、高雄、台中、台南、嘉義等 5 條航線。1949 年國軍在西洪五里埔興建機場一座，1951 年 6 月國防部核准復興航空公司班機飛航金門，每週一班，至1958 年 8 月 23 日因砲戰而停航。隨即機場以軍事作戰考量遷移尚義，改由空軍班機飛航至 1987 年，因往返台金旅客日益增，政府因應民意需求，於當年 9 月份由遠東航空公司首航金門—台北航線，為台金民航空運開啟新的紀元，並陸續有復興、立榮、國華、大華、長榮、瑞聯等航空公司先後加入營運。金門航空站自成立以來，迄今即將邁入第 14 年頭，平均每年服務台金往返旅客約 120 萬人次，對金門地區觀光事業發展及交通運輸貢獻良多。民航局為配合國軍精實專案，自 2000 年 1 月 3 日起正式接管金門尚義機場。2003 年完成 ILS 儀降導航設施，同時因應小三通人數增加，飛機起降架次以及客運量逐年快速增加。

大金門現有道路全長約 370 公里，平均每平方公里道路長度約為 2,503公尺，道路系統主要是由中央公路、環島東路、環島西路、環島南路、環島北路等五條幹道所組，其道路網密度較台灣地區為高，堪稱世界第一，路網如織，四通八達，且大多是瀝青路或水泥路面。1963 年 5 月 1 日金門縣公共車船管理處成立，原稱「金門縣公共汽車管理處」，1992 年年戰地

政務終止，接辦大小金門離島海上船運業務，更名「金門縣公共車船管理處」迄今，並依法籌設「浯江輪渡有限公司」，職掌地區公共車船營運業務，提供大眾運輸服務。在公共汽車方面，設營運站四處：山外車站、金城車站、沙美車站、烈嶼車站；營運客車 56 輛、招呼站 216 處、候車亭 210 座、保養場 1 處；行車路線 29 線、營運里程 456.8 公里，每日行駛里程 6,185 公里。公車族主要為學生，比例為 43%，學生、老人、縣籍居民憑票證免費，這是政府的福利措施，完全不符營運成本。2007 年 7 月 1 日開始，金門縣政府和金管處合作開闢觀光公車，行駛各個觀光景點，為響應環保旅遊，推出「慢遊金門」的新遊程，以觀光公車結合自行車，希望引導遊客細細品味島嶼的人文和自然風情，打造出夏季最夯的休閒活動去處，現今的旅遊風潮，已由「走馬看花」、「定點度假」，發展至「緩慢旅遊」，一種步調緩慢、甚至是無特定目的旅遊方式，為此金門縣政府和金管處合作推出的「陽光、森林、青草地之旅」，未來將使金門 163 個自然村都是旅遊特色景點。

三、郵政電信

金門未設郵政之前，理其事者，厥惟「舖遞」與「民信局」而已，舖遞傳達官方文書，民信局則為民傳信。金門的海外僑胞贍家匯款，多賴民信局，1949 年，金門尚有民信局 5 家，到了 1987 年，尚存 3 家繼續經營，目前僅有「三益」一家，算是末代僑批了。[13]三益位在金門金城鎮中興路，專管新加坡僑匯業務，也是海峽兩岸碩果僅存的一家。為適應金門地區特殊環境與事實需要，1964 年 9 月 3 日國防部頒布《金門地區民信局管理辦法》，使一些兼僑匯業務的商店，取得合法性。但在 1966 年 2 月 12 日廢止，另公佈施行《金門地區兼營僑匯商店管理辦法》，管理工作，由政委會統一籌劃，督導施行。

金門孤懸海外，非交通碼頭，郵件稀少，光緒庚子辛丑間，始設郵政代辦處於后浦街，委託殷實商號兼理，民國初年，增設沙美街及烈嶼西方鄉代辦處二所。邇後風氣漸通，郵件日多，九年冬，始就后浦街代辦處改

---

[13] 唐存政，「末代僑批——兼介僑批史略」，http://www.ydtz.com/news/shownews.asp?id=30948。

設三等郵政局，派員專司其事，而沙美烈嶼兩處隸屬焉。1937 年金門淪日，郵務曾一度停頓，抗日勝利後仍恢復為三等局。1953 年升為二等甲級局，由台灣郵政局管轄。1956 年 12 月 25 日，國防部在金城成立第一軍郵局，以後陸續在烈嶼、沙美，料羅、小徑、頂堡、大膽設立軍郵派出所，各軍郵機構均與金門郵局配合作業。1963 年 9 月 26 日軍郵派出所改稱軍郵所，1982 年 9 月 1 日各軍郵所改稱隨軍軍郵局，僅餘的第一軍郵局也在 2002 年底，隨著交通部郵政總局更名為中華郵政公司之時改制，旋於 2006 年底改為山外郵局。

在金門戰地政務實施時期，民眾收、寄的郵件也屬管制範圍，凡外地寄達的包裹郵件，郵務士不必送到收件人手中，而是由寄達局人員填寫一張「包裹郵件領取通知單」，通知收件人後，由收件人或委託他人持身份證件及通知單自行到郵局洽領，主要用意是由收件人自己打開郵包讓警察局派駐人員檢查後，方可帶回家，如警察人員尚未到勤，郵局人員不得發給包裹郵件。經檢查如果發現有登記在案的這禁品，如內容屬於本地區列管的書報雜誌，則予沒收或由收件人當面郵寄退回。現金門郵務空前發達，所有平常信件，均由空運，金台之間，朝發夕至。

1935 年金門縣長李世賡，為邊防緊要，關係治安，請准省政府轉陳交通部，派員查勘，設置無線電台，附設於商會，隸屬金門電台管轄，經費由交通部發給，兼收商業電報。1949 年大陸棄守後，金門成為前哨重地，為適應當地對外通訊之需要，交通部電信總局於 1955 年 7 月 1 日，設立金門電信局，同時開放國內國際電報業務。1958 年「八二三砲戰」，中外記者雲集金門採訪，向國內外及世界各地發佈新聞，每天多達 230 餘處，隨收隨發，使砲戰新聞發佈於世界各地。該局現隸台灣電信管理局管轄，核定為三等甲級局，設局長一人，下設報務機務兩課，址設金城鎮莒光路，後遷於民權路新址，並設代辦處：金湖、金沙、烈嶼三處。

金門之有電話，始於日本佔領時期，勝利後縣政府沿用其原有線路設電話站，與各鄉鎮間互相通話。1949 年國軍進駐，本縣各機關多利用軍方電話。1954 年 7 月，縣政府設立金門通信所，建設全縣性通信網，對象為縣政府及所屬各單位，學校、社團、以及交通事業、公私廠商。所址設在金城鎮民生路，轉換站兩處，一在金湖新市，一在金沙沙美。1973 年 9 月 12 日立法院交通委員蒞金視察，指示金門電信局接辦市內電話，俾便

配合地區工商業之發展。1976 年 4 月 25 日設置太武交換局並正式開放大金門自動電話業務，1981 年 9 月成立金城交換局，次年佈放大小金門海纜，並開放烈嶼地區自動電話。自 1973 年 7 月 1 日烈嶼地區開放自動電話後，金門地區已是「村村有電話」。2000 年 5 月，台灣—金門之第二光纖海纜通信系統建設完成，奠定寬頻通信服務之基礎。自 2000 年以來，金門的家戶電話普及率平均超過 98%，行動電話也愈來愈多，電信業者有台灣大哥大、中華電信、遠傳和威寶四家，但因對行動電話電磁波的恐懼，抗議基地台的社會運動一直未能消弭，另外，「國際漫遊」與「蓋台效應」都需要及早解決。

四、警政治安

　　金門是一座貧瘠的島嶼，鄉人到南洋墾殖經商及謀求發展的很多，功成名就的人也不少，在致富之後大都會回饋鄉里，造橋修路、興辦學校、接濟親人、興建洋樓和華宅更是理所當然，年老落葉歸根亦所在多有，所以歸僑和依峙僑匯的僑眷散落在金門各地。然而金門四面靠海，又緊臨大陸，海盜時常出沒，這些歸僑和僑眷就成為綁架掠贖的對象。日據時期日本留在金門的軍隊，大約有一連的憲兵，人數雖少，但嚴刑重罰下，金門的治安很好。光復之後，治安反而轉差。那時金門只有一個自衛民團，是聘雇的地方組織，根本不足以應付地方治安所需。地方也訓練保甲組織，輪流到更寮守望，目的在防備成股的海盜上岸，但效果也不大。歸僑和較富裕的人家則建造高聳的瞭望樓和碉樓，用以瞭望和防備大陸海盜來劫，但綁架搶劫事件仍時常發生。

　　1949 年初，撤到金門的部隊與日俱增，有正規軍，也有游擊隊。部隊剛到金門，軍紀非常的亂，打架、搶劫、強姦案件層出不窮。古寧頭戰役以後，嚴加整頓，軍紀才獲得改善。軍中樂園陸續設立後，強姦案件逐漸減少，社會治安始獲得確保。軍人的存在，是金門治安的動因，也是維持金門治安的力量，戰地政務時代，一切軍法侍候，對犯罪有一定的嚇阻作用。海防邊哨、宵禁管制、戶口查察，固然不盡合理，但對減低犯罪卻是功不可沒。「治安」與「自由」是現代社會的兩難，走過戒嚴與開放的金門，感受最深刻。金門居民，作息向來是日出而作，日落而息，鄉下地區

夜不閉戶，比比皆是，閩式大厝，全無鐵窗。解嚴後，金門成了不設防的島，治安的隱憂逐漸浮現。

依據旺旺中時民調中心「廿五縣市首長施政滿意度大調查」發現，合計有 88%的受訪者覺得住在金門是幸福的，僅 4%的民眾認為不幸福，幸福的原因之一是社會福利太好，另一原因是治安不錯，有 73%的人民滿意金門的治安。相較於台灣其他縣市，金門的治安目前還算理想，尤其是「境內」犯罪方面。根據金門縣警察局統計，地區 2009 年刑案發生數共有 721 件，比 2008 年的 524 件增加 197 件（「妨害投票正確罪」案有 255 件），而破獲率為 86.1%，較前年同期的 75.3%，增加了 10.8%。另根據金門地檢署起訴的案件分析，這些刑事案件主要為「公共危險罪」、「賭博罪」、「傷害罪」與「竊盜罪」，碰到選舉時才會有大量的賄選案。金門居民不多，民風淳樸，但長期以來，喜慶宴會勸酒乾杯習俗根深蒂固，因此，酒駕觸犯公共危險罪，占地區全年刑案相當大的比率。而傷害也和喝酒有關係，過失傷害又以車禍居多，換言之，如果不喝酒，地區的犯罪率將更低。過去金門各項選舉，無不「賄聲賄影」，買票、綁樁傳聞滿天飛，賄選傳聞甚而遠播到海外華人生活圈，金門因而被污名為「賄選島」。如何讓金門成為乾淨的島嶼，重拾「海濱鄒魯」的美譽，光靠檢調單位沒有用，這是文化問題，需要長期的教育。至於喝酒文化，可能已不是文化問題，已成了一種「民族性」了。

金門地區人口數量及社會型態均不若台灣各縣市複雜，因此犯罪問題並不嚴重。但因臨近大陸，地理環境特殊，近來走私、偷渡事件頻傳，尤其在開辦「小三通」以後，每年藉道「中轉」的台商與「假台商」超過數十萬人次，其中夾雜著不肖分子，利用各種方法挾帶毒品，每年檢調單位都會查獲走私海洛因與安非他命的案件，除了讓「小三通」管道蒙上犯罪陰影外，對金門的治安也是極大傷害。2000 年 2 月「行政院海巡署中部地區巡防局」成立，專責台灣中部地區及金門、烏坵地區等海域、海岸執法事務與秩序維護。金門岸巡總隊配備大型緝私艦艇，能夠有效執行金門海域海岸之巡防工作，進而落實防患走私、偷渡等犯罪案件之發生，有助於提供金門民眾安和樂利的生活環境。

第三節　行業分類與統計

壹、商家數目與類型

　　金門雖然四面環海，但是沒有優良的港口可以開闢成商埠，自有人口居住以來始終保持農業狀態，加上土地貧瘠，無所出產，一切仰賴外埠供輸，商業備極蕭條。些許漁農土產，均就近銷往廈門，市面上僅有少數日用品之交易而已。自從國軍進駐後，消費量大增，加上農漁開展，商業隨之興起。街道、市場陸續開闢，商業蒸蒸日上，百業興盛，商店林立，金門縣政府乃於 1959 年 10 月 22 日頒布「商店管理暫行辦法」，用以管理各種營業。該辦法以資本額多寡為依據將境內商店分成三種類型：

一、甲種商店：指資本在台幣二萬元以上之各種商店。

二、乙種商店：指資本在台幣一萬元以上之商店。（原列丙種商店之理髮、浴室、鑲牙、修理鐘錶、修理自行車、製冰、五金、工藝等改列為乙種商店）。

三、丙種商店：指資本在台幣一千元以上一萬元以下之茶室業，小吃業（含豆漿油條燒餅等）、球類、遊藝業、刻印業、鐵匠業、洗衣業、修理皮鞋業、度量衡業、冰室業（含清涼飲料）、燒灰業、鮮魚攤、蔬菜攤、水菓攤、雜貨攤、豆腐攤計十五種。

　　該辦法總計十四條款，對商店經營的各種可能問題有嚴格與明確的規範。此辦法施行到 1976 年，由「商業登記法」及「營利事業統一簽證辦法」所取代。根據《金門縣志，經濟志》的記載，從 1954 年到 1963 年金門歷年商店總數如下表：[14]

金門歷年商店總數表（1954-1963）

年度	1954	1955	1956	1957	1958	1959	1960	1961	1962	1963
甲種	283	222	296	272	361	510	415	450	476	455
乙種	250	288	358	368	397	310	640	680	750	909
丙種	489	688	746	897	957	1023	716	841	783	727
總數	1,002	1,358	1,395	1,537	1,715	1,834	1,780	1,972	2,009	2,091

---

[14] 金門縣立社會教育館編，《金門縣志》（金門：金門縣政府，1992 年），頁 1040。

十年之內金門的商店家數增長了一倍，顯示商業的發達。從 1964 年開始，營業商號的統計已有明確的行業分類。此時期的商號主要為以下二十一類：

買賣業	娛樂業	飲食業	加工業	理髮業	修理業	製造業	照相業
沐浴業	印刷業	裝潢廣告業	清潔服務業	公用事業	運輸業	公證信託業	保險及銀行業
典當業	新聞業	手工業	包作業	租賃業	其他		

就數量而言，1964 年的總商號數為 2,043 家，到了 1975 年增為 3,599 家，增加比例為 1/3，已不如上一個階段。就行業內容而言，主要為買賣業，約占總數的一半，其次是娛樂業與飲食業，約占總數的 1/3。此一時期金門的行業型態，基本上仍是商品經濟。

依據「商店管理暫行辦法」，娛樂業屬於丙種行業，其申請與變更由警察局負責。這是金門所謂的「特種行業」，有其治安上的考量，必須經過警察局許可發證。自 1976 年起，因實施「營利事業統一簽證辦法」，特種營業不再單獨發證。此一時期的特種行業包括：飲食業、茶室業、冷飲業、理髮業、遊藝業、刻印業、攤販業、浴室業、屠宰業、修理腳踏車業、冰廠、汽水廠、豆腐業、連環圖書業、戲院、漁販攤等，計十六項。總家數如下表：

金門歷年特種營業商店統計表[15]

年度	1958	1959	1960	1961	1962	1963	1964	1965	1966
家數	654	692	725	897	872	900	862	925	809
年度	1967	1968	1969	1970	1971	1972	1973	1974	1975
家數	945	1,070	1,192	1,249	1,258	1,351	1,448	1,498	1,772

這些所謂的「特種營業」，多是小規模的居家生活業，幾乎都是以駐軍為服務對象，因此在人際關係上會比較複雜，警察介入管理自有其道理。因為資本額小，而登記後半個月即可開業，歇業的程序也相對簡單，因此易於成長。

---

[15] 資料來源同上，頁 1153。軍中戲院八家，未計在內。

金門歷年營業商號統計表（1976-1987）[16]

年度	1976	1977	1978	1979	1980	1981	1982	1983	1984	1985	1986	1987
買賣業	1791	1680	1676	1685	1651	1663	1683	1722	1720	1718	1708	1667
製造業	391	397	395	402	408	408	418	425	419	413	412	392
服務業	344	354	366	384	384	392	400	414	401	404	402	394
行記業	392	388	409	419	417	421	430	426	425	427	416	420
娛樂業	250	240	237	230	223	223	212	201	195	187	178	173
畜牧業	33	52	59	68	71	73	--	--	--	--	--	--
礦業	1	1	1	1	1	2	3	3	3	3	3	3
水電煤氣	11	13	12	13	13	13	13	13	13	13	14	14
加工業	5	5	5	5	5	5	5	5	5	5	5	5
建築業	56	68	67	72	72	74	81	88	92	94	93	94
運送業	15	16	17	18	18	18	18	19	30	40	59	61
銀樓業	12	12	14	32	26	28	30	32	32	34	34	30
典當業	5	5	5	5	5	5	4	4	4	4	4	4
出租業	1	--	--	--	--	--	--	--	--	--	--	1
出版業	2	2	2	1	1	1	1	1	1	1	1	1
印刷製版業	1	1	1	1	1	1	1	1	1	1	1	1
飲食業	1	1	1	1	1	1	1	1	1	1	1	1
其他營利業	--	--	--	--	--	--	--	--	--	--	--	2
總計	3221	3235	3267	3337	3307	3327	3300	3355	3342	3345	3333	3262

　　從 1975 年開始，有一些新的營利事業出現，較重要的有建築業、水電煤氣行、行記業與服務業，這些新行業的出現或擴大有其社會性發展指標，代表金門商業的經營型態逐漸脫離商品經濟，進入到一個以服務為導向的階段，雖然買賣業家數仍占一半，但重要性已大不如前。

　　原先的統計表登錄了三十種行業，但是以下這些行業都沒有資料：農林業、漁業、金融業、保險業、證券業、保信託業、國際貿易業、倉庫業、承攬業、打撈業、廣告廣播業與旅館業等。飲食業與加工業的資料也可能

16　資料來源為《金門縣志》「經濟志」（1992 年版）。部份無資料項目已刪除，「行記業」重覆，刪除。

是錯誤的，對照該書前一個統計表，飲食業在 1975 年時有 535 家，加工業有 68 家，不可能在一年之後就全部歇業，變成個位數。上表顯示，多數營利事業雖然每年都會增長，但幅度不大，只有娛樂業明顯出現負成長。

　　1992 年 11 月 7 日，政府宣佈終止實施了三十餘年的戰地政務，金馬地區全面回歸憲政體制，還政於民。一些阻礙商業發展的管制，例如：宵禁、燈火管制、電信管制、金融管制、入出境管制，與電器用品管制等，全部解除，建築限制與「特殊商品」（可漂流之物）輸入也開放，人民的行動更自由，生活品質也獲得改善。因應大環境的需求，許多新的行業和商家紛紛出現，根據經濟部「商業登記公示資料查詢」系統，1993 年以後金門核准成立的營利事業占總數的一半，[17]但商店總數並沒有因為這樣而大幅增加，原因與駐軍減少有關。一些依附於駐軍的行業和商店已難以維持，多數處於半歇業狀態，店面多已人去樓空。2000 年 4 月 5 日政府公布實施「離島建設條例」，金門從 2001 年 1 月 1 日開始實施「小三通」，希望藉由開放與大陸地區航運、人員、貨品、金融、郵政等雙向往來，促進金馬地區的經濟繁榮。這是金馬地區新階段發展的開始，也是兩岸關係的重要一步。對金門的行業發展而言，同樣也是一個新的旅程。金門的傳統行業勢必得轉型，經營的觀念與方向都得跟著調整，以下這份統計表已透露此種訊息。

　　下表顯示，金門的商家在 1998 年時達到高峰，此後逐漸下降，下降的趨勢與比例大致上與批發零售業吻合。換句話說，早期金門商店種類幾乎都是批發零售業。這類商店規模小，資本額也小，容易受外在環境影響而歇業或轉業。「專業科學及技術服務業」在 2001 年後突然大幅度滑落，原因應與行業經營無關，這是行業分類的問題，應該是原本屬於這範疇的商店被劃歸到其他行業，以致數目急劇變少。另外，「製造業」在十年內減少超過一半。製造業屬於傳統行業，隨著金門的開放與交通運輸便利，加上小三通的影響，島民所需的商品已轉而由境外輸入，除了有觀光價值的土產業外，幾乎都會受衝擊。「運輸倉儲及通信業」、「農林漁牧業」與「金融保險不動產業」，型態上屬於較具規模的行業，而且有其市場獨占性，很難有擴展性，因此商家數目不多，變化也不大。最得注意的是「營

---

[17] 見後面章節之解釋。

造業」與「住宿及餐飲業」。戰地政務解除後，金門土地被大肆開發，居家、飯店、道路、公共建築等，一片欣欣向榮，外來資金大量湧入，投資不動產成為致富的捷徑。在任何國家，營造業向來都是社會發達的指標。若說營造業是硬體建設，則觀光業便是軟體發展。金門縣政府視觀光業為金門永續發展的命脈，官方與民間通力合作，就是要打造一個名為「海上公園」的文化島嶼。然而，經過這些年的努力，成效並不如預期，畢竟，對多數金門居民而言，觀光產業僅是眾多行業的一小部份，若從生活層面來看，影響還是有限。

金門商店種類與家數（1998-2008）[18]

種類／家數	總計	批發零售業	製造業	營造業	專業科學及技術服務業	運輸倉儲及通信業	藝術娛樂及休閒服務業	農林漁牧業	金融保險不動產業	住宿及餐飲業	其他
1998	15,992	14,249	378	132	1,045	75	18	15	62	--	18
1999	13,823	12,070	372	149	1,043	76	18	13	62	--	20
2000	12,863	11,074	369	175	1,051	76	24	12	62	--	20
2001	12,295	11,577	204	194	49	80	149	29	6	--	7
2002	11,615	10,732	201	204	28	70	25	28	38	137	152
2003	11,153	10,227	188	215	28	77	40	26	38	155	159
2004	10,970	10,013	186	232	28	75	37	28	38	165	168
2005	10,976	9,797	186	245	34	72	41	30	40	177	174
2006	10,586	9,544	178	265	33	72	61	30	40	185	178
2007	10,500	9,420	173	275	23	67	57	30	9	197	249
2008	10,402	9,279	171	293	23	73	60	31	9	212	251

近半世紀以來，人們對金門行業的了解，除了一些殘缺不全的統計數字外，幾乎毫無印象。對在地金門人而言，商店即住家，行業即生活，稱

---

18 資料來源：金門縣政府主計室 98 年 1 月統計月報。本表經過修改，依商店家數重新排列，某些行業因數目太少或無資料，合併為其他。對照原來的統計表，其他項包括：礦業土石採取業、用水及污染整治業、資訊通訊傳播業、支援服務業及其他服務業。「--」表示無資料。

它們為「文化」似嫌太沉重。金門的商家，從來不曾想過從歷史的深度來了解本身的發展與變遷，更遑論去面對挑戰，拓展商機。長期的軍管，使金門自成一個世界，有自己的法律，自己編制的條文，不必理會世界的潮流，也不受台灣本島的影響，以本書所研究的行業為例，其分類系統明顯前後不一，雜亂無章，讓人無所適從。金門正處於一個調整與適應的時期，一方面要儘快回歸國家體制，另一方面要在兩岸交流進而與世界接軌的機會中，找到自己的定位。面對未來，多數商家是時而審慎樂觀，時而迷惑茫然，不確定感一直存在。金門要走出去，金門的行業要迎向世界，這兩句話雖然不是口號，但要讓它現，必須先找到自己在世界行業架構下的立足點，才能重新出發。

貳、現行的行業分類

　　行業分類本身就是件困難的事，社會不斷變化，人類的需求也日新月異，某些新式行業甚至難以分類。中華民國自有行業分類以來，幾乎每隔數年就得修訂，顯見分類的複雜。一般社會大眾對行業、職業與產業的意義，經常會混淆，因而在分類時就會不知如何歸屬。目前使用的分類有中華民國行業、職業標準分類與經濟部「公司行號營業項目代碼表」、產業工會、職業工會分業標準表等。其間的異同大致如下：

　　一、中華民國行業標準分類是行政院主計處參照聯合國行業標準分類編訂，就所有經濟活動（含地下經濟）分類，作為統計分析及國際間資料比較之基準，與經濟部「公司行號營業項目代碼表」及產業、職業工會分業標準表的編訂目的不同，故分類方式亦不相同。

　　二、經濟部「公司行號營業項目代碼表」，係基於行政管理需要，依據公司名稱及業務預查審核準則，並配合各目的事業主管機關之專業法規編訂，以營利事業為對象，故不包括法律、會計、教育、學術研究、醫療保健、社會服務團體、人民團體和公共行政業等，與行業標準分類範圍不同。

　　三、產業工會、職業工會分業標準表，則是勞委會依照工會法的規定訂定，作為勞工申請組織工會的依據，不同的工會之間可能從事

相同的經濟活動，例如：「製衣工業同業公會」與「被服工業同業公會」均從事「梭織外衣製造」，不符統計分類之互斥、周延原則。

　　本書所使用的分類是行政院主計處的行業標準分類系統，這個系統主要提供統計分類之用，於 1967 年公布試行，分類架構計分為大、中、小類三個層級，其中大類依照 1958 年聯合國國際行業標準分類（International Standard Industrial Classification of All Economic Activities, ISIC）編訂；中、小類則根據我國國情與需要，並參照國際行業標準分類及美國、日本、加拿大三國人口普查之行業分類酌予增減。1971 年行業分類第一次修訂，分類層級參考 1968 年 ISIC，擴增為大、中、小、細四個層級。其後為反映產業結構變遷，於 1975、1983、1987、1991、1996 及 2001 年多次修訂，分類體系已近完備。近年來由於經濟與社會環境變遷快速，產業結構多有轉變，因而再度重新檢討修訂（第八次），現行分類的十九項大類名稱如下：

中華民國行業標準分類表（大類）

A 農、林、漁、牧業	B 礦業及土石採取業
C 製造業	D 電力及燃氣供應業
E 用水供應及污染整治業	F 營造業
G 批發及零售業	H 運輸及倉儲業
I 住宿及餐飲業	J 資訊及通訊傳播業
K 金融及保險業	L 不動產業
M 專業、科學及技術服務業	N 支援服務業
O 公共行政及國防；強制性社會安全	P 教育服務業
Q 醫療保健及社會工作服務業	R 藝術、娛樂及休閒服務業
S 其他服務業	

　　根據在這個系統，金門現有的行業，主要分布在以下十二大類中：[19]

---

[19] 統計日期為 2006 年 11-12 月，依據金門 2006 年電話黃頁與經濟部金門縣工商登記查詢系統，並參考經濟部「公司行號營業項目代碼表」，總數約二千七百餘家，一百種行業。核准成立時期從 1975 至 2006 年，期間已歇業的商家或公司也包含在內。

一、農、林、漁、牧業

中、小、細類	行業名稱	數目	說明
A 0117 花卉栽培業	園藝業	14	包括園藝、種苗、盆栽，以及園藝材料行。後者雖未直接從事花卉栽培，但與園藝業關係密切。園藝景觀業，劃分在景觀類。

二、製造業

中、小、細類	行業名稱	數目	說明
C 08 食品製造業	食品加工製造業	28	包含各種農畜漁產加工。部份商家從營業項目中無法判別行業性質。以工廠為名者皆歸入此類。
C 0891 烘焙炊蒸食品製造業	糕餅店	42	包括西點麵包店、糕餅店、蛋糕店、以及主要由麵粉製作的食品店。
C 0892 麵條、粉條類 食品製造業	製麵店	15	包括麵線、麵條等。
C 0894 糖果製造業	貢糖店	55	包括貢糖廠、貢糖店、特產中心。大部份商家都是製造與銷售，少部份商家只從事批發零售，不製造。
C 0899 未分類其他 食品製造業	製冰廠	15	其沒落自然與冷凍器具之普遍使用有關。
C 1611 印刷業	印刷社	26	包含屬於印刷輔助業的打字社與刻印社。鎖匙行雖不在此類，但多與此行業相結合。
C 2004 中藥製造業	青草行	19	栽種一條根，一條根的產品加工。前者屬於農林漁牧業中的 0113 特用作物栽培業。
C 2340 石材製品製造業	石材加工業	8	包括石材加工、製造與零售。碎石廠包含在內。
C 2522 金屬建築組件製造業	鐵工廠	24	包括鐵工工程公司。
C 3211 木製家具製造業	木器加工業	10	包括木器加工、木器製作、裝潢等。

三、營造業

中、小、細類	行業名稱	數目	說明
F 4100 建築工程業	營造公司	113	包括營造股份有限和營造公司，某些營造公司的前身為營造廠，負責人相同。建築商與建設公司歸在不動產業。

	營造廠	45	營造廠分甲乙丙三級,丙級資本額較低。
F 4200 土木工程業	土木包工業	36	包含了作為建築工程業的下游工程包商,以及包括 F421 與 F422 等小類在內的土木工程之興建、改建、修繕。
F 4220 公用事業設施工程業	水電工程行	74	包括水電行、水電工程公司、水電工程行、機電工程、電梯升降設備、冷凍空調,安裝修理,水電器材批發零售。
F 4320 庭園景觀工程業	景觀工程業	10	包括景觀工程與造景工程,不含景觀設計。

四、批發及零售業

G 474 家庭器具及 用品零售業	家具燈飾批發業	30	包括傢俱、家具、燈飾、衛浴設備、窗簾、寢具、廚具等,批發兼零售。裝潢傢俱歸在裝潢工程。
G 4520 綜合商品批發業	企業社	81	企業社是一種經營型態,不是行業。因其業務繁多,無法從事業體名稱上歸類,也無法從營利內容歸類。
	貿易公司	16	在金門的行業分類中無此行,電話分類簿上無此行的登錄。從其營業內容看,屬於各種商品的批發業。
	實業公司	75	在電話分類簿上無此行業,從營業內容看,業務很多,主要還是商品批發,也從事服務業,不動產開發等業務。
G 4539 其他農產原料批發業	飼料行	8	飼料批發與製造。包括飼料行與批發零售飼料之商行。
G 454 食品、飲料及 菸草製品批發業	食品批發業	67	包含冷凍食品,不含食品加工業及食品製造廠。本業以食品批發售買賣為主。部分以公司型態經營的企業兼營食品製造。
	特產行	27	主要為煙酒、金門土產與日常用品之批發零售,偏重在食的方面。
G 461 建材批發業 (包含零售)	建築材料業	88	包括建材行、建材公司、建材工程公司、建材製造、鋁門窗、玻璃行等。建材與其他行業結合者,歸在此類。
G 4653 汽機車零配件、 用品批發業	汽車材料行	26	包括汽車材料、汽車五金、汽車百貨。

G 4711 食品飲料為主之 綜合商品零售業	便利商店	18	包括便利商店與超商。
G 4719 其他綜合商品零售業	大賣場	4	包括量販店
G 472 食品、飲料及 菸草製品零售業	南北貨批 發零售業	155	事業體名稱包括商號、商行、商店、商舖、雜貨店、什貨店、各種行號記等。其他僅有名稱字的商家，不作統計。
G 4722 肉品零售業	屠宰業 （肉店）	25	包括豬肉店、牛肉店、屠宰商店與雞鴨店。
G 4723 水產品零售業	水產行	15	包括魚行、魚店、水產行、海產行。
G 4729 其他食品及 飲料、菸草製品 零售業	茶行	7	包括茶行、茶莊、茶店。不是製茶業。
G 4731 布疋零售業	綢布莊 （布行）	13	包括布莊、布行與布店。通常在營利事業登記中並不註明。
G 4732 服裝及其配件零售業	百貨業	32	包括百貨店、百貨行及分類電話簿中登錄為百貨業的商家。不包括已經分類的百貨行。
	服裝 飾品業	145	包括服飾、男飾、服裝、男裝、西服、西裝、女裝、童裝、時裝、成衣、內衣、（皮）鞋、帽等，以及精品屋。西服的縫製與修改也包含在內，不含運動服。婚紗不在內，納入攝影。
G 474 家庭器具及 用品零售業	五金 製品業	38	包括五金、五金材料、五金建材（建材五金歸入建材類）、五金車材、五金百貨。有關車材、水電、建材、農業、機械，農機等五金歸入前述行業。
G 4741 家庭電器零售業	電器行	63	主要為電器買賣，兼有維修安裝。屬於中大型家用電器，視聽音響器材也包含在內。少數的商家名為電氣行。
G 4744 鐘錶及眼鏡零售業	鐘錶 眼鏡行	22	包括鐘錶、鐘錶眼鏡、鐘錶刻印、眼鏡等店名。鐘錶銀樓列入銀樓業。
G 4745 珠寶及貴金屬製品 零售業	珠寶 銀樓業	19	包括銀樓、珠寶、珠寶銀樓、銀樓鐘錶與玉石業。

G 4751 藥品及醫療用品 零售業	中藥房	13	事業體名稱主要為「中藥房」和「藥房」，少數稱「國藥房」、「藥局」，或稱「堂」，或直接以負責人名字刊登於電話簿。
	西藥房	16	事業名稱較單純明白，幾乎都是「西藥房」。
G 476 文教、育樂用品 零售業	音樂 唱片行	9	包括音樂行、唱片行、樂器行、樂坊等。屬於器材零售業，不是補教業。
G 4761 書籍、文具零售業	文具店	18	大部份的書店兼賣文具，文具書店歸入書店類。這一類為文具行或賣文具的商行。
	書店	22	書店與書局，部份商家在營利登記中未註明是書店。
G 4762 運動用品、器材 零售業	體育 用品社	25	包括用品社、用品店與商行，運動服也包含在內。自行車與釣魚用具也是運動器材，列入此類。
G 4763 玩具、娛樂用品 零售業	玩具店	8	專營玩具者不多，多數為商行兼營玩具零售。
G 4821 加油站業	加油站業	4	目前金門有五處加油站：金門、成功、金沙、金城、烈嶼。但不以「加油站」作為事業體名稱，而是以公司型態經營油品業與汽車業。
G 4829 其他燃料零售業	瓦斯行	21	包括瓦斯行、煤氣行、瓦斯公司、分裝廠、供銷站、石油製品等。
G 4831 電腦及其週邊設備、 軟體零售業	電腦行	53	包括器材零售與維修。硬體電腦公司與資訊軟體公司，電腦通訊列在通訊行。
G 4832 通訊設備零售業	通訊行	27	主要為通訊器材買賣，也包括工程行。包括通訊公司與電信公司。事業體名稱有通訊、電信、通信、電訊等。
G 4841 汽車零售業	汽車商行	42	包括汽車商行、汽車行、汽車公司、汽車股份有限公司。
G 4842 機車零售業	機車行	24	包含機車行（零售）、機車修理、機車材料行，汽機車合業者歸入汽車業。
G 4851 花卉零售業	花店	18	名稱包括花店、花坊、花藝坊、花苑、花卉百貨。
G 4852 其他全新商品零售業	水族 寵物店	4	包括水族館

	宗教 用品店	8	不含壽板和金銀紙。
	金紙業	15	包括金紙、紙舖、冥紙、金紙加工，。
	彩券行	7	92 年以後有的新興行業。
	壽板店	4	包含棺木店。
	禮品社	26	包括禮品、藝品、贈品與紀念品。禮儀禮品除外。

五、運輸及倉儲業

H 4932 計程車客運業	汽車 客運業	9	計程車客運。不含公共汽車。
H 4939 其他汽車客運業	遊覽車 客運業	12	遊覽車出租客運業。
H 4940 汽車貨運業	汽車 貨運業	15	包括汽車貨運、小貨車貨運等。組織型態皆為獨資。
H 5010 海洋水運業	海運業	60	事業體名稱包括航運、海運、船務、輪渡、輪船與船舶。組織型態為行、公司與股份有限公司。
H 5101 民用航空運輸業	航空公司	2	華信有金門站，立榮有金門分公司，都沒有營利登記資料。

六、住宿及餐飲業

I 5510 短期住宿服務業	旅館業	26	包括大飯店、旅社、民宿、賓館、山莊等。只從事餐飲的飯店屬於 I 5610 餐館業。招待所包含在內。營利登記上無旅社、賓館、招待所之名目。
I 5610 餐館業	小吃店	203	包括小吃店、餐飲、飲食、菜館、早餐店、鍋貼餃子、麵食、廣東粥、咖啡店、茶藝館、速食店、視唱中心等。
	冰菓室	57	包括冰果（菓）室與撞球室。冰菓室具有小吃店與雜貨店性質，部份兼營撞球。
	餐館業	62	包括中餐、西餐、素食、海鮮、海產與各種外國料理。以餐飲為名的商家，列入小吃店。以飯店為名的商家中部份屬於此類。

七、資訊及通訊傳播業

J 5811 新聞出版業	報紙社	1	尚有一家金門晚報社,但無營利登記。幾家大報,聯合、中時、自由、中央,在金門都設有採訪辦事處。
J 5914 影片放映業	戲院	5	不包括軍方的,例如「國光戲院」。若含軍方的文康中心,最盛時不下二十家。金沙與金門在營利登記中尚未註記歇業,實際上已停業。
J 6010 廣播業	廣播電台	2	太武之春廣播電台頻率 FM92.9 YES RADIO,收聽範圍包括金門、廈門、福州、漳州、晉江、南安、惠安、海滄等地。
J 6022 有線及其他付費節目播送業	有限電視	3	「名城有線電視」本身不是事業體名稱,只是該公司的業務之一。

八、金融及保險業

K 6412 銀行業	銀行	4	金門的銀行業除了銀行外,尚有信用合作社,屬於縣政府的公營單位。
K 6495 典當業	當舖業	1	僅有一家(金門當舖無登記資料)
K 6510 人身保險業	人壽保險公司	3	另外幾家保險公司都在金門設辦事處或通訊處。例如:中國人壽、台灣人壽、幸福人壽、保誠人壽、美商美國安泰人壽、國泰人壽、新光人壽、三商美邦人壽以及中央信託局等。
K 6520 財產保險業	產物保險公司	2	台新保險、永達保險、鴻安保險在金門設有代理人或經紀人。
K 6611 證券商	證券公司	3	復華綜合證券股份有限公司金門分公司無營利登記。

九、不動產業

L 6700 不動產開發業	建設公司	37	包括建設公司、開發建設公司、建設開發公司及與房地產有關的開發公司。一般而言,公司業務繁多。
L 6812 不動產經紀業	房屋仲介公司	2	總共只有兩家,原因是金門人幾乎不買賣舊房子,而新不動產的買賣則由建設公司負責。

十、專業、科學及技術服務業

M 711 建築、工程服務及 相關技術顧問業	工程 顧問業	12	屬於從事建築、工程服務及其相關技術顧問之行業。這是一個新的行業，最早的事業體成立於 85 年，但是顯然不易經營，收歇與遷移他縣市者占了一半。
M 7112 工程服務及 相關技術顧問業	科技公司	16	雖名為科技，其實大多與科技無關，主要為電腦資訊等器材之批發零售。必須查其營業內容，才能判別為何種行業。部份商家有工程性業務。電腦、資訊與通訊的科技公司列在電腦與資訊通訊類。科技與科技中心等獨資事業也列在電腦行。
M 7311 一般廣告業	廣告社	14	營業範圍很廣，不限定一般廣告業。招牌業也包含在內，但查無招牌事業體。
M 7401 室內設計業	裝潢 工程業	45	包括油漆工程、鐵棚、鐵窗、門欄工程（鐵工廠獨立出來）。部份裝潢行兼賣材料，部分商家應歸入 F 4340 最後修整工程業。
M 7601 攝影業	照相館	39	包括攝影、影照、沖印、數位影像與婚紗攝影。

十一、支援服務業

N 7721 汽車租賃業	汽車 租賃業	15	主要為汽車與小客車租賃，事業體組織型態為行、社、公司、中心。
N 7732 錄影帶及碟片租賃業	錄影帶 出租店	5	應該有未登錄的。
N 7739 其他物品租賃業	小說 出租店	11	包括漫畫屋。主要為出租，兼有零售。
N 7900 旅行業	旅行社	50	多為本國公司的分公司，已經解散和歇業的比率高。部份現況為歇業，但在商業司的登記中仍是奉核成立中。業務較單純，不從事旅行業以外的業務。有甲種與乙種之分。
	旅遊資訊 中心	37	在 94—95 年的分類電話簿中已經見不到這個行業了。包括旅遊資訊、旅遊資訊服務中心、旅遊資訊中心，幾乎都成立於81年，84年以後即已消失。
N 8001 保全服務業	保全公司	2	新興行業

十二、其他服務業

S 9610 洗衣業	洗衣店	9	包括洗衣與乾洗、染。
S 9511 汽車維修業	汽車 修理廠	28	包括汽車修理、修配、保養、美容,以及板金電機等。部份汽車商行實際上是修理廠。
S 9620 理髮及美容業	美容院	57	事業體名稱最為繁雜,包含美容院、美容中心、美容坊、美容工作室、美容生活館、美膚、護膚中心等。
	理髮廳	52	包括理髮廳、理髮店、理髮室、理髮業。有甲級與乙級之分。
	髮廊	51	單獨再將美髮、髮廊、髮屋、髮型工作室、髮型廣場、髮型中心等歸為一類,主要考量為這一行服務的對象包括男士與女士,比較不像理髮店與美容院有較明顯的性別取向。
S 9630 殯葬服務業	禮儀社	6	包括禮儀社與葬儀社。
S 9690 其他個人服務業	卜相館	3	僅有卜相一詞,沒有台灣地方常用的堪輿、命相、算命、擇日等詞。
	浴室 澡堂業	8	包括浴室與澡堂。
	畫廊	7	含藝廊。主要為字畫裱褙。

參、工廠生產概況

在金門的十二大類行業中,最值得論述的應該是製造業。這些年,金門的觀光靠製造業撐起半邊天,例如高粱酒、瓷器、貢糖、土產、鋼刀等,都是屬於製造業。製造業是金門人收入的主要來源,我們甚至可以說製造業就是金門行業的核心。製造必須要有工廠,金門的工廠除了酒廠外,其餘的都是小型工廠。這些工廠多數仍在營運中,但因為規模小,許多工廠雖然核准設立,卻未取得工廠登記證,以致調查較為困難。金門的工廠總數約在一百餘家。以下就經濟部工業局「產品類別與主要產品一覽表」,對這 111 家工廠作粗略的調查。依照上述的統計表,我國的工廠產業代碼與內容,從 08 到 33,共 26 類,金門的工廠分布在以下十四項中:

金門縣工廠產業類別表

08 食品製造業	09 飲料製造業
12 成衣服飾品及其他紡織製品製造業	14 木竹製品製造業
16 印刷及資料儲存媒體複製業	17 石油及煤製品製造業
18 化學材料製造業	20 藥品製造業
21 橡膠製品製造業	22 塑膠製品製造業
23 非金屬礦物製品製造業	24 金屬基本工業
25 金屬製品製造業	29 機械設備製造修配業

主要有兩類,一是以鐵工廠為主的金屬製品製造業,另一是以製作貢糖為主的食品製造業,二者的工廠家數約占總數的一半。其他的工廠除了公營與官方投資者外,幾乎都是夕陽工業,即便尚在生產中(87家),也是難以獲利。為了生存,金門的工廠甚多兼營其他產業,也就是說,很難嚴格將之歸為單一產業,產品也是儘量多元化,以滿足最多人的需求。就組織型態而言,以獨資為主,較新近且大型的工廠才會組成股份有限公司。在111家工廠中,獨資的57家,股份有限公司有16家,有限公司15家,未註明的23家。詳細情形參見下表。

金門工廠生產概況表[20]

序號	工廠名稱	產業類別	主要產品	組織型態	所在地	現況
1	中興玻璃纖維製品廠	8	人造纖維／合成樹脂	獨資	金寧鄉榜林村東州 29 號	生產中
2	東興塑膠廠	8			金沙鎮汶沙里沙美 133 之 1 號	歇業
3	三合保麗龍廠	8	其他化學製藥		金城鎮賢庵村賢厝 25 之 6 號	生產中
4	上古厝麵線	8		獨資	金寧鄉湖埔村下埔下 303 號	生產中
5	口福西點麵包廠	8		獨資	金城鎮金水里后豐港 63 號	生產中

---

20 資料來源,經濟部工業局「工廠公示資料查詢系統」。製表日期 2006 年 12 月。產業類別只選擇第一項目,主要產品也只選擇第一項。

6	大化麥芽廠	8			金沙鎮光前村后水頭 27 號	公告 註銷
7	天下貢糖廠	8		獨資	金湖鎮新湖里湖前 73、73 之 1	生產中
8	天王貢糖 特產專賣	8		獨資	金寧鄉安美村中堡 27 之 5 號	生產中
9	太祖實業有限 公司食品廠	8		有限 公司	金湖鎮國順街 17 號	設立 未登記
10	木記貢糖廠	8		獨資	金城鎮西門里莒光路 181 號	生產中
11	巧香	8		獨資	金城鎮西門里珠浦北路 60 號	生產中
12	名記食品企業 有限公司	8		有限 公司	金寧鄉榜林村伯玉路一 段 228 號	生產中
13	合興食品工廠	8			金湖鎮新市里復興路 86 號	歇業
14	亞倫	8		獨資	烈嶼鄉西口村西方 20 號	生產中
15	采香現烤西點 麵包廠	8			金湖鎮新市里國順街 26 號	公告 註銷
16	金口福農產品 加工廠	8			金湖鎮正義村夏興 31 之 1 號	公告 註銷
17	金永記食品 企業有限公司 食品工廠	8		有限 公司	金城鎮東門里民族路 115 巷 8 號	生產中
18	金門大方食品 有限公司	8		有限 公司	金城鎮西門里環島北路 26 號	生產中
19	金門區漁會	8			金湖鎮新湖里信義新村 121 號	生產中
20	金門縣 畜產試驗所	8		公營	金湖鎮蓮庵里惠民農莊 17 號	生產中
21	金城食品 加工廠	8		獨資	金湖鎮新市里國順街 15 號	生產中
22	金城食品廠	8			金寧鄉盤山村下堡 38 號	公告 註銷
23	金美	8		獨資	金湖鎮新市里林森路 17 號	生產中

24	金瑞成貢糖廠	8		獨資	烈嶼鄉黃埔村林邊 5 號	生產中
25	金福美	8		獨資	金湖鎮山外里下莊中興路 49 號	生產中
26	長注貢糖廠	8		獨資	金沙鎮光前里陽翟 61 號	生產中
27	長記	8		獨資	金湖鎮新市里自強路 13 號	生產中
28	雨宙實業股份有限公司	8		有限公司	金湖鎮新市里國順街 12 號	生產中
29	柏康企業有限公司礦泉水工廠	8			金沙鎮汶沙里沙美 133 號	歇業
30	紅高粱餅店	8		獨資	烈嶼鄉上歧村青岐 80 之 3 號	生產中
31	美佳香	8		獨資	金寧鄉安美村中堡 35 之 2 號	生產中
32	時代	8		獨資	金城鎮北門里中興路 173 巷 14 弄 18 號 1 樓	生產中
33	益昌	8		獨資	金寧鄉安美村山灶 1 之 1 號	生產中
34	馬家麵線	8		獨資	金寧鄉榜林村伯玉路一段 218 號	生產中
35	高坑有限公司	8		有限公司	金沙鎮何斗里高坑 3 之 1 號	生產中
36	唯王食品廠	8		獨資	金湖鎮新市里國順街 4 號	生產中
37	陳金福食品股份有限公司伯玉廠	8		(股)	金城鎮東門里伯玉路一段 90 號	生產中
38	尊農畜產企業股份有限公司飼料工廠	8		(股)	金湖鎮蓮庵里西村農場 2 號	生產中
39	新景承商行	8		獨資	金湖鎮新市里武德自強路 20 號	生產中
40	源鴻農產品加工廠	8			金城鎮東門里伯玉路一段 100 號	歇業

41	萬成食品加工廠	8		獨資	金寧鄉榜林村伯玉路一段 211 號	生產中
42	聖祖食品股份有限公司	8		(股)	金湖鎮新湖里信義新村84、85 號	生產中
43	聖祖食品股份有限公司金湖廠	8		(股)	金湖鎮國順街 20 號	設立未登記
44	鼎倫食品股份有限公司料羅廠	8		(股)	金湖鎮料羅里料羅 171 號	生產中
45	鼎倫食品股份有限公司料羅廠	8		(股)	金湖鎮料羅里料羅 171 號	生產中
46	趙王食品工廠有限公司	8		有限公司	金寧鄉湖埔村埔邊 1 號	生產中
47	金門大順酒廠股份有限公司	9		(股)	金湖鎮新市里國順街 22 號	生產中
48	金門酒廠實業股份有限公司金城廠	9	藥品		生產中	
49	金門酒廠實業股份有限公司金寧廠	9			金寧鄉桃園路一號	
50	金門遠東酒廠股份有限公司	9		(股)	金城鎮北門里伯玉路一段 80 巷 18 弄 26 號	生產中
51	金門縣自來水廠	9		其他	金城鎮東門里民生路 1 號	生產中
52	酒鄉股份有限公司	9		有限公司	金湖鎮新市里國順街4、6 號	生產中
53	永裕塑膠廠	12			金寧鄉湖浦村下浦下 38 號	公告註銷
54	亭湘成衣加工廠	12			金城鎮東門里	設立未登記
55	金鴻源	14	木竹製品／橡膠製品	獨資	金湖鎮山外里山外街 3 號	生產中
56	青年木器加工廠	14		獨資	金城鎮伯玉路一段 80 巷	設立未登記

57	瑞福鋁木加工廠	14	木竹製品	獨資	金沙鎮浦山村后宅 14 之 1 號	生產中
58	金門日報社	16	印刷及其輔助	獨資	金湖鎮正義里成功村 1 號	生產中
59	和發水泥瀝青預拌廠	17	石油及煤製品／水泥及其製品	獨資	金湖鎮蓮庵村三鯊橋 5 號	生產中
60	金三榮工程股份有限公司太湖廠	17	石油及煤製品／水泥及其製品	(股)	金湖鎮蓮庵里三鯊橋 12 號	生產中
61	南豐泰實業股份有限公司	17	其他石油及煤製品	(股)	金湖鎮料羅里料羅 151 號	公告註銷
62	發興輪胎廠	21	橡膠製品	獨資	金寧鄉榜林村伯玉路一段 230 號	生產中
63	建新塑膠廠	22	塑膠製品	獨資	金沙鎮汶沙里后浦頭 2 之 1 號	生產中
64	台金國際實業有限公司	23	石材製品	有限公司	金湖鎮料羅里料羅 161 號	生產中
65	石在砂石水泥預拌廠	23		獨資	金湖鎮蓮庵里三鯊橋 20 號	生產中
66	石在碎石加工廠	23	石材製品	獨資	金寧鄉湖埔村頂埔下 18 號	生產中
67	秀中實業股份有限公司預拌混凝土廠	23	水泥及水泥製品	(股)	金湖鎮三鯊橋 8 號	生產中
68	協龍工業股份有限公司	23	陶瓷製品	(股)	金寧鄉盤山村前厝 30 號	生產中
69	東端碎石廠	23	石材製品	獨資	烈嶼鄉上岐村東崗海口南側	生產中
70	金三榮工程股份有限公司金湖廠	23		(股)	金湖鎮蓮庵里三鯊橋 12 之 1 號	歇業
71	金利石材廠	23	石材製品	獨資	金城鎮東門里伯玉路一段 80 巷 30 號	生產中
72	金門合成預拌混凝土有限公司	23	水泥及水泥製品	有限公司	金湖鎮蓮庵里七鄰三鯊橋 10 號	生產中
73	金門宏玻陶瓷股份有限公司	23	耐火、黏土建築材料及陶瓷製品	(股)	金城鎮賢庵村三板橋 1 號	生產中

74	金門縣花崗石廠	23	石材製品	公營	金湖鎮料羅里料羅 161 號	歇業
75	金門縣陶瓷廠	23	陶瓷製品	其他	金湖鎮新湖村漁村 14 號	生產中
76	時和五金建材行	23	玻璃及玻璃製品	獨資	金湖鎮新湖里湖前 5 之 1 號	生產中
77	浯州陶藝	23	陶瓷製品	獨資	金城鎮珠沙里泗湖 95 之 1 號	生產中
78	將臺實業有限公司預拌混凝土廠	23	水泥及其製品	（股）	金湖鎮蓮庵村三谿橋 2 之 1 號	生產中
79	揚名白土股份有限公司	23	水泥及其製品	有限公司	金湖鎮蓮庵里 7 鄰三谿橋 3 號	生產中
80	森和泉水泥製品廠	23			新市里國順街	設立未登記
81	鼎魁工藝	23	陶瓷製品	獨資	金寧鄉伯玉路二段 363 號	生產中
82	嘉錦石材廠	23	石材製品	獨資	金寧鄉安美村安岐 1 之 4 號	生產中
83	欣申實業股份公司	24			金城鎮東門里伯玉路一段 56 號	歇業
84	大順鐵工廠	25			金湖鎮新市里國順街	設立未登記
85	大慶鋁門窗玻璃加工廠	25	金屬結構及建築組件	獨資	金寧鄉后盤村環島北路 600 之 3 號	生產中
86	仁禮	25	金屬結構及建築組件	獨資	金沙鎮西園里西園 102 號	生產中
87	六金	25	金屬結構及建築組件	獨資	金沙鎮西園里西園 109 之 6 號	生產中
88	天久鐵工廠	25	金屬結構及建築組件	獨資	金城鎮伯玉路一段 60 號	生產中
89	李明源鋼鐵有限公司－武德廠	25	金屬結構及建築組件	獨資	金湖鎮新市里武德新莊自強路 13 之 1 號	生產中
90	李明源鋼鐵有限公司蓮庵廠	25	金屬結構及建築組件	（股）	金湖鎮蓮庵里庵邊 2 之 4 號	生產中
91	金永利金城分店	25	金屬手工具	獨資	金寧鄉榜林村伯玉路一段 226 號	生產中

92	金合利實業有限公司鋼刀製造廠	25	金屬鍛造及粉末冶金業	有限公司	金城鎮東門里伯玉路一段 52 號	生產中
93	金合利製刀廠	25		獨資	金城鎮東門里伯玉路一段 50 號	設立未登記
94	金順利鐵工廠	25	金屬結構及建築組件	獨資	金城鎮伯玉路一段 80 巷 21 號	生產中
95	金興鐵工廠	25	金屬結構及建築組件	獨資	金沙鎮汶沙里蔡店 5 號	生產中
96	泉興鐵工廠	25	金屬結構及建築組件	獨資	金湖鎮新市里國順街 5 號	生產中
97	國順興鐵工廠	25	金屬結構及建築組件	獨資	金湖鎮新市里國順街 23 號	生產中
98	常勤鐵工工程有限公司	25	金屬結構及建築組件	有限公司	金城鎮東門里伯玉路一段 80 巷 18 弄 14 號	生產中
99	祥崗五金鋼鐵材料行	25	金屬結構及建築組件	獨資	金寧鄉古寧村林厝 52 之 1 號	生產中
100	祥瑞鑫鐵工廠	25	金屬結構及建築組件	獨資	金湖鎮新市里國順街 13 號 1 樓	生產中
101	祥麗鋁門玻璃加工廠	25	金屬結構及建築組件	獨資	金湖鎮蓮庵里峰上 17 之 1 號	生產中
102	復國鐵工廠	25	金屬結構及建築組件	獨資	金城鎮珠沙里小西門 1 之 2 號	生產中
103	華榮鐵工廠	25	金屬結構及建築組件	獨資	金沙鎮汶沙里山西路 140 之 1 號	歇業
104	集成鐵工廠	25	金屬結構及建築組件	獨資	金沙鎮汶沙里三民路 3 之 6 號	生產中
105	源信金屬工業有限公司湖前廠	25			金湖鎮國順街	設立未登記
106	義記鋁門窗玻璃加工廠	25	金屬結構及建築組件	獨資	金城鎮東門里浯江路 3 號	生產中
107	群英鐵工廠	25	金屬結構及建築組件	獨資	金城鎮南門里民族路 205 之 1 號	生產中
108	稷瑞工業有限公司湖前廠	25			金湖鎮新市里	設立未登記

109	鴻揚鋼鋁工程行	25	金屬結構及建築組件	獨資	金湖鎮溪湖里下湖44之2號	生產中
110	倚鋼工業有限公司	25	金屬結構及建築組件	有限公司	金城鎮東門里伯玉路一段76號	生產中
111	金祥富有限公司	29	鍋爐及原動機	有限公司	金城鎮珠沙里小西門4之1號	生產中

　　傳統的行業史一直是經濟學家和民俗學者感興趣的話題，近年來，有關行業研究的著作陸續出版了一些，但大都是圖片（照片）集錦，例如1997年，上海畫報社所出版的《名家繪圖三百六十行大觀》，採用今人和前人之繪畫，參雜現代照片，形象地反映了傳統的行業百態，為研究者稱道。但迄今為止，還沒有一部用歷史照片配合文字論述，如實反映近代中國百行百業變化和發展的著作。在金門的文史研究中，行業史仍是尚待開發的領域。本章著重在統計資料的運用與文字的論述，力圖從數字的意涵忠實現金門各行各業在近代的發展，向讀者提供另一扇了解金門行業的多彩櫥窗。黃仁宇在《中國大歷史》中告訴我們一個觀念，[21]歷史必須在數字上來管理，我們的歷史研究向來欠缺數字的觀念，只有籠統的敘事，缺少科學的分析，以致常被批評為不精確。然而，數字畢竟是虛的，行業是庶民生活真實的反映，僅靠統計數字和名錄表格是無法了解真相的，必須走過土地，認識人民，在田野調查中體驗行業經營的內涵。

---

[21]　參閱黃仁宇，《中國大歷史》，台北：聯經，1993年。

第三章　以駐軍為消費主體的行業

第一節　飲食業

壹、小吃店

　　俗話說：「民以食為天」，吃是庶民文化的表徵，從某種層面上看，小吃業最能代表地方特色，許多風土民情都源自小吃業。自古以來「吃」是不分貴賤、階級的行業，帝王將相，販夫走卒，都離不開吃。因此，不管經濟景氣如何，小吃業都能獨領風騷，找到屬於自己的春天。原本靠駐軍消費以養家糊口的金門各種小吃店，並沒有因為國軍精實案而一蹶不振，反而在觀光客身上重新開花結果。

　　就行業數量來說，金門的小吃業僅次於批發零售商店，自 1975 年以後，登記有案的小吃店高達二百餘家。在金門，小吃業包羅萬象，店鋪名稱除了「小吃店」外，另有「飲食店」、「餐飲店」、「美食坊」等，也有直接以販售產品命名的，例如「廣東粥店」、「鍋貼館」、「粽子店」等。近年來，受到台灣本島飲食文化的影響，一些較新穎的小吃業紛紛加入，像是一些有連鎖品牌的早餐店，但至今金門仍未有大型速食店業者進駐。店鋪名稱也崇尚新潮，諸如「餐飲中心」、「美食坊」、「視聽餐飲」等，用以拉攏年青人，挑戰傳統。然而，小吃業是頗為傳統的產業，傳統與地方特色正是它的賣點，捨棄傳統，金門的小吃店就只是一個裹腹的場所罷了，沒有吸引觀光客的能量。

　　小吃要能吸引人潮，必須配合當地的產物，試以海蚵為例。金門四面環海，潮間帶面積寬廣，適合養殖牡蠣。牡蠣的種類很多，全世界已發現一百餘種，分布在中國及台灣沿海的約二十餘種。牡蠣在兩廣一帶俗稱「蠔」，福建與金門人稱為「蚵」。[1]牡蠣的吃法在閩南一帶，有其傳承。金門俗諺說：「正月蔥二月韭」、「蚵肥韭菜香」，用肥蚵和韭菜或青蔥

---

[1]　許維民，《金門小型產業調查研究》，中華民國國家公園學會，2003 年。

做成蚵兜、蚵碟炸、是金門的應時小吃。今日還可以品嚐得到的海蚵料理，較著名的有蚵仔煎、蚵仔麵線、蚵仔粥、蚵嗲、蚵仔酥、蚵仔煎等。一般而言，海蚵價位較高，觀光客或許可以負擔，但對於長年在金門服役的軍人而言，並不是隨時可以享用的美食。

金門的小吃店大致上可以分成兩種，一種散佈在自然村落中，是部隊營區廚房的延伸，許多阿兵哥半夜溜出來吃宵夜，一碗實在不起眼的「炒泡麵」，勝過任何山珍海味。位在安民村狹小街巷內的「鴻美餐飲」，它的炒泡麵飄香十餘里，傳頌數十年，小吃店濃厚的人情味，曾經撫慰無數想家的心情。另一種是位於市街上的小吃店，這類小吃店應該稱之為「餐館」較為貼切。雖然都是賣吃的場所，但情況稍有不同。市街上的小吃店，顧客來源不固定，以山外新市的小吃店為例，客人可能來自金城、金沙、金寧和小金門，包括軍人、百姓，與觀光客。但若是陽翟的小吃店，十之八九都是部隊的阿兵哥。自從解嚴後，軍隊人數大量減少，自然村中的小吃店已無客源，幾乎都已歇業。還能繼續經營的小吃店大都位於市街上，尤其是市場附近，最著名的便是「廣東粥店」。

從模範街口的「舊吧剎」到「邱功良母節孝坊」一帶，可以名為小吃街，各種小吃店充斥，其中又以「廣東粥」最為觀光客所喜愛。[2] 目前金城（後浦）的廣東粥的店超過 10 家，名氣較響亮的有嘉味鮮廣東粥、泗水廣東粥、壽記廣東粥、科記廣東粥、新興廣東粥、永春廣東粥等。這些商家在營業登記中有些並不是小吃業或餐館業，例如嘉味鮮是日用什貨批發業。一般而言，小吃店都會煮廣東粥，談不上是專門技藝。但是因為金門廣東粥在煮法上與台灣本島不同，米已熬成米漿，看不到米粒，因此有人稱它為「無米粥」，一些外地來的旅客吃不慣金門的廣東粥，也因為這樣而成為金門特色。在台灣本島，偶而可以見到金門廣東粥的招牌，幾乎都是金門人所經營。

廣東粥之所以成為金門特色小吃，自然得感謝故總統經國先生。經國先生曾到過模範街口的「新興廣東粥店」吃了一碗粥，並與老闆閒話家常，合影留念，至今該店仍珍藏著這張照片，經國先生成了金門廣東粥的最佳代言人。早期金門人有句諺語說：「紅煙番仔火，粥糜油炸粿」，可以想

2　李金生，《烽火紅樓模範街》（金門：金門縣政府，1999 年），頁 241。

見，當年的廣東粥是較高檔的小吃，直到今天，用廣東粥待客，仍是主人誠意的展現。金門最早的廣東粥店是位於邱良功節孝坊附近的壽記，據說到今天已是第五代傳人了。但廣東粥並非他們所創，而是傳自南洋。早年金門人到南洋去，會先到廈門，經過汕頭，再由香港轉往南洋，然後再依原路回來，於是就將廣東的小吃帶回了金門。

美食是支撐觀光的重要內涵，如何將地方小吃善加包裝以符合饕餮的味口，是這幾年金門觀光產業的發展重點。除了廣東粥外，金門尚有一些特色小吃店，經由旅遊指南和網路的介紹，資訊大都已透明化。個別的觀光客喜歡按圖索驥，走入不同的自然村落中尋訪傳聞中的美食，許多當年的阿兵哥舊地重遊，也喜歡帶著親人重返記憶中的廚房。較著名的小吃例如：泉三的肉粽、生記的餛飩肉丸、閩式燒餅、成功的鍋貼、集成的酸辣湯與凍肉、談天樓的湯圓，以及民俗文化村的海蚵麵，都是連金門在地人都難以忘懷的美食。小吃店除了賣美食外，店家本身也是典型的閩南建築。[3]坐在集成小吃店老舊的板凳上，看著剛從城隍廟燒香出來的信徒，午後的陽光照在斑駁的木製窗櫺上，嘎嘎作響的樓板，依舊發出記憶中的聲音，守著數十年不變的味道，金門的小吃店賣的是一份金門的「歷史」。

金門的小吃店為數眾多，除了上述較有名氣的店家外，仍有許多各具特色的店家。美食原本就是個人的口味喜好，山珍海味、酸甜苦辣，任君選擇。只是光從店名招牌看，多數觀光客會覺得眼花撩亂，不明究裡，雖不至於掛羊頭賣狗肉，但是，名不副實的情形確實相當普遍，營業登記內容與實際買賣還是有差異。以下分別就田野調查與商業登記資料內容，將這些小吃店加以分類與整理。

小吃店名稱分類

商家類型	商家名稱
以小吃店為名（營業登記為小吃店）	文記小吃店、助發小吃店、味香小吃店、滿天星小吃店、嘉惠小吃店、明豐小吃商店、泉三小吃店金湖分店、新興小吃店、和興小吃店、廣香小吃店、綜合小吃店、霸王小吃店、新風味小吃店、福記小吃店、楓林小吃店、紅紛佳人小吃店、小雨軒小吃店、海味小吃店、先帝龍小吃店、紅葉小吃店、大眾小吃店、海之鄉小吃店、尋園小吃店、佳樂小吃店、

---

[3]　參閱江柏煒，《庶民生活的空間美學》，金門：金門縣立文化中心，2002 年。

	留金歲月小吃店、家家小吃店、妙嘉小吃店、佳園小吃店、華聲小吃店、誠信小吃店、呱呱叫小吃店、溫馨小吃店、頂好小吃店、建華小吃店、龍鳳小吃店、金葉小吃店、紅葉小吃店、南聲小吃店、吉梅小吃店、福星小吃店、海味小吃店、陽昇小吃店、福山小吃店、佳香小吃店、潮濱小吃店、巧味香小吃店、口味小吃店、再閣來小吃店、福興小吃店、小明小吃店、進麗小吃店、木棉道小吃店、恩帝威小吃店、全福樓小吃店、海龍小吃店、利賓小吃店、金海之家小吃店、宏興小吃店、單身貴族小吃店、宏利小吃店、韓湘村小吃店、年豐小吃店、頂克族小吃店
登記為小吃店（但不以小吃店為名）	大富豪餐飲店、小夜曲飲食店、小荳芽飲食店、世界飲食、永達餐飲中心、好彩頭飲食店、尚讚清粥小菜館、茱莉餐飲店、接觸餐飲店、綠苑餐飲店、錢櫃餐飲店、阿美飲食店、大山餐飲店、明昌（餃子館）、金順利餐飲店、新興廣東粥、壽記（廣東粥）、榕榕園（早餐店）、熱城（中西飲餐）、巨偉餐飲、成功（鍋貼館）、科記（廣東粥）、朝代（茶藝）、戀曲餐飲店、雅軒餐飲、復興飲食雜貨店、成發（飲食部）、奧斯卡餐飲、七里香點心城、茱莉飲食店、紅磚屋食坊、品慕咖啡館
以餐館業登記	巨林小吃店、正美小吃店、永春小吃店、石碇小吃店、吉祥餐飲、老六小吃店、吮指小吃店、佳樂小吃店、尚青小吃店、岡山小吃、美美小吃店、統有小吃店、晶宴小吃店、明福小吃店、狀元小吃、巴厘島小吃店、民生小吃、榕軒餐飲中心、黃記餐飲店、小鎮砂鍋美食、加州披薩屋、自助小吃店、燕玉樓小吃店、台灣味小吃部、早安美芝城、來來廣東粥、明園小吃、阿忠小吃店、喝一杯小吃、雅香飲食店、輝煌小吃店、真美味餐飲店、快可立國昌冷熱飲、椰林美食
以一般便餐、麵食、點心登記	美食坊、呱呱叫小吃店、一六八小吃店、一代小吃、家歡小吃店、晨曦小吃店、梨琳小吃店、麥軒早餐店、新加坡小吃店、紅屋頂餐飲、攪攪茶餐飲店、香廚小吃、瑞麟美而美國中店、碗盤小吃店、一品軒小吃店（菜館）、真口味小吃店
以飲料店與冰果冷飲登記	峇里島美食坊、線釣煮早餐店、夢十七冷熱飲食店、小歇茶藝館、加油站小吃店、雅園（視聽中心）、四季小吃、戰地碳燒咖啡館、水灞餐飲店、阿鴻小吃、巴布咖啡、金歡喜小吃店、芳鄰小吃、巴布義式咖啡館、休閒咖啡館、壹咖啡便利屋、宜家小吃店、呷天下飲食店
以其他名目登記（日用百貨等）	上咖啡、上咖啡新市分店、大都會餐飲中心、正宗小吃店、玉帆小吃店、伊特米美食廣場、吉得堡飲食店、多一樣茶舖、老街茶舖、西海岸小吃店、京帝飲食店、佳利（湯圓店）、阿呆與阿瓜餐飲店、紅龍小吃店、美而美速食店、美食坊、飛豪小吃、食粥軒小吃店、紫中仙（休閒餐飲）、華王視聽餐飲、鄉思井（餐飲）、溫田小吃店、福元小吃、福祥小吃店、銓成飲食店、戲骨網路咖啡、雙子星小吃店

貳、冰果撞球室

　　由「新泛亞國際多媒體公司」製作，唐振瑜導演的《星月無盡》，於2009年4月正式上映。這是一部以金門為主體的偶像劇，劇中融入了金門當地的三大特產：高粱酒、貢糖以及鋼刀，對金門的三大特色：軍人、冰果室以及風獅爺，更是刻意突顯。這些金門特色在故事中慢慢地被帶出來，讓視聽大眾在看戲的過程中，進一步的瞭解金門當地的文化。電影上映後，勾起許多人的軍旅回憶，在金門外島當兵，雖然只是短暫停留，卻讓人一輩子記得，原因很簡單，因為青春只有一次，年少輕狂的歲月總教人難以忘懷，尤其是發生在金門的故事。

　　重回民國六、七〇年代，金門駐紮著十萬大軍，這些來自台灣各地的年青人，離鄉背井，來到一個人生地不熟，沒有任何娛樂的地方，心情的苦悶是外人難以理解的。為了排解無聊的軍中生活，每到放假就聚集留連在市街上，逛街買東西，吃東西，泡妞打發時間，成了金門當兵的共同回憶。為了服務這十萬大軍，部隊駐紮地附近幾乎都是與阿兵哥有關的行業，例如小吃店、洗衣鋪、撞球室、澡堂、戲院、冰果室等。尤其是冰果室與撞球室，舉目望去，處處皆「室」。其他行業也是市聲鼎沸，人潮川流不息，簡直就是假日西門町的縮影。冰果與撞球室雖然是不起眼的行業，卻是各種故事發生的舞台，每天都上演不同的戲碼，有浪漫庸俗的愛情文藝、有火爆浪子的龍爭虎鬥、有搞怪戲謔的笑鬧喜劇。撞球室與冰果室牽引著金門年輕人去留家鄉與外地求學的矛盾，牽引著老一輩走過戰爭，看著金門興衰，堅守家園的苦戀，牽引著一個個離開家鄉到外島服役的阿兵哥，對家人的想念。戰地金門，因為有冰果室與撞球室而多了一點人性，在歡笑與淚水交織的回憶中，我們看到了一種特有行業的興盛與衰敗。

　　金門究竟有多少冰果室與撞球室，沒有人可以給個精確的數字，實際存在的商家數遠遠超過有營利登記的店家數目。原因在於，冰果室與撞球室不能以傳統的「行業」看待，多數是附設的場所，屬於小吃店與雜貨店的一部份，因此，小吃店兼營冰果，冰果室兼營撞球，甚至一般家庭大廳中也可以擺上撞球枱，撞球室不必一定是營業場所。撞球枱需要一定的空間，因此，一般家庭式的撞球室只能擺放一枱或兩枱，枱數愈多，紛爭愈

多，打架鬧事幾乎是所有撞球室共同的惡夢。位於金湖鎮料羅的「新興街」，短短幾百公尺，聚集了數十家的商店，包括冰果室、撞球間、理髮廳、洗衣店、雜貨店、菜館、屠宰場等，形成一個小型市集，當地人慣稱「料羅街」，也有人戲稱為「打架街」。料羅一帶的駐軍軍種複雜，陸、海、空幾乎都有，包括海龍、小艇隊、爆破組等特種部隊也經常在此出現。複雜的軍種，加上特種部隊不怕死的性格，年少血氣方剛，幾杯高粱酒下肚，一旦互看不順眼就開打，為「冰果西施」、「撞球西施」爭風吃醋也打。撞球桿子成了打架的武器，幾乎就是現代版的「械鬥」：海陸大戰、步砲對抗、兄弟鬩牆，同室操戈，連憲兵也束手無策。在前線當兵、回不了家的苦悶，「打架」是發洩情緒的方式，幾乎每天都上演，料羅街的居民早已習以為常。

金門的撞球種類為英式司諾克（snooker），共 22 顆球，色球七顆，紅球 15 顆。母球與紅球搭配進球，因此，需要有人記分。撞球的計價方式，不是時間長短，而是局數。計分、算局數、撿球、擺球都需要人服務，因此「撞球西施」便成了撞球室的靈魂人物，撞球室是否生意興隆，與「撞球西施」的年紀和姿色不無關係。撞球是國際性的運動，但在金門，撞球卻是把妹、泡妞的遊戲。可以三五成群，講黃色笑話吃小姐豆腐，僅止於動口，動手就得付出代價，關禁閉算情節較輕的。也可以找「撞球西施」單挑，對打。長時間下來，很多「撞球西施」都成了撞球高手，不論是單桿跳球或雙桿夾球，都是神乎其技。撞球屬於低消費，因此許多阿兵哥會整天耗在撞球室，與「撞球西施」日久生情，結果可能是「有情人終成眷屬」，遠嫁台灣，當台灣人的媳婦。也可能是人去樓空，音信全無，獨唱無言的結局。發生在撞球室的愛情故事，一直是金門人心中難以言喻的苦。情竇初開的鄉下女孩，碰到來自大都會的英俊少年，在甜言蜜語的溫情攻勢下，為愛遠走他鄉，結果總是一場遊戲一場夢。毋怪金門會流傳「不嫁台灣郎」，或是娶金門人得在金門住十年的習俗。

金門的撞球室和冰果室是靠「女人」吃飯的行業，「冰果西施」、「撞球西施」當然是女人，店名女性化，連負責人也多數是女人，茲以下表為例。

冰菓室

營利事業名稱	核准設立	最近異動	負責人姓名	資本額	組織類型	現況	地址
日友冰菓室	68	82	李賢慨	10,000	獨資		金沙鎮三山里山西
永成撞球店	73	88	林玉瓊	20,000	獨資	歇業	金沙鎮光前里陽宅
吉林撞球室	75	94	何玉愛	10,000	獨資		金沙鎮光前里陽宅
速捷撞球室	76	81	何瑞珠	10,000	獨資	歇業	金沙鎮光前里陽宅
驊珍冰菓小吃店	80	82	許■華	10,000	獨資	歇業	金沙鎮光前里陽宅
千泉小吃冰果室	81	91	駱瑋潔	20,000	獨資	歇業	金沙鎮光前里陽宅
小咪冰菓室	70	82	鄭寶月	10,000	獨資		金沙鎮光前里新興街
雲海（冰菓室）	75	82	王淑蓮	15,000	獨資		金沙鎮光前里新興街
三六九冰菓室	74	81	莊愛玉	40,000	獨資		金沙鎮何斗里中蘭
樂華冰菓小吃	64	89	林寶珠	20,000	獨資		金城鎮北門里中興路
狄斯耐撞球廣場	81	81	楊雲昇	10,000	獨資	歇業	金城鎮北門里民生路
鴻星冰果店	82	82	姜麗玲	10,000	獨資		金城鎮古城里大古崗
麗園（冰菓室）	65	82	黃莊齡治	30,000	獨資		金湖鎮山外里下莊
瑜蓉什貨冰菓室	73	88	陳碧梨	20,000	獨資	歇業	金湖鎮山外里下莊
海灣冰菓室	74	84	黃碧羨	20,000	獨資	歇業	金湖鎮山外里下莊
檳檳冰菓室	76	87	洪蔭治	20,000	獨資	歇業	金湖鎮山外里下莊
百樂門撞球俱樂部	80	93	黃宗翔	20,000	獨資	歇業	金湖鎮山外里下莊
龍源商店（冰菓室）	65	84	吳秀治	20,000	獨資		金湖鎮山外里山外村
園來興冰菓撞球店	70	93	黃陳碧燕	20,000	獨資	歇業	金湖鎮山外里山外村
福樂冰菓室	72	88	蕭寶雀	20,000	獨資	歇業	金湖鎮山外里山外村
心怡冰菓室	74	81	蔡寶寬	20,000	獨資	歇業	金湖鎮山外里山外村
雪麗冰菓室	76	93	王梨專	20,000	獨資		金湖鎮山外里安民
一心亭冰菓室	73	94	李美珍	20,000	獨資	歇業	金湖鎮山外里南雄
綠園（冰菓室）	75	92	黃能猜	20,000	獨資		金湖鎮山外里南雄

海韻冰菓小吃店	78	78	李沃裕	10,000	獨資		金湖鎮山外里南雄
秀芬冰菓撞球室	70	82	楊秀芬	10,000	獨資		金湖鎮山外里建華
統一商店（冰菓室）	68	84	楊馮美貞	20,000	獨資		金湖鎮山外里黃海路
雲利冰菓室	79	81	董瓊姿	20,000	獨資		金湖鎮山外里黃海路
麗光冰菓室	65	81	張玉員	20,000	獨資		金湖鎮正義里成功
合豐冰菓室	74	81	陳宋愛卿	20,000	獨資		金湖鎮正義里成功
超群撞球室	77	81	陳王麗玉	20,000	獨資	歇業	金湖鎮正義里成功
瑞來冰菓室	70	88	李團愛	20,000	獨資	歇業	金湖鎮正義里夏興
華芳冰菓室	71	81	侯愛花	10,000	獨資		金湖鎮正義里夏興
家豪冰菓店	74	81	陳仁治	20,000	獨資	歇業	金湖鎮正義里夏興
鴻興冰菓店	68	87	吳陳彩華	10,000	獨資	歇業	金湖鎮料羅里料羅
龍泉冰果室	65	91	陳清風	15,000	獨資	歇業	金湖鎮料羅里新興街
美加美（冰菓室）	64	80	美加美	10,000	獨資	歇業	金湖鎮新市里中正路
談天樓冰菓室	64	83	黃光漢	15,000	獨資		金湖鎮新市里復興路
頂尖高手（撞球場）	78	95	陳明惠	20,000	獨資		金湖鎮新市里復興路
益和撞球室	80	81	劉福仲	10,000	獨資	歇業	金湖鎮新市里復興路
合家歡	71	84	陳宗鴻	20,000	獨資		金湖鎮新湖里塔后
欣榮撞球室	73	73	陳順發	20,000	獨資		金湖鎮新湖里塔后
我家冰果室	80	88	呂麗紅	20,000	獨資	歇業	金湖鎮新湖里塔后
成功冰菓室	69	82	許能雪	20,000	獨資		金湖鎮瓊林里小徑
青草地冰菓室	70	96	黃美珍	20,000	獨資	歇業	金湖鎮瓊林里小徑
幸福冰果室	75	91	蔡長國	20,000	獨資	歇業	金湖鎮瓊林里小徑
玉萍冰菓店	66	81	董黎明	10,000	獨資	歇業	金湖鎮瓊林里瓊林村
偉利珊冰菓室	69	80	陳水鐲	20,000	獨資	歇業	金湖鎮瓊林里瓊林村
國賓食品店（冰菓室）	68	82	李自來	20,000	獨資		金寧鄉古寧村北山村
藝美撞球冰菓室	75	82	許吳綢治	10,000	獨資	歇業	金寧鄉后盤村后村

欣欣（冰菓室）	65	82	蔡天成	30,000	獨資	歇業	烈嶼鄉上林村南塘
田築（冰菓室）	75	95	蔡麗雲	30,000	獨資		烈嶼鄉上林村南塘
金名屋（冰菓室）	75	91	蔡美葉	30,000	獨資	歇業	烈嶼鄉上林村南塘
群樂（冰菓室）	65	91	林吳粿	15,000	獨資	歇業	烈嶼鄉林湖村西宅
鳳仙（冰菓小吃店）	84	84	林束治	20,000	獨資		烈嶼鄉黃埔村埔頭

　　首先從名稱來看，以女性名字為店名的情形甚為普遍，例如「小咪」、「心怡」、「雪麗」、「鳳仙」，以及「阿雪」（出現在《星月無盡》電影中，未登記）等。在營利登記時，雖然營業項目有冰果，但店名不用冰果室，因為它是小吃店與雜貨店的形式，例如「欣欣（冰菓室）」，其營業項目為「飲食品及日用什貨零售、其他娛樂（撞球）、冰菓店」。冰菓的菓字，與習慣用法不同。冰果室與撞球室通常是一體的，有時候也與小吃店和雜貨店合而為一。就成立時間來看，幾乎都在民國七〇年代以前，七〇以後金門駐軍大量減少，與阿兵哥有關的行業大都門可羅雀，撞球冰果室更是如此。但是，因為冰果室還有小吃的成份，一些以飲料冰品為主的冰果室，仍然可以繼續營業，不受影響，像是「談天樓」等，在開放觀光後，反而更具賣點。從負責人來看，大都是「內人」，由女人來看顧冰果室與撞球室，自然與女性的耐心有關，在一片綠油油的世界中，可以發揮調節的功能。從分佈的地點來看，陽宅、下莊、山外、料羅、安民、南雄、成功、夏興、小徑，以及小金門的南塘，都是冰果室與撞球室分佈較密集的地方，許多自然村中的冰果室和撞球室多數沒有營利登記。

　　冰果室與撞球室是一個為阿兵哥而存在的行業，它的興盛與衰敗取決於駐軍人數的變動，當阿兵哥消失後，冰果室與撞球室也就乏人問津了。金門開放觀光後，許多阿兵哥帶著妻小來金門舊地重遊，偷偷打聽當年的「冰果西施」，如今安在，那位撞球室的小妹，嫁人了沒？似乎對那一段初戀情懷有些愧疚，有些傷感。選擇在家鄉安身立命的「冰果西施」們，如今也兒女成群了，撥弄著挑染過的頭髮，回想當年「少女情懷總是詩」的往事，一抹淺淺的微笑掛在臉上，讓人猜不透是什麼意思！

參、糕餅與西點麵包店

　　中國自周朝開始，從天子到庶民，已經奠定「祭祖」的習俗。百業興起後，各行各業為求「營居安泰，生意興隆」，通常會尋覓一位曾經有著與本行相關事蹟的「古聖先賢」，奉之為「祖師爺」，並且以祂們的德高望重來表示「職業無高低，行行出狀元」。每逢祖師誕辰，全體從業人員都要參加祭典，儀式非常隆重，除了祭祀外，並可藉此聯誼，商討大計，雖然目前這種祭祀祖師爺的大典已很少見，但是曾子所說：「慎終追遠，民德歸厚矣」，仍被民間所尊奉。台灣的糕餅業向來以諸葛亮為祖師爺，其間故事雖不可考，但鑑之史實未必全是杜撰之詞。相傳三國時代，孔明率軍征討蠻人，在凱旋回四川時途經瀘水，忽然狂風大作阻擋去路，無法前行，當地土著表示係猖神作禍，需以人頭祭享才能平息狂風。孔明心存仁厚不願為此殺人，便靈機一動改用牛、羊肉做成內餡，塞到形似頭顱的麵皮中，炊製成 49 個人頭形狀的麵糰，取名為「饅頭」，以此代替人頭做為祭品，此祭祀用的「饅頭」於是成了現今糕餅的前身。

　　中國飲食，素來享有崇高的地位，除了各類餐廳中可享受的美食外，中國糕點也是飲食文化中不可或缺的一部份。中式糕點歷史悠久，可追溯至二千多年前之周代，但糕餅發展成為商品，則從唐代開始。中國在唐代以前，沒有蔗糖，有的只是米糖與麥糖。漢代楊雄寫了一本記錄當時各地方言俗語的專著《方言》，書中說：「餳，謂之醣。」「餳」是將米煮爛，令其凝結，這種用米製糖的技法已經失傳。後漢時，馬皇太后干預朝政，章帝只是一個傀儡，後來馬皇太后老了，便對章帝說，自己年紀已老，能夠吃吃「飴」，跟孫兒玩玩，便已經心滿意足，於是還政於章帝，這便是「含飴弄孫」典故的由來。「飴」就是當時宮庭之零食「麥芽糖」，權傾一時的皇太后，以食麥芽糖為樂事，在我們看來實在有夠寒酸。

　　當時雖沒有蔗糖，卻已經有了蔗汁，稱為「柘漿」，柘即是蔗的古字。蔗糖的出現，見於《唐書》，唐貞觀二十二年（648），西域摩揭它國遣使入觀，唐太宗李世民派人隨使者赴其國，學習煮糖法。照猜想，當時摩揭它國的貢品中，一定有蔗糖，因此才有這歷史事件。

　　糖的使用加速糕餅的發展。糕餅的名稱在中國最早出現的時間是唐朝，在當時稱糕餅點心為「果子」，搭配茶吃時，稱為「茶果」，後來流

傳到日本後，日本統稱糕餅為「御果子」，並沿用至今，在茶道飲茶時，都要搭配鹹、甜果子，以作為「茶點」。當時，唐餅更可分為兩種階級：一為平民糧食之用，成分與質量較為粗劣；一為宮廷御宴之用，較為高級，「唐餅」在此「變身」為御用的小食。無論是質量、外形，一切都顯得「貴氣」，已不只是一團麵粉這般簡單了。唐宋以後，糕餅的面貌更加多樣化，北宋開封已有規模可觀的餅店。當時街巷間售賣的零星食物（即所謂的「市肆食物」），主要的便是糕餅。市肆食物需要花樣翻新，爭奇鬥勝，才能吸引顧客，需要講求質量，互相競美。唐宋以來的市肆食物已有按照時節作出應時供應的特點。[4]

　　在宋朝時，糕餅仍稱「點心」。明清以來，江南一帶生活富庶、飲饌考究，京城之人喜好南式點心，點心店又稱南果舖，其來有自。一直到清朝，北京開始有糕餅同業公會的組成，自康熙四十八年到嘉慶五年間，有茶館與南果舖 80 餘家，都是有掛牌、立碑營業的店舖，迄今已有一百多年的歷史，成為後來糕餅業的起源。早期的點心舖，在中國北平及各地舖名多用「齋」字作尾名，茶館的地名和號名也多以「樓」和「軒」字作尾名。現今在台灣從事糕餅點心、西點烘焙享負盛名，並具有年代歷史的行號，也多用「軒」、「齋」、「珍」、「馨」、「記」等古文字號，如雪花齋、林異香齋、裕珍馨、犁記、明香珍、鮮味珍、聯馨等，都是沿用早期糕餅店舖尾名作店名。

　　相較於台灣與港澳的糕餅店，金門糕餅業的店名，顯得簡單易記，直接就取名「糕餅店（行）」或「餅店」，少數名「食品（店、行、廠）」，以及較新式的「西點麵包店（廠）」、「蛋糕（屋、店）」等，雖也有以「齋」為名的，如「三寶齋」，事實上「三寶齋」並不是傳統的糕餅業者。在林媽肴的小說「貢糖石」文中，假藉「金瑞成貢糖廠」部份故事，杜撰了一家「新寶珍齋」貢糖廠，雖是虛構故事，然而，其間對於貢糖與糕餅的製作敘事，倒是「貨真價實」。小說揉合了小金門的歷史背景與人情世故，讀之令人動容，也讓人領略糕餅這一行的辛酸。[5]

---

[4]　商鴻逵，〈禮失求諸野──談談唐宋以來的市肆食物〉，《中國烹飪》，1982 年第 2 期。

[5]　林媽肴，〈貢糖石〉，楊加順總編輯，《滄海風雅》（第一屆至第四屆浯島文學獎作品集），金門：金門縣文化局，2007 年。

傳統糕餅店

營利事業名稱	設立	異動	負責人姓名	資本額	現況	營業項目	地址
怡馨（糕餅店）	65	85	李裕祥	30,000		其他食品什貨零售	金沙鎮汶沙里三民路22巷5號
中興（饅頭店）	65	82	張濤生	40,000		小吃店	金沙鎮汶沙里三民路22巷7號
長合（餅店）	65	90	黃養旺	20,000	歇業	糕餅麵包製造／日用什貨零售	金沙鎮汶沙里三民路24號
維興商店	71	97	張企瑞	10,000		祭祀用品零售（糕餅）	金沙鎮汶沙里成功路31號
新和商行	65	81	黃星再	50,000		麵包糕餅製造／日用什貨批發及零售	金沙鎮汶沙里沙美60之2號
萬珍商店	65	82	王寶治	40,000		麵包糕餅製造	金沙鎮汶沙里博愛街18號
閩式燒餅	84	87	黃星再	20,000		西點麵包批發／其他食品什貨批發	金沙鎮汶沙里博愛街48號
源珍商行	65	89	黃霖嵐	50,000		麵包糕餅製造／糖餅乾罐頭食品零售	金沙鎮汶沙里博愛街59號
我家食品店	74	82	黃奕禧	50,000		麵包糕餅製造	金沙鎮汶沙里復興街16號
珍香（餅店）	67	90	林健富	40,000		烘焙食品批發	金城鎮北門里中興路161巷32號
可倫食品廠金城分店	78	92	黃清海	50,000	歇業	糕餅麵包製造	金城鎮北門里中興路173巷13號
永記食品行	65	88	許志裕	50,000		糖果製造（貢糖）／烘焙食品（糕餅麵食）	金城鎮東門里民族路84號
源林	80	80	陳春木	10,000		小吃店	金城鎮東門里莒光路一段42號
金一燒餅店	66	94	許志鴻	10,000		烘焙食品	金城鎮南門里民族路191號
金協進	82	82	許淑岩	40,000		糕餅麵包製造	金城鎮南門里民族路234號
奇香（糕餅店）	68	93	蔡碧輝	40,000		食品什貨、飲料零售	金城鎮南門里莒光路81號

喜年來（食品行）	69	82	蔡天補	10,000		糕餅麵包製造	金城鎮南門里莒光路一段 13 號
三寶齋	82	82	郭文禮	20,000		日用什貨批發及零售	金城鎮南門里模範街 10 號
美乃斯食品行	73	87	林惠容	200,000	歇業	西點麵包零售／日用什貨批發	金湖鎮山外里山外村下莊中興路 24 號
義美（糕餅行）	64	95	楊美玉	40,000		食品什貨、飲料零售／日常用品零售	金湖鎮新市里中正路 64 號
可倫食品廠	71	94	黃清海	20,000	停業	麵包糕餅製造／日用飲食品批發及零售	金湖鎮新市里中正路 80 號
益源糕餅店	82	87	董倫國	20,000		糕餅麵包製造	金湖鎮新市里武德新莊 32 號
唯王食品廠	77	94	陳美人	200,000	歇業	麵包、糕餅製造	金湖鎮新市里國順街 4 號
喜相逢	77	77	王金鸞	20,000		其他飲食（燒餅）	金湖鎮新市里復興路 5 號
金馬（食品行）	64	70	何克汀	70,000		糖製造（貢糖）／麵包糕餅製造／其他	金湖鎮新市里復興路 65 號
合興（糕餅店）	65	88	吳蔭治	50,000	歇業	其他未分類零售（貢糖）／修改衣服、織補	金湖鎮新市里復興路 86 號
新■昌食品店	67	86	李金珠	20,000	歇業	麵包糕餅製造	金湖鎮新市里復興路 98 號
益源糕餅店	68	87	黃幼女	20,000	歇業	麵包糕餅製造	金湖鎮新市里菜市路 2 號
皇家食品廠	71	82	陳金珠	50,000		糕餅麵包製造／其他糖果製造	金湖鎮蓮庵里西村 37 號
滬江食品店	72	91	許永祝	20,000	歇業	烘焙食品業／飲料店業	金湖鎮瓊林里小徑 45 號
日香食品行	64	81	李添財	20,000		麵包糕餅製造	金寧鄉古寧村北山 79 之 3 號
雅福食品行	77	80	楊誠堅	15,000	歇業	糕餅製造／飲食品批發及零售	金寧鄉盤山村頂堡 133-3 號
紅高粱餅店	85	85	洪小萍	20,000		其他糖果（貢糖）／其他麵食烘焙	烈嶼鄉上歧村青岐 80 之 3 號

大家食品行	67	88	洪炳耀	200,000	歇業	麵包、糕餅製造／日用什貨零售	烈嶼鄉西口村西口村西方社區 13 號
合成	65	83	林信義	10,000		麵包糕餅製造／其他糖（貢糖）製造	烈嶼鄉西口村西方 75 號
勝香食品廠	79	92	洪媽端	50,000	歇業	糕餅麵包製造／糖菓、餅乾零售	烈嶼鄉林湖村東林 126 號
格成（食品廠）	65	88	林登注	20,000	歇業	麵包糕餅製造	烈嶼鄉林湖村東林 47 號

　　在傳統的舊社會，糕餅店與當地人們生活息息相關。外在而言，廟宇神祇生日、地方重大慶典、或是年節轉換等，都需要準備糕餅。內在而言，個人從出生、滿月、結婚、生子、甚至到「駕鶴西歸」，生命中的每個階段，或多或少也需要與糕餅店打交道。例如結婚，糕餅的角色是一份重要的禮品，吃甜代表喜事，以禮餅分送親友，也有通知各方，好事將近的作用。而人際之間，訪親探友，糕餅更是拉近關係的好伴手，糕餅可以當作人們交往時一種另類的滑潤劑。糕餅既擔負人際之間維繫情誼的功能，也對風俗慣例的傳承提供一定的輔助，在老街店坊之間，糕餅店經常是民間禮數的諮詢中心，為庶民百姓提供了相關的禮儀資訊。吃糕餅不只是口感的訴求，更富有文化深層結構的意義，在傳統社會，糕餅文化意涵生命的樂趣與藝術的追求，吃傳統糕餅，不僅享受其味，更是文化傳統、懷舊情趣的不同體驗。

　　金門的糕餅店主要分佈在沙美與後浦，據地方耆老的回憶，民國 40、50 年代，被稱為「沙美老街」的仁愛街、信義路、和平街、三民路一帶，非常熱鬧又繁華，生意興隆，糕餅店林立，稱其為糕餅一條街一點也不為過，幾乎家家戶戶都在賣糕餅。近年來由於消費習慣的改變，傳統糕餅店缺乏銷路，甚至餅店業者傳繼乏人，因此傳統糕餅店日漸凋零。目前在沙美地區較負盛名的有「長合餅店」、「怡馨糕餅店」、「維興商店」等，其中「長合餅店」所產製的漢餅，如：「一口豆沙餅」、「一口水晶餅」、「花生酥」、「綠豆糕」、「鹹糕」、「紅片糕」等尤為特色。後浦地區現在仍有固定客源，較具盛名的糕餅店有：「奇香糕餅店」、「金協進糕餅店」、「永記食品行」、「珍香餅店」等。此外，古寧頭北山的「日香餅店」，以製作「紅粿」、「鴻片龜」為負盛名，[6]烈嶼西口合成餅店的酥餅歷史悠久。

---

[6]　參閱許維民、許維權，《金門小型產業調查研究》（修正本），金門縣：內政部營

　　金門傳統糕餅，林林種種，不下百款，相同的名稱，不同區域不同店家作法稍有不同，但大同小異。大致而言，可以分成「糕粿類」與「餅乾類」兩種，後者大致是拿起來就可以吃，包起來就可以攜帶的日常點心，包括西點麵包；而前者則有其季節性，較具反映年節慶典的功能，茲簡介如下：

一、糕粿類

　　金門習俗，歲時節慶，多用糯米粉，裹豆沙、花生炊製為粿，染紅色作成龜、桃形。應時食品，春節有年糕、元宵有湯圓、清明有春餅、端午有角黍、中秋有月餅、重陽有麻糍之類。

（一）年糕與發粿

　　余文儀《續收台灣府志》記載：「正月元旦，家製紅白米糕，以祀神於四、五更時，拜賀親友」。台灣在春節期間，從正月初一到初五，家家不忘祭神拜祖，祈福求吉。在家神及祖靈前面，以供盤盛放冬瓜糖、紅棗、糕仔粒、生仁、麻荖等。客家人印製「炊鬆粄」，於春節期間祭神拜祖，將鬆粄層層堆起，形成一座塔，隱喻層層疊疊（塔）、年年高升。河洛人在春節期間的粿類祭品則有甜粿、菜頭粿、發粿、包仔粿，表示新年甜、好彩頭、發達發展。

（二）紅龜粿

　　古時祭祀以龜作牲品，由於活龜來源日漸短缺，因而逐漸蕃衍成以模型龜代替。「龜」在國人的觀念中，是一種吉祥動物，列為四靈（龍、鳳、麟、龜）之一，因壽命長，人們奉之以祈延年益壽。龜粿以麵粉或糯米製成，一般用於普渡乞願還願。金門習俗，在上元節這一天，各地廟宇辦理乞（祈）龜、還龜民俗活動。所謂「乞（祈）龜」，是將供桌上的供龜，祈求神明同意借予或賜給，經稟告或默禱之後，經過卜筶的請示手續，得到聖筶，取得供龜回家食用或供奉，以保佑一家平安健康，事業順遂、發達富貴。「還龜」則是將去年上元日乞得的龜，於今年上元日歸還神明；

建署金門國家公園管理處，2003 年。

由於俗例規定還龜須加利息，是以信徒可視其經濟能力或誠意理念，或加重償還，或加數償還，萬不得已，也要等量等值歸還，絕不可以偷斤減兩；過去的社會，民風淳厚純樸，從來也沒有人敢使詐耍賴。金門上元節的廟宇龜品，種類繁多，其中經由粿印或糕印製造的有紅龜粿、麵粉龜、糕仔龜、鳳片糕龜。這些乞（祈）龜、還龜的龜品，大大小小，花樣繁多，有民家以自家粿印自印的，也有廟宇委託餅店印製的，餅舖的大型印模，才能製作大型紅龜粿。

（三）糕仔

農曆七月十五日，俗稱七月半，整個月份各地都盛大舉行普渡儀式，祭品豐富，其中糕餅類以糕仔居多。糕仔有白色、米色或褐色的，是供品，也是金門著名的傳統點心。由於原料的差異，導致其顏色的不同，大致分為綠豆、黑麥、蔥麻（鹹）口味，口感比台灣糕仔更乾硬、更紮實，適合作為茶點食用，保存期限可達兩個月。這種糕仔以米漿為基底加入配料，製作時是以大型圓形蒸籠為單位，一次做好幾籠，蒸好之後取出冷卻，切成菱形格子狀，再點上菱形紅印。

（四）潤餅

清明節掃墓，沿襲自宋朝的習慣。清明節吃清明粿，以鼠麴草來做粿，傳聞是客家人自唐山大陸傳進來的，不過，這種說法有待證實。發展至今，清明節成了國人慎終追遠的掃墓節日，在祭拜祖先時所準備的糕餅也是有學問的，例如代表長壽的麵龜、步步高升的米糕、子孫發大財的發粿、家宅添丁的丁仔粿，是最通俗的祭祀糕餅。此外，閩南人的潤餅及客家人的艾粄，及較為通俗的鼠麴粿，都是清明應景的特殊節食。金門人在冬至和清明時會吃潤餅。潤餅又稱薄餅、擦餅，以蔬菜、肉絲、豆腐絲、海蚵等烹製餡料，搭配炸酥紫菜、蛋皮、花生粉、香菜及醬料，再以白色餅皮包裹食之，是著名的閩南風味美食，也是文學大師林語堂生前最愛的鄉土味。金城東門「欽旌節孝坊」旁的「協勝商店」，四代以販售潤餅皮為業，每逢是日，經常出現大排長龍購買潤餅皮的畫面，「阿婆潤餅皮」享譽全島。[7]

---

[7]　倪國炎，〈金門阿婆餅皮香聞全島〉，《大紀元》2008 年 12 月 21 日報導。

（五）粽子

粽子是以糯米為主要材料，可區分甜粽與鹹粽兩大類，是端午節、中元節的應景食品，同時也是安宮（寺廟）、安祖厝（家廟）主要的祭品。除端午節之外，粽子與甜粿、紅糕一樣，有將其贈與服喪中親友的習俗，喪家居喪期間，逢年過節，必須一切從簡，不能如同正常人家過年過節，不能包粽子或製作甜粿，否則便是不敬不孝，於是，粽子成為慰問親友的禮品。

（六）月餅與狀元餅

中秋月餅，台灣民間俗稱「中秋餅」，餅形如滿月，象徵團圓；惟因其團圓形，故形狀花紋變化繁多，十分好看，如此好看（圓又美）又好吃（甜鹹、餡料多元）的月餅，民間喜歡以此贈送親友，祝慶彼此一家團圓美好。金門的小月餅，形狀像個厚厚的象棋子，外表為酥皮，內包冬瓜或綠豆餡。鳳梨餅也可視為金門在地的月餅，餅皮類似台式月餅（義美月餅即屬台式）的作法，但比台式餅皮更乾、更鬆軟了些，內包鳳梨餡（還有另一種金門月餅則包豆沙餡）。[8] 近年來，金門流行「狀元餅」，所謂「狀元餅」，就是在餅的上面用粿印印上「狀元遊街」、「狀元拜相」的圖紋。「狀元餅」最大，其次是「進士餅」，面積略小，再其次是「舉人餅」，面積又略小，最後是「秀才餅」，面積最小（仍比一般月餅大）。「秀才」、「舉人」、「進士」、「狀元」皆是早期科舉時代的功名晉階，最光榮的是「狀元」。

過去科舉時代，或日據時期，常有文會、詩會的活動，在中秋節時常舉辦「鬥四紅」的遊戲，鬥四紅的目的就是要在比賽中奪得「狀元餅」。「鬥四紅」是賽餅之戲，由與會之人相邀出錢，向餅店買進一組「餅單」，可以換取大小狀元餅 63 個，用骰子四顆（後用六顆）來爭取餅單。一顆骰子 6 面，分為 1 至 6 點，1 和 4 為紅點，其餘黑點。比賽方法是，看誰把骰子投在碗中，得到幾個「四紅」，取得餅單，再向店家換取對應之餅。這幾年金門地區的中秋夜，在復古風的吹拂下，「搏狀元餅」遊戲，再次風靡整個金門地區。後浦街的「奇香糕餅店」為了推廣此一民俗活動，每

---

[8] 「獨家報導的金門美食」，CYCnews - PChome 新聞台 Blog。

年都會在中秋節前夕製作大量現成的新貨,供玩家預約訂購。金門民風原就好賭,在政府單位的推波助瀾下,「搏狀元餅」不但本地人參與熱烈,觀光客也慕名而來,只是單靠「狀元餅」似乎誘惑力不夠,不足以吸引群眾。2009 年中秋節晚上,金門縣政府在金城「北鎮廟」廣場封街開賭,席開 40 桌,讓民眾互擲骰子拼手氣,爭取市值 18 萬元的狀元彩品(999 瓶 0.3 公升 58 度的金門高粱酒),經電視播報,輿論兩極,褒貶各自有理。曾幾何時,一種文人雅士的活動竟然淪落成市井遊民的投機遊戲。

二、餅乾類

(一)喜餅

金門婚俗,依古制六禮:納采、問名、納吉、納徵、請期、親迎。[9]聘禮中之綵花,回盤中之糖餅等,男女兩家,均各分贈鄰里親友,咸各道喜。晚近以來,因社會、經濟的進化,喜餅逐漸替代喜糖成為傳達婚訊的象徵,但基本上仍保有喜糖的精神。訂婚喜餅有大小盒之分,小盒一般是四百至六百盒,大喜餅則在六十盒左右,近等親送大盒餅,街坊鄰居送小盒餅。男女雙方贈送親友的喜餅全由男方採購,每盒餅上需黏貼印製精美的名片一張,女方所需喜餅數量悉由女方決定。訂婚當天,拜過女方家中的土地公、觀音佛祖、祖先後,女方家鄰舍婦人和親友即會自動加入送喜餅的行列。一群人浩浩蕩蕩前往村子理挨戶挨戶分送喜餅,場面壯觀熱鬧。近來受台灣影響,「禮餅」只有象徵性數量,多由糖果餅乾取代。許多專作喜餅的大型連鎖餅店紛紛在金門設立門市,如郭元益「正中行」、伊莎貝爾「金門店」等,也有人直接向台灣訂購。金門有幾家貢糖廠也加入搶奪喜餅的市場,以貢糖作喜糖。雖然時代在變,但是仍有人對金門傳統的「喜餅」念念不忘。喜餅是一種金門特有餅,其酥餅皮有層次,經炸過而呈現金黃色外表;內容大體上還是冬瓜餡,但添加一些紅紅的碎蜜餞丁,味道變得很甜。這種餅大小約莫冷凍蔥油餅一般。喜餅可謂一種金門的季節限定點心,要等秋冬之際在市場、糕餅店才買得到。金門還有一種「禮餅」,

---

9　參閱葉鈞培等,《歲時節俗與生命禮儀》(金門縣:文化中心,2000 年),頁 117-121。

通常是婚宴的最後一道菜，搭配桂圓湯，代表「吃甜甜，生厚生」。主要用料為高筋麵粉、酥油與伍仁。

（二）花生荖、麻荖、米荖、寸棗、麻花、米香

所謂的「荖」意指過程繁複，其作法是：以糯米粉為原料，加入芋頭粉充分揉合，發酵成團後入油鍋炸，粉團會膨脹成蜂窩組織，此時再將外表裹以麥芽糖、豬油混合而成的熱糖漿，迅速沾黏花生粉、芝麻、杏仁片、米香等物。每當逢年過節，或者是節慶拜拜，麻荖總會被派上用場，例如春節或初九拜天公都有麻荖等乾品。從以前到現在，很多人以花生荖作為清明掃墓之供品，因掃墓時間較久，以土仁（麻）荖作掃墓供品，也可作為點心，補充體力，現今為一般茶點中常見的配茶點心。金門的寸棗酥，長得很像台灣的沙其瑪，是由較大的炸麵塊所構成，也因為加了較多麥芽糖而明顯更具咬勁，容易黏牙。所謂「寸棗」，是因為它的外觀是一個個像棗子般的麵塊集結而成的，據傳金門人最初是為了代替招待客人用的昂貴果物，而構思出這道點心。麻花（捲）與米香（炸米酥），台灣各地方都能買得到，也不乏著名的餅店生產製作，例如台南陽記手工麻花捲，街頭小巷常見爆米香，幾乎金門所有糕餅行或市場攤販都有這種點心，跟台灣所生產的無甚差異，不再不贅述。

（三）番仔餅、桶餅、烈嶼餅、腳車餅

番仔餅、桶餅與烈嶼餅都是小金門傳統、特有的糕點。番仔餅如今已失傳，民國五零年代以前出生的人才會有記憶。在那個極度清貧的年代，番仔餅是多數小孩買得起的零嘴。金門人稱出洋謀生的鄉親為「落番客」或「出洋客」。「落番客」在異邦奮鬥個三年五載後，稍有積蓄便回鄉娶妻生子，未幾再赴異鄉打拼。若鴻圖得展，事業略成，便攜資回鄉，蓋洋樓光宗耀祖。據以前的人說，「番仔餅」是楊厝村下南洋回來的人教村民做的。用麵粉為主原料，外觀大小像是法國的小圓餅（macaron），表面用釘子刺了很多小洞，硬又香，用傳統的大碳烤出，口感像是純麵粉版的biscotti，現在已經停賣。

桶餅原是廈門的傳統點心，在早期生活困苦的小金門，算是很高級的食物，因為是被放在桶子裡面珍藏，久而久之，有了「桶餅」的稱號。但

也有人認為可能是以鐵桶作為烤爐的原因。無論如何，小金門的人對桶餅都有自己的回憶。桶餅的吃法變化多，不管是配老人茶、用熱開水沖泡加雞蛋，或是煎麻油，都有它獨特的風味。「桶餅」的閩南音為「糖餅」，剛出爐時最好吃。早期小金門人吃桶餅的方式有兩種：

1、將桶餅置於碗公中，用熱開水或牛奶泡開當早餐吃，類似台灣的「泡餅」，糖、餅、奶三者合而為一，香甜滑口。

2、女人坐月子時用麻油去煎，有的還會加入金桔餅與雞蛋，不但香而且補，就算不是坐月子的人也愛吃，現在小金門的婦女仍有人用這個方法坐月子。

目前東林的「勝香」、西口的「合成」，與八達樓子的「金瑞成」都有販售。位在金城中興街的「珍香餅店」，技藝源自金瑞成，也曾製作銷售桶餅，桶餅曾是「珍香」重要的產品。「金瑞成」將桶餅、豆沙餅、口酥合裝並且製作別緻禮盒，取名為「烈嶼餅」，實則並無此種名號的餅，情形類似「宜蘭餅」、「台中餅」或「竹塹餅」。

金門的傳統糕點中，還有一種屬於兒時記憶的糕點——「腳車餅」（台語發音），「腳車」即「牛軛」，顧名思義，這種餅的外觀像耕田的牛戴在背上的牛軛，形狀像顆心，也有人叫它愛心餅。「腳車餅」口感略似台灣的雞蛋糕，但較紮實，風味更加特殊，有種類似黑糖焦甜的味覺，這跟它的發酵過程有關。目前金城莒光路上的「奇香餅行」、沙美的「萬珍餅行」都有製作，山外與金城的市場也可見到。

（四）燒餅

談到糕餅點心，就一定要提金門燒餅，這是獨具特色的美食之一。金門的「燒餅」雖然稱為「閩氏燒餅」，卻不是來自福建，而是在四、五○年代由「北仔」（部隊裡的北方人）引進金門，因此也稱為「北仔餅」。金門的「燒餅」原本只供應阿兵哥食用，但獨特的口感和味道，也深受鄉親的喜愛，從此才開始賣給金門在地民眾。與台灣不包餡，用來夾油條的燒餅不同，金門燒餅是有包餡的，而且口味分為甜與鹹兩種。這兩種口味的燒餅外皮都是以高筋麵粉配合油酥調製而成，吃起來口感酥脆。甜燒餅外形扁長，鹹燒餅為圓形，大小都與成人的手掌差不多大。至於內餡，鹹燒餅內餡是以精肉絞碎，加入鹽、五香、蔥花、醬油等作料；甜燒餅則是

用白糖或是麥芽糖，每一家做法、配方不太一樣。金門人大多把燒餅當早餐，配著廣東粥或豆漿食用。

近幾年，因美食節目的報導，金門燒餅一炮而紅，作燒餅的店家也跟著變多了。山外的燒餅店較少，名氣最大的是以刀削麵起家的「喜相逢」；金城有三家：「三寶齋」（在模範街上）、「金一」（在莒光路、民族路各一家）、「源林」（貞節牌坊下）。金一燒餅網路風評似乎不錯，餅皮口感酥脆。三寶齋，據說主要銷售給軍中弟兄，平時不常開店，就算開了門也未必有燒餅出爐，想買它的燒餅可要碰運氣。不過，眾所周知金門最有名的燒餅店，不在山外也不在金城，而是位於沙美的「閩式燒餅」，許多人從金門返台會都會帶幾盒它的燒餅當禮物，當地人也常排隊買燒餅，它的燒餅剛出爐時餅型飽滿，餅皮和內餡口感佳，許多人著迷於它不黏牙的糖霜。

三、西點麵包

西點，顧名思義是西方傳進來的烘焙食品，據史料記載，可能早在漢代時即由當時著名的中西交通路線「絲路」傳到中國。1271 年義大利著名的旅行家馬可波羅隨父親與叔父來到中國，後來成為忽必烈的信臣、使者，涉足中國西南、緬甸、東南亞和印度。馬可波羅不僅影響中西經濟文化交流，對中西飲食的交流也有重要的貢獻。經由馬可波羅介紹進來的西點雖然很有限，但馬可波羅後來回到義大利把中國的麵條也帶回去，經過不斷的發展演變，成為當今舉世聞名的義大利空心麵條，卻是中西飲食史上的大事。

17 世紀中葉至 19 世紀初，隨著外國商人和傳教士進入中國活動，西方的菜點才比較有規模的流傳，但是影響還是比較小，基本上都是他們自己製作自己食用，中國的西餐業還沒真正的形成。鴉片戰爭爆發後，大量的外國人進入中國長期居住和經商，外國人開設和烹調的西餐館相繼出現，一些外國老闆開始雇傭教授中國廚師製作西餐技術，這個時期才出現中國的第一代西餐廚師。辛亥革命以後到 1949 這段時期，西點麵包在中國傳播很快達到全盛的階段。

民國初年，金門金城的「轎巷」有二、三十間的轎店，[10]想要乘坐轎子的鄉親，便會來這裡租用，有的是有錢人家當交通工具，也有的是供病人乘坐，或是婚嫁迎娶之用。民國二十幾年，「轎巷」先後出現了幾間著名的洋樓，像是「陳詩吟的番仔樓」、「王慶雲的洋樓」，這條鄉民口中流傳的「扛轎巷」，熱鬧非凡。王慶雲當時即在莒光路、轎巷一帶開「金門書局」，賣文具用品，後來又在現址改開「浯江食品店」，專賣西點麵包。1960 年 9 月 30 日「浯江食品店」的廣告首度出現在《正氣中華報》上，內容這樣寫：「原料特選，貨真價實，各種月餅，批發零售」，住址莒光路 45 號，分銷處山外復興路 56 號。金門的餅家，像同時出現在廣告上的「同裕慶餅家」，都在軍隊駐金之前即成立，「轎巷」既與婚嫁迎娶有關，糕餅業自然得以發展。但是販售西點麵包卻是駐軍來了之後的轉變，早期金門製作西點麵包的多是食品店，後期才有專業的西點麵包廠。

「八二三砲戰」之後，金門湧入大批阿兵哥，許多商家紛紛改做做麵包批發，專門銷售給軍隊。那時金門有一百多家麵包店，專營軍中生意，像是士校、花崗石醫院、尚義幹訓班、南陽坑道、屏東文康中心、擎天廳以及整個太武營區，每天需要的麵包數量，足以養活幾百個家庭。麵包好賺，但一般人意願不高，工作其實很辛苦，有人改行賣飲料，因為供應飲料更好賺，每年議價，軍中福利社包銷，軍隊的人潮就是錢潮，商人都荷包滿滿。這樣的生意光景，到了 2000 年開始走下坡，到了 2003 年軍隊大部撤走，生意更形萎縮，現在做西點麵包的所剩不多。

西點麵包店

營利事業名稱	設立	異動	負責人姓名	資本額	現況	營業項目	地址
金蛋糕（西點麵包廠）	78	79	張惠民	50,000		麵包糕餅製造／糖菓餅乾罐頭食品零售	金沙鎮汶沙里三民路 2 號
維都西點麵包店	80	86	洪亞平	40,000		糕餅麵包製造	金城鎮北門里中興路 81 號

---

[10] 據金門縣誌記載，「轎巷，在下街之南」。延著莒光路，穿過摸乳巷，右手邊，魁星樓的斜後方，就是縣誌所稱的「轎巷」，也就是鄉親口中的「扛轎巷」。

小明西點麵包廠	73	84	周水展	40,000	歇業	糕餅麵包製造	金城鎮北門里民生路9之1015室
頂好西點麵包店	73	83	張金華	20,000	歇業	麵包糕餅製造	金城鎮西門里民生路45巷2弄8號
口福西點麵包廠	72	93	楊忠藻	200,000		烘焙炊蒸食品製造／飲料、食品什貨批發	金城鎮西門里民生路55、57號
佳軒（港式）西點麵包坊	88	88	許麗娜	50,000		食品、飲料零售	金城鎮西門里光前路89號
頂好西點麵包店	82	83	張金華	20,000		日用什貨零售／糕餅麵包製造	金城鎮南門里中興路115號
展悅西點麵包坊	91	93	洪篤文	50,000		食品什貨批發	金城鎮南門里民族路242號
香好佳西點麵包店	74	82	吳能洽	20,000		麵包糕餅製造／糖菓餅乾罐頭食品零售	金湖鎮料羅里新興街43號
超群西點購物中心	73	96	蔡水坤	40,000	歇業	麵包糕餅製造／日用飲食品批發零售	金湖鎮新市里復興路71號
麥斯西點麵包	90	94	楊彩菊	50,000		食品什貨、飲料零售	金湖鎮新市里復興路76號
東京蛋糕屋	95	95	楊景雲	100,000		食品什貨、飲料零售／農產品零售	金湖鎮新市里復興路82號
朵香現烤西點麵包廠	85	92	李為志	200,000	歇業	糕餅麵包製造加工買賣／飲料零售	金湖鎮新市里復興路94之1號
一家人（西點麵包）	81	82	周發明	20,000		糕餅麵包烘焙	金寧鄉安美村安岐71號
雅福西點麵包	80	90	楊誠堅	40,000	歇業	糕餅麵包（烘焙）	金寧鄉盤山村頂堡9之1號
亞倫（麵包店）	73	80	蔡錦祥	20,000		麵包糕餅製造／日用飲食品批發及零售	烈嶼鄉西口村西方社區20之2號
可口（西點麵包）	67	91	楊美玲	20,000		烘焙食品	烈嶼鄉林湖村東林街29號

　　「麵包」，金門話發音似「胖」，尾音稍為拉長，源自日文。小朋友可能會比較愛吃，一般大人吃的機會不多。麵包的樣式太少，難以吸引年輕族群，近幾年金門的西點麵包廠以製作蛋糕為主流，「口福」、「展悅」、「佳軒」的生日蛋糕口碑都不錯，「展悅」特聘香港專業麵包師父，長期駐店，提供純正港式風味蛋糕。2008 年「三聚氰胺」事件發生時，金門縣衛生局稽查了 39 家地區的烘焙業，其中包括 15 家麵包店（含蛋捲店），雖未發現大陸奶製品，但是金門的蛋糕一直以來總是被消費者質疑。2007 年「母親節」前，發生金門蛋糕比台灣少二寸的爭議事件。縣府消保官實際走訪金城地區幾家西點麵包店，查知地區生日蛋糕實際尺寸確實比訂購的尺寸大約少了二寸，據店家表示，這是地區糕餅業的「習慣」（陋習），並非有意詐欺。情形有點類似金門的斤兩，一斤（500 公克），台灣是 600 公克，「一國兩制」對多數的金門人來說是很正常的歷史傳統，對所謂的「消費者保護法」大都沒有概念，這是金門地區糕餅烘培業的隱憂。商家在追求利潤的同時，理應採取以誠待人的態度，努力擴大與消費者合作互惠的空間，達到買賣雙贏的局面。金門人向來純樸善良，不至於「殺雞取卵」，政府應該負起教導的責任，「烘培烹飪班」除了傳授技藝，更應該教導職業倫理、灌輸法律常識。

　　金門的點心糕餅除了以上這些，還有「麵茶」、「滿煎糕」、「芝麻球」等等，都別有風味。屬於懷舊的零嘴則有色彩鮮豔的「金貢豆」、會黏牙齒的「好吃糖」（以白糖和麥芽煮成，乾硬後成為白色的糖塊，一大塊放在推車上沿街叫賣，客人要時再以刀具敲成小塊，口感有點類似牛軋糖而更脆），以及像棒棒糖的「麥芽膏」（麥芽糖或鳳梨糖，是把糖捲繞於短竹籤上賣給客人），都是這一代金門人兒時的回憶。即使是最便宜的零嘴，還是有人買不起，沒有零用錢的小孩只好拿家裡的「破銅舊錫」去換，為了吃一口糖，代價可能是一頓「竹枝炒肉絲」。酸甜苦鹹，是金門糕餅的風味，也是這一代金門人成長過程中，最深切的歷史記憶。金門的糕餅店除了製作販售糕餅，也記錄金門人的喜怒哀樂，悲歡離合。如今雖然多已收歇停業，但是如同麥克阿瑟所說：「老兵不死，只是凋零」，在金門人的心中，糕餅的印象與滋味已深深烙印在腦海裡，帶不走，揮不去。

第二節　服務業

壹、公共浴室

「冬天洗澡，不洗熱水，洗不乾淨」。這是賣熱水器的廣告，也可以用來作為個人衛生教育宣傳短片的台詞。對多數已經習慣洗澡文化的現代都會人來說，洗澡是件簡單的事，也是麻煩的事。在自己的家裡洗，到外面的公共浴室洗，單純的洗澡，或是兼作其他的健身美容。可以選擇的方式太多了，洗澡變成是一種負擔，變得有點複雜而且語意曖昧。另外，洗澡用品名堂之多，足以在社區裡養一家以上的專賣店。洗澡在人稠地窄的東方都會，常與情色掛在一起，一般人聞澡色變，只要不在家洗澡，那就有很大的想像空間。事實上，洗澡應該是關於健康與美麗的日常事務，可以變成純養身的活動。儘管人類是皮毛表相最簡單的動物，若論洗澡文化，那可算是人類史上的文明大事，既是科技發明，也是休閒藝術，更是一種公民生活美學。

古老國家都有悠久的澡堂文化，好像愈會洗澡的社會，生活文明的層次就愈高，愈是講究洗澡就愈有文化。古代公共澡堂不是純洗澡之地，它同時也是公民日常社交與訊息交流的地方。最有名的是羅馬大澡堂，它不光是供人休閒洗澡而已，許多政治、社會、社群活動在此發生，許多街坊八卦情事也在此發酵。早期台灣一些描述黑道的電影，「大哥們」也喜歡選擇在「三溫暖」談論事情。西元前 33 年，光羅馬一地的公共與私人澡堂就有 170 間。隨著羅馬帝國的發展，澡堂建築愈蓋愈堂皇，到西元四世紀時，羅馬已有 11 個大型公共澡堂，926 個私人澡堂，貧富不同階層都有湯可泡。其中，西元 305 年所建的「迪歐塞亭大澡堂」（The both of Diocletian）可容三千人，裡面設有理容、飲食、圖書、商店、會議室等部門，可以讓人留連一天，以澡堂為家了。[11]

在人類文明發展史上，澡堂文化與公共澡堂建築由來已久，但並不是人人都可以盡情享受洗澡的舒暢快感。從中國西域一帶到今日的西亞，這緯度的人洗澡不是容易的事，尤其在古代的尋常人家，一輩子可能就是結

---

[11] 參閱「藝術家這麼說」，http://www.ylib.com/art/artist/200409/artist02.html。

婚前才洗一次澡，這些人若看到羅馬澡堂如此盛行的景觀，一定會特別感動，洗澡竟然可以洗出這麼多學問。洗澡文化，是人脫離野蠻的一項社會行為，在精緻生活文化圈，它也演變成一種飽暖之餘的浪漫情事。除了唐朝楊貴妃愛泡澡的故事外，坊間有各種描述澡堂的書籍與電影。書籍方面，例如中世紀法國民間城市文學《玫瑰傳奇》（Le Roman de La Rose）、日本江戶時代滑稽古典文學《浮世澡堂》。[12]電影方面，例如中國導演張揚的《洗澡》（1999），以澡堂的描述帶出人生的體味；日本片《水之女》（導演杉森秀則，2003），以澡堂為中心場景，來探討一雙奇異男女的感情關係。

　　洗澡可以洗出政治，可以洗出文學，也可以洗出人生勵志的故事。許多人回憶民國六〇年代在金門當兵的日子：十天不洗澡或冬天 4 度的氣溫下洗冷水澡，那樣的日子都捱過來了，還有什麼不能忍的。離島的軍旅生涯，讓許多原本屬於草莓族的年青人，培養出堅忍不拔的個性，「金馬獎」的歷練，不僅讓人回味無窮，還可以引以為傲，向妻女誇口，想當年……。當年的金門，水資源問題嚴重。金門屬亞熱帶季風氣候華南型，年平均溫為攝氏 20.9 度，年平均雨量約 1,043 公厘，主要分布於 4 月至 9 月。因日照長，風力強，年蒸發量平均高達 1,913 公厘，大於年降雨量。因此，水資源嚴重不足，尤其是冬天，常見乾旱，人民經常苦於無水可用。1964 年金門政委會僱請臺灣廠商，在金城鎮安老院附近開鑿深水井兩口。1966 年 4 月金門縣自來水廠成立，撥用這兩口深水井，並在民生路北端建設供水塔一座，安裝地下塑膠管，通接各家戶。7 月起開始供水。供水種類，按實際狀況訂立收費標準，優待辦法按照臺灣現行辦法規定，軍事機關七折，軍眷五折，惟供水範圍僅限金城（後浦）地域。之後又陸續在沙美、山外、料羅、成功、昔果山、後半山等處開鑿深水井或群井，從事簡易供水設施。以後歷年不斷擴充，迄 1977 年底，全島供水量達百分之九十以上。

　　供水問題雖然獲得改善，但是金門的冬天，一、二月的平均溫度大約 10 度左右（記錄年份為 43-76 年）。[13]加上，一般民家，普遍沒有衛浴設

12　式亭三馬著，周作人譯，《浮世澡堂》，北京：中國對外翻譯出版社，2001 年。
13　金門縣政府編，《金門縣志》，卷二，「土地志」，頁 310。

施與熱水器，燒熱水洗澡是很麻煩的事，很多人只有在除夕的時候才洗熱水澡，平常頂多就是用少量乾淨的水擦拭身體，像今天的淋浴或泡澡根本是不可思議的事。對早已習慣這種日子的金門百姓而言，洗澡不是問題，也不會成為問題。但是，對由台灣本島來的阿兵哥而言，出操訓練完之後，若不能將身體洗乾淨，恐怕難以成眠。部隊中都有蓄水池，夏天時，洗澡不成問題，冬天時，某些層級較高或人數較多的單位，會裝置鍋爐，定時定量供應熱水。對一般新兵或小兵來說，即便是今天，軍中的環境已獲得改善，洗熱水依舊是奢侈的享受。[14]有部隊的地方，就有洗熱水澡的需求，於是民間付費浴室乃因應而生。

公共浴室

營利事業名稱	設立	異動	負責人姓名	資本額	組織類型	營業項目	地址
泉水商店（浴室）	65	82	陳玉環	10,000	獨資	浴室澡堂、公賣品售	金沙鎮光前里新興街
塔后浴室	68	68	陳宗來	10,000	獨資	浴室	金湖鎮新湖里塔后
龍泉浴室	68	80	翁金丕	5,000	獨資	浴室	金寧鄉后盤村下堡
小徑浴室	73	87	洪金吉	20,000	獨資	浴室、公賣品批發	金湖鎮瓊林里小徑
良友浴室	75	88	蔡良友	10,000	獨資	浴室、公賣品批發	金湖鎮瓊林里小徑
陽明浴室	79	79	薛朝元	45,000	獨資	浴室	金湖鎮山外里黃海路
七福浴室	79	80	陳肖嚴	20,000	獨資	浴室	金湖鎮新市里中正路
凱撒浴室	81	91	陳溢添	40,000	獨資	視唱中心、浴室	金湖鎮新市里中正路

這是根據福建省金門縣政府商業登記資料查詢的結果，事實上金門先後出現的浴室與澡堂數目，遠遠超過此數，主要原因當然是沒有營業登記。另一個原因則是如同「泉水商店」的情形，登記為商店，卻兼營浴室。在金門，只要阿兵哥有需要，任何事都可以幫忙，從縫補名牌，洗燙軍服，到燒水洗澡，各種生意都做。剛開始可能只是單純幫忙，最後反而變成專業服務了，因為利潤微薄，不足以成為事業。雖然無營利登記，還是得接受管理。依據 1958 年的「商店管理暫行辦法」，浴室由原本的丙種改列

---

[14] 聯勤馬祖地區支援指揮部爆發所謂的「虐兵」事件，原因竟然只是沒有提供熱水給士兵洗澡。2008 年 09 月 08 日，「蘋果日報」。

為乙種，這類商店的資本額在一萬元以上。從 1964 年到 1975 年，沐浴業的商家數如下表：

年度	53	54	55	56	57	58	59	60	61	62	63	64
家數	15	16	18	19	24	25	33	44	41	39	43	44

每年都有增加，到 1975 年最高峰，高達 44 家。1976 年起「商業登記法」與「營利事業統一簽證辦法」實施，金門縣歷年營業商號統計不再將浴室業納入。在此之前，浴室業仍屬於「特種營業商店」，歷年商家數如下表：

年度	47	48	49	50	51	52	53	54	55	56	57	58	59	60	61	62	63	64
家數	12	11	17	14	17	23	24	29	34	34	37	32	33	42	42	39	37	36

這二份表格的數字稍有出入，可能是分類的問題。基本上，民國六〇年代是浴室業的興盛時期。

民間浴室的規模大小不一，稍有規模的都已使用鍋爐燒水，而且隔成有浴缸的小房間。例如安民村有間浴室名為「潔身浴室」，專門提供士校官兵沖洗。負責人是士校退役的班長，他了解熱水澡對舒解官兵身心的重要，於是將自家小平房改建成浴室，隔成八個房間，雖然狹小而陰暗，但是都有鑲著彩色石子的浴缸，可以泡澡。對阿兵哥來說，洗澡已不再單純只是享受熱水，其中也包含一個私人空間的使用權利，部隊中沒有個人隱私，許多不喜歡羅馬式大澡堂人，可以在付費澡堂享受一種屬於家的溫暖。不知始自何時，洗澡變成一種隱私，洗澡兼洗衣服，洗完澡再吃碗泡麵，那種滿足感絕對不輸「滿漢全席」。這類結合洗澡、小吃、洗衣、雜貨於一身的澡堂，大都開設在駐軍附近，像是陽宅的「龍陵浴室」、下堡的「龍泉浴室」、小徑的「良友浴室」與「小徑浴室」、塔后的「塔后浴室」等，算是有招牌的專業浴室，有時候是一整排的，像是幹訓班附近、沙美，大都沒有營利登記，有些甚至只是用油漆在牆壁上寫著「浴室」而已。

山外的浴室比較複雜，有所謂的「視唱中心」，設置卡拉 OK 與 MTV給阿兵哥觀賞，洗澡變成了放假日的休閒活動，不再是單純的潔淨肌膚、

舒解疲勞的日常事務。雖然台灣本島的洗澡文化快速被引進，對金門的澡堂業並沒有造成太大衝擊，因為軍隊大量撤出，不管是好的、壞的，都一併帶走了。這些年，金門縣政府積極投入觀光產業，碉堡坑道，風景名勝，整修得煥然一新。可是，對一些未能吸引觀光客的歷史記憶，只好放任它被遺忘。金門的浴室澡堂，曾經風光一時，如今這些違章建築，也所剩無幾了。殘留的澡堂，自然無法跟龐貝城的澡堂遺址相提並論，然而，金門的澡堂浴室更多了一點人情味，一句「阿嫂，我回去了」，讓人聞之不禁鼻酸。從菜鳥到老兵，一路走來，能夠平安退伍，除了感謝上蒼外，也感謝週遭的這些小人物，給了他們一種家的溫暖。今天的台灣本島，溫泉、SPA 林立，公共澡堂變成「熱水游泳池」，洗澡已經不再是話題，但是當熱水沒了時，偶而還是會想起在金門當兵時，冬天 4 度時洗冷水的滋味。

貳、計程車行

金門因為曾是戰地，某些風土民情與台灣本島差異甚大。除了物產獨樹一幟外，許多老兵津津樂道的便是金門出「西施」，包括「撞球西施」、「冰果西施」，與「計程車西施」。女性開計程車原本就不多見，何況在外島，生意是否因此而興隆，不得而知，但在金門，即便是駐軍大量撤出後的今天，女性開計程車的情形還是相當普遍。談起金門計程車業的興衰，只能用「幾家歡樂幾家愁」來形容，傷兵雖多，但也未是窮途末路，生命會自己找出路，計程車業未必沒有第二春。

根據金門公路監理所的統計，截至 2005 年 12 月為止，金門有計程車行 8 家，計程車 153 輛、個人計程車行 116 家，計程車 116 輛、計程車運輸合作社 3 家、車輛 189 輛，合計計程車總數 458 輛。2003 年 1 月有 471 輛，到 2009 年 7 月減為 449 輛，大致而言，呈現慢慢遞減的現象，顯示這個行業不再成長，屬於夕陽產業。金門開放觀光，似乎沒有為計程車從業人員帶來新的商機，兩岸小三通，對計程車司機而言，竟然是：「台商一條龍，計程車司機一條蟲」，[15] 讓人感慨萬千。現在的計程車生意確實難做，但並不是一直如此，在金門，計程車曾經風光過，月入十數萬者，

---

[15] 參閱「醉戀金門」網頁，http://blog.udn.com/311442/729297。

大有人在。一張計程車牌,叫價百萬以上,而且有行無市,計程車是特種行業,因為它的利益不容分享。

在金門,搭乘計程車的主要客人為軍人與做生意的商人,尤其是到金城市集購物的人,因為手提重物,不方便坐公車,或是住的地方較偏遠,公車班次少。一般家庭的代步工具主要為汽機車,據統計,金門的汽機車數量如下表:

汽機車數量統計表[16]

年度	汽車	機車	合計
84	7,429	16,588	24,017
85	8,334	18,825	27,159
86	9,277	21,346	30,623
87	10,180	23,022	33,202
88	10,942	23,472	34,414
89	11,184	25,278	36,462
90	11,634	26,517	38,151
91	12,805	27,824	40,629
92[17]	11,866	27,988	39,854
93	12,774	28,686	41,460
94	13,860	29,626	43,486
95	15,253	31,032	46,285
96	16,205	32,182	48,387
97	17,350	34,436	51,786
98	18,207	36,719	54,924

就人口的比例而言,幾乎是每人一車,換句話說,不論貧富,每戶人家幾乎都有一台以上的汽機車。如此高密度的交通工具,理論上應該會對計程車的經營產生衝擊,結果顯示影響不大,這是相當耐人尋味的現象,當然,除了與金門作為「戰地」的處境有關外,尚有其他的政治與社會因素。

---

[16] 金門縣公路監理所,資料統計,http://www.kmvs.gov.tw/default.aspx。

[17] 92 年以後的數據由作者加總,汽車為小型自用車,不包括大型自用車和貨車,機車為輕型與普通重型,不包括重型機車。資料為該年度的 1 月份。

解嚴以前，金門的駐軍有數萬人，阿兵哥外出休假、洽公的主要交通工具便是計程車。搭計程車是那個環境下不得已的選擇，金門的公車系統除了班次少之外，站牌位置往往離營區駐在地有一段距離，搭公車對阿兵哥來說，極其不方便。更重要的是走在路上和等公車的時間隨時會有憲兵、軍紀糾察找麻煩，被登記後若不在第一時間想辦法劃掉，輕則軍紀再教育，重者送禁閉。因此，雖然計程車車資很貴，仍是「最安全」的運輸工具。營區與據點都是軍事重地，一般老百姓不得其門而入，但計程車司機卻是如數家珍，只要說得出部隊番號，絕對不會跑錯地方。在金門，當大哥大與手機還要靠關係才能辦下來的時代，計程車司機已是這種新通訊的大客戶。擁有大哥大是身份的象徵，計程車司機在一般人的觀感中，或許社會地位不高，但收入卻是一般公務人員的數倍。這個行業讓人羨慕，卻不是人人都可以去開計程車，因為計程車的牌照總量受到嚴格管制，有錢也買不到，解嚴以前金門的計程車總數，維持了很長的一段時間沒有變動。

根據 1992 年增修的《金門縣志‧經濟志》記載，當時本島的營業小客車有 200 輛，客運車行八家，行駛全島各地。此類出租汽車多為台灣裕隆公司出產，收費方式以旅程長短而定，沒有明確告示，均是約定俗成。計程車的載客人數，至 1992 年時仍可搭載 5 人，採叫客方式居多，只要湊足五人隨時開車，車資由五人平均分攤，與台灣地區素以搭載四人為原則不同。[18]

由下表得知，所有的車行都在 1976 年核准成立，新增的「中興計程車客運服務行」晚至 1989 年才成立，其間幾乎沒有新車行成立。計程車靠行是為了方便管理，從 1983 年始，也有個人計程車行核准成立，但真正申請營業登記的只有 37 家，個人車行的資本額為 80,000 元。其餘車行的資本額都在五百萬以上，這是依據「汽車運輸業審核細則」的規定，第四條第三款第四項（97 年 9 月 24 日修正）：「計程車客運業最低資本額以公司行號經營者新台幣五百萬元以上。但個人經營計程車客運業不在此限」。

---

[18] 符宏智等撰稿，楊天厚、林麗寬總編纂，《金門縣金沙鎮志》（金門：金沙鎮公所，2002 年），頁 364。

計程車車行

營利事業名稱	核准	異動	負責人姓名	資本額	組織類型	地址
勝利計程車客運行	65	95	黃淑娟	5,000,000	合夥	金沙鎮光前里太武社區 16 號
欣欣計程車客運行	65	92	黃蘇振	5,000,000	合夥	金沙鎮汶沙里成功路 2 巷 1 號
光華計程車客運行	65	96	鄭明義	8,000,000	合夥	金沙鎮汶沙里信義街 23 號
國聯計程車客運行	65	92	董振發	5,000,000	合夥	金城鎮古城里大古崗 2 之 1 號
中榮計程車客運行	65	96	楊忠興	6,500,000	合夥	金城鎮珠浦西路 98 巷 1 號
自由計程車客運行	65	96	馮諒記	6,600,000	合夥	金湖鎮新市里武德新莊 89 號
僑豐計程車客運行	65	94	李開陣	5,000,000	合夥	金湖鎮瓊林里瓊林 4 號
莒光計程車客運行	65	96	林福文	5,000,000	合夥	烈嶼鄉林湖村東林 68 號
中興計程車客運服務行	78	87	黃淑能	1,000,000	獨資	金城鎮金水里金水村前水頭 72 號

　　除了車行與個人車行外,目前金門的計程車組織尚有三家「計程車合作社」,分別為「金門縣金門計程車運輸合作社」、「金門縣愛心計程車運輸合作社」與「金廈計程車合作社」。這是依據內政部「計程車運輸合作社設置管理辦法」成立的社員組織,不是營利單位,因此不用向稅務機關登記,社員必須自備計程車,且以一輛為限,加入合作社,司機的利益可以獲得保障,但不保證生意會更好。金門自開放觀光以後,兩岸局勢和緩、駐軍減少,小三通旅客成為金門航運量的主要大客戶,旅遊業必須重新調整其營運方向,尤其是為數壯觀的計程車業者,如何開發新客源,需要政府介入輔導。2002 年金門縣政府首次辦理觀光解說計程業訓練,鼓勵計程車業者勇於改變,強化服務內涵,並授予參訓學員「金門縣觀光解說計程車」識別標章。這個標章看似簡單,卻意味深遠。男子造型,鬍子翹翹,頭戴紳仕帽,類似某一茶品廣告中的人物。以往一般人對計程車駕駛的印象,總是一付口嚼檳榔、足蹬拖鞋或口叼香煙的景像,而今,這些粗糙的形象,轉變為彬彬有禮,具備導覽解說能力的服務員,這是付出一百多小時訓練後的成果。2005 年 12 月「金門縣觀光解說計程車隊」正式成軍,首批隊員 18 人在接受 105 個小時的訓練後投入載客服務。目前的收費標準是半日遊 1,500 元,一日遊(含車資)3,000 元。為了讓觀光客留下好印象,從事觀光導遊的司機有半數是婦女,這些「阿桑」是否還能被稱為「西施」,就看個人的自由心證了。

金門的計程車只有少數跳錶，幾乎都是喊價，固定的景點或村落之間，價格較能統一，較不常行走的地點，就由客人和司機議價。因為金門本島面積太小，平常只有街道上才有人往來，村落之間不易看到行人，因此少有攔車載客的情形。計程車都是在固定的場所等候客人，例如小金門的東林街、九宮碼頭、水頭碼頭、山外車站、金城車站、沙美等人口較集中的街市；有些地方必須依序排班，例如機場、金廈小三通碼頭。平常居民若需計程車服務，都是直接打電話預約搭載，即便是阿兵哥也是如此，隨機的載客幾乎都是以外來的觀光客為主。目前計程車聚集最多的地方就是機場與小三通碼頭，排班計程車多達百輛，生意難做，一天若能出個三、四班就算不錯了。

金門計程車業的問題，不論是內在的或外在的，都已無法解決，政府其實也愛莫能助。金門對岸的廈門市，擁有二百多萬人口，尚不包括每天從四面八方湧進的流動人口和觀光客，出租計程車 4,000 多輛。金門常住人口 40,000 多人，計程車 400 多輛，從統計數字上來看，廈門計程車的潛在客源是金門的十數倍，加上金門居民幾乎每個家庭都有汽機車，不用藉助計程車代步，更迫使計程車難以發揮作用。金門的計程車的確太多了，僧多粥少，結果就得等自然淘汰，在此之前若政府不能強力介入協調，輔導司機轉業，「大三通、小三通，金馬百姓口袋空空」的怨言恐怕會一直流傳。這是政策錯誤結果，也是政客屈從利益團體下的惡果。原本看好小三通榮景的計程車業，卻苦等不到客人，因為台商全被旅行社、航空公司、遊覽車業者的一條龍、快易通等海陸空一票到底的服務給吸引去，僅剩的散客，也因為部分「地接小姐」（地勤接待小姐）在入境口的違法攬客行為，全被一掃而空。看著水頭旅客服務中心大樓前，一、二十輛計程車依序排成一列，司機們或躺或坐，或立於車外，抽煙、聊天，等候小三通下一班船班的到來。此情此景，讓人不勝唏噓。

計程車是一個都市發展的象徵，也是都市生活的行動櫥窗。計程車的數量與司機素質，除了表示這個都市的人口密集度及物價消費水準外，也是觀光客評價這個城市的指標。出租車是城市的公共交通工具，世界各國均限量控管服務品質，金門縣政府為了順應民意，開放計程車市場，導致三教九流的人物都來分一杯羹。

　　計程車司機不夠專業，不論是車況的整理或個人形象的打造，都讓人覺得金門是個鄉下地方。比起台北市與廈門市，金門的計程車顯得相當老舊與落後，無法與偉大的城市接軌。台商普遍發現，廈門自從成為「經濟特區」之後，各項建設都經過精心策劃，市街禁行機車，路旁廣植花木，不但環境綠美化非常成功，交通與治安良好，曾獲「優秀旅遊城市」、「國家環境保護模範城市」、與「國際花園城市」等美譽，成為大陸精神文明建設的宣傳典型。對於負有「城市名片」功能的計程車，更是努力經營，冀望以「車好、人好、價格低」讓國內外遊客感到廈門「的士」最安全、服務有規範、誠信最優良，打造廈門「金字招牌」的形象，並要求「的哥」（運將）努力成為廈門市旅遊的「活地圖」，透過義務的解說，幫助宣傳旅遊景點，擔任「旅遊代言車」，達到「魚幫水、水幫魚」互蒙其利的境地。[19]

　　「金門縣觀光解說計程車隊」雖然具有類似的功能，卻是一種計價服務，合併了車資與導遊費用，一旦服務品質不如預期，就會產生糾紛，常有遊客向《金門日報》投訴，認為自己被「坑」了。或許這是誤解，或許這根本就是制度設計不良，資訊不透明是金門計程車發展的最大隱憂，而「叫價」與「共乘」則完全違背世界潮流，前者讓人無所適從，後者讓人覺得不安全。金門的治安雖然每況愈下，計程車犯罪至少尚未聽聞，問題是，如何讓人信賴。金門的觀光旅遊，一直在「利」字上打轉，為民謀福利雖是政府的職責，但不能假文化之名，文化發展必須是「無償」的，用商業包裝文化，甚至假藉文化以謀利，是很拙劣的手法。以往搭計程車的人主要是阿兵哥，阿兵哥沒得選擇，但不是沒有怨言。如今，金門的計程車轉向觀光客，卻發現「等嘸人」，找不到顧客。根據金門縣政府 98 年度第 9 次主管會報會議建設局所言，本縣招商少有成就，究其原因不在投資者意願低，而在本身條件不成熟。這雖是「官話」，不難看出政府無法排除各方利益糾葛的無奈。據聞有關單位原想在小金門九宮碼頭放置 150 部腳踏車給觀光客使用，因計程車司機反彈而作罷，這就是本位主義作祟，只看自己眼前的利益，看不到未來與前景，計程車如此，其他行業未

---

[19] 林怡種，〈廈門出租計程車，積極營造城市新品味〉，《馬祖日報》轉載，2006年 7 月 17 日。

嚐不也是如此。倘若連這種「本身條件」都不能克服，招商只是「空話」。「官話」與「空話」，如何吸引投資意願？

參、理髮廳、美容院、髮廊

一、理髮廳

　　《孝經》「開宗明義」：「身體髮膚，受之父母，不敢毀傷，孝之始也。」在古代，中國人不「剃頭」，在很長一段歷史時期，中國沒有理髮業。中國古代的男子一般都束髮留鬚，即使需要梳理，也是自己動手。女子則或挽髮髻，或綰於頭上，不需理髮。佛教和尚和比丘尼剃光頭，都是由寺裡八大執事之一的「維那」負責，但並未形成行業。[20]清入關後，頒布使漢人滿化的「薙髮令」，強迫漢人依滿俗剃去前半部頭髮。薙髮令規定：凡大清軍所到之處，漢民限於十日之內，盡棄明朝衣冠，盡行薙髮改裝，服飾儀節，皆遵滿制。清朝廷在北京東四、西四、地安門與正陽門前搭建席棚，勒令過往行人入內剃頭，違者斬首，這便是所謂「留頭不留髮，留髮不留頭」。京城地面廣闊，這四處地方並不能很快地給北京人剃去頭髮，於是，朝廷又批准軍中伙夫在各處街巷建棚或擔挑子串戶剃頭，這就是中國最初的理髮業。

　　老北京理髮業當時在大街上有門臉的叫剃頭棚兒，同時也有挑擔走街串巷的。他們大都手裡拿有一鐵器，當時人稱為「喚頭」，形狀似大鑷子，用小棍自下向上一撥，便發出嗆啷一聲，隨走隨響，以召喚主顧。當時，他們除剃頭刮臉外，還為客人掏耳朵、按摩、推拿、正骨。上了年紀的老人理髮剃頭時容易睡著，這個時候剃頭師傅就會順勢給他按摩一下。有胳膊腿腳不舒服的，也給他推拿。他們的剃頭擔更是有講究，俗話說「剃頭擔子一頭熱」，就是因為擔子的一頭是專為客人洗熱水頭的地方，上面是銅盆，盆下面架著小火爐燒水。

---

[20] 佛學大詞典對「維那」解釋如下：維那二字，系梵漢兼舉之詞；維，綱維，統理之義；那，為梵語 karma-da^na（音譯羯磨陀那）之略譯，意譯授事，即以諸雜事指授於人。維那，又作都維那，舊稱悅眾、寺護，為寺中統理僧眾雜事之職僧。

　　滿清政府沒被推翻之前，因為大家都要留辮子，所以，當時的理髮業並不發達，理髮師的工作主要是幫人洗頭、篦蝨子、辮辮子、刮鬍子（也叫修面）。看一個理髮師的水平，主要看他鬍子刮的好不好，快不快，舒服不舒服，然後還要有點噱頭，主要是指手法，是正刀呢，還是反刀？本事大的，每刮一刀，都要把鋒利的刮刀在客人的臉蛋上拍幾下，還得有聲音，猶如浴室裡幫人擦背的，得幫人拍拍。伴隨著辛亥革命的勝利，辮子不能再留，可沒了辮子的男人應該剃一個怎樣的頭髮呢？被剃頭的不知道，剃頭的也不知道，因為沒有任何先例可循，也不知道怎麼樣的短頭髮才是好看。於是，大家把目光對準了日本，開始跟日本人學習如何剃頭，而不是跟西洋人學習，因為西洋人的頭髮和我們不一樣。而當時很多的革命者，也就是那些最早剪掉辮子的人，大多也是從日本回來的。他們不但帶來了日本人的髮型，還帶回來了一批在日本從事理髮工作的中國人。就此，中國的理髮師正式開始學會了如何理髮，同時，日本式的髮型則開始在中國人的頭上流行了起來。

　　上海開埠後，由於大量西方人的進入，將西方的理髮美容業也帶進了上海。1880 年前後，上海已經有女子美容院。但是直到民國初年，人們思想還是很落後守舊，婦女不敢進理髮店理髮，這時就出現了一個新的理髮行當，一些原是在大都市替富宦人家的太太、小姐梳妝打扮的婦女開始為北京婦女理髮，大家叫這些人為「梳頭婆」。1926 年才有專門為女子理髮的理髮店，或在理髮店裡專設女部。1932 年「南京理髮公司」設立，設施高檔，堪稱一流，已有女性理髮師和修指甲員，客人有男有女。此時的店鋪設備、匠師技藝、所用器具和材料都逐漸西化，改用推子、剪子、洋刀、沙發轉椅和厚玻璃長鏡。還在走街串巷的理髮師傅仍是只會理男髮，女髮要到理髮館去理。這些走街串巷的剃頭師傅給小孩剃頭都功夫了得，他們能在小孩的哭鬧亂動中給孩子把頭剃好，那鋒利的剃刀完全不會傷到小孩子的嬌嫩皮膚。北京人有為嬰兒剃胎毛的習慣，因孩子太小，不少家長不願抱著孩子跑到理髮館去理髮，當聽到門口傳來「喚頭」的聲音，便會把理髮師傅請來為孩子剃胎毛。

　　台灣也有走街串巷的剃頭方式，我們稱為「包庄制」。古早時候，鄉下沒有理髮店，理個頭髮要長途跋涉到城裡去，費時又費工，於是就有剃頭師下鄉來為鄉民服務。也就是一個師父負責一個村莊，10 天去修一次臉

上的鬍鬚與雜毛，20 天剪一次頭髮。一年去 36 次，計價方式為成年人一年穀子兩斗、小孩一斗。在農業時代盛行的包庄方式，充滿了濃厚的人情味。可惜，包庄制度已走入歷史，民國 60 年代以後，都以現金收費。現金和包庄的價格差一倍，少做一半的量，所得還是一樣。台灣理髮業最興盛的時期為民國六七零年代，近年來景氣低迷，在短短 30 年間，合法的理髮店大量縮減。經濟不好的時候，客人總是把頭髮留得比較長才剪，國中生與高中生髮禁解除，也為理髮業帶來重大的損失。隨著專為女性服務的美髮業興起，連鎖店林立，造成部分男性客群流動，理髮業相對式微。原本女孩子最適合從事美髮業，只是被以前的馬殺雞風氣影響，用合法掩飾非法，造成理髮業名聲破壞，也是理髮業漸漸萎縮的原因。

人們常說：「福州三把刀，菜刀、剪刀、剃頭刀」，意指，福州人多的是廚師、裁縫師、剃頭師。金門與福州的關係密切，不論是地理位置或歷史淵源，在金門的人口結構中確實有一部份來自福州。例如光緒朝兼任金門中軍都司，宣統元年回任金門營都司，連任至民國初年成立臨時民政廳，維持地方秩序的鄉紳饒肇昌，便是福州人。金門各行各業中的優秀人才，先祖不乏來自福州的，若真的統計起來，廚師、裁縫師、理髮業未必占多數。但是理髮這一門技藝，印象中還是屬於福州人的專業，至少在早年的時代。位於金城鎮觀音亭旁的「日日新髮廊」，創始人就是福州人，而在裡面幫忙剃頭，後來自行開業的「新華美理髮廳」第一代老闆陳依華，同樣也是福州人，「新華美理髮廳」目前已傳到第三代，兄弟姐妹中多有傳承理髮手藝者。理髮雖然算不上是多麼艱深的技藝，但沒有個三兩年的學習，不易熟練操作一把剃刀，即使師父認可，客人未必放心。

金門人或許不像上海人那樣講究「勢頭」，但愛美終究是人的天性。除了婚喪喜慶、他鄉遠行、過年過節，需要打點門面外，平常也會定期上理髮店修個臉。一般來說，理髮廳以男性客人居多，像是學生、阿兵哥，以及成年男子（尤其上了年紀的）。學生是理髮店的主要客源，兩個星期理一次，早年剪個頭，只要十多元（民國七〇年代以前），生意好時，一天就可收入數千元，可以想見當年的盛況。[21]除了學生外，軍人也是大客源，雖然部隊中有福利社附設理髮部，師部的理髮兵也會定期下到各連隊

---

[21] 民國 69 年時台灣公訂的理髮工資，兒童理全髮為 25 元，國中生 30 元，高中生 40 元。

理髮，還是有人喜歡到有「正妹」的民間理髮店，剃個較像樣的頭，這自然是醉翁之意不在酒，但是除了「打屁」把妹外，沒有別的福利。金門的理髮店沒人「做黑」的，也不敢做，在一個民風還很保守的時代，大都不願家中未成年的小孩從事這一行，何況是女生，因此，除了男師傅外，就是阿兵哥戲稱「理髮婆」的阿姨們。

較高檔的理髮廳店內都會貼一張髮型範例圖，男人的髮型不多，通常也就這麼幾種：三七分、中分、鍋蓋、平頭、光頭。其中，中分頭常被叫做漢奸頭，在一些電影和電視劇中，漢奸就是留這樣的髮型，兩邊分開，前面有點長，或耷拉著，或用髮膠固定著，想必應該是有一定道理的。多看一些老照片，便會發現，在舊社會，留這種髮型的男人很多，但並非每個人都是漢奸，有些愛國人士也是如此。這當然是誤會，金門人稱這種頭為「西裝頭」，是為了配合穿西裝而吹出來的髮型。男士理髮店除了理髮外，還包括修臉刮鬍子、掏耳朵、剪鼻毛、洗頭、吹頭、上油等，很少有染髮、燙髮的服務，這一類的頂上功夫得靠「髮廊」與「美容院」，也就是說，男人也會上髮廊與美容院去剪頭髮、做頭髮。

理髮美容店的分佈情形

鄉鎮	理髮廳	髮廊	美容院	總數
金城鎮	16	29	20	55
金湖鎮	25	19	19	63
金沙鎮	5	4	11	20
金寧鄉	4	-	-	4
烈嶼鄉	2	4	-	6
總數	52	56	50	158

金門的理髮事業比較單純，名稱上多為「店」、「廳」與「室」，一部份事業體因兼做其他生意，因此不用「理髮」之名，外人不易得知內容。金門的商家幾乎都作老主顧，不須藉由廣告招徠客人，像理容院門口常用的三色旋轉燈，幾乎見不到。從核准成立的時間來看，集中在金門開放觀光之前，換句話說，這是一個與觀光客無涉的行業。部隊精實案固然影響生意，但這行真正沒落的原因是金門人口大量外移與髮廊瓜分客源。下表所列的「理髮廳」雖然不是金門全部的理髮店，卻頗具代表性。以地理位

置而言，金城與金湖的理髮廳最多，金城後浦發展早，人口多，有許多歷史悠久的理髮店，不乏已傳到第三代的百年老店。金湖山外、新市與料羅，是新興街市，附近駐軍多，常有店家應邀到部隊為阿兵哥集體理髮。

「理髮業」是所謂的「八大行業」之一，但八大行業中所定義的理髮業指的是：「將營業場所加以區隔或包廂式經營，為客人理容之觀光理髮或視聽理容之營利事業。」從社會新聞中，我們常看到這種理髮店都設有特別的隔間或包廂，讓店裡的服務小姐可以在裡面為顧客做特別的服務。台北市的長春路與吉林路附近就有許多這種專門服務日本觀光客的理容店。一般的家庭理髮或美容美髮並不屬於八大行業之中。金門的理髮廳依資本額多寡分成甲級與乙級，但都不得從事視聽理容業。依照財政部賦稅署「營業稅特種稅額查定辦法」第六條的內容，「如有兼營按摩、指壓、油壓、臉部保養、髮型設計等服務，及兼售洗髮水、洗髮精等均應照實際收費合併計算。」可見理髮業是可以兼營其他服務的。

在金門，理髮、美容、美髮申請營業由建設局工商課負責，往後則由衛生局督導。理髮業的器具和營業場所，對業者與客人的身體健康影響很大。幾乎每個縣市都會訂定「營業衛生管理自治條例」，嚴格審查美容美髮廳的環境衛生。金門縣政府衛生局依據金門縣政府頒定的「營業衛生管理自治條例」，建檔列管理髮美髮美容業者 121 家，並明定「理髮、美髮、美容業營業衛生審核標準作業程序」，以保障消費者之權益，提升營業場所的衛生水平。現階段除了積極輔導業者，辦理業者衛生講習、民眾衛教宣導及營利事業申請會勘外，也要求消費者、業者配合政府各項政策，落實自主衛生管理制度，使地區的理髮、美容、美髮符合國家的標準。

理髮廳

營利事業名稱	成立	負責人	資本額	現況	營業項目	地址
嘉新理髮室	64	呂天順	10,000	歇業	理髮店	金湖鎮料羅里新興街
美麗理髮店	65	張校資	5,000		理髮店	金沙鎮汶沙里三民路
新華美理髮廳	65	陳金浣	5,000		理髮店	金城鎮東門里莒光路
皇賓理髮店	65	楊昭治	15,000		理髮店	金湖鎮山外里下庄
麗新理髮室	65	翁玉匣	10,000	歇業	理髮店	金湖鎮正義里成功
台灣理髮廳	65	戴能鶴	10,000	歇業	理髮業	金湖鎮正義里夏興
美容光理髮廳	65	鄭明火	20,000		理髮店	金湖鎮料羅里新興街

徑蘭理髮店	65	蔡素金	5,000	歇業	理髮店	金湖鎮瓊林里小徑
藍倩理髮店	65	李秉成	10,000		理髮店	金寧鄉古寧村北山
威虎理髮室	65	翁文南	15,000	歇業	理髮店	金寧鄉盤山村頂堡
芳美理髮店	66	翁玉梨	10,000		理髮店	金城鎮古城里小古崗
國華理髮廳	67	陳平	10,000		理髮店	金湖鎮山外里山外
鴻祥理髮室	67	黃玉愛	10,000		理髮店	金湖鎮料羅里新興街
佳新理髮室	67	李錫加	10,000		理髮店	金寧鄉古寧村北山
新榮理髮廳	68	張輝球	10,000	歇業	理髮	金城鎮東門里民族路
百吉理髮店	68	翁享紅	10,000		理髮店	金湖鎮瓊林里小徑
西堡理髮室	68	許瓊英	10,000		理髮店	金寧鄉安美村西堡
華一理髮廳	69	王美慧	20,000		美容美髮	金沙鎮汶沙里中興路
香帥理髮廳*	69	薛玉	10,000		理髮	金湖鎮山外里山外
南興理髮廳	70	王應成	20,000		理髮店	金沙鎮汶沙里中興街
蘭薰理髮店	70	蔡清華	30,000		理髮店	金城鎮古城里小古崗
西門町（理髮廳）	70	黃碧英	40,000		理髮店	金湖鎮山外里下庄
新藝城理髮廳	70	黃種嘉	20,000	歇業	理髮	金湖鎮瓊林里小徑
廣興理髮店	71	黃明麗	10,000		理髮店	金湖鎮山外里山外
欣欣理髮廳	71	李雪珠	10,000		理髮店	金湖鎮新湖里塔后
金美都理髮室	72	陳阿鶯	10,000		理髮店	金城鎮西門里中興路
雅賓（理髮廳）	73	黃愛珠	10,000	歇業	理髮	金沙鎮光前里光前村號
華都理髮廳	73	陳火炎	10,000		理髮店	金城鎮東門里浯江街
來來（理髮廳）	73	羅萍治	10,000		美容美髮	烈嶼鄉林湖村東林街
賓士理髮廳	74	許丕然	30,000	歇業	理髮	金城鎮北門里民生路
華華理髮廳	74	楊加章	10,000	歇業	理髮店	金城鎮北門里浯江街
丹頂理髮店	74	莊成發	20,000		理髮店	金城鎮西門里莒光路
藍儂理髮廳	74	李夢奇	10,000		理髮店	金湖鎮正義里夏興
祥興（理髮廳）	74	何仁戚	10,000		理髮店	金湖鎮新市里武德新莊
華美理髮店	75	許永順	10,000	歇業	理髮店	金城鎮北門里民生路
梅園理髮廳	75	趙秀藍	20,000		理髮店	金湖鎮山外里建華
新興理髮店	76	洪水祝	10,000	歇業	理髮店	金城鎮東門里民族路
馨園理髮店	76	盧彩雪	10,000	歇業	理髮店	金城鎮賢庵里庵前
喜美理髮店	76	唐傳金	20,000		理髮業	金湖鎮正義里成功
林玉理髮店	77	鄭美玉	10,000		理髮美容	金城鎮西門里民生路
大方理髮室	77	王玉葉	10,000		理髮店	金城鎮金水里前水頭
天皇星理髮室	77	陳彩■	20,000	歇業	理髮	金湖鎮新市里中正路
太陽城理髮業	77	陳溢富	20,000	歇業	理髮	金湖鎮新市里中正路

雅歌理髮廳	77	陳秀珠	10,000		理髮店	金湖鎮新市里中正路
洋洋理髮廳*	77	蔡金錐	10,000	歇業	理髮	金湖鎮新市里復興路
芝美理髮店	77	鄭瑞英	20,000	歇業	理髮	金湖鎮瓊林里小徑
白光（理髮店）	79	羅金花	25,000		理髮店	烈嶼鄉林湖村湖下
綺麗理髮店	80	陳秀蓮	20,000		理髮店	金湖鎮新湖里信義新村
水沛理髮店	82	陳水沛	20,000		理髮店	金沙鎮三山里碧山號
華美理髮店	87	許永順	20,000		美容美髮	金城鎮東門里珠浦東路
賓士理髮廳	94	楊束榮	10,000		美容美髮	金城鎮北門里浯江街
多多理髮店	95	劉天順	100,000		理髮業	金湖鎮新市里中正路

二、美容院

　　「美容」，作為人的一種需求，可以說自人類文明開始就有，換言之，愛美之心，人皆有之，不論人種，不分區域。但是，美容作為一種職業（專門從事），則是較為晚近的事，按馬克斯的歷史分期，約在「奴隸社會」時代。根據記載，美容服務約在西元前數千年興起，發源於中東、地中海東岸的地區。西元後則以歐洲為中心，開始流傳推廣至全世界各地。世界美容行業的歷史並不久遠，美容市場真正的形成是在十九世紀的歐洲。日本在明治時代後期開始接觸西方的美容業，逐漸普及並發展到今天的規模，可與歐洲分庭抗禮。當時的日本，全國上下戮力於向西方國家取經學習（主要是德國的工業、英國的教育、法國的制度），也因此，美容這項服務也在當時一併傳入日本。在歐洲，美容服務與美髮服務是分屬不同領域的業務，與化妝品產業的發展關係反而較密切。如今，法國是集美容業之大成的國家，成為全球美容業界的領導者。

　　中國美容行業的興起，遲至「五四運動」時期。1919 年 5 月 4 日「五四」運動爆發，這一運動是中國女性追求政治地位平等的運動，也是一場女性衝破封建禮教羈絆、自我尋求解放的一場革命。上海「交通大學」、「同德醫學院」、「滬西女子教會中學」、「愛國女子中學」等，紛紛印刷宣傳單，上街、到戲院分發。有的把女子剪髮提升到婦女解放、男女平等、要做時代新女性的政治高度；有的把女性剪髮與個人衛生、人身清潔、身體健康相聯繫起來；有的把女子剪髮同自身的整潔、美化、形象相結合；有的把女子剪髮同女性的自尊、自愛、自強相結合。在女性剪髮的浪潮中，進出書場和戲院的梨園女性，也起了很大作用，她們不僅自己剪髮，而且

自編曲目，現身說法。在舞台上展示出的利落、簡潔、清秀，或灑脫、漂亮、文靜形象，直接引發了許多女性觀眾剪髮的激情，同時也引發一些男性觀眾勸家中女性去剪髮。曾有報紙這樣寫道：凡梨園藝人、名媛佳麗無不剪髮露妖容也。上海的一些風塵女子，也是剪髮潮中的激進分子，敢於追求自己的形象美。

女性剪髮日益增多，為理髮業帶來新的商機，同時也促進了理髮業的快速發展。歲月進入20世紀20年代中期，西風東漸，租界內洋女人摩登打扮，理著漂亮時尚的髮型招搖過鬧市，讓思想開放，追求時髦的上海女性也開始把美髮當作生活中不可缺少的一部分，促進了理髮業的興旺發達。五四運動雖然提出婦女解放，男女平等的觀念，但中國人幾千年的封建束縛，傳統的思想要想一下就從人們的腦子裡洗滌掉是不太可能的，那種根深蒂固的「男女有別」倫理觀，無法一下子就剷除，也就是說，一般人還是無法接受讓女性進入理髮店與男性「混室」理髮。為了贏得女性顧客，上海的理髮店開始對店面進行整裝，把店面分成兩半；一邊是男子部，一邊是女子部，有的理髮店還對門面進行重新裝潢，把進出門分成兩扇，左邊男子進出，右邊女子進出，彼此不能接觸，而女子部的理髮師和服務員也全部改為女性，男性不能隨便闖入女子部，這樣一來，到理髮店理髮的女性顧客就增多了。一些做丈夫的和做父母的，也就放心讓自己的妻子和女兒進出理髮店理髮。由於理髮店的這一改進，再加上理髮技術方面的勝出，使女子理髮室在競爭中很快佔上風。自此以後，男性理髮店與女性理髮店（美容院）開始分業，各自朝向不同的領域發展。

發展到今天，美容院的業務除了美髮服務外，尚包含臉部護膚、全身美容、修腳指甲、除毛、化妝等的各種服務。美容業不僅是針對女性，連男性也有對外貌上有需要美容服務的時候，間接地透過顧客的個性，使顧客與她週遭的人群互動能夠產生和諧的關係，因此，美容的範圍不限於皮膚上的服務，與心理上的感受也有相當的關係。因此，美容業的多樣化服務，廣義而言是「為了維持身心兩方面的健康」。所以，美容業是提供顧客滿足感與舒適感的服務業，換句話說，美容院賣的是服務而不是商品。

對金門的美容院來說，營業內容主要為剪髮、燙髮、染髮、護髮、美髮、洗頭等，有的會幫客人修指甲、簡單的按摩，有的兼售洗髮水、洗髮精與美容用品。美容院是婆婆媽媽的交誼場所，也是鄰里訊息交流中心，

顧客以左鄰右舍居多，雖是消費顧客，卻以朋友相待，聊聊天彼此關心。
這類美容院規模都不大，屬於家庭式「理髮店」。從下表可以看出，事業
體名稱多為「美容院」，少數強調是「女子」美容院，因為男子也會上美
容院，山外街上的美容院常見阿兵哥來理髮。因為原先的美容院業務越來
越多，開始有些取捨上的分化，著重身體美容的「護膚室」、「護膚坊」、
「美膚沙龍」、「護膚中心」陸續出現，營業體的名稱也越來越個性化，
個人工作坊或工作室取代「院」的傳統店名，顧客對象也從婆婆媽媽轉向
年青族群。美容事業無論在何地方都方興未艾，金門也不例外，強調時尚
與現代感的「沙龍」看板，[22]與傳統老街產生強烈對比，座落在巷弄之間
的「美容院」屬於過去的歷史，佇立在通衢要道上的「美容中心」則讓人
看到了未來。

　　根據「金門縣營業衛生管理自治條例」，理髮、美髮、美容業負責人
應僱用領有相關職類之技術士證者，始得營業。也就是說，美容業的從業
人員是領有專業執照的「技師」，「美容師」、「美髮師」、「設計師」，
這類稱呼改變了人們對這一行的刻板印象。從以前到現在，人們對從事美
容美髮業的女子都沒有好印象，社會風評不高，大抵認為書唸不好的人才
會去唸美容美髮科。那時代的女子能學什麼呢，有這一技之長已經算是萬
幸，誰還計較它光不光彩呢。金門雖是個小地方，一樣有很大的升學壓力。
考不上聯考的男生，一部份選擇讀軍校，一部份到台灣當學徒，學個一技
之長。對女生來說，若不想到加工廠當女工，就到美容院學做頭髮，從洗
頭小妹熬到成為設計師，然後自己開店，一路走來，每個人都有一段辛酸
的故事。這是一行「靠女人」吃飯的行業，從業人員都是女性，如今倖存
的美容院只見年長的阿姨，守著一個老舊的門面，是店也是住家，店面是

---

[22] 「沙龍」是法語 Salon 一字的譯音，原指法國上層人物住宅中的豪華會客廳。從十
七世紀，巴黎的名人（多半是名媛貴婦）常把客廳變成著名的社交場所。進出者，
每為戲劇家、小說家、詩人、音樂家、畫家、評論家、哲學家和政治家等。他們志
趣相投，聚會一堂，一邊呷著飲料，欣賞典雅的音樂，一邊就共同感興趣的各種問
題抱膝長談，無拘無束。後來，人們便把這種形式的聚會叫做「沙龍」，並風靡於
歐美各國文化界，十九世紀是它的鼎盛時期。正宗的「沙龍」有如下特點：定期舉
行；時間為晚上（因為燈光常能造出一種朦朧的、浪漫主義的美感，激起與會者的
情趣、談鋒和靈感）；人數不多，是個小圈子；自願結合，三三兩兩，自由談論，
各抒己見。

自己的,負擔較少,反正是「老人工」,做多就多賺一點,做少也無所謂。金門的商機已大不如前,以尚有少許人潮的金城市中心中興街而言,店是開了不少,但開一間倒一間,老闆一個換過一個。

不管經濟如何,還是有人肯花錢讓自己看起來更美麗,餓肚子也會有人上美容院。美髮、美容、美體這一行不是沒有未來,只是在金門,成本效益難以預期,對有意投入這一行的年輕人來說,房租加上裝潢、設備,龐大的資金支出,讓人望之卻步,人潮太少,恐怕再怎麼努力也是所賺有限,自己當老闆不如讓人僱用,來得穩當。未來的美容服務將會以「瘦身美容」為主流,「美容院」將成歷史名詞,近一、二十年來,金門已沒有人開新的美容院,剪髮的事交由髮廊負責,美容的事交由美容中心,加上各種美容產品與器具,讓沒有時間上美容院的婦女也可以做愛美的事。再過幾年,美容院會是金門的另一種「古蹟」。聽婆婆媽媽閒話當年,東家長西家短,如今都已雲淡風輕,言談中還是讓人彷彿看到十九世紀的法國,坐在「沙龍」(salon)中高談論的那群「名媛貴婦」。[23]

美容院

千代美容院	65	莊錦裕	10,000	歇業	美容院	金城鎮西門里浯江街
婦友女子美容院	65	林蔡麗輝	10,000		美容院	金城鎮東門里菜市場路
英英美容院	65	許玉嬌	5,000		美容	金湖鎮新市里中興路
日新美容院	67	王寶羨	10,000		美容院	金湖鎮新市里復興路
麗聲美容院	69	許麗明	5,000		美容院	金沙鎮汶沙里博愛街
豐姿美容院	69	翁伸金	10,000	歇業	美容院	金湖鎮新市里中興路
美姿美容院	72	王美慧	10,000		美容院	金沙鎮汶沙里中興路
名家美容院	72	歐陽麗卿	10,000		美容院	金城鎮北門里中興路
皇姤美容院	73	陳彩雲	20,000		美容美髮	金沙鎮汶沙里復興街
喬翎女子美容院	73	陳婉玲	10,000	歇業	美容院	金城鎮西門里莒光路
綺美美容院	74	楊秀英	10,000		美容院	金沙鎮汶沙里和平街
巧巧美容院	74	顧美江	10,000		美容院	金湖鎮山外里山外街
雅玉美容院	74	蔡素玉	10,000		美容院	金湖鎮正義里成功
金鈴美容院	75	王碧燕	10,000		美容院	金沙鎮汶沙里復興街

23 參閱 Verena von der Heyden-Rynsch 原著,張志成譯,《沙龍:失落的文化搖籃》,台北:左岸,2003 年。

柔舫美容護膚中心	75	王蓉瑞	10,000		美容美髮	金城鎮北門里中興路
鳳玉美容院	75	黃永福	10,000	歇業	美容院	金城鎮東門里民族路
佳儀美容院	75	李翠英	5,000		美容院	金湖鎮新湖里塔后
嘉麗美容院	76	張麗蓉	20,000		美容院	金沙鎮汶沙里博愛街
舒妃美容院	76	沈英芳	10,000	歇業	美容	金湖鎮山外里山外
風采美容院	76	王金枝	20,000	歇業	美容院	金湖鎮山外里黃海路
芙儂美容院	76	趙美玲	5,000	歇業	美容院	金湖鎮新市里武德新莊
金仙美容院	77	張能荔	20,000		美容院	金湖鎮瓊林里小徑
千代美容院山外分店	78	楊佩玲	10,000		美容院	金湖鎮新市里復興路
愛膚麗護膚室	79	楊麗卿	10,000	歇業	理髮美容	金城鎮北門里民生路
伊薇美膚沙龍	79	楊慧娟	40,000		美容院	金城鎮東門里浯江街
日日美容院	80	張翠蓮	10,000	歇業	美容院	金沙鎮光前里陽宅
名媛護膚中心	80	楊惠萍	20,000	歇業	理髮美容	金沙鎮汶沙里博愛街
星雁美容工作坊	80	李彩星	10,000		美容	金城鎮西門里珠浦西路
如憶美容院	80	楊雪華	10,000	歇業	美容院	金城鎮東門里自強街
髮中情美容院	81	王麗芬	10,000	歇業	理髮店	金沙鎮汶沙里信義街
金湖自然美護膚中心	81	蔡安娜	10,000	歇業	美容院	金湖鎮山外里黃海路
凱悅美容院	81	梁■■	40,000	歇業	美容院	金湖鎮新市里中正路
梅寶美容美髮	82	王金溪	20,000		美容美髮	金沙鎮浦山里呂厝
尤微娜護膚坊	82	翁碧玉	10,000	歇業	美容院	金城鎮南門里民族路
千代美容院	82	莊錦裕	10,000		美容美髮	金城鎮南門里浯江街
姿妮護膚	82	黃明芬	20,000	歇業	美容院	金湖鎮山外里山外
貴族美容護膚	82	吳瓊治	10,000		美容美髮	金湖鎮新湖里湖前
奧迪芬護膚中心	82	陳順治	10,000	歇業	美容院	金湖鎮新湖里塔后
來得美美容院	83	許秀寶	10,000		美容院	金沙鎮汶沙里三民路
自然美護膚中心	84	周昭治	10,000		美容護膚	金城鎮北門里浯江街
媚力一生美容中心	87	楊惠菁	200,000	歇業	美容院	金湖鎮山外里山外街
完美女人美容美體	88	林雅萍	20,000		美容美髮	金城鎮南門里民權路
金宮美容中心	88	趙致鈞	10,000		理髮美容	金城鎮賢庵里吳厝
雅曼妮美容中心	89	陳靜宜	200,000		瘦身美容	金湖鎮新湖里塔后
雯雯護膚	91	李秀雯	50,000		瘦身美容	金城鎮西門里民權路
蓮美容美體工作室	92	許金飛	100,000		瘦身美容	金城鎮東門里北堤路
曉雯美容工作室	93	董碧雯	20,000	歇業	美容美髮	烈嶼鄉林湖村東林街
汎芙國際美容	93	許慧美	200,000		美容美髮	金城鎮北門里中興路
水柔坊美容中心	93	徐慶國	200,000		瘦身美容	金湖鎮山外里新生街
捷美專業護膚沙龍	96	許俊傑	50,000		美容美髮	金城鎮北門里莒光路

三、髮廊

在營業登記上,「髮廊」屬於美容院,從事與理髮相關的業務,核准成立的時間比理髮店和美容院晚,主要集中在民國七零年代後期到八零年代初。從下表的資料來看,已有超過半數以上的店家歇業,這是登記有案的,尚不包括已停業但未報備的,顯見在金門髮廊的經營相當困難。髮廊數量銳減與金門軍隊精實案有關,阿兵哥原本就是髮廊的重要顧客,少了軍人的捧場,加上台金交通方便,小三通頻繁,許多金門年輕人會利用出去旅遊的機會,順便到大都會的知名髮廊,美髮兼作 SPA。論氣派或時尚,金門的髮廊都過於老舊,設計師的技藝也無法與人競爭。理髮店和美容院有其固定的客戶群,只要店面是自己的,也不需投入太多的資源,靠一身的技藝即可營利。髮廊的情況不太一樣,需要更多的設備、器具與用品,對師傅的手藝能力要求也高,「創意」、「造型」、「設計」、「髮雕」這些名稱把原本簡單的剪髮洗頭,變得像藝術品創作那樣複雜,「美容美髮」成了一門大專院校中熱門的科系,不再是書唸不好的人才去學的手藝。

現在的人上髮廊,已不是單純的剪頭髮,事實上比較接近於「喝下午茶」的心情,享受浮生半日閒。坐在窗明几淨、光鮮亮麗、設備舒適的椅子上,翻閱最新的八卦雜誌,啜飲一杯冰涼的紅茶或香濃的咖啡,完全不用關心頭皮上的事情。在設計師與助理熟練的動作中,剪髮、洗髮、沖水、吹風、按摩,宛若一場說好了的儀式,流暢的完成,沒有多餘的花招。「多愛自己一點!體驗更優質的享受,寧靜、舒適、悠閒、放鬆、愉快……,即使多花一點點費用,但真的很值得!」、「請您暫時拋開煩惱與壓力,體驗全新概念,來一趟美與心的愉快旅程。」這是某網頁上的廣告,任誰也無法想像它是髮廊的訴求。洗頭這回事,對某些人來說,簡直就是生活必需品,長長的髮絲,若想要在家裡好好搓洗、吹整是一件相當累人的事情,有了髮廊,辛苦持家的媽媽們再一次回到少女的亮麗,疲於職場競爭的男士也能再度昂首闊步,面對挑戰,髮廊就是有這樣的魅力,難怪有人上髮廊上到成癮。

髮廊

珍美髮屋	73	蔡秀真	10,000		美容院	金城鎮北門里珠浦北路
欣芳藝術髮廊	74	陳道芳	20,000		美容院	金城鎮西門里民生路
百利髮廊	74	洪榮華	10,000		美容	金城鎮西門里莒光路
喜得美髮廊	75	楊秀娥	10,000		美容美髮	金湖鎮新市里武德新莊
流行髮廊	76	董彩紅	10,000	歇業	美容院	金城鎮西門里光前路
佳姿髮廊	76	胡梨貞	20,000		美容院	金城鎮南門里中興路
英姿髮廊	77	何明金	10,000		美容院	金沙鎮汶沙里沙美
小雅美容髮式	77	陳■英	10,000		美容院	金城鎮北門里中興路
艾而美髮廊	77	蔡麗霜	10,000	歇業	美容院	金城鎮北門里中興路
超群髮型設計中心	77	薛令治	10,000	歇業	美容院	金城鎮東門里莒光路
能美髮廊	77	黃慶文	10,000	歇業	美容院	金湖鎮山外里黃海路
小葉子髮廊	77	董志懷	10,000	歇業	美容院	烈嶼鄉林湖村東林
金曼都髮廊	78	顏美碧	10,000	歇業	美容業	金城鎮北門里中興路
快樂髮型工作室	78	陳彩雲	20,000	歇業	美容院	金湖鎮山外里山外街
彩麗美髮屋	78	盧彩麗	5,000		美容院	金湖鎮正義里成功
小不點髮廊	79	薛文琦	30,000	歇業	美容	金城鎮北門里中興路
皇家髮廊	79	薛錦意	10,000	歇業	美容院	金城鎮北門里中興路
飛揚髮廊	79	莊惠能	10,000	歇業	美容院	金城鎮北門里中興路
貞妮髮廊	79	楊雪華	10,000	歇業	美容	金城鎮北門里珠浦北路
髮之戀髮廊	79	陳玉玲	10,000		美容院	金城鎮西門里民權路
金格調髮廊	79	蔡麗輝	10,000		美容院	金城鎮東門里民族路
凱琳髮型工作室	79	謝春蘭	10,000	歇業	美容	金城鎮東門里莒光路
欣姿髮廊	79	呂金姿	20,000		美容院	金湖鎮山外里山外街
凱撒髮型廣場	79	黃秀蘭	20,000	歇業	美容	金湖鎮山外里黃海路
憶典男女髮型工作室	79	王淑玲	30,000	撤銷	美容美髮	金湖鎮山外里黃海路
潘婷髮廊	80	陳金惠	10,000	歇業	美容	金沙鎮光前里陽宅
香香髮廊	80	陳水源	10,000		美容院	金城鎮東門里民族路
儂儂髮廊	80	何明含	10,000	歇業	美容院	金湖鎮山外里南雄
貝詩髮廊	80	顏美霜	20,000		美容院	金湖鎮新市里中正路
家庭髮廊	80	吳麗鳳	20,000	歇業	理髮	金湖鎮新市里林森路
風信子男性髮廊	81	鄭瑞英	30,000		美容美髮	金湖鎮新市中正路
麗的專業髮型美容	81	蘇麗珍	10,000		美容院	烈嶼鄉林湖村東林
芝艾髮型工作室	82	林金貴	20,000		美容美髮	烈嶼鄉西口村東坑
千葉男士髮廊	82	林世建	20,000		美容美髮	烈嶼鄉林湖村西宅

心瑜髮廊	83	王清吉	10,000		美容院	金城鎮西門里民生路
名都髮廊	83	林寶珍	20,000	歇業	美容院	金湖鎮山外里下莊
儷人髮廊中心	83	歐陽惠玲	10,000		美容院	金湖鎮新市里武德新莊
小燕髮型工作室	84	李娉妮	10,000		美容美髮	金城鎮西門里民生路
超越髮型工作室	86	楊志偉	10,000	歇業	美容美髮	金城鎮北門里中興路
髮之都	86	許鳳璇	10,000		美容院	金城鎮東門里莒光路
憶典男女髮型工作室	87	楊美華	10,000	歇業	美容院	金湖鎮山外里黃海路
瓊姿髮廊	87	林秀英	50,000	歇業	美容美髮	金湖鎮新市里中正路
紅磨舫美容美髮中心	87	羅士紫	10,000	歇業	美容美髮	金湖鎮新湖里林兜
芊薇髮型設計	87	黃彩珍	20,000		美容美髮	金湖鎮溪湖里環島南路
大衛髮型美容	88	陳百如	20,000		美容美髮	金城鎮南門里民權路
菲凡髮型美容	89	詹淑霞	40,000		美容美髮	金沙鎮汶沙里國中路
春天髮型沙龍	90	李秀梅	20,000		美容美髮	金城鎮北門里中興路
喬楓髮型工作室	90	羅玲英	30,000	歇業	美容美髮	金城鎮新湖里林兜
千君易髮國際髮廊	92	易雅惠	50,000		美容美髮	金城鎮東門里民族路
魔髮屋髮型工作室	93	蔡詩萍	10,000		美容美髮	金城鎮北門里珠浦北路
髮妝沙龍	94	黃子姿	10,000		美容美髮	金沙鎮汶沙里五福街
森川髮型設計社	94	謝秉成	80,000		美容美髮	金城鎮西門里光前路
度莎造型沙龍	95	翁玉匣	30,000		美容美髮	金城鎮東門里民族路
玩髮專業剪燙沙龍	96	翁雅莉	30,000		美容美髮	金城鎮北門里中興路
紅摩髮造形沙龍	96	朱淑萍	20,000		美容美髮	金城鎮南門里民權路

　　金門的髮廊雖多已呈歇業狀態，但從其發展歷史來看，光是看店名就頗為精彩，顯示這一行的自由，如同師傅的手藝，各領風騷。基本上，關於頭髮的事不外乎「剪洗燙染」，但是如何進行卻可衍生出千奇百怪的噱頭，某些術語已經專業到只有行家才能理解。「髮廊」是這一行最常見的中文語彙，其他的尚有「髮屋」、「沙龍」、「設計社」、「工作室」、「中心」、「廣場」等，這種個性化的店名似乎沒有為金門的「髮廊」帶來好運，藝名雖好，沒有內容，再努力表演還是吸引不了觀眾，或許這就是金門髮廊沒落的原因。將來金門必須引進知名連鎖髮廊，讓有品牌的美容美髮事業進駐，以規模取代數量，或許一家就夠了。傳統的髮廊做的是「地方性」的生意，新式髮廊將以所有金門人，包括來金門旅遊的觀光客為對象，與大都會同等級，金門的居民絕對足夠供養一家現代化的髮廊，就看誰有眼光，捷足先登了。

　　大陸改革開放以後，沿海城市各行各業發展快速，情色問題也日益嚴重。這幾年來，美容美髮業如雨後春筍般的冒出，走在街上，平均不到十步就有一家美髮美容沙龍店，已經進入混亂的戰國時代。在台灣，視聽理容屬於「八大行業」，常與色情掛勾；在大陸，外來人口密集的城郊結合地帶，街頭巷尾常有不少以髮廊當幌子進行賣淫的「檔口」，髮廊已被污名化。兩岸小三通以後，許多人假道金門到大陸旅遊，涉足髮廊、桑拿按摩、沐浴及歌舞娛樂等聲色場所，見識過非法的理髮店、美容院與髮廊，於是對這一行產生負面印象，難免有無知的人猜測金門美容美髮業的純度與色彩，對金門的從業人員來說，固然「清者自清」，但是經常要面對異色的眼光，仍是沈重的負擔。金門傳統髮廊收歇停業，從大環境來看，未必不是「塞翁失馬，焉知非福」。

　　人從呱呱落地到駕鶴西歸，一生中進出美容院、理髮店的次數，平均不下百餘次。髮長髮短，黑毛白毛，有毛無毛，已不單純是「三千煩惱絲」的問題，也不是一句「愛美是人的天性」可以包涵。頭頂上的空間關係到生命的尊嚴與生存的價值，「君不見，高堂明鏡悲白髮，朝如青絲暮成雪」，這是詩人的感慨，也是芸芸眾生的心境。多少人害怕年華老去，努力想留住青春的尾巴，青春不能留白。1990 年，美國職業網球名將阿格西（Andre Agassi）第一次闖進大滿貫決賽，賽前他禱告說：「不求勝利，但求假髮不會中途脫落」，[24]最後真的因為太擔心頭髮而輸球。「我的假髮就像鐵鍊一樣，而且這個長的莫名其妙的三色假髮就像鐵球一樣附著在頭上。」終於有一天，阿格西鼓起勇氣理掉所剩無幾的頭髮，當時他的心情是：「一個陌生人站在鏡子前跟我微笑」。我們沒有阿格西的灑脫，但我們都想在美容院的鏡子裡看到自己的微笑。

肆、特約茶室

　　1999 年，金門籍導演董振良新作《解密八三一》上映，「軍中樂園」這個深埋金門人心中，幾乎已快被遺忘的議題再度被搬上枱面，不但攪亂了許多人的歷史記憶，也引發社會對性工作、性產業「罪與罰」的論辯。

---

[24]　參閱阿格西的自傳：Andre Agassi, *Open: An Autobiography*, Knopf, 2009.

對那一場「戰地春夢」，顯然還是有很多人眷戀不忘。有人寫文章，有人出書，有人現身說法，也有人倡議籌設紀念館，「歷史研究」儼然成為新的社會運動。姑且不談董振良的電影美學和他的政治意識型態，他的紀錄片總是能觸動金門人的鄉愁，難怪《金門學》叢刊總編輯楊樹清會說：「這十年來如果沒有董振良，金門多寂寞」。[25] 在影片中，我們看到了熟悉的廢棄碉堡和防空洞，被導演刻意佈置成牢房，一方面營造出戒嚴時期金門的緊張氣氛與荒蕪人心，一方面也適切地表達出被列為黑名單的主角望不到家鄉，彷彿也望不到天日的心情。

戰地金門，享譽中外，歷史會為它留下了名聲，人們會記得它的貢獻，可是對這一世代的金門人而言，為何總是無奈多於感動？董振良用影像創作，意圖解開糾纏金門人多年的濃厚情感，結果是「剪不斷，理還亂」，「八三一」沒有因為他的電影而解密，「金門特約茶室」也沒有因為世人的關注而「真相大白」。雖然檔案與史料陸續開放，但是各人解讀不同，每個人心中都有一把尺，各有立場。一般人面對這段歷史，向來是情感多於理性，好奇多於關懷。走過烽火歲月的金門，「特約茶室」已不再神秘，對某些當事人或單位而言，可能還會有難言之隱，但歷史是無情的，一旦「潘朵拉的盒子」被打開，我們將面對一場可能沒有輸贏的神鬼戰爭。

2007年1月，金門縣文化局重新整理陳長慶的舊作《走過烽火歲月的金門特約茶室》，[26] 增加篇幅和圖像資料出版，定名為《金門特約茶室》，[27] 列入館藏，作為地方研究史料。陳長慶擅長寫小說，他用小說記錄金門的歷史與人文，「軍樂園」一直是他所關心的議題。在《李家秀秀》中，我們看到市井小民對從事性工作者的價值觀，我們也看到陳長慶如何維護這群「侍應生」，為「歷史不容扭曲，史實不容誤導」大聲疾呼。然而，小說畢竟是小說，它可以比歷史更接近人性，更能感動人心，但永遠無法擺脫「虛構」的本質。在白髮蒼蒼之年，陳長慶完成他多年的心願，「不容青史盡成灰」，就算下場像司馬遷一樣，「何懼之有」？相較於軍方對這段歷史的隱晦、避之惟恐不及的態度，書中內容大大挑戰了軍方的禁忌。但若是因此認為《金門特約茶室》的出版，可以還金門人一個「公道」，還

---

25 林奇伯，〈反攻歷史──金門導演董振良〉，《台灣光華》（2000年8月），頁32。
26 陳長慶，《走過烽火歲月的金門特約茶室》，台北：大展，2005年。
27 陳長慶，《金門特約茶室》，金門：金門縣文化局，2007年。

侍應生一個「清白」，那就太天真了。這是誤讀歷史，誤讀歷史的禍害比不讀歷史更可怕。

茶室，閩南話俗稱「茶店仔」，除了有茶，裡頭還兼賣女色與酒菜。大多數人對茶室的印象，總會認為是見不得人的行業，因此通常都會位在暗巷內或老舊社區中。傳統茶室源自日據時代，距今已有百年以上的歷史，有些目前還在營業，只是性質已經改變。[28]日據時代的台灣，港口與礦區附近經常聚集大批單身的男人，為了解決船員與礦工的生理需求，茶室因應而生，像是在淡水、基隆與九份一帶。台灣的電影與文學中不乏關於茶室的描寫，黃春明的小說《看海的日子》（拍成同名電影，陸小芬主演）、吳念真編劇、侯孝賢執導的《悲情城市》，都有茶室的場景。吳錦發的中篇小說就直接取名為《春秋茶室》，[29]1988年陳坤厚將它搬上大銀幕，拍成電影，由張艾嘉與梁家輝主演，這部電影由香港出品，實際描述的卻是台灣茶室小姐的悲歡情慾。香港有廟街，台灣有茶室，在那個年代，茶室是老一輩台灣人共同的記憶，作為一種行業，它是庶民生活的真實寫照，或許有道德上的爭議，但沒有人會質疑它的存在價值。

1949年大陸失守，大批軍隊撤退來台，其中很多是單身且正值性慾旺盛的年輕男性，當苦悶無法排遣時，時有騷擾良家婦女或嫖土娼情事發生，造成軍民不和及性病泛濫，為解決「性」的問題，「軍中樂園」應運而生。「軍中樂園」隨部隊駐紮需要，或在營區內，或在營區附近隨軍設立，也隨部隊駐地更換移動、取消。像是1953年正式設立的嘉義中莊軍中樂園、1960年12月開張的屏東軍中樂園。「軍中樂園」一詞容易產生負面聯想，後來都改名為台灣人熟悉的「茶室」，名為特約茶室，例如林園特約茶室、台中特約茶室、塔寮坑特約茶室、龍潭特約茶室、那拔林特約茶室，以及1958年專門為駐台美軍而設的「美軍特約茶室」，[30]論規模以「陸軍第二軍團鳳山特約茶室」最大，服務生多達900人。[31]1974年，因台灣社會逐漸進步，著眼於社會治安與人權，台灣本島的特約茶室停止

---

[28] 例如新竹縣新埔鎮的「中美茶室」，是官方第一個正式認可茶室店。

[29] 吳錦發，《春秋茶室》，台北：聯經，1988年。

[30] 參閱「國防部永久（史政）檔案開放應用系統」《特約茶室設置與管理案》，總檔案號：00011691／分類號：163.3／起迄時間：47-48。

[31] 葉祥曦，〈軍中樂園秘史〉，《中國時報》，E7版「人間副刊」，2005年12月20日。

營業，離島的金門與馬祖，則分別遲至 1990 年與 1992 年，才因立委的要求而廢止，金門的特約茶室於 1990 年 9 月 30 日宣佈廢除後，為避免單身官兵突然適應不了，還特地轉由民間經營了一段時間，直到次年的 11 月底才相繼關門。

金馬地區的特約茶室，俗稱「八三一」（軍方術語，一讀作ㄠ），但地方上的老百姓習慣叫它「軍樂園」，軍樂園指那個場所，也指在裡面從業的女子，馬祖另有「白面館」的稱呼。之所以叫作「八三一」，有兩種說法：陳長慶認為與軍用明碼本裡的字有關，但也有人認為是由於首間軍中特約茶室「仁武特約茶室」初設金門金城時，駐金門軍民均使用仁武特約茶室所屬電話分機「831」作為該場所代號，之後「八三一」才成為這種「茶室」的別稱。不論何種說法，都沒有文獻可以佐證，在軍方的檔案中，正式名稱為「金門防衛司令部軍中特約茶室」。在胡璉擔任司令官時期，只有大、小金門各一處，到劉玉章繼任司令時便大肆發展，先後在金城設總室、陽宅、烈嶼西宅、安岐、小徑、庵前、新市等地設分室，最興盛時超過 10 處，有些設在民宅中，也有設在碉堡中的，沒能常設的離島，聽說有率團登島的服務。

1952 年 1 月，軍方公佈《中華民國動員戡亂時期陸海空軍軍人暫行條例》，嚴格規定在訓或現役軍人不得結婚，加上當時金門離島及軍中部隊休假制度不健全，軍方考量軍人性需要等因素，特引用《台灣省各縣市管理娼妓辦法》與《地方政府特種營業規定》，以公娼模式設立軍中妓院。也就是說，金門八三一的經營模式類似當時台灣各縣市仍有的公娼制度，沿襲從日治時代傳下來的分級，將八三一性服務工作者分為甲級與乙級。一般而言，甲級服務生負責尉級以上的軍官，而士官與士兵只能選擇乙級。金門的「庵前分室」只接待「校級」以上軍官與將官，新進年輕貌美之侍應生，均優先分發該室服務。在經營模式上，由軍方提供場所委託民間經營，外島的「女服務生」是透過基隆、高雄的特定介紹所聘僱，手續完成後再送往金門（山外）、馬祖（南竿），然後按缺額統一分配至各茶室，一定時間後可申請輪調，期約屆滿可返台或續約。形式上，都是自願，但內情通常不單純，也很複雜。一般而言，每間「特約茶室」由軍方派一名軍官負責，賣票、驗票由同一單位派資深士官擔任，其他還有醫官、憲

兵班長各一名，以維護這些「女服務生」的健康保健、及每週身體檢查和營業時間的秩序。

「金門特約茶室」在金門存在了 40 年，但是作為一種「行業」，多數金門人對它是相當陌生的。雖然在某一時期，特約茶室也開放給金門的公教人員及一般民眾購票消費，但是這個獨特的事業體，既沒有營利登記，也沒有負責人，更不用說資本額了。在軍方的掩護下，地方政府管不到，一般老百姓跟它也沒有互動。套用「金門」二字，對金門人而言，是個沉重的負擔。不是金門人所經營，也不是為金門人服務，這樣一個外來的「行業」，當然無關金門的經濟民生，但對金門的社會治安是否真的產生影響，只能以「想當然爾」去推論，無法從統計上證實。金門向來民風純樸，從未有「性產業」，「特約茶室」的存在容易讓人產生誤解，談到金門就想到「八三一」，雖然無知，也只能尊重。

性與犯罪，是社會學家研究的重要課題，二者之間的依存與拉扯關係，向來不易論述，若涉及道德內涵，更是意見紛歧。許多人將「特約茶室」與「慰安婦」相提並論，因為不是學術性的研究，還不到引發筆戰的程度。但是從一些片面的言論來看，大部份的人都沒有找到問題的癥結。本質上，二者都是「軍妓」，以性服務官兵，有付出也有收入，可以定義為一種職業。問題在於是不是合法，自願不等於合法，合法也可能不是自願的。日本漫畫家小林善紀 2000 年的《台灣論》，有關於慰安婦的描述曾引發軒然大波，小林在接受媒體訪問時一再強調：「日本政府並沒有用強制的方式召集慰安婦」。在我們看來，小林的認知嚴重悖離史實，形式上也許找不到強制的證據，但是執行的手段難保不會威逼利誘。納粹屠殺數百萬猶太人，至今仍找不到希特勒下達屠殺命令的文獻，但大家都譴責希特勒，這就是歷史最弔詭的地方。基於民族主義，我們不能接受「自願」說，基於對人性的了解，我們也不排除「自願」的可能，「金門特約茶室」也應作如是思考，面對歷史不必太過理想主義。

年少之時，蒙昧無知，對紅門高牆內的世界雖然好奇，從來就沒膽去瞧個究竟。偶爾見到花枝招展、穿著清涼、粉味撲鼻的「軍樂園」來到村裡，婦道人家竊竊私語，男人則是敬而遠之，就算偷瞄幾眼，也是盡量低調。對這一行，說尷尬太矯情，畢竟它在多數村人未出生之前便已存在。成年之後，來台就業，燈紅酒綠，舞榭歌台，風流總被雨打風吹去。人因

歲月而成熟，因成熟而世故，因世故而了解紅門內的情慾糾葛。年近半百，回首前程，悲憐之情油然而生，無需再問：「卿本佳人，奈何作賊」。人生有許多的無奈，一半是命運，一半是環境，但人之所以為人，在於我們可以選擇。金門的「八三一」走過烽火歲月，曾經撫慰無數寂寞的心靈與身體。一部茶室春秋史，道盡百年孤臣淚，成敗難長久，興亡轉瞬間，總在茶餘後，供於後人說：「那年我們在金門特約茶室」。[32]一半是因為年少輕狂，一半是因為離亂時代，[33]無關風月。

第三節　休閒業

壹、戲院

2008 年 3 月 2 日，金門最後一家民營戲院「僑聲大戲院」吹起熄燈號，結束 41 年由盛而衰的光影歲月，正式走入歷史。許多民眾得知消息後，紛紛趕來欣賞最後一場電影，替自己和老戲院留下難忘的回憶。一些影迷在看完電影走出戲院時，不禁想起義大利吉斯皮・托那多利（Guiseppe Tornatore）的《新天堂樂園》，一時之間年少時的記憶如影片中的情節，一幕幕閃過，在腦海中徘徊不去，感嘆在時代的巨輪下，再美麗的回憶也會成為泡影。1999 年邱坤良出版《南方澳大戲院興亡史》，一時洛陽紙貴，接連再版，被中央日報評選為十大年度好書。邱坤良以戲劇涵養和獨特語法，娓娓道出一家「小」戲院的興衰滄桑。這本書，不只是他本人童年生活的回憶，也是台灣社會庶民生活的具體寫照。如今，金門人終於也有機會寫一部「金門戲院興亡史」了。金門軍、民戲院的更迭，除了是庶民文化的縮影外，更多了大時代的厚度與內涵。回顧這段戲院歲月，它滋養無數老兵的回憶，撫慰多少炮火中驚恐的心靈。金門的戲院，除了是「娛樂場所」外，更是戰地文化的見證者。

---

[32] 參閱舒暢，《那年在特約茶室》，台北：九歌，2008 新版。

[33] 參閱楊照對《那年在特約茶室》一書的文評〈重返離亂時代〉；鄭鴻生，《百年離亂：兩岸斷裂歷史中的一些摸索》，台北：台灣社會研究雜誌社，2006 年。

1895 年 12 月 28 日法國盧米埃兄弟（Auguste Marie Louis Nicholas, 1862-1954: Louis Jean, 1864-1948）在法國巴黎卡普辛路大咖啡館（Grand Cafe）的地下室，放映包括「火車進站」、「水澆園丁」、「工人離開盧米埃工廠」等十部電影。[34]此次雖然不是歷史上電影的第一次公開放映，但由於較接近後來電影觀賞的形式，因此被認為是世上電影的第一次放映。這一年，清廷因甲午戰爭失利將台灣割讓給日本，日本開始台灣五十年的統治，電影因而傳入台灣。電影，日本人起初稱為「活動寫真」，二〇年代後改稱為「映畫」。中國開始時稱為「影戲」，後改稱為「電影」。世界電影從紀錄片開始，黑白無聲，原始粗糙，每片約一分多鐘，而後才有劇情片，而且是將戲劇搬上銀幕，品質粗劣，片源又少，因此直到 1911 年台北西門町才出現第一家電影常設館「芳乃亭」。日治時期，電影主要作為政令宣導、社會教育之用。之後，商業性的放映繼起，放映場所也由戶外走向室內。日治後期，台灣的戲院已相當普遍，即使窮鄉僻壤也有簡單的放映設備。台灣光復後，燈火管制解除，戲院也隨之熱鬧起來。1946 年底，全省登記的電影院共 149 家（包括時演歌仔戲、布袋戲或放映電影的混合戲院）[35]，並隨著人口成長而相對增加。從日本投降到 1949 年底中央政府遷台，這 4、5 年間，雖然經濟凋敝，民生困苦，物價節節上漲，但是戲院依然興盛。電影成為人們逃避現實的避風港，戲院成了人們煩悶心情的發洩處，看電影是當時最主要的娛樂。

金門何時開始放電影，很難考證，但是到 1949 年時，幾乎每月都可以見到軍中電影隊在各地巡迴放映露天電影。金門人雖然很早就接觸電影，但是能夠舒適地在室內觀賞電影，始於現在金門高中的大禮堂──「中正堂」。民國 40 到 50 年代，許多人都曾在這裡看過黑白電影。中正堂為一座集會的禮堂建築，前面是有門廊的三層樓建築，後面一層高的集會空間，面積達 950 平方公尺，可供九百人使用，氣勢巍峨，與入口四柱三開間的牌坊，共同成為金門高中的門面與地標建物。事實上，中正堂建立時，金門高中尚未創校。1950 年，胡璉的軍隊轉進金門，為提振軍心士氣，堅定保國衛民信念，下令陸軍工兵團繪圖興建，1951 年 3 月完工，由行政院長陳誠題名為「中正堂」。

---

[34] 潘國正主編，《風城影話》（新竹市：新竹市文化中心，1996 年），頁 22。
[35] 參閱葉龍彥，《光復初期台灣電影史》（台北：國家電影資料館，1995 年），頁 88。

　　中正堂之後，由於金門位處前線戰地，娛樂缺乏，政府於是在各守備區設立軍中戲院，守備區內的戲院，如雨後春筍般興起。這一時期設立的軍方戲院，包括：山外中正堂、太湖的南雄戲院、陽宅的金東電影院、料羅的海軍戲院、機場的藍天戲院、頂堡的金西戲院、小金門的國光戲院，以及作為勞軍或大型晚會場地的擎天廳（被戲稱為地下戲院）。民國 40 年代的金門，號稱有十萬大軍，當時阿兵哥休假時，唯一的休閒活動，就是到電影院消磨時間。這些戰地戲院，如今多半已荒廢，但在當時都是頗具特色的建築，像是金東電影院，已被政府公告為古蹟，其售票亭是用木屋打造，古色古香，吸引很多觀光客在門口拍照留念。

　　看到軍方戲院的盛況，1962 年金城鎮長石炳炎與地方人士籌資百萬餘元，興建金城民眾活動中心放映電影，開民間電影業之先河。繼而有金沙、金聲、僑聲等民間戲院陸續成立，加上軍方的戲院，高達十七家。論規模與受歡迎程度，當以西半島金城鎮市區的金城、金聲兩大戲院，以及東半島的僑聲大戲院最為叫座。

軍方與公營戲院[36]

戲院名稱	開放日期	營業別	地址	備考
武威戲院	49 年 3 月	軍營	小徑	初名「金中」
海光戲院	49 年 4 月	軍營	料羅	初名「金龍」
南雄戲院	49 年 5 月	軍營	下莊	初名「龍虎」
金西戲院	49 年 6 月	軍營	頂堡	初名「誠實」
金門戲院	49 年 6 月	公營	金城鎮	52 年 2 月停業
金東戲院	49 年 9 月	軍營	陽宅	
山外戲院	51 年 2 月	軍營	山外	55 年停業
國光戲院	51 年 5 月	軍營	東林	
藍天戲院	53 年 2 月	軍營	尚義	初名「尚義」
擎天廳	53 年 3 月	軍營	太武山	
中正堂	56 年 2 月	軍營	山外	座位 853

---

[36] 金門縣立社會教育館編，《金門縣志》，卷五，《文教志》（金門：金門縣政府，1992 年），頁 838。

金門民營戲院

事業名稱	設立[37]	異動	負責人	資本額	組織	營業項目	地址
僑聲戲院	65 (56)	93	李文塊	3,480,000	合夥	娛樂場所經營（影院）	金湖鎮新市里中正路 17 號
金聲戲院	65 (54)	83	汪載棣	3,150,000	合夥	娛樂場所服務	金城鎮西門里民權路 94 號
金沙戲院	66 (53)	76	張海傳	1,200,000	獨資	娛樂場所經營（電影放映歌劇演出）	金沙鎮汶沙里復興路 1 之 1 號
金門戲院	66 (52)	82	汪載棣	2,000,000	（股）	電影放映及其他歌劇之演出	金城鎮北門里民生路 25 號
育樂中心	68 (60)	93	蔡繼堯	500,000	獨資	電影院／公賣品（煙、酒）批發	金城鎮西門里民權路 154 號

　　以座位數目而言金聲最大，可容納 1,500 人，僑聲次之，1,260 人，金城第三，1,045 人，其他的戲院包括擎天廳，大概都只有七、八百。論設備的先進，則屬僑聲最亮眼，最先進。佔地面積約一千平方公尺的僑聲，位於有金門「東區」之稱的新市里商圈，因靠近金防部，附近駐軍部隊多，以地利之便，曾經風光一時。最大股東李文塊表示，僑聲大戲院創立時，集資 348 股，每股新台幣一萬元，在頂盛時期，只要有院線片上檔都是座無虛席，一票難求。僅一個月的租金就有近百萬元收入，並且帶動附近商家的生意和房地產上揚，一間不到一百平方公尺的店厝，就有上千萬元身價。當年的僑聲，幾乎都放映洋片和首輪院線片，與台灣戲院同步，能到僑聲戲院看電影，不但是一種時尚，更是身份的象徵。

　　然而，自 70 年代以後，傳播媒體日新月異，新的休閒活動也不斷推陳出新，從錄影帶、MTV 到 KTV，90 年代以後有限電視台也陸續成立，網際網路日益普遍，影片的盜拷嚴重，全台各地的戲院都面臨經營困難的窘境，這種風潮自然也影響到金門。金門的軍方戲院因政策而裁撤，民營戲院則因戰地政務解除，駐軍部隊大幅縮編，戲院門可羅雀。僑聲和國民黨經營的育樂中心，算是撐得最久的，但還是敵不過大環境的變化。僑聲

---

[37] 括號內為實際成立的時間。

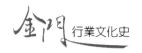

一度歇業，後來又重新開張，打出二百元看一天，依舊挽不回觀眾。當金聲早已被拆，金城改建成金融大樓，金沙成了廢墟，僑聲即將被財團購改建大樓，金門人對戲院的記憶，可能只剩現在的國民黨縣黨部，即原來的育樂中心。

　　就宏觀的歷史角度來看，金門的老戲院不僅是金門電影發展的搖籃，也提供早年人們在艱苦歲月中的心靈慰藉，其中某些建築更是重要的文化遺產。然而就金門常民生活的角度而言，這些老戲院除了上映經典好片外，也作為其他活動的場所。金門的戲院沒有脫衣舞秀，沒有牛肉場，但是常常有勞軍表演活動，偶而也借給學校作為畢業典禮的場所。在金門勞軍的表演，早期由軍中藝工隊負責，人數約三、四十人，全套節目，內容多樣且服裝道具齊全。只是節目偏向戲劇，如平劇、豫劇等，對來自台灣的阿兵哥而言，看戲是痛苦的差事。1970 年代以後，軍友社只好徵召三家電視台，一年三節（春節、端午、中秋）各組龐大的勞軍團，由總經理帶隊，分赴金門、馬祖與澎湖三處離島勞軍，只是當時願意參加勞軍的都是一些小牌歌星。直到永遠的「軍中情人」鄧麗君出現，勞軍才擺脫了京戲、酒女、小歌星的水平。在娛樂匱乏的年代，勞軍演出對老百姓而言，算是盛事。對平常只看華視、中央日報、青年戰士報的金門人而言，看勞軍表演等於看今天明星們的「Live」演出一樣，興奮程度甚至超過。

　　戲院的記錄，與電影藝術本身並無直接相關，但世世代代在漆黑的戲院中聚精會神看電影的人們，卻有著一樣感動的經驗。在金門，真正影響人民的不是民營戲院，而是早期這些軍方戲院。民國 60 年代讀小學、國中的那些「小鬼」，每個人都有看免費電影的精彩故事。陳景蘭洋樓內的康樂廳對戰成功村，金西戲院對戰頂堡村，國光戲院對戰烈嶼鄉，每到假日或熱門片子上映，到處都有爬牆、鑽鐵絲網的小孩。為了響應「軍民一家親」，多數戲院的收票小姐聘請本地人，人不親土親，加上軍方戲院不以營利為目的，要杜絕「小鬼」很難，但是若太囂張，惹得長官講話，就會出動憲兵趕人。當時的電影票，雖然不貴，可是在那個清貧年代，已是好幾天的零用錢。只有等到過年，才能理直氣壯央求父母來看電影，戲院門口盡是一付全家福天倫樂的景相。兒童節是另一波看電影的高潮，烈嶼鄉所有的小學生，全部聚集在國光戲院，一邊吃著守備指揮官贈送的糖果餅乾，一邊唱著五音不全的兒童節歌：「四月四日兒童節，我們兒童最快樂」。

當年的兒童，如今都已步入中年，多數人的經濟能力足以在家裡設置小型劇院，架子上盡是電影 DVD，卻記不得最後一次去電影院是何時。在島上求學的那十五、六年的歲月中所看過的電影，即使往後三十年也難以超越。[38]不管什麼類型的電影，幾乎都看，從瓊瑤的文藝愛情片、王羽的獨臂刀系列、到劉家昌的軍教愛國片，甚至連「梁山伯與祝英台」的舊片也會感動得莫名其妙。整個青春期幾乎都跟電影，跟戲院糾葛在一起。如今，人老了，戲院關了，年少時在戲院裡編織的夢，卻依然清晰。金門的戲院，從無到有，從巔峰走向谷底，這一路上，撫慰了多少孤寂的心靈。回顧金門的戲院，說「興亡」太沉重，不妨當它是無緣的邂逅吧。

貳、書店

有人形容書店是一座城市的文化眼睛，少了它，這張城市的臉龐便要黯然失色。那麼，被喻為「海濱鄒魯」的金門，書店呈現的又是怎樣的一番風景呢？書店迷人之處，在於它狹小的空間裡包羅了無盡的想像空間，文史哲、自然科學、社會科學、軍事武器、百科全書、情書大全、教科書，甚至年代久遠的雜誌與絕版的古書，都可能在意外中不期而遇。有人在書店裡尋寶，有人在書店裡偷得浮生半日閒，但是在所謂的「戰地」逛書店，又是怎樣的一種心情呢？到書店看書、買書，是絕大多數學生和知識份子共同的生活經驗，但是對「秀才遇到兵」的那些兵，在假日時擠爆書店，一遍綠油油的景象，如果不是身歷其境，很難理解其中的道理。

金門的書店不多，但是在一條店屋 149 棟（建立之時），長約三百公尺的街道（山外復興路）上，開了七家書店，坦白說，與台北的重慶南路相比，一點都不遜色。根據「商業登記」所載，金門先後成立的書店，有以下 21 家，幾乎都成立於民國 60 年代，70 年代以後新設立的書店已逐漸減少，這當然與駐軍的變化，以及金門人口的消長有關。茲依成立先後列表如下：[39]

---

[38] 翁翁，〈花火戲影舞年少〉，《金門日報》，2007 年 1 月 5 日。
[39] 歇業者以登記為準。括號表示，事業體名稱未用書店之名。

123

書店

名稱	設立	異動	負責人	資本額	組織	現況	地址
國泰書店	64	90	李文牙	20,000	獨資	歇業	金城鎮北門里中興路
欣欣書店	64	89	洪水土	20,000	獨資		金城鎮北門里民生路
源成（書店）	64	82	李錫源	80,000	獨資		金湖鎮新市里復興路
澳江文具書店	64	86	張碧華	60,000	獨資		金湖鎮新市里復興路
遠東（書店）	64	90	王明梨	60,000	獨資		金湖鎮新市里復興路
光明（書店）	65	92	何碧嬌	20,000	獨資	歇業	金沙鎮汶沙里博愛街
平安書店	65	82	甯洪團治	10,000	獨資		金城鎮西門里珠浦北路
瑞泰書局	65	94	鄭靜觀	20,000	獨資	歇業	金城鎮南門里中興路
豐源文具書店	65	83	李漢彬	40,000	獨資	歇業	金湖鎮新市里中正路
長春文具書店	65	82	陳長慶	30,000	獨資		金湖鎮新市里復興路
文豪（書店）	65	90	翁碧月	20,000	獨資		金湖鎮新市里復興路
源合文具書店	65	83	洪媽讚	20,000	獨資	歇業	烈嶼鄉林湖村東林街
源宏文具書店	73	82	李錫翁	40,000	獨資		金湖鎮新市里中正路
漢文書局	75	85	黃淑惠	20,000	獨資		金沙鎮三山里碧山
興南書局	83	90	洪端雲	20,000	獨資		金城鎮西門里民權路
安平書店	83	90	甯虹	10,000	獨資		金城鎮西門里民權路
豐源文具書店	83	93	陳麗昆	40,000	獨資	歇業	金湖鎮新市里中正路
大統書店分店	83	93	李文塊	20,000	獨資	歇業	金湖鎮新市里自強路
皇冠書店	84	87	李秀英	20,000	獨資	歇業	金湖鎮新市里復興路
學廬書局	90	95	呂松林	50,000	獨資	歇業	金城鎮環島北路
旺來書局	92	92	林慧雲	10,000	獨資		金湖鎮新市里復興路

　　這些書店，營業的項目主要為文具零售、紙張零售、書籍零售，以及娛樂用品與運動器材，有些甚至兼作煙酒批發與零售。論規模，以「源成書店」最大。源成書店自己兼作中盤商，向距離較遠的小書店批發圖書，早期「源成圖書公司」還自己出版不少文藝性圖書，現在則純粹作圖書文具的經營。除了批發書籍、雜誌、也發報紙，是「金門日報」的派報社。[40]作為一種文化產業，源成老闆有其經營大型書店的企圖心，但是似乎少了一種獨立書店常有的文化氣息。對愛書人和文藝界人士來說，獨立書店又

---

[40] 參閱應鳳凰，〈金門的書店〉，《金門文藝》，第 28 期（2009.1），頁 26-29。「源成圖書公司」未登記。

名「人文書店」、「小眾書店」與「特色書店」。想像中的老闆是一付不計盈虧，可以和客人侃侃而談，店面不大，卻是往來無白丁，隨便捉住一位客人就可以聊上一個下午。在許多喜愛金門書寫的作家筆下，「長春書店」便是一家與其他書店風格不同的特色書店。

「長春書店」前身是「金門文藝雜誌社」，創辦人是金門當地的作家陳長慶先生。陳先生自己寫小說，寫散文，書店是他以文會友的場所，書對於這樣的老闆，它不僅是商品，更是一種心靈的寄託。在金門經營書店，光是興趣與愛好是不夠的，還得有一份耐心。山外是商業街道，它的書店在假日時宛如菜市場，因為書店不僅賣書，也兼營文具與藝品。在金門，買書的人口除了軍人之外，還有一群經濟能力較差的學生族群。八零年代以前，地區的最高學府是金門高中，位在金城珠浦北路上的「平安書店」，可以視為金門高中圖書館的延伸，它是許多金門日報副刊「文藝青年」的養成所，在作者求學的那個年代，能在書店站一個下午，讀完一本新詩、散文、或小說，是一種可以向同學誇口的成就。對這一群只看書，不太買書的學生，甯老闆都能寬容體諒，許多金中的學生，多年之後重返母校，總不忘繞路到書店，在門口佇立，回想當年店內的情景。

早年，從台灣來的書及雜誌，只能水運，船期通常是十天或半個月，遇颱風季節，日報變周刊，周刊變月刊，是常有的事。因此，金門的書店多半不賣雜誌，有的話也只是二手雜誌。今天，金門的交通運輸比以前更為方便，但書店盛況已大不如前，除了源成和長春外，還在營業的書店，雖然招牌依舊，書已退居角落，改賣阿兵哥的臂章、軍用品、以及刻有「金門紀念」的各式文具禮品。自從金門技術學院建校以後，大學生漸漸取代阿兵哥成為逛書店新的族群，金門的書店似乎出現了新契機。

近幾年，確實有人想引進「金石堂」、「何嘉仁」、「誠品」等大型書店。據業者表示，一家現代化的大型書店，至少要有四萬的人口，金門的常住人口約四到五萬人，是有條件可以開設一家書店的。即使其他主客觀條件仍會有所落差，但是可以透過新型態的行銷方式補足。沒有書店，閱讀的靈魂就沒有出口。比起台灣，金門的文創資源非常薄弱，最大因素之一，就是沒有書店可以扮演結合者的角色。金門人愛讀書，卻不見得需要書店，原因是金門完備的圖書館設置，在一定程度上彌補了書店的不足。除了縣圖書館之外，每一個鄉鎮都設有圖書館，另外，每一個學校也

都設有圖書館。為了讓全縣的民眾養成良好的讀書習慣，金門縣文化局更是經常推動各種形式的讀書會活動。金門人不缺書讀，若書店只是賣書，書店在金門沒有未來。隨著網路書店的崛起，台灣的大型書店多已出現經營危機，金門如何能自外於潮流。然而，多數金門人還是想要一家現代化的書店，因為書店是城市的眼睛，金門的老城市想要浴火重生，就從開一家大型的現代書店做起吧！

參、小說出租店

台灣租書產業的起源很早，從民國 40 年代的流動租書攤發展到現今的連鎖租書店，在這之間歷經了許許多多的變化，而這些變化，也驗證了台灣這 50 年來的經濟發展。因為經濟的發展，租書產業逐漸被二手書店所取代，在台灣，租書業隨著時代的變遷也開始修正經營的模式，尤其是在 90 年代出現漫畫專賣店以後，許多人預估租書產業即將沒落，沒想到現今租書產業不但未沒落，反而繼續存活在消費市場，而且像「皇冠租書城」和「十大花蝶」，更將分店開到國外去。連鎖化經營是租書店業發展的一項重要里程碑，連鎖租書店挾其電腦化和通路競爭優勢，在租書業市場具有相當大的影響力，一些老舊的傳統租書店難與之競爭，漸漸沒落。

閒來無事租本書來讀，是許多人都有過的記憶，那時人們租書看是一種流行。2、30 年前，曾經遍佈大街小巷的租書店，現在已越來越少，因為生意冷清，許多租書店已倒閉，僅存的也大都無力購置新書。這股租書熱潮之所以退燒，原因很多：首先是閱讀內容的改變，民國 80 年代以前，人們空閒時間多，愛看武俠、言情小說。但現在人們的閱讀習慣有了很大的變化，閱讀變得更加實用，更多的人看一些專業書籍以及管理類、勵志類、財經類圖書，看武俠、言情小說的人越來越少。而傳統的租書店現有的圖書大多還是舊的言情、武俠小說等，所以就無法引起人們的興趣了。其次是閱讀方式的改變，隨著經濟的快速發展和工作壓力的增大，人們很難騰出時間捧本書細細閱讀，只願意選擇更方便快捷的「速食文化」，比如看電視、影碟、上網等。

傳統的武俠、言情小說已少有人問津。現在的年輕男女喜歡看時尚雜誌、八卦雜誌，但因時尚雜誌價格貴，有的又沒收藏價值，所以，許多人

選擇租雜誌來看。於是租書店在夾縫中又看到了商機，租書店市場還是有一定的發展空間，只是租書業的經營方式極待改變。1991 年 6 月，「十大書坊」連鎖體系完成，共成立三家直營店，成為全國率先成立的連鎖租書業者。經過市場調查發現，通常男性投入社會後，就比較少看閒書，會泡租書店的男性以學生居多，但女性卻不同，可以長久維持閱讀習慣。像這樣的死忠女性讀者，是租書店的衣食父母。據統計，租書店的女性讀者所占比例高達七成。從 14 歲的少女到 40 歲的熟女，租書店的羅曼史小說，是許多女性的愛情食糧。為了鞏固這批主顧，「網祿科技」以女性思維為出發點，於 2002 年 3 月成立首家「花蝶館」租書店。

2002 年「十大書坊」在金門核准成立，金門租書店的歷史進入另一個階段。位於金城鎮莒光路上的「花蝶館」加盟店，更是顛覆了租書店的刻板形象，開啟閱讀空間的色彩革命。店內採用核桃木滑軌書架、木質地板以及絨面沙發，營造具有質感且舒適的閱讀空間。租書店從過往殘舊多塵、燈光昏暗、純手工登錄的獨立小個體戶，演化至今一張晶片卡全省租透透，不止可租借實體書，還能夠下載電子書，租書不必等。以往一家租書店的顧客群是固定的，了不起百來人。而現今，以十大花蝶館為例，會員總數逼近 50 萬人，超過台灣一個縣市的總人口，而隨著快速的展店，會員人數更直線攀升中。站在「十大書坊」的廣場，很難想像早年金門的小說出租店。

在台灣本島與澎湖縣，這類事業體通稱「租書店」，但是在金門與馬祖大家習慣稱之為「小說出租店」，而且幾乎都沒有商業登記資料，或是原本從事別種行業，兼營轉營小說出租。金門縣長李柱烽在接受大陸《文匯報》記者訪問時憂心金門裁軍使經濟受創，少了阿兵哥，生意難做，過去因數量比金門本島人還多而被戲稱為「綠色螞蟻」的「阿兵哥」，如今幾乎很難遇見，而原本的軍供品商店、洗衣店、澡堂等，有些已經關門大吉，更多商家則「轉業」謀生，如照相館開設了租書業務、茶葉店賣起了手工紀念品。[41]「轉業」是不得以的選擇，阿兵哥確實是金門行業發展的重要變因。位於金城鎮莒光路 158 巷的「十大書坊」，原本是「堉宸企業

---

41 「硝煙散盡看金門系列六之二前進大陸：金門大裁軍，發展靠兩岸」，2007 年 10 月 16 日，http://paper.wenweipo.com。

社」，營業內容相當多，除了文教、樂器、育樂用品批發外，也兼營租賃業（書籍、雜誌、影音、光碟等出租），它的轉變還算不離本行，其他的就只能自求多福了。金門，過去一直靠阿兵哥為生，「小說出租店」也是如此，駐軍是它的主要顧客。

在金門商工登記系統中，有「小說出租」這種事業體出現始於 1990 年的「金門小說出租店」，事實上在此之前許多有駐軍的村落早已開設小說出租店。根據《馬祖東湧日報》民國 67 年 12 月 4 日的「新聞記事」記載，「民間小說店興起，周末假日生意鼎盛。」民國 60 年代的金門與馬祖是戰地，電視尚未普及，收音機屬於管制品，書報雜誌更如珍寶，假日除了看電影外，幾乎沒別的消遣，於是租小說看成了軍旅生涯中最窩心的回憶。懷抱一疊有點髒的小說，鑽進冰冷的碉堡內，一碟豬頭肉，一瓶高粱酒，加上遠處炮宣彈炸開的閃光，想像自己是那刀光劍影中斬奸除惡的俠客。雖然家鄉很遙遠，海風很冷，但心是暖的，血是熱的，因為有酒，因為有小說，至於最終是醉還是睡，就看各人功力了。

金門的小說出租大抵開在軍營附近，如同蘇偉貞〈租書店的女兒〉一文中所說，這類的租書店客層主流為阿兵哥，因此武俠小說較符合他們的胃口，但並不是說他們就不看言情小說，書店通常都會摻合言情、偵探、與歷史小說。[42]阿兵哥租小說是為了休閒，打發時間，小說的內容對這些成年人已不會產生太大的影響。但是，對同樣也愛看小說的當地學生族群來說，小說出租店是他們年少時最深刻的回憶。許多人從國中時代開始看小說，看到孩子唸國中，小說陪他們走過人生最精華的時段。年紀大了看大部頭的武俠小說是有點吃力，但言情小說似乎是不分年齡的，人們對情愛的響往，至死不渝。

當武俠小說正流行時，我們全都掉入武俠小說的情境裡。一群人整天都有模有樣的，有的跑到「漢影雲根」碣石上打坐，有的跑到「虛江嘯臥」的「觀海」石上練功，面對海涯，口裡念著自己也聽不懂的經文，假裝那就是武功心訣。或許是因為聯考的壓力，或許是因為對現實社會的不滿，武俠的世界讓人可以暫時忘掉課業的煩悶。每個人記憶中的小說出租店未

---

[42] 蘇偉貞，〈租書店的女兒〉，《中時電子報》「作家部落格——蘇偉貞」，http://122.147.50.101/su930226。

必是同一家，但是對店內的武俠小說，印象卻相同。打開中國武俠小說史，從司馬遷在《史記》中為遊俠立傳以來，一直到清朝末年之前，尚未出現「武俠」一詞，「武俠」一詞是日本人的傑作，但中國人對於「其行雖不軌於正義，然其言必信，其行必果，已諾必誠」的遊俠精神一直銘記在心。

小說出租店

營利事業名稱	成立	異動	負責人姓名	資本額	現況	營業項目	地址
金門小說出租	79	82	蔡明水	20,000		其他個人服務（小說出租）	烈嶼鄉上歧村青岐7號
方芳小說出租店	81	87	陳國泰	10,000	歇業	小說出租／飲料零售。	金湖鎮新湖里新頭78號
北城小說出租	82	82	陳金緞	10,000		小說出租	金城鎮北門里珠浦北路27之6號
林森小說店	82	87	翁文南	10,000	歇業	小說出租／日用什貨零售。	金寧鄉盤山村下堡37號
捉狂漫畫屋	82	87	王雅如	10,000	歇業	書籍（漫畫書類）零售／玩具零售。	金城鎮北門里民生路24號
有家漫畫屋	85	95	童麗芬	40,000	歇業	小說出租	金城鎮中興路161巷12號
偉強漫畫中心	86	87	黃志強	50,000	歇業	書籍零售	烈嶼鄉林湖村西宅48之2號
毛毛蟲漫畫屋	87	91	張淑婷	100,000	歇業	小說出租	金湖鎮新市里中正路90號
漫畫王	88	93	王惠美	50,000	歇業	其他工商服務業	金城鎮北門里中興路173巷20號
偉強漫畫中心	89	89	黃怡禎	100,000		租賃業（小說、漫畫、雜誌）	金城鎮中興路161巷17號
偉強漫畫中心	90	92	黃怡禎	50,000	歇業	租賃業（小說、漫畫、雜誌）	金湖鎮新市里復興路37號
十大書坊	91	94	張志福	10,000	歇業	書籍、文具零售業	金門縣金城鎮東門里民族路93巷5弄37號

　　2005 年葉洪生與林保淳合寫了一部《臺灣武俠小說發展史》，[43]這本書對於武俠小說迷是一本空前的經典，將西元 1951～2000 年武俠小說的創作分成：發軔期、興盛期、退潮期、以及衰微期。從最早期的朗紅浣、北派五大家（還珠樓主、白羽、鄭證因、王度廬、朱貞木）、武壇三劍客（臥龍生、司馬翎、諸葛青雲），以及古龍、柳殘陽、雲中岳、陸魚、秦紅，還有香港金庸、梁羽生、黃易等人都有介紹。書中並檢討了武俠小說之所以沒落的原因：有時代禁忌使然，武俠結合傳統中國美學在大螢幕上搬演，也有因為武俠漫畫、電視劇等媒體傳播，使小說不再流行。另外則是作家請人代筆氾濫、地下盜印黑書猖獗，以及過份媚俗的色情充斥書中，使得新一代的作品缺乏終極的人文關懷，武俠小說因而被人唾棄。

　　每個人都有自己喜愛的武俠小說，誰好誰壞，因人而異，整體而言，以下的這些書都是當年架上常見的作品。筆名「平江不肖生」的向愷，成名於 1920 年後，一生共撰小說 14 種，《江湖奇俠傳》尤其著名，被改編成電影《火燒紅蓮寺》，連拍 18 集，影響極大。另一部代表作《近代俠義英雄傳》，人物涉及大刀王五、譚嗣同、霍元甲等清末各派英豪，稱得上是「近二十年來的俠義英雄寫照」。北派五大家成名於 30 年代，其中王度廬被視為「悲劇俠情派」，一生撰寫 20 幾種武俠小說，以《鶴驚昆侖》、《寶劍金釵》、《劍氣珠光》、《臥虎藏龍》、《鐵騎銀瓶》五部曲最具代表性，李安將《臥虎藏龍》拍成電影，獲得 40 幾個國大獎，更將王度廬再次推向閱讀熱點。還珠樓主被稱為「奇幻仙俠派」，代表作《蜀山劍俠傳》是一部揉合了神話、志怪、幻想、劍仙、武俠的超長篇章回小說，開中國小說界千古未有之奇觀，總計 329 回，近 500 萬字。梁羽生被稱為「新派武俠先驅」，共創作了 36 部武俠小說，《七劍下天山》40 餘萬字，《塞外奇俠傳》是為前傳，《白髮魔女傳》以補述前情，可視為後傳。

　　回顧台灣武俠小說史，郎紅浣最早出道，臥龍生、司馬翎、諸葛青雲、古龍四大家稱霸六〇年代。陸魚、秦紅對新派武俠帶來突破，雲中岳、柳殘陽則走出不同江湖寫實派，派別不同，各有千秋。金庸被公認為集武俠之大成者，他於 1955 年發表第一部小說《書劍恩仇錄》，1972 年《鹿鼎

43　葉洪生、林保淳合著，《臺灣武俠小說發展史》，台北：遠流，2005 年。

記》在《明報》上連載完畢，宣告封筆，共創作了 15 種長、短篇武俠小說，諸如《碧血劍》、《射鵰英雄傳》、《神鵰俠侶》、《雪山飛狐》、《倚天屠龍記》、《天龍八部》、《笑傲江湖》等，妙語生花，情節細膩，讀來痛快淋漓、絕無冷場，不僅風靡全球華語社會，也有英語、日語等多國語言譯本。同時，小說也多次改編為電影、電視劇、廣播劇、舞台劇和電腦遊戲軟體。但也有人偏愛古龍，古龍最早於 1960 年寫《蒼穹神劍》等書，即以詭異情節取勝。跨入第二階段又寫了《大旗英雄傳》、《名劍風流》、《武林外史》、《絕代雙驕》等名著，開始走紅。1976 年香港邵氏推出古龍同名小說改編的電影《流星・蝴蝶・劍》、《天涯・明月・刀》，轟動港台及東南亞，古龍小說如日中天，幾乎每一部都被改編為影視作品。以 80 年代鄭少秋主演的港劇《楚留香傳奇》為例，在台灣颳起武俠旋風，盛況空前，「滿城爭說楚留香」。

除了武俠小說之外，還有倪匡的科幻小說也是小說出租店的搶手貨。倪匡原名倪聰，字亦明，筆名衛斯理，生於上海，1957 年移居香港，是華人科幻小說界裡的知名作家，著名作品包括《衛斯理系列》、《原振俠系列》、《浪子高達系列》、《神探高斯系列》、《亞洲之鷹羅開系列》等。倪匡寫作範圍甚廣，亦曾寫作怪異小說、色情小說，也曾創作少量武俠小說。倪匡亦曾幫助朋友金庸撰寫在報刊上連載的武俠小說《天龍八部》中的部分章節。早年的金門民風未開，小說出租店尚不敢公然陳列色情小說，但大家都有管道租借到所謂「小本的」色情小說，對阿兵哥來說這已不是秘密，對那時正讀高中或高職的男生來說，教官總是可以在某些人的床墊下找到幾本「不該看」的書。

武俠太硬，歷史太深，若不愛打打殺殺，還有愛情小說。愛情小說（Romance novels），又稱言情小說或音譯為羅曼史小說，是小說的一種類型，廣義的愛情小說泛指以愛情故事為主體的小說。愛情本身容易牽動人的情緒，小說又常以人物的衝突情節來反映人物性格，愛情與衝突便成為小說作家常用的題材，古今中外不少經典小說作品都是廣義的愛情小說。民國 60 年代後期開始，大約與小說出租店的興起同時，台灣出現一些言情小說家，作品深受年青男女喜愛。例如瓊瑤的《女朋友》、《心有千千結》、《彩雲飛》，嚴沁的《心墻》、《烟水寒》、《桑園》，依達的《斷弦曲》、《舞衣》、《蒙妮坦日記》，玄小佛的《沙灘上的月亮》、

《又是起風時》，金杏枝的《一束梨花壓海棠》、禹其民的《籃球情人夢》……，百家爭鳴，族繁不及備載。1980 年開始，大量的英文羅曼史作品被翻譯為中文在台灣出版，主要由林白出版社，希代出版社及駿馬出版社發行，初期皆為無版權版本。1991 年左右開始出版有版權的譯本，間接影響台灣言情小說作家興起。1990 年代起，台灣言情小說百家爭鳴，較著名的作家有席絹、于晴、典心、凌淑芬、左晴雯、古靈、寄秋、陽光晴子、淺草茉莉等。

以上所列舉的武俠小說和言情小說，都是當年金門租書店常見的作品，各種書分門別類，排滿整面牆。店內燈光昏暗、空間狹窄，每到假日，總是擠滿看書找書的阿兵哥。租書得押證件，老闆用筆在厚厚的本子上紀錄每一本小說出租紀錄，想知道哪一本書的下落，還得一筆一筆地查詢追蹤。為方便閱讀，書的排版和篇幅都不大，現在重新編排出版的武俠小說，可能只要三大冊，以前都得分裝成十幾冊。書租出去，任憑讀者搓揉，容易產生破損，因此所有的書都得加裝封面。封面與底頁用厚紙板固定，有的穿線，有的打釘，平時新書進來或空閒時常見老闆在修補書籍。透明書套引進後，方便單本的言情小說，但不適用於整疊的武俠小說，功力高低有時候是與小說的冊數成正比。碰到精彩情節，讓人廢寢忘食，若不能一氣呵成，就前功盡棄了。練武之人最怕走火入魔，武俠小說我們稱之為「練功」，通常稍一不慎也會形銷骨廋，弄壞身體。大抵而言，迷人心者必傷人身，「葵花寶典」說：欲練此功，必先自宮。得與失，失與得，只有練過功的人才能體會。

民國 80 年代以後，金門解嚴，整個社會風氣完全改變，傳播媒體日新月異，新的休閒活動也不斷推陳出新，從錄影帶、MTV 到 KTV，從市街到村莊，盡是此類店家。交通便利、資訊取得容易、加上生活步調變快，人們已不再有閒情逸緻，願意再花上一、二天時間不眠不休的練功。而且，著名的武俠小說多已拍成電視或電影，舊小說不再吸引人，新小說又不具說服力，武俠小說注定得沒落。至於言情小說，還是有其市場。這些產品被視為休閒閱讀物，換句話說，這些書籍看過之後不需擁有，但想看的人很多，於是就出現了「漫畫屋」。

漫畫在中文中有兩種意思：一種是指筆觸簡練，篇幅短小，風格具有諷刺、幽默和詼諧味道，而且蘊含深刻寓意的單幅繪畫作品；另一種是指

畫風精緻寫實，以黑白或彩色筆觸、線條、圖面、文字集合繪製，內容寬泛，風格各異，運用分鏡手法來表達一個完整故事的多幅繪畫作品。兩者雖然都屬於繪畫藝術，但不屬同一類別，彼此之間的差異甚大。但由於語言習慣已經養成，人們已經習慣把這兩者均稱為漫畫。為了區分起見，把前者稱為傳統漫畫，把後者稱為現代漫畫。流行的現代漫畫常裝訂成冊，講述較長的故事，因地區不同，又被稱為連環畫，小人兒書或公仔書。

現代漫畫最初發源於美國報章雜誌上的短篇連環圖（comicstrips, 通稱為 comics），但那時還沒有完全成型，繪畫十分簡單，畫面的排列也很死板，分鏡的色彩不是很濃。之後現代漫畫流傳到了當時大力吸收西方優秀文化的日本，並在那裏得到了全面的發展。並且以日本為跳板，把這門獨特的繪畫藝術形式發揚到全世界。現在，日本漫畫已經在美國的漫畫市場占一個重要地位，甚至直接用日語的「漫畫」發音 manga（まんが）以代表來自日本的或是日本畫風的漫畫。20 世紀 70 年代現代漫畫由日本傳入台灣，並且取得了不錯的成績。而且在台灣，現代漫畫也與本地的文化相結合，發展出自己的特色。台北市立圖書館，更是將漫畫納入館藏，創公共圖書館收藏漫畫的先河。

金門的「漫畫屋」或「漫畫中心」，不管有沒有營業登記，幾乎都已歇業或撤銷。漫畫種類太多，出版速度太快，沒有一定的資力無法經營。金門的閱讀群眾原本就不多，雖然「漫畫屋」中還有其他休閒讀物，如小說、武俠、叢書、雜誌等，甚至兼賣餐飲，但是擠在店內的主要還是學生族群，尤其是小學生。寒暑假是旺季，看漫畫的學生最多。以前的小說出租店顧客主要為阿兵哥與年青人，現在的「漫畫屋」或「租書店」則以學生、小孩、女生較多。「漫畫屋」內的消費長期下來可是一筆大負擔，零用錢都花在看漫畫上也不是辦法。圖書館或許是另一種選擇，如同台北市立圖書館的作法，縣立圖書館、鄉鎮圖書館和學校圖書館已不排斥漫畫形式的圖書，言情小說與武俠小說雖不齊全，但已愈來愈多樣化。這些年，在金門文化局的努力下，金門各級圖書館日益有規模，民眾的閱讀文化和水平已大大提升。政府鼓勵民眾上圖書館吸收知識，沒聽說到圖書館是為了休閒。當然，圖書館再舒適還是比不上「漫畫屋」，書再多也比不上「小說出租店」。書之所以「好看」，除了書的內容外，與看書的姿勢和環境也有關係。名山古剎，方便修道成佛，懸崖峭壁，助長功力。金門練功最

好的地方還是「太武之巔」與「慈湖水畔」，可以睥睨天下，唯我獨尊；可以夜觀星象，打坐冥想，天地與我合一，此乃俠的最高境界。

2008 年 7 月，金門縣文化局在行政院文化建設委員會的指導下，舉辦好書交換活動，鼓勵軍民踴躍捐書換書，共建書香社會。為提升全民閱讀風氣，建立資源分享再利用的價值觀，這是一次好的活動，但是將「租書店圖書」列為不宜交換的項目不免讓人遺憾。如果只是因為租書店的書可能已經「千迴百轉」，不堪閱讀，那是技術性的問題，不應一概否決。若是因武俠小說和言情小說難登大雅之堂，只適合休閒，未能啟迪知識而加以排除，那是思想窄化的官僚心態。四書與五經，史記與漢書，幾人讀過？金庸與古龍，瓊瑤與嚴沁，誰沒聽過？從「情竇初開」的少女，到「紅顏已老」的熟女，租書店的羅曼史小說曾是許多女性的愛情食糧。這一代的金門人，如果比別人更懂得講江湖義氣，更懂得溫柔對待愛情，能說不是因為「小說出租店」嗎？

肆、視唱中心

「乎乾啦」，這句啤酒廣告詞造就了金門王與李炳輝的崛起，在大眾傳播媒體的推波助瀾下，金門王與李炳輝的第一張專輯《流浪到淡水》，轟動全台，各地 KTV、卡拉 OK「乎乾」到不行，彷彿那卡西盛世再臨，連日本國家電視台 NHK 都為他們製作特別報導。那一兩年裡，金門王與李炳輝幾乎成了那卡西和淡水的代言人。因為地緣上的關係，金門人對金門王的「乎乾啦」一詞感受特別深，猛然發現高粱酒與唱歌原來是如此對味，幾十年來被戰地政務壓抑得喘不過氣的金門人終於可以一吐胸中塊壘，「乎乾啦」不只是為了「杯底不可飼金魚」，更多了一層對當政者的不滿。

「唸歌唱曲解心悶，無歌無曲味青春」（台語）。日據時代的台灣，很多人在吃飯的時候，都會叫一、二個樂師來彈奏音樂和唱歌，這就叫做「那卡西」。那卡西是日文「流し」的音譯，指的是一種流動式走唱的行業，而北投便是台灣那卡西的發源地，當地許多溫泉旅館都有那卡西樂團，整個溫泉區的那卡西樂團多達上百團。在五、六〇年代，台灣的溫泉區、酒家、夜市裡，沒有那卡西奏樂助唱，就不對味。音樂除了當時流行的創

作歌謠外，也有從日語歌曲重新填詞的作品。樂器則由最早的三味線，轉變為手風琴、吉他等，後期也使用電子琴。那卡西藝人必須熟記百首以上的歌謠，這些歌謠包括英語、日語、國語、台語等，客人點歌之後，要在幾秒內找到該樂譜，開始演唱。1979 年之後，隨著溫泉業的沒落，那卡西也由北投溫泉區出走到台灣各地發展，像江蕙、江淑娜、黃乙玲、金門王與李炳輝等知名的歌星，都是早期從事那卡西走唱而成名。後來收錄音機、電視機、錄放影機流行之後，伴唱帶和伴唱機就漸漸地取代了那卡西，而唱歌的地方也由外面的餐廳、旅館等地方，慢慢地發展到家庭，這就是卡拉 OK。

　　卡拉 OK 的名字源自於日文，其中卡拉（カラ）是「空」（空無）之意，OK（オケ）則是「管弦樂團」（オーケストラ）的簡稱，合起來意指唱歌時沒有真正的樂隊伴唱，只有影音伴唱。1971 年，日本神戶市的音樂家井上大佑發明了第一部卡拉 OK 機器，在日本本土流行之後，進一步推廣到其他地區，包括臺灣、香港及中國大陸。在臺灣甚至有商人更進一步將卡拉 OK 結合當時市面上非常流行的 MTV，而變成改良式包廂型態的卡拉 OK，稱為 KTV。1990 年代以後大批台灣商人赴中國大陸地區投資經商，也將 KTV 文化傳播開來。KTV 的概念在傳回日本本土後也逐漸受到歡迎，成為近年來主流的經營形式，稱為「卡拉 OK 盒子」（カラオケボックス）。在香港，卡拉 OK 近年幾乎操控了全港的流行音樂品味，形成香港人俗稱的「K 歌文化」，即大部份歌曲皆為卡拉 OK 量身訂做。事實上，近年香港絕大部份流行歌曲都先被安排在卡拉 OK 盒子讓顧客試唱，然後才安排在大眾媒體上播放。直至 2005 年，這個情況才因香港「卡拉 OK 盒子」市場的發展到達極限，以及獨立音樂和其他非主流音樂開始隨著寬頻網路發達而有所改變。

　　關於「卡拉 OK」一詞，曾引發大陸中文語言學界熱烈的討論。有人認為「卡拉 OK」的詞形結構不符漢語的規範，一半中文一半西文，前所未有。嚴格來說，卡拉是日語的音譯，不是漢語，光是卡拉，沒有意思，因此堅決反對，不讓它進入普通話。但是，老百姓說「無人樂隊」，說「自動伴唱機」又感到彆扭。最後沒轍，還是只能說「卡拉 OK」。1996 年修訂的《現代漢語詞典》終於收錄它，成為一般用語。在內地，唱卡拉 OK，北京人口語為「唱 OK」或者「去 OK」，比較文雅的會說「去唱歌」。

這些唱 OK 的場所（香港粵語說「K 場」），分成高、中、低檔次，並發展成一邊吃飯一邊 OK。高檔的 K 場設有自助餐，供應桂圓茶、花茶、果汁、甜食等，中西名曲都有，電腦選曲，即時播放，有多個麥克風（香港粵語說「咪」），可以讓愛表現的人唱個夠癮。

1980 年代後期，卡拉 OK 傳到金門，與小吃業和餐飲業結合，成為阿兵哥休閒娛樂的新去處。在金門，可以唱卡拉 OK 的地方營業登記都為「視唱中心」或「視聽餐飲」，招牌還是會寫卡拉 OK，屬於名符其實的「視聽歌唱業」。最初的卡拉 OK 店，如小金門的「小鳥鴉」與「巨星」，屬於開放式的公共場所。客人將點歌單交由櫃枱，依順序取得麥克風上台演唱，有時候客人多，得等上一、二個小時才輪得到。若有人不願遵守規範，結果往往就是「全武行」。打架鬧事對這些店家而言已是司空見慣的事，不足為奇。有時候是百姓與阿兵哥，有時候是不同單位的阿兵哥，甚至不同桌的客人互看不順眼也會翻桌。唱歌和喝酒是相互依存的關係，即便是「音癡」，幾杯黃湯下肚後也會自以為是大歌星。為了不破壞歡樂氣氛，在盛情難卻之下，再怎樣矜持的人都會上台一展歌喉。通常我們戲稱這些人為「一曲歌王」，無論什麼場合，就是那一首。朋友之間總會幫他點歌，前奏一下，大家就知道該誰上場。

在那個年代，港劇流行，港劇中的主題曲或插曲成了卡拉 OK 店最常點的歌。唱歌學語言，是語言學家推薦的學習方式，許多人都有過這種經驗，因為想唱日文、英文歌而學語言。「浪奔，浪流，萬里滔滔江水永不休」，這首《上海灘》若不用廣東腔來唱，總覺得不夠味。世間事，如滔滔江水，轉千灣、轉千灘，成功、失敗，浪裡看不出有沒有。曹操的《短歌行》最能貼切表達唱卡拉 OK 的心情：「對酒當歌，人生幾何，譬如朝露，去日苦多。慨當以慷，憂思難忘，何以解憂，唯有杜康。」正值多愁善感的年紀，在歌詞意境的催情下，不免多喝幾杯，結果往往是「今宵酒醒何處，田埂邊，水溝旁」。以浪漫開始的，常以悲劇收場。歌與酒，都只能輕嚐，過度耽迷，反覺無味，且容易茲生事端。

金門如今到處都有卡拉 OK 設備，餐廳飯店附設的卡拉 OK 包廂，隔音效果好，不怕吵到別人，早已不聞為爭奪麥克風而打架的事。以往伴唱機售價過高，令消費者望之興嘆，無法自己購買，隨時隨地在家盡情歡唱。隨著科技的進步，電子商品日益普及，一般家庭收入足以同時享受專業電

腦伴唱、家庭劇院及高級音響，低價伴唱機確實引爆一波庶民休閒生活的新革命。唱卡拉 OK 成了全民運動，公司行號、學校社團、政府單位接連舉辦歌唱比賽，這大概是目前最簡單省事的大眾活動了，娛樂的效果或許差強人意，但是真的能帶給聽眾音樂上的享受，令人存疑。

金門向來缺乏與音樂有關的活動，尤其是現代樂器所主導的音樂表演。雖然民間常有地方戲曲的演出，例如「浯島邑主城隍遷治」326 週年慶時，便曾請大陸「廈門翔安高甲劇團」來金演出 4 天。老一輩的金門人也都還記得，古寧頭的「金寶春閩劇社」（後來更名為「莒光閩劇社」），不但在地區各村落廟會慶典活動獻藝，更曾遠赴台灣巡迴演出。小金門東林的「南聲閩戲團」與上林的「上苑歌仔戲」，亦經常在全島巡迴演出，風靡大街小巷，在地方上亦頗負盛名，目前小金門的文化館正展出當年的戲服。然而，由於時空環境變遷，電視媒體興起，歌劇團團員因升學、就業、結婚，星散或凋零，劇團被迫走向解散的命運。近年來，地方文史工作者大聲急呼，盼重組劇社傳承地方戲曲文化，惜礙於現實，心有餘而力不足，無法東山再起。

中國古代教育以「六藝」為主要內容。這六藝是禮、樂、射、御、書、數，其中禮、樂居首位，兩者併為一體。有禮必有樂，樂附於禮，而樂在諸多藝術種類中獨居至尊地位，是各種類藝術的總稱。這與儒學推崇「樂」有關係。歷代儒學家都把「樂」看作是道德感化和政治教化的手段。樂在藝術領域和社會中也佔有重要地位，當時的樂除了聲樂、器樂外，還包括詩歌、舞蹈、傳說和雛形戲劇。孔子說：「興於詩、立於禮、成於樂」（《論語‧泰伯》），「禮樂不興，則刑罰不中，刑法不中，則無所措手足。」（《論語‧子路》）可見，孔子是十分重視音樂的，他把「樂」看作人們修身成仁和興邦治國的根本。對金門地方政府而言，談禮樂治國，層次太高，但以「樂」作為教化庶民的工具，卻是有志一同。

1956 年 10 月在救國團支隊部的輔導下，金門出現第一支音樂隊，名為「太武輕音樂隊」。之後，相繼組成者有瓊林、馬山、金湖、金寧、湖光、金城、金山、烈嶼等之輕音樂隊，及金門高中的「金中軍樂隊」。各支音樂隊均爭相延聘教官，加強訓練。1978 年 5 月中華電視台在金門設轉播站，民眾休閒活動需求轉變，加上軍樂隊成員有的赴台就業，有的繼續升學，新一代成員培植不易，到 1987 年 12 月，民間輕音樂隊僅存馬山（後改名

沙光）、湖光、金寧（74年改組分美聲、火鳥兩隊）、烈嶼五隊，但農工職校、沙中、城中之軍樂隊卻先後成立。1976年7月，金門縣政府成立文化工作隊，1981年12月更名為「金門文化工作團」，招考地區男、女青年，聘請台省編劇、舞蹈教師范金指導、訓練。平時配合政令宣導或各重要慶典巡迴各鄉鎮村里及軍中據點演出，因表演節目精彩，曾獲召赴台巡迴演出3次，1985年4月及10月曾應邀至菲律賓、琉球宣慰僑胞，敦睦外交。

民間習俗，婚喪喜慶不能沒有音樂，除了傳統的「鼓吹」外，「輕音樂隊」也經常尬一腳，金門高中的軍樂隊就時常出去賺外快，任何慶典得軍樂隊助陣，氣勢就會完全改觀。然而，軍樂畢竟太粗獷，聲音太豪放，人聲難以對抗，因此不適合伴唱。除了朝會、運動會，需要集體唱國歌、校歌外，歌與樂很少有連結。能夠滿足人們唱歌與表演慾望的，卡拉OK仍是最佳選擇。一句「來賓請掌聲鼓勵！」滿足不少人的虛榮感，成就了很多人的明星夢，「舜何人也，予何人也，有為者亦若是」（《孟子·滕文公上》）。下台雖然有點不捨，步履卻輕盈，心情愉悅，接下朋友遞上來的酒，振臂高呼：「乎乾啦」！

在台灣本島，只要是都會區都不難發現KTV的存在，甚至像大台北地區還一次擁有數十家的連鎖店，其中還不包括個體戶的歌唱場所。從這樣的現象可以發現，台灣人鍾愛K歌，不論是慶生、聚會、派對、情人約會甚至是釋放壓力，都會到KTV裡一展歌喉。也就因為愛K歌的效應發燒，許多民眾乾脆自己在家中購買伴唱機，隨時想唱就唱；網路也開始推出「線上KTV」，想唱歌時只要打開電腦就可歡唱，還可以將自己歌聲放到網路上讓網友一起欣賞，滿足自己的歌星夢。根據「波仕特線上市調網」的調查發現，[44] 雖然歡唱的方式有很多種，但是民眾仍舊習慣前往「連鎖KTV店家」高歌一曲，比例為67.33%，因為現場設備齊全、現點現唱的便利性、加上餐飲的供應，使連鎖KTV獨占K歌界的鰲頭。近年來金門開始出現結合酒店與KTV的商家，如「夜上海」、「白金卡啦OK」、「領航者卡啦OK」、「嘉年華KTV」、「金寶貝KTV酒店」、「最佳拍檔KTV酒店」與「高典酒店」等，但是除了後者之外，幾乎都沒有營利登記，因此經常成為消防局提報檢查的對象。

---

44 「波仕特線上市調網」，http://www.pollster.com.tw。

　　金門目前尚無連鎖 KTV 進駐，但是愛 K 歌的金門人應該都曾去過台灣的「錢櫃」或「好樂迪」，金門的「視唱中心」自然無法與之相提並論。然而，對那些曾在金門卡拉 OK 店「混」過的人來說，這裡的卡拉 OK 舞台人生，更多些酸甜苦澀的味道。

視唱中心

事業名稱	核准	異動	負責人	資本額	現況	營業項目	地址
金名屋	75	91	蔡美葉	30,000	歇業	視唱中心	烈嶼鄉上林村南塘 1-1 號
小烏鴉	77	94	林金螺	20,000	歇業	視唱中心	烈嶼鄉林湖村湖下 37 號
巨星	80	91	洪仁忠	40,000	歇業	視唱中心	烈嶼鄉黃埔村林邊 43 之 1 號
巴黎機場視聽中心	80	82	黎邦興	20,000	歇業	小吃店／視聽中心	金城鎮北門里中興路 173 巷 23 號
華王視聽餐飲	81	87	李麗華	40,000	歇業	視唱中心／小吃店	金湖鎮新市里中正路 8 之 3 號 2 樓
瘋馬視聽	81	84	林麗芬	20,000	歇業	咖啡店／清茶室	金湖鎮新市里中正路 13 號 2 樓
強強滾	81	90	呂克洋	40,000		視聽歌唱業業	金湖鎮山外里山外街 90 號
歡樂城	82	82	洪金花	20,000	歇業	視唱中心	烈嶼鄉上岐村青岐 62 之 2 號
京城天下餐廳視唱中心	83	84	陳添奎	50,000	歇業	中式餐館／視唱中心	金湖鎮山外里山外村 50 號 1 樓
威納視唱中心	86	98	洪金秀	100,000		視聽歌唱	金沙鎮浦山里下塘頭 30 號
歡樂假期視聽社	89	97	吳勝松	50,000		視聽歌唱業／一般旅館業	金沙鎮汶沙里后浦頭 142 號
熱帶魚練歌室	98	98	郭奕君	50,000		視聽歌唱業／餐館	金寧鄉盤山村伯玉路二段 223 號
黑貓歡唱城	98	98	洪木建	200,000		視聽歌唱業	金城鎮南門里北堤路 88 之 2 號
金都市視聽歌城	98	98	王鴻君	100,000		視聽歌唱業	金寧鄉榜林村伯玉路二段 251 之 1 號

帝王視聽	98	98	陳建業	200,000	視聽歌唱業	金寧鄉榜林村伯玉路一段 234 號
紅樹林視聽歌唱	98	98	蘇碧浯	100,000	視聽歌唱業	金城鎮民權路92之1號
珊瑚園視唱中心	98	98	王芊樺	30,000	視聽歌唱業	金城鎮北門里民生路 9 號
高典酒店	98	98	陳伯諄	200,000	歌廳經營／特種咖啡茶室／酒家	金門縣金寧鄉盤山村伯玉路 2 段 223 號

伍、網咖與其他影音場所

　　金門是一個離島，與台灣本島距離遙遠，交通不便，加上政治上的管制，當地民眾在資訊的取得上相當不易，與台灣親人聯繫只能靠郵件或電報。1989 年台金國內人工長途電話啟用，正式揭開金門對外通訊史序幕。1991 年電信光纖海底電纜佈建完竣，金門地區陸續開放國內及國外長途電話直撥話務，使金門電信事業邁入全自動化的新紀元。海底光纜在金門與台灣之間建立了資訊交換的實體通道，除了提供便捷的電話語音服務外，也為往後的資訊網路發展提供了一個絕佳的環境。政府在金門地區資訊網路的建設可以 1996 年做為里程碑，該年教育部在金門設立「台灣學術網路」金門縣教育網路中心，大力推廣 TANet 至國中小學。行政院研考會也補助金門縣政府經費，提供 64K 數據專線連接「政府網際服務網」（簡稱 GSN），屬於教育性質的 TANet、代表政府組織的 GSN、加上屬於商業性質的「中華電信網際資訊網路」（簡稱 HiNet），對金門當地民眾提供了固接及撥接兩種接取網路之途徑，以這三大骨幹網路為基礎，在金門島上構成一張綿密的資訊網。此後，網路連線速率及連線單位逐年增加，上網人口也急速成長。[45]

　　因為網路的發展，帶動金門的「網路咖啡」業。依經濟部的定義，俗稱的「網咖」屬於「資訊休閒服務業」。1990 年代，網際網路剛在台灣萌芽時，網路咖啡店隨之出現。只是在網路基礎建設尚未完備的情況下，受限於頻寬以及大部分的網路使用者多為商務人士或教育程度較高者，因

---

[45] 參閱李志泓、洪集輝，〈金門地區資訊網路發展現況〉，「第三屆離島資訊技術與應用研討會」，2003 年 6 月，國立高雄應用科技大學金門分部資訊管理系。

此，此時的網咖，多半只提供資訊瀏覽及資料查詢等基本服務，包括使用全球資訊網、電子佈告欄、新聞群組等。90 年代末期，網咖快速發展，背後的助力，除了政府大力推動網路基礎建設之外，最大原因在於線上遊戲的興起。大部分的網咖都會提供多樣的網路遊戲，因此在短時間內，吸引許多年輕人的注意，成為繼 MTV、KTV 之後，青少年最熱門的休閒場所。民國 90 年代，金門陸續出現「網路咖啡店」，有些店的設備不輸台灣，但消費普遍偏高，阿兵哥放假從早上進去到下午 5-6 點出來，一個人約需 4-5 百元。稍有規模的網咖，平均約有 2、30 台電腦，生意好時，確實好賺。

　　隨著軍人大量減少，如今網咖的消費群幾乎都是學生。根據教育部最近針對全國國小四年級至高中職三年級的學生，進行分層隨機系統抽樣的調查報告（九十學年度第一學期臺灣地區中等以下各級學校學生學習及生活概況調查摘要報告）顯示，有四成八的中小學生曾經到過網咖，其中小學生為二成七、國中生為五成五、高中生去過網咖的比例更高達六成六。至於性別差異方面，調查結果則指出，女生經常或偶爾到網咖的比例只有 1.83% 及 10%，遠低於男生的 12% 及 23%，而且不管在那個就學階段，男生都較女生常去網咖。金門的網咖不多，離學校也有點距離，學生不太可能於上課期間流連網咖，很少聽聞因網咖而誘發的犯罪，基本上，金門的網咖所連結的印象仍是阿兵哥。

　　「去網咖的人，一定都在玩網路遊戲！」這是多數人對網咖的既定印象。雖然與台灣相比，金門的網咖文化較為獨特，不過，也不一定就與台灣不同。在網咖，除了連線對戰的聲光娛樂、上網閱覽、收發電子郵件等基本功能外，有些網咖甚至還會供應餐點、飲料，對於那些想一邊上網、一邊進食的人來說，有相當大的吸引力。金門的阿兵哥與台灣的商務人士上網咖的目的可能不同，但生理上的需求卻是一樣的，網咖是可以放鬆心情和休閒的地方。以軍人為對象的網咖依舊集中在金湖新市，這個市鎮的商家作生意的對象多半是阿兵哥，金門的某些特殊休閒行業幾乎都是為阿兵哥而產生。網咖是如此，「電子遊戲場」也是如此。這兩種屬於新式科技的行業，對傳統金門人來說有點陌生，年紀稍長的人可能一輩子都未曾涉足，遑論接觸。

網咖

營利事業名稱	核准	異動	負責人	資本額	營業項目	地址
精益網路	73	95	莊水譚	30,000	資訊休閒業	金湖鎮新市里中正路59-3號
液態音調	73	96	蔡幼治	20,000	文教、樂器、育樂用品零售業	金門縣金城鎮北門里民生路9號
千帆網際網路	74	92	張延騰	20,000	飲料店／小說出租／資訊休閒業	金沙鎮汶沙里復興街28號
駭客任務網際網路	90	96	林俊雄	200,000	資訊軟體服務／電子資訊供應	烈嶼鄉林湖村東林北街59號
強網網路	92	92	吳健銘	50,000	資訊休閒業	金城鎮北門里珠浦北路5巷12弄6號
天羅地網	92	92	陳榮海	100,000	電子資訊服務／期刊小說出租	金門縣金城鎮北門里中興路146巷23號
網路星球	92	92	楊景清	100,000	資訊休閒業	金城鎮北門里中興路161巷4號
網路王站前店	95	95	黃國建	300,000	資訊休閒業	金湖鎮復興路一段2號3樓
戲骨網路咖啡	95	95	莊麗綉	100,000	資訊休閒業	金湖鎮新市里中正路5之2號
網路特區	96	96	陳麗金	20,000	資訊休閒業	金湖鎮新市里中正路34號
極速特區網路咖啡	98	98	莊麗綉	100,000	資訊休閒業	金湖鎮新市里復興路99號

　　根據教育部90年5月「中等學校以下學生學習及生活概況調查報告」顯示,中小學生假日最常從事的休閒活動以「看電視、錄影帶及聽音樂」所佔比例最高,其次為「打電動及上網」;再其次為「看課外書」及「參觀文藝表演」。青少年之所以流連於「網咖」,主要是網路咖啡是科技與社會的產物,青少年的人際關係與互動,不少係以網路為媒介,部份青少年因家庭、學校及經濟因素而無法上網,消費額低又可與同儕聊天、交友的網咖正是他所需要的;況且「網咖」可以突破地域、國界的藩籬,使得個人可以隨心所欲盡情去探索,滿足個人的好奇心與知識需求,只是因為網咖定位未明,業者未能自律,甚至變相營業,加上青少年自制能力低,常會流連忘返而導致諸多偏差行為,因而引起家長及師長的關切。與上網情形性質較接近的是「打電動」,即所謂的「電子遊戲場」。

電子遊戲場

營利事業名稱	核准	異動	負責人	資本額	營業項目	地址
巴比龍電子遊戲場	90	90	葉啊皂	100,000	電子遊戲場業（限制級）	金湖鎮新市里中正路 15 之 1 號
速電電子遊戲場	90	90	陳彩	100,000	電子遊戲場業（限制級）	金湖鎮新市里中正路 10 號
灌藍高手電子遊戲場	90	98	李國全	100,000	電子遊戲場業	金湖鎮新市里中正路 18 號
侏儸紀電子遊戲場	91	91	陳振益	100,000	電子遊戲場業（限制級）	金城鎮北門里中興路 146 巷 14 號
金銀島電子遊戲場	91	96	林金水	100,000	電子遊戲場業（限制級）	金沙鎮汶沙里后浦頭 135 號
英雄電子遊戲場	91	95	葉慧佩	100,000	電子遊戲場業（限制級）	金城鎮北門里民生路 5 巷 7 號
新遊戲王	91	96	李伯健	10,000	資訊休閒業	金城鎮南門里光前路 39 之 2 號
金旺電子遊戲場	93	97	陳嘉謙	100,000	電子遊戲場業（限制級）	金湖鎮新市里中正路 3 號
金礦娛樂世界電子遊戲	94	95	蔡美芬	50,000	電子遊戲場業	金湖鎮新湖里湖前 62 之 2 號
金礦娛樂世界電子遊戲	94	95	蔡美芬	50,000	電子遊戲場業	金湖鎮新湖里湖前 62 之 2 號
黃金樂園電子遊戲場	95	98	吳睿森	100,000	電子遊戲場業	金城鎮北門里中興路 146 巷 11 號
多利電子遊戲場	98	98	陳婷婷	50,000	電子遊戲場業	金湖鎮復興西路 6 號

　　《電子遊戲場業管理條例》（98 年 6 月 10 日修訂）：「本條例所稱電子遊戲場業，指設置電子遊戲機供不特定人益智娛樂之營利事業。」所稱電子遊戲機，指利用電、電子、電腦、機械或其他類似方式操縱，以產生或顯示聲光影像、圖案、動作之遊樂機具，或利用上述方式操縱鋼珠或鋼片發射之遊樂機具。但未具影像、圖案，僅供兒童騎乘者，不包括在內。前項電子遊戲機不得有賭博或妨害風化之設計及裝置，其分類如下：1、

益智類；2、鋼珠類；3、娛樂類。依《電子遊戲場業管理條例》的規定，電子遊戲場業分為普通級及限制級，「普通級」可設置益智類機台供兒童、少年及一般大眾遊藝，「限制級」可設置鋼珠類、娛樂類或附設益智類機台，僅供 18 歲以上之成人打玩。經營電子遊戲場業，應先辦理公司或商業登記，公司或商號之名稱及營業項目，應列明為電子遊戲場業。電子遊戲場業於辦妥公司或商業登記後，應填具申請書及檢附符合都市計畫、土地使用分區管制、建築、消防法令規定之證明文件向市政府申請核發電子遊戲場業營業級別證，始得營業。

電子遊戲場在金門屬於新興行業，民國 90 年以後才有合法業者核准成立，就數量而言，算得上頗具規模。由於獲利高，許多商家私自陳列、擺設機台，供不特定人投幣打玩，謀取不法營利所得，常有業者被警察機關查獲，依違反電子遊戲場管理條例罪嫌移送福建金門地方法院檢查署偵辦。限制級的電子遊戲場幾乎都是治安的死角，各地方政府都極為重視，金門亦不例外。在縣政府 98 年的治安會報上，李炷烽縣長曾裁示有關「電子遊戲場業自治法規」問題需要擬訂「自治條例」，同時合理規範名詞的定義，以釐清業者對法條的疑慮。近年來，金門的形象愈來愈差，被人稱為「走私天堂」、「賄選島」，若不好好規範電子遊戲場業，金門恐將再被污名為「賭博島」。

新興傳播科技的發展與普及，使閱聽大眾消費習慣發生變化，並帶動媒介消費市場的結構改變，台灣的錄影帶出租市場即是一個典型的例子。錄影帶出租業隨著台灣地區錄影機的普及率與成長而迅速興盛，早年無法令約束，業者曾多達八千餘家，[46] 後來由於廣電法、著作權法等法令的修正，使業者不能以非法影帶謀取暴利，整個影帶產銷結構因而發生失調現象，出租業完全受制於發片商，許多業者因經營困難而停業，目前全台已所剩無幾，且持續下降中。

在過去，台灣一般家裡面想要看影片，除了第四台和電視台經過配音的影片外，只能到錄影帶（錄像帶）店去租。所以，幾乎每個家庭，除了電視以外，錄放影機也是必備的家電。早期錄影帶有大帶（VHS）與小帶

---

46 范寶厚，《臺灣地區錄影帶出租業經營問題研究》，政治大學新聞研究所，碩士論文，1990 年。

錄影帶出租店

事業名稱	核准	異動	負責人	資本額	現況	營業項目	地址
大揚影視社	76	87	楊忠楔	450,000	歇業	錄影節目租售	金城鎮北門里中興路16巷4號
三一影視行	77	90	陳靜修	450,000		錄影節目租售	金湖鎮新市里復興路28號
金鐘影視	77	81	曾寶珍	150,000	歇業	錄影帶出租	金沙鎮汶沙里復興路14號
標緻錄影帶出租店	79	88	陳惠雄	450,000	核准停業	錄放影帶出租	金湖鎮新市里中正路8之1號
楷荃教學錄影帶租售店	79	80	許福氣	150,000	歇業撤銷	其他個人服務（錄影帶租售）	金湖鎮新市里中興路5號
享久影視行	79	79	王光瓚	150,000		錄影帶出租	金城鎮東門里民族路65巷11號
財星影視社	79	81	莊友庚	150,000	歇業	錄影帶出租	金城鎮珠浦北路27號1樓
排行榜錄影帶出租店	80	80	王月美	150,000	歇業撤銷	錄影帶出租	金湖鎮新市里菜市場23號
迪生影視社	80	81	傅維德	150,000	歇業	錄影帶出租	金城鎮珠浦北路1號1樓
匯虹影視器材行	80	80	楊祝源	150,000	歇業	錄影帶出租	金湖鎮新市里中興路21號1樓
全焦點錄影帶行	83	91	吳國光	450,000		錄影節目帶製作發行業	金湖鎮新市里中正路78號
金城錄影帶店	86	86	吳國樑	450,000		影片、影碟及錄影帶出租	金城鎮中興路162號1樓
大東影視行	89	92	賴雪紅	450,000	歇業	錄影節目帶製作發行業	金湖鎮新市里中正路39之1號

（BETA）之分，各有支持的廠商，有點像現在的藍光 DVD 和 HD 的規格之爭，小帶的優點是畫質較清晰，但放映時間較短；大帶反之，但後來 VHS 贏了，所以大家後來都用大帶。因為錄影帶不太便宜，因此出租錄影帶的行業應運而生。在這類出租店裡的影片大概有幾大類：歐美電影、國產電影、綜藝節目（通常是私錄的）、港劇、卡通、日本節目（含摔角、

綜藝節目、劇集等）等。大部份的人要租都要交一筆押金及預付金，然後再從這裡面慢慢扣錢。在台灣，很多人都有租成人片的經驗。有些錄影帶店有小隔間或暗室，藏在錄影帶架後面，只有熟客老闆才會幫他們打開這個暗門，對嗜好此道的男性而言，那可是一扇通往「極樂世界」之門。許多在金門當兵的阿兵哥，回憶他們曾在某些餐飲店或視聽咖啡店看 A 片，這些傳聞很多，只是一直無獲得證實。子曰：「食色，性也」。有需要自然會有市場，成人影片一直以來都是極其好賺的一門生意。

金門在 1994 年以後才有俗稱的「第四台」，在此之前金門的「影視社」已成立了將近十年，錄影帶的影片與節目陪伴許多人度過沒有電腦的童年時光。有線電視開播對錄影帶出租店影響很大，沒有人願意再花錢租錄影帶，加上 VCD、DVD 等碟片迅速推出，商家多數無力及時更新。不論是就市場面、法律面，或科技面，傳統的錄影帶出租店都難以招架。金門目前尚無大型的連鎖業者進駐，「百視達」與「亞藝」這兩家連鎖通路本身也正在調整經營方向，恐怕也不會到金門展店。隨著金門寬頻網際網路的普及，「影視行」將成為歷史名詞。

相較於以上的這些休閒娛樂設施，聽唱片或購買唱片需要較高的生活水平與智識能力。時代進步，科技產品價格相對便宜了。從早期的「隨身聽」與 CD Player，到今天的 MP3，人們對音樂的享受，日新月異。回顧音樂欣賞的這條路，可以追溯到 1877 年愛迪生發明留聲機。留聲機是一種放音裝置，可以將聲波變換成金屬針的震動，然後將波形刻錄在圓筒形臘管的錫箔上，當針再一次沿著刻錄的軌跡行進時，便可以重新發出留下的聲音。1925 年世界上第一架電唱機誕生，1931 年美國無線電公司（RCA）成功試製 33 又 1/3 轉／分的密紋唱片（Long Play，簡稱 LP），1945 年英國台卡公司用預加重的方法擴展高頻錄音範圍，錄製了 78 轉／分的粗紋唱片（Standard Play，簡稱 SP）。

1960 年代，台灣電唱機逐漸普及，台北的大圓環，不僅小吃吸引民眾，也成了唱片業者的銷售場地。在那個沒有電視的年代，平常百姓閒暇無事，晚上到大圓環吃點心，買張新唱片回家聆聽，稱得上是最高級的享受。一部「古倫美亞」廠牌的電唱機，售價三百多元，一般公務員得省吃儉用才買得起。有了電唱機就非買唱片不可，當時發行十吋唱片的公司有亞洲、五虎、麗歌等唱片公司。唱片的材質由蟲膠的硬質唱片，改成塑膠製

唱片樂器行

事業名稱	核准	異動	負責人	資本額	現況	營業項目	地址
金聲樂器行	65	80	顏美羨	8,000	歇業	文教康樂用品零售（樂器）	金城鎮西門里中興路 43 號
藝華唱片電器行	67	95	黃明月	10,000		電器零售／電器電子產品修理	金城鎮北門里中興路 121 號
皇冠唱片行	82	87	李宗岳	20,000	歇業	音響組合／錄音帶、唱片批發	金湖鎮新市里復興路 126 號
金聲樂器行	84	90	許丕府	50,000		樂器／手工藝品材料／古玩書畫	金城鎮西門里中興路 43 號
皇冠唱片行分店	84	90	李宗岳	20,000	歇業	唱片行／煙、酒批發	金湖鎮新市里自強路 1 號
快樂音樂行	85	85	楊金珍	20,000	歇業	錄音帶、CD 批發零售	金城鎮民族路 57 號 2 樓
雅韻樂坊	86	88	梁明玲	40,000		樂器零售	金城鎮中興路 69 號
形象音樂樂器行	93	93	林水永	50,000		文教、樂器、育樂用品零售	金湖鎮林森路 25 號
八分音符音樂坊	94	94	徐元婕	400,000		文教、樂器、育樂用品零售	金湖鎮山外里黃海路 25 號

的軟質唱片，並由單音錄音進入立體錄音技術，且唱片的包裝，也由清一色的封套，進入專輯式包裝的圖案設計。封套上通常會標示唱片的銷售價格，從封套中得知，當時的價格平均分佈於 15-30 元之間。根據民國 85 年「台灣省統計年報」的資料顯示，民國 55 年時平均每人每月之經常性收入為 477 元，若購買一張 30 元的唱片，可能花費 6.2%的一個月所得。[47] 若以今日每人平均月收入所得來比較，當時唱片的售價實在有些偏高，並非一般人所能消費。

如今黑膠唱片已被 CD 所取代，雖然還是有一些雅士在收藏和欣賞，但已不是市場主流。唱片行中所販售的商品幾乎全是 CD，台北街頭著名的唱片行如 Tower、玫瑰、大眾誠品音樂館、上揚等，雖然還是可以吸引

---

[47] 黃明正，〈台灣早期唱片封套設計發展歷程初探〉，《環球技術學院科技人文學刊》，第五期，頁 41-54。

顧客上門，但已不是單純的賣唱片，逛唱片行更是一種都會生活的休閒方式。在金門，可能有很多公家單位如學校等，會購置電唱機，播放音樂，一般人家即使有電唱機，唱片的數量也不會太多。最常看到的是知名的歌星，如文夏、洪一峰、劉福助、美黛、楊燕、姚蘇蓉、楊小萍等人的唱片，還有就是楊麗花的歌仔戲唱片，西洋音樂唱片很少見到。金門唱片音響的出現，是從民國 50 年代開始，隨著時代交換更替，再加上生產科技的變遷，早期的留聲唱片，已經退休走入歷史，成為音樂文獻的一部分。然而，曾經藉由唱片和音響傳播，所形成的情感共鳴，依舊是走過那年代的人，心中最甜蜜的回憶。過去，唱片被視為是純粹的娛樂商品，現在這些錄音都已變成未經加工的最客觀史料。回顧當年電唱機剛流行，唱盤附有變速器，藉以調整唱片轉速，小孩最愛玩的遊戲就是趁大人不注意時偷偷轉動變速器，時而發出走不動的哀鳴、時而發出尖銳刺耳的高頻，那種興奮之情，就算挨揍，還是快樂。

第四節　畜產業

壹、畜牧業發展概況

《孟子・梁惠王上》記載梁惠王與孟子關於為政之道的對話。孟子勸梁惠王不必在意人民是否多於鄰國，而應致力於王道政治的實施，以得民心。孟子理想中的王道政治是：

> 五畝之宅，樹之以桑，五十者可以衣帛矣；雞豚狗彘之畜，無失其時，七十者可以食肉矣；百畝之田，勿奪其時，數口之家可以無飢矣；謹庠序之教，申之以孝悌之養，頒白者不負戴於道路矣。七十者衣帛食肉，黎民不飢不寒，然而不王者，未之有也。

孟子所說的：「七十者可以食肉」，自有其思想史及社會經濟史之背景，涉及古代中國的年齡觀、敬老價值觀以及飲食習慣，皆有待進一步之研究。在中國古代社會中，食肉並非易事，只有貴族階級才能常食肉，《左傳・莊公十年》所謂「肉食者謀之」、「肉食者」即指統治階級而言。《左

傳‧哀公十三年》：「肉食者無墨」，意即常吃肉的統治階級不會氣色灰暗。一般平民不易獲得肉食，在這樣的歷史背景之下，年過七十的庶人如能常獲得肉食，孟子認為可視為「王道」政治的開始。

在中國古代，「食肉」可不是單純的飲食習慣，其間更涉及為政之道的政治哲學，甚至常作為評論當政者能力的一項指標。晉惠帝執政時，天災人禍不斷，很多百姓沒飯吃，活活餓死。惠帝聽見臣下報告，同情之餘也大惑不解，問道：「何不食肉糜？」意即那些飢民沒飯吃，為甚麼不用碎肉煮粥來吃呢？「何不食肉糜」的驚人之語，加上其它愚行，令晉惠帝被後人廣為嘲笑，當然也不免被歸入昏君之列。在歷史文獻中，晉惠帝被人形容為「白痴」、「甚愚」，也有人說他「庸愚弱智，多有笑聞」。《晉書‧孝惠帝紀》稱晉惠帝為「不才之子」。唐代周曇更是寫詩挖苦：「蛙鳴堪笑問官私，更勸饑人食肉糜；蒙昧萬機猶婦女，寇戎安得不紛披？」

很多人不喜歡晉惠帝，難免加油添醋羞辱他，但司馬衷真的如此不堪嗎？恐怕未必，對高官富賈來說，已是「朱門酒肉臭」，但黎民百姓卻連「肉糜」都不可得。宋代以後商品經濟發展，豬肉日漸平民化，大文豪蘇東坡是愛吃肉典範，在《東坡續集》中有一首〈豬肉頌〉：

> 洗淨鐺，少著水，柴頭罨煙餡不起。待他自熟莫催他，火候足時他自美。黃州好豬肉，價賤如泥土。貴者不肯食，貧者不解煮。早晨起來打兩碗，飽得自家君莫管。

東坡居士愛吃肉，眾人皆知，「不可使食無肉，不可居無竹。無肉令人瘦，無竹令人俗。人瘦尚可肥，俗士不可醫。」「東坡肉」這道江浙名菜可能就是因為這樣而來。《水滸傳》中描述梁山英雄們經常大塊吃肉，大碗喝酒，大呼痛快，藉由大塊吃肉以表達對現實政治的不滿。因為豬肉的普遍化，因而產生許多與豬相關的俗諺，例如《紅樓夢》第 16 回：「沒吃過豬肉，也看見過豬跑」，比喻見識再少也會懂得一些。

對這一代的年青人來說，除非是宗教信仰上的選擇，不可能沒有吃過豬肉，但真正看過豬在跑的人，肯定不會太多。豬肉與牛肉分不清，或許可以理解，「指鹿為馬」，也不算太超過，可是大豬小豬分不清就未免太誇張了。金門有民宿業者，顯然知道很多光客沒看過豬，於是向金門縣畜產試驗所購買一對迷你豬，帶回繁衍，準備當作房客觀賞的寵物。不料，

以高粱酒糟等餵養豬仔，竟養出一窩的大山豬，最重高達 100 公斤，一點都不迷你、也不可愛，而且因為沒有養豬戶牌照，不能屠宰，眼見豬隻愈長愈大，苦不堪言，特到金門縣政府陳情，要求退貨並賠償損失。這則報導看似好笑，卻突顯了金門養豬事業發展的困境和肉品供應的問題。

金門牧畜業始於唐代，但養的是「騾馬牛羊」，未曾聽聞養過豬，金門何時有豬，已難查考。據《金門縣志》記載，1952 年以前，全島用於配種的公豬僅 19 頭，而母豬達 762 頭，母豬均為 1949 年前自大陸安海一帶引進者，配種一次，至少要黃金一錢，本地土種的豬仔，生長率極慢，殊難獲利。1952 年政府為提高豬隻生產，自台灣引進盤克夏種公豬與本地種母豬交配，品種大為改良，生長率甚快。仔豬飼養六至八個月後，重即達二百餘斤，大為飼戶歡迎。此後每年陸續引進新種，有約克夏、漢布夏、杜洛克公豬，與桃園種項雙溪等母豬雜交繁殖，本地豬種逐漸被淘汰。除了豬隻的品種改良外，從 1968 年開始，政府大力推行綜合養豬，次年，配合土地重劃區，實施田間養豬，補助民間在田間集中之土地上，興建豬舍 30 戶，每戶以 20 頭肉豬，一頭母豬為基數，1971 年以後陸續增建。1985年，金門的毛豬年產三萬餘頭，生產過剩。至 1987 年為止，較具規模養豬場（150-1,000 頭）計有 47 戶，金城鎮 13 戶，金寧鄉 15 戶，金湖鎮 7戶，金沙鎮 7 戶，烈嶼鄉 5 戶。

30 年前，養豬是金門農家重要的副業，鄉下人家，幾乎都會飼養幾隻家畜和家禽，尤其在早期的金門，以農維生，牛馬是農村必備的生產工具，貓狗則為防止老鼠與守門，雞鴨則可充當年節佳餚。雞鴨就養在院子內外，每天都會上演「雞飛狗跳」的戲碼。豬圈通常蓋在村莊外圍，有些會與住家毗鄰，後來鄉村整建，規定一律遷至村外田間，幾家豬圈集中建成一列，整齊劃一。養豬算是一項生財事業，歷經數月的辛勞，等到豬長成後就待價而沽。豬販會主動前來打探，彼此談好價錢，約定抓豬時日，為了多賣幾個錢，養豬人通常會在當日凌晨三、四點再讓豬吃一餐，以增加體重；可是豬商也不笨，天剛亮就來，綁豬之前先用腳踹豬身，使豬嚇得屁滾尿流，減輕一點重量，買賣雙方互相較勁，為的都是錢。對 50、60年代成長的金門人來說，養豬印象是童年生活裡一段富饒趣味的回憶。小金門習俗，男子年滿 16 歲要拜天公酬神，殺豬宰羊宴請全村的親友，藉此宣告男丁成年。豬是自家養的，請人宰殺後整隻架在供桌上，天未亮就

被師公的咒語喚醒，跪在祖先與神明前，睡意全消，生平第一次覺得豬是那樣的神聖與可愛。母親因豬長大而滿足，父親因兒子可以承先啟後而滿足，少年因「等大人」而滿足，此時此刻，若還只想「烹羊宰牛且為樂」，未免太膚淺。如今，小金門只剩下幾戶人家還在遠離村莊的田間養豬，但是殺豬宰羊的成年禮卻始終保存著，或許承先啟後的核心價值已式微，但是金門人對豬的微妙情感，時而明顯、時而隱晦，豬與豬肉關係密切，但不一定要劃上等號。

金門島民所飼養的牛僅有一種，即黃牛。體型小，多用以耕田，偶而也用於挽車。1953 年金門農業試驗所引進印度康古勒種公牛 2 頭，與金門的黃母牛配種，生下來的第一代雜種牛，體型較母牛壯大，可惜性情兇猛，經常牴觸傷人，難以作耕稼之用，不受農家歡迎，於是用級進繁殖法繼續改良。另外也引進雜種及肉用、役用、乳用短腳種牛，由金門牧場辦理繁殖。1972 年進一步引進聖達種公牛 5 頭（肉牛），荷蘭種母牛乙頭（乳牛），1975 年又引進純種聖達種公牛 4 頭，與本地種母牛交配，利用雜交優勢原理，改善地區耕牛體型，以增加其飼養價值。除耕田外，也可食用，市上常有牛肉供售，因此農家飼養年有增加。迄 1976 年底止，現有存活數達 4,875 頭，1975 年曾一度銷售台灣毛牛 50 頭，開本島牛隻外銷紀錄，嗣因台灣進口紐澳冷凍牛肉，肉價驟降，牛價暴跌，未能繼續辦理。1978 年開始實施獎勵肉牛生產，除由畜牧場以純種公牛免費為民間配種外，每生產犢牛一隻，由政府補助 500 元。復於 1985 年策訂肉牛飼養發展計畫，引進種公肉牛 12 頭，輔導推廣種牛示範戶 10 戶，飼養肉役牛 200 頭，並拓展黃牛銷台，1985 至 1986 年計外銷 1,500 頭，農民收入達六千萬元以上。另外，為全面發展養牛事業，鼓勵各鄉鎮荒地復耕，免費供應燕麥、牧草、及青割玉米，以充足養牛飼料。

1999 年 6 月以前，金門活牛銷往台灣每年大約 100 頭，為養牛戶帶來不錯的商機。然而，金門不肖業者常自大陸走私牛隻，輸台的牛隻中被檢驗出感染口蹄疫，農委會於是下令不准金門牛隻銷台，此一事件重創金門養牛業。疫情發生後，金門緊急撲殺疫牛，展開防疫注射、採樣送檢、自衛防疫消毒、牛籍管理、釘掛耳標、烙印等工作，經過 10 年的防疫努力，終於在 2009 年 12 月獲准重新開放活牛銷台。根據金門縣政府建設局統計，金門養牛戶約 1,000 戶，飼養牛約 3,100 頭，大多數為散戶開放式畜

牧。縣府官員說，開放活牛銷台除能刺激生產外，也為金門發展養牛產業開啟坦途。金門縣政府推動養牛產業，準備以金酒公司廉價酒糟為飼料，從澳洲引進 900 頭牛繁養，種牛隔離檢疫場已經完工，就等台澳檢疫問題解決就辦理牛隻招標。縣府官員表示，開放活牛銷台即是肯定金門防檢疫能力，為金門發展養牛產業帶來喜訊。

養牛業者熱衷金門活牛銷台，因為台灣金門兩地的活牛價格差很大。事實上根據金門防疫所於 2005 年底所提出的分析，若以 500 公斤重的活牛估算，台灣牛價為每公斤 90 元到 95 元，金門的產地價約為每公斤 60 元。銷台和自銷的價差，每頭約達 15,000 元到 17,500 元。活牛銷台，農民雖可獲得較高的利潤，卻有以下缺點：銷台前必須在防疫所異地隔離檢疫 14 天（期間飼主必須自備飼料到防疫所餵養），再加上海運旅程，將會瘦損 25 到 50 公斤，損失約 2,375 元到 4,500 元。船運費用每頭牛為 2,500 元；車運費用需 500 到 1,000 元。銷台後的活牛，兩日內就必須在指定的屠宰場內屠宰完畢，不利於銷售。若以屠體銷台，屠體部分部位可高價位出售，亦可降低運費、失重及牛隻死亡等風險。同時可防範走私及疫病入侵。金門動物防疫所也認為，雖然民間一直對活牛銷台有期望，不過，從防疫的角度看，屠體銷台將是未來的趨勢，也會比活牛銷台更有利。

金門的政治人物對於利用金酒公司的酒糟養牛計劃，顯然熱過頭了，一味想發展畜牧業，從不考慮對環境可能造成的衝擊。近年來金門地區畜牧業年產值達 3 億 8,900 萬元，高居農業生產總值之 44.18%，確實讓人所有期待。[48]然而，畜牧業的情形與農業不同，農業不會造成環境汙染，畜牧業卻是個極度不環保的產業，國際間許多政府都透過各種方法嘗試抑制此產業，金門縣政府卻大力提倡酒糟養牛計畫，不免讓人質疑是開倒車的行為。[49]金門地區為封閉型島嶼，人畜之間的接觸密切，對環境的變化最為敏感，集約式的畜牧業將會導致嚴重的水源汙染：例如，山外溪汙染嚴重，惡臭加上優氧化，很大的原因就是來自上游養豬、養雞場；金城鎮的「圳仔溝」，因上游有養豬戶、養雞場，將所有的廢水管線都直接排到溝渠中，夾雜未經處理過的廢水汙染，原本清澈美麗的河川，已成骯髒的臭水溝。

---

[48] 金門籍立委陳福海 6 月 9 日國會提案：「促請開放活牛銷台或擴大市場銷路協助金門地區畜牧產業發展」。

[49] 張建騰，〈養牛民眾質疑不環保〉，《金門日報》，2009 年 10 月 6 日。

很多人響往田園生活，喜歡在假日時驅車到郊外走走。台灣有一些著名牧場，每到假日人滿為患，儘管得忍受塞車之苦，還是有人心甘情願。餵餵牛，擠擠牛奶，吃一根鮮奶做的冰棒，躺在廣大的草原上，天地與我為一，此情此景，光是想像就夠讓人心動了。「牧馬侯」那個時代，整個金門就是一座牧場，騾馬牛羊數以萬計，人煙稀少，因此沒有汙染問題。如今金門，除了村莊與道路，大部份都給國家公園管了，來金門賞鳥是不錯的旅程；來金門看牛可能沒有吸引力。觀光客看到幾隻黃牛悠閒地在路邊吃草，會興奮的拍照留念，可是如果微風吹來，是一陣陣的豬屎牛糞味，金門將會是一個讓人想再度逃離的「戰地」。經濟與環保原本就是兩難，金門的主政者要有不同於政客的睿智，不要如曹劌所說：「肉食者鄙，未能遠謀」。為子孫留下一塊乾淨的土地，或是發展畜牧業為民謀福利？「To be, or not to be: that is the question.」（Hamlet 3/1），這一代的金門人正面臨著哈姆雷特的困境。

貳、畜產統計與肉店

本縣畜牧生產，昔日以牛馬為大宗，今則以豬隻為最盛。1952 年後，逐年引進優良品種，大力宣傳，加以疫病防治普遍，生長快速，養豬事業，遂成農戶一大富源。1957 年胡璉將軍主持金門政務時，曾撥款二百萬元，無息貸給農戶養豬，由是生產激增。二十餘年來，已由 1950 年的一千一百頭增至三萬多頭，1985 年後甚至突破四萬頭，軍中飼養尚不包括在內，今昔相比，超過三十倍矣。1967 年政府又推廣田間養豬，迄 1977 年止推廣逾百戶，配合土地重劃與鄉村整建，一方面改善過去人畜混雜之髒亂，再則有利土地改良與作物增產，並達到節省勞力之目的。1980 年代以前，地區豬隻生產以 1967 年民間飼養頭數 38,384 頭為最高峰，年來因品種改良，縮短飼養時間，加上豬油乏人問津，故雖年底存活數低，但數度發生毛豬過剩現象，政府曾先後三次辦理外銷，並輔導加工廠四家，辦理肉品加工，藉以疏解。以下為 1950 年至 1985 年家畜與家禽生產概況，以五年為一階段來看，家畜主要為豬，平均每年約三萬多頭，佔家畜比例的七成左右，牛隻平均為三千多頭，1975 年前後增加到四千多頭，1985 年以後則續增到五千多頭。家禽部份比較難以掌控，1970 年以後一舉突破十萬隻，到 1985 年則增加到四十萬隻，顯示金門地區對肉類的食用有大幅增長的趨勢。

金門歷年禽畜生產概況表

單位：頭、隻

年別	家畜			家禽		
	總計（含羊與騾馬）	豬	牛	總計（含鵝）	雞	鴨
1950	6716	1099	3,088	20,031	19,160	871
1955	29,746	18,699	3,992	52,543	45,681	6,862
1960	27,738	22,997	2,226	33,914	25,518	8,317
1965	39,975	30,868	3,455	42,176	35,393	6,584
1970	39,017	31,906	4,034	130,244	96,048	34,105
1975	37,572	30,512	4,776	106,039	96,482	9,390
1980	30,118	20,471	3,630	340,739	332,906	6,934
1985	53,371	42,731	5,336	410,829	406,433	4,063

資料來源：金門縣志

金門歷年家畜家禽頭（隻）數

單位：頭、隻

年別	家畜					家禽			
	總計	豬	牛	羊	兔	總計	雞	鴨	鵝
1991	39,124	29,348	4,907	2,783	1,682	519,519	516,618	2,604	297
1992	39,079	30,641	4,848	2,073	1,502	518,636	516,265	2,126	245
1993	34,035	21,473	5,929	3,503	3,107	724,807	720,846	3,554	407
1994	41,220	29,346	5,570	3,614	2,672	428,970	427,655	974	341
1995	38,505	28,367	5,133	3,440	1,550	408,084	407,122	801	161
1996	39,126	29,550	4,954	3,420	1,188	243,585	242,820	648	117
1997	34,670	26,966	3,953	2,989	746	265,355	264,418	836	101
1998	32,044	25,438	2,689	3,230	677	267,881	266,547	1,130	204
1999	32,666	25,548	3,207	3,140	735	269,651	267,723	1,398	530
2000	33,098	25,355	3,141	3,718	842	276,534	273,898	1,942	514
2001	33,493	25,488	3,184	4,224	547	269,082	264,055	4,552	525
2002	30,534	22,249	3,075	4,317	846	242,515	240,148	1,678	686
2003	31,541	23,400	3,089	4,265	738	237,022	234,482	1,683	857
2004	30,750	23,274	3,225	3,906	299	118,827	117,214	1,057	556
2005	30,946	22,932	3,268	4,409	286	116,018	114,296	1,218	504
2006	30,467	21,900	3,435	4,705	351	124,565	122,989	1,180	396
2007	28,109	18,772	3,561	5,332	352	121,085	119,268	1,436	381

資料來源：金門縣統計年報

2007 年金門各鄉鎮家畜家禽數

單位：頭、隻

	總計	豬	牛	羊	兔	總計	雞	鴨	鵝
金城鎮	4,443	2,959	435	1,040	0	35,355	35,000	300	55
金沙鎮	4,358	2,413	622	1,315	6	32,037	31,500	460	77
金湖鎮	6,753	4,325	1,216	1,147	29	13,690	13,600	58	32
金寧鄉	9,624	7,442	819	1,307	32	37,115	36,762	325	28
烈嶼鄉	2,526	1,520	259	462	285	2,383	2,055	237	91
畜試所	405	113	210	61	0	505	351	56	98

資料來源：金門縣統計年報

　　1991 年以前，金門的禽畜生產大抵呈現上升的趨勢，解嚴後毛豬生產開始下滑，1993 年減少的幅度最大，此後每年約減少 1 至 2 千頭，近十年來的牛隻則維持在三千多頭，比較特別的是羊，近幾年來地區的養羊有增加的趨勢。至於家禽部份，從 1993 年的最高 74 萬 4 千多隻，到 2007 年時只剩 12 萬隻，減少的幅度最大，原因當然與鄉村整建有關，一般農家幾乎已無法再飼養家禽，國軍精實案以後，消費一落千丈，加上冷凍食品普遍，更進一步限縮了溫體禽畜肉的生產與銷售。

　　金門有五個鄉鎮，金城、金湖與金沙都市化較深，金寧與烈嶼仍偏向於鄉村生活型態。畜牧業，尤其是豬隻的飼養多集中在金寧鄉，以 2007 年為例，佔金門地區總數的 34.2%，若單以豬隻計，則高達 39.6%；在家禽數方面比重雖然只有 30.0%，但數額仍是最大。

　　台灣及金門地區現有肉品市場計 24 處，辦理毛豬交易及電宰業務，已建立健全管理制度，營運績效良好，2001 年交易量達 838 萬頭，電宰頭數達 434 萬頭。金門地區的屠宰業務由「金門縣農會肉品市場」負責，本場位於金湖鎮環島北路三段，烈嶼場設於后頭，2004 年啟用，原本位於東林的舊屠宰場改作他用。1981 年金門縣政府為建立家畜供銷體系、實施合理交易制度、加強屠畜衛生檢驗、改善供應軍民衛生肉品，開始在金湖鎮中蘭籌建衛生屠宰場，委請台南茂僑建築事務所及正泰機械工程公司完成規劃設計，工程經費由農委會補助九百萬元，地方配合七百萬元，1982 年 5 月開工，1984 年 10 月 15 竣工，並即開幕啟用。1997 年 8 月中旬訂頒「金門縣家畜市場組織規程」，2000 年 5 月 2 日第一次管理委員會會議

修正通過更名為「金門縣肉品市場組織規程」。2001 年 9 月 1 日起由金門縣政府委託金門縣農會經營管理，且為縣農會之獨立單位，以場養場自營為原則，於 2002 年 1 月 24 日取得屠宰場登記證。為因應地區牛隻屠宰需求，於 2002 年申請變更增加設置牛隻屠宰線，經規畫設計通過審核完成設施興建，於 2003 年 3 月 5 日試運轉複查通過，並於同年 3 月 6 日取得農委會核發合法登記證。根據肉品市場的統計，歷年所電宰的家畜數量如下表所示。

金門縣肉品市場家畜進場屠宰數量

年度	豬					牛	羊			總計
	三市場[50]	烈嶼	小計	自理[51]	合計	合計	本場	烈嶼	合計	
2004	21,345				22,090	315			580	22,985
2005	21,423				22,770	271			651	23,692
2006	19,506	2,602	22,108	1,661	23,769	246	561	41	602	24,617
2007	18,486	2,326	20,812	2,030	22,850	225	651	41	691	23,766
2008	16,249	2,247	18,496	1,504	20,000	243	731	51	782	21,025
2009	14,793	2,194	16,987	1,356	18,343	314	830	51	881	19,538

資料來源：金門縣肉品市場

　　金門地區每年都自台輸入數量龐大的冷凍豬肉，台灣斃死豬流用的問題盤根錯節，短期間內只靠查緝單位應無法徹底根絕，為保障民眾食肉的衛生安全，金門縣建設局依據動物傳染病防治條例第 28 條規定，自 2007 年 2 月 16 日起至 2008 年 2 月 15 日止，公告管制豬隻的生鮮、冷藏及冷凍產品運入金門地區，凡欲辦理輸入的廠商，必須專案申請核准後始可運入，所輸入的產品應為 CAS 優良肉品廠商所生產。基本上，金門民眾食用的豬肉仍以溫體豬肉為大宗，冷凍豬肉主要賣給軍方。以往金門地區只有加工的黑豬肉香腸才可以銷往台灣市場，但最近可能開放白豬肉加工製香腸，只要在動植物防疫所規範之內，均將可以開放銷往台灣，增加金門豬肉肉品銷售市場，也增加業者收益。金門地區飼養豬隻成本，一公斤約新台幣 70 幾元，而台灣約 60 幾元，在飼養成本比台灣略高 10 餘元的情

50　三市場為金城、金湖、金沙。
51　自理包含局部殘缺、隱睪、孕豬、急宰等。

金門牲畜屠宰頭數與價值

單位：頭、公斤、元

	豬			牛			羊		
	頭數	重量	價值	頭數	重量	價值	頭數	重量	價值
1991	27,253	4,960,046	337,283,128	700	140,000	16,800,000	289	7,514	1,051,960
1992	27,708	5,042,856	342,914,208	639	127,800	15,336,000	303	7,878	1,102,920
1993	22,704	2,838,000	161,766,000	98	19,600	2,352,000	223	5,798	811,720
1994	20,685	2,647,680	158,331,260	111	22,200	3,330,000	378	9,828	1,375,920
1995	23,137	2,892125	170,635,375	90	45,000	3,600,000	400	12,000	1,920,000
1996	22,622	2,940860	173,510,740	38	19,000	1,520,000	450	13,500	2,160,000
1997	25,653	3,334,890	196,758,510	92	46,000	3,680,000	398	11,940	2,149,200
1998	22,843	2,969,590	173,721,015	44	22,000	1,760,000	274	8,220	1,644,000
1999	22,720	2,840,000	164,720,000	78	39,000	3,120,000	345	10,350	2,070,000
2000	19,539	2,520,531	148,327,086	194	106,700	12,610,000	327	9,156	1,308,000
2001	21,791	3,050,740	158,638,480	178	89,000	4,450,000	458	11,450	2,061,000
2002	23,786	3,092,261	155,098,197	346	157,400	6,920,000	440	13,200	2,728,000
2003	23,594	2,825,634	161,586,635	380	216,000	23,080,000	591	15,346	2,930,400
2004	21,491	2,635,542	158,634,040	315	141,750	9,450,000	580	14,500	2,900,000
2005	22,770	2,837,704	164,586,832	271	121,950	8,401,000	651	16,275	3,580,500
2006	23,769	3,068,340	175,478,376	246	66,420	14,760,000	602	10,535	5,267,500
2007	22,850	3,084,750	172,746,000	225	101,250	13,500,000	691	17,275	3,455,000

資料來源：金門縣統計年報。（本地區自 76 年 4 月 26 日停止徵收屠宰稅）

況下，金門地區活體豬可能無法銷到台灣去。目前，金門地區種豬與肉豬飼養約 15,000 多頭，飼養頭數在 15,000 至 17,000，市場就會平衡；如果飼養頭數到 19,000 頭以上，就會產生過剩的問題，若是低於 14,000 頭，就會出現市場供需不足現象。[52]

　　根據金門肉品市場的統計，每日最高屠宰毛豬 400 頭或羊 40 頭或牛 8 頭。年產量每年可屠宰毛豬 33,600 頭、羊 13,440 頭、牛 2,688 頭。實際上，肉品市場並沒有天天屠宰，目前每日屠宰毛豬 100 頭或羊 35 頭或牛 3 頭。

---

[52] 楊水詠，〈白毛豬肉香腸可望開放銷台〉，《金門日報》，2009 年 10 月 16 日。

就市場分析,「金門肉品市場」所供應的肉品佔全銷售量80%以上,未來可能會隨生活消費方式改變而逐年緩慢降低,但仍為金門地區最主要的市場。近十年金門地區毛豬平均價格如下表:

毛豬平均價格

單位:元/公斤

年別	2000	2001	2002	2003	2004	2005	2006	2007	2008	2009
價格	58.85	52.00	50.16	57.19	60.19	58.15	57.19	56.02	71.08	74.84

資料來源:金門縣肉品市場

金門縣養豬戶數與頭數(按飼養規模)

調查時間	戶數			頭數		
	合計	99頭以下	100頭以上	合計	99頭以下	100頭以上
94年11月底	166	107	59	22,795	3,386	19,409
95年11月底	159	101	58	22,833	3,110	19,723
96年11月底	137	83	54	18,858	2,255	16,603
97年11月底	133	86	57	15,266	2,304	16,962
98年11月底	112	67	45	15,658	2,400	13,258

資料來源:行政院農委會

　　這兩年地區的毛豬價格不錯,但屠宰量、養豬戶數與頭數都明顯減少,以前金門鄉下人家幾乎都會養豬,養豬戶數以千計,飼養豬隻約3至5頭,多則10餘頭,很少有大規模的養豬戶。自從生活環境改變以後,專業養豬戶興起,豬隻數量多達數百頭,是所謂的養豬大戶。在統一配銷制度下,必須有養豬戶執照豬隻才能進場屠宰,雖然屢有「自產自銷」的「市場自由化」呼聲,但為穩定物價,短期內無法做到。根據行政院農委會的調查,近五年金門地區的養豬戶數已減少了1/3,豬隻頭數也少了將近1/3,主要為飼養頭數少於99頭的小戶,2009年小戶平均飼養頭數為每戶36頭,大戶每戶為295頭,集約式大規模飼養是金門養豬業未來的趨勢。

　　從結構上來看,2008年養豬共計112戶,從業人員210人,平均每戶不到2人,每人必須「照顧」75頭豬,相較於全國的每人280頭,仍有一段差距。自家工的比例為97.62%,顯示養豬這一行仍不脫家庭副業的傳統。依據行政院農委會的調查,台閩地區有88.25%的養豬戶希望在2010

年時維持現狀，金門地區則有 91.96%希望維持現有規模，希望增加飼養規模的，金門縣為 5.36%，全國為 4.30%。

金門縣養豬場業人數

調查日期：2008 年 11 月底

	總計	自家工	雇工	男工	女工
金門縣	210	205	5	146	64
	結構比	97.62%	2.38%	69.52%	30.48%
全國	21,932	18,231	3,701	14,410	7,513
	結構比	83.13%	16.87%	65.74%	34.26%

資料來源：行政院農委會

　　活豬運銷台灣，不符成本，活牛運銷台灣，檢疫問題不易解決，比較可能的做法是加工食品的製作，例如酒糟毛豬香腸、肉乾、牛肉乾等。豬肉乾與牛肉乾為熟食，沒有檢疫問題，毛豬香腸則必須符合「金門縣酒糟豬肉香腸輸臺控管措施」（農防字第 0981473865 號）的規定，出口香腸需有金門縣政府之認可標章，旅客攜帶回台灣，中途不可拆封包裝，一旦包裝袋有破損或拆封即不可輸台。防疫極為嚴格，金門生鮮畜肉輸台，除了法令規章外，各種技術與配套都得改進，前景沒有想像的樂觀，比較實在的做法還是本地消費。

　　金門的豬肉生產與行銷有三道關卡，養豬戶—肉品市場—零售商，金門肉品市場與養豬戶簽有契約，依市場需求供應屠宰數量。所屠宰的豬肉，主要在金城、金湖、金沙三個市場銷售，肉店與肉攤都集中在市場：金城東門菜市場、金湖新市菜市場、金沙沙美市場（汶沙里中興街），目前沙美市場現有家禽攤 5 家、豬肉攤 11 家，但以肉店登記營業者僅有一家。金門市場小，豬肉價格容易因飼料漲價等問題而波動，因此養豬戶與肉品市場之間屢有紛爭，幾家養豬大戶聯手便可操縱市場。小金門的情形是另一種產銷型態，東林市場的豬肉攤都是自產自銷，亦即豬是自家養的，委由屠宰場代宰後運抵市場販售。以 2009 年為例，金門地區全年共宰殺 18,343 頭，平均每天宰殺 50.25 頭豬，是年毛豬平均重量為 123.15 公斤，換算下來，金門地區每天的豬肉消耗量為 6,188 公斤。牛羊為代宰，不在肉品市場上交易，家禽則通常在市場屠宰。因為禽流感問題，經濟部

商業司通令自 2008 年 10 月 1 日起，傳統市集內外及店住家禁宰活禽，將依畜牧法從嚴取締，違者最高處 50 萬元罰鍰，所查獲的家禽屠體一律沒入銷毀。金湖市場已設有冷凍櫃保鮮肉品，並已未在傳統市集中宰殺活禽，其他市場還在改進中。

肉店（攤）

營利事業名稱	設立	異動	負責人姓名	資本額	營業項目	地址
麗珠商店	82	83	莊麗珠	20,000	肉類（豬、牛、羊）零售	金沙鎮汶沙里中興街 16 號
三豐	89	89	許能輝	20,000	畜產品零售	金城鎮西門里中興市場 2 號
金元豐	92	92	張滄淵	10,000	畜產品批發	金城鎮西門里中興市場 2 號
永群	93	93	楊忠益	100,000	畜產品零售／水產品零售	金城鎮西門里莒光路 169 之 2、3 號
榮發	65	93	周水金	10,000	畜產品零售	金城鎮東門里民族路 65 巷 15
榮發（牛肉店）	77	90	周水舍	10,000	肉類零售	金城鎮東門里民族路 65 巷 3
隆慶（豬肉店）	79	90	陳水土	20,000	畜產品零售業	金城鎮東門里民族路 93 巷 2
合勝	65	89	蔡美珠	20,000	畜產品零售	金城鎮東門里菜市場 10 號
福發（雞鴨店）	64	83	郭春福	5,000	家禽類零售	金城鎮東門里菜市場 13 號
發興（號肉店）	65	96	楊翠琴	20,000	畜產品零售業	金城鎮東門里菜市場 16 號
金利興（豬肉攤）	66	94	王梨玉	40,000	肉類零售	金城鎮東門里菜市場 18 號
盈益	90	94	黃琳曲	10,000	畜產品零售	金城鎮東門里菜市場 18 號
廣元	97	98	周惠琴	20,000	畜產品零售	金城鎮東門里菜市場 24 號
景記	85	85	顏木本	20,000	肉類批發零售	金城鎮東門里菜市場 25 之 1
景興屠宰商號	74	84	翁志強	20,000	肉類批發	金城鎮東門里菜市場 25 號
正平	91	91	李玲玲	10,000	畜產品批發	金城鎮東門里菜市場 30 號
勝源（豬肉舖）	65	86	文水泉	30,000	肉類批發	金城鎮東門里菜市場 30 號
杜合記	83	94	李麗英	40,000	畜產品零售	金城鎮東門里菜市場 32 號
新聯源	81	97	陳玉選	40,000	畜產品零售	金城鎮東門里菜市場 35 號
強記	87	96	許忠禮	10,000	肉類批發	金城鎮東門里菜市場 36 號
日興	91	91	蘇立偉	10,000	畜產品零售	金城鎮東門里菜市場 3 號
芳興	65	82	許火木	30,000	肉類批發及零售	金城鎮東門里菜市場 4 號
金合成	65	84	李麗英	10,000	肉類批發及零售	金城鎮東門里菜市場 8 號

新聯盛	92	92	陳玉選	10,000	畜產品零售	金城鎮東門里菜市場路 35 號
成發肉店	81	83	陳水源	10,000	日用什貨批發及零售	金城鎮賢庵里東社 1 號
龍興	92	92	周茶梅	20,000	畜產品零售	金湖鎮新市里菜市場 23 號
新佳興商行	73	98	張輝明	40,000	家禽類批發	金湖鎮新市里菜市場 25 號
穩隆（肉鋪）	91	95	許家祥	20,000	畜產品零售業	金湖鎮新市里菜市場 28 號
大榮	70	93	陳宗雨	20,000	畜產品零售業	金湖鎮新市里菜市場 31 號
岐光（屠宰商店）	65	82	盧耀華	20,000	肉類（豬肉）零售	金湖鎮新市里菜市場 36 號
集利（商店）	65	82	莊麗娟	10,000	家禽類零售	金湖鎮新市里菜市場 37 之 1
池記（豬肉店）	65	82	蔡金地	10,000	肉類（豬、牛、羊）零售	金湖鎮新市里菜市場 63 號
南僑	82	82	陳宗儒	20,000	肉類零售（牛）	金湖鎮新市里菜市場 67 號
泰光（豬肉店）	65	84	陳佩蘭	20,000	肉類（豬）零售	金湖鎮新市里菜市場 69 號
新生（豬肉店）	65	91	蔡美雲	20,000	畜產品零售	金湖鎮新市里菜市場 72 號
榮發	67	94	蔡媽超	10,000	畜產品零售業（肉類）	金湖鎮新市里菜市場 77 號
合益	65	81	蕭海倉	20,000	肉類零售	金湖鎮新市里菜市場 78 號
金豐商店	71	91	翁金台	40,000	畜產品零售業	金寧鄉盤山村頂堡 140 號
榮凱	81	81	洪玉勤	5,000	家禽零售	烈嶼鄉林湖村東林市場 4 號
長和（歇業）	73	83	許丕回	30,000	屠宰業	烈嶼鄉林湖村東林街 10 號
合利	76	95	林長文	10,000	肉類（豬、牛、羊）零售	烈嶼鄉林湖村東林街 119 號
新義興	65	83	林登賀	20,000	肉類（豬、牛、羊）零售	烈嶼鄉林湖村東林街 123 號
勝利	65	91	陳明治	10,000	畜產品零售	烈嶼鄉林湖村東林街 127 號
和記（歇業）	65	98	許華仁	10,000	肉類（豬、牛、羊）零售	烈嶼鄉林湖村東林街 129 號
自力	71	83	李楊過	10,000	肉類（豬、牛、羊）零售	烈嶼鄉林湖村東林街 131 號
萬福	65	69	洪水根	10,000	屠宰業	烈嶼鄉林湖村東林街 5 號
珍興	64	83	林天培	10,000	肉類（豬、牛、羊）零售	烈嶼鄉林湖村東林街 9 號

　　金門的歷史從畜牧開始，經過一千多年的演變，時空環境早已今非昔比，但金門似乎仍停留在對古代歷史的懷念，想靠畜牧業再造金門，人類

文明已經進入到後工業革命時代，金門還要靠養豬養牛維生嗎？金門人吃
肉的習慣，短時間內不會改變，肉品供應也無法被取代，但喝牛奶一定得
養牛嗎？回想在那個地瓜與蘿蔔乾的年代，能吃肉是富裕的象徵，沒有肉
食，那一個世代的金門人一樣可以長大成人，如今的大魚大肉，豐衣足食，
多少是一種心理補償。今日的金門，人人可以大碗喝酒，大口吃肉，大呼
痛快，可是依舊有很多人像梁山英雄一樣，對整個社會制度相當不滿。金
門新科縣長李沃士，向來訪的行政院農委會防檢局局長許天來反映，金門
鄉親父老在自己家鄉養雞或養羊，逢年過節有時會殺雞宰羊帶到台灣給孩
子或孫子們進補食用，但一到通關就被攔下，希望防檢局體會人之常情，
能開放的儘量高抬貴手。而金門推動養牛事業，也希望防檢局支持協助，
期讓養牛計畫可以如期推展。[53]為金門的牛找出路，也是「肉食者」（父
母官）的責任，但是，別再讓金門人成為放牛的牧童，金門也不想成為台
灣的「國內殖民地」。金門人不怕沒肉吃，怕沒乾淨的水喝。

53 李增汪，〈防檢局長拜會，李沃士盼中央支持地區養牛事業〉，《金門日報》，2010 年
1 月 30 日。

第四章　以本土居民為消費主體的行業

第一節　住宅營造業

壹、金門傳統住居概述

　　以前金門有句俗諺說：「三代人起沒一間厝」。金門物資缺乏，大家又都窮，因此，要蓋一間像樣的石頭或磚造的閩南厝，談何容易。「成家立業」如果指的是娶妻生子，對鄉下人而言不是難事，但如果指的是要擁有一間屬於自己的房子，就要看自己的能耐和祖先的庇蔭了。自有巢氏教人架木為巢以來，中國人對於居所的選擇與需求，一直就不曾停止過。而今社會進步，人口眾多，物價昂貴，要找一處可以安身立命的居所更是難上加難，追求一個「殼」成了許多人一生的夢想。唐代詩聖杜甫的〈茅屋為秋風所破歌〉，讀來讓人鼻酸，「安得廣廈千萬間，大庇天下寒士俱歡顏」，何等胸襟，何其難受。南陽諸葛廬、西蜀子雲亭，雖是陋室，至少還能遮風避雨，杜甫的溪邊茅屋卻連八月的秋風都抗拒不了。金門酒廠最近推出一則藥酒電視廣告：「養生之道，金門人早就知道」，金門人早就知道的還有杜甫的苦。韓非子〈五蠹〉：「有聖人作，搆木為巢，以避群害，而民悅之，使王天下，號之曰有巢氏。」金門的執政者或許該想想，以其每天挖空心思賣酒，不如為人民多蓋幾間「風雨不動安如山」的居所。

　　據《金門縣志》記載，金門最早的移民記錄始於晉朝。晉元帝建武年間（317），因避五胡亂華之禍，中原人士輾轉逃來此地。晉以後各朝，每當政局變動，都有中原移民來此避難，遂使金門漸漸成為人文薈萃的地方。考地方族譜，其中蘇、陳、吳、蔡、李、顏等六個姓氏，都說自己的祖先是晉代中原衣冠世族，應該是實情，可惜文獻缺乏，未能確實了解先民的開拓經過。但可以肯定的是先民來金門開拓，距今已有一千六百餘年。金門真正有官方設治開拓，經管民生，始自唐代。唐德宗貞元二十年（804）七月，福建觀察使柳冕上奏朝廷，以閩中本是南朝畜牧地，建議設置牧區於東越，名為「萬安監」，又置五個牧馬區於泉州，涪洲島（今

金門）為其中之一。[1]陳淵受命為牧馬監，率十二姓氏前往牧馬，浯洲島耕稼漁鹽開始興起，人口日益蕃衍。

　　儘管漢人對浯洲（金門）的開墾早在西元四、五世紀（東晉、五代），不過從一些地方族譜的記錄來看，大規模的移民應在十三世紀中葉（宋代）以後。到了十四世紀後半（明代），已出現至少 61 個聚落（不包括烈嶼），初步奠定今日島上自然村的規模，其中以陽翟（陽宅）、汶水（後水頭）、西倉（西村）、平林（瓊林）、後浦最為繁盛。[2]在明・洪受的《滄海紀遺》（1568 年）中約略可以見到當時宗族聚落的發展，而吳島的《滄海紀遺校釋》所附的圖片也顯示「金門所」與「金門城明代老街」的樣式。[3]早期移民在選擇聚居基地時，多半以水源充足、地力較豐及避風禦寒等條件，作為基本的判準；當然，歷史上聚落的形成，常常面臨了土地資源的爭奪，造成不同宗族之間的緊張關係，甚至造成武力械鬥，這些史實散見於一些族譜中。因此，除了明洪武二十年（1387）所建之金門守禦千戶所（金門城），以及峰上、田浦、官澳、陳坑（成功）、烈嶼等巡檢司城，是以軍事防禦作為主要考量之外，大體上金門聚落的擇定是以實際生活需要為原則。[4]

　　金門臨近大陸，僅隔著一道狹窄的金廈海峽，島上的居民大多源自於對岸的廈門、泉州與漳州。近代以來兩岸人民往來密切，「地緣近、血緣親、語緣通、文緣深、俗緣同」，因而有所謂的「五緣之親」。作為閩南文化圈一支，金門的建築體系也廣泛受到明清以後漢文化與近代僑鄉文化的影響。金門島上的聚落民宅，普遍是閩南傳統建築，舉凡磚、瓦、杉木、石條與石塊等建材，統統來自大陸內地，只有採自海邊的細沙與蚵殼燒成的白灰，是在金門本島就地取材。同樣的，蓋房子的泥水匠、木匠、石匠等大師傅，也統統來自內地，只有小工或雜作，一些比較沒有技術性的工作，才由本地人充任。因此，放眼島上的聚落民宅建築，無論是渾圓的馬背屋脊，或是簷角雙翹的燕尾，甚至是屋瓦走向、磚塊疊砌，其造型與格局，均蘊含著濃厚的閩南風味，乍看與內地的聚落並沒有什麼不同。

1　《新校本舊唐書》「本紀」，卷十三，本紀第十三，德宗下，貞元二十年。
2　江柏煒，〈閩南建築文化的基因庫：金門歷史建築概述〉，《92 年度傳統聚落保存暨修復研討會論文集》，金門國家公園，2003 年。
3　吳島，《滄海紀遺校釋》，台北：台灣古籍（五南），2002 年。
4　參閱吳培暉，《金門聚落風情》（台北縣：稻田，1996 年），頁 16。

　　從社會功能及文化形式的角度來看，廣義的金門建築應包括舊的城堡（千戶所城、巡檢司城）、衙署、宗祠（家廟）與宮廟、閩南傳統民宅、洋樓民宅（含銃樓、更樓）、書院與學堂、陵墓與牌坊、文化地景（風獅爺、水尾塔、風雞、石敢當、隘門、古景等）、軍事地景（特別指 1949 年以後國軍所構築的防禦工事及軍事設施）等，類型十分豐富。其中，宗祠與宮廟、閩南民宅及洋樓民宅三大類型是構成金門傳統聚落空間的主體。金門歷史建築的類型與數量，是台澎金馬文化資產最豐、保存最好的地區。從住居的角度來看，金門的建築涵蓋了三個時代的空間：閩南傳統文化、僑鄉文化及戰地文化。代表閩南傳統文化的宗族聚落及民居建築，廣泛分佈於島上，見證了漢人常民生活的社會關係、經濟形態與哲學思想；中西合璧的洋樓具體反映了近代僑匯經濟時期的金門文化特徵與價值觀的轉變；二十世紀中葉以來的戰地文化則說明了金門「固若金湯，雄鎮海門」的戰略地位。從明清時代的軍事城堡到 1949 年以後的海峽前線，金門的軍事建築與地景其實就是時代的縮影。

一、閩式建築

　　在金門的傳統聚落裡，鄉民習慣將閩南式的建築和南洋風味的僑匯洋樓稱為「舊厝」（古厝）。戰地政務時期實施限建，大量的舊厝因而得以完好保存下來。1992 年戰地政務解除，新的建築案紛紛推出，舊厝面臨被拆除重建的命運。多數舊厝已不堪居住或不敷居住，但因產權複雜無法重建，只好任其傾頹。金門縣政府與金門國家公園基於保存古蹟與發展觀光的需求，多年來一直積極推動舊厝和聚落的維護工作。在學者的研究與工匠努力修復下，許多傳統的閩式建築再度亮麗地呈現在世人眼前，讓來金旅遊的觀光客驚艷不已。也由於學者的研究，後人得以了解金門人表現在住屋建築上的人生哲學。

　　金門屋宇多沿襲泉漳，規制不大，而體形堅固。墻以石疊、以磚砌，門戶窗牖大多用堅木，屋瓦椽桷必求縝密。舊日建材，松杉多向大陸晉江東石採購，以福杉為佳，磚瓦購自漳州石碼，石料則以泉州青石、白石為尚，皆購自廈門，本地所產僅石料礪灰而已。之後，民宅漸多，房子建材除了磚瓦外，加入金門所產的花崗岩。花崗岩硬且重，可作一般民宅的基石，但是採集和搬運不易，要裁成形狀大小相同更是困難。對任何家庭而

言，建屋是很大的負擔，因此過程有甚多之禮俗與迷信，動土、奠階、合脊皆須擇吉時，並以牲儀祀拜。在古代中國，紅色、黃色為傳統皇室、廟宇使用的顏色，一般民房為灰色、白色等，但由於泉州對外通商，引進了外國的紅色建築，所以在閩南地區紅色民房相當的常見。金門雖滿地紅土，卻沒有足夠的技術來製造耐用的磚瓦，磚瓦建材大多由福建地區輸入，從整棟建築物紅磚的使用數量，大概可以推論這戶人家的經濟能力。

花崗岩開採不易，而紅磚價格又居高不下，但人們還是需要房子住，這時候人們就會有變通的方式。第一種是內層用夯土，外層再用薄磚覆蓋，可以製造出一些規律的圖案，還算是挺好看的。第二種是利用廢棄的碎磚瓦，和少量的花崗岩互相堆砌而成，有些房子會在外層抹上泥灰防水，但有些沒有或者已經剝落，一旦外層薄磚毀壞，內層的夯土也容易因為多雨的關係而快速傾頹。兩岸隔絕後，建材仰賴台灣運補，尤其是水泥，是新的建材。1958 年的「八二三砲戰」為金門帶來前所見的破壞，民房遭到損毀的情形相當嚴重，或全毀或半毀。戰後陸續進行鄉村整建，以「拆破修廢」，改善環境衛生及集中遷建豬舍、牛馬欄等。這些建設需要大量的屋瓦，於是水泥磚瓦取代紅磚與石塊，不論軍方或民宅幾乎都用水泥磚來蓋房子，一直到戰地政務解除，在鄉下經常可見到人們挑砂印磚塊。

這種俗稱「土角」的水泥磚，也叫空心磚，材料是水泥加上篩過的海沙，攪拌後填實在模子內，印成磚型，曬乾後備用。水泥磚用以砌牆，屋頂則另有水泥瓦。福建省政府為配合金門建設及扶植地方工業，在 1953 年時便自台灣購運水泥瓦製造機十一台，設立水泥瓦工廠，採官商合營方式，大量生產水泥瓦。有需求便有商機，當時金城就有四家瓦廠：「建成」、「瑞豐」、「金門」、「興華」，這四家工廠曾興盛一時。1980 年代起，因鋼筋水泥國民住宅和樓房取代平房成為建築的潮流，水泥瓦需求日減，瓦廠不得不先後歇業停工。不論是印水泥磚或蓋鋼筋水泥的房子，都需要沙子，金門沒有河川，因此沒有河沙，沙子都採自海邊。居民也知道海沙會腐蝕鋼筋，因此會先將採回的海沙讓日曬雨淋一段時日，再用於建築。即便如此，金門仍到處可見剝落的牆面和裸露腐鏽的鋼筋。台灣本島經常有人因為買到海沙屋向建商求償，這樣的新聞聽在金門人耳裡相當諷刺，在那個年代，金門多的是海沙屋，尤其小金門更是如此。海沙屋也是屋，這是金門人的宿命。

　　從建築類型上來看，金門的傳統民宅以合院形式為基礎，然後再依不同的宅地採取因地制宜的作法。這些不同的類型，大致上可以歸納為：基本形式（主要是三、四合院的民居類型）、衍生形式（合院的增建形式）與其他（特殊的處理方式）。基本形式包括「一落二攑頭、一落四攑頭」，這是金門閩南傳統民宅中最常見的形式。它的基本構造是三開間的大落（或稱正身、廳堂）、東西對稱的攑頭（或稱間仔、兩廂房、掛房）與天井（深井頭、中庭）空間。一般來說，「一落二攑頭」用於宅地進深較淺、面積較小者，「一落四攑頭」則適用在進深較深、面積較大的基地範圍。以「一落四攑頭」為基礎，在大門入口之攑頭（下攑）加建馬背屋脊、燕尾或磚坪屋頂，使之成為四合院的格局，俗稱為「三蓋廊」，其中以燕尾屋脊較為常見；「二落大厝」（雙落大厝），在平面格局上，「二落大厝」與「三蓋廊」十分接近，均為四合院的形式。一般來說，在「二落大厝」的前後再增建一落的形式，稱為「三落大厝」。

　　若是基地面寬較大，允許民宅擴建，則會在二落大厝、三蓋廊的左或右側，加建一列房間使正面成為四開間，加建的房間稱為「單突規」，加建兩列成為五開間者，則為「雙突規」，在金門以單突規較為普遍，原因可能是宅地面積不夠大，僅能就原先格局的部份增建。和突規相似，若是基地面寬夠，在基本形式之單側或雙側可加建「護厝」或「護龍」，不論是突規或護龍，基本上都是在建物側邊增建的作法。此外，也有在突規及護龍部份加建「樓仔」（疊樓）的作法，使之成為二樓式的建物，這種作法變化多端，以護龍增建「樓仔」為例，可看到不同的衍生變化。在金門，疊樓的建物多數受到近代僑鄉洋樓的影響。有部份民居因基地較小或零散不完整，無法以基本形式出現，而自行修建適合基地規模的建物，可視為特例。這類民居並不多，通常的作法是非對稱性的方式。另外，有一些早期商業繁榮所發展出來的市集，則是以店舖住宅的形式（店屋）出現，它不同於單一朝向的梳式佈局，而是面對面相向的空間關係，最著名的是明代金門城北門外的店屋建築，以及清代後浦的頂、中、下街等。[5]

　　金門是海中孤島，冬天雨量稀少，東北季風凜冽，遇到風起時，四野裸露地飛沙走石，居民深以為苦。因此，一般民宅窗口都很小，以減少寒

---

[5]　金門國家公園，《大地上的居所》（金門縣：金門國家公園，1998 年），頁 20-25。

風吹襲，同時，許多村落的迎風處，都立有「風獅爺」，藉以「驅邪、鎮風沙」，祈求合境平安。金門島上的民宅窗口很小，與金門的治安不好也有關係。民國成立之初，原駐防金門清軍裁撤，軍械悉數繳盡，島上沒有任何駐軍及海防，以致海盜猖獗、出沒無常，經常上岸進行綁架、搶劫，居民被搶、被殺害不計其數。根據《金門縣志》記載，僅僅 1925 年之中，金門島上遭綁架、搶劫高達 43 案，縣官束手無策，居民寢食難安。為了防盜，房子外牆構築特別堅厚牢固，有時候，甚至是整片外牆用石塊或石條砌成，沒有開鑿任何窗牖，即使鑿有窗口，也是非常狹小，因而一幢四合院，仿若是一座小城堡，除了防風之外，防盜、防搶的功能更為明顯。為了防盜，諸多村落甚至建築「瞭望台」和「槍樓」。[6]

提起「槍樓」，以 1931 年建於金城前水頭的「得月樓」最具代表性，亦是華僑在南洋經商致富，匯款回到家鄉蓋「番仔樓」，附帶興建防禦「工事」的經典之作。這座「槍樓」高約 11.26 公尺，是當年金門島上最高的建築，也是水頭村的地標，猶似「近水樓台先得月」，因而被附庸風雅稱作「得月樓」。「得月樓」是「南洋錢、唐山福」的象徵，可惜歷經 70 餘載風雨歲月侵蝕，又經無情砲火摧殘，外牆留有許多彈痕，部份椽木已腐朽，且門窗破損，有傾圮之虞。1995 年「金門國家公園管理處」成立以後，積極派人到印尼與所有權人溝通、協調，取得進行整修的同意書，而後由行政院營建署編列二千多萬的經費，在 2007 年 12 月完成修復工作，開放民眾參觀。目前「得月樓」是金門島上的重要觀光景點，訪客絡繹不絕，爭相佇立樓前攝影留念。

二、洋樓建築

華人出洋的歷史相當久遠，漢代起即有因貿易、軍事或宗教理由而渡海者。唐、宋時期就有廣東新會人遠涉重洋前往東南亞一帶從事國際貿易活動，其中常有人滯留不返。宋人朱彧《萍洲可談》說：「北人過海外，是歲不還者，謂之住蕃；諸國人至廣州，是歲不歸者，謂之住唐。」明代閩南商人在東南亞、東北亞所建立的商業網絡也相當興盛。不過，清代〈鴉片戰爭〉起至二十世紀中葉間，門戶開放後所形成的僑鄉社會，不論從移

6　參閱林怡種，〈雙落厝的傳說〉，《金門日報》「浯江副刊」，2009 年 6 月 30 日。

民規模、經濟影響、文化變遷等角度來看，影響都更為深遠。遠渡重洋尋求生機的華僑，在外洋發達之後，往往以榮歸故鄉為樂，而炫耀鄉里最直接了當的方法，是住屋的建築。清‧李鐘玨撰的《寧陽存牘》指出：「自同治以來，出洋之人多獲資回華，營造屋宇，煥然一新」。[7]《台山縣僑鄉志》亦載：「華僑回國三大事：取新婦、起屋和買田」。[8]可以這麼說，匯款返鄉購置田地、建築新屋，誇耀於鄉里，進而為先祖翻修宗祠與陵墓，以及為族人興學設教，成為僑鄉社會共同的「出洋夢」。[9]

金門人遠渡南洋，大約開始於 1571 年左右，距今已有四百年。四百年來，金門鄉民遠適異域，有幾個重要的時期：

1、清朝初年，鄉人不甘辮髮事仇，遠避南洋者多。

2、道光年間，海禁大開，廈門為五口通商口岸，金廈咫尺，相互援引，前往南洋的鄉人如過江之鯽。

3、同治年間，地區災害頻仍，連年荒歉，鄉人遠渡南洋者多。

4、1917 至 1918 年，南洋群島商業如日中天，鄉人相率前往創業謀生。[10]

金門人前往異國奮鬥的人數相當多，因此，很早以來，金門就是個不折不扣的「僑鄉」，由於在國外的華僑眾多，所以也很自然的促成「僑匯」這個行業的鼎盛。金門洋樓的興建年代，多數集中於 1920 至 30 年代之間。那段時期，也正是南洋僑匯最多的年代。換言之，許多洋樓距今約有 7、80 年的歷史，與其他明清時期的閩南民宅相較，洋樓可算是「新」建築。只不過經歷了歲月的洗禮及戰火的摧殘，當時新穎的洋樓，如今多已褪盡風華。

金門洋樓，是一種結合了南洋殖民樣式與閩南傳統民居的中西合併建築。它的出現導因於早期金門鄉僑赴外洋發展，在「光宗耀祖，衣錦還鄉」的心態下，賺取僑匯，進而回饋金門鄉僑的一種空間構築行為。這種藉由僑匯所進行的聚落空間改造，影響是多面向的，涵蓋了住宅、學堂、槍樓、

---

[7]　清‧李鐘玨撰，《寧陽存牘》，粵東出版社，清光緒 24 年（1898）。

[8]　台山縣志編寫組，《台山縣僑鄉志》，台山：台山縣檔案館編印，1985 年。

[9]　參閱曾玉雪，《金門南洋華僑之社會衝擊》，銘傳大學應用中國文學系碩士論文，2004 年。

[10]　李錫隆，《金門島地采風》（金門：金門縣政府，1996 年），頁 68。

祠堂、教堂等。而僑匯經濟運作下的聚落空間變革,將閩南建築為主體的傳統聚落異質化,進而建構出一種特有的空間文化形式。閩粵僑鄉民居在僑匯經濟力量下,得以豐富地方發展。歸僑們因應了不同的需要,從海外帶回許多建築類型與象徵表現,結合了地方民居的傳統,並運用本地的技術工法及材料,生產了許多不同類型的「洋樓」。洋樓的興建雖為僑匯資本力量所致,但僑匯不一定只興建洋樓,許多僑匯亦選擇興築閩粵傳統合院建築,甚至有地域性民族形式之創新嘗試。顯然,洋樓的出現,不僅是僑匯經濟的作用,也涉及歸僑文化認同之意識形態實踐。

在金門,洋樓建築的分佈相當普遍,至少有 50 個聚落建有洋樓,總數在 131 棟以上(含烈嶼),[11]其中較多的是水頭(15 棟)、後浦(14 棟)、浦邊(10 棟)、官澳(7 棟)等地方,這些洋樓的空間使用絕大多數是住宅(有 127 棟),少部份是學堂(4 棟:金水國小、古崗學校、睿友學校、浯陽小學校)、銃樓(2 棟:水頭得月樓、陳坑銃樓)、祠堂(陽宅永昌祠堂、碧山陳氏小宗宗祠)。住宅使用的洋樓,因為歷史的因素(如主人仍留在南洋或日軍侵華避難海外等),創建人不一定返鄉居住,相當多的洋樓是委由親戚代管。目前金門島上的洋樓,大部分都已經斑駁傾倒,人去樓空。

戰地政務解除後,金門許多老房子因為居住需求而被拆除重建,或因產權複雜而任其傾頹,傳統聚落的風貌隨著時間而逐漸流逝。為使這些珍貴傳統建築風貌與人文風采能永續保存,且讓世代子孫共享祖先的智慧,金門國家公園管理處乃積極推動古厝修復及活化再利用工作。金門的聚落有 100 多個,其中 12 個位於國家公園範圍內,水頭、珠山、歐厝、南山、北山、瓊林、山后是其中保存完整且具代表性的傳統聚落,聚落內除了有豐富的閩南建築、洋樓及古蹟外,這裡的居民還保留了傳統的空間配置、宗族制度、民俗慶典與風水信仰等豐富的民間文化。在金門國家公園管理處與地方居民的共同努力下,許多荒蕪的古厝逐漸恢復了原本的樣貌,修復完成的古厝除作為一般民居外,並規劃為展示館、民宿、特色餐飲賣店等,讓沉寂許久的古厝回復生息,延續建造古厝先民們的生命力,並帶動

---

[11] 依據徐志仁 1992 年到 1994 年的調查,興建年代在 1949 年以前總共有 132 棟。《金門洋樓建築形式之研究》,淡江大學建築研究所碩士論文,1993 年。

出老聚落發展的新契機。金門國家公園園區內約有 1,000 棟的古厝,自國家公園成立以來,因接受補助而修復之古厝已有 100 餘棟,而將古厝地上權設定予管理處 30 年,由管理處協助修復之古厝亦有 35 棟,其中除部分規劃為展示館供遊客參觀外,另有 25 棟古厝委託民間經營民宿,未來修復完成之古厝則將朝向特色餐飲賣店或藝文空間方向規劃。[12]

三、現代建築

國軍駐防初期,借住民房,「軍民一家」,民房牆壁常見加強心防及精神建設的標語,例如「反共抗俄」、「效忠領袖」、「雪恥復國」等,這些招牌對傳統聚落景觀造成一定的影響,為了軍事上的目的,許多傳統建築與洋樓被挪作他用。「九三」及「八二三」兩次砲戰,金門的落彈量總計過 150 萬發,平均每一百平方公尺就有一顆,以村落言,每個村莊要承受近萬顆的砲彈,除了造成人員的死傷外,估計有 10,827 棟房屋毀損。[13]村落中呈現斷垣殘壁、千瘡百孔的淒涼景象。面對可能再來的戰爭威脅,政府在 1968 年 9 月建立所謂的「戰鬥村」,村中大量構築機槍堡、地下室、防空洞、地下坑道、彈藥庫等工事。歷年全縣所構築的防空(砲)洞總計 3,580 座,平均每個村莊 20 座以上。[14]軍事建築與軍事地景,深刻地烙印在島上的土地,這是近半世紀以來金門命運的具體呈現。

1970 年代,經濟逐漸起飛,國民所得增加,金門人修建居屋的能力相對提高。村中部份傳統民宅開始進行汰舊換新,或將大厝身二樓化,屋頂仍採紅瓦雙斜式,成為傳統與現代的過渡形式;或將整棟拆除,使用鋼筋、水泥、碎石等現代建材,興建平頂式樓房。同時,政府所規劃的新社區、興建的國宅也採此形式,金門的現代居屋形式逐漸形成。隨著時代的進步,經濟的發展,生活基礎建設與設施日趨發達,昔日控制村落區位的因素,影響力日漸薄弱,使現代社區的區位特色完全跳脫傳統聚落的格局。傳統的閩式家屋以合院大厝為基本結構,在風水觀、氣候、防禦等方面的

---

[12] 金門國家公園管理處,〈到老聚落住老房子〉,《台灣國家公園》(電子期刊),2007 年 1 月號。

[13] 有關人員傷亡與房屋受損情形估算,參閱郭哲銘總編輯,《823 金門戰役五十週年專輯》,金門:金門縣文化局,2008 年。

[14] 李仕德等編,《金門縣志(96 年續修)‧土地志》(金門:金門縣政府,2009 年),頁 393。

考量下，配合地形、地勢，作相當規律的排列，[15]形成所謂的「梳式格局」，如此形成的平面圖大多為塊狀、叢聚狀、長條形或梯形村狀。而舊市街的聚落，因騎樓店屋的相對排列，街道狹窄、巷衖曲折，形成特殊圖形，例如沙美及金門城的老街，昔日有「八卦街」之稱。金門新建的二十餘座新社區，無論是連棟式或雙併式，民宅、巷道悉依計劃進行，家屋朝向一致，為典型的棋盤（格子）式，整個社區平面圖也是屬於塊狀村。近年來若干法規鬆綁，農地上的別墅「農舍」日益增加，使金門整個聚落分布與地景正在加速蛻變中。

　　長久以來，金門的人口雖然隨著歷史不斷變動，但其聚落居民之生活，卻一直維持著以宗族組織為主的小型農業經濟型態，並且以城鎮作為其生產品的交換中心。然而，解嚴之後，新式樓房、現代旅館和度假村開始出現在各個鄉鎮角落，往日傳統、純樸的聚落已逐漸受到衝擊。生活的富裕對居家品質的要求自然提高，若要將閩南式傳統家屋內部格局改裝，以符合現代化生活機能，有其侷限性與困難度。再者，因遺產的分割、產權複雜等問題，很難同步進行翻修與改建的工程。居民只好在村中或村郊自己的空地上建造獨棟的現代式住家，原有的歷史性建築只好任其傾頹。也有因為經濟考量選擇建造鋼筋鐵皮屋，或是僅就自己的持分部份進行改建，形成新舊雜陳的奇特景象。林間田野愈來愈多現代化建築，村落中的傳統民宅則大多宅門深鎖，人去樓空。如何興建能融於環境之中而不顯得突兀的現代化房子，又如何使這些老舊的閩南建築與洋樓保存良好，進而浴火再生，是今後金門建築規劃必須深思的課題。

貳、人口、戶口與住宅關係

一、金門縣人口及家戶特性

　　此部份的分析重點著重於人口與家戶關係之研究，「家戶」為住宅需求之主體。分析之統計資料來源，主要為行政院主計處於 1990 年和 2000 年所作的兩次「臺閩地區戶口及住宅普查報告」。人口分佈與成長，是住

15　參閱洪曉聰，《烈嶼傳統聚落之研究——村落領域關係、擇址和空間組織之探討》，國立成功大學建築研究所碩士論文，1993 年。

宅需求的正向指標之一，藉由人口分析可以瞭解金門縣五個鄉鎮之住宅需求特性。1956 年金門地區為因應特殊環境需要，開始實施戰地政務，成立金門戰地政務委員會，金門縣政府隸屬戰地政務委員會指揮監督。金門地區因實施戰地政務，地區發展受到諸多限制，致使都市發展、經濟發展、人民所得及交通運輸等方面均遠不如台灣本島，雖然人口自然增加率為正成長（約 2%左右），但社會增加率均呈負成長，人口大量外流，移出率遠超過自然增加率，以致全縣人口數自 1972 年達到最高峰後即開始減少。1982 年至 1990 年，人口數負成長現象漸趨緩和，1989 年政府宣佈開放大陸探親，使兩岸對峙情勢趨緩，此時期人口數仍呈負成長現象，其成因仍為人口外移所造成。1992 年 11 月終止戰地政務後，因兩岸對峙局勢逐漸緩和、開放觀光商機湧現、就業機會及社會福利增加，加上實施地方自治選舉，金門酒廠民營化擬採家戶配股方式等因素，均為人口回流之誘因，至 2003 年底，人口數增加至 60,983 人，近十年的人口增長情形如下表。

金門縣村里鄰戶數暨人口數

年別	戶數合計	共同生活戶	共同事業戶	單獨生活戶	人口數
2000	17,985	11,872	4	6,110	53,832
2001	18,542	12,556	4	5,982	56,958
2002	18,941	13,005	4	5,932	58,933
2003	19,335	13,435	4	5,896	60,983
2004	25,955	14,135	5	11,815	64,456
2005	27,321	15,371	5	11,945	70,264
2006	28,485	16,672	5	11,808	76,491
2007	29,315	17,597	6	11,712	81,547
2008	29,999	18,351	6	11,642	84,570
2009	31,688	20,304	6	11,378	93,803

資料來源：行政院內政部戶政司

　　1990 年金門人口為 81,479 人，普通住戶數為 9,134 戶，住宅數為 11,562 宅，到 2000 年底，住戶數增長為 12,206 戶，住宅也增長到 13,257 宅，但

人口數卻大幅滑落到只剩 56,275 人。2001 年以後人口逐步成長，大致與共同生活戶的成長符合，然而單獨生活戶卻是負成長，自 2004 年突增一倍以後即不再成長，原因就出在金酒公司的配酒制度，造成一宅多戶，實際上並不是真正的單獨生活戶。

　　相較於台灣本島，十年來金門的屋宅數增加了 1,695 宅，成長比率為14.7%，遠低於台閩地區的 37.4%，甚至不如被稱為後山的東部地區。即便 2000 年時金門已解除戒嚴，建築法令早已鬆綁，居民對於住宅的需求還是沒有反映出來。

台閩地區常住人口數、住戶數及住宅單位數之比較

年度	地區	常住人口數（人）	結構比	普通住戶數（戶）	結構比	住宅單位數（宅）	結構比
1990 年底	台灣地區	20,286,174	99.5	4,932,763	99.8	5,073,909	99.7
	金門縣	81,479	0.4	9,134	0.2	11,562	0.2
2000 年底	台灣地區	22,226,879	99.7	6,456,662	99.8	6,977,770	99.8
	金門縣	56,275	0.3	12,206	0.2	13,257	0.2

資料來源：行政院主計處（註：本表常住人口包含本國國民及外籍人口，結構比為佔
　　　台閩總數的百分比）

台閩地區十年來住宅數之變動

	2000 年底		1990 年底		增減變動	
	宅數（宅）	結構比（%）	宅數（宅）	結構比（%）	宅數（宅）	百分比（%）
台閩地區	6,993,099	100.0	5,088,232	100.0	1,904,867	37.4
北部地區	3,204,898	45.8	2,315,127	45.4	889,771	38.4
中部地區	1,642,819	23.5	1,168,129	22.9	474,690	40.6
南部地區	1,950,559	27.9	1,442,934	28.5	507,625	35.2
東部地區	179,494	2.6	147,719	2.9	31,775	21.5
金馬地區	15,329	0.2	14,323	0.3	1,006	7.0
金門縣	13,257	0.2	11,562	0.2	1,695	14.7
連江縣	2,072	0.0	2,761	0.1	-689	-25.0

資料來源：行政院主計處

　　住戶為指一個家庭或一人或多人共同生活在一個住宅單位之中，而且有共同的家事安排者稱之。家事安排為美國國家普查時統計單位定義的基礎，而非成員之間的關係。一人獨居，一群不相關的人雜居於一室，以及一個擁有十二個孩子的家庭都被視為住戶。我國戶口及住宅普查對普通住戶的定義為「在同一處所同一主持人下共營生活之親屬或受雇人與寄居人所組成之戶。以船為家之船戶，單獨居住一處所而獨立生活者，二人以上非親屬之個人共同居住於公共處所以外之同一處所者及經常居住於公共處所內之家庭。」由此可見我國對住戶之定義較偏向成員之間的關係。2000年12月底金門縣戶數總計為12,560戶，普通住戶12,206戶，其中有人居住的住宅數為12,140戶，住了38,110人，有人居住之其他房屋計65戶，住了166人，有人居住之其他處所有一戶，住1人。非普通住戶有354戶，居住人數為17,998人。

金門縣住戶數、人口數及平均戶量

	總計			普通住戶			非普通住戶		
	戶數 (戶)	人口數 (人)	平均 戶量 (人／戶)	戶數 (戶)	人口數 (人)	平均 戶量 (人／戶)	戶數 (戶)	人口數 (人)	平均 戶量 (人／戶)
金門縣	12,560	56,275	4.5	12,206	38,277	3.1	354	17,998	50.8

資料來源：行政院主計處（2000年12月底）

金門縣普通住戶之人口組成（2000年底）

人數	總計	1人	2人	3人	4人	5人	6人	7人	8人	9人	10人 以上	平均 戶量
戶數	12,206	2,870	2,866	1,886	1,670	1,438	789	375	178	75	66	3.1
結構比	23.5	23.5	15.5	13.7	11.8	6.5	3.0	1.5	0.6	5.4	100

資料來源：行政院主計處（單位：戶、％）

台閩地區普通住戶組成之變動

	2000 年底		1990 年底		增減率
	戶數（戶）	結構比（%）	戶數（戶）	結構比（%）	（%）
總計	6,470,225	100.0	4,943,257	100.0	30.9
1 人	1,392,293	21.5	664,571	13.4	109.5
2 人	1,115,603	17.2	625,879	12.7	78.2
3 人	1,141,414	17.6	722,694	14.6	57.9
4 人	1,315,323	20.3	1,061,688	21.5	23.9
5 人	774,960	12.0	918,329	18.6	-15.6
6 至 9 人	671,600	10.4	866,293	17.5	-22.5
10 人以上	59,032	0.9	83,803	1.7	-29.6
平均每戶人口數（人）	3.3	-	4.0	-	-0.7

資料來源：行政院主計處（2000 年 12 月底）

金門縣普通住戶之家戶型態（2000 年底）

單位：戶

總計	核心家庭				複合家庭		單身家戶	其他家戶		
	合計	夫婦	夫婦及未婚子女	夫（婦）及未婚子女	合計	三代（或其中）同堂	合計	合計	親屬關係	無親屬關係
12,206	6,707	2,049	4,262	396	2,050	2,050	2,870	579	536	43
結構比	54.9	16.8	34.9	3.2	16.8	16.8	23.5	4.7	4.4	0.4

資料來源：行政院主計處

　　2000 年底金門縣普通住戶有 12,206 戶，平均戶量為 3.1 人，非普通住戶 354 戶，平均戶量為 50.8 人。其中每戶住一人的占 23.5%，住兩人的占 23.5%，住四人的占 13.7%，相較於整個台閩地區，顯然與社會的發展不符。在台灣本島，一般家庭多為由四人組成的核心家庭，比例至少 1/5，每戶住 1-2 人的占 38.7%，但金門卻高達 47.0%，原因是金門青壯人口外移情形嚴重，留在家鄉的大都是住不慣都市的父母。2000 年底台閩地區家戶型態仍以核心家戶占 55.1% 為主，其中由夫婦及未婚子女組成之家戶占 41.5% 為最多，惟十年來家戶數僅增加 6.7%，致其比重降低 9.4 個百分點，係因單身家戶快速增加 109.5% 所致；複合家戶則占 15.7%，其中由

祖父母、父母及未婚子女所組成之三代同堂家戶占 10.5%，十年來僅增加 13.2%，致結構比降低 1.7 個百分點。金門縣的情形詳見下表，台閩地區受社會環境快速變遷影響，家戶組成規模已漸縮小，有呈簡單化之趨勢。

二、住宅存量分析

住宅存量分析以住宅屬性為主體分析，並就住宅權屬、家宅分佈、家宅用途、家宅屋齡、平均每人居住空間等，用以瞭解住宅及空間分佈的關係。一般來說，住宅權屬可分為自有、租押、配住三種。在我國戶口及住宅普查中各類權屬定義如下。

1、自有：住戶對其住用之家宅，擁有所有權者，不論其所附著之土地，是否為其所有，均視為自有。

2、租押：住戶對其所住家宅無所有權，係以租賃或押租方式，向他人租用者，為租押。

3、配住：住戶對其所住家宅，無所有權，係由所服務之機關、團體、公司、行號或學校等分配住用者，視為「配住」。

4、其他：住戶對其所住家宅之權屬關係，不屬於前列三種情形之中者。（以上定義資料來源為內政部建研所）

大致而言，金門房屋的平均自有率高達九成，自 2000 年以後平均為 93.01%，遠高於 2000 年底台灣地區的 82.45%，非自有部份，以借住居多，金門人很少租押房屋居住。租押房屋率遠低於台灣地區，換句話說，在金門，房子若不是自有便是借住，市街上的店鋪才會有租押情形，在村落中的「古厝」沒有租賃的商業行為。就住宅用途而言，主要為專用，2000 年以前併用情形較多，近年來併用趨勢已減少。就建築式樣而言，平房日漸減少，2、3 樓成為主流。1993 年以後才有的 4 樓建築，也正在加速增長中。2000 年底台閩地區有人居住之宅計 551 萬宅，占 78.8%；無人居住且不供其他用途者之空宅則占 17.6%；無人居住但供其他用途者占 3.6%。若觀察空閒住宅情形，十年來空宅增加 55 萬宅，空屋率增加 4.3 個百分點。1990 年金門的空屋率為 26.5%，到 2000 年時減為 20.8%，空閒住宅數明顯變少了，與金門開放觀光，人口回流有一定的關係。

金門全體家庭住宅概況分配比

單位：%

年別	住宅所屬			住宅用途			建築式樣			每戶
	自有	租用	借用	專用	併用	其他	平房	2、3樓	4樓以上	建坪
77	80.97	14.99	4.04	81.90	17.59	0.51	54.50	45.50	0.00	...
78	85.03	8.99	5.99	87.97	12.03	0.00	54.97	45.00	0.00	...
79	90.04	5.98	3.98	91.51	8.49	0.00	48.88	51.12	0.00	...
80	78.80	12.40	8.80	84.00	15.60	0.40	52.40	47.20	0.00	...
81	85.52	9.27	5.21	87.56	11.63	0.81	43.85	56.15	0.00	...
82	86.37	8.03	5.60	89.57	10.43	0.00	43.56	56.04	0.40	...
83	87.77	8.81	3.42	85.89	14.11	0.00	43.51	55.64	0.85	56.99
84	86.74	5.48	7.79	83.57	15.60	0.83	45.86	53.34	0.80	54.00
85	87.96	6.01	6.03	85.71	13.98	0.31	44.83	53.42	1.75	54.57
86	88.02	5.69	6.30	86.15	13.85	0.00	39.68	59.60	0.72	53.13
87	85.93	2.84	11.23	91.99	8.01	0.00	41.69	56.71	1.59	52.17
88	87.44	5.30	7.25	86.18	13.82	0.00	38.59	59.78	1.63	54.09
89	90.41	2.85	6.74	94.39	5.61	0.00	34.76	63.60	1.65	55.56
90	95.04	2.37	2.59	92.95	7.05	0.00	28.40	68.57	3.03	60.18
91	93.78	4.64	1.58	91.08	8.92	0.00	25.55	72.16	2.29	67.30
92	94.79	2.35	2.86	95.62	4.38	0.00	24.60	73.04	2.37	63.65
93	94.31	2.86	2.83	96.42	3.58	0.00	23.96	72.40	3.64	62.14
94	89.98	3.57	6.45	96.42	3.58	0.00	33.40	65.42	1.18	57.26
95	92.86	4.01	3.13	96.44	3.56	0.00	24.04	71.49	4.47	63.84
96	93.21	3.95	2.84	92.85	7.15	0.00	19.58	74.53	5.89	64.78
97	92.71	3.23	4.06	95.23	4.77	0.00	20.55	73.02	6.43	69.34

資料來源：金門縣家庭收支調查報告

台閩地區十年來住宅狀況之變動

	2000 年底		1990 年底		增減變動	
	宅數	結構比（%）	宅數	結構比（%）	宅數	%
住宅數	6,993,099	100.0	5,088,232	100.0	1,904,867	37.4
有人居住	5,509,974	78.8	4,246,751	83.5	1,263,223	29.7
供其他用途	250,997	3.6	162,961	3.2	88,036	54.0
空宅	1,232,128	17.6	678,520	13.3	553,608	81.6

資料來源：行政院主計處

金門地區空閒住宅數與比率

	2000 年底		1990 年底		空屋率增減比較（百分點）	成長率（%）
	宅數	空屋率（%）	宅數	空屋率（%）		
金馬地區	3,330	21.7	4,203	29.3	-7.6	-20.8
金門縣	2,758	20.8	3,064	26.5	-5.7	-10.0
連江縣	572	27.6	1,139	41.3	-13.7	-49.8

資料來源：行政院主計處

在總計 13,257 住宅單位中，有人居住的有 9,784 宅，無人居住的有 715 宅，空閒的 2,758 宅。在有人居住的房子中，房間數從 1 間到 8 間以上不等，金門的屋宅較大，3 間以下的占 15.7%，4-6 間的占 49.4%，7 間以上的占 34.9%，平均房間數為 5.1 間，同一時期台灣地區的房間數為 4.6 間。

金門縣普通住戶有人居住住宅之居住房間數

單位：宅

89年底	總計	1 間	2 間	3 間	4 間	5 間	6 間	7 間	8 間	8 間以上	平均間數
宅數	9,784	115	375	1,046	1,483	1,756	1,593	1,330	894	1,192	5.9
比率	100	1.2	3.8	10.7	15.2	17.9	16.3	13.6	9.1	--	

資料來源：行政院主計處

若就樓層面積來看，不滿 60 平方公尺的房屋空屋率最高，台閩地區情形都一樣，但是在台灣本島，坪數愈大的空屋率愈低，金門的情形稍有不同，超過 180 平方公尺的空屋率反而增加。因為限建，金門的房子汰舊換新的流動率小，房子普遍過於老舊，金門人似乎也愛住舊房子，因此，空屋率最高的是建於 1991 至 2000 年的房子，原因應與此一時期的空屋量較大有關。

若就樓層來分析，平房占 40.0%，2-5 樓占 59.1%，6-12 樓占 0.8%。在戰地政務實施期間，金門許多建築都在二樓以下，有少數地段允許建到三樓，但高度不能超過 12 公尺。當年在砲戰還在持續的期間，許多民房建築基於安全的因素，即使高度不限制，民眾也不會拿自己的生命和財產

開玩笑。1992年戰地政務解除，高樓紛紛出現，目前最高的房子為金城金信大樓，樓高12層。平房中有人居住率為65.4%，2-5樓的有人居住率為80.0%，6-12樓的有人居住率為37.5%，顯然，「高樓大廈」在金門的發展還在起步階段。

台閩地區住宅竣工年份之空屋率（按居住面積分）

2000年底　單位：%

		總計	1945年以前	46-60	61-70	71-80	81-90	91-2000
總計	空宅數（宅）	1,232,128	14,448	31,952	63,510	249,808	249,256	623,154
	空屋率	17.6	11.0	11.4	11.1	12.2	14.5	27.8
未滿60平方公尺		29.7	14.3	15.3	15.6	21.0	33.7	46.8
60-120平方公尺		16.8	9.9	9.8	9.9	12.4	14.1	25.9
120-180平方公尺		15.0	9.6	9.5	9.0	9.5	11.7	24.8
180平方公尺以上		13.3	9.4	10.0	9.1	8.6	10.8	20.8
台灣地區		17.6	10.9	11.4	11.1	12.2	14.5	27.8
未滿60平方公尺		29.7	14.3	15.2	15.6	20.9	33.7	46.8
60-120平方公尺		16.8	9.9	9.7	9.8	12.4	14.1	25.9
120-180平方公尺		15.0	9.5	9.5	9.0	9.5	11.7	24.8
180平方公尺以上		13.3	9.3	9.9	9.1	8.6	10.8	20.8
金馬地區		21.7	19.0	21.2	16.5	19.2	18.9	28.7
未滿60平方公尺		33.7	21.1	24.4	24.5	36.7	43.0	52.9
60-120平方公尺		24.8	18.6	18.8	15.3	22.4	24.2	37.0
120-180平方公尺		17.7	16.9	19.9	11.8	14.7	15.1	27.1
180平方公尺以上		19.3	19.8	23.8	14.9	14.8	17.5	22.7

資料來源：行政院主計處

金門縣普通住戶住宅之建築類型與使用狀況（2000年底）

單位：人、%

	平房（40.0%）				2-5樓（59.1%）				6-12樓（0.8%）			
	合計	有人居住	無人居住	空閒	合計	有人居住	無人居住	空閒	合計	有人居住	無人居住	空閒
宅數	5,312	3,472	358	1,482	7,841	6,273	350	1,218	104	39	7	58
比率	100	65.4	6.7	27.9	100	80.02	4.5	15.5	100	37.5	6.7	55.8

資料來源：行政院主計處

台閩地區各住宅竣工年份之住宅數（按居住面積分）

單位：%

		總計	1945年以前	46-60	61-70	71-80	81-90	91-2000
總計	宅數	6,993,099	131,842	279,260	573,634	2,043,222	1,720,699	2,244,442
	百分比	100.0	100.0	100.0	100.0	100.0	100.0	100.0
未滿60平方公尺		13.8	26.6	30.6	24.8	12.2	8.2	13.9
60-120平方公尺		48.2	43.8	43.7	48.3	49.9	47.6	47.8
120-180平方公尺		23.1	18.1	15.7	16.4	23.7	26.0	23.2
180平方公尺以上		15.0	11.5	9.9	10.5	14.2	18.2	15.2
台灣地區		100.0	100.0	100.0	100.0	100.0	100.0	100.0
未滿60平方公尺		13.8	26.6	30.6	24.8	12.2	8.2	13.9
60-120平方公尺		48.2	43.9	43.8	48.4	49.9	47.7	47.8
120-180平方公尺		23.0	18.1	15.7	16.4	23.7	26.0	23.2
180平方公尺以上		14.9	11.4	9.9	10.5	14.2	18.2	15.1
金馬地區		100.0	100.0	100.0	100.0	100.0	100.0	100.0
未滿60平方公尺		10.3	15.8	20.3	23.8	10.8	4.1	5.8
60-120平方公尺		25.3	31.1	38.3	32.3	27.0	18.0	22.5
120-180平方公尺		28.1	22.8	21.2	25.3	34.9	33.4	22.1
180平方公尺以上		36.3	30.2	20.2	18.6	27.4	44.5	49.7

資料來源：行政院主計處

　　2000 年底台閩地區住宅，平均每宅面積為 118.7 平方公尺。按住宅面積大小觀察，以 60 至未滿 120 平方公尺者占 48.2%最多，120 至未滿 180 平方公尺者占 23.1%次之，180 平方公尺以上及未滿 60 平方公尺者分占 15.0%及 13.8%。1970 年以前竣工住宅多為未滿 120 平方公尺面積者，1971 年以後竣工者以 120 平方公尺以上面積明顯增加，顯示住宅面積漸趨增大。若按地區別觀察，北部地區之住宅面積有 58.5%為 60 至未滿 120 平方公尺者居多；中部、南部及東部地區住宅面積為 60 至未滿 180 平方公尺者，分別占 64.2%、69.9%及 63.6%，均在六成以上。就金馬地區而言，1945 年以前所蓋的房子以 60-120 不方公尺和 180 平方公尺以上的居多，1991 至 2000 年所蓋的房子則以 180 平方公尺以上的大房子為主流，占 49.7%，顯示金門民眾表現在建屋上的經濟能力已逐年增加，20-40 坪是台灣房屋的主流，金門的房子則多數超過 40 坪（1 平方公尺＝0.30250 坪）。

　　從家宅屋齡來看，台閩地區普通住戶住進現宅的時間，以 1 至 5 年的最多，占 28.2%，金門縣則以超過 21 年的居多，占 27.7%。在金門，沒有中古屋的市場行為，因此住進現宅與家宅屋齡有一定的關係。就 1991 至 2000 年所蓋的房子加以分析，竣工於 1991-1995 年的占 58.5%，完成於 1996-2000 年的占 41.5%，原因與 1992 年戰地政務解除有關，這股建屋熱潮顯然並沒有維持太久，1997 年以後建案逐漸減少，到 2000 年時只剩 185 戶，相較於前五年平均 498 戶，已經是一半不到了。金門住宅已供過於求，舊屋不能拆除汰換，自然就壓縮了新屋的成長空間。

台閩地區普通住戶住進現宅時間（2000 年底）

	總計	1 年以下	1-5 年	6-10 年	11-15 年	16-20 年	21 年以上
總計（戶）	6,412,106	358,034	1,805,671	1,206,471	941,140	823,201	1,277,641
結構比（%）	100.0	5.6	28.2	18.8	14.7	12.8	19.9
金門縣（戶）	12,140	474	2,815	1,827	1,770	1,891	3,363
結構比（%）	100.0	3.9	23.2	15.0	14.6	15.6	27.7

資料來源：行政院主計處
註：本表未含居住於其他房屋及其他處所之普通住戶

金馬地區普通住戶住宅之竣工年份

單位：宅

	1991-2000 年								
	合計	1991-1995	1996-2000						
		小計	小計	1996	1997	1998	1999	2000	
宅數	4,256	2,490	1,766	308	495	403	375	185	
結構比	100	58.5	41.5	--	--	--	--	--	

資料來源：行政院主計處

　　在目前的社會狀況下，戶籍登記數已無法完全反應家戶數，為數眾多的家庭因為子女教育問題而遷移戶口，為爭取教育資源而遷移寄籍模糊了傳統的家庭成員的認定。另一個明顯的例子為擁有數棟的自用住宅，為取的較低的課稅，將家庭成員遷入不同的住宅單位，這些與傳統的「家戶」定義存在明顯的差距。通常，戶籍登記數與住宅單位數的差距僅能部份反應住宅供應的情形。在金門，問題更嚴重，金門的常住人口大約只有帳面上的一半，除了幽靈人口外，許多旅居台灣的金門人為了敬老年金都將戶籍遷回金門，或從未遷出去，而為了一年三節的配酒，許多共同生活的家戶被分割成為數眾多的單獨戶，因此，不論是人口數或戶口數都不足以反映金門真實的現況。至於住宅數的狀況應從賦稅方面去理解，在金門，有人住的地方不一定都是「房子」，有課稅的建築物才能稱為「宅」。依照財政部財稅資料中心的統計，2005 至 2008 年間，金門縣應稅與免稅的房屋數量如下表。

金門縣課稅房屋統計表

單位：宅

年度	總計	應稅	免稅
2004	13,199	11,439	1,760
2005	13,607	11,733	1,874
2006	13,899	11,688	2,211
2007	14,321	12,168	2,153
2008	14,744	12,513	2,231

資料來源：財政部財稅資料中心

　　若以此表作基礎，這 5 年金門新建房屋數為 1,545 宅，平均每年增加約 386 宅，與 1991-2000 那 10 年比較，明顯少了很多。這大抵也反映了目前台閩地區營造業的現況，房地產市場始終不景氣，因此業者很難從民間的住宅建設來獲利，離島的營造業者更是苦不堪言。金門的營造業者表示，離島業者的原物料成本平均都增加 4%的運輸費用，雖然部分原物料可藉由小三通模式由中國廈門引進，但像鋼筋是連中國都缺，且中國的原物料進口都沒有發票，業者都要自行吸收 5%的營業稅。儘管大環境不甚理想，營造業仍是近年來金門最「夯」的行業。金門自解嚴以後，駐軍紛紛撤守，商業一落千丈，各行各業幾乎都是「百廢待舉」，唯獨營造業似乎不受影響，每年都有新的商家和營造公司登記成立，營利事業體可能已接近飽和，但隨著地方建設計劃的推展，營造業仍然有發展的空間。

參、營造商與營造公司

一、概說

　　「營造」是現代的名詞，「營造商」是指包工程的廠商，「營造業」是指從事營建工程的產業，它含蓋所有的「營造商」。一般認為營造業是高獲利的行業，然而，隨著時空環境的變遷，以及高科技產業時代的來臨，營造業經營已不如過去容易。現在的營造業，主要業務來源為承攬公共工程及民間工程，在整體經濟環境持續低迷，廠商減緩或縮減投資規模情況下，不景氣的房地產造成民間業者推案量大幅減少，這可由營建署統計核發建築物建造執照總樓地板面積得知，近三年平均每年下降 9%，迫使大型營造廠相繼調高承攬公共工程；然而，由於競爭激烈，營造業者為獲取工程，低價搶標，導致工程品質差、工期落後，工程款無法如期取得，造成公司週轉失靈，時有所聞。

　　往昔金門並無營造商的名詞，最多只有包商的詞彙，過去公共建設少，最多的工程就是興建私人華宅，一般都由一人出面承包，而出面承包的人本身通常就是「泥水匠」，即是我們俗稱的「土水師」。國軍進駐之後，陸續有些軍事工程出現，因為當時軍中缺乏專業的營建人才，所以許多工程（包括軍中的房舍）就包給民間的來做。隨著制度日益上軌道，公

家的工程必須公開招標，所以政府開始規定招標廠商的條件，因此有「營造商」的出現，而且還依據招標金額的大小，限定不同等級的「營造商」參加投標的資格。民國 50 年代，金門有資格參加政府投標的營造商只有10 家，分別是仲景元的「雙蓮元記」、林朝文的「建國」、王水泮的「技工」、黃教榮的「聯工」、艾桂南的「南華」、林雅勸的「建發」、陳南山的「力行」、龔永勝的「建盛」、王媽掌的「裕林」等，其中金城鎮就佔了 8 家。解嚴之後，金門縣政府致力於島上各項建設，還有金門國家公園管理處及高雄工專金門分校也帶來很多的工程，營建工程愈來愈多，工程也愈來愈大，台灣的營建商爭先搶進，金門呈現百家爭鳴的局面，營造商之多更是前所未見，但因競爭激烈，有些低價搶標，造成品質低落。[16]

依「營造業法」第三條規定，所謂「營造業」係指經向中央或直轄市、縣（市）主管機關辦理許可、登記，承攬營繕工程之廠商；「綜合營造業」係指經向中央主管機關辦理許可、登記，綜理營繕工程施工及管理等整體性工作之廠商；「專業營造業」係指經向中央主管機關辦理許可、登記，從事專業工程之廠商；「土木包工業」係指經向直轄市、縣（市）主管機關辦理許可、登記，在當地或毗鄰地區承攬小型綜合營繕工程之廠商。綜合營造業又分為甲、乙、丙三等，有關營造業之申請登記分類、資本結構、承攬工程限額及工程分包等，在「營造業法施行細則」中有詳細規定。

（一）申請登記為丙等營造業者

置領有土木、水利、測量、環工、結構、大地或水土保持工程科技師證書或建築師相關證書，並於考試取得技師證書前修習土木建築相關課程一定學分以上，具二年以上土木建築工程經驗之專任工程人員一人以上。資本額在新臺幣 300 萬元金額以上。

（二）申請登記為乙等營造業者

置領有土木、水利、測量、環工、結構、大地或水土保持工程科技師證書或建築師相關證書，並於考試取得技師證書前修習土木建築相關課程

---

[16] 參閱金門學研究會，《金城鎮志》（金門縣：金城鎮公所，2009 年），「經濟篇」，頁 492。

一定學分以上，具二年以上土木建築工程經驗之專任工程人員一人以上。資本額在新臺幣 1,000 萬元以上。由丙等綜合營造業有 3 年業績，5 年內其承攬工程竣工累計達新台幣 2 億元以上，並經評鑑 2 年列為第一級者。

（三）申請登記為甲等營造業者

置領有土木、水利、測量、環工、結構、大地或水土保持工程科技師證書或建築師相關證書，並於考試取得技師證書前修習土木建築相關課程一定學分以上，具二年以上土木建築工程經驗之專任工程人員一人以上。資本額在新臺幣 2,250 萬元以上。由乙等綜合營造業有 3 年業績，5 年內其承攬工程竣工累計達新台幣 3 億元以上，並經評鑑 3 年列為第一級者。

（四）專業營造業

置符合各專業工程項目規定之專任工程人員。資本額在一定金額以上；選擇登記二項以上專業工程項目者，其資本額以金額較高者為準。

（五）土木包工業

負責人應具有 3 年以上土木建築工程施工經驗。資本額在新臺幣 80 萬元以上。

根據營建署統計，2000 年底台閩地區營造廠商 1 萬 1,232 家，總登記資本額 3,197 億元，平均每家登記資本額 2,846 萬元；又由資本額超過一億元之 302 家營造廠之資本額合計 1,689 億元，已占營造廠總資本額之 52.8%，由此觀之，大部份營造廠商之經營規模不大。亦有相關文獻顯示，國內營造廠之組織型態大多為中小型或家族企業。就金門而言，根據金門縣政府的統計月報，金門的營造業從 1991 年的 89 家，一路攀升到 2009 年 2 月時已多達 297 家，數字與營建署的統計不同，其中涉及行業類別認定的問題。金門沒有專業營造業，綜合營造業以丙種居多，但最多的仍是以從事房屋修繕為主的土木包工業。

金門歷年營造業家數及資本額

單位：新台幣萬元

年底	總計		甲等		乙等		丙等		土本包工業	
	家數	資本總額	家數	資本總額	家數	資本總額	家數	資本總額	家數	資本總額
2001	85	141,900	12	108,250	6	9,750	67	23,900		
2002	88	117,700	9	82,250	6	9,750	73	25,700		
2003	94	166,400	14	128,250	8	12,750	72	25,400		
2004	71	129,650	13	99,850	8	12,000	50	17,800		
2005	73	108,301	12	77,801	8	12,000	53	18,500		
2006	100	109,311	12	76,301	8	12,000	55	18,600	25	2,410
2007	111	108,911	11	71,701	8	12,000	66	22,700	26	2,510
2008	128	123,751	14	84,201	7	10,500	77	26,200	30	2,850
2009	149	126,591	14	80,201	7	10,500	94	32,700	34	3,190

資料來源：內政部統計處

　　營造業為一綜合生產、製造及服務之工程承攬的行業，近年亦轉變為資金、技術、人力之高度整合行業，且產品具有昂貴性、多樣性、不可移動性等性質，使得營造廠商之經營特性異於一般行業。就交易模式而言，一般有包工包料及包工不包料二種主要的經營模式。

（一）包工包料

　　所謂包工包料的處理模式，係指當業主將委託案給營造廠商興建時，是將工程的施工部分及工程材料部分，完全交由營造廠商全權負責；若因材料的品質及進料的時間、延遲整體的作業時間，則營造廠商必須全權負責。因此，業主只要專注於工程進度的確實及工程品質的嚴格要求即可。通常地主的委託興建案、建設公司發包給附屬營造廠商的工程案、及政府的公共建設案等，都會採用此方式來施作。

（二）包工不包料

　　包工不包料即為業主將負擔材料供給的部分，營造廠商負責人工施作的部分。有些業主為節省成本，或因特殊管道取得的建材較為便宜，都希望材料由業主自己負責，自己控制材料使用及損耗量，而營造廠商則專注

於人工施作的進度、品質控制及管理。因此雙方的計價方式,建立在工程施工的時效、出工的人數及工程的進度等。有些個案,常常會因人工施作及材料損耗之配合而需進一步溝通。

二、各業狀況

就營造業的工程分包而言,綜合營造業承攬之營繕工程或專業工程項目,除與定作人約定需自行施工者外,得交由專業營造業承攬,其轉交工程之施工責任,由原承攬之綜合營造業負責,受轉交之專業營造業並就轉交部分,負連帶責任。各級營造業承攬工程,應依其承攬造價限額及工程規模範圍辦理;其一定期間承攬總額,不得超過超過淨值 20 倍,另外規定單案承攬工程造價限額,甲等綜合營造業及專業營造業為資本額 10 倍,乙等綜合營造業為 7,500 萬,丙等綜合營造業為 2,250 萬元,土木包工業為 600 萬元。土木包工業只能在當地或毗鄰地區承攬小型綜合營繕工程,不能跨縣承攬工程。

自 1976 年開始實施「商業登記法」以後,金門便有「土木包工業」與「營造廠」,但一直到 1992 年戰地政務廢止前,總計只有 42 家(土木包工 7 家、營造廠 35 家)。但是,根據《金門縣志・經濟志》對「歷年營業商號」的統計,1987 年以前土木包工與營造廠屬於「建築業」,已有94 家,顯示建築所涵蓋的範圍遠大於營造。根據《維基百科》的界定,建築業包括「房屋和土木工程建築業、建築安裝業、建築裝飾業、其他建築業」,以金門地區而言,主要仍為居民住宅施工的「土木業」。

傳統民宅的營造過程仰賴工匠體系,在金門的傳統匠師,大致上可分為木匠、土匠與石匠三種。木匠是一棟傳統營造的靈魂人物,相當於現代的建築師角色,負責規劃及統籌營造的整體過程。木匠的工作在依照地理師(風水師)所定的方位、基地範圍大小與經費的多寡等因素,決定民宅的建築形制,進而擬定建築總體與各細部的尺寸計劃,包括選購構件材料、計算屋架與施工、以及門窗床櫃等傢俱的裝修;土匠為傳統民宅承重牆系統的構築者,在傳統營造工作中亦相當重要,例如基礎的開挖、壁體的組砌、門窗的安放及屋頂的瓦作等;石匠負責石作的部份,如石門、石窗的打造;較為講究的民宅所需施作的雕飾,如櫃檯腳、螭虎窗、對看堵泥塑、磚雕等,也往往需要石匠的手藝。這三種匠師都屬於建築業,金門的宮廟

建築和傳統閩南建築的修復特別需要這方面的技師，但他們往往沒有自己的營利事業，需透過合法登記的營造商承攬工程，多數的土木包工業都是個人事業。就平均收入來看，土木包工業只有丙種營造業的 1/3，但土木包工業的家數與丙種營造業不相上下。根據營建署的調查，2005 年和 2007 年金馬地區的營造業平均全年收入總額，大概只有台灣地區的 1/3，原因在於金門沒有專業營造業，甲種營造業也不多，這兩種等級的營造業利潤最高，若排除這兩項，金門的營造業獲利情形應與台灣本島差距不大。

建築業商家數

年別	65	66	67	68	69	70	71	72	73	74	75	76
家數	56	68	67	72	72	74	81	88	92	94	93	94

資料來源：金門縣志

96 年營造業平均全年收入總額（按經營特性別分）

	96 年		94 年	
	家數（家）	平均收入總額（仟元）	家數（家）	平均收入總額（仟元）
總計／平均	13,442	42,282	12,682	39,499
等級別				
甲等綜合營造業	1,560	214,004	1,586	179,483
乙等綜合營造業	1,222	43,207	1,217	48,650
丙等綜合營造業	5,773	15,443	5,858	16,645
專業營造業	212	328,267	56	594,168
土木包工業	4,675	4,911	3,949	6,587
地區別				
臺灣地區	13,282	42,611	12,542	39,768
金馬地區	160	14,894	140	15,318
承攬政府工程比例				
純政府工程	3,957	30,810	－	－
政府工程 50%以上	1,573	78,690	－	－
政府工程未滿 50%	1,148	91,519	－	－
純民間工程	6,763	32,166	－	－

資料來源：營建署

　　金門的土木包工業在戰地政務解除後大量出現，民宅的建造並沒有太大的成長，主要是政府公共工程所釋出的工作機會。金門縣政府對傳統建築的修繕、金門國家公園管理處對閩南建築與洋樓的維護、以及各種鄉村整建都需要大量的營造業參與。土木包工是最基層的營造業，不用太高的資本額便可設立，最適合承攬小型政府標案。根據「金門縣維護傳統建築風貌業務網站」所登錄的營造廠商基本資料，到 2007 年 1 月 20 日為止，修護的數量為 195 件，承攬工程的營造商有 31 家，營業登記不在金門的有兩家，承攬的數量 11 件，其餘皆由金門本地的營造業承攬，其中土木包工業有 7 家，承攬 29 件修護案，1 家為舊制營造業，其餘都是綜合營造業。

土木包工業

營利事業名稱	設立	異動	負責人姓名	資本額	現況	地址
錦成土木包工業	65	78	莊馬德	300,000		金城鎮北門里民生路 15 巷 3 弄 1 號
新建興土木包工業	65	87	蔡能建	60,000	歇業	金湖鎮瓊林里瓊林 233-1 號
裕宏土木包工業	65	83	王世道	60,000	歇業	金寧鄉榜林村榜林 9 號
信德土木包工業	71	96	陳灶發	800,000		金寧鄉安美村安岐 60-1 號
東信土木包工業	71	84	陳書林	60,000	歇業	金寧鄉榜林村東州 1 號
清發土木包工業	71	92	林水清	900,000		烈嶼鄉西口村雙口 39 號
金興發土木包工業	72	93	莊西添	60,000	歇業	金寧鄉盤山村前厝 10-1 號
榮盛土木包工業	83	85	陳榮盛	493,150	歇業	金沙鎮三山里洋山 52-1 號
協和土木包工業	84	93	梁天德	800,000	註銷	金沙鎮三山里山后 30 號
新和土木包工業	84	93	李順良	800,000		金沙鎮三山里東山前 3-1 號
永有土木包工業	84	93	許乃炎	1,000,000		金城鎮南門里民族路 223
金地土木包工業	84	88	許金地	300,000	歇業	金城鎮賢庵里山前 2 號
友聯土木包工業	84	92	莊友第	800,000		金湖鎮瓊林里瓊林 58 號
立新土木包工業	84	92	蔡輝新	300,000	歇業	金寧鄉安美村安岐90之1號
日進土木包工業	84	91	莊煥達	300,000	歇業	金寧鄉安美村西浦頭 9 號
西河土木包工業	84	93	林元飄	800,000		金寧鄉榜林村上后垵 10-1
地天泰土木包工業	85	87	陳覺世	600,000	停業	金沙鎮光前里陽宅 76 號
欽盛土木包工業有限公司	85	94	黃王寶玉	1,000,000	歇業	金城鎮環島北路 67 號 2 樓
福洋土木包工業	85	85	洪文泳	1,100,000		烈嶼鄉黃埔村黃厝 14 號

豐霸土木包工業	86	92	李金贊	800,000		金沙鎮光前里蔡厝 41-1 號
清義土木包工業	86	86	王清義	1,000,000		金城鎮民生路 45 巷 4 弄 4
永續土木包工業	86	93	葉志源	800,000		金寧鄉安美村西堡 23-2 號
益晟土木包工業	87	93	蔡增坤	800,000		金沙鎮光前里蔡厝之 3 號
金地土木包工業有限公司	87	95	文炳炎	1,800,000	停業	金城鎮民族路 93 巷 5 弄 35 號
建鴻土木包工業	87	92	呂德諧	800,000		金湖鎮蓮庵里東村 28 號
新建興土木包工業	87	92	蔡能建	800,000		金湖鎮瓊林里瓊林 233 之 1 號
兄弟土木包工業	87	93	劉秀珍	800,000	歇業	金寧鄉湖埔村湖下 222 號
大林土木包工業	91	95	林榮森	800,000	歇業	金城鎮南門里民權路 70 巷 11 弄 21
德記土木包工業	91	93	陳匯德	800,000	註銷	金城鎮賢庵里古區 2-1 號
建將土木包工業	93	95	楊誠安	800,000		金寧鄉安美村中堡 17 號
峰聖土木包工業	94	94	李根棋	1,500,000		金湖鎮山外里黃海路 47 號
建昇土木包工業	94	94	蔡憲祥	1,000,000		金湖鎮塔后 208 之 30 號
美日欣土木工程	95	96	李國榮	800,000		金城鎮東門里珠浦東路 18 號之 3
景秀土木包工業	95	95	黃順景	1,000,000		金城鎮金水里前水頭 52 之 1 號
震鑫土木包工業有限公司	95	95	陳明強	1,000,000		金湖鎮正義里成功 82 號
金陽土木包工業有限公司	95	95	陳允正	1,000,000		金寧鄉榜林村東州 23 號
古陽工程有限公司	96	96	陳嫈嫈	1,000,000		金沙鎮光前里新興街 37-1 號
聯亞土木包工	97	97	蔡源鴻	800,000		金湖鎮新市里武德新莊自強路 21
正賀土木包工	97	97	蔡水正	800,000		金城鎮北門里中興路 173 巷 13 號
煌進土木包工	97	97	王天木	1,000,000		金湖鎮溪湖里復國墩 6 之 1 號
弘翔土木包工	97	97	許金松	800,000		金湖鎮山外里山外 87 號
湯城土木包工業有限公司	98	98	王文思	1,000,000		金沙鎮何斗里何厝 22-1 號
萬泰土木包工業	98	98	吳有泰	800,000		金沙鎮大洋里東溪 6 號
鴻福土木包工業	98	98	沈聖敏	800,000		金城鎮西海路 3 段 22 巷 23 弄 3 號

宏偉土木包工業	98	98	陳志緯	800,000	金湖鎮新湖里環島南路塔后 3 巷 27
鴻源土木包工業	98	98	陳溢家	800,000	金湖鎮新湖里塔后 208 之 4 號
誠信土木包工業	98	98	許立泉	800,000	金城鎮古城里金門城 87 號

　　上表顯示，2002 年以前成立的土木包工業幾乎都已停業或歇業，但 2005 年以後又有一波成立浪潮，主要仍是為了包政府工程。根據行政院公共工程委員會的統計，金門縣政府 98 年工程類採購案流（廢）標的就有 11 件，預算總金額為 55,597,932 元，平均每件標案為 6,436,465 元。

金門縣政府 98 年工程類採購案流廢標明細資料

招標機關	案名	預算金額（元）	無法決標原因	流廢標次數
金門縣物資處	金門縣縣定古蹟睿友學校修復工程	19,374,408	流標	1
金門縣烈嶼鄉公所	烈嶼鄉后頭聚落環境美化工程	13,640,068	流標	1
金門縣金寧鄉公所	98 年度道路修繕工程	3,884,281	流標	1
金門縣金城鎮公所	推動垃圾零廢棄工作－資源物分類回收再利用計畫	3,430,000	流標	1
金門縣物資處	金湖國小中庭綠美化景觀工程	3,150,000	流標	1
金門縣烈嶼鄉公所	烈嶼鄉東崗垃圾衛生掩埋場改善工程	2,789,056	流標	3
金門縣物資處	金寧中小學島嶼特色生態校園工程案	2,778,278	廢標	2
金門縣金沙鎮公所	呂厝王氏家廟周邊環境綠美化工程	2,445,625	流標	1
金門縣物資處	金門縣烈嶼鄉卓環國民小學無障礙升降梯工程	1,771,165	流標	1
金門縣烈嶼鄉公所	烈嶼鄉圖書館二樓中庭擴建讀書室	1,340,907	廢標	3
金門縣物資處	委外養護烈嶼地區破損道路案	994,135	流標	2

資料來源：行政院公共工程委員會

烈嶼地區 96~98 年度標案統計[17]

得標廠商	件數	比例	金額	比例
總發包金額	172	100	543,920,445	100.00
永順成營造有限公司	37	21.51	49,283,220	9.06
清發土木包工業	9	5.23	5,345,700	0.98
造福春營造有限公司	15	8.72	32,111,900	5.90
復發營造有限公司	37	21.51	55,418,300	10.19
發美營造有限公司	47	27.33	264,364,024	48.60
發億營造有限公司	24	13.95	102,997,301	18.94
華成營造有限公司	2	1.16	16,440,000	3.02
裕昌營造有限公司	1	0.58	17,960,000	3.30

資料來源：政府電子採購網

　　無法決標的原因很多，各類工程都有其自身的問題，但真正的問題是工程名目與項目太多，聚落環境美化工程、道路修繕工程、古蹟建築修復工程等，五花八門，專業與否也沒有人管，加上預算金額不高，因此很少能嚴格要求品質，控管結果。風險小、利潤高、標案取得容易，因此營造商樂於競標承攬，政府工程幾乎成了獨門生意。烈嶼地區尤其如此，「發美營造」得標件數占 27.33%，但標案金額卻占 48.6%，平均每件標案為 5,624,766 元，比「清發土木包工業」9 件標案總金額還多。「發美營造有限公司」是烈嶼地區資力最雄厚的營造業，前身為「發美營造廠」，登記資本額為 1,500 萬元，屬於舊制營造業。1997 年「發美營造有限公司」核准成立，資本額為 22,500,000 元，屬於甲等營造業。

　　根據行政院 1973 年核定的《營造業管理規則》（2005 年廢止），營造業之登記，分甲、乙、丙三等。營造業屬獨資或合夥者，其名稱應標示「營造廠」字樣；屬公司組織者，其名稱應標示「營造」字樣。申請登記為丙等營造業者，資本額在新台幣 300 萬元以上，申請登記為乙等營造業者，資本額在新台幣 1,500 萬元以上，申請登記為甲等營造業者，資本額在新台幣一億元以上。另根據 2004 年頒佈的《營造業法施行細則》，綜合營造業之資本額，甲等綜合營造業為新台幣 2,250 萬元以上；乙等綜合

---

[17]　參閱「烈嶼論壇」，http://taconet.pixnet.net/blog/listall/1。

營造業為新台幣 1,000 萬元以上;丙等綜合營造業為新台幣 300 萬元以上;土木包工業之資本額為新台幣 80 萬元以上。金門 46 家營造廠平均資本額為 24,350,000 元,資本額為一億元的有 8 家,組織類型都是獨資,營業登記內容為一般土木工程業、建築工程業、與房屋建築營造。在金門的各種獨資行業中,以營造廠所需的資本額最為龐大,從事這一行的,在金門的政經勢力自然也就舉足輕重,當今金門政壇上的民意代表,多數都曾從事營造事業。

營造廠

營利事業名稱	設立	異動	負責人姓名	資本額	類別	現況	地址
惠中營造廠	65	65	黃憲中	300,000			金城鎮南門里民族路 304 號
錦興營造廠	65	71	莊梨能	750,000			金城鎮西門里珠浦西路 86 巷 9 號
南成營造廠	65	94	李怡成	750,000		歇業	金城鎮南門里民權路 180 巷 6 弄 1 號
振豐營造廠	65	69	李和平	780,000			金湖鎮山外里下庄中興路 9 號
聯盛營造廠	65	85	蔡世祥	3,000,000			金寧鄉湖埔村下埔下 38 號
浯江營造廠	65	81	薛永化	6,000,000			金城鎮西門里珠浦西路 90 巷 15 號
泉昇營造廠	65	90	林成炎	7,500,000		歇業	金湖鎮山外里山外街 1 之 6 號
瑞豐營造廠	65	81	王炳乾	11,000,000			金城鎮西門里民生路 45 巷 2 弄 1 號
聯營營造廠	65	81	李建進	11,000,000			金城鎮南門里民權路 70 巷 6 弄 10 號
泉德營造廠	65	89	翁水千	12,000,000		歇業	金寧鄉盤山村頂堡 142 號
崇禮營造廠	65	88	楊起成	15,000,000		歇業	金湖鎮新湖里新湖村信義新村 102 號
萬有營造廠	65	88	沈富春	20,000,000		歇業	金城鎮西門里光前路 72 號
中興營造廠	65	95	林吉炎	22,500,000		停業	金城鎮北門里珠浦北路 8 號
建華營造廠	65	90	李清海	100,000,000		歇業	金城鎮南門里民權路 70 巷 1 弄 11 號
建昌營造廠	65	88	陳清順	100,000,000		歇業	金湖鎮正義里正義村成功路 77 號
日新營造廠	65	85	莊水池	100,000,000			金湖鎮新市里復興路一段 2 號

裕林營造廠	65	94	王媽掌	100,000,000		歇業	金寧鄉榜林村榜林 13 號
建得營造廠	65	94	翁國得	100,000,000		歇業	金寧鄉盤山村下堡 3 號
萬年營造廠	66	92	陳尾擔	60,000		歇業	金湖鎮新市里復興路 14 號
福益營造廠	66	88	辛炳煌	100,000,000		歇業	金寧鄉榜林村下后垵 7 號 3 樓
興華營造廠	67	86	翁導群	300,000		歇業	金湖鎮山外里黃海路 11 號
金興營造廠	68	86	蔡金發	300,000		歇業	金城鎮東門里菜市場 19 號
華美營造廠	68	72	孫進財	300,000			金城鎮南門里民權路 70 巷 1-1 弄 15 號
勇利營造廠	70	86	陳恩展	15,000,000			金湖鎮山外里山外 100 號
裕昌營造廠	70	92	倪振木	100,000,000		歇業	金城鎮古城里舊金城 32 號
造福營造廠	71	88	張金造	60,000		歇業	烈嶼鄉上林村后井 7 號
復發營造廠	71	86	李安心	750,000		歇業	烈嶼鄉上歧村青岐 5 號
陽昇營造廠	71	86	翁水沙	10,000,000		歇業	金寧鄉盤山村頂堡 66 之 1 號
發美營造廠	71	88	洪成發	15,000,000		歇業	烈嶼鄉黃埔村埔頭 9 號
和發營造廠	74	80	王再福	10,000,000			金沙鎮汶沙里復興街 11 號
現代營造廠	80	87	陳榮文	15,000,000		歇業	金湖鎮正義里正義村夏興 54 號
金鋒營造廠	81	83	蔡志新	2,500,000			金寧鄉盤山村后盤山 52 號
中理營造廠	81	86	楊金星	15,000,000			金城鎮東門里庵前 17 之 2 號
日昇營造廠	81	88	莊良欽	15,000,000			金寧鄉安美村西浦頭 33 號
大山營造廠	81	99	李金壁	60,000,000	甲		金寧鄉古寧村北山村 118 號
上毅營造廠	82	85	謝慧真	750,000		歇業	金寧鄉古寧村北山 33 號
華成營造廠	82	91	常春明	15,000,000		歇業	金城鎮東門里伯玉路一段 240 巷 7 號
華新營造廠	82	94	李養生	15,000,000		歇業	金城鎮東門里環島西路 1 段 14 號
和發營造廠	82	93	王再生	100,000,000		歇業	金沙鎮汶沙里復興街 11 號
合工營造廠	83	86	林文彬	750,000		歇業	金城鎮西門里民權路 70 巷 5 弄 14 號
慶隆營造廠	83	94	陳明珠	750,000		歇業	金城鎮西門里菜市場 3 號 3 樓
環亞營造廠	83	94	陳良義	750,000		歇業	金城鎮東門里菜市場 3 號 1 樓
海岸營造廠	83	83	蘇水池	750,000			金城鎮金水里后豐港 39 號 1 樓
啟昇營造廠	83	86	王承■	750,000		歇業	金寧鄉古寧村北山 33 號
樺城營造廠	83	86	李根宗	750,000		歇業	金寧鄉古寧村北山 33 號
萬成營造廠	83	91	洪怡換	15,000,000		歇業	金城鎮金水里后豐港 39 號 1 樓

資料來源：經濟部商業司

舊制營造業

營利事業名稱	設立	異動	負責人姓名	資本額	現況	地址
大林營造有限公司	83	94	林榮森	3,000,000		金湖鎮山外里山外街 1 之 6 號
吉陞營造有限公司	83	95	林文傳	3,000,000		金沙鎮浦山里呂厝 11 號
福益營造有限公司	83	86	辛志國	3,000,000	註銷	金寧鄉榜林村下后垵 7 號 2 樓
金水營造有限公司	86	86	李玉鳳	3,000,000		金湖鎮成功村 81 之 6 號
瑞金營造有限公司	86	86	楊天佑	3,000,000		金寧鄉湖埔村湖下 31 號 1 樓
松霖營造有限公司	86	89	葉永樹	3,000,000	註銷	金寧鄉安美村西堡 23 之 3 號 1 樓
嘉豐營造（股）公司	86	95	陳克盈	3,000,000	註銷	金湖鎮新市里武德新莊 42 號
履隆營造有限公司	86	95	王炳綸	3,000,000	註銷	金城鎮珠浦西路 50 巷 7 弄 4 號
中銀營造有限公司	87	94	董國華	3,000,000		金城鎮環島西路一段 28 號 6 樓
世建營造有限公司	87	95	洪篤生	3,000,000		金城鎮環島西路一段 28 號 7 樓
坤榮營造有限公司	87	95	李玉緞	3,000,000		金城鎮珠浦西路 100 巷 1 號
金信營造有限公司	87	93	黃思駒	3,000,000		金城鎮金城新莊 1 巷 1 號 1 樓
長庚營造（股）公司	87	91	王文瓊	3,000,000		金寧鄉榜林村伯玉路一段 343 號
柏興營造有限公司	87	95	王振柏	3,000,000		金湖鎮新湖里漁村 63 之 3 號
傑偉營造有限公司	87	90	施天賞	3,000,000		烈嶼鄉林湖村東林 2 號
榮益營造有限公司	87	92	黃河清	3,000,000		金沙鎮汶沙里忠孝新村 80 號
福皇營造有限公司	87	94	辛志國	3,000,000		金寧鄉榜林村下后垵 7 號 2 樓
加山營造有限公司	87	90	蔣樹春	3,000,000	註銷	金湖鎮新市里武德新莊 102 號
佳澤營造有限公司	88	91	董仲智	3,000,000		金湖鎮新湖里林兜 34 號
哲生營造有限公司	88	96	陳自強	3,000,000	註銷	金湖鎮蓮庵里峰上 12 之 1 號
富益營造有限公司	89	92	李沃土	3,000,000	註銷	金城鎮民權路 70 巷 1-1 弄 10 號
合力營造有限公司	90	96	吳麗敏	3,000,000		金寧鄉榜林伯玉路 1 段 240 巷
力茂營造有限公司	90	95	文員目	3,000,000	註銷	金城鎮里環島北路 38 巷 16 弄 5
金再興營造有限公司	90	94	丁秀卿	3,000,000	註銷	金湖鎮新湖里漁村 62 之 1 號
發福營造有限公司	90	94	洪雅明	3,000,000	註銷	烈嶼鄉林湖村東林街 162 號 1 樓

資料來源：內政部營建署「全國建築管理資訊系統」

　　營造廠屬於舊制營造業，在「全國建築管理資訊系統」中，舊制營造業若不是註銷，就是登記證已過期，目前仍以營造廠型態在經營者只有「日昇營造廠」和「大山營造廠」兩家，其餘都已變更或重新登記為營造公司。依據《營造業管理規則》，營造公司應該要有「營造」的字樣，事實上早期由地方政府核可的事業體並未完全依照規定，金門登記為丙等營造的公司，像是「規矩室內裝修實業股份有限公司」、「炳崙工程有限公司」、「靖宇工程有限公司」、「聯承建設有限公司」與「天成巧匠工程有限公司」等，都未在公司名稱中顯示「營造」，因此容易讓人誤解為其他類型的公司。

　　根據《商業登記法》，所稱商業係指以營利為目的，以獨資或合夥方式經營之事業，其主管機關在中央為經濟部；在直轄市為直轄市政府；在縣（市）為縣（市）政府。另根據《公司法》，所謂公司係指以營利為目的，依照本法組織、登記、成立之社團法人。公司分為下列四種：無限公司、有限公司、兩合公司、股份有限公司。公司的主管機關在中央為經濟部；在直轄市為直轄市政府。公司非在中央主管機關登記後，不得成立。早年金門的各種營利事業（包括公司組織型態）都由縣政府核發許可執照，98 年以後，工商登記不再包含公司，公司的核可機關為經濟部商業司。根據「全國建築管理資訊系統」所登錄的營造業家數，截至 2010 年 2 月，金門共有 122 家各種等級的營造業，以下表 116 家營造公司為例，總資本額為 17 億 5 千 5 百萬，平均每家營造公司的資本額為 15,133,638 元，在金門以公司為名的行業中，平均資本額不算最多，「遊覽車客運業」的平均資本額便高達 3 千萬元。

營造公司

營利事業名稱	設立	異動	負責人姓名	資本額	組織	地址
坤達營造工程有限公司	78	92	呂金淵	100,000,000	甲	金城鎮民族路 64 之 1 號 2 樓
千乘營造有限公司	83	83	石明輝	3,000,000		金城鎮北門里珠浦北路 48 號
均盛營造有限公司	83	93	洪志傑	15,000,000	乙	金城鎮西門里金城新莊 3 巷 5 號
林安營造有限公司	83	94	林燦祥	9,000,000		金沙鎮西園里浯坑 2 之 1 號
建雄營造有限公司	83	83	李慶鋒	3,000,000		金城鎮民權路 70 巷 6 弄 10 號

裕源營造有限公司	83	95	翁水沙	3,000,000		金城鎮賢庵里吳厝 50 號 1 樓
勇進營造有限公司	84	90	何振惠	3,000,000		金沙鎮汶沙里博愛街 4 號
世全營造（股）公司	85	93	董淑勤	3,000,000		金寧鄉湖埔村埔後 44 號 1 樓
岩輝營造有限公司	85	97	李金輝	22,500,000	甲	金沙鎮光前里陽宅 203 之 6 號
金隆營造有限公司	85	96	葉志雄	3,000,000		金城鎮北堤路 16 號 7 樓之 1
陽昇營造有限公司	85	86	陳仕倬	100,000,000		金城鎮賢庵里吳厝 51 號
雷龍營造有限公司	85	93	陳玄興	6,000,000		金城鎮古城里金門城 28 之 3 號
成鴻營造有限公司	86	89	陳榮盛	3,000,000		金城鎮金城新莊 2 巷 12 號 1 樓
典林營造（股）公司	86	89	洪允記	3,000,000		烈嶼鄉林湖村東林街 143 號
金典營造有限公司	86	86	洪玉堂	3,000,000		烈嶼鄉黃埔村埔頭 20 之 1 號 1 樓
金殿營造有限公司	86	87	曾寶珍	3,000,000		金沙鎮復興街 14 號
金興營造有限公司	86	86	蔡金發	3,000,000		金寧鄉安美村安岐 84 號 1 樓
建昌營造（股）公司	86	93	陳榮贊	25,000,000	甲	金湖鎮正義里成功 77 號 1 樓
建得營造（股）公司	86	96	翁國得	100,000,000		金寧鄉盤山村仁愛新村 131 號
泉昇營造（股）公司	86	95	林榮泉	100,002,000	甲	金湖鎮山外里山外街 1 之 6 號
翁山營造有限公司	86	94	翁明宣	3,000,000		金城鎮民族路 210 巷 8 弄 9 號
倍盈營造有限公司	86	86	薛卓仁	3,000,000		金城鎮莒光路一段 32 號
崇禮營造有限公司	86	86	楊金隆	15,000,000	乙	金湖鎮新湖里信義新村 102 號
現代營造（股）公司	86	95	陳秀卿	15,000,000	乙	金湖鎮正義里夏興 54 號
造福春營造有限公司	86	86	林金春	3,000,000		烈嶼鄉上林村后井 7 號 3 樓
復發營造有限公司	86	86	李安心	3,000,000		烈嶼鄉上歧村青岐 5 號
發美營造有限公司	86	95	林奇融	22,500,000	甲	烈嶼鄉黃埔村埔頭 9 號
閎億營造有限公司	86	91	張志裕	3,000,000		金湖鎮新市里太湖路一段 31 號
萬成營造有限公司	86	96	洪麗雯	3,000,000		金城鎮金水里后豐港 39 號
福益營造（股）公司	86	87	林忠敏	100,000,000		金寧鄉大安區安居街 34 巷 10 號
燁興營造有限公司	86	95	李昆燁	3,000,000		金城鎮珠浦西路 50 巷 11 弄 7 號
立順營造有限公司	87	87	翁導正	3,000,000		金湖鎮山外里山外 7 號
佳禾營造有限公司	87	87	魏麗花	5,000,000		金沙鎮光前里陽翟 22 號
和豐營造有限公司	87	87	顏美碧	3,000,000		金城鎮民生路 27 巷 1 之 1 號
尚慶營造有限公司	87	87	鄭金雲	3,000,000		金沙鎮光前里陽宅 203 之 4 樓

昌陞營造有限公司	87	93	林清團	3,000,000		金湖鎮山外里下莊新生街 41 號
東里營造（股）公司	87	94	陳素芳	29,500,000	甲	金城鎮珠浦西路 50 巷 10 弄 1 號
東槧營造有限公司	87	93	董水義	3,000,000		金城鎮民權路 122 巷 5 弄 8 號
金利興營造有限公司	87	86	李榮利	3,000,000		金城鎮光前路 79 號
金順益營造有限公司	87	87	陳應龍	3,000,000		金湖鎮正義里成功 39 號
金鉦順營造工程有限公司	87	95	李漢耕	3,000,000		金城鎮民族路 280 號
建華營造（股）公司	87	95	李清海	60,000,000	甲	金城鎮民權路 70 巷 1 巷 11 號
泉德營造有限公司	87	92	翁水千	100,000,000		金寧鄉盤山村頂堡 142 之 2 號
炬峰營造有限公司	87	87	陳克承	3,000,000		金湖鎮新湖里林兜 39 號 1 樓
浩達營造有限公司	87	87	蔡朝岳	3,000,000		金湖鎮瓊林里瓊林街 23 號 1 樓
常鼎營造有限公司	87	91	吳文非	3,000,000		金城鎮民生路 43 號 8 樓
傑聯營造有限公司	87	87	關志傑	3,000,000		金湖鎮武德新莊自強路 12 號
創意營造有限公司	87	87	陳河安	3,000,000		金沙鎮何斗里斗門 7 之 1 號
博建營造有限公司	87	87	張建興	3,000,000		金沙鎮榮光新村 40 號
萬昌營造有限公司	87	91	蔡彩鳳	3,000,000		金湖鎮新市里復興路 64 號
鴻漸營造有限公司	87	93	李坤源	3,000,000		金寧鄉古寧村北山 125 之 1 號
阿里山營造有限公司	88	98	許秀惠	15,000,000	乙	金沙鎮光前里蔡厝 41 之 2 號 1 樓
冠城營造有限公司	88	90	許志猛	3,000,000		金城鎮環島西路一段 28 號
勇利營造有限公司	88	91	許素嬌	15,000,000	乙	金湖鎮山外里山外 100 號 1 樓
佑烽營造有限公司	89	89	翁武平	3,000,000		金城鎮北門里中興路 161 巷 23 號
松聖營造工程有限公司	89	89	翁能利	3,000,000		金城鎮西海路 3 段 22 巷 23 弄
長勝營造（股）公司	89	95	王清武	3,000,000		金湖鎮新湖里后園 33 號
揚隆營造有限公司	89	89	楊龍隆	3,000,000		金湖鎮新湖里信義新村 102 號
駿益營造有限公司	89	90	李光杏	3,000,000		金城鎮賢庵里山前 22 號 1 樓
和發營造有限公司	90	93	黃進福	100,000,000	甲	金沙鎮汶沙里復興街 11 號
杰龍營造工程（股）公司	90	95	陳玉玓	3,000,000		金城鎮南門里民權路 25 號
復盛營造有限公司	90	91	張玉珠	3,000,000		金城鎮民權路 70 巷 1-1 弄 23 號

華成營造有限公司	90	90	常春明	15,000,000	乙	金城鎮北門里民生路 43 號 8 樓
瑞旭營造有限公司	90	90	洪木建	3,000,000		金城鎮金水里后豐港 51 號
祺昇營造有限公司	90	95	黃益英	3,000,000		金湖鎮新湖里新頭 54 號
福軒營造有限公司	90	90	洪媽諒	3,000,000		金寧鄉湖埔村埔後 37 號
紀揚營造有限公司	91	91	邵清海	3,000,000		金湖鎮新湖里漁村 122 號
裕林營造有限公司	91	95	王李能嬈	90,000,000	甲	金寧鄉榜林村榜林 13 號
澤發營造有限公司	91	91	李增澤	3,000,000		金湖鎮料羅新村 16 號
太武營造有限公司	92	95	李增傳	3,000,000		金沙鎮光前里陽宅新興街 37-1 號
頂級營造有限公司	92	94	黃淑樺	100,000,000		金城鎮珠沙里和平新村 117 號
中興營造有限公司	93	93	陳木生	22,500,000	乙	金城鎮北門里珠浦北路 8 號
力泰營造有限公司	94	94	林雅鳳	3,000,000		金湖鎮新湖里塔后 120 之 5 號
金日新營造有限公司	94	94	莊玉循	40,000,000	甲	金湖鎮新市里復興路一段 2 號
發億營造有限公司	94	94	莊秀蓮	3,000,000		金城鎮民生路 43 號 2 樓
易陽營造有限公司	95	95	沈澤庭	3,000,000		金城鎮西門里光前路 72 號
健聖營造有限公司	95	95	邠季孄	3,000,000		金寧鄉仁愛新村 133 號 3 樓
元順興營造有限公司	96	96	謝美枝	3,000,000		金城鎮賢庵里古區 2 之 1 號
永順成營造有限公司	96	96	馮福轉	3,000,000		烈嶼鄉林湖村東林街 177 號
利泰億營造有限公司	96	96	張繼隆	3,000,000		金城鎮金城新莊 3 巷 5 號
英格爾營造有限公司	96	96	陳仕錚	36,000,000		金湖鎮新湖里塔后 158 號
規矩室內裝修實業 (股)	96	98	許怡靜	3,000,000		金寧鄉金寧鄉仁愛新村 135 號
瑋宬營造有限公司	96	96	許建根	3,000,000		金沙鎮光前里太武社區 29 號
睿宏營造有限公司	96	96	葉志漢	3,000,000		金寧鄉安美村西堡 23 之 3 號
羅緻營造有限公司	96	96	陳秀卿	3,000,000		金沙鎮汶沙里五福街 33 號
力威營造有限公司	97	97	陳文川	3,000,000		金城鎮中興路 173 巷 8-1 號
永隆營造工程有限公司	97	99	林民湖	3,000,000		金寧鄉上后垵 26-1 號
兆輝營造有限公司	97	97	楊懷慶	3,000,000		金城鎮民權路 184 巷 2 弄 2 號
兆鑫營造有限公司	97	97	蘇金針	3,000,000		金沙鎮光前里陽翟 116-1 號 1 樓
吟冠營造工程有限公司	97	97	楊忠淼	3,000,000		金寧鄉安美村中堡 35 號
侑興營造有限公司	97	97	楊勝名	3,000,000		金城鎮民生路 32 號 6 樓

庭院營造有限公司	97	99	王立邦	3,000,000		金城鎮珠浦南路 50 巷 3 弄 6 號
復新營造有限公司	97	98	戴德成	3,000,000		金城鎮和平新村 120 號
道豐營造有限公司	97	98	程鎮國	3,000,000		金城鎮環島北路 38 號 1 弄 7 號
鴻沂營造有限公司	97	97	許子鈞	3,000,000		金寧鄉后盤村后沙 5-2 號
太武山營造（股）公司	98	98	鄭萬榮	3,000,000		金湖鎮新湖里環島南路湖前段 2 號
成群營造有限公司	98	98	蔡承群	3,000,000		金寧鄉湖埔村下埔下 34 號
亞郁營造有限公司	98	98	趙桂滋	22,500,000	甲	金城鎮環島北路 38 巷 1 弄 11 號
和瀧營造有限公司	98	98	李夢萍	100,000,000	甲	金城鎮西海路 3 段 76 號 1 樓
岳展營造有限公司	98	98	翁小惠	3,000,000		金湖鎮新湖里漁村 28 號
明垚營造有限公司	98	98	莊瑤夢	3,000,000		金寧鄉盤山村仁愛新邨152號
松佑營造（股）公司	98	99	鄭富榮	100,000,000	甲	金城鎮環島北路 38 巷 1 弄 3 號
金中理營造（股）公司	98	98	楊金星	15,000,000	乙	金城鎮賢庵里庵前 17-2 號
金石城營造有限公司	98	98	石永城	3,000,000		金城鎮古城里金門城 19-2 號
信邦營造有限公司	98	98	林雅萍	3,000,000		金城鎮民權路 70 巷 11 弄 21 號
冠峰營造（股）公司	98	98	楊雅惠	3,000,000		金城鎮南門里光前路 55 號
禹泰營造有限公司	98	98	呂招治	3,000,000		金城鎮莒光路 144 巷 10 號
常展營造有限公司	98	98	常瑞升	3,000,000		金城鎮東門里浯江北堤路 16 號 3-4
新杰營造有限公司	98	98	莊國棟	3,000,000		金城鎮北門里民生路 25 號 6-6
瑞城營造有限公司	98	98	翁維駿	5,000,000		金湖鎮復興路 1 之 33 號
鼎華營造有限公司	98	98	徐雅慧	3,000,000		金湖鎮山外里山外 12 之 1 號
嘉錦營造有限公司	98	98	許嘉怡	3,000,000		金湖鎮正義里成功 79-1 號
天成巧匠工程有限公司	99	99	林振興	3,000,000		金湖鎮山外里黃海路 93 號
正盈營造有限公司	99	99	李唯萱	3,000,000		金沙鎮國中路 2 號 3 樓之 1
弼發工程有限公司	99	99	陳明碧	3,000,000		金城鎮珠沙里和平新村 107 號
興洪營造有限公司	99	99	洪昭雄	3,000,000		金城鎮后豐港 39 號

資料來源：內政部營建署「全國建築管理資訊系統」

金門營造業的組織型態為公司，而且只分「有限公司」和「股份有限公司」兩種。股份有限公司計 17 家，與資本額的多寡，或等級並無必然關係，換句話說，雖然這幾家綜合營造公司是以股份方式籌資，但規模等級差別很大。除了「坤達營造工程有限公司」外，所有的營造公司都成立於戰地政務解除之後。「坤達營造工程有限公司」的成立日期為 1989年，2003 年核准變更登記，新的發證日期為 2008 年 11 月。在 2004 年以前，金門的營造業指的是「土木包工業」與「營造廠」，現在的營造廠都已改為公司型態經營，從原本的獨資或合夥變成集資，在《公司法》的規範下，方便取得政府標案。根據「政府電子採購網」的全文檢索，2005 到 2009 年，金門地區的決標或未決標案，關於地方建設工程類就高達三千多件，平均每年七百多件招標案，預算從數十萬到數百萬不等，也有數千萬的，例如 2009 年金門縣文化局「縣市文化中心整建計畫」工程，預算為 48,633,287 元，必須是乙級以上（含乙級）的綜合營造業才能領標。

金門的綜合營造業以丙級營造為主，2009 年時丙級營造公司占81.7%，因為就金門地區的營造型態來看，工程預算都不高，最適合丙級營造業生存。一般土木包工業只能承攬 600 萬元以內的工程，若自立門戶設立丙級營造廠，不但只需設一位工地主任，還可以承包 2,250 萬元的小工程，所以近年來營造業即使景氣低迷，丙級營造廠卻蓬勃發展。2007-2009年，金門新成立了 35 家營造公司，丙級的有 31 家，2009 年時才出現 3家甲級和一家乙級，因為金門的大型建設有增加的趨勢，丙級營造無法承攬，因此需要甲級營造公司。除了土木包工業外，台灣本島的營造業也可承攬金門的營造工程，雖然甲級的資本額較雄厚，但是仍然以丙級的營造公司占多數。例如「金門縣傳統建築修復案」中的營造廠商就有來自境外的：「新瑞營造有限公司」（基隆）、「穩泰營造工程有限公司」（澎湖）、「佑烽營造有限公司」（高雄），這三家公司都是丙級營造，共承攬了 19件修護案。依據《金門縣維護傳統建築風貌獎助自治條例》，申請補助所需之工料經費，各項補助金額均不得超過實際費用之百分之五十，補助總額，最高不得超過新臺幣 160 萬元，顯示工程款不多，很難吸引大型營造業進來，因此，修護的技術與品質都不太理想，成果也就不如預期。在 105個受評案件中，屋主自評為佳的只有 1/3，2/3 為評為普通或不佳；專業人

士評定結果，稱得上「佳」字的不到 1/10，這些數字顯示營造業在「古蹟」的修護水準上還有很大的改善空間。

肆、建築類型與房地產

在人口未實質成長環境下，金門的住宅已漸趨飽和，金門縣政府與金門國家公園管理處投資修護的傳統閩南住宅，除了一部份租給商人經營民宿外，多數處於閒置狀態。其他類型與機能的新建築物可能還會陸續出現，但就住宅建築而言，翻修可能多於新建。早年，金門人都在台灣中、永和一帶購置房產，兩岸小三通之後，轉向到廈門置產，投資廈門的房地產市場，成為保守的金門人另一項生財之道。2005 年底廈門市政府非正式統計，金門人在廈門至少購置 4,000 套以上的房地產，以每套新台幣 250 萬元計算，金門最少有超過新台幣 100 億元的資金，流往廈門投資。依據家戶比例的保守估計，金門每四個家庭，就有一戶在廈門購地置產，每 10 個金門居民，就有一個擁有人民幣帳戶，到廈門買房子的實際人數，可能遠超過官方的估計。[18]多年來，金門人都到外地購置房地產，解嚴後，金門土地正式私有化，外地人也可來金門購置房地產。然而，由於金門宗族觀念甚強，房屋土地的買賣被視為是有損祖宗的事情，因此，房地產的買賣風氣不盛，這也造成了房地產市場相對狹小，案件價錢甚至過高，要在金門買到適當的房地產，不太容易。這幾年金門所推出的建案中，主要的購買者仍是當地人，尚未見有人來金門「炒樓」。

從 2001 到 2008 年，金門縣總共核發了 1,344 件建築物建造執照，棟數為 1,958 棟，總樓地板面積為 712,060 平方公尺，工程造價超過 27 億。其中以「鋼筋混泥土」的構造最多，比例為 91.1%，「鋼架構造」占 4.7%，「鋼骨鋼筋混泥土」占 2.6%。相較於台閩地區，2008 年台閩地區，混凝土（含鋼筋混凝土）構造占 77.9%，鋼構造占 12.5%，鋼骨鋼筋混凝土構造占 8.7%，各種類型的建築比例，與金門差別很大。以工程造價而言，平均每棟房子約 141 萬元，分別而言，以 2008 年為例，「鋼筋混泥土」的造價每棟約為 148 萬元；「鋼骨鋼筋混泥土」的造價約為 326 萬元；「鋼

---

[18] 張元祥，〈金門，第二春廈門成為金門的後花園〉，《遠見雜誌》，238 期。

構造」的造價約為 199 萬元。若以總樓板面積計算，不論是鋼構造、鋼筋混泥土、或鋼骨鋼筋混泥土，每平方公尺的造價大約在 3,700 至 3,800 元之間，同一年台灣地區混凝土（含鋼筋混凝土）構造的房屋每平方公尺造價在 7,000 元以上。

　　大致而言，「鋼骨鋼筋混凝土構造」與「鋼構造」適用於大型商業大樓或其他工商業、倉儲與辦公大樓，目前金門最高的建築只有 12 層樓，因此建築構造仍以「鋼筋混泥土」為主，傳統閩南建築中的磚造或木造幾乎已絕跡。從 2001 到 2008 年的 1,344 件建築物建造執照中，「住宅類」（含店鋪住宅）比例為 71.5%，若以 2000 年的件數為例，金門的住宅類建築占 81.7%，台灣省為 72.6%；若以戶數為例，平均每戶的工程造價，金門是 60 萬元，台灣省（不含北高兩市）約 170 萬元。

金門縣核發建築物建造執照統計（按構造別分）

| 年度 | 總計 | | | | 棟數 | | | | | |
	件數	棟數	總樓地板面積（平方公尺）	工程造價（仟元）	鋼骨鋼筋混泥土	鋼筋混泥土	鋼架構造	木構造	磚石構造	其他
2001	155	202	88,238	337,083	20	170	8	-	4	-
2002	143	166	99,745	385,180	12	146	8	-	-	-
2003	170	274	74,134	292,526	-	253	20	1	-	-
2004	157	197	67,572	262,748	-	187	9	1	-	-
2005	161	262	75,317	307,778	-	252	10	-	-	-
2006	167	207	60,138	229,091	1	195	8	-	3	-
2007	211	307	110,309	432,397	13	280	13	-	1	-
2008	180	343	136,607	524,261	5	318	17	1	2	-
合計	1,344	1,958	712,060	2,771,064	51	1,801	93	3	10	-
比例					2.6	91.1	4.7	-	-	

資料來源：營建署營建統計年報

核發建築物建造執照（住宅）

年度		2001	2002	2003	2004	2005	2006	2007	2008
件數	住宅	105	78	106	99	104	137	164	147
	商店	6	6	5	3	1			
戶數	住宅	253	103	215	139	248	235	396	431
	商店	27	16	28	5	1			

（商店，含店鋪住宅）

金門縣家庭收支調查報告

年別	每戶平均收入		平均每戶消費支出		平均每戶儲蓄率	
	金門縣	台灣地區	金門縣	台灣地區	金門縣	台灣地區
2001	922,000	1,108,461	467,036	657,872	37.4	24.3
2002	955,451	1,111,550	459,116	672,619	43.9	23.2
2003	955,133	1,112,233	453,751	666,372	42.4	24.4
2004	983,365	1,122,966	497,168	692,648	38.8	22.3
2005	926,800	1,133,642	473,447	701,076	37.8	21.6
2006	941,968	1,151,338	492,748	713,024	33.8	21.9
2007	1,080,476	1,162,366	535,124	716,094	38.8	22.5
2008	1,111,849	1,150,912	520,084	705,413	42.2	22.8
平均	984,630	1,131,684	487,309	690,640	39.4	22.9

資料來源：金門縣政府主計室

　　工程造價不包括土地價值，因此，雖然地域不同，造價不會差距太大。但考量到城鄉問題，同樣的房屋，實際價格可能會差上數倍至十數倍。據金門房地產業者表示，金城、金湖這兩金門的重要城鎮，目前不論是市區內，抑或郊區，處處可見大興土木，除了興建豪宅式農舍，市區內施建中的新建案比比皆是，估計金城市區及四周緊鄰的新建案近百棟、金湖鎮從新市圓環至湖前路段，也至少有 70 棟新房宅正在施建中。在金城地區建蓋的新案，每台坪約台幣 13 至 15 萬元，相較於金湖地區每台坪約 7 至 10 萬元。金城與金湖的房價相差頗大，主要與土地成本高有關，金城地區土地每一平方公尺約 3 至 4 萬元左右、金湖地區土地每一平方公尺約 1 至 1.5 萬元之間。房地產業者估計，目前金城及金湖房價，還是以金城較貴，金城一棟三樓透天厝價位在台幣 700 至 800 萬元，山外一棟三樓透天厝約 400 至 500 萬元之間。[19]

　　根據金門縣政府「97 年家庭收支調查報告」，2008 年平均每戶所得總額為新台幣 1,111,849 元，較 2007 年之 1,080,476 元增加了 31,373 元或 2.90%，已逐漸拉近與台灣地區的差距。這 8 年來金門人的儲蓄率比台灣地區多出了 16.5%，也就是說，金門人所累積的財富高於台灣地區。但是

---

[19] 翁碧蓮，〈牛轉錢坤金門房地產無畏寒冬〉，《金門日報》，「鄉訊版」，2009 年 2 月 4 日。

205

在金門，沒有其他的理財方式，最保守的方法就是儲蓄或購置房地產。解嚴之前，許多金門人在台灣置產，小三通之後競相到廈門購屋，「金廈一日生活圈」，金門人跑廈門有如進出自家廚房，目前金門人在廈門買房比比皆是，估計總購房數將近一萬套，九成以上用做投資。2008 年以後，受全球金融風暴及宏觀調控影響，被炒火的大陸房地產行情出現降溫現象，大陸當局為抑制過熱房地產而實施宏觀調控政策，也使房地產市場出現跌幅，市場行情有明顯波動。投資廈門房地產風險愈來愈高，有的被套牢動彈不得，有的店舖租不出去，變成蚊子館，金門縣政府與「有識之士」已提出警告，勸戒金門鄉親要「停聽看」。

鳴呼！金門人從「三代人起沒一間厝」，到今天可以炒熱一個大都市的房地產，財富確實驚人。然而，以前的人說：「有水頭的富，沒有水頭的厝」，現在卻是「有的金門人富，沒見金門人的厝」。水頭的厝是金門的文化資產，是金門的象徵，是一段金門人海外奮鬥的歷史。現在的金門富了，卻蓋不出屬於自己文化的房子，洋樓與閩式建築的時代已經成為歷史，只適合觀賞，不適合人住。當鋼筋混泥土的構造逐漸侵蝕剩餘的生活空間時，金門人該仔細想想究竟需要什麼樣的建築。看著廈門市燈火通明的夜景，高樓大廈已如杜甫所言，多數金門人也展露了歡顏，只是，「風雨不動如山」的房子竟然不是蓋在家鄉的土地上，而是一水之隔的「敵營」。金門的現代史是一齣不太精采的荒謬劇，金門人因為戰爭而不敢蓋高樓大廈，當戰爭結束後也沒能蓋高樓大廈，不是不能，是不為。當人們對這塊土地沒有期許時，錢財會隨著人一起出走。只有找回金門人，找回想在這塊土地上生活的人，金門的住宅才有發展，建築業才有未來。

第二節　衣服飾品業

壹、傳統服裝與穿著

研究中國服飾的演變與發展，可以從二個方面著手：一是借助文字記載，如歷代的《輿服志》以及各種典籍、野史、筆記、詩詞曲賦、戲劇、小說等；二是通過文物考古，如歷代繪畫、石窟藝術、人物雕塑、陶俑、

古墓壁畫、畫像石（磚）以及從地下發掘出來的服飾實物等。然而，對絕大多數的金門人來說，最欠缺的正是這方面的資料，金門的歷史文獻極少記載服裝的演變。近年來金門大力推展觀光，食衣住行、吃喝玩樂的介紹中最感無力的便是服飾，畢竟金門不是原住民，也不是少數民族，沒有所謂的「傳統服飾」。由於曾經是「戰地」，迷彩服或多或少可以作為與金門的聯想，但叫金門男女老少都穿迷彩服，未免不倫不類。我們因為服裝而認識一個民族，服飾標誌愈明顯愈有助於觀光的發展。每年的 APEC 會議，主辦國都會為各國領袖製作富含民族風的「制服」，藉機向世界宣揚自己國家的文化。因此我們可以了解，服飾不只是民族風情的呈現，服裝形制也可以成為國力的展示。服裝會演變，會創新，好的設計可以帶領風潮，成為時尚，成為文化遺產。若能結合服裝設計師與文史工作者的努力，或許有一天可以打造一種符合金門人形象與精神的服飾，當衣服穿在身上，人們可以立即驚呼：你是金門人。

金門人民來自大陸漳、泉二州，因此衣著與泉、漳人民類似，式樣樸素，材料以棉、麻為主。一般布料都是由婦女自己紡織，織好的布料再染成黑色或青色。根據《金門舊志》記載，明・盧若騰曾記述自童稚至完娶，衣衿襪履，皆由乃母紡織縫紉。[20]在傳統的農村社會，紡紗織布的設備成本低廉，並且能發揮農村的剩餘人力，因此在民國 40 年代至 70 年代，一直還是金門農村普遍存在的副業。金門婦女喜着青衣，出門時因海風強勁，多用青布黑巾裹頭；男子則着衫褲，平時打赤腳或是穿木履。男子在婚姻慶典上穿着長袍、馬褂，平常則穿着一種以臥龍袋和軍機馬褂混合而成的褲裝，而上裝不管袖子是長是短，統稱為「衫」。有大襟的叫「大陶衫」，有對襟的叫「對襟仔衫」（皆為台語）；女子上衣布料則與男子類似，以青布或黑布為主，上穿大陶衫，下穿青黑布料長褲，上衣的袖口或胸襟通常會加邊飾。婦女的裙子由兩片花樣圖案大小相同的料子構成，一前一後，接合時一邊用布扣，另一邊用綑帶綁緊，穿的時後以細帶綁緊，由於裙子兩邊開叉很高，所以裙子裡面要穿一件褲子。男女衣著布料雖然粗糙，但是設計精緻且有富古意。

---

[20] 盧若騰，字閒之，一字海運，號牧州，賢聚（今賢厝）人，明崇禎十三年（1640）進士，曾隨魯王、桂王與鄭成功抗清，擔任兵部主事，為南明忠臣。著作頗多，曾於永曆十五年（1661）倡修海印寺，留有〈募建太武寺疏〉及〈重建太武寺碑記〉。

　　1842 年《中英南京條約》簽定，廈門被迫開埠成為通商口岸，廈門島和鼓浪嶼迅速發展，以致漳州、泉州有大量的閩南人口流入。通商後，機器紡織興起，金門所需衣料皆自廈門輸入，婦女不再紡織，男女衣飾形式，也開始以都市之風氣為轉移。然而，由於經濟條件限制，一般的村女娥眉，還是未能追逐變化太快的時髦衣飾。民國以前婦女大多纏足，但金門因為生活艱苦，所以部份婦女為了操做農事方便而未纏足。舊志記載，東半島女性，都要與男子下田耕作，因此很少有人纏足。在後浦南邊，有聚群而居者，祖先自惠安移來，婦女也都打赤腳，乘潮汐退去時到海邊打蚵蠣，撈蝦蛤，多習勞苦。民國之後召開天足會，不特大家閨秀，羞稱蓮步，即便庸俗婦女，亦爭尚歐風，纏足陋習遂告消失。民國 60 年代以前烈嶼地區尚有少許老年婦女纏足，目前皆已凋零。

　　抗戰以後，地方元氣大損。日軍佔據金門時曾作調查，本島的居民大部份是福建人，大都是當代（清末民初），以及數代前由惠安、南安、同安、詔安移居者較多。因此，當時男女衣著應當與今日上述地方相似。2003 年「第五屆泉州旅遊節」在惠安縣舉辦，金門縣長李炷烽率領金門代表團到場觀摩取經，受到主辦單位熱烈歡迎，金門地區的一些特產也參與展售。惠安，位於福建省東南沿海突出部，地處泉州灣和湄洲灣之間，東臨台灣海峽，以「建築之鄉」、「雕藝之鄉」、「石雕之鄉」、「海濱鄒魯」飲譽中外，是閩南著名的僑鄉和台灣漢族主要祖籍地之一，與金門的關係更是密切。本次旅遊節的重點除了「石雕藝術文化」之外，就屬「惠女風情」最讓人驚艷。惠安女以「黃斗笠、花頭巾、藍短衣、黑寬褲、銀腰鏈」的服飾特徵和勤勞、善良、淳樸、賢惠的品德芳名遠揚，成為福建省五大旅遊品牌中唯一的「活景觀」。「惠女風情」的服飾特徵讓人想到當年的金門婦女穿著，子曰：「禮失而求諸野」，兩岸小三通讓金門人有機會找回一些失落的記憶。

　　抗戰勝利後不久，金門接連遭遇兩次重大的砲戰洗禮，國土殘破，百廢待舉，無力重建家園者遠走他鄉。「八二三砲戰」以前，多數金門家庭仍以紡織為副業，女性衣物泰半出自手工編紡；男士穿著，大抵以粗糙的卡其布為主。當時的美援衣著最為吃香，甚至連麵粉包裝袋都被拿來縫製小孩的褲子或大人的內褲，因上面印有「中美合作」四個大字，常被恥笑。如今受到復古風潮的影響，這種仿麵粉袋做的內褲在網路拍賣上甚為風

行。自大量國軍進駐以後，金門民生物資日漸豐裕，衣著形制日趨完美。布料、鞋襪，全由台灣輸入，服飾形式，婦女則旗袍、洋裝、燙髮、高跟鞋。男子則香港衫、西褲，西裝革履通常只出現在正式場合。紅男綠女，五花十彩，不亞於台灣本島。

金門孤懸大海中，交通阻隔，加上「三民主義模範縣」的緊箍咒，金門人即使想要奇裝異服也不可能，遑論追逐時尚。工作餘暇，一般人喜歡看電視，生活在戰地金門，早年電視只能看華視節目，中視和台視沒有轉播站，訊號極度微弱，只有海面風平浪靜的時刻，才勉強可以收到「五燈獎」、「金曲獎」之類的娛樂節目。電視是傳播流行文化的重要媒介，受到西洋風氣的感染，金門青少年男女也開始懂得時髦，男士長髮披頭，女人短髮貼耳，已經沒辦法從髮型判別男女。奇裝異服，花樣翻新，除了女人穿的迷你裙、迷地裙，流行的牛仔褲已有喇叭褲、AB 褲、熱褲等。形制繁多，男女皆可穿，加上各色花彩的香港衫，也是男女混搭，陰陽不分，雌雄莫辨。衛道人士難以忍受，視為傷風害俗，呼籲政府嚴加取締。

女士們的迷你裙，是從什麼時候開始流行？有人認為是二十世紀六〇年代，也有人認為更早，但沒人能說「更早」是早到什麼時候？考古學家在巴爾幹半島塞爾維亞南端的普洛可克遺址上，挖出了一些穿著迷你裙的女子雕塑，推論在七千年前的新石器時代，歐洲女性已經穿上迷你裙，而且講究打扮了。考古學家庫茲馬諾維克指出，「從雕像中可以看出，年輕女性身穿漂亮的裙子，就像今天時髦女孩穿短褲和迷你裙一樣；她們的手臂上還戴著各種手鐲。」[21]金門何時開始有人穿迷你裙，大概也無法查考，對曾在金門就讀高中職的五、六年級生而言，迷你裙與喇叭褲不只代表時尚與流行，也是一種叛逆，一種對體制的無言抗議。1970 年代美國搖滾天王貓王（Elvis Aron Presley, 1935-1977），紅透半邊天，電影 Elvis On Tour 是他在 1972 年全美巡迴演出的記錄片，估計有十億人觀看他的現場演唱會。他給了全世界的年輕人一個聲音：貓王——永垂不朽的傳奇人物。貓王不僅引領流行歌壇，年輕人也競相模仿他的服裝打扮，尤其是那超寬的喇叭褲。回憶高中時代，俗稱「軍訓服」的卡其布制服，少有合身的，喜

---

[21] 〈人類時尚歷史超過 7000 年〉，《世界新聞報》（CRI online），2007 年 11 月 16 日。http://big5.cri.cn/gate/big5/gb.cri.cn/12764/2007/11/16/2945@1844651.htm。

愛時髦的人便到裁縫店訂製，把褲管加大到 28 吋。在校園行走，酷勁十足，但得提防教官和訓導主任，被訓斥一頓事小，被剪掉才傷心，集會升旗時最好還是用別針加以折疊，暫時掩藏。翻閱 30 年前的畢業紀念冊，對那一段青春無悔的歲月，難免會有感觸，環境再怎麼嚴峻，也只能約束人的身形，不能禁固人的心靈。金門人追求「自由」與「解放」的努力，終於等到春暖花開的到來。

戰地政務解除後，人民可以自由來往台灣，衣服形制已與本島無異。平日所穿的常服都是工廠製作，形式、色彩、尺寸大同小異。金門很少有可以展示服飾的機會，一些官式場合，大抵也是西裝與套裝，講究合宜得體，不興標新立異，因此，自然談不上時尚。年長者可能還會喜歡請師傅裁縫衣服，年輕一輩則 T 袖、牛仔褲隨意穿。成衣本身就沒有形制可言，很難穿出個人風格，當然，也不可能藉此創造出所謂的「民族性」。在台灣本島曾流行「台客」式的穿著，金門在兩岸小三通鼎盛時期，到處可見 made in china 的大衣，穿在身上，像極了「大陸同胞」。穿衣是一門學問，要怎麼穿是個人的自由，「台客」也好，「陸客」也好，不應有褒貶，金門人要思考的是如何在主流文化的夾擊下，找出自己的穿著文化。

貳、綢布莊與裁縫店

幼年時，家中有一台腳踏的縫紉機，那是母親的嫁妝，常見母親在蓋著布罩的日光燈下縫補衣服。年紀稍長，自己也學會了踩縫紉機，車幾條簡單的直線不成問題。負笈台灣後就再也不聞機杼聲，家中小孩都已長大，衣服只會「舊」，不會「破」，縫紉機已英雄無用武之地，成了堆疊雜物的桌子。早年金門有十萬阿兵哥駐守，衣服修補的市場很大，幾乎每個村莊角落的牆壁上都可以看到「修改衣服」的字樣，會一點刺繡與縫紉技藝的婦女很多。金門是鄉下地方，傳統的「三從四德」固然不能忘，但也不是都能做到，沒有那種環境與條件，「巧婦難為無米之炊」。俗諺說：「踏入灶腳洗碗箸，踏入繡房繡針黹」，洗衣做飯可以不用學，但縫補衣服卻不是簡單的事。地方政府偶而會開設「裁縫班」、「家政班」的課程，教導婦女增加一些「婦德」的技藝。手巧又聰慧的人可以開店營利，一般

資質的也可以縫縫補補，增加收入。島鄉女子，很多人靠縫縫補補養家活口，但真正嫁給針車過一生的只是少數。[22]

金門人穿的衣服不是做的就是買的，男士的西裝與女士的旗袍必須很合身，因此都得訂製。老一輩的婆婆媽媽喜歡到綢布莊剪布，挑選中意的花色到熟識的裁縫店縫製。金門婚禮習俗，聘禮中常有布料一項，新娘回禮也會有西裝料，因此常見即將有喜事的人家到布莊剪布的情形。金門的綢布莊是歷史悠久的行業，賣布也賣嫁妝。位在沙美老街的「文成」、「益安」、「錦美」，金城莒光路的「鴻美」、「和豐」、「和泰」，中興路的「合源」，以及金湖新市復興路的「萬興」、「寶盛」，小金門的「裕豐」，都是成立超過 30 年的布店，如今雖然都沒有辦理歇業變更，事實上都已歇業或轉行賣成衣。

一般人家會購買布料，但裁縫店才是布料的主要銷售對象。金門從事衣服縫製的商家通常以「西裝社」、「西服」、「西服社」、「時裝社」、「女裝社」為名，習慣上女裝社裁製女性服飾，西服社裁製男性衣服。事實上，除了幾家較專業的女裝社專做琪袍（旗袍）外，大部份兼作男女時裝，尤其是做阿兵哥的生意。在金門當兵，沒有機會穿便服，即使回本島休假也是穿野戰服或草綠服，從台灣帶過去的便服會被要求寄回家。但是在金門退伍的阿兵哥可以穿便服回家，因此，在臨退前為自己做一套帥氣的便服，一來犒賞自己，慶祝平安退伍，二來算是來金門當兵的紀念。當過兵的人都知道，部隊發的軍服，用金門的話來說叫作「奧鹹菜」，高矮胖瘦都裝得下。對菜鳥來說可能只好將就，但是老鳥或教育班長以上的軍士官，幾乎都會拿去修改，甚至訂做更合身的草綠服襯衫與夾克。受到軍教片電影的影響，衣服的樣子不只是審美的問題，更涉及長官的威嚴，換句話說，衣服合身與否竟然隱含階級成分。

除了軍人之外，金門的公務員也是裁縫店的重要客戶。根據金門縣政府主計室的統計，2008 年 1 月底金門的公教人員有 2,553 人，在各種職業人口中是一個特殊且龐大的群體。現在的公務人員沒有服裝上的限制，階級高一點的，或是正式場合偶而穿一下西裝，通常都是隨意穿。夏天天氣熱，比較常見公務人員穿「中山裝」。數十年來，這種衣服形制從未變過，

---

[22] 陳榮昌，〈嫁給針車的女人縫補歲月過一生〉，《金門日報》，2006 年 8 月 21 日。

早年金門的公務人員幾乎都穿中山裝，中山裝得自己掏腰包訂製，無法像軍服一樣由公家配發。在戰地政務解除之前，金門百姓家中都有一套「軍服」，即俗稱的自衛隊隊服。1953 年，金門恢復縣治後立即設立民防指揮所，1973 年 6 月，又將已改名的民防總隊，再改為自衛總隊，此後「自衛隊」一詞成了金門「鄉勇團練」的通稱。自 1974 年後，每年都選派男女學員二、三百人赴台參加國慶大典，由於陣容壯大，戰志昂揚，深獲各級長官暨中外來賓讚許。

綢布莊

營利事業名稱	設立	異動	負責人姓名	資本額	營業項目	地址
錦美（布店）	65	82	黃彩璇	30,000	布疋、衣著、服飾品零售／化妝品零售業	金沙鎮汶沙里博愛街 29 號
文成（布店）	54	82	鄭永暉	20,000	布疋、衣著服飾品零售／被褥、枕頭、蚊帳、床單	金沙鎮汶沙里博愛街 2 號
益安（綢布莊）	54	82	鄭玉華	45,000	疋頭及服飾品批發零售／珠寶飾品零售	金沙鎮汶沙里博愛街 39 號
和豐（綢布莊）	64	91	吳添振	30,000	布疋零售業／寢具零售業	金城鎮西門里莒光路 116 號
億齡綢布莊	78	78	王翠梅	30,000	布疋零售業	金城鎮西門里莒光路 33-1 號
合源（綢布莊）	64	86	楊國材	40,000	布疋、呢絨、綢緞零售／修改衣服、織補店	金城鎮東門里中興路 173 巷 26 號
鴻美（布莊）	65	84	沈彩碧	60,000	日用什貨批發	金城鎮東門里莒光路 15 號
和泰（布行）	64	82	王坤和	40,000	綢布疋零售	金城鎮東門里莒光路 18 號
萬興（布莊）	64	80	何梨淑	40,000	布疋、衣著、服飾品零售	金湖鎮新市里復興路 14 號
寶盛（布店）	64	82	吳黃秀珍	30,000	其他布疋、衣著、服飾品零售／被褥、枕頭、蚊帳、床單零售	金湖鎮新市里復興路 49 號
裕豐（布店）	65	84	許翠英	10,000	其他衣著、服飾品零售	烈嶼鄉林湖村東林街 57 號

　　自衛隊獨特的制服也引人側目。據地方耆老回憶，民防隊訓練時，隊員要穿著統一顏色的服裝，最早期規定的服裝顏色是黑色的，帽子也是黑色的，隊員要自己設法，有人拿自己現成的衣服去染色，也有人設法向部隊要來「堪用品」級的舊軍服，染成黑色，只有少數人能夠購買黑布縫製制服。那時物資匱乏，服裝只有從顏色上稍加規定，在規格，格式和質料上並沒有嚴格規範。八二三砲戰之後，民防隊才有統一格式的制服。當時由軍方統一製發草綠色的制服，每位民防隊員要支付新台幣八十元五角向政府購買，因為是制服，所以每一位民防隊員都要購買，這也是民防隊嘲諷自己為「八〇五部隊」的由來。該套制服屬個人保管，如果戶籍轉移或服務單位調動，該服裝隨個人辦理移轉，但公務人員如果轉調至金門以外的地區服務，或一般民眾戶籍遷出金門，則其制服必須繳回其離開時所屬單位。這套民防隊制服曾有幾次改變，初期是深綠色，之後改為鮮綠色，都和當時的草綠色軍服有所區別，在軍服改為迷彩服之後，民防制服也改為迷彩裝，此後延用至戰地政務解除，民防隊解散為止，都用這套迷彩服。

　　金門酒廠曾在 1978 年時推出一款自衛隊紀念酒，30 年後，在「八二三砲戰」五十週年時再度推出新款自衛隊紀念酒。紀念酒為一對瓷瓶裝的高粱酒，一瓶為男性自衛隊員，另一瓶為女性自衛隊員，男性隊員頭戴美式鋼盔，女性則戴布質「貝雷帽」（Beret），身上穿著迷彩服。迷彩服與自衛隊關係密切，若以此酒作為戰地歷史的見證，自然是意義深遠，但商品所傳達的訊息未必符合歷史事實。自衛隊並不是一直穿迷彩服，而被挑選到台灣參加閱兵大典的隊員，服裝也是特製的，形制與顏色都經過處理，表演穿的迷彩服與實際穿的迷彩服差別很大。「民防」與「自衛隊」不是國家的正規軍隊，不可用日本的「自衛隊」概念來理解金門的「自衛隊」，「金門女兵」其實是誤解，但大家似乎都不排斥這個美麗的錯誤。

　　根據《金城鎮志》的記載，1965 年以後民防隊制服為金門的裁縫業帶來更多的商機，裁縫店如雨後春筍般的出現，當時最知名的裁縫店是遠東西服店（京華西服）。之後，隨著民防制服改由國軍聯勤總部提供、公務人員的服裝鬆綁、便宜的成衣傾銷，裁縫業日漸萎縮，再加上國軍部隊的大量裁撤，裁縫業遂成夕陽產業。[23]如今金門街上只剩下賣各種成衣的店，

---

[23]　金門縣金門學研究會，《金城鎮志》，頁 468。

部份裁縫店中雖然掛滿衣服，但幾乎都不是自己做的。兩岸小三通後，金門裁縫業流行在金門量尺寸，送到對岸請當地的師傅裁製，用大陸的布料，做好後再送回來，裁縫店再郵寄到台灣給客戶。價格比一般訂作便宜一半以上，除了棉襖，還可以做其他衣服，包括旗袍、外套、制服、洋裝、套裝，只要在雜誌上看到的款式，都可以拿來做。這種「山寨版」的成衣，頗受來金旅遊的台灣觀光客歡迎。當金門的公務員已不穿中山裝，穿迷彩服的軍人也所剩無幾時，已是夕陽產業的裁縫店又看到了一線光芒，就怕不是曙光，而是落日餘暉。

裁縫與織補店

營利事業名稱	設立	異動	負責人姓名	資本額	現況	營業項目	地址
京華西服（遠東西服）	64	91	鄭炳樹	200,000		成衣批發業／布疋批發業／裁縫服務業	金城鎮北門里珠浦北路51號
美洲西服社	64	93	林海龍	20,000	歇業	服裝業自料	金城鎮西門里莒光路128號
永美西服號（男女時裝社）	64	92	廖玉梅	30,000		裁縫服務業	金湖鎮新市里復興路128號
今日時裝社	65	88	王秀華	5,000	歇業	修改衣服織、補店	金城鎮北門里中興路108號
賓美（女裝社）	65	96	羅姜治	10,000		菸酒零售業	金城鎮北門里民生路38之2號
大同西裝社	65	82	楊丁財	300,000		服裝業自料／其他布疋、衣著、服飾品零售	金城鎮北門里珠浦北路50號
華榮西服號	65	82	張彩和	10,000		服裝業自料／服裝業來料	金湖鎮新市里中正路67號
華麗時裝社	65	89	盧彩鸞	5,000	歇業	服裝業自料／服裝業來料	金湖鎮新市里武德新莊自強路14號
岐光（服裝社）	65	86	蔡黎端	20,000		修改衣服、織補店	烈嶼鄉林湖村東林街119號

綺美男女時裝社	67	82	吳麗治	10,000		服裝業來料	金城鎮東門里菜市場路 9 號
四季服裝行	67	86	方秀英	20,000		修改衣服、織補店／成衣零售	烈嶼鄉林湖村東林 43 之 1 號
青青服裝社	69	83	蔡素鈿	10,000	歇業	服裝業自料／修改衣服織補店／服裝業來料	金沙鎮汶沙里復興街 30 號
精工服裝行	69	82	陳淑琴	20,000		修改衣服、織補店／衣服飾品零售	金湖鎮新市里自強路 15 號
麗雅（時裝社）	69	95	林素芬	10,000		裁縫服務業	烈嶼鄉林湖村東林街 177 號
彰美百貨（刺繡）	70	82	黃龍珠	20,000		服裝業自料／修改衣服織補店／服裝業來料	金沙鎮光前里新興街 24 號
林永和西服	70	87	林人和	10,000	歇業	服裝業來料	金城鎮東門里莒光路 137 號
欣明商店（時裝社）	71	82	張秀明	10,000		裁縫	金沙鎮汶沙里中興街 10 號
聯豐（百貨服裝）	71	94	洪林印	30,000		裁縫服務／布疋衣著、鞋帽、傘、服飾品零售	烈嶼鄉林湖村東林街 145 號
統帥西服社	74	74	蔡春明	40,000		裁縫	金城鎮西門里民生路 45 巷 4 弄 6-1 號
韻珊女裝社	82	88	王雪寶	10,000	歇業	服裝業來料	金城鎮西門里小西門 15 號
水和西服店	82	87	林人和	10,000	歇業	修改衣服、織補店	烈嶼鄉上林村上林 59 之 1 號 1 樓
美綺時裝社	95	95	吳麗珍	10,000		裁縫服務業	金城鎮東門里模範街 20 號

參、百貨行與服飾店

　　裁縫店是老行業，師傅都有一技之長，這種店不是一般人可以經營，同樣的，因為人在技藝在，即便收歇不再做衣服，偶而還是會幫人修改衣

215

服,修改衣服可能比裁製新衣來得實際。現在的金門人已不缺衣服穿,到處都有「精品服飾」與「流行服飾」的成衣店,雖美其名為「精品」,但是與百貨公司中的世界知名品牌還是有一段差距。金門人隨時可以到台灣或廈門的百貨公司 Shopping,交通方便,當天就可以來回,再貴重的衣服都有人買,但是這類衣服要在金門銷售有其一定的困難度。即使是像 HANG TEN、GIORDANO、bossini、BaLeNo 等知名平價服飾連鎖,目前在金門也沒有設門市,顯示金門的市場不夠大,但也可能與金門人的消費習慣有關。

　　早年金門,各種物資都匱乏,衣服但求溫暖,只有少數經濟狀況好的人,有能力在顏色與形制上作選擇。好在有大量的阿兵哥,經過染色的軍服是很好的替代品,尤其是軍大衣與夾克外套等最為實用,這類衣服較難買到,價格不菲。過年習俗要穿新衣、戴新帽,對金門的學童來說,所謂的新衣就是新的學生制服。除夕夜將衣服放在枕頭下,第二天就可以穿著「燙」過的新衣去看舞龍舞獅。家中兄弟姐妹多的,往往苦了小的,有時候連新的制服都不可得。「新老大、舊老二、縫縫補補給老三」。在民國 60 年代以前的金門,許多家庭都有過這樣的經驗,至於「新三年、舊三年、縫縫補補又三年」就有點誇張,金門沒有窮到那樣地步。儘管金門對某些消費品管制嚴格,但對民生日用物資的供應,其實是很充足的,政府已盡到照顧的責任。民國 6、70 年代的金門,富裕程度不亞於多數台灣的鄉村地區,吃與穿都已不成問題。民國 60 年代成立的百貨行不下數十家,下表是以「百貨行」為名,營業項目主要為「服飾」與「成衣」的店家,這只是其中的一部份,尚有不以百貨行為名但也零售成衣的營利事業。一般人對百貨的認知可能是日用百貨,但在金門,百貨行通常賣服飾品,例如布疋、衣著、鞋、帽、傘等;另外也有衛浴用品(牙刷、牙膏、香皂、洗髮精、刮鬍刀、毛巾、浴巾)與棉被、枕頭、床單等寢具之買賣。金城北門里的中興路和莒光路是金門的老街,不乏老字號的百貨行,以前這裡經常是人聲鼎沸,逢年過節更是熱鬧非凡,「四鄉八社」的人都會來這裡採買衣服,情形類似台北的「五分埔」。

百貨行

營利事業名稱	設立	異動	負責人姓名	資本額	現況	營業項目	地址
大新（百貨行）	64	87	楊許越琴	20,000		成衣／衣著、服飾品／化妝品零售	金城鎮東門里莒光路 49 號
福利（百貨店）	65	82	張天澤	35,000		服飾品批發及零售	金沙鎮汶沙里博愛街 41 號
百榮商店（百貨行）	65	82	陳明理	30,000		成衣零售	金城鎮北門里中興路 134 號
風行（百貨行）	65	94	翁雪麗	200,000		布疋、衣著、鞋、帽、傘、服飾品批發業	金城鎮北門里中興路 165 號
大有百貨行	65	90	李中雄	50,000	歇業	服裝百貨（華洋百貨）批發及零售	金城鎮北門里中興路 165 號
協泉商行	65	80	楊善城	305,000	歇業	服飾品批售	金城鎮北門里中興路 52 號
建成百貨行	65	90	李才榮	30,000		成衣批發業	金城鎮北門里莒光路 48 號
金順美百貨行	65	94	李亞華	20,000	歇業	成衣零售	金城鎮北門里莒光路 68 號
文化（百貨商行）	65	82	盧素英	40,000		其他布疋、衣、服飾品批發	金城鎮東門里莒光路 55 號
泉記百貨行	65	82	李增壽	50,000		服裝百貨（華洋百貨）批發	金城鎮東門里莒光路 71 號
新亞百貨服裝行	65	82	李亞英	20,000		成衣零售／化妝品零售	金城鎮東門里莒光路 79 號
玉成（百貨行）	65	94	翁文虎	1,000,000	歇業	服裝百貨批發及零售	金城鎮南門里中興路 26 號
建昌（百貨行）	65	82	許明珠	40,000		衣著服飾品零售業	金湖鎮新市里復興路 81 號
東成（百貨行）	66	94	吳進瑜	20,000		布疋、衣著、鞋、帽、傘、服飾品零售業	烈嶼鄉林湖村西宅 79 號
來來百貨行	70	93	陳含美	10,000	歇業撤銷	化粧品、其他成衣飾品批發及零售	金沙鎮汶沙里忠孝新村 27 號

　　百貨行也賣鞋子，通常是布鞋與球鞋，多數是小孩子的用品，較專業的鞋子必須到精品服飾店和皮鞋店去找。金門的皮鞋店也是老行業，還在營業中的少數幾家都是老店，像是金城中興路的進步、源裕、建興、金門皮鞋廠等。皮鞋有現成的，也可以訂做，當然，修補也是很重要的營業內容。早年金門需要穿著皮鞋的人大致上有以下幾個族群：阿兵哥、高中（職）學生、公教人員。皮鞋市場不小，只是因為皮鞋不是消耗品，更換率不高。有人可能一雙皮鞋穿一輩子，至少都可以穿個幾年，因此不會經常買皮鞋。一般人也沒有能力一次添購數雙鞋，需要用一個鞋櫃來放鞋子，對早年的金門人來說根本是電影情節，難以想像。

　　據考古學家研究，人類在數萬年前便已開始穿鞋，在現今的美國西部曾出土一只由植物纖維簡單編織而成的涼鞋，粗步推估在距今一萬年以前。鞋子演變到今天，已經不是單純的用來保護腳，更是搭配服飾造型不可或缺的一部份。目前市面上將鞋子分為四類：皮鞋、布鞋、膠鞋、塑料鞋（化學鞋），稱為四鞋。隨著社會的進步和科學技術的發展，人們對鞋的穿用要求越來越高，而四種鞋從原料、輔料、加工裝配工藝、款式、功能都在滲透，互相借鑑，取長補短，又互相競爭和衝擊。因此促使鞋的造型款式、結構用料、功能等方面都在日新月異的變化。在戰地政務解除之前，金門人的穿著沒有太大的變化，因此對於鞋子的要求不高，對鞋子的了解也不多。基本上，在那個年代，皮鞋只有兩種：小皮鞋與大頭皮鞋，尤其是大頭皮鞋，大頭皮鞋要擦到能反光當鏡子才能放假，學生與阿兵哥對皮鞋最深厚的感情就表現在擦鞋上，擦皮帶銅頭和擦皮鞋是多數男生成長過程中共同的記憶。

　　記憶中的大頭皮鞋除了啵兒亮之外，還要能發出聲響，聲響來源就是鞋底的鐵片。現在的年輕人大概很難理解為什麼要在皮鞋底釘上鐵片，這年頭也沒有多少人還時興這一套。原先釘鐵片流行於軍中，憲兵隊可能是始作俑者，因為穿制服不能把腳抬太高，併排行走時根本無法看清隔壁弟兄腳步，聽鐵皮發出的聲音可以整齊步伐。民國 6、70 年代，皮鞋還很稀少，為了讓皮鞋鞋底經久耐用，所以穿皮鞋的人都將皮鞋釘上鐵片，釘有鐵片的皮鞋走在水泥路上，哐嚓哐嚓地響，更能顯示主人春風得意。除了釘鐵片加強皮鞋壽命外，也有人在鞋跟再加釘一塊鞋底，讓自己看起來高

一點，女性則直接穿著俗稱「矮子樂」的增高鞋，搭配迷你裙，走起路來搖曳生姿，金門雖是戰地，一樣有春光。

　　戰地政務解除為金門帶來許多新商機，成衣服飾便是其中一例，但是作為服飾一部份的皮鞋店竟然無人願意經營，將近 20 年的時間沒有新店設立，這種現象確實不尋常，皮鞋市場似乎消失了。現在皮鞋講究機能，不同場合有不同的需求，鞋子款式更是不時推新，如同衣服一樣，要將鞋子穿到破，談何容易。金門傳統的皮鞋店趕不上流行風潮，舊式的皮鞋無法吸引年輕人，修補鞋子當然還是有其必要，修鞋的生意還在，但賣鞋方面幾乎快被 LaNew 和阿瘦所取代。2003 年「老牛皮國際股份有限公司」在金門設立第 172 分公司，不久，「阿瘦」也在金城中興路設門市，這兩家知名皮鞋公司進駐金門，為金門的鞋子文化開啟新的一頁。

　　復古潮流一波又一波，釘鐵片的皮鞋會不會再流行，目前還看不出來，但是曾經是五、六年級男生心中的名牌球鞋「中國強」，最近又成為七、八年級生腳下的新選擇，也成為不少手繪鞋子創作者的唯一選擇。外型與知名美國帆布鞋品牌 Converse 幾乎雷同，但售價卻僅需進口品牌的一半，便宜但品質佳，成為中國強的代名詞。成立已經 40 年的帆布鞋品牌「中國強」，是小時候男生的夢幻球鞋，不僅耐穿且鞋墊舒服，又不容易發臭，因為中國強的鞋墊中含有甲殼素，有吸臭的作用。名作家林清玄曾經在他的散文集中提到，中國強的鞋子是他小時候過年最盼望的禮物。[24]許多校園電影裡披掛在脖子上捨不得穿的布鞋，以及當時留學生帶出國的布鞋，都是中國強的鞋子。高筒的「中國強帆布鞋」，一度成為台客的文化形象代表之一，也曾是俗氣、「聳」的代名詞。如今這項懷舊商品又再度在校園、流行圈裡活躍起來。2005 年中國強帆布鞋隆重推出「1967 年中國強復刻板」，抓住人們懷舊的心理，大搞商業行銷手法。流行本來就是一種週期性的行為，但重來的絕對不是過去的。自從 LaNew 和阿瘦相繼在金門展店後，金門勢必如廣告中的情節，只能向前走，不想再回頭。能有一雙好的鞋子穿，這條路我們可以走得更順遂。

---

[24]　林清玄，《打開心的門窗》（台北：圓神，1996 年），〈太子龍與中國強〉。

鞋店

營利事業名稱	設立	異動	負責人姓名	資本額	現況	營業項目	地址
進步（皮鞋店）	64	95	陳麗玉	20,000	歇業	皮革品／成衣零售	金城鎮北門里中興路 58 號
源裕皮鞋店	64	91	白錫真	20,000	歇業	皮鞋店	金城鎮北門里中興路 81 號
立興（皮鞋店）	65	82	連意玉	10,000		成衣零售／修理皮革品	金沙鎮汶沙里博愛街 9 號
建新皮鞋店	65	95	林媽發	20,000		布疋服飾品零售業	金城鎮北門里中興路 86 號
新的（皮鞋店）	65	83	許績才	20,000		化妝品零售	金城鎮南門里莒光路 97 號
振華（皮鞋店）	65	82	李燦堂	10,000		服飾品零售／皮革修理	金湖鎮新市里復興路 107 號
誠利皮鞋店	67	94	陳素治	10,000		布疋服飾品零售業	金城鎮北門里民生路 11 巷 11 弄 1 號
金門皮鞋廠金城門市部	70	81	張秀華	30,000	歇業	衣著服飾品零售	金城鎮北門里中興路 115 號
金門皮鞋廠金城門市部	70	81	張秀華	30,000		衣服服飾品零售	金城鎮北門里中興路 115 號
生生皮鞋廠	76	82	王宇滿	20,000	歇業	皮鞋、衣著服飾品零售（皮鞋）	金湖鎮新市里中正路 51 號
灰姑娘鞋坊	77	91	許乃信	20,000		鞋類零售業	金城鎮北門里中興路 60 號
安可鞋行	78	94	吳侯良	10,000		布疋、衣著、鞋、帽、傘、服飾品零售業	金城鎮東門里莒光路 17 號
摩登皮鞋店	80	81	吳麗紅	20,000	歇業	成衣、皮革製品零售	金湖鎮新市里中興路 50 號
志偉皮鞋行	82	88	楊維和	20,000	歇業	鞋類批發／成衣零售	金城鎮北門里民生路 11 巷 11 弄 3 號
維和皮鞋行	82	88	楊維和	20,000	歇業	鞋類批發／成衣零售	金城鎮北門里民生路 11 巷 9 號
金門皮鞋廠	82	85	杜秀蓮	30,000		皮革及皮革製品／修鞋、傘、皮革品	金湖鎮新市里復興路 39 號
老牛皮國際股份有限公司第 172 分公司	92	92	姜吉昌	同總公司		皮鞋、皮包、皮衣、皮沙發、皮飾品、皮革材料	金城鎮西門里民生路 47 號（1 樓）

服飾店

營利事業名稱	設立	異動	負責人姓名	資本額	現況	營業項目	地址
僑光服飾行	64	82	王麗紅	60,000		成衣零售／化妝品零售	金城鎮西門里中興路 61 號
麗人（服裝社）	65	96	楊慧娟	5,000		布疋、衣著、鞋、帽、傘、服飾品零售業	金城鎮北門里浯江街 62 號
金志成（男裝專賣店）	65	85	李海瑞	40,000		成衣零售／真皮皮鞋零售	金湖鎮新市里中正路 62 號
曼萍服飾店	65	94	呂淑嬌	50,000	歇業	成衣零／服飾品零售業	金湖鎮新市里中正路 73 號
芳的服飾工作坊	67	90	辛月娟	20,000		成衣零售業／鞋類零售業／裁縫服務業	金湖鎮新市里復興路 1 之 13 號
全音	68	91	黃淑嬌	20,000		服飾品批發／室內裝飾紡織品批發／一般百貨	金城鎮北門里珠浦北路 28 號
安琪服裝行	68	94	陳麗圓	30,000	歇業	成衣零售／代客編織	金城鎮北門里莒光路 103 號
金勝興	68	90	陳玉珠	20,000		成衣零售	金城鎮東門里莒光路 31 號
美欣服裝行	68	82	葉寶華	20,000	歇業	衣著服飾／化妝品零售	金湖鎮新市里菜市場 49 號
山林（成衣行）	68	84	林環	20,000		成衣零售	烈嶼鄉林湖村東林街 90 號
大億服飾行	69	84	吳罔兆	30,000		成衣零售	金城鎮東門里莒光路 35 之 1 號
素素（服裝店）	70	89	吳彩芬	20,000		服飾品零售業	烈嶼鄉林湖村東林 101 號
璐璐服裝社	71	82	李秀珍	20,000		成衣零售	金城鎮北門里莒光路 66 號
巧美屋服飾	73	73	顏亞嬌	10,000		衣服飾品零售	金城鎮東門里莒光路 1 段 16 號
恬恬服飾屋	73	90	許乃濤	20,000	歇業	成衣零售	金城鎮南門里中興路 32 號

松美時裝行	73	73	歐陽金蟬	20,000		衣著服飾品零售	金湖鎮正義里成功137號
名樣服飾店	74	93	黃靜瓞	20,000	歇業	成衣零售	金城鎮北門里中興路146巷27號
宏明服飾	74	82	蔡瓊英	30,000		成衣零售	金城鎮東門里莒光路25號
名流服飾名店	74	84	許麗明	30,000		其他布疋衣服飾品零售（成衣零售）	金城鎮南門里中興路18號
儂儂屋（服飾）	74	87	林素秋	20,000		衣著服飾／化妝品零售	金湖鎮新市里復興路34號
名家服飾行	75	82	戴秀卿	20,000		成衣零售／化妝品零售	金沙鎮汶沙里三民路3之2號
龍華服飾	75	81	楊麗華	5,000	歇業	（未註明）	金城鎮北門里中興路48號
菲凡服飾名屋	75	92	陳能華	30,000		成衣零售／化妝品零售	金城鎮西門里中興路51號
寬記服裝行	76	96	吳能珠	70,000	歇業	成衣零售	金城鎮北門里莒光路58號
百合服飾行	76	85	趙蒲香	20,000		成衣零售	金城鎮西門里中興路173巷15號
味味服飾行	76	82	李妙真	10,000	歇業	（未註明）	金城鎮莒光路43號
貝貝服飾行	77	87	楊美華	10,000	歇業	其他衣著服飾品零售	金沙鎮汶沙里復興街19號
斑馬線（服飾）	77	91	施憶華	20,000		成衣／化粧品零售	金沙鎮汶沙里復興街30號
迪羅男飾	77	94	林金漢	20,000		布疋衣著、鞋帽、傘、服飾品／化粧品零售	金湖鎮新市里復興路36號
雅舍精品	78	82	林梅雀	10,000	歇業	紡織及衣著服飾零售	金城鎮莒光路7號
各嬡服飾	79	82	翁尤敏	10,000		衣服飾品零售	金城鎮北門里中興路102號
新奇百貨服飾行	79	86	魏棟枰	10,000		服裝百貨	金城鎮西門里莒光路26巷1號
紅磨坊服飾	79	93	周麗明	30,000	歇業	成衣零售	金城鎮浯江街8號

蜜蜜屋服裝行	79	80	林素秋	10,000	歇業	衣著服飾品零售	金湖鎮復興路 41 號
新萬達服飾行	79	80	陳玉鳳	20,000	歇業	衣著服飾品零售買賣	金湖鎮新市里武德新莊 8 號
藍世界牛仔服飾	79	93	林素珍	40,000		成衣、鞋類服飾品零售	金湖鎮新市里復興路 13 號 1 樓
昇鴻服裝社	80	96	翁朱絹	10,000		布疋衣著、服飾品零售	金沙鎮光前里陽宅 96 之 2 號
湘玲服飾	80	83	翁再興	10,000	歇業	衣著服飾品零售	金城鎮北門里民生路 46 號
紫媽服飾精品屋	80	82	楊福治	10,000	歇業	紡織品及衣著服飾品零售	金城鎮東門里莒光路 7 號
臻服飾	80	87	陳意玲	10,000	歇業	布疋、衣著、服飾品零售／成衣零售	金城鎮東門里莒光路一段 48 號
雲想衣精品	80	81	蔡美雲	30,000	歇業	衣著、服飾品零售	金湖鎮山外里山外街 15 號
匯虹童裝	80	81	王明敏	150,000	歇業	皮革及皮革製品零售	金湖鎮新市里中興路 21 號 1 樓
儂格服飾店	80	92	許淑真	30,000	歇業	成衣零售／衣著、服飾品零售	金湖鎮新市里復興路 13 號 2 樓
雨把刷子服飾行	80	81	陳鳳	30,000	歇業	衣著服飾品零售	金湖鎮新市里復興路 37 號 2F
環亞服飾	81	81	王玉霜	20,000	歇業	成衣零售	金沙鎮汶沙里博愛街 49 號
高登男飾	81	93	楊德清	10,000	歇業	成衣零售／鞋類零售	金城鎮北門里中興路 120 號
小雅服飾百貨店	81	81	王菊雲	10,000	歇業	成衣零售	金城鎮北門里中興路 161 巷 34 號
媛媛服飾店	81	81	徐秀鸞	20,000	歇業	成衣零售	金城鎮西門里莒光路 144 巷 9 號
紫媽服飾精品屋	81	81	蔡淑娥	10,000		成衣零售	金城鎮南門里莒光路 7 號
珮珮服飾	81	89	孫例真	40,000	歇業	衣著服飾品零售	金湖鎮新市里中正路 5 之 1 號

名格服飾	81	92	許惠玲	30,000		成衣零售業／服飾品零售業／化粧品零售業	金湖鎮新市里中正路 6 號
時尚服飾	81	82	李麗羨	20,000	歇業	成衣零售	金湖鎮新市里復興路 19 號
風情服飾精品店	82	82	張學仁	30,000		成衣零售／手工藝品及材料零售	金城鎮北門里中興路 173 巷 14 弄 16 號
阿惠時裝店	82	82	廖玉惠	10,000		服裝業來料	金城鎮西門里民權路 70 巷 2 弄 11 號
淑女女裝店	82	95	王瓊河	10,000	歇業	布疋零售	金城鎮西門里光前路 70 巷 3 號
麗芳服飾店	82	87	薛惠芳	10,000	歇業	修改衣服、織補店	金湖鎮山外里山外村 2 之 2 號
激匠服飾	82	84	蔡文山	20,000	歇業	成衣零售	烈嶼鄉林湖村四維 67 號
樣服飾精品	83	83	莊華芬	20,000		成衣零售	金城鎮北門里莒光路 1 段 31 號
歐美谷服飾店	83	83	陳仲萍	20,000		成衣零售	金城鎮西門里中興路 161 巷 28 號
衣蝶（精品服飾）	83	90	楊秀貞	40,000		成衣零售業	金城鎮南門里民權路 51 號
龍笛服飾店	83	89	王銀惠	10,000	歇業	成衣零售	金城鎮南門里浯江街 48 號
龍迪服飾	84	88	王銀惠	10,000	歇業	成衣零售	金城鎮浯江街 43 號
陳記服飾	84	84	呂玉葉	30,000		服飾品零售／化妝品零售	金湖鎮山外里黃海路 41 號
快樂流行服飾	85	87	楊德榮	10,000	歇業	成衣零售	金城鎮中興路 48 號
人間寵兒嬰童用品店	85	92	許丕埕	50,000		成衣零售／服飾／紙尿褲紙尿布／化粧品批發	金城鎮北門里中興路 62 號
夏姿服飾行	85	86	葉長火	50,000	歇業	成衣、布疋、衣著、服飾品零售／化妝品零售	金城鎮民族路 56 號
迪薇服飾名店	85	86	傅麗娜	10,000	歇業	成衣零售	金城鎮民權路 89 號

茱彤服裝行	85	85	劉鴻志	20,000		成衣／皮包、皮箱、手提袋／皮鞋零售	金湖鎮新市里復興路 43 號 1 樓
莎薇內衣精坊	87	94	陳佩雯	50,000		化妝品零售／布疋、衣著、服飾／美容美髮	金城鎮民生路 27 巷 1 號
非常男女精品店	87	88	林長璋	200,000	歇業	成衣、運動用品、娛樂用品零售／化妝品	金湖鎮山外里黃海路 79 號
魅力服飾精品店	88	92	吳淑鴦	200,000	歇業	成衣、手提袋、皮箱、手套、襪子其他佩件	金城鎮民權路 102 號 1 樓
婍帝服飾精品店	88	95	陳淑珍	30,000	歇業	書籍、文具零售業／玩具、娛樂用品零售業	金城鎮南門里民族路 221 號 1 樓
棒的服飾精品屋	88	92	呂惠如	20,000		成衣／鞋類／皮包、手提袋、皮箱／服飾品零售	金湖鎮新市里復興路 19 號
布蘭卡服飾	89	89	邱慧麗	10,000		成衣／化粧品零售	金城鎮中興路 161 巷 15 號
媚力一生精品	89	95	楊惠菁	200,000		布疋、衣著、鞋、帽、傘、服飾品零售業	金城鎮中興路 161 巷 19 號
哈衣族服飾精品屋	89	92	何素蘭	50,000		成衣／鞋類／皮包、手提袋、皮箱／服飾品零售	金湖鎮山外里黃海路 11 號
佳倫	89	94	陳文展	100,000		布疋衣著、鞋帽、傘、服飾品	金湖鎮新市里復興路 11 號
美的世界童裝精品服飾	89	93	林寶華	50,000	歇業	成衣批發業／服飾品批發業／鞋類批發業	金湖鎮新市里復興路 23 號
選衣坊精品服飾	89	89	吳佳玲	150,000		成衣／鞋類／皮包、手提袋、皮箱／服飾品零售	金湖鎮新市里復興路 43 號
喬筑服飾	90	90	許淑貞	10,000		成衣零售業／鞋類零售	金城鎮北門里莒光路 102 號
依多樣服飾店	90	90	陳小梅	50,000		成衣零售／鞋類零售／化粧品零售業／服飾品零	金城鎮西門里珠浦西路 6 巷 4 弄 3 號

珊瑚精品服飾店	90	95	王翠雲	10,000		布疋衣著、鞋、帽、傘、服飾品	金湖鎮新市里武德新莊自強路 15 號
久帝服飾	90	91	林素珍	30,000	歇業	服飾品零售業／資訊軟體服務業	金湖鎮新市里復興路一段 12 號
睿苹服飾行	90	94	洪育鵬	50,000	歇業	成衣零售	烈嶼鄉上歧村青岐 78－1 號
米堤童裝	91	91	林秀琦	10,000		成衣零售業	金城鎮北門里珠浦北路 4 號
尚服飾	91	93	孫毓玟	10,000		布疋、衣著、鞋、帽、傘、服飾品批發業	金城鎮北門里浯江街 43 號
采衣坊服飾店	91	91	吳錦蓮	50,000		成衣零售、服飾品零售	金湖鎮山外里黃海路 61 號
小雅服飾	91	91	陳小玲	30,000		成衣批發業	金湖鎮新市里中正路 77 號
姐妹精品服飾	91	91	吳憶雯	20,000		成衣／皮包、手提袋、皮箱／服飾品零售	金湖鎮新市里林森路 25 號
甜蜜寶貝童裝	91	95	王秋玲	50,000		布疋衣著、鞋帽、傘、服飾品零售	金湖鎮新湖里環島南路湖前段 6 號
衫民服飾店	92	92	顏小蘭	10,000		成衣、鞋類、皮包、手提袋、皮箱零售	金城鎮中興路 163 之 1 號
米格服飾	92	92	葉藍玲	40,000		成衣、鞋類、服飾品、傘、帽類、化粧品零售	金城鎮北門里珠浦北路 28 之 4 號
凱尼葳服飾	92	2	洪惠芬	20,000		成衣零售	金城鎮北門里莒光路 51 號
可可服飾精品	93	93	游瓊華	100,000		成衣／皮包、手提袋、皮箱／服飾品零售	金城鎮北門里中興路 161 巷 2 號
熊熊服飾	93	95	王玉意	20,000		布疋、衣著、鞋、帽、傘、服飾品零售	金城鎮北門里中興路 54 號
紅大城服飾行	93	94	李仁國	200,000	歇業	布疋、衣著、鞋、帽、傘、服飾品零售	金城鎮西門里光前路 39 之 1 號
獨領風騷精品名店	94	96	蔡美萍	330,000	歇業	布疋衣著、鞋帽、服飾品、首飾及貴金屬零售	金城鎮北門里莒光路 70 號

香榭法國精品屋	94	94	何秋恩	200,000	化粧品、布疋衣著服飾品首飾及貴金屬零售	金湖鎮市港路 19 號
粉彩屋休閒服飾行	95	95	張淑宜	5,000	布疋、衣著、鞋、帽、傘、服飾品零售	金城鎮西門里莒光路 147 號
思薇特精品服飾	96	96	呂秀專	100,000	布疋衣著服飾品／化粧品／首飾及貴金屬零售	金城鎮中興路 161 巷 30 號
歡霓童裝屋	96	96	陳淑真	20,000	布疋衣著、服飾品零售業／國際貿易	金城鎮北門里中興路 146 巷 28 號
金采服飾	96	96	蔡雅玲	20,000	布疋、衣著、鞋、帽、傘、服飾品零售業	金湖鎮新市里中正路 59 之 2 號
玩美女人衣飾館	97	97	陳錫政	200,000	布疋、衣著、鞋、帽、傘、服飾品零售	金城鎮東門里民族路 62 號
衣甸園男女服飾精品	99	99	周獎晏	200,000	布疋、衣著、鞋、帽、傘、服飾品零售	金湖鎮新市里復興路 106 號
佐恩服飾	99	99	葉藍婷	60,000	布疋、衣著、鞋、帽、傘、服飾品／化粧品	金城鎮珠浦北路 27 之 6 號

　　俗話說「佛要金裝，人要衣裝」，對愛美的女性而言總是覺得少了一件衣服，即便衣櫃已經塞滿，仍不改逛街購衣的樂趣。在眾多行業中，開服飾店似乎都可以賺錢，許多婦女自己喜愛衣服，憑著對衣服的了解於是自己開店做生意。在台灣本島，服飾店多到無所不在，從夜市到精品店，從路邊攤的吊架到百貨公司專櫃，永遠都聚集著挑衣買衣的人群，即使無能力購買，對櫥窗內的模特兒也會多看兩眼。時尚雜誌是女性的最愛，據「金石堂」與「誠品」的調查，在十大暢銷雜誌排行榜中，時尚雜誌往往名列其中。像是創立於 1997 年的《Men's Uno 男人誌》和最近才推出的《Madame FIGARO 費加洛國際中文版》，銷售業績都不錯，日文版的 Madame FIGARO，在日本女性雜誌銷售排行中排名第一，這是費加洛雜誌國際版中最成功的國外版本。顯然，不管男人或女人，對於品味、對於流行，都想要有自己獨特的想法。現在台灣的女性對知的需求，已經不是從前的盲目追求流行或品牌迷思，而是希望能更進一步得到精神與知性的需求，這類雜誌看到女人的需求，為了滿足女人們夢想，於是將流行雜誌塑造成所有愛好流行、重視品味、擁有夢想女人的生活備忘錄。

對於品味與時尚，金門人也不落人後，只是在金門本島要接觸這些流行訊息，需要特別的管道和更積極的作為。這三、四十年來，任何時期金門都有服飾店核准成立，也有服飾店歇業，人們似乎並沒有因為有人歇業而放棄開服飾店的理想。男裝、女裝、童裝、運動服；精品、休閒，一家接著一家的開，從 1975 年的「僑光服飾行」到 2010 年的「衣甸園男女服飾精品」和「佐恩服飾」，未曾間斷過，以「服飾」為名的店家多到「商工登記資料公示查詢系統」無法顯示。服飾店是一個一直在「動」的行業，服裝樣式會有退流行的時候，但不會有「過時」的問題，巧妙的設計與搭配，必定再度引領風騷。服飾店從來都不是「夕陽產業」，從精品店內所販賣的衣服形式，可以看出流行的趨勢，甚至可以作為研究社會脈動的指標。開放後的金門，資訊通路完全自由，報章刊物、電視網路，同步與世界接軌，就「知」的層面而言，已無先後之分。但就「做」的層面而言，金門人的穿著普遍過於保守，就算辛蒂・克勞馥（Cindy Crawford）穿過的衣服，也未必能在金門流行。基本上，引領時尚或追求時尚的只是一小部份人，金門當然也有這些人，但我們畢竟只是個某種程度上被隔絕的島，不是現代化的大都會。對常民百姓來說，「綾羅綢緞」過於奢華，「奇裝異服」則有礙風俗之淳美，金門即使已經解嚴，但是某些傳統的價值觀仍然根深蒂固，難以拔除。

人類之所以異於禽獸，在於人類會穿衣服，但為什麼要穿衣服，有三種說法：禦寒說、禮貌說與美容說。衣物最初是用來禦寒、防害的。對於維持體溫要求，保護身體免受傷害的衣物，是絕對必要的，是衣物的正確用途。而衣物的美容作用，是以隱藏缺點，凸顯優點為主。對於先天美貌體態等等的不平等，有著補償的作用，因此有其實際上的需要。但時至今日，衣物的美容作用，已經遠遠超過了遮醜的程度，而到了炫耀財富地位的地步。衣服的穿著，已經隱含有階級不平等的意識，包括經濟能力、地位身分，以及外在美貌等等。這是一種很功利的思想，卻已經普遍存在。裸體主義者（nudist）反對穿衣服，正是因為衣服的作用與價值已被扭曲，人的本質已被嚴重物化，很多人喜歡看時裝秀，但始終弄不懂重點是服裝還是身材姣好的模特兒。這是一個全球化的時代，雖然流行與時尚早已跨越國家的疆界，但是文化傳播仍然脫離不了民族色彩。各種旅遊節目或美食節目，主要訴求的仍是民族風情，在全球化的時代，人們反而更依戀自

己的民族。朝鮮人穿韓服、日本人穿和服、馬來西亞人穿沙龍、中國人穿唐裝與旗袍，我們因服裝而認識一個國家，因服裝而了解民族的差異。

　　作為一個獨特的族群，金門人沒有客家人的「藍衫」，沒有像原住民一樣的傳統服飾，在衣服文化史中，我們無法透過服飾圖騰去作自我認同。「制服」有助於群體意識的辨別，當「制服」都一樣時，只好從某些圖像與符號去延伸想像。金門以前有很多人在幫阿兵哥洗衣服、繡臂章，陸海空三軍衣服不會弄錯，但要一眼就看出來是「金東」、「金西」，「烈嶼」、「南雄」，或「砲指部」、「空指部」，就需要「內行人」了。金門的計程車司機只要看到阿兵哥左側胸口與右臂上方處的識別符號，就知道該把人載往何處，因此，阿兵哥就算喝到不醒人事，也不用擔心回不了營區。阿兵哥在金門，金門人在台灣，都是「過客」，當人們流落異鄉時，對於屬於家鄉的圖像符號特別容易感動。在中和「八二三砲戰紀念公園」常常會看到阿媽背著小孩在散步，但不論隔多遠，只要視力夠好，可以篤定的說哪位是金門人，不是因為公園的名稱，而是包覆幼兒的那件「花披」。「花披」是金門特有的用品，專供剛出生不久的幼兒外出披戴之用，據說可以「祛魔避邪」，保護孩子不受外物驚擾，以前只有在金門才買得到。黑白相間的小方格「花披」和紅色的「揹巾」，是金門人紡紗織布的見證，也是許多金門人的鄉愁圖騰，金門可以不要 Armani，不要 Prada，但是不能不要「花披」，不要「迷彩服」。

第三節　宗教服務業

壹、金紙店

　　紙錢，也稱「冥紙」或「金銀紙」，傳說起源於東漢蔡倫。當時，「蔡侯紙」剛問世，世人不識貨，無人知曉其用途而滯銷。蔡倫串通妻子，設計詐死，並交代妻子在棺木前燃燒貼有錫箔的紙張，哄騙前來弔唁的親友說：「此乃陰間通用貨幣，燒給陰間鬼神，死者可復活」。蔡倫果真死而復活，燒紙錢的神話因而傳開，從此燒紙錢之風，相沿成習至今。一般咸信，燒紙錢可積功德，延長壽命。這個故事雖然頗富傳奇色彩，事實上只

能姑且聽之，不必盡信。使用金銀紙的習慣，究竟從什麼時代開始？根據《唐書・王璵傳》：「漢以來者皆有瘞錢，禱神而用紙錢，則自王璵始」。「璵專以祀事希倖，每行祠禱，或焚紙錢，禱祈福祐，近於巫覡」。[25]另外，再根據《愛日齋叢鈔》的記載：「南齊廢帝好鬼神，常剪紙為錢，以代束帛，而有紙錢」。到了五代，焚紙錢已經很普遍，「晉本紀」與「周本紀」均有關於「寒食野祭而焚紙錢」的記載。[26]後周世宗發引之日，百司路祭，以紙製作金銀錢寶之樣並雕印文字，這正是日後金銀紙形制的由來。

從以上的文獻記載，可以推論中國最遲在唐、宋時期即有紙錢的使用。喪葬及祭祀焚燒紙錢的文化傳統源自中國大陸，三百多年前閩粵居民移民台灣時，這項傳統也跟著引進。日治時期，因推行皇民化運動，雖未禁止民眾在廟宇焚燒紙錢，卻禁止金銀紙的製造。1970年以後，經濟起飛，生活日趨富裕，民眾不忘慎終追遠、敬奉神明，而由燃燒大量的金銀紙來表達至誠敬意。此時期，金銀紙需求量激增，不少婦女以此為家庭副業。[27]1987年，台灣民眾瘋狂簽賭大家樂，因篤信明牌而中獎的賭客，紛紛買進大量金銀紙以酬謝鬼、神。拜大家樂之賜，金銀紙業的市場，供不應求。可惜好景不常，兩年後，政府為抑制簽賭歪風，嚴禁大家樂，金銀紙的風光景象隨即曇花一現。此後十年，雖然盛況不再，但是金銀紙業仍然在平穩中發展。直到近年環保意識抬頭，金銀紙製造業無力負擔高昂的廢水處理設備，紛紛將工廠移往大陸、東南亞一帶，留在台灣的金銀紙業者，在機器及進口金銀紙的夾擊中日益凋零。加上，各大廟宇不鼓勵焚燒紙錢，民間的紙錢消耗量，大幅委縮。

金門不生產紙張，因此，所需的金紙完全仰賴台灣供應。金門的金紙店自台灣購買整捆的紙張，然後加以裁剪成合適的大小，並雇人工貼上金箔或蓋上所需圖樣，每一張冥紙都得費上一番功夫，費時又費力。民國六〇年代以後，金門的社會安定，生活富裕，家家戶戶都有餘力焚燒紙錢以求消災解厄。金門民間信仰，遇有祭祀，除了燒香拜拜外，還要焚燒冥紙。

25　《新校本舊唐書》，卷一百三十，「列傳」第八十，王璵道士，李國禎，附，頁3617。
26　《新校本新五代史》，卷十二，「周本紀」第十二。
27　參閱許維民、許維權，《金門小型產業調查研究》（修正本），金門縣：內政部營建署金門國家公園管理處，2003年。「作金紙」。

根據楊天厚與林麗寬的《金門歲時節慶》記載，金門一年中的廟會活動高達 120 多次，[28]比較奇特的民俗活動，包括金城的「城隍爺繞境」、金寧湖下的「送王船」、沙美慈航寺的「打佛七」、成功村象德宮的「進金紙」、以及各地道士的「作醮安醮」等。在金門，舉凡喪葬、節慶均特別講究祭典儀式，其中燃燒紙錢給往生祖先及神明鬼魂，給他們在另一世界花用，這個傳統至今仍被虔誠地奉行。由此，除了可以看出祭祀者情義深重的一面，也可以看出活著的人對死後未知世界豐富的想像力。因此，金門的金銀紙銷售一直很可觀。[29]

金門的金銀紙文化與台灣相同，金銀紙可以大致分成三大類：「金紙」、「銀紙」、「紙錢」。[30]金紙與銀紙在使用上有所不同，金紙代表吉利，是做為祭拜神明之用，其他精靈鬼怪不可使用。金紙是象徵金幣的貨幣，具有最高價值，意思同香油錢，祭祀神明一定要用到。銀紙代表除魔或消災，用於祭拜祖先及孤魂野鬼時當成財貨使用。金紙不能用於靈魂界，銀紙也不能用於神明界。除了金紙與銀紙外，還有所謂的「紙錢」。「紙錢」與金銀紙不同的是，紙錢的紙面不是用箔，而是用穴線穿過，分為金白錢、庫錢、高錢、本命錢等數種。高錢又分為黃高錢與白高錢兩種，大多以千或萬為單位，當成陰間通貨。與紙錢類似的有經衣與五色紙，另外還有一些供神鬼使用，畫有衣服或器具的紙錢，可視為「準紙錢」。金門的金銀紙與台灣各地所印製的金銀紙，在圖樣上會有些不同，但是使用的目的都一樣。

金門最早核准成立的金紙店是金城東門里莒光路的「益茂冥紙加工廠」，登記的營業項目為祭祀用紙製造、香燭冥紙零售與公賣品（煙、酒）批發。有別於其他的金紙店，益茂在設立之時不僅從事金銀紙的批發零售，也從事生產製造。早年的金銀紙生產都是手工，手工製品速度不足以應付市售需要。1977 年，金門開始引進加工機器，隔年，又引進印金箔用的機器，後來又陸續加入各種設備。根據「新益金紙店」第二代老闆沈年

28　楊天厚、林麗寬，《金門歲時節慶》，金門：金門縣政府，1996 年。

29　李錫隆，《金門島地風采》（台北：稻田，1996 年），頁 135。

30　有關金、銀紙種類與不同用途，參閱張益銘，《金銀紙的秘密》，台北：星晨，2006年。有關金銀紙錢產業的發展過程、信仰角色。參閱施晶琳，《台灣的金銀紙錢》，台北：蘭台網路，2008 年。

明的說法，當時金門地區採用機器加工的金紙店總共十八家，古城及沙美各一家，山外有三家，其餘的都集中在金城。[31]小小的金門就有這麼多家加工業者，顯見金門金銀紙的「市草」一片光明。茲將此一時期成立，而且登記有案的金紙店列表如下：

金紙店

營利事業名稱	核准設立	最近異動	負責人姓名	資本額	組織類型	現況	地址
益茂冥紙加工廠	64	93	楊振華	30,000	獨資	歇業	金城鎮東門里莒光路
和成（紙鋪）	65	82	張成昌	30,000	獨資		金城鎮東門里民族路
葉振美	65	82	葉振美	20,000	獨資		金城鎮西門里光前路
鼎興（紙鋪）	65	94	歐賢	20,000	獨資		金城鎮東門里莒光路
聯發（金紙鋪）	65	92	魏欽鴻	20,000	獨資	歇業	金城鎮東門里莒光路
正發（金紙鋪）	66	85	鄭云嬌	10,000	獨資		金城鎮東門里民族路
合成	67	87	陳威	20,000	獨資	歇業	金城鎮西門里莒光路
新益金紙店	69	94	許能慧	20,000	獨資		金城鎮西門里民權路
鼎盛商店（香紙）	71	71	魏秀梧	20,000	獨資		金湖鎮新市里中興路
新泉源（紙鋪）	72	82	李彩虹	20,000	獨資		金湖鎮新市里中興路
建誠金紙鋪	72	87	黃娟碧	10,000	獨資	歇業	金城鎮東門里民族路
金勝發（紙鋪）	80	93	李愛華	20,000	獨資		金城鎮東門里莒光路
金香紙鋪	82	88	陳琴月	40,000	獨資	歇業	金城鎮南門里光前路
金淮金紙店	83	83	趙國安	10,000	獨資		金湖鎮山外里建華
福源紙鋪	91	91	李奇偉	10,000	獨資		金寧鄉安美村西浦頭
吉祥金紙香商店	93	96	李建葦	30,000	獨資	歇業	金城鎮南門里民族路
金采金紙店	96	96	陳瓊美	10,000	獨資		金湖鎮武德新莊

從地理區位上來看，金門的金紙店集中在金城（尤其是莒光路與民族路上），這是有原因的。後浦的廟宇很多，例如武廟、媽祖廟、北鎮廟、靈濟古寺（觀音亭），其中以城隍廟和媽祖廟，香火最是鼎盛。金門境內總共有十一座媽祖廟，三座城隍廟。後浦的媽祖廟，當地人稱「大媽祖宮」，與金城市區的「南門天后宮」、料羅的「順濟宮」同為金門三大媽祖廟。天后宮建廟已有 300 多年歷史，經過多次整建而有今日華麗、恢弘的氣勢。

---

[31] 時間為民國七十九年左右，見李錫隆《金門島地風采》，頁 137。

殿內主奉大媽祖與三媽祖，並從大陸湄州迎來二媽祖奉祀，每年農曆三月媽祖生，金門境內十一座媽祖廟聯合舉行媽祖遶境巡安活動，非常熱鬧。至於莒光路上的城隍廟，金門人稱「浯島城隍」或「後浦城隍」，創建於清嘉慶十八年（1813），其間幾經翻修，今日面貌係 1998 年重建，雖然古意盡失，卻更加恢宏氣派。另外二座城隍廟，分別位於田浦與金門城。金城的城隍爺是清總兵陳龍率軍移駐時，從金門城請來的。每年農曆四月十二日的「浯島城隍遶境」，是金門境內最盛大的廟會活動，萬人空巷。

廟會活動多，自然帶動金紙的消耗，手工製作已無法應付需求。然而，加工機器畢竟不便宜，對小本經營的金紙業來說，未必負擔得起，加上金紙業不是「四季亨通」的行業，有淡旺季的問題。在金門，金紙店平均每年有八個月的旺季，以清明、七月、冬至及春節最好，農曆五、六月是淡季，九月及十月生意也差。市場競爭激烈，機器取代手工已是時代趨勢，然而，對金紙製造業來說，生存的問題不在機器與手工，而是大環境的變遷。在商言商，當投資報酬不成比例時，這個行業注定會被淘汰。如今的金門，金紙業已完全沒落，專業的金紙店難以生存，金銀紙成了雜貨店不甚重要的商品。儘管如此，金門人每逢節慶、祭祀，喪葬仍會焚燒紙錢，只要信仰還在，金銀紙會繼流傳。怕的是當老一輩凋零後，年青一代慎終追遠的心意變淡了。「敬神如神在」，心意固然重要，形式也要維持，所謂「禮不可廢」也。

焚燒紙錢，雖然有迷信的成份，但是透過這樣的民俗禮儀，民眾得以寄託趨吉避凶的心理願望，因此，紙錢仍有其一定的社會價值。作為一種「夕陽工業」的金銀紙製造，已經埋入歷史，金紙店的紙錢銷售盛況不可能重來，顯然，也不會有人鼓勵焚燒紙錢。將來我們可能只有在歷史博物館中才會見到紙錢，金銀紙有一天會成為歷史名詞。習俗會變，人心會變，金門傳統節慶活動的內涵也會慢慢調整。為了讓民俗活動成為金門的觀光資源，加入閩南文化與現代的新元素，是時代的趨勢。他日重回金門，鑼鼓聲依舊，陣頭依舊，獨不見紙錢滿天飛舞，獨不見飄向天際的一縷思念。迎神賽會變成一系列的觀光嘉年華與表演活動，對那些仍想藉由一柱清香向神明表達敬畏的人來說，內心恐怕更加孤寂了。

貳、禮儀社

《白虎通義・崩薨》：「喪者，亡也。人死謂之喪。何言其喪？亡不可復得見也。不直言死，稱喪者何？為孝子之心不忍言也。」可知，「喪」字原是亡而不見，後被轉義代替「死」字，指孝子不忍心說出自己父母已死，改用喪字。而喪禮是指人們在喪事活動中所遵守的行為規範。狹義上，僅指喪事操辦中的行為及語言規範，即人們所指的殯葬禮儀。廣義上，還包括葬式、謚法、陵墓、廟、碑銘、祭祀、神道擺設、陪葬物等規定。喪葬禮儀是中華文化中的人生四大禮（冠禮、婚禮、喪禮、祭禮）之一，也是古今中外各民族都相當重視的禮儀。中國的喪葬禮儀自周代以來歷代均有改革，而且繁簡儀式也有所不同，但是長久以來中原均以漢族為代表，其基本觀念也始終未曾動搖，台灣殯葬習俗也延續了漢民族文化，內容極為豐富與多樣，而且也極為複雜與多元，並且夾雜著各種價值系統的世俗化與變革化，很難釐清其真正的文化本質。

金門之喪葬風俗，多承古風，從「始喪」、「蓋棺」、「出殯」、「安葬」、「點主」、「七日」，到「週祭」脫孝，奉神主入龕，歷時三年（週年再加二節），繁文褥節，一般喪家，難以負荷。雖言慎終追遠，人子之所當為，然治喪應視家之有無，守制以合乎禮為宜，子曰：「禮，與其奢也寧儉；喪，與其易也寧戚。」喪祭之儀，故不可紊，然亦必中理而合禮也。子曰：「為禮不敬，臨喪不哀，吾何以觀之哉。」富貴人家好排場，常以奢華為榮，凡弔客至，必筵以盛饌，分以布帛。識者譏之，有違古訓。依《金門舊志》記載，金門喪俗，以明葉為淳，奠祭概依家禮。大陸失守以後，島內乏和尚，故喪葬已無佛事，道士五、七人，疲於奔走，法事也草草了之，時代如此，風俗也不得不改變。後因經濟繁榮，一般家庭喪事，亦競尚奢華，鋪張排場，或化裝戲劇，高唱小調，花車列隊，鼓樂喧天，與迎神賽會無異，且又開筵宴客，醉飽方休，誠為陋俗。民國 61 年，政府為改良民俗，規定喪祭力求節約、簡樸、哀榮，勿濫發訃聞，勿鋪張浪費。並制定國民禮儀範例，規定喪期及喪服，但是在有特殊習俗之地區，仍從其習俗，死者立有遺囑者也從其遺囑。

民國 72 年政府制定《墳墓設置管理條例》，此條例只規範公墓及私人墳墓之設置與管理，無法符合社會變動之需求。民國 91 年 5 月 6 日行

政院將《殯葬管理條例》草案函送立法院審議，並同時將《墳墓設置管理條例》審議廢止。新條例的制定，一方面加強殯儀館、火化場、納骨灰（骸）等喪葬設施之管理、輔導傳統殯葬業者轉型、健全殯葬服務業及殯葬行為之管理機制；另一方面也積極改善不肖業者巧立名目、強索費用等糾紛。殯葬管理條例公告及相關法規實施後，各縣市政府管理單位每年評鑑檢核業者，一些違法的「生前契約」銷售業者因而瓦解，良性競爭給了許多業者求成長進步的機會。又因網路資訊發達，觀念漸開放，一般民眾變聰明了，不再輕易受騙。消費者對殯葬意識抬頭，需求服務、商品變得更多。此時業者不斷滿足消費者需求，只要花的起，沒有什麼是做不到的：豪華佈置的鮮花會場、名家代言設計的精緻骨罐、六星級尊榮的禮儀師服務、VIP 級的靈堂等，在業者過度的商業包裝下，原本單純的喪事，被弄得像在辦商品發表會：光鮮亮麗、陣仗一排又一排、企業品牌 logo 置入行銷，業務人員比喪家家屬還多，這種現象看在旁人眼裡，真的為這些喪家感到無辜，也感到難過。這些大企業的竄起，使殯葬市場產生明顯的改變，但仔細想想，消費者真的受惠了嗎？真正的贏家，其實是殯葬業者。

　　說起台灣殯葬業的競爭，現階段可說是「戰國時代」，大型業者比企業規模、比廣告、比知名度，有些爭搶醫院太平間經營，有些廣招業務推廣生前契約、靈骨塔位銷售、預佔市場，可說極盡所能招攬客戶。沒錯，隱藏其中的利潤、商機無限，正所謂大者恆大，中、小型企業公司的演變，適者求新求變謀生存，劣質業者則被消費者淘汰出局。以前，一般人提到葬儀社，總會認為這是不入流的行業，從事這一行的人也儘量低調，畢竟人們對於死亡仍多所畏懼與忌諱。早年金門沒有葬儀社，村落中的殯葬事宜大都由耆老依循傳統辦理，其間也會有專業人員參與，雖是殯葬從業者，但並未成立公司行號，包攬生意。加上各地風俗不同，禮儀有別，殯葬業者有其地域性。民國 80 年代以前，核准成立的禮儀社只有兩家，一是金沙的「三友禮儀社」，一是金城的「壹品號禮儀社」，這些所謂的禮儀社與今日的禮儀公司不同，其營業項目大概只有整個葬儀中的少部份，尤其偏重在用品的出售，不像現在的禮儀公司包山包海，操辦所有殯葬業務。民國 81 年，內政部推動辦理「端正社會風俗——改善喪葬設施暨葬儀計畫」，陸續補助金門縣政府新台幣貳億餘元，用以興建現代化殯儀館、火化場、納骨堂，金門因而擁有一座現代化三合一殯葬設施。

　　金門民間的喪禮本以儒家為規範，但漸漸摻雜傳說與迷信，變成了活人藉死人風光的鋪張場面。有時盛大的出殯隊伍，綿延數百公尺，交通阻斷，敲敲打打，破壞了環境的寧靜，對往生者也無好處，這種禮儀毫不環保。殯葬業務係社會服務工作的一環，同時也是縣政建設的一部份，如何落實殯葬業務之人性化、理想化、現代化、公平化，是近年來金門縣政府施政的項目之一，也是「金門殯儀館」成立的重要宗旨，「存歿同榮」才是殯葬禮儀的至高境界。殯儀館、火化場、納骨堂的成立對禮儀社而言是大利多，金門在地的葬儀社自然跟著成長。之前有些營利事業，登記的營業項目雖然含有「殯葬、殮葬等一切服務事宜」，但少有真正從事這一行的，例如「金亞水電器材行」與「永昇工程行」，或是「群力建設開發有限公司」，如今都已正式登錄在「金門殯儀館」的業者名錄中。民國 82 年至 87 年間金門有營利登記的禮儀社有「老義禮儀社」、「富鄉葬儀社」、「歸鄉葬儀社」及「一世禮儀社」，從「富鄉葬儀社」所登記的營業項目來看，可以了解此時金門的殯葬過程與內容：「各種壽衣、黑籃孝服、靈車、花車、毛巾禮盒、佛、蓮花被、鮮花、開山、撿骨、墓碑、骨罈、化妝、入殮、錄影等。」

　　「金門縣立殯儀館」於 91 年 7 月 1 日接管地區五座民眾公墓（烈嶼公墓、金沙公墓、金湖公墓、金山公墓、金城公墓），並於次年 3 月及 7 月奉令分別接管地區軍人公墓二座（太武山人公墓、烈嶼軍人公墓），致力推動公墓公園化。民國 93 年 6 月 25 日，金門縣立殯儀館正式修編為「金門縣殯葬管理所」，掌管殯儀館、火化場、納骨堂及軍民公墓。殯儀館的成立與葬儀的制度化，加上金門人根深蒂固的禮俗信仰，正是禮儀公司極欲爭奪的市場。除了本地來的葬儀社之外，近年來許多在台灣本島登記的禮儀公司也跨海來金門搶生意。金門旅台鄉親多達數十萬人，有人想要落葉歸根，有人想在家鄉告別，禮儀公司的協助可以幫忙解決許多繁瑣的事。這些外來的禮儀公司如下：菩提園殯儀有限公司（台北市）、大昌禮儀社（台中市）、中明禮儀股份有限公司（台北市）、華中禮儀有限公司（台北市）、健生禮儀社（台中縣）、尚益禮儀有限公司（台中市）、傳法禮儀股份有限公司（台中市）、展時堂禮儀社（高雄市）等。[32]

---

[32]　其餘參閱「金門仙洲福園」，http://kmms.kinmen.gov.tw/About/Index1.aspx。

禮儀社

營利事業名稱	設立	異動	負責人姓名	資本額	現況	營業項目	地址
同心堂			翁月英			殯葬、殮葬等一切服務事宜	金門縣金寧鄉湖下33號
三友禮儀社	75	81	張金溫	20,000	歇業撤銷	冥紙	金沙鎮汶沙里中興路28號
壹品號禮儀社	77	82	翁玉葉	20,000		香燭冥紙零售／其他零售(出殯用品)	金城鎮西門里光前路46號
金亞水電器材行	82	89	林文賢	200,000		殯葬、殮葬等一切服務事宜[33]	金門縣烈嶼鄉林湖村東林46之2號
老義禮儀社	82	82	鄭明義	10,000		葬儀服務殯葬服務／日用什貨批發／煙酒零售	金沙鎮汶沙里信義街23號
富鄉葬儀社	82	94	楊永堆	20,000		各種壽衣、黑籃孝服、靈車、花車、毛巾禮盒、佛、蓮花被、鮮花、開山、撿骨、墓碑、骨罈、化妝、入殮、錄影等。	金寧鄉湖埔村湖下33號
永昇工程行	83	91	石永源	200,000		殯葬、殮葬等一切服務事宜	金門縣烈嶼鄉林湖村東林62號
歸鄉葬儀社	85	94	薛承紀	10,000		殯葬、殮葬等一切服務事宜	金門縣金城鎮南門里珠浦南路74巷25號
永昱殯儀有限公司	87	88	許修身	500,000		殯葬、殮葬等一切服務事宜	金門縣烈嶼鄉林湖村東林街77號[34]
群力建設開發有限公司	87	97	呂榮平	25,000,000		殯葬場所出租	金門縣金城鎮中興路173巷11號
一世禮儀社	87	87	蔡寶卿	50,000		殯葬、殮葬等一切服務事宜	金沙鎮官嶼里官澳36號
安順生命事業	89	98	許修身	100,000		殯葬禮儀服務	烈嶼鄉林湖村東林街77號

[33] 營業項目包括：住宅及建築清潔服務業／伐木業／景觀工程業／室內裝潢業／漆料、塗料批發業／水器材料批發業／門窗建材批發業／金屬建材批發業（鋼鐵建建材）／電器批發業／殯葬服務業／菸酒批發業。

[34] 公司所在地為臺北市文山區興隆路2段95巷3號1樓，已於88年7月27日解散。在金門無營業登記。

台灣地區殯葬費用表[35]

單位：元

地區	平均費用	喪葬儀式	平均費用
北部地區	399,580	佛教儀式	336,137
中部地區	371,527	道教（傳統）儀式	386,641
南部地區	359,169	回教儀式	400,000
東部地區	225,192	天主及基督教儀式	348,627
埋葬方式	**平均費用**	混合儀式	472,400
土葬	447,983	**埋葬地點**	**平均費用**
火化後土葬	342,031	公立公墓	398,641
火化後送納骨塔堂	281,657	私立公墓	642,114
公立納骨堂塔	219,755	寺廟附設納骨堂塔	312,198
私立附設納骨堂塔	328,426	其它	484,700

資料來源：台灣省政府社會處

金門各月份死亡人數統計表

	月份	1	2	3	4	5	6	7	8	9	10	11	12
96 年	人數	38	33	50	34	36	45	35	32	27	25	33	24
97 年	人數	36	27	46	46	41	41	28	26	31	35	23	42
98 年	人數	37	40	34	49	35	43	49	29	38	36	36	--

資料來源：金門縣政府主計室

　　根據 1999 年 5 月 9 日《聯合報》之專題報導，台灣地區國人平均辦一場殯禮至少須花費 40 到 60 萬元。而根據來自內政部的統計資料顯示，台灣地區國人辦一場殯禮的支出，約為 37 萬 6,000 元。

　　我國目前年死亡率在千分之六左右，2008 年的死亡人數為 143,594 人，換句話說，每年至少有 14 萬場葬禮要辦，禮儀公司的商機正是來自出生與往生人口的永遠不衰，且不斷擴大的市場空間。金門地區的死亡率平均也是千分之六左右，每年的死亡人數約三、四百人。

---

[35] http://www.hope85.com.tw/Student/Introduce/Intro_Print/Intro_Furnary.htm。

金門近十年死亡人口數

年中人口數＝（前一年底人口數＋本年底人口數）÷2

年度	年中人口數	死亡人數	死亡率（千分）
87	51,070	349	6.83
88	51,396	365	7.10
89	52,782	351	6.65
90	55,395	327	5.90
91	57,946	368	6.35
92	59,958	344	5.74
93	62,720	372	5.93
94	67,360	420	6.24
95	73,378	442	6.02
96	79,019	412	5.21
97	83,059	410	4.94

資料來源：金門縣政府主計室統計月報

　　金門地區雖小，但每年花在殯葬禮儀的開銷不少。金門縣政府與金門縣殯葬所為改善喪葬禮俗，並培訓喪葬司儀人員，95 年時辦了一場「公設司儀人員研習會」。縣長李炷烽強調「多一分浪費，就少一分福澤」，希望能由民間社區自發性來發起改善喪葬禮俗，將有限資源做最有效的利用，讓社會風氣更淨化提高，人與人間關係更溫馨和諧。為鼓勵節約喪葬費用，只要喪家捐 20 萬，政府就補助 20 萬給社區發展委員會。由此看來，金門人花在喪葬上的費用確實相當可觀，尤其是吃的支出。節約是美德，但禮不可廢。孔子曾對子貢說：「賜也，汝愛其羊，我愛其禮。」說明孔子定義的「禮」是一種社會建構出來的人際關係，反映了中國人的情意、理智等價值觀。金門是個愛好歷史的民族，歷史傳承下來的風俗不一定適合今日的社會，但是風俗之淳美與否不應從經濟去考量。金門人常說：「在生的時陣友孝一把土豆，卡贏死後敬獻一粒豬頭」。或許正是因為自覺不夠孝順，辦一場風光的葬禮正是對親人的一種補償。如果經濟許可，讓親人風光體面「歸去」，又何必在乎那一點銅臭。這也正是所有的禮儀公司要傳達的訊息，即使活得像小丑，也要死得像帝王。

　　最近台灣正在上映一部獲得奧斯卡最佳外語片的日本電影——《送行者：禮儀師的樂章》，內容描述日本殯儀從業人員對亡者的接觸服務，以

及對家屬的應對引導。每個動作都很細膩、仔細、嚴謹，不但撫慰了家屬失親之痛，也讓原本不諒解的親人感動，接納這個職業。面對死亡，很多問題已不再是問題，當生命因時間有了界限，人會變得柔軟，不再自私，想到的盡是對方需要什麼，只要愛的人不要離自己太遠就好。面對死亡，我們才能學會真正活著。禮儀社這一行，拉近了我們和往生親人之間的關係，更讓我們體會到「愛要及時」。

參、佛具店

　　金門沒有顯著的宗教，儒釋道三教雜揉，常並奉一堂，可以說是一種多神與泛神的信仰。自從宋代受朱子教化以來，儒家禮儀成為一般的家庭規範，對祖先奉祀甚為虔誠，對鬼神迷信也很殷勤。金門民間，雖家家奉佛，處處唸經，但是若問到佛教的教義，真正懂的人不多，大家都是隨俗崇拜而已，誠如舊志所說：「或奠或祭，概依家禮」（朱子家禮）。

　　滿清入關，金門的士子基於民族大義，不願入朝為官，因而文風衰退，習俗漸薄。持齋禮佛者愈來愈多，有人集資設立菜堂（在金門城及埔下），日夜塵聚，講經禮佛，男女菜友相會不避嫌疑，鄉人視之為傷風敗俗。民國以後，仍有人在家吃素禮佛，但出家僧尼甚少，昔日僅太武山「海印寺」有和尚一人，榜林「紫蓮寺」有齋姑一人。之後人煙日稠，五方雜處，這些寺院略見發展，「海印寺」、「靈濟寺」、「牧馬祠」都有主持和尚，「金剛寺」與「紫蓮寺」有尼姑、齋姑。此外，金門各地都有唸佛會，金城的唸佛會建有一座佛堂，號曰：「金蓮淨苑」；金湖新市里唸佛會所建的佛堂則名為「護國寺」，各有尼姑與齋友數人至數十人不等。齋友多為地方老叟嫗媼，每月朔望及齋期，與蓮友相互往來唸經禮佛。

　　唐時，牧馬監陳淵率眾來金門開荒墾牧，據聞陳淵是個修道之人，能夠立旗聚馬，鑿井治病，坐化後，鄉民把他當神仙祭祀，這是道教傳入金門之始。宋代時也有仙翁降臨真海印岩之傳說，然無人傳其宗派。此後，民生日蹙，民智日蔽，遂興佞神鬼之俗，金門民間漸成多神之教。金門一般家庭，都有祖先崇拜，供奉「神主牌位」，村莊到處都有角頭廟，如同金門俗諺所說：「無廟不成村」。宮廟供奉原鄉神、英雄崇拜、或是屬鬼崇拜。所供奉的神明，舉其要者如保生大帝、關聖帝君、媽祖、有應公、

愛國將軍、王爺及其配享的副神軍將等。對於這些「亡靈」，金門人相信他們能左右人間禍福，「善鬼」為人所歡迎，能施福於民，並庇蔭子孫；「惡鬼」是疾病痛苦之來源，要軟硬兼施，加以驅逐。

　　廟多，神多，佛像自然也多。不論是齋堂、佛寺或宮廟都需神像，因此神像雕刻在金門很早便存在，是一項技藝性甚高的古老行業。早期的神像，多是僑民趁返鄉之便，在泉州、漳州、廈門等地訂製攜入，後來業者沿承閩粵原鄉的形式，創立了金門的神像雕刻行業。金門民間藝師的神像雕刻，處處表現出不凡的藝術才華，造型各有千秋，慈悲、肅穆、兇彪、武威、敦厚之相均讓人怵目驚心，肅穆欽敬。廣義的神佛雕刻，不侷限於供奉祭拜之用，也包括不具民間信仰機能的觀賞品，這類作品大都以雕刻為唯一或主要工法。狹義的神佛雕刻，則專指粧佛工藝，神佛像專供寺廟或民宅侍奉祭拜，而雕刻只是粧佛的前製作，後製作為外表的粧修，業者稱雕刻完成的神佛像為「白身」，尊稱粧修完成的神佛像為「金身」。

　　粧佛多為家傳技藝，大都只傳給自家子姪，不外傳。粧佛的製作過程相當隱密，從開斧到完成後的開光點眼，每個階段都須遵守既定的規範，並適時舉行宗教儀式。臺灣的粧佛技藝源自福建，可分成泉州派、福州派，漳州派三派。前二者盛行於彰化鹿港與臺南一帶，後者以台北為主。1949年國民政府遷臺後的 20 多年是粧佛業的全盛期，鹿港、台南名師輩出。今日台灣雖還保有這項傳統技藝，但因顧客減少，也面臨失傳的危機。

　　佛像雕刻在金門島上是家傳的工夫行業，目前金城鎮的「西天景佛莊」是一個擁有三、四百年歷史的老字號，雕刻粉飾出來的神像，不下萬尊，大廟小寺、民家宅第、供奉的神佛都以造型、氣韻、精神見長，因此島上人稱其當家者黃朝宗為「刻佛宗」或「粧佛宗」。「粧佛宗」的工夫來自家傳，其先祖黃朝昌早在明萬曆朝受聘金門沙美三忠王宮雕刻大道公，隨即定居本島，其時所開設的佛店原名為「小西天」，到第九代祖黃允儒改字號為「宛如西天佛莊」，後又改名為「西天景佛莊」，至今馳名島上。沙美的「金勝源」佛莊，創業歷史在金門的粧佛界算是新秀，現任店東是林建進先生，林在國中時開始隨父親習刻佛像，至今已有 20 餘年的經驗。[36]以下的佛具店皆有營利登記，是所謂專業的佛具店，另外還有一些原本不

佛具店

營利事業名稱	設立	異動	負責人姓名	資本額	營業項目	地址
金昌（彫刻裝佛社）	65	82	黃■鐘	10,000	其他木製品及柳製品（雕神像）／煙酒批發	金沙鎮汶沙里三民路 31 號
金勝源（佛店）	65	87	林建進	30,000	其他木製品及柳製品製造（雕神像）／煙酒零售	金沙鎮汶沙里博愛街 45 號
金隆盛	65	65	李開盛	10,000	家俱及裝設品製造	金門縣金城鎮北門里民生路 24-1 號
鼎鼎軒美工社（佛具）	68	82	黃淑麟	10,000	其他未分類工商服務業（雕刻佛具）／公賣品（煙、酒）批發及零售	金城鎮南門里中興路 30 號
祥順佛具店	89	89	吳春桂	30,000	其他家具及裝設品零售（佛具、佛像）／祭祀用品零售	金湖鎮新市里武德新莊 4 號

以出售佛具為主的店鋪如「長壽木工店」，後店招改為佛具店。「金隆盛」（木器製造廠）的李開盛，以雕刻神主牌享有盛名。一般而言，佛具店除了佛像外，也出售佛龕、神主牌、祀祭用品等。

肆、糊紙店

「燒紙人」，是從殷商時代以活人、馬等陪葬的習俗演化而來。到了漢、唐時代，由於用活人來陪葬，未免太殘忍，於是改用泥人，如陶俑、明器等。紙普遍使用以後，便用紙人代替陶俑，於是燒紙人的習俗一直留傳至今。糊紙工藝雖流傳於民間有一千多年的歷史，卻鮮少為人所重視，主要是糊紙專事喪俗的傳統角色使人們有著忌諱。再者，糊紙的特定功能，使其無法像其他工藝品一樣被保存下來，無論師傅們再怎麼努力創作，作品都將隨火歸天，無法讓後人所欣賞，或研究他們手藝的精華。近年來，在觀念與習俗的改變下，糊紙技藝的傳承更顯悽愴，原因除了人們對於糊紙作品的美學標準降低外，與糊紙業者的心態改變也有關係。[37]如

---

37 參閱陳品秀，《台南市糊紙工藝研究》，成功大學藝術研究所，碩士論文，2002 年。

今，傳統的糊紙已被彩色亮麗的印刷紙板替代，也不用再搓油封紙為繩來紮竹篾骨架，祇需用釘書機釘幾下即成，千篇一律，毫無美感，古意盡失。

依照金門習俗，一般「糊紙」使用的場合，大致可分成三類：一是歲時祭神；二是喜慶節日；三是弔喪禮儀。但是，一般而言，用在喜慶祭典中較少，用在弔喪禮儀中較佔多數。用於弔喪的如金山、銀山、大厝、紙轎、桌頭嫺等；用於祭祀的如拜天公的燈座、拜七娘媽的七娘媽亭、拜王爺的五營兵馬坐騎；普度、做醮用的有同歸所、翰林所、大士爺、山神、土地公等等，多得不勝枚舉。傳統的糊紙以細竹篾為骨架，紮架連接係用郵封紙拼成紙繩綁，再加以裱紙。早期民間做醮、普度的供品除了能吃的牲禮食品及看桌明粢尪仔（捏麵）外，較為講究的就是以「糊紙」作品排出一齣齣的古典文學、戰爭鬥法的片段場面，如封神榜的神話人物；也有歷史演義故事，如岳家軍「八鎚雙槍大鬧朱仙鎮」，是一種宗教信仰祭儀，兼具教化與趣味性。雖曰糊紙，其實也用布料，例如早期鹿港人用以答謝「夫人媽」（指註生娘娘、地藏王夫人、36 婆姐等諸女神）的「小弓鞋」，就是以布紙糊而成。

金門民間習俗在進行宗教崇拜的儀式活動時，有將神佛偶像或祭品焚化享神的行為，而「紙類」排第一，取其「現拜現燒、祭者及刻得享」的便捷功能，因此有所謂「一紙二木三土」的說法。糊紙這門手工藝，在金門幾乎是獨佔市場的行業，在傳統的村鎮社會結構中，糊紙師憑著一雙巧手，加上好眼識，略知天文地理、民俗風情，就能剪裁糊貼出寬裕的生活空間。金門的糊紙業最早傳自福建泉州、馬巷兩地，現存的糊紙店幾乎都是家族世代相傳。例如位於金城民權路的「長慶糊紙店」和民生路的「文文糊紙店」，經營者即是昆仲關係。糊紙業在婚喪喜慶各有期旺淡季，農曆七月起，就是糊紙業的旺季，從七夕、中元、八月十五、到九至十一月民間做功德，所需糊製的東西更多，業者均應接不暇。金門民間喜慶均選擇在下半年，故一般來說，每年八月份以後是「子婿燈」的旺季。

在金門，「子婿燈」是以往嫁娶時男方必須添購的東西，是婚嫁儀式中重要的禮器，由於採手工製作，從綁骨架到糊紙、題字，每個製作過程皆耗費相當多的心力。時至今日，製作燈器的工藝者人數逐漸減少，在金城古崗村的董天補和小金門雙口的林金樹，是所剩無幾的老師傅。董天補的「子婿燈」，不僅名聞金門，也曾漂洋過海到台灣，高高掛在總統府，

糊紙店與禮品社

營利事業名稱	設立	異動	負責人姓名	資本額	營業項目	地址
華榮禮品社（三禮社）	75	94	莊玉珠	20,000	布疋、衣著、鞋帽、傘、服飾品／喜慶綜合服務／祭祀用品零售	金城鎮東門里民族路 139 之 1 號
文文糊紙店	82	82	蔡秀琴	20,000	漿糊紙製造／公賣品（煙、酒）批發	金城鎮北門里民生路 45 巷 2 弄 10 號 1 樓
巨隆（禮品社）	83	91	簡銘義	10,000	其他食品批發／菸酒批發／汽、機車零件配備零售／祭祀用品零售	金城鎮東門里民族路 162 巷 2 號
威揚禮儀禮品社	96	96	周玉秀	50,000	祭祀用品零售／花卉零售／布疋服飾品零售／喜慶綜合服務	金城鎮北門里珠浦北路 23 之 2 號

為金門文化和觀光加分。2004 年 11 月 5 日揭幕的總統府地方文物展，展出主題是「閩南原鄉、大哉金門」，導引總統陳水扁進場，並且在展場高掛的「子婿燈」，正是董天補老師傅的傑作。[38]「子婿燈」為閩南文化的特色，學者發現台灣已不多見，中國也因文化大革命的「破四舊」而消失，唯有曾是戰地的金門，仍保有結婚時提「子婿燈」並高掛廳堂的傳統。

伍、壽板店

自古以來，人類對自己的死亡遺留下了不可磨滅的「傳奇」，雖曰人死不能復生，但可一律「歸天」。當然，這是一種迷信的說法，如果以客觀的科學來解釋，「歸天」是人們的一種心靈願望，雖然人死不復生，但他的精神形象，卻可永存於後人的心靈當中。為了保有這種心靈感受，於是用有形且具體的方式——對死者的屍體進行安置，即「安葬」，來表達對死者的思念之情。而且，為了讓死者到另一個世界過得更好，於是就為死者準備了華麗的棺木。古埃及人對於來世生命的信仰和神話，使他們發展出一套繁複的喪葬儀式以確保死者得到永生，這些喪葬習俗和他們的宗

---

[38] 中華民國總統府，《總統府新聞稿》，中華民國 93 年 11 月 05 日。

教信仰息息相關。棺木是古埃及葬儀中非常重要的一環，棺木不但保護木乃伊的完好，而且庇佑死者亡靈在前往朝拜「歐西里斯」（Usiris, 埃及神話中的冥王）的旅途中，一路平安。棺木的形制和彩繪風格，以及木乃伊的裝飾，從新王國時期到羅馬統治時期經歷多次改變。[39]到了公元第四世紀以後，傳統埃及的喪葬信仰由於基督教傳入埃及而漸漸消失，留給現代人的是許許多多未解之謎和令人著迷的神祕色彩。

棺木，俗稱棺材，又名壽棺、壽木、老房，四塊半、棺槨等。棺是裝斂人屍體的葬具，通常在葬禮中使用。槨是棺材外之套棺，用意不外乎是更堅固耐久，防蟲、水之外，也可防盜賊。「材」和「槨」一旦合用了，才成「靈柩」，靈柩是裝著死人的棺材。棺木可以由不同的物料製造，最常見的以木製造，也有以銅、石等製造的棺材。一些重要的人物，例如政治、宗教領袖，會用水晶棺，供人瞻仰，毛澤東的水晶棺便是。近年流行環保棺木，又稱「紙棺材」，環保棺材以瓦楞紙板製成，燃燒時產生的廢氣比傳統棺木少，火化環保棺木所需的時間也較傳統棺木少。中國人自古對棺木便十分講究，多數以木製棺材，原因在於木性柔和，先人逝去之後，睡在裏面會較舒適。好的木料，可抗濕熱，拒寒水，死者不受蟲蟻泥水侵害。是故，有句諺語說：「住在杭州，穿在蘇州，食在廣州，死在柳州」，因為廣西柳州出產良好的木材，棺材工藝水準也很高。中國傳統喜愛以優質的梓木、楠木等製造棺材，很多人以死後能得一副上好棺木為最大幸事。火葬盛行之後，棺木的講究漸被淡忘。

在「金門殯儀館」火化場、納骨堂尚未設立之前，金門的喪葬習俗為土葬，葬在自家的田地上，或地區的公墓。目前金門有五座民眾公墓和兩座軍人公墓，自 2001 至 2006 年各民眾公墓營葬數計 1,380 具，平均每年約 230 具。目前大金門四座民眾公墓的可用數只剩約五千座，雖然還可用 20 年，事實上金門的喪葬習俗已改變，普遍可接受火化。1998 至 2006 年間，金門死亡人數為 3,338 人，火化場的營運數卻高達 3,993 具，其間有些是軍人與非本地人。金門殯儀館的納骨塔，現已建置骨灰櫃 19,604 座，骨骸櫃 3,328 座，合計 19,736 座，足可供 50 年之需求。

---

[39] 新王國時期是古埃及的一個時期，起於公元前 16 世紀至前 11 世紀，涵蓋了第 18 王朝、第 19 王朝及第 20 王朝。

壽板店

營利事業名稱	設立	異動	負責人姓名	資本額	現況	營業項目	地址
源興（壽板店）	65	65	陳圓	10,000		其他木、竹、藤、柳及軟木製品製造（棺柩）	金城鎮西門里莒光路170號
尚材棺木店	65	82	陳鎮成	20,000		棺柩製造／公賣品（煙、酒）批發	金城鎮南門里民族路260號
永興棺木店	77	81	吳庚辛	40,000	歇業撤銷	棺木	金沙鎮汶沙里信義街6號
安順壽板木業店	89	95	陳淮洲	100,000		殯葬禮儀服務業／建材零售業／布疋衣著零售	金湖鎮山外里黃海路85號

　　不論土葬或火葬都需要棺木，買棺木又叫做「買大厝」或「買柴」；「柴」，是閩南話對棺木的雅稱，也叫做「壽」，這是對不吉利之物予以吉利方式稱呼。金門的「壽板店」不多，大都開業於後浦城，如西門民權路的「源興壽板店」、南門民族路的「福祿壽板店」，此外金湖鎮有「安順壽板木業店」，金沙有「永興棺木店」。老練的匠師大約一天一夜可做好一付棺木，有時需兩天的時間方可完成，所選材料以上梧、福衫、武木、雲衫等為主。所製作的棺木只能供應金門部份的需求，經濟好一點的家庭會從台灣本島購買運回，目前傳聞也有來自東南亞與大陸，畢竟這種「商品」不好公然陳列，也沒有說非立即使用不可。早年鄉下地方曾見過人尚未往生，即購置空棺木，一般人或許會忌諱，看開生死的老人家，反而因此而覺得安心。歷史上常見貧窮人家買不起棺木，得靠善心人士施捨救濟，「捨棺修墳」被視為最慈善的義行，人人稱道。人生百年，終究得「回去」，「靈柩入土，生者安慰，死者安枕」。每讀韓愈〈祭十二郎文〉，總是潸然淚下，「生不能相養以共居，歿不得撫汝以盡哀；斂不憑其棺，窆不臨其穴，吾行負神明」，「彼蒼者天，曷其有極……，言有窮而情不可終」，嗚呼哀哉！尚饗！

第四節　家庭用品業

壹、超商與大賣場

　　量販店（Hypermarket），俗稱「大賣場」，是一種倉庫型的商店，結合了超級市場與百貨公司的功能，販售大量且多樣的南北雜貨及服裝，除了提供零售商以較低價格的鋪貨之外，也便於一般家庭採購多日用的生活所需。許多大型量販店除了供應食品、日常生活用品之外，尚有電器、3C、精品專櫃等其他分類項目。根據經濟部商業司的定義[40]，量販店是佔地數千坪的大型賣場，附近有可停放數百輛汽車的停車場，貨物種類齊全，在數萬種以上，可以滿足一次購足。自助性質很高，現場服務人員少，除了部分專櫃外，多由顧客自行挑選貨物，再到收銀台結帳。而這種大型量販店，在產業分類上屬於零售業的一種，稱為綜合零售產業。

　　綜觀台灣的量販店發展史，較著名的量販店有以下四家：萬客隆、家樂福、大潤發與愛買。1988 年荷蘭的大公司 SHV 集團在台灣成立「萬客隆股份有限公司」，並於 1989 年在桃園縣八德市設立台灣第一家量販店，此後發展迅速，一度擁有 12 家分店，但在經營 14 年後，在 2003 年春節過後，突然宣布 6 家分店全部停止營業，進行清倉拍賣，退出台灣市場。「家樂福」（Carrefour）在法語中的意思為「十字路口」，起因於 1963 年開始營業時店面就設在十字路口。家樂福集團是量販店的首創者。1987 年「台灣家樂福股份有限公司」成立，是亞洲區的第一個據點，第一家分店在 1989 年時開始營運。2006 年時與當時在台灣市場一直發展有限的英國「特易購」（Tesco），進行資產置換，接收「特易購」在台灣的運作，家樂福在台灣的分店一舉突破 40 家，截至 2009 年 7 月，全台灣共有 61 家，是分店數最多的量販集團。主要競對手是潤泰集團的「大潤發」（RT-Mart）與遠東集團的「愛買吉安」（Far Eastern Geant）。

　　1996 年 8 月，潤泰集團成立「大潤發流通事業股份有限公司」，次年，第一家門市在桃園縣平鎮市開幕，該店原址為潤泰紡織平鎮廠的舊廠房。「大潤發」是台灣第二大品牌的量販店，營業額僅次於統一企業與法國家

---

[40] 經濟部商業司編，《物流經營管理實務》（台北：經濟部商業司，1996），頁 2-3。

樂福合資的台灣「家樂福」公司。另一家本土業者是成立於 1990 年的「愛買量販店」。「愛買」是遠東百貨公司以轉投資的方式成立，1999 年時全台有八家分店。2000 年 7 月，「愛買」與佳喜樂集團旗下「吉安量販店」合併，成為擁有 10 家連鎖店的「愛買吉安」。2006 年 9 月佳喜樂集團退出，「愛買吉安」改名為「愛買」（Far Eastern Ai Mai），2008 年推出新品牌──「愛買」，成為台灣本地公司獨自經營的量販店。[41]

以上這些知名的量販店，分佈在台灣各個縣市，目前除了離島外，幾乎都據點。臺灣地狹人稠，國民所得高，購買力強，量販店的密度和市場重疊性雖高，量販店仍然受到青睞。影響所及不僅是一般商店與規模較小的零售商，甚至對傳統市場也造成威脅。這是一種新型態的商品流通方式，也是一種新的生活方式，在媒體的強力廣告下，逛大賣場已經不是單純的購物，而是同時兼有休閒娛樂效果的場所。對金門人來說，人性是相同的，但受到歷史與自然環境的影響，在金門街頭，數得出來的台灣知名連鎖店只有全家福鞋店、La new、Seven Eleven、大同 3C 賣場，以及生產基地就設在廈門之鄰漳州的燦坤 3C 量販店，還有 1999 年進入金門的統一超商門市，其餘的就是本地人經營的雜貨店。戒嚴時期，金門的物資供應採取配給、管制制度，並且設有一個專門的管理機構叫做「物資供應處」。當時，軍方控制了金門柴米油鹽的供應，每個月由台灣整船運補到金門。金門老百姓要買柴米油鹽都要限量，基本生活受到很大限制。量販店的購物型態，對金門人來說，是一種完全不同的經驗。雖然沒有知名的量販店進駐，金門的商人還是嘗試用當地人的方式來經營量販店，以下的這些超商與大賣場，規模雖然不如知名的品牌，本質上就是想模仿量販店。

以金莎大賣場和金鼎大賣場為例，其登記的營業項目，種類繁多，例如：飲料批發、冷凍食品批發、罐頭食品批發、糖果批發、烘焙食品批發、乳品批發、日常用品批發、食用油批發、化妝品批發、清潔用品批發、農產品零售、紙尿褲（布）零售、調味品批發、國際貿易、菸酒批發、蔬菜批發、投資顧問、企業經營管理顧問、理貨包裝、其他工商服務等。若單純從貨物的種類來看，已經足夠金門居民生活所需，但如同前面對大賣場的界定，大賣場不能僅是大型的雜貨店，它必須同時能滿足人們的休閒

---

41 以上關於各家量販店的簡介，資料來源：「維基百科」。

超商、便利商店與大賣場

營利事業名稱	設立	異動	負責人	資本額	類型	現況	地址
皇冠超市	78	95	陳淑真	10,000	獨資	歇業	金城鎮北門里中興路
太陽（便利商店）	82	82	許恆商	40,000	獨資		金城鎮南門里民生路
金沙超商	85	85	陳含珠	50,000	獨資		金沙鎮汶沙里三民路
金城聯股份有限公司	87	89	歐陽力愛	6,000,000	（股）		金城鎮伯玉路一段
亨育有限公司	88	88	楊淑明	1,000,000	公司		金城鎮西門里民權路
金湖聯	89	93	蔡源洋	5,000,000	獨資		金湖鎮新市里武德新莊
金鼎大賣場	89	93	楊能鳳	200,000	獨資		金寧鄉榜林村伯玉路一段
金礦有限公司	89	89	江大源	500,000	公司		金城鎮北門里民生路
金承便利超商	91	92	張盈蓁	200,000	獨資	歇業	金城鎮東門里北堤路
金樺超商	91	92	陳曉君	20,000	獨資	歇業	金湖鎮新市里復興路
大學便利店	94	96	羅永順	50,000	獨資		金城鎮西門里環島北路
金莎大賣場	95	96	陳忠輝	1,000,000	獨資		金沙鎮汶沙里五福街

與娛樂欲望，從某種心理層面來分析，大賣場是一個提供對商品「觀光」的空間，是一條濃縮的商店街，更是一家平價的百貨公司。就此而言，金門地區沒有能力承擔這樣的事業體，這可能會讓金門人忿忿不平。50 多年的軍管讓這個地方的人民受到種種限制，如今對岸的廈門，高樓林立，商業鼎盛，而金門仍然是個純樸的小鎮。看著燈火通明的廈門夜景，回想當年的燈火管制，不過就是一盞小小的日光燈，也得用燈罩。即使解嚴了，金門人還是看不到光明，不論多麼努力想重建家園，可恨為時已晚。

　　就算再給個 50 年，金門也追不上廈門，金門人只好自我解嘲的說：住在金門，吃喝玩樂在廈門。「小三通」把金門變成廈門的邊陲，廈門成了金門的「市區」。相較於往返台北的機票和麻煩的登機手續，廉價的金廈航線船票顯然更得金門人的「芳心」。精打細算的金門人把購物熱情轉移到了對岸的廈門，中山路、世貿商城、SM Shopping Mall...，談起廈門的吃喝玩樂，金門人搖身一變成了「廈門通」。金門的家庭主婦尤其酷愛廈門的各大賣場，每年到了年關，金門「太太團」就現身廈門各大賣場掃蕩年貨，吃喝玩樂，每人平均在廈門消費 5,000 元人民幣以上。各種海鮮乾貨、零嘴小吃，都是主婦們的最愛。一位不願具名的金門觀光業者估計，

金門當地以及入籍金門的台灣人，前往廈門的日常消費、觀光與 Shopping 的金額，一年就高達新台幣 30 億至 40 億元。廈門便宜的好貨，是金門人的最愛。不過，在金門人眼中廈門美中不足的是，目前國際知名品牌進駐較少，部分白領依舊只能到台北購買高檔衣服與化妝品。[42]

　　前往廈門購物畢竟只是部份金門人的消費行為，對多數在地的金門人而言，日常生活所需，還是得仰賴本地的商店。軍隊大量退出金門後，傳統的商店店鋪幾乎收歇一空，新式的便利商店趁機而起，其中尤以統一超商（7-ELEVEN）對金門的影響最大。7-ELEVEN 便利商店源自於美國 7-ELEVEN, Inc.，以銷售冰塊起家並於 1930 年一舉推出 27 家圖騰商店，導入「便利商店」的服務概念。至 1946 年更推出當時的便利服務創舉——延長營業時間為早上 7 點至晚上 11 點，自此「7-ELEVEN」傳奇性的名字在美國達拉斯誕生。統一超商股份有限公司是台灣一家大型零售商，為台灣食品製造商統一企業之關係企業，成立於 1978 年，1979 年開始經營便利商店。當時名稱為統一超級商店，同年與美國南方公司簽約合作，1980 年第一家「7-Eleven 長安門市」開幕，但隨即陷入虧損年年的窘境。1983 年為重新整頓，關閉 30 家門市，1986 年開設第一百家門市，同年轉虧為盈，並重新獨立為統一超商股份有限公司，其後逐漸在國內的通路競賽中嶄露頭角，贏得台灣零售業第一的地位，並於 2000 年 4 月 20 日與美國 7-Eleven 簽訂永久的授權契約。1999 年跨海至離島展店，目前已陸續在澎湖、金門、馬祖、小琉球、綠島等離島展店。至 2008 年 11 月 30 日為止，台灣各地區共設有 4,790 家 7-Eleven 門市，在門市總數上僅次於美國、日本與泰國。

　　統一超商於 1998 年派人來金門實地考察，評估設立分店之可能性，初步評估金門大約有 5 家分店之潛力，並分別擇定金城、金湖、漁村、金沙等地。1999 年 1 月舉辦加盟說明會，同年 5 月第一家門市在金湖鎮開幕，並陸續於同年 8 月在金城與金湖漁村開設第二與第三家門市，緊接著第四、五家門市亦在金沙與金城民生路陸續開幕。到 2009 年月為止，已經有 10 家門市，分佈情形如下表：

---

[42] 中國廣播網——廈門分網，2007 年 10 月 16 日消息。

統一超商分佈表

門市名稱	地址
沙美門市	金門縣金沙鎮汶沙里國中路 1-6 號
金生門市	金門縣金城鎮北門里民生路 43 號
金民門市	金門縣金城鎮民生路 6 號
金誼門市	金門縣金城鎮民族路 252.254 號
金東門市	金門縣金城鎮東門里民族路 7 號
金亮門市	金門縣金城鎮南門里民權路 75 號
新山外門市	金門縣金湖鎮山外里復興西路 2 號
再發門市	金門縣金湖鎮新市里復興路 7 號
金冠門市	金門縣金湖鎮環島南路湖前段 2.4 號
小金門市	金門縣烈嶼鄉林湖村東林路 156 號

　　根據一份 2001 年左右所做的問卷調查，90%以上的金門居民曾在統一超商店內消費過，對其高達三千多種的商品與多樣化的額外服務，滿意度甚高。[43]金門常住人口雖然只有五萬多人，但是金門人儲蓄率高，消費能力強，而且沒有類似的連鎖便利商店與其競爭，因此預估金門有十家加盟店的實力。新增據點有助於因規模經濟而帶來效益，到 2008 年為止，統一超商確實如預期，達到十家。這樣的經營成績，一方面顯示金門民眾的接受度與消費能力，另一方面也反映了金門民眾的消費習慣與生活型態已被改變，消費者已熟悉便利商店、量販店等自助式的消費方式。尤其是 24 小時的經營形態，更讓原本於軍管時期夜間無經濟活動的狀況完全改觀，間接帶動金門的經濟成長。

　　統一超商來金門設立據點後，面臨了許多複雜而多元的問題。對統一超商自身而言，跨海展店，難以控管物流與配送時程。加上台灣海峽的阻隔，海運與空運，成本相對提高，如何規劃符合金門本島的物流配送系統，以期降低缺貨率與經營成本，是統一超商永續經營的當務之急。若從促進地方經濟發展的層面來看，可考慮在金門設立自有工廠，生產自有商品，或協助廠商進駐金門從事生產，藉此間接幫助金門其他產業的進步。經濟

---

[43] 參閱林正士，〈統一超商來金設立據點之可行性研究〉，《國立高雄科學技術學院金門分部學報》，2001 年 6 月出版。

發展，當然是好事，然而因為經濟發展而衍生的社會問題，金門民眾恐怕得審慎評估。解嚴後，金門的治安原本就出現隱憂，外來人口增多，成份複雜，加上便利商店與量販店開放式的經營型態，容易誘發偷竊與搶劫的犯罪行為，2009年4月15日發生在金城的統一超商門市搶案，是首例，但絕對不會是最後一例。

經濟成長與社會代價，雖然不能說一定就是一體兩面，但二者息息相關，卻也是事實。羅馬神話中有一尊名為「雅努斯」（Janus）的門神，有兩付面孔，可以同時看前面和後面。一副是年輕人的面孔，看著未來，一副是老年人的面孔，看著過去。雅努斯同時也是一個時間神，當太陽升起時，便把天門打開，讓陽光普照大地；到了晚上又把天門關上，黑暗便降臨到人間，因此也有人把它當作善惡之神。對金門人來說，除了媽祖公園的巨大神像外，我們更需要一尊能夠時時提醒我們的「雅努斯」，告訴我們，經濟發展與人民福祉，究竟該如何取捨。

貳、醫療設施與藥房

一、醫療設施

金門屬海島型環境，向來缺乏衛生觀念與醫療保健設施，因此常有瘟疫流行，死亡率高，以致生產力減少，生活水準偏低。自國軍退守以來，致力改善環境衛生、加強防疫保健與醫療服務，民眾衛生常識普遍提升。故總統蔣介石特別看重金門，自1950年12月17日首次巡視金門防務之後，迄1975年4月5日去逝，20餘年間先後來金門巡視30次，住了152天。除了走訪金門本島和各離島，實地關懷戰地軍民生活，在太武山頂題「毋忘在莒」四字外，並勉勵軍民團結，反共復國，手諭建設金門為「三民主義模範縣」。這個口號於是成了金門建縣的目標，政府開始積極發展公共衛生，充實各項設施，提昇醫療保健水準，培養全民衛生整潔習性，不獨往昔易流行之霍亂、鼠疫、天花、血絲蟲病等傳染病源均告絕跡，人民死亡率也隨之降低，縣民平均壽命延長了，更在各種條件有效配合下，使金門逐漸成為「最整潔的縣」。

在抗戰以前金門沒有任何衛生機構，到 1945 年抗戰勝利後，始成立金門縣衛生院於金城鎮模範街（1979 年改稱自強街）。1949 年因大陸淪陷，國軍轉進，停止縣治而撤銷，曾一度由民間慈善團體改辦為平民診所，未幾，復納入行政公署改稱為衛生事務所。1950 年 9 月又改為金門公醫事務所，於 1953 年隨縣治恢復為福建省金門縣衛生院，在縣政府民政科之督導下，執行公共衛生及醫療服務工作。1953 年農復會許世鉅博士來金門考察衛生設施，自動提出補助興建衛生院房舍於金湖鎮新市里，1955 年竣工，設置病床 20 張，開始附設醫院作業。1957 年起陸續設立鄉鎮衛生所、村里婦嬰站，增建院舍，添置醫療設備，以推廣公共衛生設施，擴大附設醫院門診住院醫療。[44]

事實上與金門民眾的醫療關係較密切的不是公家的衛生院所，而是軍方醫院。在早期醫療不甚普及的時期，軍中的醫療設施，比民間之醫療水準要高，尤其在當時的金門，除了少數中藥房有附設的醫師之外，全島根本就沒有任何西醫設備。軍隊駐防之後，每一基層單位都有一至二位隨軍醫生和基本醫務設施，大家習慣稱他們為「醫官」，有些確實是軍醫，也有一些是醫學院畢業來當兵的。有了軍醫後，小孩子碰到輕微的擦撞外傷，就會跑去找軍醫擦藥，軍醫也很樂意幫助。一段時間過後，各部隊的醫務單位不再設立專有醫官，改設野戰醫院，將原本分散的醫務人員集中在醫院裡，有更好的醫療設備，將醫務人員作更有效的運用，當時金門就有幾所常為老百姓服務的軍用醫院。

（一）新塘醫院

設在金湖鎮料羅附近的新塘，那時候料羅附近是海軍駐守地點，醫院負責金南地區的醫療及衛生工作，除一般普通的醫務之外，偶而也會支援為學生、百姓作預防注射和防疫消毒等工作。「軍中特約茶室」待應生的定期檢查，悉由軍醫支援，新塘醫院負責幫金東半島各茶室的待應生作定期檢查工作。該醫院設立後不久就撤消了。

（二）東沙醫院

位於金城鎮珠沙村東沙聚落內，負責金西地區軍民的醫療工作，由於金門縣衛生院院址設於新市里，醫生欠缺，加上民間交通工具缺乏，故金

---

[44] 金門縣文獻委員會，《金門縣志》（金門：金門縣文獻委員會，1979 年），頁 663。

門西半島的居民、金門中學學生一旦有急病,大都就近前往東沙醫院就診,雖早已裁撤,但標示牌在 2000 年時還在。

(三)後頭醫院

設於烈嶼鄉後頭村,是小金門的醫療中心,凡島上軍民的大小病痛、感冒外傷等症狀,必定先送到這裡,如果病情嚴重,再過海轉送大金門的衛生院、尚義醫院或花崗石醫院,後頭醫院現遷駐黃厝。

(四)南雄醫院

南雄醫院成立的時間較晚,可能是新塘醫院撤消之後改設的醫療單位,院址原本在「迎賓館」前不遠的地方,後來由於地下坑道完成,「迎賓館」遷入坑道內,南雄醫院也遷入「迎賓館」旁坑道內現址,這裡是金門島上花崗石醫院外的第二處地下軍用醫務處所。

(五)尚義醫院

1949 年古寧頭戰役之後,金門的野戰醫院設於陳坑陳景蘭洋樓,1953 年軍方建醫院於尚義村郊,代號「國軍五三醫院」,屬軍醫院,面向廣闊的金門南方海面,背後是高突的紅土層,在 1950 至 70 年代,這裡是全金門設備和醫務人員最好的醫療機構,一般百姓不能直接就診,如果病情嚴重,縣立衛生院無法醫治者,得由衛生院轉診。這座軍醫院後來陸續改為「國軍八六六醫院」,再改為「尚義醫院」。之後醫院他遷,原址曾作過其他軍用營區與軍用駕駛訓練班址,現在移作海岸巡防隊的駐地。[45]

(六)花崗石醫院

但是最為金門人所熟悉的卻是「花崗石醫院」。位於夏興村後、太武山麓的地下化坑道式院址落成,尚義醫院遷入新址,一般人都以「花崗石醫院」稱呼,其正式名稱是「國軍金門花崗石醫院」。在 1980 年完工啟用,由經國先生命名為「花崗石醫院」。醫院內坑道四通八達,由三條南

---

45 參閱黃振良、董群廉,《和平的代價:金門戰地史蹟》(金門縣:金門縣文化局,2007 年),頁 205-7。

北縱向坑道，以及九條東西橫向坑道所組成，為蜂巢狀的結構。從 1978年開始挖鑿，動用了兩萬多名國軍弟兄，歷經兩年而竣工，總長有 1,800公尺，面積廣達 88,000 平方公尺。對第一次走進醫院的人來講，實在是分不清東南西北，用迷宮來形容一點也不誇張。此院也是世界唯一座深藏於花崗石山岩內的醫院，1998 年改名為「國軍金門醫院」，2005 年 7 月 1日因國軍裁撤，由行政院衛生署台北醫院接管，同年 10 月 1 日，金門縣立醫院署立化，併入成為「署立金門醫院花崗石院區」，持續提供軍、民醫療服務。2007 年 1 月 1 日，署立金門醫院配合醫療整併將花崗石院區門診移往院本部以及急重症大樓，花崗石醫院正式走入歷史。

　　回顧金門醫療發展史，如今終於有了署立醫院，雖然重大傷病還是得後送到台灣，整體而言，已無可挑剔。對於一般的小病痛，可分別找各科診所看診，近年來金門陸續成立的診所如下：牙科方面有金門牙科、大安牙醫、千禧牙科診所、景德齒科、劉曉明（牙科），以及成發鑲牙所和國榮鑲牙所；中醫有弘恩中醫診所、廣濟中醫診所；其他診所如吉星診所、大眾診所、陳耳鼻喉科診所、李月娥家醫科婦產科診所、惠明眼科診所、蔡建鑫小兒科診所、佑誠診所、長庚林小兒科等，對金門的醫療保健幫助很大。

二、西藥房

　　健保實施後，到醫院看病成了家常便飯，許多人看病是看心安的，不是真的非吃藥不可。而經常在吃藥的人，也未必真的有多大的病。台灣中南部地下電台之所以猖獗，跟賣藥的利潤不無關係，台灣人愛吃藥是世界有名的，對全球的製藥產業貢獻良多，走到哪裡買到哪裡；到日本買「正露丸」、「表飛鳴」；到美國買「維骨力」、「善存」；到泰國買跌打損傷藥膏、腸胃散等。從健保局統計資料發現，台灣健保局給付的藥品費用一年就高達一千一百多億元，這還不包括國人自行購買止痛藥的費用。台灣人跟日本人是亞洲國家中最愛吃藥的民族，二者不同之處在於，日本人愛吃各種健康食品，台灣人愛逛醫院拿藥。對金門人來說，一樣愛吃藥，只是藥的取得不是來自醫院，而是藥房。在沒有西醫院之前，金門民眾需要吃藥時直接向藥房購買，藥房除了賣藥，也賣一些生活必須品，最著名的就是大陸「毒奶粉事件」發生時，大批經由小三通到金門的觀光客，把金門所有藥局的奶粉買到缺貨，「到金門買奶粉」竟然成了旅遊的項目之一。

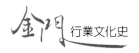

西藥房

營利事業名稱	設立	異動	負責人	資本額	組織	營業項目	地址
宏仁西藥房	64	86	翁立青	40,000	獨資	西藥零售	金湖鎮新市里復興路 98 號
金城西藥房	65	89	盧志權	20,000	獨資	西藥批發業	金城鎮北門里中興路 110 號
金門西藥房	65	82	許榮泉	20,000	獨資	西藥批發零售／化學製品及原料批發／公賣品（煙酒）零售	金城鎮北門里中興路 127 號
南光西藥房	65	89	周德	200,000	獨資	西藥批發業（麻醉藥品除外）／紙尿褲、紙尿布批發業／化妝品批發業／其他化學製品批發業／菸酒批發	金城鎮北門里中興路 77 號
建元（西藥房）	65	82	李增盾	40,000	獨資	西藥品零售／公賣品（煙酒）批發	金城鎮北門里中興路 95 號
東方西藥房	65	82	李文章	20,000	獨資	西藥品批發／其他藥物零售／公賣品（煙酒）批發及零售	金城鎮北門里莒光路 98 號
東亞西藥房	65	82	陳清助	40,000	獨資	公賣品（煙酒）批發／西藥品批發（管制品除外）／其他藥品批發（管制品除外）	金城鎮西門里中興路 53 號
志忠西藥房	65	82	洪當權	40,000	獨資	西藥品批發及零售／化學原料及其製品零售／（煙酒）批發	金城鎮東門里莒光路 11 號
志源（西藥房）	65	95	李柏川	20,000	獨資	西藥品零售／公賣品（煙酒）批發	金湖鎮新市里中正路 53 號
惠民商店（西藥房）	65	92	王淑黎	60,000	獨資	食品、飲料零售業／菸酒零售業／紙尿褲、紙尿布零售業／化妝品零售業／乙類成藥零售業／清潔用品零售／一般百貨業	金湖鎮新市里復興路 111 號

仁愛西藥房	65	88	林聯登	200,000	獨資	西藥零售業／醫療器材零售業／菸酒批發業／清潔用品零售業	金湖鎮新市里復興路 40 號
五洲西藥房	65	82	楊金土	40,000	獨資	化學製品醫藥品（西藥）／公賣品（煙酒）批發／日用什貨批發	金湖鎮新市里復興路 61 號
立達西藥房	65	90	李振智	20,000	獨資	醫藥品（西藥）零售／公賣品（煙酒）批發零售	金寧鄉盤山村頂堡 143 號
大明（西藥房）	65	82	莊蒼勝	30,000	獨資	醫療藥品零售（西藥）／（煙酒）批發零售	烈嶼鄉林湖村東林街 50 號
華榮西藥房	76	81	林鉅元	50,000	獨資	西藥品批發及零售／一般化學製品批發及零售（特許業務除外）／（煙酒）批發零售	金城鎮東門里莒光路一段 27 號

　　金門的西藥房多集中在金城與金湖，數目不多，有營利登記（事實上沒有非法的藥局）的金城八家、金湖五家、金寧和烈嶼各一家。核准成立的時間除了「華榮西藥房」成立於 1987 年外，其餘都是 1976 年前便已存在。30 年來金門竟然沒有出現新設藥房，顯然不符合金門的發展和進步形象，尤其是當台灣本島紛紛出現各種連鎖藥局和藥妝店如屈臣氏、康是美、博登等之後，藥局已不只是藥局，更是城市的門面。金門的傳統藥房大致上也是雜貨店，除了乙類成藥的販售外，也販賣食品、飲料、菸酒、紙尿褲、紙尿布、化妝品、清潔用品與一般百貨等。例如「南光西藥房」，是一家由藥師經營的藥店、結合藥妝、婦嬰用品、資生堂化妝品專櫃。除受理處方籤之調劑外，也提供各大藥廠商品、健康食品、嬰兒用品、醫療器材及資生堂化妝品之彩妝、保養、美顏、美體。

　　一般而言，止痛藥是金門民眾最常買的成藥，只要遇到頭痛、經痛、牙痛……等，第一個想到的就是拿一顆止痛藥解決。早年金門沒有普拿疼、阿斯匹靈，「五分珠」是最常買的止痛藥。「頭痛，五分珠」、「嘴齒痛，五分珠」。台灣人很愛喝感冒糖漿，有人甚至把它當成飲料，連出國也是整箱裝進行李箱帶出國。金門常見的感冒糖漿是三支雨傘標的「友

露安」，其他的還有「風熱友」、「克風邪」。胃藥也吃得很多，傳聞喝酒前吃胃藥較不「傷胃」，金門人酒喝得凶，胃藥也吃得多。

成藥林林總總，與台灣較鄉下地方的西藥房大同小異，比較有點不同的是以上的這些西藥不一定得向西藥房購買，雜貨店也賣部份的成藥，什麼樣的症狀吃什麼樣的藥，老闆的經驗有時候不輸專業的醫生。對中國人來說，藥品與食品向來就是難分難解，金門酒廠賣的藥酒，一條根浸泡的酒，要算是飲料或是藥，恐怕有得吵。早年的金門，也算是「一國兩制」，法令規章「教化」不到，人民也樂得「自由」。根據一項調查研究，小金門的人到藥房買藥平均花 198.07 元，[46]這是 2004 年時的狀況，此時金門縣立醫院已成立，到大金門看病拿藥是很容易的事，卻還是有很多人選擇到藥房買藥。到藥房買藥已經是一種習慣，如今台灣到處都是診所，但藥妝店也一家一家出現，若不是什麼大病，以其去排隊掛號等上好幾個鐘頭，不如就買幾粒成藥吃吧，反正與醫生開的藥成份一樣，有愈來愈多的人被藥廠的廣告制約了。

金門的醫療不發達，雖然有衛生院或藥局，但也不是「全年無休」，二十四小時服務，臨時需要往往是求助無門，因此金門每戶人家都會自備一些居家常用的藥品。金門是僑鄉，華僑返鄉時經常會帶回一些在南洋才可以買到的藥，將藥當作禮品分送親友，像是新加坡的「虎標萬金油」、「香港保濟丸」、「正露丸」等，家境好一點的甚至有「高麗參」。「虎標萬金油」是風行全球近百年的優質商品，其功能也是有口皆碑，能有效解除頭痛、鼻塞、皮膚癢、筋肉疼痛、勞損扭傷、肚痛、腸胃漲氣，以及蚊叮蟲咬所引起之不適。對金門人而言，大人小孩都好用。「高麗參」是較珍貴的藥材，一般中藥行都有販售，但好壞差別很大，金門的生活水平不能與新加坡相比，因此，來自南洋的「人參」比僑匯更讓人珍惜，有錢也買不到。

三、中藥房

近年來金門出現許多青草行，青草行所販售的「一條根」據說功效媲美「人參」，或許是誇大之詞，畢竟人參是大家所熟知的中藥，一條根仍

---

46 洪錦墩、林佳玲、梁亞文、官錦鳳、吳惠琪，〈離島居民就醫選擇與醫療服務滿意度之研究──以金門烈嶼地區為例〉，《中臺學報》，16（1）（2004 年），頁 81-100。

只是金門在地的土產。在金門，任何人都可開設一條根商行，卻不是任何人皆可經營中藥行。1997 年 5 月 9 日「衛中藥字第 86003106 號」文對青草（藥）與中藥區別作出以下的釋疑：「舉凡動、植或礦物，若收載於本草綱目，而為中醫師處方治病者，為中藥（材）；其餘為青草類。青草藥如屬藥典及正式中藥典籍未收載之我國民間青草（藥）可暫予管理。」也就是說，中醫師與中藥出售二者有密切的關係。根據《藥事法》（民國 95 年 5 月 30 日修訂）第 15 條：「本法所稱藥品販賣業者，係指下列各款規定之業者：經營中藥批發、零售、調劑、輸入及輸出之業者。」另第 28 條：「中藥販賣業者之藥品及其買賣，應由專任中醫師或修習中藥課程達適當標準之藥師或藥劑生駐店管理。」

　　1937 年日本佔領金門，開始對金門進行全面的調查，在工商團體方，有五穀業、藥材業、中醫業（以上團體隸屬於商會）、木器業（隸屬於工會）等，金門商會則設於后浦，負責辦理會員互助與聯絡，據說已成了國民黨部機構。據調查當時金門的西醫與中醫人數如下表。

金門島各科醫生人數（昭和 12 年；民國 26 年）[47]

類別	後浦	沙尾	其他	合計
洋式醫師	5	2	2	9
牙科醫師	6	1	--	7
漢醫（加入醫公會者）	18	2	11	31
漢醫（非加入醫公會者）	4	1	5	10
合計	33	6	18	57

　　當年金門島的人口不足五萬人，卻有五十幾位中西醫，平均每千人即有一位醫生，比率僅次於台灣本島，尤其是漢醫，為數眾多。此後每況愈下，根據《金門縣志》的統計，1957 年中醫師尚有 6 人，到 1981 年僅剩 1 人，全部是男性，在 1987 年之前還未見女性中醫師。中醫師的養成不易，民間中西醫診所：計中醫診所金城鎮一所，西醫診所金城鎮二家，金沙鎮一家。鑲牙所金城鎮二所，金湖鎮一所。中藥房金城鎮七家，金湖鎮五家，金沙鎮二家，烈嶼鄉三家。

---

[47] 中村誠道，《日據期金門調查實錄》，南洋協會台灣支部出版，中文版（1997 年），頁 42。

中藥房

營利事業名稱	設立	異動	負責人	資本額	組織	營業項目	地址
益生堂（中藥房）	64	87	何有志	25,000	獨資	中藥品零售／其他藥物零售／（煙酒）批發	金沙鎮汶沙里博愛街 25 號
復元堂中藥行	64	94	許乃宇	20,000	獨資	中藥零售業／菸酒零售業	金城鎮東門里莒光路 26 巷 3 號
顏存仁中藥房	64	73	顏斌威	40,000	獨資	醫療藥品零售業	金城鎮東門里莒光路 59 號
永生堂藥房	64	82	陳忠信	30,000	獨資	中藥品零售／公賣品（煙酒）批發	金湖鎮新市里中正路 59-5 號
杏元（國藥房）	64	94	張礽菘	30,000	獨資	中藥零售業／食品什貨、飲料零售業／菸酒／布疋衣著服飾品零	金湖鎮新市里復興路 122 號
德安中藥房	64	82	翁世欽	40,000	獨資	中藥品零售／公賣品（煙酒）批發	金湖鎮新市里復興路 15 號
存心堂（藥房）	64	82	薛永培	50,000	獨資	珠寶銀樓、醫療藥品零售（中藥）／（煙酒）批發	金湖鎮新市里復興路 41 號
益壽堂	64	84	許夢麟	30,000	獨資	中藥品零售／公賣品（煙酒）批發	金湖鎮新市里復興路 79 號
永順仁（藥房）	64	87	李建源	20,000	獨資	中藥品零售／公賣品（煙酒）批發	烈嶼鄉林湖村東林街 23-1 號
天生堂（國藥房）	65	82	鄭炳煥	50,000	獨資	醫療藥品批發零售業（中藥）／公賣品發售	金城鎮北門里莒光路 100 號
金和興中藥房	65	86	陳金祿	20,000	獨資	中藥品零售／公賣品（煙酒）批發	金城鎮東門里民族路 185 號

許嘉棟中藥房	65	88	吳能惠	10,000	獨資	中藥品零售／公賣品（煙酒）批發	金城鎮東門里民族路 39 號
回生堂	65	82	吳水居	30,000	獨資	中藥品零售／公賣品（煙、酒）批發	金城鎮東門里莒光路 1 號
存德	65	85	顏西川	40,000	獨資	醫療藥品零售（中藥）	金城鎮東門里莒光路 38 號（歇業）
長生（藥局）	65	82	蔡德時	10,000	獨資	醫療藥品零售／公賣品（煙酒）批發及零售。	烈嶼鄉西口村西方 8-1 號
同仁堂	65	90	許乃甫	20,000	獨資	中藥品零售／公賣品（煙酒）批發	烈嶼鄉林湖村東林街 77 號
存德中藥房	85	86	顏及人	200,000	獨資	中藥品零售／公賣品（煙酒）批發	金城鎮東門里莒光路 38 號

　　台灣在日據時代，對西藥藥品的販賣已有嚴格的管理制度，需有藥商執照才准予從事藥品販賣業務。但對中藥較為放任，業者中有領照者，也有沒執照的。台灣光復之初，政府沿習日據時代的制度，對中藥業者舉辦訓練班發給中藥商執照，但是人商合一，視為商，與西藥的人商分開不同，「西藥應聘領有證書之藥劑師負責管理藥品。1954 到 1966 年，由各縣政府舉辦「熟諳藥性人員」之簡單測驗，通過後發給執照。1967 年，內政部公布施行「藥商管理規則」，第六條規定，「中藥販賣業者，應聘用中醫師或熟諳藥性之人員管理藥品」。1970 年藥管法公佈，中醫師及確具中藥基本知識及鑑別能力人員兩種人得以管理經營中藥販賣業務。

　　今日，在台灣要當一個中醫師，必要透過常規的大學教育，或是透過國家考試。三十年來，數以百計的學徒透過這個系統來得到醫師執照。中醫師檢定特考對台灣中醫藥知識的推廣有很大的催化作用，許多在中醫診所當助手，中藥房當藥童，及其他各種不同行業的人，工作之餘，買些中醫藥書籍來研讀，進而參加檢定特考，甚至有些辭去工作，專心投入補習班中，熬夜苦讀，等待金榜題名而晉身中醫師的行業。傳統中藥店：零售，

通常結合了中醫師，直接處理病人，並由藥店準備好處方所需之藥。中藥店幾乎都有基本設備，像是藥櫃，而且只由家庭經營，像是夫妻，或者再多一到兩個學徒。金門的中藥店大致上就是這種情形，許多到金門旅遊的觀光客最愛走訪座落在後浦老街牌坊下，古色古香磚造木砌，散發出古老風味的「存德藥房」。存德藥房是早年兼營僑匯業務的民間店鋪，創業於1843 年道光年間，傳承百年至今已是第五代。

凡是歷史悠久的中藥店都稱作「堂」，比如北京的「同仁堂」、長沙的「九芝堂」、寧波的「壽仁堂」、瀋陽的「天益堂」、貴陽的「同濟堂」等。這個典故出自漢代名醫張仲景，張仲景是河南南陽人，其人醫術高明，深受百姓好評。漢獻帝建安中期，他被調任長沙太守，當時那裡瘟疫流行，死人很多。他工作之餘，就在辦公衙門接診病人，自稱「坐堂醫生」，以表示自己藐視功名，為民治病的決心。後人為了學習這位名醫的崇高品德，就沿用這個名稱，一些行醫者也把自己的中藥店叫「某某堂」，意為像張仲景那樣不計名利，救死扶傷。[48]金門的中藥店多數也以「堂」為號，全部都在 1976 年左右核准成立，是父子相傳的家族事業，例如小金門的「永順仁」在李珍碧老先生過逝後，由下一代接續經營。然而，或許因為時代環境的改變，也或許因為年青人少了老先生給人的信賴感，如今的中藥店只會賣蔘藥。老一輩的師傅我們管叫他「先生」，在這行浸淫久了，基本的「望聞問切」總還是會的。中藥店不只是販賣藥材的店，更為鄉人提供與身體相關的諮詢，是個有著濃厚人情味的地方。不管有沒有執照，傳統中藥店是個讓人敬重的行業，金門人說「拿藥」，不說「買藥」，因為藥是用來治病與濟世的，錢再多不見得買得到，也不一定要用錢買。

參、五金、電器、電腦通訊行

一、五金行

五金商店中的五金，係指金、銀、銅、鐵、錫五項金屬材料的稱呼。以材料作成的產品分，通常分為大五金及小五金兩大類。大五金指鋼板、

鋼筋、角鋼、槽鐵、工字鐵及各類型之鋼鐵材料；小五金則為建築五金、白鐵皮、鎖類、鐵釘、鐵絲、鋼剪、家用五金、各種工具等。關於工廠中的大五金庫和小五金庫也大都是依據這樣的標準進行分類。就五金的性質與用途，可分為鋼鐵材料、非鐵金屬材料、機械機件、傳動器材、輔助工具、工作工具、建築五金、家用五金等八大類。

建築五金的品種繁多，一般可按用途分為門窗五金、水暖五金、裝潢五金、絲釘網類五金製品，和廚房設備等五類。門窗五金，指安裝在建築物門窗上的各種金屬和非金屬配件，包括門鎖、執手、撐擋、合頁、閉門器、拉手、插銷、窗鉤、防盜鏈、感應裝置等；水暖五金，指建築物供排水系統、水暖系統和衛浴室所用的五金零件，通常包括淋浴器、便器配件、盥洗器配件、按摩浴缸配件、閥門、管道連接件及浴室的其他五金；裝潢五金，指建築物內外採用的飾物和製品，常兼具使用和防護功能，主要有組合式金屬吊頂、輕質活絡隔斷、金屬裝飾面板等；絲釘網類五金製品，指用碳鋼或有色金屬製成的各種絲、釘、網及網狀製品，在建築工程中使用廣泛；廚房設備，指供廚房作業用的設備和機械，主要包括洗涮台、操作台、切菜機、灶台、灶具、烤箱、廚櫃、存放器和排油煙機。一部分作為廚房的固定配套用具，與房屋一起建造並交付使用，另一部分是房屋使用者根據需要自己配置的。

五金這一行，可大可小，小的像雜貨店，大的像 B&Q，不論規模多小，商品通常多達千件以上。光是名稱、術語就讓人眼花繚亂，何況去了解它的功用，因此，開設五金行確實得具備一定的專業能力。五金是生活必須品，以販售日常用品為主的百貨五金店，成立的時間都很早，一般的市鎮和村落中都會有一兩家。以金門為例，所需的五金種類大概只占五金總類的極小部份，尤其偏重在小五金類。五金行其實可以當作社會進步與科技文明的指標，各種產品日新月異，推陳出新，從金門五金行中所陳列與販售的商品變化，可以了解金門這些年來的發展。金門的五金製品業大致可以分成「一般五金百貨」、「汽車五金」、「電器五金」與「建材五金」，通常各種器物都有它需要的零組件（五金），金門的五金行還沒有專業到只販售單一商品或單類型的五金製品。

五金行

營利事業名稱	設立	異動	負責人姓名	資本額	組織類型	現況	地址
東安（五金行）	64	90	林發平	20,000	獨資		烈嶼鄉林湖村東林街114號
義成商店	65	93	王素瓊	30,000	獨資		金沙鎮光前里陽宅67號
慶利	65	82	楊意金	40,000	獨資		金沙鎮汶沙里復興街15號
泰成五金百貨行	65	93	莊圓	40,000	獨資	歇業	金城鎮北門里民生路5巷9
金成	65	65	王玉配	60,000	獨資		金城鎮南門里中興路14號
源昌行	65	83	許振坡	6,200,000	獨資		金城鎮南門里民族路209號
益昌五金車材行	65	94	王麗珠	30,000	獨資		金湖鎮新市里中正路43號
新乾元	65	83	林長樂	50,000	獨資		金湖鎮新市里復興路44號
瑞泰行	65	91	林淵正	1,700,000	獨資		金湖鎮新市里復興路89號
海豐五金建材行	65	93	陳瑞■	50,000	獨資		金湖鎮新市里復興路91號
新順發	66	84	陳素英	10,000	獨資		烈嶼鄉林湖村西宅35號
新合源	67	87	吳明華	450,000	獨資		金城鎮北門里中興路96號
金瓊源	67	93	蔡志能	100,000	獨資		金城鎮北門里民生路11巷5
永興五金商店	67	81	陳永祿	40,000	獨資		金湖鎮山外里黃海路33號
協成商店	70	95	盧惠莉	30,000	獨資		金沙鎮汶沙里博愛街44號
東榮五金建材行	71	91	黃緯森	40,000	獨資		金沙鎮汶沙里五福街36號

良億五金水電建材行	73	88	莊良時	12,000,000	獨資	歇業	金湖鎮山外里山外 1-5 號
時和五金建材行	74	93	陳金商	5,200,000	獨資		金湖鎮新市里武德新莊 6 號
欣全五金建材行	75	80	李養隴	100,000	獨資	歇業	金城鎮中央公路 104 號
聯棧超式	77	96	林中■	2,000,000	獨資		金湖鎮新市里武德新莊 12
建豐五金材料行	79	89	楊俊偉	1,010,799	獨資		金城鎮東門里民族路 64 之 1
大順五金建材行	79	90	陳應盼	40,000	獨資	歇業	金湖鎮新市里國順街 13 號
長億五金建材行	80	94	張紫倩	40,000	獨資		金湖鎮山外里黃海路 83 號
華江五金行	82	90	倪振木	10,000	獨資	歇業	金城鎮古城里舊金城 32 號
新建豐五金電器行	82	85	蔡縹治	50,000	獨資		金城鎮東門里湖下村 45 之 2
金鴻源	82	89	莊文志	10,000,000	獨資		金湖鎮山外里山外街 3 號
新海豐五金建材行	82	89	蔡水華	50,000	獨資	歇業	金湖鎮山外里林森路 23 號
清鍊五金店	83	83	陳炎火	20,000	獨資		金湖鎮正義里成功 54 號
祥崗五金鋼鐵材料行	83	83	李昭揚	200,000	獨資		金寧鄉古寧村林厝 52 之 1 號
廉美五金實業股份公司	84	84	楊世發	3,000,000	（股）	廢止	金城鎮珠浦西路 82 巷 43 號
新利成五金建材行	84	88	陳碧霜	50,000	獨資	歇業	金寧鄉湖埔村埔邊 25
利晟行五金實業有限公司	86	94	楊金岱	5,000,000	有限公司	解散	金城鎮環島北路 38 巷 1 弄 5 號 2 樓
禾羣五金建材行	87	93	邵清海	1,000,000	獨資	停業	金湖鎮新湖里漁村 122 號
中建五金工程行	89	95	周清祥	200,000	獨資	撤銷	金城鎮東門里模範街 12 號

| 金軒麗實業有限公司 | 90 | 95 | 楊施儀 | 9,000,000 | 有限公司 | | 金城鎮西門里環島北路38巷1弄9號2樓 |
| 金源利企業有限公司（原「源裕行」） | 92 | 92 | 許安祺 | 6,000,000 | 有限公司 | | 金城鎮民族路203號 |

　　「一般五金百貨」，例如「瑞泰行」和「聯棧超式」。這兩家店的資本額都超過百萬元，算是規模較大的綜合五金行。前者核准設立於1976年，後者成立於1988年，登記的營業項目相當多，包括家具、廚房器具、水器材料、漆料、塗料、清潔用品、肥料、書籍、文具、運動器材、建材、電器、事務性機器設備、機械器具、交通標誌器材、消防安全設備、輔助食品、陶瓷玻璃器皿等商品的批發與零售，甚至兼營國際貿易。「汽車五金」，例如「益昌五金車材行」、「源昌行」與「金鴻源」，屬於早期的五金行，只有它們才從事汽機車零件的販售。隨著金門的發展，汽機車愈來愈多，汽車材料已脫離五金行，自成一業。「電器五金」的情形也是如此，例如「新建豐五金電器行」，只販售電氣器材與水電材料，真正的家電則由「電器行」負責。「建材五金」店家以「禾犟五金建材行」和「建豐五金材料行」為代表，經營的項目有模具批發、磚、瓦、石建材批發、磁磚、貼面石材批發、金屬建材批發、消防安全設備批、水器材料批發、水泥、石灰及其製品批發、衛浴設備批發、其他建材批發、電器批發、木材批發等。

　　從地理區位來看，金門的五金行多集中在金湖與金城，從核准設立的時間來看，平均分佈在不同的年代，不像其他金門傳統行業，自1980年以後便不再成長。隨著時代與歲月的變遷，消費者對五金的界定與需求都不一樣，因此，將來這一行也許不再名為「五金行」，但人們對五金的需求會繼續下去。從組織型態來看，主要還是獨資事業，晚近才有公司出現。公司形態的「五金行」資本額較高，例如「金軒麗實業有限公司」、「金源利企業有限公司」，與「利晟行五金實業有限公司」，資本額都超過五百萬，顯示這一行的性質已大不同於傳統只需3-5萬資金的五金店。大型的公司雖然營業項目繁多，但多已不再從事五金百貨零售，逐漸走向專業化，各種專賣店勢必分食原來的五金市場。除了專賣店外，大賣場也會蠶

食五金行的業務，例如 B&Q，除了販賣商品，也包辦工程。水電裝潢、汽車材料、衛浴設備、生活家電，居家修繕，一通電話，服務到家，「特力屋」宛如現代版的「五金行」。

二、電器行

本文所謂的「電器」，指一般的「家用電器」，簡稱「家電」。即以電能、天然氣或液態瓦斯驅動（或以機械化動作）的用具，可幫助執行家庭雜務，如炊食、食物保存或清潔，除了家庭環境外，也可用於公司行號或是工業的環境裡。基本上，家用電器分為大型家電（白色家電、黑色家電）和小家電。歐美國家習慣將冰箱（冷凍庫）、爐具（炊具）、微波爐、洗衣機、乾衣機及洗碗機等家電用品稱為白色家電（white goods）；相對於白色家電另有黑色家電（brown goods），主要係指電視機、錄放影機等；而目前又有藍色家電的說法，係指將數位技術及網路技術集成於傳統家電，藉此建立起家庭網路化環境的新一代電器。廣義的藍色家電更包括機上盒、遊戲機、智慧型電話、手持 PC 等所有能通過網路系統交換信息的消費性電子產品等。小家電指的是體積較小便於攜帶，或是用在桌面上以及其他平台上的家用電器。與黑色家電不同的是，它們能夠幫助改善室內的狀況，如濕度等。小家電需要電力驅動，所以都會帶有一個插頭用來連接插座，有些甚至有電力儲存的裝置，另外也有一些手持的家電是利用電池供應電能。某些家電會有馬達裝置，像是攪拌器、食物調理機或果汁機。

今天的金門，各種家電應有盡有，再昂貴的電器產品都有人購買，金門人的經濟實力不容小覷，連「燦坤」與「大同」都不得不正視這塊市場。然而，這條家電使用史卻是充滿辛酸，年青一代的金門人在享受這些現代化設備時，可能無法體會歷史所加諸在金門人身上的不公不義。今天視為理所當然的事，曾經可能會讓人身敗名裂，失去自由。從 1949 年 5 月 19 日政府宣佈台澎金馬地區實施戒嚴，直到 1987 年宣佈台灣解嚴後，當時金馬地區並未同步解嚴，金馬戰地政務的限制，直到 1992 年 11 月 7 日止才解除。金馬人民在戒嚴的高壓統治下生活了將近 43 年之久，鄉親們經歷一段晦暗艱苦的歲月。在那一個年代，金馬地區的資訊被強力封鎖，實施各種管制，其中也包括電器用品的管制，例如收音機、照相機、攝影機、錄放影機等，某些電器用品對金門來說，往往都必須經過一段管制期才會

開放。民眾日常生活受到嚴格的限制，人權不受重視，思想沒有自由，毫無生活品質可言。金門民眾的物質生活與精神生活水準，與台灣本島根本無法相並論。

二十世紀是一個科技發展快速的時代，隨著科技的進步，無線電通訊器材在二次世界大戰後，已經應用在日常生活上。照相機、收音機在世紀初已經開始普遍使用，但在金門，這些器材都是違禁品，可能成為敵方情報人員收集我方情報的有利工具，也會讓我方人員受對方「思想污染」。戰地金門，自然必須對這些產品有所防範。為了防止軍民心靈思想受敵方廣播所「污染」，最早列入管制的電器用品，收音機就是其中之一。依照管制規定，一般民眾不得擁有收音機，少部分人員因特殊工作需要而擁有的收音機，都附有一張「收音機使用許可證」，證與機不離，以備隨時接受檢查時可出示證件。部分漁民特別准許在每天晚間固定時間，收聽大陸沿海電台的漁業氣象報告，但僅限於該固定時段，且規定必須有多人在場一起收聽，以防轉收其他頻道或時段的內容。在民用汽車開放進口的時期，汽車只要進入金門，即刻被剪斷車上的收音機設備，以防民眾收聽「敵方廣播」，避免其思想受到污染。

繼收音機之後被管制的就是照相機，用意是為防止持有人拍攝到軍事有關的機密，造成機密外洩。金門的軍營外圍或入口處，到處可以見到「軍事重地，禁止描繪攝影」的牌子。實際上，當時擁有照相機的人極少，除較特殊的機關外，民間只有經營照相行業的照相館允許進口某部分照相器材，這些業者可檢附照相機的廠牌、機身號碼等資料，向政務委員會申請使用許可證，許可證上附使用規定，「如有違背規定者，該單位主管與保管使用人按情節輕重依法懲處」。

錄放影機是繼收音機之後，和攝影機、錄影帶同步列入管制的家電項目，其用意是基於「避免戰地影像被攝錄後，攜帶出境，使機密外洩」。但當時的學校，基於教學需要，可以購買錄放影機，但須向金門縣警察局申請「金門地區錄放影機使用許可證」，並遵守規定使用，「違者除沒收錄放影機（帶）、依法懲處外，並自願放棄任何申訴之權利。凡須攜帶出境之錄影帶，均須接受審驗，加蓋查訖戳記，始准放行出境。此項規定一直實施到 1988 年 7 月，金門政委會公布「地區原管制進口或禁止攜帶進口的錄影機開放自由進口」。即使是電腦開始普遍使用的初期，金門有一

段時期也曾列入管制，到 1991 年 6 月 1 日，才與照相機同步開放，准予自由進出。

電視機在金門出現，始於 1960 年代末期，開始都是黑白電視機，由於距離台灣太遠，雖然每台電視都架著一支很高的天線，但收視情況很差，畫面粗糙閃爍，好在當時電視台的播出時間短，對眼睛尚不致造成太大的傷害。後來電視台從一台增為三台，節目時間加長，彩色電視機也普遍了，光憑一支再長的天線也無法收視彩色畫面，如果金門沒有設轉播站，就無法收看電視節目。而當時軍方基於「設電視轉播站會干擾雷達訊號」的安全顧慮，在大眾的不斷反映下，才准以「收看莒光日教學和空中教學節目」，設立華視轉播站，開始金門「電視看華視」的時代，此後一段很長的時間裡，民間不斷有爭取看三台的聲音，卻一直沒有得到相關單位接受。1992 年 11 月下旬，戰地政務解除之後，金門電視轉播站才在時任「廣電發展基金會」董事長宋楚瑜的主持下，正式動工興建。這座電視轉播塔工程進行了三年，到 1995 年 11 月，經過一段時間的測試後，才由行政院長連戰先生主持按鈕啟用，從此金門民眾可以透過清晰的畫面，獲得良好的收視品質。

1989 年 11 月 30 日，金門縣政府宣布：爾後本縣籍民眾往返台金者，其所持之各型收音機器材，准予隨身攜帶出入境。1991 年 6 月 1 日，金門政委會宣布：原列為管制物品的攝錄影機、攝影機、長鏡頭、廣角鏡頭、電腦等五項物品，自當日起准予進出本地區。自此以後金門才能擺脫持有和使用電器產品的恐懼。這是離亂時代的不幸，為了國家，為了人民，連性命都可以奉獻時，犧牲一點個人精神自由與物質享受，事實上也不須太過計較，對曾經走過的路，不是每個金門人都那樣憤世疾俗，不懂得感恩惜福。或許因為戰地，金門人過得比台灣本島辛苦，但也因為是戰地，使金門人擁有更多的文化資產與寬闊心靈。在選擇傳統生活方式和接納現代科技文明產物之間，還是有所執著，不盲目追逐時尚。電器產品能夠幫助提高生活水準、增加生活情趣，但是過度的使用電力對環境也會帶來災害，地球暖化日益嚴重，有愈來愈多的人想回歸田園生活，減少對科技的依賴。「電器」是一種很矛盾的產物，對金門人而言尤其如此，作為一座「海上公園」，我們希望這裡百花盛開，但我們也捨不得放棄過「五星級

飯店」的生活。一部電器使用史，正是金門接受現代文明的演進史，而金
門電器行的發展歷程則是金門人生活方式選擇的表徵。

電器行

營利事業名稱	設立	異動	負責人姓名	資本額	組織類型	現況	地址
集利電器行	64	90	陳慶瑞	1,700,000	獨資		金城鎮西門里莒光路104號
金門電器行	65	82	林國棟	40,000	獨資		金城鎮北門里珠浦北路27之4
信和電器行	65	82	許乃權	40,000	獨資		金城鎮西門里中興路41號
金門三光電器	65	86	許鵬威	40,000	獨資		金城鎮東門里民族路15號
興隆電器行	65	88	呂永裕	20,000	獨資	歇業	金湖鎮瓊林里瓊林村小徑60號
同達行	65	89	顏劭章	1,000,000	獨資		金城鎮北門里莒光路36號
莒光電器行	65	95	李錫民	200,000	獨資	歇業	金城鎮西門里莒光路109號
集豐電器行	66	82	黃廷川	300,000	獨資		金城鎮東門里民族路143號
中華電器行	66	89	黃彩鳳	20,000	獨資		金湖鎮山外里黃海路45號
金湖電器行	67	81	陳文浦	40,000	獨資	歇業	金湖鎮新市里武德路3號
吉利電器行	67	83	李淑美	20,000	獨資		金湖鎮新市里中正路46號
向陽文具電氣器材行	67	90	林正璽	5,000,000	獨資		金城鎮北門里民生路9號
藝華唱片電器	67	95	黃明月	10,000	獨資		金城鎮北門里中興路121號
協和電器行	67	95	辛碧銀	46,000	獨資	歇業	金城鎮北門里中興路124號
宏文音響電器	70	80	李根發	50,000	獨資	歇業	金城鎮北門里中興路146巷19號

志高電器行	71	88	何梨碧	40,000	獨資	歇業	金湖鎮山外里下庄光武路 14 號
亞細亞電器行	71	92	呂碧蓮	480,000	獨資		金城鎮北門里中興路 166 號
協興電器行	72	81	李昭祿	10,000	獨資	歇業	金沙鎮汶沙里博愛街 34 之 1 號
家豐電器行	73	82	楊賢淑	300,000	獨資		金城鎮南門里莒光路 99 號
耀聲電器行	73	82	許寶慧	30,000	獨資		金沙鎮汶沙里博愛街 23 號
金昇電器行	73	82	洪寬治	40,000	獨資		金城鎮北門里民生路 9 之 18 號
金昌電器行	73	84	楊志偉	40,000	獨資	歇業	金城鎮東門里浯江街 56 號
太空電器行	73	94	陳啊贊	2,000,000	獨資		金湖鎮山外里黃海路 1 之 5 號
新進興電器行	73	96	楊寶治	40,000	獨資		金沙鎮光前里陽宅 72 之 1 號
佳聲電器行	74	76	陳德本	20,000	獨資		金湖鎮新市里復興路 26 號
日昇電器行	74	82	陳麗萍	30,000	獨資		金城鎮北門里中興路 146 巷 3 號
福發電器行	74	86	楊長植	10,000	獨資		金城鎮東門里民族路 73 號
正聲電器行	75	82	陳媽居	40,000	獨資		金城鎮北門里民權路 129 號
慶豐電器行	75	85	許明慧	45,000	獨資	歇業	金湖鎮山外里山外村黃海路 13
名人電器行	75	92	林彩惠	10,000	獨資	歇業	金城鎮北門里中興路 118 號
上格電器行	76	82	莊文經	40,000	獨資		金湖鎮新市里中正路 44 號
佳聲電器行	76	83	陳德本	20,000	獨資	歇業	金湖鎮新市里復興路 26 號
聯美電器行	76	94	陳淑鳳	5,000,000	獨資		金湖鎮新市里中正路 1 號

先鋒電器行	76	95	洪天恩	20,000	獨資		金湖鎮新市里武德新莊自強路
國光電器行	76	95	吳玉瓊	40,000	獨資		金城鎮北門里民生路33 號
王星電化商品電氣行	77	82	蔡秀英	100,000	獨資		金城鎮南門里莒光路85 巷 1 號
亞洲電器行	77	89	許金珠	30,000	獨資	歇業	金城鎮北門里中興路65 號
新奇雷射音響電器行	78	78	陳秀華	20,000	獨資		金湖鎮新市里中正路21 號
日盛電器行	78	95	李真洞	500,000	獨資		金湖鎮新市里武德新莊 49 號
飛碟電器行	79	80	李志宏	20,000	獨資	歇業	金湖鎮黃海路 61 號
名揚電器行	79	85	盧麗碧	500,000	獨資		金寧鄉古寧村南山 19之 1 號
國光電氣北門分行	79	94	吳玉瓊	40,000	獨資	歇業	金城鎮北門里民生路33 號
永欣電器行	80	81	范海權	30,000	獨資	歇業	金湖鎮新市里中正路69 號
永承電器行	80	84	薛承烈	10,000	獨資	歇業	金城鎮東門里莒光路一段 47 號
環光電器行	80	85	莊月英	40,000	獨資	歇業	金城鎮東門里民族路180 號
台欣電器行	80	88	曾佩珍	200,000	獨資	歇業	金湖鎮新市里武德自強路 2 號
亮東電器行	81	82	呂振成	40,000	獨資	歇業	金湖鎮山外里山外 58號
瀚翔電器行	81	89	黃景南	40,000	獨資	歇業	金城鎮南門里中興市場 20 號
韋利電器行	82	83	陳勝文	120,000	獨資		金城鎮西門里民權路80 號
先峰電器行	82	83	洪天成	20,000	獨資		烈嶼鄉林湖村東林街172 號
新建豐五金電器行	82	85	蔡縹治	50,000	獨資		金城鎮東門里湖下村45 之 2 號

宏昌電器行	82	88	李麗珍	40,000	獨資	歇業	金湖鎮新市里武德 4 號
日冠電器行	83	86	楊肅泰	50,000	獨資	歇業	金沙鎮汶沙里中興路 31 巷 6 號
輝豪電器行	83	91	洪大偉	50,000	獨資		烈嶼鄉上歧村青岐 102 之 1 號
東聲電器行	83	93	陳淑鳳	400,000	獨資		金湖鎮山外里下莊光 武路 28 號
福星電器行	84	86	張國星	10,000	獨資		金城鎮南門里民族路 220 號
安美電器行	84	95	陳彩音	400,000	獨資	停業	金城鎮南門里民族路 113 號
嘉豐電料中心	85	85	黃延壯	40,000	獨資		金寧鄉伯玉路一段 293 號
忠誠電氣行	85	91	許雪睢	200,000	獨資		金城鎮莒光路 158 巷 4 弄 4 號
天網電器行	87	91	蔡輝華	30,000	獨資	歇業	金城鎮莒光路 146 號
尖鋒電器行	88	90	江宗憲	30,000	獨資	歇業	金湖鎮新市里武德新 莊自強路 1
大同綜合訊電 股份有限公司 金門分公司	89	89	黃勝利	同總公司	分公 司		金城鎮西門里莒光路 157 號
一番電器行	90	92	陳士豪	240,000	獨資		金城鎮民生路 33 之 3 號
燦坤實業 股份有限公司 金門分公司	90	95	閻俊傑	同總公司	(股)		金門縣金城鎮環島西 路 1 段 65-77 號

　　除極小部份使用電池外，所有電器都得依靠電力，電力供應狀況自然影響到電器的使用與普及。在沒有電力的年代，金門人的作息一直都遵循著「日出而作，日入而息」的生活規律，晚間做事也都利用有月光的夜晚，否則就要點燈照明，點燈的燃料最早是用植物油，如花生油、菜籽油等食用油，並以燈蕊引燃，所以這些油又叫做點火油，[49]電力普及之後，土油

---

[49] 參閱黃振良，《金門農村器物》（金門：金門縣文化局，2007 年），頁 223。

燈就很快地被淘汰掉了。根據《金門縣志》記載,金門有電始於 1927 年,本地人傅錫祺與黃模生首倡辦電燈公司,電廠最初設於金城西門舊軍裝局遺址,由上海購進發電機一部,供電后浦,不久轉讓給別的商人許鐵經營,因當時風氣未開,用戶寥寥,虧蝕連連。1937 年日軍占領金門,電廠機件多被拆毀。另根據《南支調查資料——福建省金門島概況》所載,本島唯一的電燈公司為設於后浦的「金門電燈電力公司」,經營者為林燕貽,係抗日的領袖,在日本陸戰隊登陸前就已逃逸,只有職員留下來。1938 年日人拆卸廈門星光日報社發電機一台,運金裝設,由「行政公署」公營,光復後被星光日報拆回。

1950 年「金門電燈公司」成立,地址在金城鎮東門池王廟,僅有 50 瓩發電機一台。1952 年由行政公署接管,並增置同式發電機一台,廠址移到南門許家祠堂。1954 年再增購 50 瓩發電機四台,除增加供應金城鎮電量外,接著成立山外、沙美兩個發電所。根據一份尚未出版的軍方資料記載,1958 年 8 月,由政委會補助,部隊籌建,在金城鎮東門里公所附近也建造了一發電廠,供應金城鎮各機關學校民眾電力與夜間照明,收效甚著。[50]1960 年 6 月,「金門電燈公司」改組為「金門發電廠」,業務依舊,惟以民生日裕,耗電量日甚一日,漸呈供不應求之勢。1962 年,蔣總統蒞金視察,下令加強電力供應,於是由台灣電力公司撥贈發電機與發變電設備器材,建立莒光發電所,專供金城鎮用電之需,開金門發電事業之新猷。金門一般民眾,生活水準日益高提高,對電器設備需要迫切,既有的發電設備已不敷使用。

1967 年 10 月 1 日,在時任國防部長蔣經國的指示下,成立福建金門電力股份有限公司籌備處,由金門政委會、金門縣政府、台電、大同、新光、嘉新、士林電機、中華電線電纜等公司共同投資,次年「金門電力公司」成立,由蔣孝文先生首任董事長兼總經理。金門電力公司為公營公用事業,並為戰地推行政令之便,自 1972 年 11 月起,董事長、總經理,分由政委會秘書長與金門縣長兼任。金電公司開創歷程極其艱辛,從無到有,從小到大,業務逐漸進入自動化,成為一個組織緊密、制度健全與財務結構堅挺的現代化公司。歷年來,金電公司不斷擴建電廠,供電不斷成

---

50 金門防衛司令部,《金門工程簡史》,未出版,1965 年。

長，由限時供電至全日 24 小時供電，從局部供電至全縣家家有電，由 1959 年用電戶 550 戶，增加至 1986 年用電戶 14,467 戶，電量 52,112,503 度。[51]1997 年奉行政院核定，「金門電力公司」改組併入國營之台電公司經營，同年 7 月 1 日成立「台灣電力公司金門區營業處」。至 2003 年 12 月止，轄區用戶總數 20,705 戶，其中電燈用戶數 19,400 戶，電力用戶數 1,305 戶。大小金門共有塔山、夏興、莒光及麒麟四座發電廠，2003 年 1 至 12 月各電廠總發電量 2 億多度，足供全島軍民使用。[52]

金門離島是以火力來發電，供電成本更高，原本比台灣貴兩倍的電價，在台電接收金電後，電價也幾經調整，1992 年金門民眾終於享有和台灣一樣的電價，虧損由政府補貼。根據其使用者的不同，可將總電力需求分為電燈用電、電力用電，其中電燈用電主要以家戶用電為主，而電力用電則主要指產業用電。2003 年時，金門地區用電普及率已達 100%。近年來電燈用電（指一般家戶生活用電）更是大幅成長，1987 至 1995 年的成長率為 11.6%，原因是使用冷氣機台數大幅增加。[53]電力是電器使用的基礎，電價當然是影響因素之一，但是真正左右金門人電器消費的卻是生活習性與生活態度。

屬於家庭基本配備的電器如電視、電風扇、冰箱、洗衣機、電熱水器等，汰換率不高，民眾也不會因追求時尚而競逐尖端與高檔產品。某些家電則因環境不同，使用的人不多，如洗碗機、烘乾機、電爐、微波爐、除濕機、電暖器等。金門人素來節儉，有洗依機但不常用，有冷氣機但不常開，烤麵包機與食物調理機雖然不會太貴，但這似乎是都市生活才需要的東西，金門現在已不太容易買到土司麵包，更不要說烤了，把生鮮蔬果打成精力湯來喝，也是多此一舉，當然不是沒有，只是不普遍。電器的種類太多，而且日新月異，電器行如果跟不上時代腳步，立刻會被淘汰。自 1975 年有電器行以來，有營業登記的商家計 64 家（依上表），到 2001 年核准歇業或停業的高達 25 家，若加上未申請異動事實上已呈歇業的電器行，

51　金門縣文獻委員會，《金門縣志》（金門：金門縣文獻委員會，1979 年），頁 1031。
52　參閱「台灣電力公司金門區營業處」網頁，http://www.taipower.com.tw/d123/index.htm。
53　參閱金門縣政府委託，國立台灣大學建築與城鄉研究所畫，《修訂金門縣綜合發展計畫》，2002 年。第二篇第五章。

或已轉而經營其他業者，比例更高。尤其是 2000 年以後「大同」與「燦坤」電器專賣店進駐金門後，傳統的電器行更是雪上加霜。

2001 年 1 月 20 日「燦坤」正式進駐金門，成為近期第一家在金門設點的台灣大型連鎖企業。位於金城鎮東門的金門店在開張的第一個小時，即創下新台幣百餘萬元的驚人營業額，當地軍民蜂擁選購家電和電腦產品的熱鬧景況，為景氣低迷的金門歷年來僅見，當年燦坤集團在台灣已擁有 150 萬名會員，20 日下午也在金門招募到 2,300 餘位會員。對金門人來說，其實對台灣本島民眾而言也是如此，「燦坤」不僅僅是一家電器專賣店，也是休閒、獲取科技新知的好去處。自從「大同」和「燦坤」開幕之後，金門就再也沒有新設的電器行。家電的生意幾乎全被搶光，傳統的電器行除了幫左鄰右舍修理電器，更換一些小零件外，難得賣出一件電器。「燦坤」對金門電器行的發展是一大打擊，但對金門家電的普及貢獻卻很大。

近三年金門家庭各種家電普及率

單位：戶、%

年別	彩色電視機	洗衣機	冷暖氣機	微波爐	影音光碟機	數位相機	音響	吸塵器	錄放影機	攝影機
95	99.61	97.20	87.64	47.04	40.30	38.76	32.64	25.39	12.73	2.81
96	100.00	98.03	84.68	57.73	44.34	46.86	39.72	25.16	8.46	6.14
97	100.00[54]	98.01	91.12	50.93	26.57	42.10	30.95	24.88	--	8.42

資料來源：金門縣政府主計室，「家庭收支調查」

彩色電視機、洗衣機、冷氣機屬於家庭必備的大型家電，普及率差不多已達百分之百；屬於生活享受的產品，普及率大概只有四到五成，這個數據反映了金門人的生活環境仍屬鄉村型，離都市化程度還有一段路。數位相機取代攝影機，影音光碟機取代錄放影機，而影音光碟機的消退與數位電視的架設、寬頻網路的普及有關。近年來金門最「夯」的一件事就是「金門無線島、世界跟著跑」。金門縣政府以一億五千萬元，委託中華聯合電訊集團旗下的「中華金廈聯網股份有限公司」建置營運金門縣公眾無線寬頻網路，經過三年的努力，終於在 2008 年 8 月 20 日按鈕啟動，正式

---

[54]　一般彩色電視機 97.22；液晶、電漿電視 19.42。

開啟金門成為全球第一座無線網路島嶼。[55]談到網路的未來，自然就得回顧金門電腦資訊業的發展。

三、電腦通訊行

台灣是資訊大國，在民眾使用和購買資訊商品頻高的情況下，不少資訊公司或企業為了搶占市場就集結成 3C 商圈，或是在全省各地建立「電腦」（Computer）、「通訊」（Communication）和「消費性電子產品」（Consumer Electronic）的 3C 大賣場，販賣大量電腦資訊（如 PC、電腦周邊、數位相機、燒錄機）、通訊（如手機、電話）以及家電（如冷氣、電視）等消費性電器產品。在這種風潮下，不少消費者也漸漸習慣專程到 3C 賣場購買 3C 產品。在「大同」和「燦坤」未進入金門之前，金門的 3C 產品通常都購自電器行或電腦行，小型的電器用品如數位相機等，可能自台灣攜入或寄來。因此，金門何時開始有電腦，這是一個難以回答的問題。金門最早的電腦很可能由鄉人從台灣帶回來，如同其他電器新產品輸入金門的情形一樣，必須等這種商品被大家接受後才會出現相關販售的行業。

英文 computer 意指計算機，計算機種類繁多，在西方科技歷史上機械的計算機可追溯到公元前 87 年被古希臘人用於計算行星移動的「安提基特拉機器」。幾經演變到了第二次世界大戰期間，終於發明了使用真空管的第一代電子計算機。所謂「電子計算機」是一種利用電子學原理，根據一系列指令來對數據進行處理的機器。通常人們接觸最多的是俗稱的「個人電腦」（personal computer），簡稱 PC，最早的個人電腦是法國工程師 François Gernelle 和 André Truong 於 1973 年於所發明的 Micral。一般來說個人電腦分為兩大機型與兩大系統，在機型上分為常見的桌上型電腦與筆記本電腦。在系統上分別是 IBM 整合制定的 IBM PC/AT 系統標準，以及蘋果電腦所開發的麥金塔（Macintosh）系統。狹義來說，個人電腦是指前者（IBM 整合制定的 PC/AT），IBM PC/AT 標準由於採用 x86 開放式架構而獲得大部分廠商所支持，成為市場上主流，因此一般所說的 PC 意指 IBM PC/AT 相容機種，此架構中的中央處理器采用英特爾或 AMD 等廠商

---

[55] 倪國炎，〈金門公眾無線寬頻網路暨地理資訊系統啟用〉，《大紀元》，2008 年 8 月 20 日。

所生產的中央處理器。1980 年代，IBM 推出以英特爾的 x86 的硬體架構及微軟公司的 MS-DOS 操作系統的個人電腦，并制定以 PC/AT 為 PC 的規格。之後由英特爾所推出的微處理器以及微軟所推出的操作系統發展幾乎等同於個人電腦的發展歷史。

個人電腦問世這項突破性的發展讓時代雜誌（Time Magazine）在 1982 年改變了年度風雲人物的傳統作法，將 IBM-PC 票選為當年的風雲「機器」。該雜誌的發行人 John A. Meyers 表示：「在 1982 年當中固然有一些代表性的人物，但若從這一年的象徵意義，以及這一年在歷史中的地位來看，沒有任何人能夠超越這部電腦所帶來的重大影響。」Meyers 指出，時代雜誌觀察到社會大眾對於電腦觀感的改變，有一位資深作家投稿表示：「電腦在過去給人的印象就好比喬治歐威小說《1984》中那位高深莫測，令人不寒而慄的老大哥。但在 1982 年當中，電腦真正變成一種個人化的產品，體積縮小到任何人都能輕易擁抱、輕易把玩的地步。」當年，時代雜誌年度風雲人物計畫的主筆還是用打字機撰寫報告，但 Meyers 亦特別指出，該雜誌的新聞與編輯部門將在一年內全面改用個人電腦的文字處理軟體。[56]

這是個不爭的事實：電腦已成為我們現今生活的中心了。電腦存在我們的桌面、口袋、甚至汽車儀表板上。我們在工作、娛樂、教育和選購日常用品時，都會使用到電腦，連大眾文化也脫離不了關係。據國內業者表示，台灣 3C 產品年經濟規模高達新台幣一千六百億元（家電約新台幣一千億元，通訊產品二百億元，資訊產品四百億元）。[57]行政院主計處調查，2008 年台閩地區家戶電腦普及率為 82.9%，推估台灣約 629 萬戶的家庭擁有電腦，擁有電腦的家戶中以有「一台」電腦的家戶（44.5%）居多，其次為「二台」（30.3%），「三台」（14.8%），平均擁有電腦數量為 2.0 台。從各地區別來看，「台北市」和「北部地區」最高，「東部地區」與「金馬地區」較低，但總體而言都呈上升趨勢，金門上升的幅度更大，從 2002 年的 45.67% 到 2008 年的 76.3%，增加了三成。

[56] "Machine of the Year", *TIME Magazine*, January 3, 1983.

[57] 鄭登寶，〈電器行與雜貨店〉，《資訊超商》，1997 年。http://www.dgi.tw/polo/Book/IStore/default.asp?book_id=79

家戶電腦普及率

地區別／年別	2005	2006	2007	2008
整體	76.2	79.3	79.4	82.9
台北市	84.0	88.3	89.5	87.1
高雄市	76.1	80.3	81.7	85.9
北部地區	82.1	84.2	81.5	87.2
中部地區	69.7	77.3	77.6	80.2
南部地區	70.6	69.7	72.9	74.4
東部地區	65.1	65.6	68.4	80.7
金馬地區	63.8	68.3	68.9	76.3

資料來源：資策會 FIND（%）

台閩地區電腦普及率

單位：戶、台、%

地區別／年別	2002	2003	2004	2005
全國統計	56.77	58.72	62.36	63.09
金門地區	45.67	50.53	58.65	48.83
金門縣	45.84	50.28	58.96	48.05
連江縣	43.68	53.47	54.84	60.24

資料來源：行政院主計處電子處理資料中心

　　以上兩份統計表，統計單位不同，數據也不一樣。以金門為例，根據主計室「資料品質」說明，家庭收支調查由戶籍登記資料以縣市為副母體，採分層二段隨機抽樣方法，抽出受訪戶；第一段抽樣單位為村里，第二段抽樣單位為戶。每年由調查員訪問一次，查詢其全年所得收支主要項目，以戶數權數加權得到金門地區資料，其中戶數權數係以訪問戶代表該村里戶數乘以該村里代表所在層母體戶數。金門的幽靈人口與空戶數太多，加上金酒公司配股因素，虛報遷徙問題嚴重，以「戶」為母體的統計，誤差率太高，若以電腦普及率還原電腦數，必須放寬誤差值。即使從經濟戶長之職業別來分析，準確性也不高。在金門，影響家戶購買電腦的因素，主要還是家中有無就學中的學童，學生族群才是電腦、上網的主要使用者。當然，最終決定電腦普及率的有可能是家長的職業與收入。

金門家用電腦普及率

經濟戶長之職業別／年別	2006	2007	2008
全體家庭	57.95	63.07	62.94
民意代表、行政、企業主管、經理人員	67.57	100.00	50.48
專業人員	86.21	100.00	65.94
技術員、助理專人員	100.00	92.40	91.95
事務工作人員	84.46	90.25	83.28
服務工作人員、售貨員	65.93	86.84	69.68
農林漁業有關工作者	31.06	49.18	45.13
技術工及有關工作者	67.24	78.72	68.91
機械設操作及組裝工	76.49	78.46	88.07
非技術工及體力工	58.03	60.15	69.11
其他	16.02	13.96	29.94

資料來源：金門縣政府主計室（％）

　　理論上，專業人員和事務人員比農漁相關工作者更需要電腦，而民意代表與企業主管較有能力購買電腦。對金門人而言，電腦不同於一般電器，即使經濟能力好也不一定會購買，買電腦和用電腦是兩回事，許多人家中都有鋼琴，但是一旦孩子長大離開家後鋼琴往往成了家裡的餐桌。網路尚未發達之前，一般人用電腦打字、寫作業、打電動，當電腦還在 x86 時代，開機得等好幾分鐘，沒有一點知識基礎的人根本難以接近。視窗軟體出來後，完全顛覆電腦的使用習慣，也讓更多人，各種社會階層的人都可以較易操作電腦。這是就「硬體」而言，寬頻網路完成後，電腦的內在世界更加多采多姿，電腦普及率幾乎等同於上網普及率。

台閩地區連線（上網際網路）率

單位：戶、％

地區別／年別	2002	2003	2004	2005	2006	2007	2008
全國統計	45.91	48.23	53.15	55.74	71.7	71.3	76.1
金門（馬）地區	33.83	44.36	53.51	42.65	59.8	60.4	65.3

資料來源：行政院主計處電子處理資料中心，資策會FIND／經濟部工業局「電信平台
　　　　　應用發展推廣計畫」

在家從事上網活動

單位：%

網路活動	2003	2004	2008	2009	2009 推估人口（千人）
瀏覽資訊	80	88	83.3	91.2	12,641
收發 email	77	73	67.2	73.5	10,186
上傳、下載檔案	35	62	46.9	60.7	8,411
玩線上遊戲	31	37	33.7	40.6	5,632
傳送即時短訊（ICQ、MSN）	26	50	47.5	58.3	8,073
到聊天室聊天、交友	23	14	12.4	13.5	1,869
線上影音視訊	20	21	21.8	37.6	5,208
線上購物	13	13	16.7	23.7	3,285
使用電子化政府服務	12	12	8.0	14.7	2,041
線上拍賣	9	14	10.4	15.4	2,134
線上金融（投資理財易行為）	7	6	10.2	12.8	1,767
繳交帳單、罰款	4	10	10.0	16.9	2,346
網路電話	1	6	14.9	17.4	2,407

資料來源：資策會 FIND（2009/10）

　　根據資策會 FIND 的調查結果發現，連網民眾每天在家上網主要從事的活動，不外乎就是上網「瀏覽資訊」、「收發電子郵件」、「上傳或下載檔案」及「傳送即時短訊」等，有五成以上的連網民眾經常使用上述的連網應用項目，但若進一步觀察各項連網應用，則會發現「網路電話」、「部落格」、「即時傳訊」等連網應用項目，其使用人口在近幾年內都有兩成以上的年複合成長率，而這幾項應用項目都有著「即時」、「互動」、「社交」、甚至是「節費」的特質；但相對的，需要經營一個虛擬身份的「聊天室」，反而逐漸不受網民的青睞。

　　這是針對全國所做的調查，金門當然也包括在內，由於金門是離島，某些選項的比重可能不同，但大致而言，「瀏覽資訊」、「收發電子郵件」、「上傳或下載檔案」、「玩線上遊戲」及「傳送即時短訊」應是共通的網路消費行為。電腦發展到這個地步，電腦已經不再是單純的「家電」，而

上網活動也不必然得由電腦來進行，電視、手機、PDA 也逐漸「電腦化」。
金門的電腦行，大都從資訊與科技的角度來經營電腦相關的行業，1989
年以前沒有「電腦」這樣的詞語，「中天電腦通訊世界」是第一家使用「電
腦」一詞的營利事業，雖然 1977 年核准成立的「聲寶資訊電業行」營業
項目中有「電腦設備安裝」，但這應是後來申請異動時所作的變更。

電腦資訊行

營利事業名稱	設立	異動	負責人姓名	資本額	組織類型	現況	地址
創世紀資訊	65	92	黃宗毓	200,000	獨資	歇業	金沙鎮汶沙里五福街 46 號
聲寶資訊電業行	66	89	林秋鴻	100,000	獨資		金城鎮北門里中興路 173 巷 17 號
鈞統企業有限公司	75	94	許銘豐	4,000,000	公司		金城鎮西門里民權路 71 號
理想科技中心	77	84	陳期城	200,000	獨資	歇業	金湖鎮山外里山外黃海路 43 號
中天電腦通訊世界	78	88	陳榮輝	200,000	獨資	歇業	金湖鎮新市里復興路 6 號
銀河系電腦中心	80	80	陳成勇	48,000	獨資	歇業	金城鎮民生路 45 巷 4 弄 6 號
銀河系電腦中心	80	84	陳華慶	5,000,000	獨資		金城鎮西門里民權路 70 巷 5 弄 19
尚揚電腦科技	80	90	薛祖堯	200,000	獨資	歇業	金寧鄉湖埔村埔邊 21 號
銘將電腦科技資訊	81	83	周志文	40,000	獨資	歇業	金城鎮西門里中興路 118 號
昇灃資訊器材行	81	90	蔡遠欣	240,000	獨資		金湖鎮山外里下莊中興街 9 號
俊宇電腦資訊商行	82	84	李秀明	100,000	獨資		金城鎮北門里中興路 161 巷 26 之 1
大洋資訊	82	88	洪紫雲	10,000	獨資		烈嶼鄉西口村湖井頭 9 之 1 號
俊宇資訊有限公司	83	84	陳榮輝	2,000,000	公司	歇業	金城鎮北門里中興路 161 巷 26 號
快立得資訊公司	83	89	林其昌	5,000,000	公司		金城鎮北門里中興路 161 巷 9 號

集頂資訊	83	93	黃澤培	100,000	獨資		金城鎮東門里民族路 36 號
宇虹電腦	83	92	李積儀	40,000	獨資		金城鎮金城新莊 7 巷 3 號
金盛電腦資訊	83	90	陳期平	100,000	獨資	歇業	金湖鎮山外里山外 98 號
鴻揚國際	84	93	張李杯	400,000	獨資		金城鎮南門里民權路 70 巷 6 弄 7
浯江電腦資訊	84	93	陳俊瑋	200,000	獨資	歇業	金城鎮南門里光前路 91 號
禾冠企業有限公司	84	92	許郁梅	6,000,000	公司		金城鎮莒光路 150 號 1 樓
武狀元科技中心	85	88	許麗玉	150,000	獨資	歇業	金城鎮北門里中興路 161 巷 34 號
飛訊電腦中心	86	87	胡志輝	50,000	獨資	停業	金湖鎮新市里復興路 37 號
復華電腦資訊中心	87	89	吳俊霖	200,000	獨資	歇業	金城鎮北門里民生路 55 號
昇揚電腦	87	88	蔡貽迪	200,000	獨資		金城鎮南門里民族路 225 號
金門天力行	87	95	陳俊瑋	200,000	獨資	歇業	金城鎮莒光路 179 號
邵維資訊	88	88	翁水河	100,000	獨資		金寧鄉盤山村頂堡 138 號
網通資訊器材行	89	92	陳復寶	200,000	獨資		金城鎮北門里中興路 161 巷 15 號
百般資訊有限公司	89	89	李修儀	1,000,000	公司		金城鎮西門里民生路 45 巷 4 弄 5F
天宇資訊社	89	90	陳斌猛	100,000	獨資	歇業	金湖鎮山外里山外街 1 之 4 號
新世代資訊社	90	91	黃俊翔	50,000	獨資	歇業	金城鎮北門里中興路 163 之 1 號
佶暉科技有限公司	90	90	李瓊言	5,000,000	公司		金城鎮東門里北堤路 69 巷 2 弄 8
捷網資訊	90	94	薛祖耀	100,000	獨資		金城鎮珠沙里珠山 85 號
神達資訊	90	90	陳元斌	50,000	獨資		金湖鎮新市里林森路 9 號
普士科技	90	90	翁麗旋	200,000	獨資		金湖鎮新市里復興路一段 16 號
禾喬資訊	91	96	蔡艾雅	100,000	獨資	停業	金城鎮北門里中興路 146 號
中國龍企業股份有限公司	91	91	陳華慶	10,000,000	公司		金城鎮民生路 32 之 1 號

我的克寧資訊企業社	91	91	羅克寧	50,000	獨資		金城鎮金城新莊 7 巷 7 號
金盛電腦資訊	91	91	陳期平	10,000	獨資		金湖鎮山外里山外 98 號
杰旺資訊科技有限公司	91	91	林嘉森	2,000,000	公司		金湖鎮新市里武德路 17 號
數技電腦通訊行	92	94	薛萍宛	200,000	獨資		金城鎮北門里中興路 161 巷 9 號
翁山資訊工程行	92	94	翁志宏	200,000	獨資	歇業	金城鎮北門里中興路 193、195 號
捷特數位科技有限公司	92	95	楊美真	2,000,000	公司		金城鎮北門里中興路 193、195 號
捷達電腦通訊行	92	92	方添增	200,000	獨資		金城鎮西門里民權路 160 號 5 樓
翔翊電腦工作室	92	94	陳衣玲	5,000	獨資	歇業	金湖鎮山外里山外街 17 號
捷威資訊行	93	93	李有忠	100,000	獨資	歇業	金城鎮北門里中興路 193、195 號
傑生電腦	93	93	鄭嘉虹	200,000	獨資		金湖鎮黃海路 71 號
強網電腦	93	96	吳健銘	50,000	獨資	歇業	金湖鎮新市里復興路 124 號
宇昇資訊有限公司	93	96	周祥文	600,000	有限公司	歇業	金寧鄉湖埔村環島西路 2 段 80 巷 7 號 3 樓
穎鴻科技	94	94	張金祿	200,000	獨資	歇業	金城鎮西門里光前路 95 號
凌瑋電腦資訊行	96	96	許淑真	20,000	獨資		金城鎮西門里珠浦西路 50 巷 3 弄 10 號
超世紀資訊科技	96	96	李文良	50,000	獨資		金湖鎮湖前 94 號
超寬頻科技	96	96	陳瑞城	100,000	獨資		金湖鎮新市里中正路 28 號
即時通資訊	96	96	洪仁健	50,000	獨資		烈嶼鄉林湖村西路 34 號

　　金門的電腦通訊行集中在金城與金湖,尤其是金城的中興路,可以稱作金門的「光華商場」。資訊電腦這一行有一項特色,即容易「物以類聚」,方便消費者比較選購,台北的「八德路」、高雄的「建國路」都是這樣的情形。從組織形態來看,這一行有較多的「公司」,資本額較高,也有較多屬於個人工作室的電腦中心。因此,當沒有電腦可賣,不須再組裝電腦

時，軟體資訊相關周邊產業還可以再撐幾年。但是結果仍與電器行一樣，走向停業與歇業的末路。現今的電腦行有些已經變成「網咖」了，在金門，所謂的「科技」有時候指的只是上網玩線上遊戲，不必想得太複雜。作為電器的電腦，人人皆可開店販售，「電腦工作室」卻只有少數人可以勝任。平情而論，這一行賺不了大錢，某些時候它是理想主義下的產物。在大專院校讀電子、資訊相關科系的學生畢業後，不願或未能如願進入公司就業時，有些人會選擇回到家鄉貢獻所學。電腦、資訊與通信是發展中的世界性產業，但在金門似乎看不到未來，這是整體大環境的問題。

金門自從解嚴，開放觀光以後，一直不知道要什麼，不要什麼。2009年2月4日金沙鎮東蕭等聚落代表30多人，前往金門縣政府拉布條陳情，反對4家電信業者興建行動電話基地台，縣府承諾協調業者暫時停工並向村民說明。台灣大哥大、中華電信、遠傳和威寶4家電信業者，選在東蕭村郊共構行動電話基地及機房，這項工程對金門未來的發展肯定是好事，但是由於村民對電磁波干擾健康問題的恐慌，誰也不願基地台設在自家門前。縣府建設局局長李增財受理陳情案後指出，業者是合法申請興建基地台，縣府無權不核准，但村民有疑慮，將協調業者暫時停工並說明，希望讓事情圓滿解決。

根據金門縣政府主計室的「家庭收支調查報告」，2008年金門家庭行動電話普及率為84.22%，「民意代表、行政、企業主管及經理人員」、「專業人員」、「技術員、助理專業人員」、「事務工作人員」、「技術工及有關工作者」與「機械設備操作工及組裝工」都是100%，只有從事「服務工作人員、售貨員」、「農事、畜牧、狩獵、林業、漁業及有關工作者」和「非技術工及體力工」的家庭沒有家家戶戶有手機，許多家庭的手機數量不只一台，金門的通訊產業正方興未艾。回顧金門的電訊發展歷史，1989年台金國內人工長途電話啟用，並陸續開放國內及國外長途電話直撥話務，使金門電信事業正式邁入全自動化的新紀元。2000年5月，台金第二條光纖海纜通信系統建設完成，不但提高台金間長途電路之可靠度及服務品質，也為寬頻通信服務奠下基礎。如今行動電話基地台擴展到金門，3G世代的來臨，勢必改變金門人的生活方式。「金門無線島」是建設的方向，「生活沒煩惱」才是最終的目標。

肆、南北貨、雜貨店

一、商業概況

　　每年農曆春節前，家家戶戶都忙著採買年貨，相關新聞在媒體強力放送下，「張燈結綵喜洋洋，山珍海味慶豐年」，年貨成了中國人過年的表徵。人們之所以會在這個時候大量採辦年貨，固然是因為過年期間市場休息，民生物資未能照常供應，必須事先「囤積」。事實上，年貨另有其經濟與文化上的意義。農曆新年在台灣的傳統文化中，富含除舊佈新的意義，即使近來全球經濟情勢有些崎嶇，金融海嘯襲捲全球，但人們還是相信在峰迴路轉之後，經由感受豐衣足食的喜悅，期盼來年鴻圖大展，物富民豐，國泰民安。

　　現今的台灣和金門已不是中國傳統的農業社會，民生物資完全不虞匱乏，全年無休的大賣場和大飯店隨時都可照顧人們的脾胃，因此，年貨的問題不在於有沒有東西吃，而是要吃什麼、能吃什麼、該吃什麼，年貨涉及的是一門吃的學問。每到歲末年終，所有與吃相關的商家無不奇招盡出，推出各種賣相一百、口味普普的年菜，搶奪家庭廚房空下來之後的商機。不管是在家自己煮，或是出去吃一頓，都需要採買大量的「東西」，販售這些物資的商家，我們習慣稱它為「南北」貨行，台北的迪化街、高雄的三鳳中街就是聞名全台最大的南北貨批發零售市場。

　　到「南北」貨行買「東西」，南北貨行賣「東西」，不賣「南北」。乍看之下，有點像繞口令，事實上，這是中文字的趣味，也是中國文化較貼近庶民生活的地方。「東西」被當成物品的固定詞彙早已出現在唐代，可是為什麼稱物品是「東西」？又為什麼不是叫做「南北」呢？這個問題古人早已問過。《兔園冊》記載：「今市肆交易，止言買『東西』，而不及『南北』，何也？」[58] 說法有兩種：首先是從五行的角度來解釋。《宸垣識略》記載，[59] 明崇禎皇帝有一天在紫禁城遊藝堂閒坐忽然問大臣：「現

58　即《兔園冊府》，三十卷。唐李惲（蔣王）令僚佐杜嗣先仿應科目策，自設問對，引經史為訓注而編成。惲為太宗子，因以漢梁孝王兔園名其書，見宋王應麟《困學紀聞・考史四》。一說，唐虞世南著，十卷，五代時流行民間，為村塾讀本，後佚，見宋晁公式《群齋讀書志》。

59　《宸垣識略》是記載北京史地沿革和名勝古迹之書，係根據清康熙年間朱彝尊編輯

在市場上做交易，只說買『東西』，而不說買『南北』，這是為何？」這位大臣當下被問得目瞪口呆答不出來，只好趕緊請來大學士周延儒。周延儒說：「南方屬火，北方屬水，晚上敲人家的門要水要火，沒有不給的，所以不需要交易。而東方屬木，西方屬金，因此交易只能說買賣『東西』，而不是『南北』。」周延儒的解釋讓崇禎相當滿意。

另一種說法來自及唐代長安城的布局。長安城由外郭城、宮城和皇城組成。外郭城內有東市（隋稱都會市）、西市（隋稱利人市）兩座市場，各佔兩坊之地。兩市大小幾乎完全相同，南北長約 1,025 米，東西寬約 927 米。市場有圍牆，開八扇門，內有井字形街道和沿牆街道，將市內分為 9 區。每個區都四面臨街，店鋪沿街而設，有飲食店、珠寶店和手工業作坊等。長安城的商業大都集中在這兩座市場，其它各坊內也有一些零散的商業設施。居民一趟出門，東市與西市都得走一趟，「買東西」一詞即來源於此。

至於「南北貨」一詞由來，應該和台灣的經濟史有關。清代前期，台灣是中國大陸沿岸省份的穀倉，有大量砂糖輸往華北、日本，但手工業不發達。晚期又盛產茶葉和樟腦，不僅輸往大陸，還行銷世界各地，因此與中國大陸之間形成農業輸出、手工業進口的區域分工現象。在區域分工的情況下，一定要透過航運貿易，才能得到台灣與大陸間各取所需的物品，於是商人開始活躍。當時台灣的商人多半來自福建、廣東，兩江、安徽、江西，他們主要住居在台灣沿海的貿易港口，為了經商的方便，組成一種類似現在同業公會的組織，稱之為「郊」。舉凡台北、宜蘭、新竹、鹿港、笨港（今雲林北港、嘉義新港）、台南、澎湖等地都有郊的存在，其中「一府（台南）二鹿（鹿港）三艋舺（萬華）」更成了十九世紀中期台灣的三大都市。

郊的種類大致可分為兩種：一種是為了避免同行間惡性競爭而成立，從事特定商品買賣的同業公會，如台南有糖郊、藥郊、絲線郊、綢緞郊、杉郊；笨港有布郊、糖郊、杉郊；鹿港八郊則包含染郊、油郊、糖郊、布郊等等，皆為這類的郊行。另一種是以貿易地為郊名如「北郊」、「南郊」

與「港郊」。與中國比較北方的上海、煙臺、天津等地貿易的行商稱為「北郊」；與南方的金門、廈門、汕頭、香港等地貿易的郊商稱為「南郊」；此外笨港、鹿港、艋舺都有廈郊、泉郊，指的就是專與廈門、泉州做生意的行商，澎湖還有台廈郊，專營台灣和廈門的貿易。[60]「南郊」與「北郊」販運的自然就被稱作「南北貨」。

「南北貨」的稱謂也表示貨品來源廣、貨源豐富，無論南北各地所產無不齊備。目前台灣市場上的南北貨種類繁多，基本上是以農漁牧產品為主的乾貨。粗略分起來，有山產、海產和瓜果點心類。山產類：包括山地出產的各類蔬果乾貨、可沖泡飲用的飲料性植物、五穀雜糧和食補性的中藥材等。海產類：各種海洋生物的乾貨、真空包裝的鮮魚、製成丸或餃的冷凍食品等。瓜果點心類：各種瓜子、開心果、魷魚絲、蜜餞、糖果、零嘴等，種類繁多。當這些商品進到市場後，必須要有行銷的管道，從郊行開始逐漸發展出不同層級的組織，包括消費者、販仔、文市、割市等，其中消費者即指各地的人民；販仔則是流動各聚落間的商人；文市指的是街市的商店；割市則是更大的市街的批發行、中盤商店。當郊行取得貨品後，有少部份是直接賣給消費者，大部份則是透過割市、文市、販仔的中介，轉入消費者手中。

金門雖然四面環海，但是缺乏好的港口可以闢建為商埠。光緒四年（1895）七月，德國三艘軍艦停泊後浦港，有德人上岸測量，本欲租借金門為通商港埠，因金門四面受風，開埠不便，才改租青島。[61]金門土地瘠貧，無所出產，一切仰賴外埠輸供，商業備極蕭條。些許漁農土產，均就近銷往廈門，市面上僅有少數薪米日用品之交易而已。隔海販運，船工腳費高昂，物價貴上好幾倍，人民多吃紅薯雜糧。台灣開放通商後，商品轉而由台灣販運，船到廈門，再由廈門轉售來金，碰到海象不佳，貨物遲滯，價格又立刻倍增。金門雖有小山，但都是「童山濯濯」，芻薪必須從漳州載至，遇到春雨連綿，薪柴每擔叫價八九百文。「貿易」的利潤的確很高，曾經有人想要開設「牙舖」，針對運貨到港的船隻，或是居民買雞賣穀，都由他們負責稱量，從中抽取規費。雖有生員極陳其弊，請官府中止，但

---

60 參閱尹章義、陳宗仁編著，《台灣發展史》（台北：觀光局，2000年初版），「第七章　清代台灣的經濟擴張」。

61 郭哲銘編，《浯鄉小事典》（金門：金門縣文化局，2006年），頁107。

還是有數家包攬生意，凡市柴者必由其舖發售，不得入船購買（見《金門舊志》）。

金門沒有郊行結構，但民生物資仍得由外埠輸入，因此有小型船運來往於金廈之間，例如 1922 年旅居新加坡的華僑陳景蘭、吳光枰等人，鑑於家鄉往返內地交通不便，籌組成立「金門輪船公司」，溝通金、廈，嘉惠故里。小金門著名的寺廟壁畫大師林天助，祖籍福建南安，高祖時移居烈嶼中墩，以彈打棉花並兼養蚵晒鹽為業，幾代下來，到了其父林譴，改業貿易，擁有一艘二桅的帆船，名為「大春號」，專門來往金門、廈門、石碼，載運漳洲土產，魚貨、洋貨、南北貨、日常雜貨等，天助師幼時即隨其父跑船作生意，直到日據時代，才結束船貿生意改作農業。

1937 年日本佔領金門，根據中村誠道所寫的《金門調查實錄》記載，金門已有很多街市，例如「衙口市」，位於鎮署衙門外曠地，架棚為市，俗呼衙口，賣魚與豬肉多聚集於此；「菜市場」，俗稱「吧剎」，1925 年建；「東轅門集」，在後浦鎮署東，每日販賣海鮮在此；「專汛口集」，在鎮署西，歲時聚賣蔬菜及蠣房；「街頭集」，在右營遊擊署東崆，村民至後浦時，在此販賣雞鴨及雜穀；「觀德堂集」，在內校場，村民聚此販賣芻草。這些交易行為，大抵在中午之前便結束。金門由於地緣接近大陸閩南，自明清以來即與廈門、泉州、漳州、石碼等地交易往來熱絡，直到日據金門(1937-1945)才與大陸斷絕，日據前民生物質幾乎均從大陸輸入。根據耆老口述，從大陸輸入的貨物主要是糧食大米、磚、瓦、陶器、瓷器、南京布匹等手工業品和生活用品，從金門載出的貨物有糖、花生、海蚵、地瓜簽等。至於兩地運載之船隻有金門本地及烈嶼的船主所有，運費則依商品的價值而定。

1949 年國軍撤守金門，金門與大陸的往來再度斷絕，烽火連天，一時物價奇昂，漫無秩序。銀元 1 元只能買鴨蛋兩枚，銀元 5、6 元只能買到花生一斤，美金 5 元買米一擔（時美金 1 元比值銀元 2 元）。務農之家，的確因此而富，但是民生日用物品，則無從購到。胡璉主持金門防務時，為統制物價穩定，乃成立「物資供應社」，定名為「粵華合作總社」。「粵華」為胡璉十二兵團之代號，透過粵華合作總社，部隊以團設消費合作社，可賒帳，島民設經銷商，須現金交易，其合作社之承銷商利潤不得超過兩成。在「統制經濟」控制下，金門根本沒有商業活動，已不再有南北貨的

輸入，日常生活用品只能視為「雜貨」。胡璉被金門人尊稱為「恩主公」，他的愛民事蹟廣為流傳，在軍事管制時期滋潤了百姓涸竭的心靈，使戰火中受苦的百姓有了新的希望。為了改善民眾的生計，增加農民的收入，特別鼓勵農民養豬。那時金門豬隻很少，民國 40 年之前還從福建東山島載運豬隻到金門來屠殺，除供應百姓所需外，也改善部隊的副食。後來他從台灣進口豬仔，但考慮到台灣到金門路途遙遠，運補船通過台灣海峽，白浪滔天，豬隻運抵金門時常已昏死。如果用船運，怕豬仔長時暈船，不易存活，為了載運豬仔，有一段時間飛機還不准人員搭乘，只用來載運豬仔。

1952 年，當局再度准許商輪往來香港從事貿易，物價因而稍為平抑，當時商人跑香港的船隻都從台灣租來，套用僑匯購買貨物，往返一次獲利數倍。當時較著名的商行有「燕南」、「成功」兩家，後來因為發生盜匪擄人勒索，導致人員失蹤不返，人們因而裹足不前，不敢跑船，政府也宣佈禁止通航。戰地物資供應制度實施後，相關物資的採購、囤儲、調節、管制都有專責機構負責，經濟因是穩定，民生遂以安寧。歷經「八二三」與「九三」兩次砲戰後，金門人大量遷往台灣，人口只剩 3 到 4 萬人，但駐軍卻號稱高達 10 萬，物資的需求量甚大，幾乎只要能吃的，能用的都能拿來賣。有消費自然就有商業，此後商業蒸蒸日上，廣開街道，增闢市場，物資充滿，琳瑯滿目。由於社會繁榮，百業俱興，商店林立，政府乃訂定各項規定，管理各種營業。1976 年「營利事業登記」法實施，金門商家的發展與行業狀況，得以經由統計數字呈現在眾人面前，「割店」、「文市」、「販仔」的商業結構逐漸成型，「南北貨」、「西洋貨」，乃至「大陸貨」，充斥街市，應有盡有。

二、店鋪林立

在行業分類上，凡從事食品、飲料、菸草製品之專賣零售店，如蔬果、肉品、水產品、米糧、蛋類、飲料、酒類、麵包、糖果、茶葉等屬於「食品、飲料及菸草製品零售業」，金門有營利登記的事業體，十之八九屬於這一類，批發與零售都有。一般而言，後浦、山外、沙美屬於市街上的「文市」，自然村落中的「雜貨店」則是更小的「文市」。尤其是小金門的商家，都得到後浦去補貨，而東林街上的店家，某些規模較大，也作批發生意。這一類的事業體幾乎都以商號、商行、商店、商舖、雜貨店、什貨店

為名，也有單獨以「行」、「號」、「記」為名的，還有很多有名無實的「空殼」店，用油漆在牆上寫兩個字，沒有實際的商業行為。

南北貨批發零售店[62]

營利事業名稱	核准	異動	負責人	資本額	組織	地址
宏成商店	65	81	王為懷	30,000	獨資	金沙鎮三山里山后 85 號
新吉祥商店	73	80	陳麗梅	20,000	獨資	金沙鎮光前里光前村陽宅新興街 18
新慶豐	76	76	張楊玉總	30,000	獨資	金沙鎮光前里陽宅 17 號
新吉祥商店	80	85	王梨英	20,000	獨資	金沙鎮光前里新興街 18 號
興嘉（商店）	66	82	吳麗玉	20,000	獨資	金沙鎮光前里新興街 6 號
遠來馨（商店）	65	96	蔡惠艾	20,000	獨資	金沙鎮光前里蔡厝 46 號
美發（商店）	65	84	蔡流泉	40,000	獨資	金沙鎮光前里蔡厝 9 號
濟陽（商店）	65	82	黃麗華	10,000	獨資	金沙鎮西園里田墩 5 號
抽成（商店）	65	89	王淑芬	10,000	獨資	金沙鎮何斗里何厝 9 之 1 號
瑞源	64	67	黃菊	48,000	獨資	金沙鎮汶沙里三民路 16 巷 1 號
金泉安（商店）	65	91	施楊妹	50,000	獨資	金沙鎮汶沙里三民路 22 巷 3 號
金協興（商行）	65	65	蕭永厚	18,000	獨資	金沙鎮汶沙里三民路 23 號
集順商店	64	92	張炳順	44,000	獨資	金沙鎮汶沙里中興街 23 號
益明（商行）	65	66	何桔梗	48,000	獨資	金沙鎮汶沙里中興路 22 號
永展商店	66	82	張秀卿	40,000	獨資	金沙鎮汶沙里沙美 84 之 1 號
振勝（商行）	64	89	楊福蔭	40,000	獨資	金沙鎮汶沙里博愛街 16 號
萬珍商店	65	82	王寶治	40,000	獨資	金沙鎮汶沙里博愛街 18 號
德發（商店）	65	85	張再勝	50,000	獨資	金沙鎮汶沙里博愛街 20 號
新同晉	65	79	蕭美華	40,000	獨資	金沙鎮汶沙里博愛街 33 號
協源（商店）	64	85	李昭祿	48,000	獨資	金沙鎮汶沙里博愛街 34 號
炎記（商店）	64	80	楊梅	48,000	獨資	金沙鎮汶沙里博愛街 35 號
慶隆（商店）	64	95	陳德珠	48,000	獨資	金沙鎮汶沙里博愛街 37 號
榮記（商店）	64	85	黃志成	48,000	獨資	金沙鎮汶沙里博愛街 51 號
和美（商行）	64	81	陳陵安	40,000	獨資	金沙鎮汶沙里博愛街 53 號
榮益（商店）	64	79	陳麗賢	48,000	獨資	金沙鎮汶沙里博愛街 58 號

[62] 主要依據 2005-6 年金門的電話簿刊載的行業名錄，即尚未註銷營利登記的業者。

良記商店	66	82	張彬彬	40,000	獨資	金城鎮北門里中興路 70 號
金源發（商店）	65	79	何愛華	40,000	獨資	金城鎮北門里民生路 46 之 1 號
日陞（商店）	65	94	許明慧	40,000	獨資	金城鎮北門里珠浦北路 27 之 2 號
浯江（商店）	65	67	陳惠珍	5,000	獨資	金城鎮北門里浯江街 33 號
萬榮	65	94	林志忠	70,000	獨資	金城鎮民生路 32 號 7 樓
永發（商行）	81	90	邱永澎	100,000	獨資	金城鎮民族路 115 巷 23 號
合記商號	79	94	陳慶雪	45,000	獨資	金城鎮民族路 99 號
國棟商行	72	93	邱慧治	200,000	獨資	金城鎮西門里民生路 45 巷 8 弄 10 號
金安（商店）	65	65	蔡明治	90,000	獨資	金城鎮西門里民生路 59 號
聯裕	64	93	蔡麗婷	30,000	獨資	金城鎮西門里民權路 100 號
永隆行	73	95	王添洲	200,000	獨資	金城鎮西門里民權路 122 巷 1 弄 3 號
德泰（煙酒雜貨）	64	81	梁青君	40,000	獨資	金城鎮西門里民權路 134 號
豐益商行	82	87	蔡婉蓮	50,000	獨資	金城鎮西門里民權路 88 號
廣益商行	70	91	黃雪娥	200,000	獨資	金城鎮西門里光前路 53 號
秋成（商店）	65	88	石曼娜	40,000	獨資	金城鎮西門里光前路 72 之 1 號
益源（煙酒雜貨）	65	65	歐能賢	40,000	獨資	金城鎮西門里光前路 72 之 2 號
晶晶（商店）	66	85	張慧英	40,000	獨資	金城鎮西門里珠浦西路 84 巷 10 號
金記（商店）	64	81	李維水	10,000	獨資	金城鎮西門里第二市場 5 號
興隆（商行）	64	92	許扁	44,000	獨資	金城鎮西門里莒光路 154 號
源益（什貨店）	64	91	陳麗紅	40,000	獨資	金城鎮西門里莒光路 156 之 2 號
協發行	64	93	吳惠民	200,000	獨資	金城鎮西門里莒光路 170 號
金南僑（商行）	78	84	楊火煌	200,000	獨資	金城鎮東門里民族路 103 號
偉宏商店	69	92	盛寶珍	240,000	獨資	金城鎮東門里民族路 133 號
泰豐行	64	94	洪玉真	200,000	獨資	金城鎮東門里民族路 21 之 3 號
華泰（商店）	65	96	盧幼治	10,000	獨資	金城鎮東門里民族路 50 號
進源（雜貨店）	64	68	陳銘堅	20,000	獨資	金城鎮東門里民族路 67 號
源昌（商店）	64	83	李炎團	40,000	獨資	金城鎮東門里民族路 68 號

金永盛	91	91	許秀寶	20,000	獨資	金城鎮東門里民族路 69 號
金聯勝	64	79	呂木木	40,000	獨資	金城鎮東門里民族路 6 號
新豐盛（商店）	65	92	陳力宏	40,000	獨資	金城鎮東門里民族路 70 號
德豐（商）行	64	87	黃志霖	1,000,000	獨資	金城鎮東門里民族路 72 號
福泰（商行）	65	92	李拯朱	40,000	獨資	金城鎮東門里民族路 81 號
廣隆（商店）	64	65	洪金環	90,000	獨資	金城鎮東門里民族路 93 之 7 號
祥利（煙酒什貨店）	65	81	盧素珠	40,000	獨資	金城鎮東門里民族路 93 巷 5 弄 13 號
天豐商店（雜貨店）	65	88	張白招	45,000	獨資	金城鎮東門里民族路 97 號
三友（商店）	64	82	洪振錫	40,000	獨資	金城鎮東門里莒光路 1 段 18 號
新聯源	65	81	唐敏烈	20,000	獨資	金城鎮東門里菜市 1 場 35 號
永記	72	82	杜世和	30,000	獨資	金城鎮東門里菜市場 12 號
新聯源	81	83	李開盛	40,000	獨資	金城鎮東門里菜市場 35 號
金欣欣（商店）	76	85	方齡慧	40,000	獨資	金城鎮金水里金水村 149 號
復昌（商店）	74	88	莊永泉	40,000	獨資	金城鎮南門里珠浦南路 22 號
捷源有限公司	82	88	陳麗明	5,000,000	公司	金城鎮南門里莒光路 1 段 7 號 2 樓
佳根生技有限公司	93	94	張子佳	6,000,000	公司	金城鎮莒光路一段 27 號
日通商行	82	84	高華玲	200,000	獨資	金城鎮賢庵里庵前 21 之 1 號
元富（商店）	67	86	陳世良	25,000	獨資	金城鎮賢庵里庵前 41 之 2 號
宏信商店	72	77	林寶治	20,000	獨資	金湖鎮山外里下中興路 60 號
龍山商店	68	90	陳金培	50,000	獨資	金湖鎮山外里山外七 19 之 2 號
成興（批發行）	65	88	陳美華	40,000	獨資	金湖鎮山外里山外村黃海路 23 號
鴻美（商店）	65	92	吳碧華	15,000	獨資	金湖鎮山外里安民 2 號
九九展業（股）公司	92	96	楊明娥	2,000,000	（股）	金湖鎮山外里南雄 23 號
三家村購物中心	77	82	楊秀英	10,000	獨資	金湖鎮山外里陽明 7 號
日新（商店）	65	92	吳水平	40,000	獨資	金湖鎮山外里黃海路 65 號
大協興商行	65	96	王明民	200,000	獨資	金湖鎮山外里黃海路 97 之 2 號

新建利商店	80	86	李蔡紅燕	25,000	獨資	金湖鎮正義里正義村夏興 34 號
金再興（商店）	65	92	陳舜照	20,000	獨資	金湖鎮正義里成功 64 號
四鳳商店	65	84	陳招治	50,000	獨資	金湖鎮正義里成功 91 之 1 號
俊源（商店）	65	81	陳何碧梨	10,000	獨資	金湖鎮正義里夏興 41 號
宏達什貨店（商店）	64	81	吳金卿	20,000	獨資	金湖鎮正義里夏興 60 號
集東商店	70	79	王添雪	30,000	獨資	金湖鎮料羅里新興街 38 號
景記（商店）	65	82	吳呂金瓜	30,000	獨資	金湖鎮料羅里新興街 39 號
德榮（商店）	65	71	莊惠山	40,000	獨資	金湖鎮料羅里新興街 47 號
忠記（商店）	65	83	李陳寬資	40,000	獨資	金湖鎮新市里中正路 30 號
大千商行	78	81	陳金■	500,000	獨資	金湖鎮新市里中正路 74 號
泉盛（商店）	65	92	莊金融	40,000	獨資	金湖鎮新市里中興路 36 號
成豐商行	64	89	呂良才	40,000	獨資	金湖鎮新市里中興路 7 號
金聯興	69	90	關文從	200,000	獨資	金湖鎮新市里林森路 11 號
金鴻興	83	83	周茶梅	20,000	獨資	金湖鎮新市里武德新莊 98 號
協隆（商店）	64	77	陳香治	60,000	獨資	金湖鎮新市里復興路 108 號
北奇（商行）	68	90	洪甘葉	40,000	獨資	金湖鎮新市里復興路 6 之 2 號
金龍成	64	96	吳建儀	54,000	獨資	金湖鎮新市里復興路 95 號
景承商行	65	96	蔡承金	200,000	獨資	金湖鎮新市里菜市場 11 號
文興（商店）	65	93	陳美羨	40,000	獨資	金湖鎮新市里菜市場 12 號
堅成商行	64	84	莊彩珍	40,000	獨資	金湖鎮新市里菜市場 14 號
南泰興（商店）	71	92	林森愿	40,000	獨資	金湖鎮新市里菜市場 16 號
泉興（商店）	64	95	姚麗真	40,000	獨資	金湖鎮新市里菜市場 17 號
龍門（商行）	66	78	李麗玉	40,000	獨資	金湖鎮新市里菜市場 19 號
賀發商店（什貨店）	70	93	李有力	10,000	獨資	金湖鎮新市里菜市場 1 號
永記商行	72	92	黃平權	40,000	獨資	金湖鎮新市里菜市場 24 號
金隆美	64	80	呂碧玲	60,000	獨資	金湖鎮新市里菜市場 32 號
國泰（商行）	64	95	陳錫強	40,000	獨資	金湖鎮新市里菜市場 39 號
金隆發	75	75	吳碧麗	40,000	獨資	金湖鎮新市里菜市場 3 號
清錦（商店）	66	66	陳蔡玉卿	40,000	獨資	金湖鎮新市里菜市場 4 號
萬發商店	65	82	林金針	40,000	獨資	金湖鎮新市里菜市場 5 號
新營利	65	93	曾金珠	20,000	獨資	金湖鎮新市里菜市場 61 號

志祥商店（雜貨店）	72	92	陳秀琴	40,000	獨資	金湖鎮新市里菜市場 7 號
仁記（商行）	66	66	陳福財	40,000	獨資	金湖鎮新市里菜市場 8 號
一來順（商店）	68	95	陳黎梅	200,000	獨資	金湖鎮新湖里塔后 13 號
新永興（商店）	64	88	陳淑慧	30,000	獨資	金湖鎮新湖里新湖村新頭 74 號
金泉美	64	81	陳宜英	20,000	獨資	金湖鎮瓊林里小徑 194 號
亞洲（商店）	65	74	鄭振派	30,000	獨資	金湖鎮瓊林里小徑 46 號
南北興商行	73	91	王金枝	40,000	獨資	金湖鎮瓊林里小徑 47 號
蘭興（商行）	65	92	呂和治	200,000	獨資	金湖鎮瓊林里小徑 88 號
裕順（商店）	65	92	陳美繡	30,000	獨資	金湖鎮瓊林里瓊林 140 號
榮昌商店	65	84	蔡素芬	20,000	獨資	金寧鄉古寧村北山 55 之 1 號
宏利（商店）	65	86	莊陳花治	40,000	獨資	金寧鄉安美村湖南 14 之 1 號
聯泰（商店）	67	88	許楊速珍	100,000	獨資	金寧鄉安美村湖南 14 號
兄弟（商店）	65	82	楊金黨	20,000	獨資	金寧鄉湖埔村湖下 111 號
聯發（商店）	65	90	歐陽秀玉	40,000	獨資	金寧鄉湖埔村湖下 95 之 1 號
國光（商店）	64	82	許焜煌	10,000	獨資	金寧鄉榜林村后湖 51 之 1 號
棟成發（商店）	65	83	許金獅	30,000	獨資	金寧鄉榜林村后湖 53 號
泰林商店	65	81	余翁慈	40,000	獨資	金寧鄉榜林村昔果山 47 號
利合興（什貨行）	65	65	余莊碧華	20,000	獨資	金寧鄉榜林村昔果山 52 號
清雅商店（雜貨店）	71	82	翁王華	30,000	獨資	金寧鄉盤山村下堡 81 之 1 號
新元昌商行	91	93	王碧彩梅	200,000	獨資	金寧鄉盤山村仁愛新村 38 號
海韻（商店）	65	91	林吳笑	25,000	獨資	烈嶼鄉上林村上林 51 號
利成（商店）	67	92	林洪鳥簽	20,000	獨資	烈嶼鄉上林村上林 74 之 1 號
華興（什貨商行）	64	90	蔡安慈	35,000	獨資	烈嶼鄉上林村南塘 4 之 2 號
裕光（商店）	66	94	張水和	20,000	獨資	烈嶼鄉上歧村青岐 253 號
清涼（什貨店）	65	92	陳清燈	15,000	獨資	烈嶼鄉上歧村青岐 62 之 1 號
晶華（什貨行）	82	82	洪金花	20,000	獨資	烈嶼鄉上歧村青岐 62 之 3 號
水靈（雜貨店）	65	90	蔡雅慧	20,000	獨資	烈嶼鄉西口村后宅 12 號
源興	65	84	洪秀鷹	25,000	獨資	烈嶼鄉西口村西吳 3 號
財興（商店）	65	87	林金貴	250,000	獨資	烈嶼鄉西口村東坑 21 號
信記（文具雜貨行）	65	89	林喜樂	30,000	獨資	烈嶼鄉林湖村西宅 21 號
龍泉（商店）	65	82	方碧雲	15,000	獨資	烈嶼鄉林湖村西宅 22 之 1 號
永順源（商店）	65	89	吳蓮梅	25,000	獨資	烈嶼鄉林湖村西宅 34 號

勝豐（商店）	70	90	林雅芬	20,000	獨資	烈嶼鄉林湖村西路 1 號
樂仁豐	65	95	林世豐	30,000	獨資	烈嶼鄉林湖村西路 2 號
新裕豐（商行）	80	95	莊能惜	200,000	獨資	烈嶼鄉林湖村東林 111 號
萬安（批發行）	65	95	林發德	200,000	獨資	烈嶼鄉林湖村東林 52 號
新興隆	64	95	呂明理	20,000	獨資	烈嶼鄉林湖村東林市場 3 號
寶燕（商行）	64	95	洪金保	200,000	獨資	烈嶼鄉林湖村東林街 113 號
新信記（雜貨）	65	89	侯滿才	20,000	獨資	烈嶼鄉林湖村東林街 20 號
振華（商行）	65	81	洪國湖	10,000	獨資	烈嶼鄉林湖村東林街 4 號
新南成	65	95	林長遠	20,000	獨資	烈嶼鄉林湖村東林街 69 號
復源（百貨行）	65	95	陳建雄	20,000	獨資	烈嶼鄉林湖村湖下 20 號
復發（商店）	81	90	林木耳	20,000	獨資	烈嶼鄉林湖村羅厝 7 號
聯源（雜貨店）	82	82	謝慶文	20,000	獨資	烈嶼鄉黃埔村庵頂 4 之 1 號

　　金門的「雜貨店」至少幾千家，散佈在金門各個角落，從核准成立的時間上來看，多在 1975 年左右，因為這一年實施新的營利登記法，商家必須取得縣政府發放的營利許可證，才可營業。從店招來看，多數是後來加上去的，因為登記的營業項目很多，可以隨著市場需要改動店招，例如「商店」可以變成「特產行」，「雜貨店」變成「便利商店」，甚至轉而經營其他行業。基本上，在金門，無法可管，也沒有人想管，習俗如此，又何必擾民。從組織類型來看，幾乎都是獨資，只有戰地政務解除後才有公司出現。「雜貨店」不須太高的資本額，因此，依照規定，一般都在數萬元到一、二十萬不等，只有公司型態的商行才會超過百萬元。從分佈地點來看，比較專業的「南北貨行」多集中在市街上，如沙美老街、金湖新市、金城後浦、烈嶼東林，至於一般雜貨店的分佈與數目，必須考量村落居民的人數與附近駐軍情形。仔細分析負責人姓名，不難發現女性偏多，如果行業有男女之別的話，「顧店」這一行顯然較適合婦女。

　　在台灣本島，迪化街的「南北貨行」與一般鄉村的「雜貨店」分屬不同的行業，除了販售的商品內容不同外，整個經營的規模與形象給人的感覺也差異很大，但這並不表示二者沒有共同點。市街上的店鋪比較專業，顧客來自大小金門各個地方。村落中的雜貨店，上門捧場的主要是左鄰右舍和老主顧，有濃厚的人情味與客製化的貨源傾向，而且價錢上有彈性，合理的賺取微薄利潤，不會隨意哄抬物價。雜貨店的位置設立，本來顧客

就會產生就近性的選擇，配合著地方的風土民情或神明節慶，提供當時所需的貨品。因地方、時節制宜的經營模式，數十年如一日，因此，夏天以冷飲為大宗，冬天則變成乾糧為主；端午、冬至就補進包粽子與湯圓的食物原料。雜貨店除了提供糧食外，家庭五金用品也可以在店面中佔有一角。在學生族群方面，早期的文房四寶等文具銷售量也是一筆收入來源，現在有在販賣文具的雜貨舖，已經很少見了。

　　金門地區早期大部份住戶均持有縣政府核可之營業用煙酒牌照，且早期交通不便，城鄉距離遠，每個村落皆有住家設為店家情形，故金門地區住家為住戶亦部份作為營業性質情形相當普遍。當時，金門縣政府主政者的施政理念，為了要「藏富於民」、「利益均沾」，於是開放一般民家亦可申請營利事業登記證和煙酒零售商牌照，只要有煙酒牌照，每月即可多次前往金門物資供應處，以批發價批購各種高粱酒品，一時之間，金門地區的人口數雖未增加多少，但戶口數卻成長不少，而地區的營業商店家數，更是水漲船高。根據金門縣政府歷年的統計月報資料顯示，1992年以前金門地區的商店家數，一直維持在 3,000 家左右，1993 年增加為 6,187 家，1994 年遽增至 13,287 家，1995 年再創高峰，為數 15,909 家，至 1996 年底有 16,139 家，到 1997 年底則有 16,222 家，這是金門地區有史以來商家數最多的紀錄，較之 1992 年以前的商店家數，足足成長了五倍有餘，但實際從事商業活動的相當有限。

　　整個金門的大環境如此，各個村里家戶為了金酒收益，一窩蜂的跟進，不管是防空洞或新屋老舍，甚至連豬、牛、羊圈，只要有門牌號碼，都來申請營利事業登記證和煙酒零售許可證。但是通常均沒有店面，亦未有實際的營業行為，一切都委由盤商代為操作，再按月將利差奉上，極盛時期，每戶每月都有高達一、兩萬元的額外收入。對於那些在鄉養老，又不願向子女伸手的老人家而言，在經濟收入上，可謂不無小補。但近年來因利差縮減，且因地價稅、房屋稅、水電費等，均係以營業用費率徵收，在考量整體利害關係之後，已有不少家戶，申請將營利事業登記證暨菸酒零售許可證註銷，從本縣商家概況統計表即可看出些許端倪。金門地區的商家數在 1997 年達到歷史最高紀錄之後，即呈逐年遞減的狀態，2008 年時只剩 10,402 家。

歷年商家數

年別	1998	1999	2000	2001	2002	2003	2004	2005	2006	2007
家數	15,992	13,823	12,863	12,295	11,615	11,153	10,970	10,796	10,586	10,500

資料來源：金門縣政府主計室統計月報（98年1月）

　　近十餘年來，金門地區商家數的高低起伏，隱約顯示和家戶金酒收益多少的相關性。[63]當十萬大軍在金門時，開一家「雜貨店」，兼營撞球、冰果，幫阿兵哥洗衣，可以養活了一家子，滿足每張嘴，栽培孩子上大學。軍隊走了，觀光客來了，撞球間、冰果室功成身退，網咖、特產店取而代之。但是無論形象商圈的門面塑造得如何光鮮亮麗，觀光客的人潮卻怎麼也趕不上流失的阿兵哥。

　　小三通的窄門，終於在新世紀開始時打開了小小的縫隙。原本只能靠走私丟包、海上交易，違法買賣上岸的「大陸貨」，從此長趨直入，襲捲整個市場，原本的小吃店、撞球間，改成販賣大陸貨的小商店，水果行、服裝店，都不忘擺幾包大陸南北貨兜售。金城東門菜市場一帶，俗稱「大陸街」，也有人叫它「匪貨一條街」，香菇、山東鴉梨、老奶奶花生、香脆瓜子，應有盡有。原來的金門貢糖、金門菜刀、金門麵線再也餵不飽觀光客的行李。「俗，有夠俗」，觀光客像不要錢似的，一邊喃喃自語，一邊埋首搶購。戰地政務解除後，到金門購買大陸貨成了許多台灣人造訪金門的目的之一，尤其是過年前的「年貨」採買，金門「大陸街」比起台北「迪化街」，毫不遜色。日落之後是兩岸「小額貿易」最熱絡的時間，小金門上林高厝營區裡的「李府將軍廟」及青岐「烈女廟」，由於就位在海岸邊，地利之便，成了旅行社必定前往的觀光採購景點，小販賣的幾乎清一色是大陸貨，有如集散地般，週休二日，兩個據點真可用人聲鼎沸來形容，觀光客買得便宜，金門民眾也樂得口袋麥克麥克。

　　SARS、禽流感等疾病爆發之後，大陸貨一下子乏人問津、攤子幾乎收歇一空。「大陸街」的人潮已散，在廉價的市場交易中，透露著淡淡的無奈。一陣熱潮後，後浦老街又回復昔日的模樣，只在晨昏時，才再度引起小小的騷動。歷經送往迎來的悠悠歲月，短短的老街、滄桑的店鋪、店

---

[63] 有關家戶與高粱酒的關係，參閱「金門縣立金城國民中學」所製作的網頁〈高粱酒好鄉情〉，http://www.kcjh.km.edu.tw/chen/goldhen/index.html

裡的阿桑更加憔悴了。「十年河東，十年河西」最足以形容雜貨店至今的成長史，早期在鄉村文化裡是提供生活所需品與娛樂工具的店鋪，時下已逐漸式微，當 7-Eleven 成了年青人的新寵，老人家卻依舊懷念雜貨店裡的人情味。走過 45 個年頭，小金門的「寶燕」商行為了不願離去的老主顧，仍然佇立在東林新街上，[64]與 200 公尺外的統一便利超商分庭抗禮。在「歡迎光臨」、「謝謝光臨」的叮噹聲中，東林村走過繁華的過去，只是不知道未來在哪裡。一家雜貨店，一段故鄉的歷史，參雜著說不出的百感交集。不敢凝視空蕩的街景，獨自走向黃昏的海邊，讓楊慎的〈臨江仙〉迴盪在初種的芋頭田裡：「滾滾長江東逝水，浪花淘盡英雄。是非成敗轉頭空，青山依舊在，幾度夕陽紅？白髮漁樵江渚上，慣看秋月春風。一壺濁酒喜相逢，古今多少事，都付笑談中。」

第五節　店厝生活業

壹、報社、電台與有線電視

一、報社

1949 年夏，國共和談破裂，共軍渡江南犯，5 月 19 日警備總司令部為確保台灣之安定，俾能有助於戡亂工作之進行，於是布告自 20 日起全台戒嚴。「戒嚴法」限制了憲法所保障的人身自由、居住遷徙自由、意見自由、秘密通訊自由及集會結社自由，對於犯罪者除加重處罰外，亦使非軍人受軍法審判。戒嚴令影響民主憲政的發展以及國際社會對台灣人權的評估，而且隨著社會經濟發展的變遷、人權法治思想的普及，戒嚴體制已無法應付現實情況所需，不得不另行更張，因此政府當局遂有解嚴之議。1987 年 7 月 14 日總統明令宣布：台灣地區自 15 日零時起解嚴，開放黨禁，報禁。解嚴的同時，「動員戡亂時期國家安全法」開始生效，行政院並公告廢止 30 種與戒嚴法相關的法規。解嚴對於國家社會造成莫大的影響，

---

[64] 參閱「金門縣烈嶼鄉卓環國小」所製作的網頁，〈走入東林：探索一個村落的成長〉，http://www.jhes.km.edu.tw/2006/index.htm。

其中首先衝擊國內政情的，一為開放報禁；二為開放黨禁。解嚴後，國內出版業與傳播業不再像戒嚴時期受到政府嚴厲的管制，因此在數量上或內容上均大為改觀。

　　報禁開放前，台灣的中文報紙有 29 家，1988 年元旦起，政府開放報紙登記與張數，長達 30 餘年的報禁全部開放，頓時各家新報紙如同雨後春筍般百家爭鳴，也使得新聞報導更多樣化，逐漸形成多元化的言論。根據統計，2004 年時登記有案的報紙超過 700 家，正常發行的報紙約 50 家左右（含金馬地區）。[65]新聞媒體的蓬勃發展，一方面是時代的潮流，難以阻擋，另一方面則是許多知識份子犧牲自由、放棄性命、敢於衝撞體制所獲得的成果。當前台灣本島的媒體生態，有如脫韁野馬，自由有餘，公信力不足，對一般閱聽大眾來說，未必是一種福祉。相較於台灣混亂的媒體市場，金門的新聞媒體發展顯得保守，甚至有點力不從心。解嚴後，金門仍處於戰地政務時期，人民依舊無法享有知的權利。一些旅台的金馬知識份子在台灣發起社會運動，藉由輿論突顯金門體制的種種不合理現象，像是媒體工作者董振良等人籌資拍攝《再見金門》，可惜因資金籌措困難，無疾而終，但此次行動促使政府開放攝影機進入金馬地區，無形中讓金馬人民有機會掌握自己的發聲權。1990 年 8 月楊樹清在台創辦《金門報導》社區報，以月刊方式發行，共發行了 3 年 9 個月，此刊物對旅台金門鄉親影響很大。[66]1992 年 11 月金門解嚴，除了原來的《金門日報》外，同年即有《金馬日報》創刊，1996 年新增《福建時報》、《金門時報》、《金門晚報》等幾家報刊，1999 年以後又有《金馬特區報》、《金廈郵報》相繼創刊，這些報紙除了《金門晚報》發行稍為久一點，其餘發行時間都很短暫。

　　《金廈郵報》以小三通為主要討論議題，報導金門前線時事，並提供廈門及大陸訊息。《金馬特區報》由曹原彰與李炷烽等人合辦，鼓吹小三通和「兩門對開、兩馬先行」的金馬與大陸直航。《金門晚報》則是一份爭議性頗高的報紙，發行人彭垂濱曾擔任台中市金門同鄉會理事長，活躍

65　陳碧鐘總編輯，《出版年鑑，2004 年》（台北：行政院新聞局，2005 年），「第二篇　新聞出版業」。
66　參閱李木隆，《解嚴前「金門報導」對金門發展之分析》，銘傳大學應用中國文學系碩士論文，2006 年。

於台中地區，擔任過省政新聞聯誼會副會長，對新聞工作相當熟稔。1997年初，他回金門創辦《金門晚報》，掛名社長，太太陳秀霞任總經理。《金門晚報》自發行以來長期虧損，財務早就不勝負荷，勉強支撐5年，於2002年9月1日停刊。同年11月15日金門檢方以所謂「通敵罪」將社長彭垂濱拘捕，並將總經理陳秀霞交保候傳。在任何時代，任何國家，媒體與政府的關係向來都很微妙，金門的地理位置尤其敏感，「小三通」開啟了兩岸人民的直接交流，然而互信不足，立法不明確，地方媒體挾新聞自由，難免逾越應守的分際。綜觀此一時期的金門民營報紙，政治意識形態過於強烈，報紙只是一種遂行個人政治理想的工具，一旦政治情勢改變，不待讀者反應，本身即已無意經營。《金門日報》之所以能夠永續經營一個甲子，除了政府的奧援外，更重要的是它對國家、對民族、對社會的使命感，作為一份地方報紙，《金門日報》的歷史轉折耐人尋味。

　　《金門日報》的前身是《正氣中華報》，1948年在江西省南城創刊，初名「無邪報」，原本是軍方所發行的三日刊出版品，專門報導軍中事務。1949年春胡璉將軍駐紮江西南城，將18軍的「無邪報」正式更名為《正氣中華報》，作為教育訓練之用，後因時局動蕩，輾轉南遷來金門，不久又遷去台北，同年10月25日胡將軍電召報社遷往金門復刊，社址設於水頭「酉堂」，三個月後遷往後浦，直到1962年10月17日再遷到成功村現在的地址。這份報刊隨軍隊遷移到金門後，11月25日起開始以四開一張的日報形式問世。報紙內容不再局限於軍中消息，同時也報導國內外新聞，最初以免費供應的方式出刊，1950年向內政部登記，正式取得合法地位。

　　1951年10月報社納入金門防衛司令部編制，1958年1月，報社改由金門戰地政務委員會掌管。改隸後，為求財務獨立自主，除免費供應部隊之外，民間訂報必須收費，並開始接受商業廣告。後來，《正氣中華報》為服務金門地區一般民眾，另外又加印了一大張的「金門日報」。1965年10月31日，《金門日報》單獨發行，《正氣中華報》恢復為單純的軍報，此時金門地區開始出現雙報發行的情況。事實上，兩家報社是一體的，同樣的人員和設施，發行人同為「金門戰地政務委員會」秘書長，社長則為軍職政戰上校。兩報唯一的差別，在於《正氣中華報》對防區官兵發行，而《金門日報》則對島上民間發行，但依戰地保密規定，兩報皆「禁止攜

帶出境」，旅台金門鄉親也不能訂閱，因此，據說對岸的敵人高價收購，進行情報蒐集。

1962 年位於成功的「金門廣播電台」遷往塔后，遺址房舍撥交給《正氣中華報》使用，又增築地下排版房和機印房。1976 年戰地政務委員會考量到金門地區酒箱、酒盒、貼花紙等印製需要，且為抑止地區人口外流，增加就業機會，於是下令成立彩色印刷所。首批彩色紙盒成品於 1977 年 3 月 21 日正式出廠交貨，後為擴大服務項目，陸續增添平版、貼花、燙金及瓦楞加工等設備加入營運。1991 年 5 月啟用電腦排版系統，1992 年 9 月「新訊樓」落成啟用，11 月 7 日戰地政務終止，金門日報社改隸金門縣政府，發行《金門日報》，《正氣中華報》則由金防部接手以週刊形制發行。1999 年 7 月 1 日《金門日報》第一、四版正式改為彩色印刷，2006 年 10 月引進四色印刷機，同年 12 月 1 日五、八版亦改為彩印版。

長期以來，《正氣中華報》一直屬於戰地發行的軍報，發行的宗旨充分反映了當時反共的宣傳政策。但是，由於金門地區在 1965 年以後針對民間社會編輯的《金門日報》才正式創刊，因此若要了解 1950 年代金門地區的社會情況，《正氣中華報》還是一份不可或缺的重要參考文獻。對如今已歡度 40 週年慶的《金門日報》而言，在金門地區報業發展史上，可謂一枝獨秀，扮演民眾精神糧食的地位始終屹立不搖。[67]雖是官報，卻是培育地區作家重要的搖籃，歷年來除了適時更新機械設備，提供讀者更佳服務外，幾項重要措施，對地方文化發展也是影響甚巨。包括加強「社論」主筆群陣容，開設「鄉訊版」，擴大鄉親服務層面，定期報導海內外鄉情，成為當時重要的鄉誼訊息傳遞版面。另外，「浯江副刊」開設文史專欄，激發藝文愛好者的共同記憶。2003 年 6 月，規劃專欄寫作，區分個人專欄與公共專欄，開放給鄉親投稿，其中「炮火餘生錄」、「金門憶往」等獲得熱烈回響，發掘了不少地方民間史料。2006 年 3 月「浯江夜話」重新開張，一改昔日由報社員工撰稿的模式，廣邀專家學者重組筆陣，以嶄新對話內容分享讀者。[68]但是對金門一般大眾來說，最讓人津津樂道的卻是它的廣告版。一片紅通通的景象，盡是恭賀與祝福的話語，金榜題名、

---

[67] 參閱葉麗珠，《新聞媒體對金門社會思潮之衝擊研究——以「金門日報」為例》，銘傳大學應用中國文學系碩士論文，2005 年。
[68] 李仕德等編，《續修金門縣志・文化志》，「第三篇：文化事業」。

金門日報社商業登記資料

營利事業名稱	核准設立	最近異動	負責人姓名	資本額	組織類型	現況	營業項目	地址
金門日報社	75	96	黃雅芬	15,000,000	獨資	營運中	報紙業／印刷業／其他零售業（紙箱買賣）	金湖鎮正義里成功 1 號

新婚誌喜、開張大吉、升官發財、弄璋弄瓦、娶妻生子等，無所不包。小小的一個版面，擠進去數十位全賀者，顯見金門人的情誼深厚。2007 年 5 月，《金門日報》每日總發行量為 5 千 899 份。[69]

二、電台

金門地區狹小，閱讀人口不多，想瞭解台灣與國際新聞必讀各大報。解嚴後，由於台金地區進出自由，加上連鎖超商的引進，金門軍民已能閱讀當日的台灣報紙，即時吸收新知，《金門日報》作為傳播資訊的工具，已漸失重要性，但因公辦的《金門日報》有政府預算與資源支持，基礎仍甚穩固，對於許多民眾而言，《金門日報》仍是瞭解在地訊息的重要途徑。但是就時效而言，報紙的信息傳遞太慢，在國際或國內新聞方面，《金門日報》沒有自己的特派記者，只能取材各大報，因此難以從《金門日報》同步即時了解世界大事。要了解即時新聞，最佳的途徑自然就是廣播了。

所謂「廣播」，指的是以聲響、語言、音樂來訴諸於人們聽覺的資訊傳遞過程。大致上有以下幾項優點：

1、廣播的資訊傳播迅速，時效性強，在四大傳播媒介中，廣播是最為迅速及時的媒介。

2、廣播的資訊受眾廣泛，覆蓋面大，由於廣播不受時間和空間的限制，只要有收音機就可以收聽。

3、廣播的資訊傳播方便靈活，聲情並茂，可以運用語言的特點吸引聽眾。

4、廣播的製作簡便，費用低廉，廣播廣告從寫稿到播出也同樣可謂製作簡易，花費較少，在各種廣告媒介中廣播廣告收費最低，最為經濟。

---

[69] 資料來源：「金門日報社」官網、「工作概況」。

　　金門距離台灣本島相當遙遠，如果沒有設立中繼轉播站，根本收聽不到任何節目。更嚴重的是金門在戰地政務時代，民間依規定不得擁有頻道收音機，收音機是軍管時期絕對的管制品，軍民一律嚴禁使用。話雖如此，因小型收音機易於隱藏攜帶入境，民間還是有人用它來收聽大陸沿海電台的氣象報導，尤其在靠海維生的漁村，這是不能公開的秘密。解嚴前，金廈兩岸經常透過喊話站來進行心戰工作，隸屬國防部心戰大隊的「光華之聲金門廣播電台」，扮演地區心戰的重要角色，16 年的歷史，功不可沒。

　　根據《金湖鎮志》編纂委員陳長慶的說法，[70]「金門廣播電台」創立在 1955 年 10 月間，最早的台址設在金湖鎮陳坑靠東的小山崗上，當初的名字就叫做「金門廣播電台」，僅有中波發電機一部，聲波可以達到福建一帶，主要的任務是對大陸及對金門軍民廣播。1960 年改隸國防部心戰第一大隊，並增加兩部中波發射機，每天分早、午、晚三時段，各播出一次，全天播出的時間約 13 小時又 25 分。到了 1962 年 5 月，「金門廣播電台」從陳坑搬到塔后赤後山坑道，同時改名為「光華之聲金門廣播電台」，同年 9 月 3 日電台建成開播。電台下轄台務、編採、節目與修護發射等四個組，分別掌理行政支持、稿件編撰、節目錄製播出、新聞編採、機器操作維護等工作。另設總編導一人，負責指導廣播節目的策劃與研究。

　　解嚴後，電器廠商從台灣引進各種電器設備產品，以往難得一見的收音機立即成為販售架上的熱門商品。不論任何廠牌的收音機，都可以收聽到台灣與廈門地區的廣播節目。鑑於廣播是重要的訊息提供管道，2000 年 4 月，「中國廣播公司」金門轉播站正式設立，除了透過頻道服務金門鄉親外，更深入大陸沿海，大陸聽眾一樣可以收聽到來自台灣的精采廣播。為能照顧離島地區民眾，掌理全國教育廣播事宜的「教育廣播電台」，也在 1999 年底進行金門轉播站設置計畫，2002 年籌建完成，並於 2003 年 6 月正式發聲，為地區聽友提供空中服務，當然也收到對岸聽眾的熱情反應。至於金門地區的地方電台，自 1996 年後，[71]只有兩家設立。

---

[70] 楊水詠，〈金門廣播電台金湖鎮再活化〉，《金門日報》，2008 年 3 月 17 日。

[71] 核准成立與實際成立的時間略有不同。據金門縣政府印，《敬恭桑梓‧飛躍十年》（金門：金門縣政府，2001 年），頁 176：「民國八十五年金馬之聲廣播電台在金成立」。另依《金門縣志》（2009）「文化志」：「而民國九十年，「金馬之聲」調頻廣播電台在金門開啟民營電台序幕」。

金門的廣播電台

營利事業 名稱	核准 設立	最近 異動	負責人 姓名	資本額	組織 類型	營業項目	地址
金馬之聲廣播電台股份有限公司	91	91	陳秋和	3,300,000	股份 有限 公司	廣播業	金寧鄉榜林村伯玉路一段240巷11號
太武之春廣播電台股份有限公司	93	96	蔡美燕	50,000,000	股份 有限 公司	圖書出版業／國際貿易業／管理顧問業／有聲出版業／智慧財產權業／一般廣告服務業／演藝活動業／藝文服務業／廣播業	金湖鎮新湖里塔后268號

　　這兩家調頻廣播電台，節目製作雖然都採 24 小時連播，但是直播的時間大約都只有 2-4 小時，其餘的為預錄或重播。內容主要為大眾娛樂、慈善公益、人物專訪等。金門離廈門不到 10 公里，「太武之春」等節目服務範圍，已涵蓋泉州廈門等地區，而廈門當地廣播電台服務網路，同樣深入金門各個角落，而且訊號更強，經常會發生「蓋台」情形，如同手機會被「中國漫遊」取代一樣。藉由收音機的特性，金廈兩地民眾，早在「小三通」之前便已在空中交會。

三、有線電視

　　在資訊的傳播上，廣播電台時效性雖強，但是「有聲無影」，娛樂效果終究不如電視。打開中華民國電視發展史，1962 年台視開播，1969 年中視開播，華視遲至 1971 年才開播。對金門民眾言，長期以來卻只能收看華視，因為華視有國軍的莒光日教學，因此設有轉播站。轉播站設在海拔 210 公尺的太武山上，但收視情形仍然很差。70 年代以後金門民眾生活水平已大幅提升，電視不再是奢侈品，一般家庭大都有電視，村莊屋頂盡是參差不齊的電視天線，而且造型獨特，為了增強收訊，常有人在天線架上加掛鋁盆，仿效碟型天線，以便有更好的收視。1978 年華視克服技術困難，完成從台灣至金門以微波傳送電視信號之轉播，跨越台灣海峽 276 公里，這是世界上尚無前例的成就。1995 年 5 月，公共電視台位於太武山頂

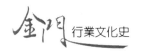

的金門轉播站完工，機房建築本體為四層樓房，樓頂另上架設 60 公尺高的鐵塔，與台視、中視、華視三家電視台共同使用。1995 年 11 月三台（台視、中視、華視）金門轉播站正式啟用，取代舊有的華視獨家轉播站。自此以後，金門民眾才能真正享受收看電視的樂趣，在娛樂生活較單調的年代，收看電視節目成了地區最為普遍的休閒活動。

　　1970 年代中期，台灣基隆、石牌一帶有些水電工程商人，嗅出了有線電視的商機，開始在大街小巷間拉線，偷偷播放一些不具版權的錄影帶節目，並且非法地向民眾兜售電視盒，作為選台器的用途。使用一個選台器便可以收看多達十幾個頻道的節目，由於可以收看到原來三家電視台以外的電視，民間索性稱這種盒子所提供的電視為「第四台」。初期的「第四台」主要播放台灣鄰近國家（尤其日本）的衛星電視節目，還有一些電影的錄影帶、股市資訊、摔角等甚至色情節目。「第四台」之所以很快受歡迎，受消費者喜愛，因為這些節目比原來老三台的陳腔爛調精采又新鮮。在 1990 年代中期，第四台的總數有好幾百家，訂戶估計超過 300 萬，滲透率達 70%以上。1989 年新聞局成立「有線電視法草案研擬小組」，同時交通部電信總局與電信研究所也成立「有線電視系統標準研擬小組」。經過長期的審查評估，1993 年 3 月「有線電視法」終於在立法院三讀通過，原來第四台的系統業者紛紛向新聞局提出申請。截至 1996 年 3 月中旬，已經有 70 多家獲得正式的籌設許可和監管。此後，合法、受監管的有線電視公司取代非法的第四台，因此，「第四台」已經慢慢轉變成「有線電視系統」的代名詞了。

　　1991 年金門第一家有線電視業者「太武山」開張，翌年，現任名城有線電視董事長許雪芳從台灣返鄉籌設「金昂」有線電視，1993 年第三家業者「名城」也投入市場。三家業者當中，「名城」較具規模，創業年餘，客戶即達 2,000 餘戶，初期多以播放電影節目為主。1993 年 8 月 11 日「有線電視法」公布施行，同年 11 月，行政院新聞局據其中第 69 條第一項訂定「有線電視節目播送系統暫行管理辦法」，開放業者申設有線電視系統，目的在將當時非法經營之數百家「第四台」納入管理。開放有線電視之設立申請後，「名城」是金門地區唯一獲得籌設許可的業者。台灣有線電視台發展到一段時間後，取得籌設許可證之業者開始進行相互整併。1997年，金門地區三家業者也開始進行合併，不論是依行政院新聞局的規劃或

有線電視公司

營利事業名稱	設立	異動	負責人姓名	資本額	類型	現況	營業項目	地址
金昂視訊服務中心	81	85	陳瑞松	30,000	獨資	歇業	電子材料、設備零售（管制品除外）／電氣器材零售／有線播送系統／修理電器。	金湖鎮新市里中興路21號3樓
名城事業股份有限公司	83	93	石兆昬	40,000,000	股份有限公司		各類廣告之設計及製作／線電視節目播送系統之經營／廣播電視節目企劃製作／多媒體廣告製作工程設計按裝及施工。公路標誌招牌之設計製作施工／前項器材之買賣及出租／衛星電視ＫＵ頻道接收器材之買賣及按裝／有線電視系統設備規劃設計及買賣。	金寧鄉盤山村仁愛新村43、44號1樓
太武山有線電視播送系統有限公司	84	85	黃景南	1,000,000	有限公司	解散	各種有線無線電信、電子、通信器材之設計、承包、安裝維護及買賣／前項業務之進出口貿易／代理國內外廠商前各項產品之報價投標及經銷／有線電視節目播送系統之經營	金寧鄉仁愛新村70號1樓

金門本身的市場需求，金門大概只能容許一家「第四台」生存。整合過程雖由「金昂」策動，卻以「名城」名義籌組新公司，因「名城」意涵「名滿全城」。根據「全國錄影傳播事業協會」的統計，[72]截至 96 年 3 月底，「名城」的收視共有 5,962 戶，遍及大小金門各村里。同時期金門的戶口總數為 28,716 戶，[73]有線電視的普及率僅有 20%，相較於總體的 65.88%，

---

[72] 全國錄影傳播事業協會，「各有線電視（播送）系統訂戶數統計表」，〈http://www.recording.org.tw/〉

[73] 資料來源：金門縣政府民政局「人口統計」，96 年 3 月份。

仍有一段距離，顯示每月 500 多元的收視費用，對多數家庭來說仍是一大負擔。

　　第四台除了觀賞節目外，同時也扮演起電視購物的角色，除了地區購物台外，東森等購物台亦受到觀眾的注目。近年來，藉由電訊科技發達，網際網路亦能觀賞電影與電視節目，也為民眾觀賞電視節目提供另類管道。2008 年底，新聞局、公共電視工程人員前來金門，完成地區無線數位電視系統之驗收與訊號檢測，金門民眾自此可以清楚收看無線數位電視節目。目前金門地區可收看的數位電視頻道有中視、中視綜藝台、公視、公視 DIMO 台、民視、台視、華視、華視教育頻道、客家電視台等，其他的頻道，因業者經營考量尚未開通，暫時無法收視。

貳、加油站、瓦斯行、製冰廠

一、加油站

　　金門開放觀光已近 20 年，各種旅遊設備與資訊漸趨成熟，許多人到金門旅遊已不再跟團，喜歡租車自由行。當手續辦好，發動車子時，較細心的人會問：「要加什麼油？92、95 還是 98？」老闆通常會面帶微笑說：「不用擔心，金門只有柴油和高級汽油」。大部份的人會覺得不可思議，金門不是已經解嚴，為何還是「一國兩制」？「一國兩制」對金門人來說，早已習以為常，我們甚至可以這樣說：「戰地金門」之所以神秘，就是因為有很多「一國兩制」的東西。金門人擔心的不是「有鉛、無鉛」，而是「有油、沒油」，碰到沒油可加，或是加油站早已打烊休息，只能望「油」興嘆，徒呼奈何。2008 年中秋節，烈嶼加油站大門拉起鐵鍊，貼了一張海報：「適逢中秋、休假一天、祝佳節愉快」。由於烈嶼只有一家加油站，鄉民無油可加，十分憤怒，哪可能愉快，鄉代會主席偕同副主席、代表、各村里長、社區發展協會理事長等二十多人，前往加油站拉白布條抗議，表達全鄉民眾的不滿。同年 10 月 11 日，烈嶼加油站又鬧柴油荒，多輛遊覽車聚集加油站等加油，可是無油可加，司機相當不滿，經協調烈嶼托運隊才從大金門運油回來。對加油站三番兩次鬧油荒，帶給民眾困擾和不便，烈嶼鄉民固然氣憤，然而回顧歷史，沒油可「用」的日子也不是今天才開始，金門「加油」的過往，真如曹雪芹所說：「一把辛酸淚」。

　　1954 年，國軍金門軍區的「粵華官兵合作總社」改隸福建省政府，銜稱「福建省政府物資供應處」。1956 年 9 月金門地區實施戰地政務，由金門防衛司令部接手，此後名稱略有更動，隸屬單位也不同，直至 1992 年戰地政務終止，改隸金門縣政府，定名為「福建省金門縣物資供銷處」，2000 年 1 月 1 日重新檢討組織修編，定名為「福建省金門縣物資處」，並於 2004 年 2 月 21 日修編為「金門縣物資處」。在戰地政務時期，民用油料的供銷業務都由金門縣政府負責，金門政務委員會為使物資輸出及供應市場交易正常進行，特成立「金門物資管制委員會」，由政委會經濟組、防衛部政治部、省特派員辦公處、金門聯檢處、縣政府、縣商會、經濟檢查組、物資供應處、政委會監察室、地方法院、憲兵隊、警察局等單位組成，每月舉行會議一次，由經濟組長為召集人，並擔任會議主席，物資供應機構應派員列席報告有關物資供應事項。1958 年「八二三」砲戰後，物資供應當局感於全面供應仍有未逮，乃循縣商會之請，於 1959 年開放部份消費物資，准由商民直接向台採購，運金銷售。

　　糧、煤、砂糖、烟、酒、火柴等六種，是國防部核定的戰備物資，金門防區核定的則為汽油、煤油、蠟燭、木柴等四種，動用時應專案呈轉國防部核准。金門民生主要物資種類有：糧、煤、砂糖、食油、麵粉、火柴煤油、蠟燭、汽油、柴油、漁船油、鍋爐油、機油、糧、煤等，於各村里分設代銷商代為銷售。鋼筋、水泥、鍋爐油、汽油、漁船油、機油則配予直接用戶。暢銷物資每週一、四平均分配，配售數量事先公告之。當物資存量充沛，物價穩定時，採自由配銷為原則。在油品的運輸方面，那時中油僅補助台灣碼頭裝卸費、海運費等，其餘的油桶包裝銷售管理費及耗損等，均由金門縣政府自行吸收，所以油價一直高於台灣地區。後於 1982 年奉行政院核定之「金馬油價應與台灣地區相同」規條，從此民間用油納入軍艦運補，台、金油價始調整一致。柴油、汽油、鍋爐油，此等油料，多係汽車、工廠及小型家庭工業使用燃料，統由物資供應處輸進後，憑民眾或機關工廠需要，隨時自由購用。為扶植漁民生產，對於漁船用油之供應，非但不加利潤，並採低價補貼政策。

　　「物資供應處」為服務地區民眾用油，先後成立了四座公辦加油站，分別是 1975 年 1 月 10 日營運的「成功加油站」、[74]1977 年 6 月 1 日啟用

的「金城加油站」、1992 年 2 月 15 日啟用的「烈嶼加油站」，以及 1993
年 7 月 1 日才營運的「金沙加油站」，另外在新湖漁港也有一座漁船加油
站，原由物資處管轄，後於 2000 年時委託漁會經營。金門在戰地政務終
止後，軍方基於戰備任務為優先考量，所以無法長期支援協運，加上金門
地區油料需求漸增，故行政院特指示中油在金門興建輸儲油料設施（金門
油庫，又稱金門供油中心）。金門縣物資處原經管地區菸酒供售及油料輸
儲兩大業務，因組織變革，自 2000 年一月份起，物資處已由事業單位轉
變為公務單位，專責地區各機關單位的採購發包任務，原所管轄的業務，
菸酒供售業務移由金門酒廠負責，油料輸儲業務則由中油公司接手。中油
公司雖已於 2000 年 12 月 20 日派員進駐「經武油庫」，接手前線的油品
輸儲業務，但對於既有的加油站業務，則意願缺缺。

　　金門縣政府為求地區民用加油作業正常化，且使物資處能符合組織體
制與功能，因此指示物資處辦理四座公辦加油站出租招標，物資處乃於
2001 年 7 月 27 日，採公開招標方式招租，金城、金沙兩加油站及成功、
烈嶼兩站，分案招標。

　　金門地區特有的公辦加油站，在 2001 年 9 月 1 日零時起移轉由民間
商家接手經營，正式走入歷史，物資處長期肩負的供油任務，亦同時宣告
圓滿解除，功成身退。而這項業務的移轉，是金門油料供銷業務的重大變
革，象徵地區油料供需趨向正常化。加油站移轉民間商家經營，每年為縣
庫增加了八百多萬的收入，除了使公產得以充分利用外，也照顧地區就業
機會。

　　1987 年 6 月政府開放民營業者經營加油站，1988 年 2 月第一家民營
業者「西歐」成立，1993 年 9 月「加油站設置管理規則」公佈，[75]金門地
區遲至 1998 年才有業者投入加油站的經營。地區開放民間申設加油站後，
私有加油站如雨後春筍般崛起，迄 2006 年時已陸續增設四家私有加油站。
經統計地區公、私有加油站已達八處，公有加油站除依「公辦民營」方式
出租民間業者營運，考量不與民爭利，其中，金城加油站位於金城圓環，
私有加油站已有三處，且離城區甚近，縣府衡酌地區市場機制及輔導民間
業者經營之立場，並參酌中油公司金門供油中心發油量為基礎，經集會檢

---

[75] 中華民國 82 年 9 月 10 日經濟部（82）經能字第 089188 號令訂定發布，全文 27 條

討，決定「金城加油站」自 2006 年 9 月 1 日起停止營業，結束 29 年的供油消費服務。2008 年 9 月 1 日，位於金湖鎮轄區內，濱臨環島南路成功路段的「成功加油站」，也跟著結束近 40 年的加油業務。對金門第一家加油站的歇業，許多消費者依依不捨，認為關掉不繼續營業很可惜，也因此產生各種流言。根據縣府財政局公產課的說法，「成功加油站」之所以歇業純粹基於環保和公安的考量。事實上還有其他的原因，當年加油站啟用，風光一時，三家電子新聞媒體爭相報導。然而，隨著民間油品業的興起，公有加油站設備老舊，競爭力不足，若要改善，得花上一大筆錢，縣政府評估不符合經濟效益，只好放棄。[76]

　　「金城」及「成功」加油站相繼吹起熄燈號，「公辦民營」的加油站僅剩金沙、烈嶼兩座尚在營運。民營加油站共四座，設備與加油機新穎，營運時間為全天候 24 小時，較受民眾喜愛。公設加油站設備老舊，加油機均係由中油公司堪用品移撥使用，以「金沙加油站」為例，營業時間係從早上七時至下午七時，自是無法與民營者匹敵。另外，金沙加油站現有加油機四台（汽、柴油各兩台），經常故障，維修費時。加油站首重就是「安全」，加油站下班後雖有保全設備，但也不是一絲鐵練就可擔當阻絕作用，金沙加油站的環境與裝具都有問題。烈嶼加油站則是因為油價比大金門貴，一直被詬病。從台灣本島運油至金門，所有運費皆由中油自行吸收，但若是從金門運油至小金門，中油不願意吸收成本，業者只能將運費反應在售價上。

　　中油公司從 1993 年開始籌建金門油庫，但土地問題一波三折，直到 1999 年 9 月獲得新頭村陳氏宗親會同意租地，並於通過環境影響評估、金門國家公園計劃通盤檢討及辦理用地變更後，於 2003 年 4 月間取得建照施工，2006 年 1 月 17 日啟用。金門油庫屬中油行銷事業部高雄營業處「金馬行銷中心」，油庫啟用後，高雄大林廠的油品以油輪運抵金門料羅碼頭，再透過三點二公里的八吋地下管線，輸往油庫，經淨置處理後，再以幫浦馬達幫壓到灌裝台，然後注入加油車，送往中油直屬的機場加油站或各加盟加油站。

---

[76] 參閱楊水詠，〈成功加油站功成身退現址何去何從〉，《金門日報》，2009 年 2 月 17 日。

　　自 1998 至 2003 年，經濟部核准四家加油站業者在金門成立，這些股份有限公司的資本額平均高達數千萬，這是金門的新興行業，不僅影響金門的經濟發展，也關係到金門的社會變遷、文化發展、與環保問題。因為加油站不是單純的加油業務，根據《加油站設置管理規則（97 年 12 月 25 日修訂）》第 27 條：「加油站之經營以汽油、柴油、煤油及小包裝石油產品之供售為主；其附屬設施得設置汽機車簡易保養設施、洗車設施、簡易排污檢測服務設施、銷售汽機車用品設施及自動販賣機；如符合土地使用管制規定及其他法令規定時，得兼營便利商店、停車場、車用液化石油氣、代辦汽車定期檢驗、經銷公益彩券、廣告服務及其他經中央主管機關核准之兼營項目。」這就是金門加油站業者所登記的營業內容，詳見下表。

加油站業者

營利事業名稱	設立	異動	負責人姓名	資本額	組織類型	營業項目	地址
金門鴻運股份有限公司	87	97	蔡育仁	27,000,000	（股）公司	加油站／石油製品零售／汽、機車零件配備零售／汽油、柴油批發／便利商店／停車場經營／國際貿易／汽車批發零售／食品飲料零售／汽車修理／其他汽車服務（洗車、汽車美容、汽車裝潢）／汽油、柴油批發	金門縣金湖鎮中正路 8-1 號
金民股份有限公司	90	96	陳森照	5,000,000	（股）公司	石油製品批發／汽、機車零件配備零售／加油站／便利商店／其他汽車服務／國際貿易／汽車修理／機車修理	金寧鄉盤山村伯玉路二段 161 號
杰思股份有限公司	91	97	郭碩宗	10,000,000	（股）公司	加油站／石油製品零售／汽、機車零件配備零售／便利商店／停車場經營／國際貿易／汽車批發／汽車零售／精密儀器發／汽車拖吊／其他汽車服務（汽車清洗、裝潢、代客申請汽車檢驗）／廢棄物清除／廢棄物處理／其	金城鎮南門里民權路 27 號

| 統精股份有限公司 | 92 | 98 | 方醫良 | 30,000,000 | (股)公司 | 他環境衛生及污染防治服務／汽油、柴油批發
石油製品批發／其他石油製品、燃料批發（潤滑油）／汽、機車零件配備批發／車胎批發／石油製品零售／其他石油製品、燃料零售（潤滑油）／汽、機車零件配備零售／車胎零售／加油站／其他汽車服務（代客申請汽車檢驗業務） | 金城鎮西門里環島北路 138 號 |

資料來源：經濟部商業司「公司及分公司基本資料查詢系統」

　　2005 年 10 月時，金門地區有七座加油站，分別由四家業者經營，包括統一精工（金門、金城、成功、金沙、烈嶼加油站）、金門加油站、金民加油站、一路發加油站。金城與成功歇業後，金門目前加油站的分佈情形如下表（2010 年 1 月）。

金門加油站分佈

加油站名稱	地點	所屬公司	加盟體系
杰思金沙加油站	金沙鎮光前村陽翟 202 號	杰思股份有限公司	中油
一六八加油站	金湖鎮后園 68 號	杰思股份有限公司	中油
金門加油站	金寧鄉伯玉路一段 228 號	金門鴻運股份有限公司	中油
金民加油站	金寧鄉伯玉路二段 161 號	金民股份有限公司	中油
Smile 速邁樂加油中心金門站	金城鎮環島北路 138 號	統精股份有限公司	統一（統一精工股份有限公司）
杰思烈嶼加油站	烈嶼鄉上林村後井弄 39 號	杰思股份有限公司	中油

　　「統一精工」是統一企業集團的關係企業，由統一企業、統一超商及大亞電線電纜公司等企業共同投資創設。自成立以來，一直致力於提供消費者高品質人性化的生活空間，研發高性能、智慧型的客貨梯、停車設備、

停車塔、洗車機及汽車梯等多項產品。1998年起，在多角經營的策略下，首先積極投入油品市場，成立速邁樂加油中心，為一現代化複合式經營的加油站連鎖體系，目前在全國各地已有超過一百多家的加油站，99%是直營店，惟一的加盟站就是「Smile速邁樂加油中心金門站」，雖是加盟店，但是所有經營技術都由速邁樂主導。由於金門店營運成果相當理想，未來只要有適合新夥伴，「統一精工」不排斥借重在當地的人脈，開放加盟方式，提高單店競爭力。

　　根據金門監理所的統計，2008年12月金門各種車輛數為56,173輛，2009年12月為60,557，共增加了4,384，增加比例為7.23%；98年12月，交通部統計全國有登記的機動車輛數為21,374,175輛，金門車輛所佔比例約為0.09%，相較之下，金門的汽車較少，但加油站和油品銷耗量較高，但就金門本地而言，汽機車固然增加了，可是沒有反映在油品的消耗量上，茲將各項統計數據製表如下，由此可了解金門對汽、柴油的依賴程度。

金門與全國汽車加油站汽、柴油銷售量統計表

單位：公秉

縣市別	加油站數	汽油	柴油	合計
98年12月				
金門	6	1,434	1,396	2,830
全國	2,629	856,453	362,864	1,219,317
金門／全國比例	22.8／萬	16.7／萬	38.5／萬	23.2／萬
97年12月				
金門	4	1,138	1,200	2,338
全國	2,585	781,233	300,840	1,082,073
金門／全國比例	15.4／萬	14.6／萬	39.9／萬	21.6／萬

資料來源：經濟部能源局[77]

　　據業者表示，投資一家加油站至少需要3-5千萬的資本額，且油價由政府管制，利潤有其一定的限制，目前台灣的加油站已經飽和，進入所謂的「戰國時代」，競先以薄利多銷拼生存。油品市場自由化後，原本定於一尊的油品價格，由於市場內多了「台塑石化」及「台灣埃索」兩家供油

---

[77] 比例由作者算。

商，開始有了不同的變數，供油商為了爭取大型連鎖加油站加盟，開出優惠折扣，大型連鎖加油站則以供油商提供的優惠大打促銷戰。換言之，只要加盟站的規模夠大，可以談判的籌碼越多，獲得的油品折扣優惠也就越多，價格戰也打得更大方。連鎖加盟是油品市場的大勢所趨，幾年後，台灣的加油站大概只會剩下幾家連鎖加油站通路集團，其他單點加油站或規模較小的加油站，只有被淘汰或被迫加盟的份。大型連鎖業者進駐金門，能獲得多大的經濟效益，還需要時日觀察，但是這些企業的品牌形象對提升金門的觀光和地方發展，會有料想不到的加分作用，讓金門不會再被人當作「鄉下」地方，至少要先做到與全國同步，才能談未來，把「一國兩制」掃入歷史的山洞吧！

二、瓦斯行

2002 年「烈嶼鄉公所」搬新家，在鄉長林金量與地方文史工作者的努力下，將原來的鄉公所行政大樓規劃成「烈嶼鄉文化館」。透過志工的協助，由各地徵集了一些古文物、地方史料、民眾日常生活器具、和傳統農漁具等，陳列於館中一樓，免費開放給民眾參觀。依照文建會的計畫，地方文化館的設立除了可以保存、活化、再利用老舊建築物、凝聚社群情感外，也可成為發現地方活力的場域！它們的再生與永續，不僅是在地集結文化能量的展現，也帶動地方文史的復振。即使這些地方文化館的規模遠不及國家級重大文化設施，卻是在地精神的新地標，它承載的家鄉紀事，更是台灣多元文化的基因寶庫！[78]91-96 年文建會「地方文化館計畫」共輔導地方文化館 258 館，[79]其中金門就有五處，文建會特別選擇「烈嶼鄉地方文化館」，出版介紹小冊：《戀上笠島舊味》，顯見對它的重視。走一趟「烈嶼鄉地方文化館」，可以了解烈嶼的歷史發展、感受老祖先的生活智慧，從而體驗金門人的刻苦耐勞精神。此外，「文化館」也是烈嶼地區的藝文活動中心，經常舉辦藝文作品展覽，研習活動，是鄉民觀賞藝文、豐富藝術涵養的好場所。

---

[78] 參閱文建會「地方文化館」計畫緣起，〈http://superspace.cca.gov.tw/mp.asp?mp=1〉
[79] 到 2009 年時已有 287 座，胡淨妮，〈充滿故事的烈嶼鄉文化館〉，《大世紀》，2009 年 7 月 11 日，〈http://www.epochtimes.com/b5/9/7/11/n2586403p.htm〉

　　佇立在文化館的櫥窗前，一盞生鏽到極點的「油火燈」勾起許多中年人的回憶，你一句我一句，時光彷彿回到民國50年代以前。1950年，金城地方有人成立了電燈公司，並在山外、沙美兩個地方建立發電所，但是供電時間僅限於晚上7至9點。1950至60年代，鄉間民眾依然過著「日出而作，日入而息」的農村生活，晚間短時間的照明，以點煤油燈為主，偶而為使亮度強一些，才捨得點一支蠟燭，如果家中有婚嫁喜事需利用夜間工作，才會借一盞煤油汽燈使用，所以在1959年以前，煤油燈仍是金門主要的照明設備。1968年金門電力公司成立，但小金門在1970年7月以前尚無電廠，當時小金門人還是點煤油燈。東林街的製冰店因為生意很好，於是自己買小型發電機發電，有人接他的電來使用，晚上供電幾小時，採包燈制，是民間自行發電。同年，位於龍蟠山的軍方火力發電廠設立，用柴油發電，自此以後，煤油燈漸成歷史名詞。

　　如今，煤油燈已很少見，大多只能在古裝電影、電視劇中看到。煤油，俗稱火水，舊稱火油，由石油提煉而來，有點臭，因此閩南話叫它「臭油」或「番仔油」，金門人習慣稱它為「土油」。雖然用來點燈，但燈火小，而且會發出一股臭味，但因比蠟燭便宜，所以日治時期起，台灣鄉下地方一般都點煤油燈。當時，買煤油和買酒一樣，須自備容器到雜貨店沽油，而且，只在吃晚餐時才點。此時，餐桌上如豆的燈火周圍，散發出一圈小小的光暈，而餐桌之外，仍是一片漆黑，於是一家人便在昏燈搖曳下吃晚餐。回想當年，物質生活或許寒蒼，不過，心靈上仍有一股溫暖的幸福感。

　　煤油除了用以點燈外，也用於炊食器具，傳統的煤油爐雖然也是不常見，但經過改良的煤油爐仍是很好用的小型炊食用具，是登山露營時必備的用具。在沒有瓦斯爐以前，金門的家庭大都有一口灶，一至兩個「土油爐」。逢年過節時「鼎灶」用以蒸年糕、發糕、或紅龜糕，平常用作燒煮豬飼料；「土油爐」則用以燒開水、煮番薯簽、番薯糊以及各種稀粥。土油須花錢買，而薪柴來源，種類繁雜。[80]國軍來了之後，廣植木麻黃，木麻黃鬚是最佳的燃料，火力旺盛，極易點燃，小孩放學後最重要的「功課」就是去「耙柴」。現今鄉下，「鼎灶」仍有其功用，但傳統的煤油爐只有在文物館中才看得到。民國50年代以前出生的金門人，普遍有一種「煤

油爐情結」。記憶中的煤油爐，是鐵制烤漆的，下面是用來盛油的圓形油箱，上面是爐架，中間有雙層活動的鐵罩，夾著 12 個絨線頭，有旋鈕開關調節火苗大小。煤油爐燃燒時會散發一股嗆人的煤油味，一般要在室外背風處使用。煤油爐是簡單粗陋的用具，但在人們的生活中卻顯得複雜而神奇，看著母親收拾煤油爐：往裡面灌油、剪爐芯、換絨線，在幼小的心靈中，一直覺得「煤油爐」是個很好玩的東西。如今，廚房爐具應有盡有，就算不做菜，每天都會用到瓦斯爐，對於瓦斯爐，心中只有「敬畏」，沒有像對煤油爐那般「愛戀」。

　　民國 60 年代初，金門一般家庭陸續改用瓦斯爐，瓦斯日漸普及，但是，瓦斯爐剛剛進入家庭時，通常只是被當裝飾品供奉著，畢竟瓦斯要錢，不像薪材，可以免費取得，因此炒菜會用瓦斯爐，煮飯燒水還是用大灶比較經濟實惠。如今瓦斯爐取代了大灶的地位，但是那段艱苦「耙柴」的童年歲月，依然深深烙印在許多人的記憶中。[81]有瓦斯爐必然就會有瓦斯行，作為一種行業，瓦斯行是名符其實的「特種行業」，消防局要管，警察局要管。戰地金門，見識過各種炸彈，瓦斯桶在許多鄉下人的心中，可怕程度不下於對岸飛過來的砲宣彈。金門縣消防局為了地區的安全，擬了一個「金門縣營業場所使用液化石油氣安全管理計畫」，造冊列管轄內業者使用液化石油氣的量與存放場所。並經常配合各種活動進行防災宣導，製作液化石油氣檢驗標示等大型看板，提醒民眾注意使用瓦斯熱水器的安全，防止火災也要防範一氧化中毒。[82]

　　根據內政部統計處 98 年第 47 週的「內政統計通報」，截至 98 年 9 月底止，全國納入消防安全設備查察之液化石油氣列管家數計 6,888 家，其中分銷商及分裝場合計 3,514 家，較 97 年同期減少 52 家或減 1.46%。列管對象分為分銷商、分裝場、容器檢驗場、容器儲存場所及串接使用場所五大類。98 年 1 至 9 月累計執行消防安全檢查次數共計 4 萬 7,199 件次，其中合格者有 4 萬 6,707 件次，合格率為 98.96%。各縣市安全檢查件次，以新竹市、金門縣、連江縣及四港務消防隊達 100.00%最高。98 年 1-9 月

---

[81] 參閱北珊，〈童年記事——耙草〉，《金門日報》，2007 年 4 月 4 日，「鄉訊版」。
[82] 蔡建隆，〈金門縣消防局配合高粱文化節進行防災宣導〉，內政部消防署「消防影音新聞台」，95 年 11 月 23 日。

的統計，金門被列管的五類場所合計 56 處，包括分銷商 13 家、分裝場 2 處、容器檢驗場 1 處、容器儲存場 3 處、串接使用場所 37 處。[83]

瓦斯行

營利事業名稱	設立	異動	負責人姓名	資本額	類型	現況	營業項目	地址
振盛	64	93	陳玲俐	200,000	獨資		家用液化石油氣承銷／五金零售／家庭日常用品零售／廚房器具零售／國際貿易	金沙鎮汶沙里五福街 46 號
永安煤氣行	65	86	黃永陣	200,000	獨資		氣體燃料供應	金沙鎮汶沙里三民路 2 之 1 號
金門瓦斯供應中心	65	94	陳碧雲	200,000	獨資		石油製品零售／家具、寢具、廚房器具、裝設品零售	金城鎮北門里浯江街 24 號
第一瓦斯行	65	92	許清注	200,000	獨資		家用液化石油氣承銷（筒裝瓦斯）／廚房器具零售	金湖鎮新市里武德新莊自強路 2 號
金源盛（瓦斯行）	65	76	洪金買	200,000	獨資		煤氣供店／日用器皿零售（與煤氣無關之產品除外）	烈嶼鄉黃埔村庵下 2 號
華聲（瓦斯行））	65	86	林罔固	200,000	獨資		筒裝煤氣零售／公賣品／批發	烈嶼鄉林湖村東林街 92 號
金門縣農會瓦斯供銷處	66	81	胡景仁	200,000	獨資	歇業	煤氣供應／五金及日用器皿零售（與煤氣業無關之產品除外）	金城鎮北門里民生路 6 號
三陽瓦斯行	68	68	楊羨姿	200,000	獨資		水電煤氣／煤氣供應／五金及日用器皿零售（與煤氣無關之產品除外）	金城鎮西門里莒光路 159 號
大新瓦斯行	68	69	趙永生	200,000	獨資		日用器皿批發及零售	金湖鎮新市里中興路 20 號

---

[83] 參閱行政院內政部統計處，統計通報 98 年第 47 週，「液化石油氣及爆竹煙火安全管理概況」。

金龍瓦斯行	69	96	林寶雪	200,000	獨資		石油製品零售／菸酒批發	金城鎮賢庵里庵前 33號
許源順煤氣行	71	94	許丕明	200,000	獨資		石油製品零售／五金零售／菸酒零售	金城鎮西門里中興市場 28 之 1 號
文文瓦斯行	75	82	方金憑	200,000	獨資		煤氣供應／日用器皿零售／公賣品	烈嶼鄉黃埔村后頭 58號
湖盛瓦斯行	76	82	許玉萍	200,000	獨資		筒裝瓦斯批發／家具器皿零售（瓦斯廚具）零售／公賣品	金寧鄉榜林村榜林 60號
農會瓦斯行	81	89	董國興	200,000	獨資	歇業	桶裝瓦斯	金城鎮北門里民生路 6號
中台瓦斯行	81	93	蔡顯信	100,000	獨資		石油製品批發業／家具寢具、廚房器具、裝設品批發	金湖鎮新湖里塔后 217號
小胖瓦斯行	82	95	胡允朝	50,000	獨資		石油製品批發／菸酒批發／燃氣熱水器承裝	金城鎮西門里莒光路 145 號
聯宏液化煤氣灌裝有限公司	87	96	楊振添	12,000,000	公司		液化石油氣灌裝、分裝、儲存買賣業務／家用液化石油氣承銷業／其他工商服務業（液化石油氣鋼瓶檢驗）	金湖鎮三谿橋 2 之 2 號
世豐煤氣行	87	95	陳佩芳	300,000	獨資		石油製品零售／家具寢具、廚房器具、裝設品零售	金湖鎮新市里武德新莊 159 號
宏達煤氣行	87	90	楊世宏	300,000	獨資		家用液化石油氣承銷／廚房器具零售	金湖鎮新市里武德新莊 160 號
全安石油製品批發行	93	95	吳福全	50,000	獨資	停業	石油製品批發業／其他批發業（瓦斯空桶鋼瓶）	金湖鎮料羅里新興街 11 號

　　液化石油氣的從業包括分銷、分裝、容器檢驗、容器儲存及串接使用，所謂的「媒氣行」或「瓦斯行」通常指桶裝瓦斯的零售商，將空的鋼瓶送到「供銷處」或「灌裝場」灌入媒氣，每家瓦斯行的鋼瓶都有號誌可識別，相關單位會嚴格檢查並控管鋼瓶的狀態與儲放場所。鋼瓶使用一陣子之後必須汰舊換新，「聯宏液化煤氣灌裝有限公司」便有鋼瓶檢驗與出售業務。目前金門都使用「液化石油氣」，俗稱「液化瓦斯」或「桶裝瓦斯」。

　　瓦斯是一般民眾對氣體燃料的通稱，目前臺灣地區供作家庭使用之氣體燃料係分為液化石油氣與天然氣二大類。液化石油氣係由原油煉製或天然氣處理過程中所析出的丙烷與丁烷混合而成，在常溫常壓下為氣體，經加壓或冷卻即可液化，加壓裝入鋼瓶中供用戶使用。液化石油氣無色、無味、無毒、易燃、易爆，基於安全上的考量，供應家庭使用之液化石油氣皆添加臭味劑，一有漏氣即可察覺。天然氣俗稱天然瓦斯，由瓦斯公司敷設管線供應用戶使用，故又稱之為導管瓦斯或自來瓦斯。台灣地區使用液化石油氣的家庭約 340 萬戶以上，使用天然氣的家庭也約有 160 萬戶之多，[84]可謂家家有瓦斯，因此，瓦斯使用安全觀念之建立，不僅攸關個人生命財產之安危，更與社會公共安全息息相關。根據消防署火災統計分析，火災發生原因均以電氣因素居首，97 年度之火災案件發生數為 2,886件，其中電氣火災發生數為 1,016 件，佔該年火災發生數之 35%。在各縣市方面，2004 到 2009 年，金門共發生了 130 次火災，死亡 3 人，受傷 6人，其中以「電器設備」27 次最多，其次為「人為縱火」20 次，再來就是「爐火烹調」與「瓦斯漏氣或爆炸」共 17 次。

　　「瓦斯本無害，不慎便成災」，使用瓦斯器具不得不戒慎恐懼。金門沒有天然氣公司，將來恐怕也很難設立，作為一種所謂的「乾淨」能源，短時間內沒有其他燃料可以取代瓦斯，因此瓦斯行勢必繼續存在，瓦斯鋼瓶的威脅也會時時盈繞在金門人的心中。如今金門家家戶戶都有熱水器與瓦斯爐，但木麻黃樹卻因鄉村整建快被砍光了，不但早已無鬚可耙，連耙子都被文化館拿去展覽了。看著文化館櫥窗內擺設的「歹銅舊錫」，迷濛中又回到那個「童年記趣」的年代，歷史是一張記憶的網，人是爬行在網中的存在。

84　彰化縣消防局，「預防瓦斯災害分析研究報告」，http://www.chfd.gov.tw/。

三、製冰廠

2007 年國中基測，寫作測驗的題目是「夏天最棒的享受」，考生的寫作題材從吃冰、吃西瓜，到海邊玩都有，其中「吃冰」是最多人選擇的題材，但同樣寫吃冰，有人拿六級分滿分，有人只拿一級分。吃冰雖然是許多人的共同生活經驗，但感受不同，所呈現的生活面向也不同。大約十年前，歌手柳翰雅（阿雅）推出《照過來》專輯，其中收錄的《剉冰進行曲》，專輯大賣 22 萬張，台灣的幼稚園更紛紛拿此歌帶動唱，「紅豆、大紅豆、芋頭……剉剉剉」的逗趣歌詞，加上搞笑式舞姿，造成大轟動，連帶也為剉冰生意做免費宣傳。「冰」帶給人們歡笑、愉悅、清涼、保鮮、是急時雨、是甘露，很難想像沒有冰吃的夏天，沒有冰吃的童年。

台灣最早在日治時期，因其炎熱的氣候，使得冰棒這種方便食用的點心開始廣受歡迎，製冰廠也就紛紛出現。傳統上，在歐洲，飲料是不加冰銷售的。在印度或其他國家，祭祀用酒如加冰塊會被認為是不健康的，許多老一輩的印度人依然不喝加冰塊的酒。在東亞地區，冰塊的歷史尤其悠久，明、清兩朝及朝鮮王朝的皇宮中曾建有地下冰庫。在中國的皇宮，夏日時可取冰加在酸梅湯等冷飲中，稱做「冰珠」，當時的皇家冰窖就在今日北京的雪池衚衕一帶。冰棒，香港稱為「雪條」，台灣話稱「冰枝」、「枝仔冰」，中國北方稱「冰棍」，金門土話叫「霜枝」。根據李金生《烽火紅樓模範街》的記載，民國 40 幾年金門便有製冰廠，僱請台灣師傅生產冰棒。當時，冰棒算是十分新奇的產品，模範街的這家冰廠除了零賣之外，也兼作「批發」生意，一些人家用長方形的木箱裝著冰棒，沿著大街小巷叫賣，木箱內用一塊較厚的布包裹著，使冰棒保溫，減緩融化速度。[85] 震撼的〈賣霜枝的日子〉與藍茵的〈古早的打工〉，都談到早年賣冰棒的辛苦往事，[86] 讀來令人動容，對民國 50、60 年代成長的金門人而言，聽到「賣霜枝」的搖鈴聲，口水就會流下來，在那個清貧的年代，日子過得不錯的人家才能將「霜枝」含在嘴裡，更窮的孩子只盼能夠多舔幾口。

冰棒只能算是製冰廠的附帶生意，冰塊的製做與販售才是大宗。塊冰的應用相當廣泛，長久以來，塊冰的需求量並未因為時代的進步而減少，

---

[85] 李金生，《烽火紅樓模範街》（金門：金門縣政府，1999 年），頁 202。
[86] 參閱 Yahoo 部落格「金門風情」；藍茵，《浯島念真情》，金門：金門日報，2005 年。

相反的，其使用量卻是與日俱增，例如：建築業、化工業對塊冰就有很大的需求量，水產漁獲業亦是塊冰的主要使用者。隨著冷凍科技的研發改善，塊冰製造設備也益發先進且效率提升。金門的製冰廠主要生產食用冰塊，提供冰菓室的剉冰使用。十萬大軍駐紮金門時，冰菓室超過百家，夏天的冰塊需求量龐大。早年的製冰廠設備與衛生不像現在這麼講究，金門的水質向來也不理想，一般人只知道清冰、四果冰、綠豆冰，從未聽過「生菌數」、「大腸桿菌」這類名詞。雖然製冰技術大有進步，但是食用冰塊的衛生還是經常出問題。金門縣衛生局每年都會對飲料冰品抽驗，不合格的大多是食用冰塊，98 年有三例大腸桿菌偏高。[87]

自從冷凍設備與冰箱普及後，製冰廠就沒落了，統一超商的衛生冰塊方便好用，各種知名品牌的冰品，任君選購，缺乏行銷通路的金門製冰廠很難與之競爭，金城的「時代冰廠」雖然還在生產「紅豆冰棒」、「花生冰棒」，古早味的冰棒仍有其顧客，但不會持久。近年來金門最「夯」的冰棒應是畜產試驗所和水產驗所合力開發的「鹹冰棒」，和用金門飼養的牛群所生產的牛奶冰棒和冰淇淋。「海玉子鹹冰棒」口味獨特，可以吃到海帶，這種冰棒只有金門有，台灣買不到，因此，來金門旅遊，吃金門在地的冰棒是夏天的必要享受。吃得到金門的冰，但未必能吃出金門味。

製冰廠

營利事業名稱	設立	異動	負責人姓名	資本額	現況	營業項目	地址
千泉冰廠	65	96	駱瑋潔	40,000		食用冰塊製造／冰棒製造／冰淇淋、冰淇淋粉製造／煙酒零售	金沙鎮光前里陽宅 39 號
金東冰廠	65	90	李宗信	30,000	歇業撤銷	食用冰塊製造／冰果、冷飲店／冰棒製造／冰淇淋製造	金沙鎮光前里陽宅 91 號
發振興冰廠	65	82	辛金	40,000		食用冰塊／小吃店／冰果、冷飲店／煙酒零售	金沙鎮汶沙里中興路 2 號
金沙冰廠	69	80	黃順良	30,000	歇業撤銷	乳類食品製造（冰淇淋）／其他食品製造（冰棒）／冰店／裁縫／小吃店	金沙鎮汶沙里沙美 127 號

---

[87] 金門縣衛生局，「金門縣衛生局 98 年飲料冰品抽驗結果」，〈http://www.kmhb.gov.tw/〉

同發冰廠	65	80	張璋賢	40,000	歇業撤銷	其他食品製造（棒棒冰、冰棒）／乳類食品製造（冰淇淋、雪糕）	金沙鎮汶沙里勝利路 34 號
時代（冰廠）	65	96	洪有治	20,000		食用冰製造／業／菸酒批發	金城鎮北門里中興路 173 巷 14 弄 18 號
口福製冰廠	75	95	洪瀅蕎	50,000		食用冰塊製造／冰棒製造／煙酒批發	金城鎮西門里民生路 45 巷 4 弄 1 之 1 號
瑞芳製冰廠	66	66	許秀鳳	40,000		乳類食品製造（雪糕、冰淇淋）／其他食品製造（冰棒）	金城鎮西門里民權路 122 巷 1 弄 5 號
西園製冰廠	67	87	黃金平	20,000	歇業撤銷	食用冰塊製造／冰棒製造／冰淇淋製造／煙酒批發	金湖鎮山外里下莊光武路 29 號
海鷗製冰廠	65	82	李贊騰	65,000		冰菓冷飲店／小吃店／冰淇淋製造／食用冰塊製造／冰棒製造／煙酒零售	金湖鎮新市里中正路 34 號
海鷗國順街製冰分廠	77	82	李贊騰	60,000		食用冰塊製造／冰淇淋、冰淇淋粉、雪糕、甜筒製造／冰棒製造／煙酒批發	金湖鎮新市里國順街 31 號
金益發製冰廠	75	90	陳王卿	40,000	歇業撤銷	食用冰塊製造	金湖鎮新市里國順街 34 號
蘭園冰廠	64	81	翁雄飛	70,000	歇業	食用冰塊／冰棒	金湖鎮瓊林里小徑 41 號
佳佳冰廠	81	82	蔡能愛	40,000		冰果、冷飲店／煙酒）發零售	金湖鎮瓊林里瓊林 13 之 1 號
聯合製冰廠	64	91	林淑美	50,000		食用冰製造（冰棒、冰塊）／乳品製造（冰淇淋）／飲料店（冰果冷飲店）／菸酒批發	烈嶼鄉林湖村東林街 120 號
夏日美（製冰廠）	73	97	陳國民	100,000	歇業	乳品製造／食用冰製造／製冰／菸酒批發	金門縣烈嶼鄉林湖村湖下 44 號

　　冰塊的用途很廣，平常的需求量也很大，只是隨著製冰技術的進步，製冰機逐漸取代製冰廠的角色，加上衛生與成本的考量，許多商家都自行

購買製冰機，製造碎冰與剉冰，新型的冰箱也多數有製冰的功能。酒店、飯店（餐廳部、客房部）、宴會場所、超級市場（生鮮部）、歐式自助餐（沙拉吧）、醫院（急救護理站、加護病房）、速食店（外賣式）、一般餐廳等都需要冰塊，食用與醫療用冰塊數量較少，可以由製冰機供應，但是商業用冰塊如漁市場漁穫的保鮮還是得靠製冰廠。目前金門新湖漁港的冷凍廠設有冷凍庫 9 間，可供容納魚貨儲存約 130 公噸，組裝式冷凍庫 14 組面積 50 坪，可供容納魚貨約 100 公噸，總計可供魚貨保鮮儲藏約 230 噸。另外，也設有製冰廠，日製冰量 10 噸，作為魚貨貯藏保鮮之用。

　　每到夏天，各種冰品廣告便會充斥電視，對人進行疲勞轟炸。冰淇淋、雪糕、冰棒，不分國籍都跑到台灣來了，有日本、有韓國、有瑞士；有物美價廉的「小美冰淇淋」，也有一球相當於一個便當錢的 Häagen-Dazs。冰品專賣店造形誘人的芒果剉冰，更是讓人無法不動心，再貴也要點一盤。吃完剉冰仍意猶未盡，小孩從超商買了一支百吉棒棒冰，熟練地扭斷接頭，兀自快樂的享受檸檬蘇打的滋味，大人只分到那顆小小的「球」。拿著從嘴裡吐出來的塑膠片，慶幸曾經有過童年，也有過撕開塑膠袋時的快樂。家裡剛買冰箱時，母親會煮一鍋綠豆湯，分裝到夾鍊冷凍袋（由任袋），再放入冰箱上層的冷凍室。迫不及待的小孩每隔三、五分鐘就會打開冰箱瞧一瞧，「冰好了沒？」期待是一種很微妙的感覺，幸福的滋味不一定要「溫暖」，「冰冰的」也可以很舒服。

參、花店、園藝店、水族寵物店

一、花店

　　年少時讀《紅樓夢》〈葬花詞〉：「一朝春盡紅顏老，花落人亡兩不知」，在那涉世未深的年紀，已早熟的感受到生命的無常與情愛的艱難：「問世間情為何物，直叫人生死相許？」林黛玉藉由這首詩詞道出作為一個「葬花者」所經驗的葬花經過，以及她在葬花過程中所思考的人生問題。清人富察明義〈題紅樓夢〉詩中稱「傷心一首葬花詞，似讖成真不自知。安得返魂香一縷，起卿沉痼續紅絲。」一些「紅學」的研究者認為〈葬花詞〉是《紅樓夢》詩詞之中最絕妙、最值得稱道的篇章之一，它是黛玉這

個苦命少女，命運與個性融合而成的一首特殊「詠嘆調」。[88]大部份的人都在年少時開始接觸《紅樓夢》，即便讀完全書，學到的仍只是「為賦新詞強說愁」，要等到兩鬢發白之時才真正體會：「落紅不是無情物，化作春泥更護花」，就如佛家所說，生命的輪廻自有其道理，花落人亡各安天命。

在古今文學中，有太多跟花有關的故事與用語，不管是「具體」的花或「意象」的花，都是詩人墨客永遠的最愛。花也是藝術家最愛的題材，張大千的「荷花」、梵谷的「鳶尾花」和「向日葵」、莫內的「藍色睡蓮」、「罌粟花」和「丁香花下用餐」，都叫人百看不厭。花草，是上天的傑作，人間的模擬，無非都是美的讚嘆。一邊聆聽德立勃（Léo Delibes）作曲，拉克美（Lakme）的三幕歌劇：「花的詠嘆調」（花之二重奏）（Flower Duet），一邊看著翻譯的歌詞，心中有無限的感慨，即使曾經瘋狂地送出「999 朵玫瑰」，對於花永遠都覺得了解不夠：

> 春天的花兒啊，如何得知秋天的果。……哦，秋天的朦朧果，生命的果，花朵的綻放，只是生命美麗的外衣，只是果實的豐碩，才是生命真正的意義，我真怕，怕我狂為最美麗的一朵，而結局只是空空如邊。我更怕，怕聽到秋老人輕輕的嘆息：所有的果實都曾是鮮花，但不是所有的鮮花都能長成豐碩的果實。

人皆愛花，金門人也愛花，但不一定都懂花、惜花。戰地金門，沒有「花街柳巷」，不能「花天酒地」，雖然到處「鳥語花香」，但金門人從來不愛「拈花惹草」。自從開放觀光後，政府大力整建鄉村，到處是「乾淨」的水泥路面，院子裡的「瓶瓶罐罐」不見了，連帶的「花花草草」也不見了。以前人們喜歡在空地上種一些「花草」，容器是隨意撿來的水桶或保麗龍盒子，看起來雜亂無章，但是一旦「百花盛開」，也會有一種零亂的美感。名花不好種，太大的花不好養，小小的花最是惹人憐惜。從深秋到冬季，金門最霸氣的植物是常攀爬在聚落建築、村落道路、小徑、圍籬上的槭葉牽牛。就像牽牛花家族的其他植物，槭葉牽牛美麗的紫紅色花朵，經常以群花之姿綻放，向上攀爬，形成高低不同的空中花景。無論大小金門，均可見到大片的牽牛花開。4-9 月是「待宵花」盛開的季節，金

---

[88] 劉耕路，《紅樓夢詩詞解析》，吉林：吉林文史出版社，1995 年。

門國家公園管理處慈湖三角堡海邊沙灘，待宵花開成一片花海，迤邐綿長的黃色花海，和潔白的石英沙灘相映，呈現耀眼的浪漫。但金門的小女孩最愛的卻是長滿野草的碉堡上頭一朵朵盛開的胭脂花，金門習俗，七夕夜，要祭拜小孩子的保護神「七娘媽」，七夕粿與胭脂花是必備的酬神供品。滿滿一籃的胭脂花，一半送給「七娘媽」，一半留著擦指甲，看著嫣紅的美麗雙手，臉上洋溢著期待長大的嬌羞。

　　長大後看到的花，和記憶中的花明顯不同，插在阿嬤髮髻上的「喆仔花」，和女朋友抱在胸前的玫瑰花，同樣都是花，卻有不一樣的意義與感受。前者是永不凋零的思念，從青絲到白髮，「喆仔花」沒有因歲月而褪色，依舊艷紅如新婚時的笑容；後者常是「花謝花飛花滿天」，「春來春去春又回」，再怎麼奢華，也只是幾天的美麗。雖是短暫美麗，卻可以為人們帶來極大的快樂，於是有了賣花的人和賣花的事業，花店不只賣花，也賣「浪漫」的感覺。金門以前很窮，三餐溫飽都成問題時，誰人有空閒去做浪漫的事。隨著經濟好轉，生活富裕，人們才開始懂得生活情趣，加上媒體的推波助瀾，買花送花的風氣逐漸吹向金門，花店也就一家接著一家的開，除了有營利登記的店面外，也有一些只在重要節日時才會出來擺攤賣花的商家。

花店

營利事業名稱	設立	異動	負責人姓名	資本額	現況	營業項目	地址
嬌嬌花藝工作室	82	89	黃素蓮	20,000		菸酒零售／種苗零售／花卉零售／景觀工程	金沙鎮大洋里田埔11號
巴黎花苑	78	89	周金枝	10,000		花卉零售／菸酒零售	金城鎮北門里中興路111號7
四季花藝坊北門分店	85	85	洪麗梅	20,000		花卉材料零售／花卉、盆栽零售	金城鎮北門里中興路146巷21號
瑪格麗特花卉百貨	81	81	王碧珍	40,000		花卉、盆栽零售業／其他零售業（服飾、首飾、皮革、裝飾品等）	金城鎮北門里民生路21號
有家花苑	86	95	童麗芬	40,000	歇業	花卉、盆栽批發	金城鎮北門里民生路35號

百花花苑	82	88	簡素雲	20,000	歇業撤銷	手工藝品及材料零售／煙酒零售	金城鎮西門里光前路 58 號 1 樓
花之藝花坊	76	94	楊雪飛	20,000		花卉零售	金城鎮西門里光前路 68 號
兩個女人花藝	87	96	洪麗紅	50,000		花卉零售／喜慶綜合服務	金城鎮東門里民族路 10 號
阿瑛的花店	84	90	許瓊瑛	10,000		花卉零售	金城鎮東門里民族路 43 號
芬芳花坊	82	82	葉芬芳	20,000		花卉、盆栽零售／煙酒批發	金城鎮東門里莒光路 8 號
四季花藝坊	79	93	洪心湄	50,000		菸酒批發／花卉零售	金城鎮東門里莒光路一段 12 號
鄉情花店	81	90	黃乃勤	20,000		其他食品批發／糖果批發／花卉批發／菸酒批發	金城鎮南門里珠浦南路 6 巷 4 弄 12 號
國寶花苑	94	95	張維鑣	200,000	歇業	電器零售／機械器具零售／精密儀器零售／電腦及事務性機器設備零售／交通標誌器材零售	金湖鎮小徑 73 號
花語花坊	93	93	陳金山	20,000		花卉零售業／化妝品零售	金湖鎮山外里山外 89 號
瑪格麗特花卉百貨分店	81	85	翁麗霜	40,000		花卉、盆栽零售／化妝品零售／運動器材零售	金湖鎮山外里山外 88 號
與花有約花卉之家	87	87	楊月治	200,000		園藝服務／花卉批發／花卉材料零售／造林伐木／其他作物栽培／景觀工程	金湖鎮料羅里新興街 42 之 1 號
王老闆花坊	80	88	王俊諺	45,000		菸酒批發／花卉零售／景觀、室內設計業（許可業務除外）／花藝設計	金湖鎮新市里中正路 22 號
紫陽花苑	85	90	陳應堅	20,000	歇業撤銷	花卉零售	金湖鎮新湖里塔后 29 之 1 號

金門的花店不多，一方面是顧客群少，另一方面是花卉本身的時效性和來源問題，在金門很難靠賣花賺錢，現在還在經營的業者主要集中在金城（後浦），例如「巴黎」、「四季」、「花之藝」、「阿瑛」、「兩個女人」等。「七夕情人節」是金門花店生意最好的時候，根據 2005 年《金門日報》的一則採訪報導，相隔台金兩地的情侶會藉由「金門訂貨，台灣送貨」的宅配服務，傳遞愛情，以往買氣好的時候，大致會接到上百張的訂單，現在阿兵哥少了，買氣也少了好幾倍。[89]情人節前往買花的絕大多數是地區男女朋友，平均年齡約在 22 至 28 歲，有的準備晚上好好和另一伴共享浪漫佳節，有的則透過花卉傳達愛意。雖然經濟不景氣對花店業者的生意衝擊不小，不過業者仍推出情人節的各項優惠活動，刺激買氣，訂單數字也許不如往年漂亮，但是服務的熱誠不會打折，因為有花店，使情侶更加幸福。

花店賣的花俗稱「切花」（cutflowers），通常是指從植物體上剪切下來的花朵、花枝、葉片等的總稱。它們為插花的素材，也被稱為花材。用於插花或製作花束、花籃、花圈等花卉裝飾。傳統的四大切花包括月季、菊花、康乃馨、唐菖蒲。廣義的月季包括月季、薔薇和玫瑰，用於切花的主要是現代月季，它是中國月季與歐洲的玫瑰雜交的後代。其特點是色彩鮮艷、花朵碩大、花型千姿百態，所以成為世界第一大切花，被譽為「花中指望」。色彩有粉紅、紅、白、紫、橙、複色與黃七大色；菊花是最大眾化的切花，其色彩也很鮮艷，在我國有悠久的傳統；康乃馨又名香石竹，世界各地廣泛栽培，花瓣多有皺折、花期長、品位高，是母愛的象徵。母親健在送紅色的康乃馨表示對母親的熱愛，母親去世送白色的康乃馨寄托哀思；唐菖蒲，又名劍蘭，葉片似劍挺拔。

金門的花店已不單純賣花，金湖的「王老闆花坊」專營「各類鮮花、花束、飲料塔、啤酒塔、喜（喪）慶花籃、花圈、花車、盆花、盆栽、人造花」，針對各種需要花的場合和花的需求，接受預訂，再由台灣空運來金門，這是現代花店共同的經營型態，金門也不例外。一般而言，可以將買花送花分成兩種情形：「季節花禮」和「場合花束」。「季節花禮」包括清明節、母親節、情人節（七夕、西洋情人節、白色情人節）、中元祭、

89　陳麗好，〈七夕情人節台金宅配傳遞愛情〉，《金門日報》，2005 年 8 月 12 日。

教師節、聖誕節、新年、畢業季;「場合花束」包括生日祝壽、開幕喬遷、榮陞祝賀、宴會會議、訂婚結婚、新娘捧花、生子彌月、探病訪友、弔唁追思等。不同節慶、不同場合,需求不同的花,金門地方不大,平常婚喪喜慶也不多,賣花偏向實用型。並不是說金門人不浪漫,只是會一時興起到花店買花增添生活情趣的人,真的不多見,也未必可以買到想要的花。玫瑰花一年四季隨時都有,但若是想要一把「滿天星」,或一束「野百合」,得看是否有花的緣份,在金門,「花落誰家」是強求不來的。

二、園藝行

　　園藝一詞,字面上包括「園」和「藝」,即和園子有關的工作,包括工具、工藝、技術、手藝等。園藝一詞在中文中比較含糊,可以指業餘性的活動,也可以指嚴格的園藝行業;相對而言,「園藝學」一詞則有較嚴格的定義。園藝的英文為 Horticulture,字源為拉丁字 Hortus(庭園)及 Cultura(栽培),故園藝也被稱為庭園栽培。「園藝學」就是研究栽培的果樹、蔬菜及觀賞植物中的生物學特性、栽培與繁育技術、以及園藝產品的貯藏加工和營銷的一門綜合性科學。園藝之功能包括:自給自足,例如種植蔬菜、鮮花、生果等,自用或有餘運出市集作零售;觀賞:賞花植物、盆栽、假山等;美化環境;植物學科學研究。園藝又可細分為:果樹、蔬菜、觀賞植物(花卉)、造園等。在古代,果樹、蔬菜和花卉的種植常局限於小範圍的園地之內,與大田農業生產有別,故稱為園藝。隨著科學技術的發展,園藝學的研究內容與分工也更具體,主要包括「果樹園藝學」、「蔬菜園藝學」和「觀賞園藝學」等分支學科。目前在台灣各大專院校都設有園藝科系和園藝研究所,園藝對現代人的生活影響愈來愈大,不只是生活的調劑,也用於醫療行為,即所謂的「園藝治療」。

　　透過園藝活動達到治療效果,可追溯到古埃及時代。當時醫生讓情緒波動的病人漫步花園,藉以穩定情緒。在 19 世紀,美國開始應用園藝治療於精神病患。20 至 30 年代,園藝治療被認可為一種治療方法。隨著廣泛應用於不同對象,大學及專上學院開始舉辦園藝治療課程,而美國園藝治療協會亦於 1973 年成立,推廣園藝治療及執行專業註冊制度。園藝治療獨特之處是以植物為介入媒體,植物擁有生命,有其生命週期,需要悉心及耐心照顧料理。根據美國園藝治療協會的定義,園藝治療是透過園藝

329

活動，如花卉及蔬果種植、乾花手工藝、治療性園景設計等，從而令參加者獲得社交、情緒、身體、認知、精神及創意方面的好處。園藝治療可應用於不同年齡、不同背景及不同能力者，如長者、老年癡呆症患者、中風病人、兒童、青年、精神病患者、酗酒者、吸毒者等。

　　一般人所謂的園藝，指的是「生活園藝」。簡言之，「生活園藝」即是把園藝栽培與欣賞引入居家內外環境之中，讓家人在生活空間裡，透過植物生命成長的滲透力，形成人與植物親近、場域對話，並能達到環境綠美化、室內空氣淨化、減低生活壓力、增強人際關係、培養生活美學等之功能。換言之，生活園藝的基本知識分為兩個基礎，一為生活情境面向，一為園藝栽培欣賞過程；生活在愛花、惜花、賞花的情境氛圍中，園藝的介面就像似一幅畫，一個表演藝術空間，兩者相加相乘所產生的生活價值，是可以觸動人心因而感到愉悅與滿足的氛圍。

　　就考古證據顯示，金門地區有人類居住活動的年代，遠遠早於漢人進入之前。當時的人群已聚居在金門地區上從事採集、漁獵，並可能從事早期園藝作物生活。[90]據史料記載，金門早年曾有茂盛的森林，自元明以後因兵燹人禍，相繼破壞，及至近代已是遍野荒蕪，多成不毛之鄉，生態環境極度惡化。國軍退守以後開始蓄水植樹，推行造林運動，漸漸才有今日之規模。原本金門縣政府在小徑有一處苗圃，1951 年金門農林試驗所在該處設立，專責於農藝作物，育苗造林及畜牧事業之試驗與推廣，1956 年為因應林務之需要正式成立金門縣林務所。金門自 1992 年 11 月 7 日終止戰地政務，回歸憲政，實施地方自治後，大力發展觀光事業，一時形成觀光熱潮，同時帶動相關事業快速發展，活絡地方經濟，林務所的職責就是打造金門成為一座「海上花園」。林務所可以說是金門最大的園藝單位，對金門地區的園藝發展貢獻很大，育苗造林、國土保安、森林保護、自然保育、公園管理、行道樹更新等計畫，都值得肯定。

　　金門的園藝業應該分成兩部份來看，一是傳統的園藝店，販售花卉、種苗、盆景，以及園藝陶瓷器皿，多以雜貨店的方式經營，少數店家經營造型盆栽出售，規模難以和台灣本島比較，像彰化田尾的休閒農場、公路

---

[90]　參閱陳雅鈞（中央研究院歷史語言研究所），〈金門島史前遺址調查研究〉，金門國家公園管理處網頁，2009 年 6 月 30。

園藝行

營利事業名稱	設立	異動	負責人姓名	資本額	現況	營業項目	地址
上琪園藝種苗行	71	91	白昕敏	20,000		公益彩券經銷／花卉零售／種苗零售／五金零售	金湖鎮新市里中正路 71 號
蓉蓉樹石園藝商行	79	93	許黎蓉	20,000	歇業撤銷	其他作物栽培（花卉）／煙酒批發及零售	金城鎮金水里東門里北堤路 65 號
嘉震園藝	81	81	黃水英	500,000		花卉栽培／其他作物栽培／盆景／園藝服務／農畜水產品批發／農畜水產品	金沙鎮光前里後水頭 36 號
興隆園藝材料行	82	82	繆鎮清	1,410,000		陶瓷器批發及零售／手工藝品及材料批發及零售（種苗、農藥、肥料除外）	金沙鎮光前里後水頭 37 號
楓葉園藝	82	87	楊朝修	1,000,000	歇業撤銷	陶瓷器批發及零售／手工藝品及材料批發及零售／車輛及其零件批發零售	金城鎮西門里珠浦西路 50 巷 7 街 8 號
興隆園藝	83	83	張再團	250,000		花卉栽培／煙酒批發	金沙鎮汶沙里沙美 23 號
滿山紅園藝材料行	83	83	陳永祿	50,000		園藝陶瓷器批發及零售／園藝手工藝品及材料批發及零售	金湖鎮山外里山外 20 之 1 號
藝耕盆栽	84	84	陳宗新	30,000		花卉、盆栽／菜苗、種子	金湖鎮新湖里塔后 43 號
興隆園藝材料行	84	94	王金枝	20,000	歇業	日用什貨零售／煙酒零售	金寧鄉安美村西浦頭 15 之 1 號
東半島園藝行	87	88	楊美資	490,000		園藝服務／其他作物栽培／造林及林事服務／花卉批發／花卉材料零售／伐木	金沙鎮大洋里田埔 24 號

花園，有很多盆景苗木生產專業區，一些園藝店除販售花卉盆栽，還提供
餐飲服務，結合了花藝與觀光。金門沒有種植花卉的專業農場，有幾處所
謂的「農場」只是種植有機蔬菜、水果，兼作生態旅遊的農田，例如金湖
鎮下新厝「暄昕」農場、金寧鄉盤山村「金砥園」農場、金沙鎮埔華路「新
前墩生態農場」等，都只是吃喝玩樂的地方。嚴格說起來，只有「金門縣
林務所」和「金門縣農業試驗所」有真正的苗圃和農場。林務所的觀光苗
圃位於森林公園內，分為：「溫室花房區」和「一般苗圃區」；農業試驗
所的休閒示範農場位於后壟溪畔，有觀賞植物、瓜果植物、保健植物的栽
種，但都屬於試驗性質，不為營利。

　　另一種園藝事業是金門解嚴以後才出現的「造園景觀公司」，這種事
業體的出現與金門的各項建設有密切關係。解嚴後很多戰地政務時期的法
規也跟著鬆挷，道路建設、社區營造、庭園綠化、造林伐木等都需要大型
的民間公司參與，這些公司主要承攬政府標案，業務繁多，以工程施工為
主，基本上，重點不在「生活園藝」，因此不能以園藝行視之。

造園景觀公司

營利事業名稱	設立	異動	負責人姓名	資本額	現況	營業項目	地址
金山園藝事業有限公司（98年5月1日起停業一年）	82	95	施性賢	5,000,000		鮮花買賣／庭園綠化工程承攬及施工／有關園藝、農藝、森林等植物栽培買賣／有關植生綠化工程之設計承攬／造林業務之承攬／有關植草、植生業務之經營	金湖鎮山外里建華39號
金淩園藝有限公司	83	96	翁導正	5,000,000	核准停業	庭園綠化工程之設計與施工／花木奇石園藝器材之買賣／花木種苗之培植及生產／景觀、室內設計／大樓管理顧問／景觀工程	金寧鄉盤山村頂堡151號2樓
禾冠企業有限公司	84	92	許郁梅	6,000,000		景觀設計、庭園綠化工程之承包、施工及園藝材料之買賣。	金城鎮莒光路150號1樓

榕榕園園藝有限公司	84	84	羅永法	6,000,000		園藝器皿及花材、盆栽、鮮花之買賣、出租及進出口／庭園綠化及景觀工程之設計施工	金城鎮東門里北堤路65號1樓
山水景觀工程行	86	86	莊雪霞	1,000,000		造林、景觀設計（建築師業務除外）伐木	金湖鎮瓊林里珩厝1之1號
大地景觀工程	87	91	王雪華	1,000,000		種苗業／農作物栽培業／花卉栽培業／造林業／伐木業／景觀工程業（營造業除外）花卉批發業／苗批發業景觀、室內設計業（建築師業務除外）／花藝設計業（建築師業務除外）	金沙鎮大洋里新前墩12號
禾群景觀工程行	87	91	薛承琛	190,000		伐木業／造林業／景觀工程業／花卉栽培業／農作物代耕業／農業	金城鎮東門里環島西路一段30號2樓
耘綠景觀美化工程行	87	93	鄭阿翠	1,000,000		造林業／伐木業／農作物栽培業／景觀工程業／種苗批發業／花卉批發業／景觀、室內設計業／花藝設計業	金湖鎮新湖里塔后200號
浯鄉景觀造園社	87	88	陳素英	1,000,000	歇業撤銷	其他作物栽培、園藝服務／造林、伐木、造園、景觀工程、花卉盆栽批發、花卉材料批發、園藝苗木批發、景觀設計、花園設計	金寧鄉后盤村后盤山27號
新境景觀工程股份有限公司金門分公司	88	88	蔡穗	同總公司		景觀工程業／造林業花卉栽培業	金湖鎮新湖里信義新村105號
龍谷拉造景有限公司	90	91	陳心富	2,000,000		造林業／伐木業／景觀工程業／花卉批發業	烈嶼鄉西口村西方社區29號
麒麟安景觀工程有限公司	91	93	林雅麗	2,000,000		造林業／伐木業／種苗業／農作物栽培業／花卉栽培業／景觀工程業	金城鎮民權路53號

| 大台北園藝造景工程行 | 92 | 93 | 柯文龍 | 200,000 | 歇業撤銷 | 景觀工程業／景觀、室內設計業花卉批發業／造林業 | 金湖鎮新市里中興路21號 |
| 金門蘭花園藝股份有限公司 | 94 | 98 | 黃成來 | 1,000,000 | 核准解散 | 造林／伐木／花卉批發／廢棄物清除／建築物清潔服務／景觀室內設計／花藝設計／農作物栽培／室內裝潢／門窗安裝工程 | 金沙鎮汶沙里五福街45號 |

　　金門縣盆藝學會經常舉辦「金風盆藝展」，展覽各具特色的盆景園藝、雅石、奇木，吸引許多同好和民眾前往悠遊盆栽之美。大部份的人都有「種花蒔草」的經驗，不管是種在院子裡，或是種在陽台的鐵架上，不管有花沒花，盆栽對生活在鐵窗內的都市人而言，一直有一種莫名的吸引力。花草都有生命，而且有個性，種花其實是一門很深的學問，不是辛勤澆水施肥就可以養出好花。經常不懂為什麼別人家隨意掛在棚架上的盆栽都可以開出艷紅的花朵，我新春從市場買回來的蝴蝶蘭，過完年就只剩下枯枝和花盆，沒有花的花盆連垃圾桶都不如，丟了可惜，不丟又佔位子，真是兩難。有人形容現在的金門就像沒有花的花盆，不是空的花盆，而是那種泥土已乾硬的盆栽。這些年金門大力建設，到處鋪水泥，村裡村外蓋了很多涼亭，但樹卻被砍光了。機場旁的山坡原本是翠碧林相，現在變成癩痢頭；[91]中央公路本來也是綠色隧道，現在拓寬成水泥大道，太陽照射下還會產生「海市蜃樓」。金門的樹林在滴血，失去棲地的小鳥中斷了繁殖與生存，他日來金門可能無鳥可賞。

　　金門現在最迫切需要的不是經濟發展，而是園藝，當然，園藝也可以成為經濟發展的一部份。金門人需要園藝，生活的園藝和心靈的園藝，被壓抑了50年之後，金門人渴望「高樓大廈」，渴望「高速公路」，渴望「國際機場」，渴望沒有塵土飛揚的日子。魚與熊掌，對任何人來說都很難抉擇，何況是曾經連選擇的自由都沒有的金門人。金門面積雖小，卻擁有豐富的植物生態，而這些「綠色資產」一直是金門最引以為傲的自然資源。當觀光的繁華夢逐漸退去後，愈來愈多的金門人已開始反省，金門要

---

[91] 張慧玲，〈把以前的金門還給我〉，《金門日報》，「副刊」，2005年12月6日。

走出一條不同的道路，一條可以找回昔日金門的路。除了高粱酒、貢糖、鋼刀、麵線外，原來金門還有「浯洲芳草」，[92]當有一天觀光客走下飛機，手中提的不是禮盒，而是一盆盆金門的原生花卉或植物，金門就有救了。

三、水族寵物店

　　早年金門人家裡都會養狗、豬、雞、鴨、兔子，牛比較少，近年來也有人養羊，除了狗之外，大多是為了食用，沒有人會當它們是寵物。有人用魚塭或池塘養殖淡水魚，目的也是食用，偶而會在水缸中或長滿水芙蓉的石臼內看到魚兒在游，就算有閒情逸緻欣賞，也要魚願意浮上來。金門何時有人用魚缸養魚，無從查考，要把觀賞的魚運到金門，現在的技術可以輕易做到，但在 30 年前根本難以想像，金門的安檢大概也不允許。小小的一隻魚要橫越台灣海峽「游」到金門，只有在電影裡才做得到。《海底總動員》中那隻小丑魚「尼莫」，曾經在台灣造成轟動，相關產品深受小朋友喜愛，連帶也讓很多人興起養魚的意念。

　　金門第一家核准登記的「水族館」是成立於 1980 年的「美光企業社」，如同其他的企業社，營業項目無所不包，其中已將水族箱與觀賞魚零售列在首要項目，可見此時金門的水族箱養魚已經開始有其市場。經過 30 年的發展，金門已有不少的魚友，許多餐廳或商店行號也有擺置魚缸，養水草與觀賞魚。整體來說，養魚的風氣還是不普遍，因此水族館也不太容易成長，目前僅有 4 家，1 家在金湖，3 家在金城。

水族寵物店

營利事業名稱	設立	異動	負責人姓名	資本額	營業項目	地址
美光企業社	69	98	許欽彥	100,000	其他零售業（水族箱）／花卉零售業／觀賞魚零售業	金門縣金城鎮西門里珠浦北路 34 之 1 號
魚鄉水族館	77	81	鄭芸芬	10,000	玩賞魚鳥零售／公賣品（煙、酒）批發及零售	金城鎮北門里浯江街 36 號

---

[92] 金門國家公園管理處於 2000 年委請生態作者廖東坤所作的一本書，介紹金門原生植物，共收錄了 111 種金門的植物。廖東坤，《浯洲芳草》，金門：金門國家公園管理處，2002 年。

			邱春華	10,000	觀賞魚批發／漁具零售／飼料零售／水產品零售	金城鎮西門里民權路 110 號
千易寵物水族店	92	92	邱春華	10,000	觀賞魚批發／漁具零售／飼料零售／水產品零售	金城鎮西門里民權路 110 號
魚拓水族	94	94	黃和傑	10,000	漁具零售／觀賞魚零售／飼料零售	金湖鎮新湖里塔后 208 之 91 號

　　水族箱是養魚的基本配備，在 1850 年代，水族箱開始成為當時的一個新玩意，接著發展出更複雜的水族系統如照明、過濾系統，水族魚變得更加健康。水族箱有大有小，海洋生物館裡的水族箱可以非常巨大，以「阿拉斯加海生館」（Alaska SeaLife Center）為例，[93]水族箱容量達 5,400 立方公尺，飼養著約 580 個水生生物品種。水族箱的種類有很多變化，由簡單的只飼養一條魚的小魚缸，到複雜得需要配備精密支援系統的生態模擬水族箱。水族箱一般分為淡水或鹹水、熱帶或低溫，這些是決定飼養哪類生物的條件。水族生物多數是於野外捕捉，但也有部分是可作人工繁殖，以供應水族貿易。

　　人工環境飼養魚類已有很久歷史，古時候的蘇美人（Sumerians）將野外捕捉的魚飼養於池塘內供日後食用，在古埃及的一些壁畫中也可以見到廟宇的長方型池塘飼養著「俄克喜林庫斯」（Oxyrhynchus）。[94]在中國，以鯉魚配種出錦鯉及金魚，可能在西元前便已出現，宋朝時，金魚已被飼養於陶瓶裡作觀賞用途。其他文化的歷史裡，亦有養魚作為實際或裝飾用途的記載。將魚飼養於室內透明的缸內作觀賞用途這個概念，是近代衍生出來的，但難以準確定出其出現的時間。1665 年，《日記》（Diary）作者佩皮斯（Samuel Pepys）記述於倫敦看見「一件精巧的珍品，魚兒被飼養於一玻璃缸的水裡，牠們可以生存很長時間，牠們被細緻地標示著牠們是外來的」。佩皮斯所見的魚，很可能是蓋斑鬥魚（Macropodus opercularis），一種中國廣州常見飼養於花園的魚，當時由英國東印度公司進行買賣。18 世紀，瑞士博物學家特朗布雷（Abraham Trembley）將發現於荷蘭一個花園河道裡的水螅飼養在圓柱型的玻璃瓶內作研

---

[93]　參閱該網站：http://www.alaskasealife.org/。
[94]　「俄克喜林庫斯」這個名字源自埃及神話一種居於尼羅河的魚。在神話中，這種魚吃掉神祇歐西里斯的陰莖，可是現在仍不能確定究竟是哪個品種的魚，其中一個可能性是經常在埃及藝術品上出現的中型淡水魚──象鼻魚。俄克喜林庫斯出土的一個神魚的雕像，有很多象鼻魚的特徵。資料來源：《維基百科》

究，換句話說，將魚飼養於玻璃容器這個概念的出現，最遲不會晚於這段時期。

第一次世界大戰後，幾乎所有家庭都已經有電力供應，水族箱也因此更廣泛地受歡迎。電力的改善使水族科技得以發展，使人工照明、通風、過濾、水溫加熱都成為可能。空中運輸的出現使更多遠方的外地品種能夠進口，亦使水族飼養更受歡迎。水族飼養是世界各地盛行的嗜好之一，粗估全球約有6千萬名愛好者，水族嗜好最強烈的地區依次序為歐洲、亞洲及北美洲。在美國，許多人（40％）同時打理2個或以上的水族箱。[95]

根據金門魚友的觀察，金門由於地裡位置比較特殊，需搭乘飛機才能到達，因此許多的硬體、軟體設備都比較不足，價格上也會比較貴一些，魚的種類也少，大多是一些燈科小魚及鸚鵡、鯉魚、蘭壽、神仙、孔雀，大型魚類須先下訂。金門人的養魚方法比較像是未開發國家：買缸、放水、放魚……整個過程不超過一天，因此下場可想而知。很多初次養魚的人，一開始遇到的問題不外乎：明明昨天剛買回來還好好的，餵了飼料之後，怎麼隔日僅剩下幾隻魚，再過一、兩天則全軍覆沒？於是對於養魚就認為自己沒有天份，怎麼養都養不活。用這種完全想像式的方法，只能滿足一下子養魚的樂趣，接下來可想而知的就是死魚的痛苦了。

「養魚」是可擁有很多好處的一種娛樂，會養的人可享受到真正的「魚樂無窮」。在家中放置一缸魚，不但可增添室內的生氣，還可以培養一個人意志力，是「收心養性」最好的鍛鍊。養魚貴在堅持，只有堅持，才能慢慢體會到養魚的樂趣，在堅持中慢慢積累經驗教訓，魚就會越養越好，自然就能得到快樂。這種養魚哲學聽起來簡單，事實上對多數「玩票」性質的人來說，根本就做不到。金門本來就較缺乏水族方面的資訊，水族館的經營者太少，水族館的軟硬體設備太簡陋，完全無助於水族教育。金門人選擇做生意的行業，仍然以會不會賺錢為考量，不管是以前的阿兵哥，或是現在的觀光客，都不會買魚，因此消費者只有少部份的金門在地人，沒人願意投入這種不會賺錢的行業。基本上，水族愛好是一種封閉性的惯樂，可以上網談談養魚心得，卻無法像盆栽展，大家把魚缸拿出來互相切磋比較。

　　在金門成長的時日，從未養魚當寵物，也未曾見過人們以魚為寵物。家中有了小朋友之後，剛開始是為了安置從夜市撈回來的小魚而買魚缸，之後是看到燈光照射下水草的美而買更大的魚缸。從養魚到魚死後養水草，到水草死後魚缸變成置物箱，養魚的人生幾度波折，最後是空留回憶，精準的說，應是「空缸留回憶」。偶爾從水族館經過時，心中還是會燃起再養魚的衝動，作為一個「寵物」，觀賞魚仍是比較可以接受的慰藉。家中老狗的過逝，從童年到現在依舊未能釋懷，至於死的是什麼魚，則完全不記得了。雖同樣是生命，畢竟無法像宗教家一樣等同看待。養魚可以不必忍受太多別離苦，或許根本就不該養，賣花養魚都違反自然，金門人之所以對此不感興趣，或許是源於對生命的一種認知：花自飄零魚自游，一枝草一點露。

肆、汽車商行與汽車公司

一、早期的交通工具

　　2003 年「金寧鄉石蚵文化節」開幕，金門縣長李炷烽、金寧鄉長李文俊伉儷等人共乘傳統交通工具「鴛鴦馬」，與浯洲騎士馬隊繞場一周，接受大家的祝賀，整個過程饒富古意，別開生面，銷聲匿跡 20 餘年的金門「鴛鴦馬」，再度展現昔日丰采，讓現場賓客驚呼讚嘆不已。軍管時期因戰備需求採鎖島政策，外人不易進入金門，但隨著浯島風光書刊及風景明信片的傳播，金門的「鴛鴦馬」已名揚中外，更是寒暑假救國團自強活動──「金門戰鬥營」的最愛，特別是熱戀中的青年男女，無不爭相坐上馬鞍拍照留念。不可否認，馬匹是金門傳統的交通工具，「鴛鴦馬」更曾伴隨無數男女依偎同行，在在是金門獨有文化，難怪銷聲匿跡 20 餘年之後，有機會重現活動揭幕典禮，不僅讓現場賓客驚艷，更成為媒體爭相報導的寵兒。[96]

　　馬曾是金門重要的交通工具，根據縣史記載，唐貞元年間，陳淵奉命入浯開疆牧馬，以啟山林，因而被尊為開浯「恩主公」，在庵前建廟奉祀。

---

[96] 參閱林怡種，〈推展觀光，盼籌辦鴛鴦馬金婚節〉，《金門日報》，2003 年 4 月 30 日。

在金門，牧馬王廟有好幾座，而以庵前村這一座為祖廟。金門牧場止於何時未詳，但很多遺迹都與馬有關，例如官有「牧馬侯」，廟有「牧馬祠」，溪有「洗馬溪」（後安溪），湖有「駟湖」，地有「馬坪」（在雙乳山下，即青山坪）、「馬山」、「牧山」（在小金門）等，這些都是歷史陳迹。金門盛產騾駝，上世紀 40 年代之前，同安柑嶺不少村民往金門買騾駝，用船載到蓮河碼頭，然後牽騾回家。金門今日已不見成群馬隊，只剩下以騾駝為「鴛鴦馬」的旅遊節目，這或許是當年牧馬的遺風留俗。騾子是馬和驢種間交配產生的種間雜種，具有勁頭大、耐力強、健壯、不易生病而且耐粗飼等優於雙親的特點，是「雜種優勢」的典型例子。

　　「鴛鴦馬」原本用於載貨，不是給人乘坐，正確的說也不是馬，而是騾，說它是交通工具不是很正確。山區交通幾乎都是靠騾馬，背施木架（馱架），平衡兩邊貨物重量。1949 年 10 月 1 日，中共舉行開國大典，受檢閱的人民解放軍山炮部隊便是由騾馬拖拽，參加分列式，顯見騾馬的重要性。1949 年以前，金門半山村（即今頂堡、下堡）有人醃製菜脯銷往中國大陸，用大缸子（當地師父稱為「壺」）裝，每一壺從 100 斤至 200 斤不等，分掛於騾馬兩邊，運往金城碼頭（即今金城往下埔下方向旁海岸線），從碼頭裝船後銷至廈門及泉州，醃壺由買方買斷或賣完後再運回。因此，當時半山村家家戶戶除了種植蘿蔔醃製泡菜外，都有飼養騾子，當馱架空的時候，搭載「稚男幼婦」也就順理成章。外來文人藝士見其形態像天平，稱之為「天平騾」，或因有夫婦分座兩旁，美其名為「鴛鴦馬」。「鴛鴦馬」看似浪漫，孰不知其間隱藏的辛酸，「走路」對金門人來說，還真是意義「深遠」。

　　金門島東西最長 20 公里，以今天的交通狀況來說，如果可以飆車的話，大約只需「一盞茶的時間」，走路的話，就不知要走到何時。昔日金門，既然沒有車子，自然不需要公路。據金門縣志記載，昔年境內道路，皆係羊腸小道，迂迴曲折，僅同安渡頭與后浦間有一石砌道路，1930 年，縣長李敬仲籌開後浦至官澳公路，至 1934 年路基大部完成，1936 年縣長鄺漢續建，由廈門松記建築公司以 19,750 承建沙美、中蘭、瓊林等處橋樑。根據中村誠道的調查，1937 年時本島沒有車輛，島內的運輸交通工具僅有小馬（類似琉球馬）及騾（像是驢跟騾之間），合計總數約五、六百匹，小馬是平常乘坐用的，而騾是擔任運送貨物，在兩側放置鞍，各乘載一名

的兩人分乘載量。一般交通運輸大都使用騾，其運輸力較強，在農耕方面，用途極廣。[97]

有些人不適合騎馬，有些人不適合乘坐騾子，轎子於是成為另一種代步工具。金門縣志記載，金門後浦有一條街名為「轎巷」，在「下街」之南，延著莒光路，穿過摸乳巷的右手邊，魁星樓的斜後方，即金門鄉親口中的「扛轎巷」。民國初年，這裡有二、三十間轎店，想要乘坐轎子的鄉親，便會來這裡租用，有的是給有錢人家當交通工具（如同現在乘坐計程車），有的是供病人乘坐，或是婚嫁迎娶之用。一般人坐的是由二人抬的「二腳轎」，從金城到珠山、從金城到榜林、瓊林都可。結婚是小登科、人生大事，因此，頭戴鳳冠的新娘坐的是由三人抬的「三腳轎」。民國二十幾年後，因為騾馬、汽車等代步工具興起，「轎巷」的熱鬧景象，慢慢地消失在時代的巨輪下，逐漸成為往事。民國二十年間，西門有人購置馬車一輛，川走同安碼頭至西門，每人銀幣一角，沒多久即停。日本佔領金門時期，有家開發公司曾以貨車二輛，行駛沙美後浦間，載運乘客，這是金門最早有汽車的記載。

1949 年國軍退守金門，島上才開始出現軍用車輛，普遍為美製的大卡車、中吉普車和吉普車。在 1950 年代，島上交通工具，舉目所見，青一色是軍用汽車。當時，戰地司令官胡璉將軍愛民如子，看到老百姓出遠門都用雙腳徒步，因而下令軍車遇民眾半路攔車，儘量停車讓百姓搭便車。曾一度頒布命令，在各路口設置「便民乘車招呼站」的牌子，民眾可在站牌下等候，如有軍車行經該路段，可舉手招呼，駕駛必須停車，如果順路，百姓可以搭乘，如發現有駕駛不停車或拒載，民眾可登記其車號，向有關單位檢舉。在交通不便的當時，這項便民措施，獲得許多金門百姓的稱讚。除此之外，民間有婚、喪、喜慶活動，皆可向駐軍申請車輛支援，這是戰地「軍愛民、民敬軍，軍民本是一家人」的表現。

二、機動車的管制與開放

民眾可以搭乘軍車，卻不能買車，車子屬於管制品。1960 年左右，金門島上有人以淘汰的軍用吉普車，改裝成載客的營業車，往來金城、山外

---

[97] 中村誠道，前引書，頁 30。

台灣地區歷年機車登記數

單位：萬輛

地區／年	66	67	68	69	70	71	72	73	74	75
北部地區	73.2	83.0	100.8	121.5	142.5	158.1	175.3	193.1	210.5	232.5
中部地區	67.9	79.3	96.9	113.6	130.0	143.5	154.0	167.3	179.3	196.4
南部地區	90.0	100.0	123.7	146.6	164.1	189.0	209.1	228.0	245.4	265.6
東部地區	8.4	9.6	12.1	14.9	17.6	19.4	21.1	22.6	23.6	24.9
金門縣	0.18	0.20	0.30	0.33	0.41	0.53	0.60	0.68	0.73	0.82
連江縣	-	-	-	-	0.01	0.02	0.03	0.03	0.04	0.05
小計	0.18	0.20	0.30	0.33	0.42	0.55	0.63	0.71	0.77	0.87
總計	239.7	272.0	333.8	396.9	454.6	510.6	560.1	610.6	661.5	720.3

（續）

地區／年	76	77	78	79	80	81	82	83	84	85	86
北部地區	190.9	220.5	249.1	282.6	311.5	343.3	376.7	410.9	311.3	341.7	372.3
中部地區	170.6	190.0	209.6	229.1	248.5	268.1	289.9	312.8	225.2	244.6	262.9
南部地區	216.1	246.4	276.8	305.3	332.4	361.2	393.0	426.1	287.5	312.5	336.1
東部地區	21.2	24.2	26.3	29.0	30.9	33.1	35.4	37.9	27.8	29.6	31.5
金門縣	0.93	1.02	1.11	1.21	1.29	1.39	1.54	1.67	1.79	2.00	2.21
連江縣	0.06	0.07	0.08	0.09	0.09	0.09	0.14	0.15	0.18	0.18	0.21
小計	0.99	1.09	1.19	1.30	1.38	1.48	1.68	1.84	1.97	2.18	2.42
總計	599.9	682.2	763.1	847.3	924.7	1,007.2	1,096.6	1,189.6	849.8	930.6	1,005.2

資料來源：交通部運輸研究所／交通百科／社經篇[98]

---

[98] 本表經過作者重新整理，原註如下：民國 76 年及民國 84 年資料因剔除未換牌車輛
數，故車輛總數下降。資料來源：台北市及高雄市改制後（民國 69 年以後）各年
資料：運輸資料分析，交通部運輸研究所；台灣省各縣市及高雄市改制前各年資料：
台灣省公路統計年報，省公路局；金馬地區各年資料：金門縣政府及連江縣政府。

和沙美之間，供民眾共乘分擔付費。由於也可單獨包租，所以，一般人均稱為「包車」。從 1960 年代開始，金門才有少量機車進口，但在 1970 年代末期，機車一度被列為管制進口的物品，[99]之後局部開放，只允許排氣量在 50CC 以下的機車進口。在戰地政務體制下，金門防衛部司令官一句話就是命令，頒行很多「單行法規」。例如：為減低機車車禍造成的傷害，父子或兄弟不得共乘一部機車。需要機車代步的人，得找到一張淘汰的機車大牌，才能據以報廢，獲准自台灣進口一部新的機車，因需求者眾，淘汰的機車大牌喊價節節高漲，曾飆漲到一張五萬多元，比買一部新機車還昂貴。1977 年時金門的機車數量還不到二千台，1980 年以後每年大約增加一千台，到 1997 年時已經達到二萬台，就比例而言，雖只佔全國總數的 0.2%，但成長率為 12.3 倍，遠大於全國的 4.2 倍。

汽車進口方面，在 1980 年代之前，也是屬於管制進口物品，僅鄉鎮公所以上及縣府直屬機關、高中高職學校的公務用車，經申請核准後，才允許進口。在民用汽車開放進口的時期，汽車只要進入金門，即刻被剪斷車上所配裝的收音機設備，以防被民眾作為收聽「敵方廣播」，避免其思想受到污染。到 1980 年代中期以後，汽、機車進口取消管制，加上金門民眾收入提高，全島汽、機車如雨後春筍般快速成長。在車種定義上，以汽車及機車合計數為機動車輛總數，而汽車數概指除機車以外之其他各類機動車輛總數。台灣地區（含金馬地區）機動車輛總數自 1977 年 279 萬輛成長至 1997 年的 1,534 萬輛，成長幅度達 5.5 倍，若依地區區分，則以北部區域成長幅度最大，約為 6.3 倍。就 1997 年機動車輛總數而言，以北部區域 593 萬輛約佔 39%最高，東部區域 45 萬輛佔 3%為最低；各縣市中以台北縣 218 萬輛佔 14%最高，本島以台東縣 18.4 萬輛為最低。1997 年金門的機動車數量為 31,739 輛，相較於 1977 年，共增長了 13 倍。

利用下面兩份統計資料，可以了解 1977 至 1987 年金門汽車的成長情形。1980 年代以前金門的汽車數大約只有數百輛，1990 年代以後才有較大幅度的成長。

---

[99] 參閱陳津穗，〈破機車金門衝衝衝〉，《聯合報》，2007 年 10 月 3 日。

台灣地區歷年機動車輛登記數

單位：萬輛

地區／年	66	67	68	69	70	71	72	73	74	75
北部地區	93.5	103.1	130.4	157.6	184.5	206.4	229.4	254.4	276.9	304.7
中部地區	76.2	88.7	109.7	129.9	149.1	165.5	179.4	196.8	212.5	234.0
南部地區	100.1	111.7	138.3	163.9	184.3	212.9	236.3	259.2	280.4	304.2
東部地區	9.1	10.3	13.1	16.0	19.0	21.0	22.9	24.7	25.9	27.5
金門縣	0.24	0.37	0.37	0.41	0.50	0.62	0.71	0.79	0.85	0.96
連江縣	-	-	-	-	0.01	0.02	0.03	0.04	0.04	0.06
小計	0.24	0.37	0.37	0.41	0.51	0.64	0.74	0.83	0.89	1.02
總計	279.1	317.3	391.9	467.9	537.4	606.4	668.7	735.8	796.7	871.5

（續）

地區／年	76	77	78	79	80	81	82	83	84	85	86
北部地區	270.0	319.4	349.3	417.3	459.8	509.0	557.6	607.5	507.2	551.1	593.4
中部地區	215.8	245.2	275.2	305.8	335.6	368.4	402.8	437.5	351.7	380.1	407.4
南部地區	261.2	301.7	344.6	386.4	425.8	468.9	515.0	560.1	421.3	455.3	484.8
東部地區	24.2	28.0	31.2	35.1	38.2	41.9	45.7	49.8	39.9	42.6	45.3
金門縣	1.09	1.19	1.33	1.47	1.62	1.78	2.03	2.29	2.57	2.88	3.17
連江縣	0.06	0.09	0.11	0.12	0.13	0.14	0.19	0.22	0.26	0.27	0.30
小計	1.15	1.28	1.44	1.59	1.75	1.92	2.22	2.51	2.83	3.15	3.47
總計	772.4	895.6	1,019.6	1,146.2	1,251.2	1,390.1	1,523.3	1,657.4	1,322.9	1,432.3	1,534.4

資料來源：交通部運輸研究所／交通百科／社經篇（連江縣之「－」係表無資料或車輛數不及100輛）

金門汽車登記數量

單位：百輛

年別	66	67	68	69	70	71	72	73	74	75
汽車數	6	17	7	8	8	9	11	9	12	14

（續）

年別	76	77	78	79	80	81	82	83	84	85	86
汽車數	16	17	22	26	33	39	49	62	78	88	96

金門現各種車輛登記數

單位：輛

年別	總計	小自用	輕重機車	計程車	大自用	大客營	遊覽車	大營貨	租賃車	其他
85	28,804	7,915	19,986	216	152	49	156	200	127	3
86	31,739	8,501	22,090	442	181	44	152	206	119	4
87	33,714	9,341	23,103	496	225	48	140	224	132	5
88	35,322	9,912	24,137	494	264	48	135	210	117	5
89	37,163	10,640	25,266	482	275	48	132	202	112	6
90	38,151	10,547	26,517	475	246	55	134	156	104	7
91	40,848	11,721	27,889	470	275	52	157	162	97	25
92	42,526	12,630	28,648	467	281	48	160	169	95	28
93	44,442	13,657	29,572	460	288	46	152	153	91	23
94	47,268	15,074	30,971	449	299	55	158	152	88	22
95	49,949	16,086	32,128	449	318	50	154	150	86	18
96	52,790	17,223	34,343	445	355	50	146	130	81	17
97	56,130	18,157	36,689	447	387	61	145	109	81	54
98	59,195	19,277	38,601	448	430	67	151	105	89	27

資料來源：金門縣政府主計室。

　　1980 年代以前，汽機車管制進口，造成汽車牌照價高出汽車本身二倍。島內一般家庭買不起汽車，所以，民間私家轎車，可謂是鳳毛麟角，做生意的商家或公教人員，省吃儉用節餘能買部機車代步，已經夠拉風了。汽車管制進口自然限縮產業的發展，與汽車相關的行業很多，諸如修車、汽車材料、汽車美容、洗車、租車、加油站、汽車保險、拖吊業等，

車多好賺錢。車子可以載人，可以載貨，對商家而言功用更大。沒有汽機車，自然就不會有以上的生意可做，從各種車輛的消長可以約略了解金門產業的發展情形。

98 年統計月別為 10 月，其餘為年底。84 年開始車輛種類以車牌類型為分類標準，故 84 年以前之大客車歸入大客營，小客車歸入小自用，大貨車歸入大營貨，小貨車歸入小營貨，其他無法歸類者未予併入。「其他」包括小營貨、櫃曳車、運曳車、自拖車、營拖車。

近 10 年來自用車每年約增加 900-1,000 輛，機車每年增加 1,400 多輛，據金門縣監理所最新統計，到 2009 年 12 月底時，各種車輛總數已突破 60,000 輛，其中輕型、普重、大重型機車數為 39,430 台，尤其是大重型機車已有 45 台。普通小型車的駕駛人數為 28,981 人，普通重型機車駕駛人數為 35,907，輕機 6,287 人。金門常住人口約 4-5 萬人，換句話說，成年人幾乎都有汽機車駕照，機車的普及率已超過八成，汽車普及率也超過六成，實際數字如下表：

機車普及率

單位：%

經濟戶長之職業別／年別	2006	2007	2008
全體家庭	77.97	72.05	82.81
民意代表、行政、企業主管、經理人員	100.00	100.00	100.00
專業人員	100.00	94.71	100.00
技術員、助理專人員	67.62	92.40	90.62
事務工作人員	90.24	79.82	87.42
服務工作人員、售貨員	81.60	81.90	92.97
農林漁業有關工作者	70.25	82.19	83.56
技術工及有關工作者	94.36	90.00	90.08
機械設操作及組裝工	85.47	86.96	87.84
非技術工及體力工	100.00	72.38	91.74
其他	46.28	37.69	56.63

資料來源：金門縣政府主計室「人力資源調查」

汽車普及率

經濟戶長之職業別／年別	2006	2007	2008
全體家庭	54.87	56.67	60.70
民意代表、行政、企業主管、經理人員	100.00	100.00	50.48
專業人員	73.67	83.03	88.82
技術員、助理專人員	86.77	83.63	100.00
事務工作人員	69.99	64.85	83.53
服務工作人員、售貨員	56.28	68.40	69.98
農林漁業有關工作者	18.91	65.89	37.24
技術工及有關工作者	70.07	76.30	66.45
機械設操作及組裝工	83.56	73.98	84.68
非技術工及體力工	49.22	67.58	67.06
其他	19.50	13.81	20.61

資料來源：金門縣政府主計室「人力資源調查」

三、車行與汽車公司

　　機車為代步工具，在大眾運輸系統不甚發達的金門，機車有其便利性，因此普及率高，除去一些設籍但不實際住在金門的幽靈空戶，幾乎每戶人家都有一輛以上的機車。汽車，在金門，即使到現在仍是較奢侈的生活用品，除了民意代表、公教人員、做生意的、與專業人員外，一般從事農漁工作的民眾，汽車的實用性不大，即使買了車，一個星期未必能發動一次。對年青人而言，有輛車開自是很拉風的事，事實上，在金門沒有非車不可的必要性，車子的象徵意義大於實際用途。金門是個離島，早期與台灣本島之間的交通完全靠船運，軍方有運補船，民間有商船，大型貨物都得經由料羅碼頭上岸。以汽車為例，金門人購買汽車有兩個途徑，剛開放進口時，可以直接在台灣購買，辦妥手續後由商船托運回金門，車行與車商成立後則由車商代理，或是直接向車行購車。

　　1975 年以後金門實施新的營利事業登記辦法，首先核准設立的車行有「成利車行」與「金慶汽車商行」，兩家車商的營業項目除了汽車批發零售外，有的兼營汽車修理。汽機車材料批發與零售是車行本業，有些法規明示不得從事汽車修理，汽車修理屬於「服務業」，汽車買賣則屬於「批發零售業」。事實上在金門，行業之間的份際不明確，只要能賺錢又不太

過違法，並沒有一定的限制。金門的傳統車行幾乎包辦修理、修配、保養、美容、板金、電機，甚至連電動洗車也有人做，部份汽車商行實際上應視為修理廠。民國 80 年前後，有多家汽車商行成立，旋即歇業撤銷，因為戰地政務廢除，給大型公司行號帶來發展的契機。1992 年以後雖然仍有汽車行成立，但最多的還是汽車公司，不論資本額或營業範圍、規模都比傳統的車行大，尤其是「代理國內外廠商前項產品代理報價、投標及經銷」、「代客申請汽車檢驗」這方面的業務，顯示車行的影響力。

汽車商行

營利事業名稱	核准設立	最近異動	負責人姓名	資本額	現況	營業項目	地址
裕益汽車行	76	93	蔡玉鸞	100,000		汽車零售（汽車修理業除外）／汽、機車零件配備零售／自行車修理／機車修理	金沙鎮汶沙里三民路 3 之 5 號
順益汽車	93	93	蔡玉鸞	100,000		汽車零售／機車零售／汽機車零件配備零售／車胎零售／船舶及其零件零售／傘／交通標誌器材零售／機械器具零售／軌道車輛及其零件零售	金沙鎮汶沙里復興街 31 號
川賜汽車商行	88	92	黃宗禧	200,000		汽車零售（限作店舖使用）／機車零售（限作店舖使用）／汽、機車零件配備批發	金城鎮北門里珠浦北路 14 號
成利車行	65	92	王天成	1,000,000		汽車批發／機車批發／自行車及其零件批發／汽、機車零件配備批發	金城鎮西門里民權路 153 號
盈豐汽車行	68	87	董明里	10,000		動力機械／（引擎、馬達）汽車零售／汽車零件零售	金城鎮西門里光前路 109 號

友誠汽車行	77	90	董彬森	40,000		電氣器材零售／汽車腳踏車及其零件批發	金城鎮西門里光前路 39 之 8 號
進益汽車商行	79	80	林彩霞	20,000		汽車及零件零售	金城鎮東門里民族路 202 號
捷登行	82	85	許燕楹	600,000		汽車零售／汽車零件零售／汽車百貨零售	金城鎮東門里民族路 7 之 7 號
盈成汽車行	68	84	許明純	40,000		汽車零售／自行車零售／汽車零件批發、零售／汽車百貨批發、零售／自行車零件批發、零售／自行車百貨批發、零售	金城鎮東門里伯玉路 112 巷 1 號
欣欣汽車商行	79	81	蔡世明	20,000	歇業撤銷	汽車、腳踏車及其零件批發	金城鎮南門里民權路 11 號
永新汽車行	80	82	劉燈士	40,000		汽車及零件零售／修理汽車	金湖鎮山外里下庄新生街 42 號
永新汽車行	79	80	劉燈士	40,000	歇業撤銷	運輸工具及零件零售（小汽車）／汽車修理	金湖鎮山外里下庄中興路 58 號
金隆汽車	78	84	蔡添祿	99,000	歇業撤銷	汽車零件零售／汽車百貨零售	金湖鎮山外里下庄光武路 37 號
士新汽車	92	95	楊淳媚	1,000,000		汽車批發（汽車修理業除外）／汽、機車零件配備批發。	金湖鎮山外里下庄新生街 42 號
其麟汽車商行	78	78	李金正	30,000		運輸工具及零件零售	金湖鎮山外里山外 79 之 8 號
吳氏汽車商行	78	85	吳英輝	40,000	歇業撤銷	運輸工具及零件零售（小汽車）	金湖鎮新市里國順行 35 號

金慶 汽車商行	65	82	李增水	50,000		汽車及零件零售／修理汽車	金湖鎮新市里國順街 16號
鴻泰 汽車商行	80	80	李增旋	45,000	歇業撤銷	修理汽車／汽車及零件零售	金湖鎮新市里國順街 32、34 號
車城 汽車商行	91	91	李明妹	2,000,000		汽車批發／機車批發／汽、機車零件配備批發／自行車及其零件批發／車胎批發／船舶及其零件批發	金湖鎮新市里復興路 1之 30 號 5F之 2
金華 汽車行	94	94	翁立奇	150,000		汽車批發／機車批發／自行車及其零件批發	金湖鎮新湖里漁村 28 號
千八	83	92	楊進森	20,000		汽機車零件配備零售／機車零售／汽車零售／其他汽車服務（汽車裝潢、代客申請汽車檢驗）	金寧鄉榜林村榜林 98 號
東林 汽車行	90	90	翁再文	100,000		汽車零售／汽、機車零件配備零售／車胎零售／汽車拖吊業（赴現場拖吊）	金寧鄉盤山村下堡 14 之 1 號
信宏 汽車	90	90	翁文翰	20,000		汽車零售／汽、機車零件配備零售／車胎零售／汽車拖吊	金寧鄉盤山村下堡 23 之 1 號
富揚 汽車商行	93	94	林源濱	150,000		汽車零售（汽車修理業除外）／機車零售／汽、機車零件配備零售／汽車批發／汽、機車零件配備批發／車胎批發	烈嶼鄉西口村西方 1 之 1 號

汽車公司

菱帥實業有限公司	87	94	吳成宗	5,000,000		汽車零售／汽、機車零件配備零售／車胎零售／	金沙鎮大洋里大地23號
永升汽車有限公司	83	83	黃志琳	6,000,000		汽車及其零件、材料之買賣／前項產品之進出口業務／代理國內外廠商前項產品之報價投標及經銷業務	金城鎮北門里民生路63號1樓
穎哲有限公司	85	85	邵世哲	500,000		汽車買賣／汽車零件百貨買賣／油漆材料買賣	金城鎮古城里金門城9號
金都豐田汽車行	82	86	許惠瓊	480,000	歇業撤銷	汽車及零件批發	金城鎮民生路55號
禾都汽車股份有限公司	86	91	楊振邦	5,000,000	解散	汽車及其零件、材料之買賣業務／前各項產品之進出口貿易業務／前各項產品之經銷報價及投標業務	金城鎮民生路57號1樓
譽都汽車有限公司	91	92	薛綺芳	5,000,000		汽車拖吊／其他汽車服務（汽車清洗、美容、代客申請汽車檢驗）／機車修理業／其他修理（起重機、堆高機修理）／汽車修理	金城鎮伯玉路一段80巷18弄14號
萬榮汽車股份有限公司	83	96	李錫民	6,000,000	核准停業	汽車及其零件、材料之買賣進出口業務／代理國內外廠商前項產品代理報價、投標及經銷	金城鎮南門里莒光路109號3樓
金樺汽車股份有限公司	82	91	呂璽益	30,000,000		汽車買賣進出口業務／遊覽車客運業	金湖鎮山外里山外26之1號

國順興業有限公司	92	92	辛韓正	700,000		汽車修理／其他汽車服務（汽車清洗、裝潢、代客申請汽車檢驗業務）	金湖鎮新市里太湖路二段 3 巷 15 號
金賓汽車有限公司	90	94	李大偉	10,000,000	遷他縣市	汽車修理（乙種汽車修理廠）／其他汽車服務（代客申請汽車申請檢驗、汽車裝潢）／汽車批發／汽、機車零件配備批發／車胎批發	金湖鎮新市里國順街 26、28 號
全進汽車股份有限公司	81	96	楊鑫酉	5,000,000		汽車批發／汽、機車零件配備批發	金湖鎮新市里復興路 1 之 30 號 5F 之 2
金大華汽車有限公司	86	86	翁立奇	3,000,000		汽車買賣業務／汽車百貨批發零售／汽車零件買賣業務／一般進出口貿易業務	金湖鎮新湖里漁村 28 號
莊記汽車有限公司	93	93	莊鴻美	1,000,000		汽車批發（汽車修理業除外）／汽、機車零件配備批發／車胎批發／汽車修理／汽車拖吊／其他汽車服務（汽車清洗、裝潢、美容、代客申請汽車檢驗）	金寧鄉安美村西浦頭 20 之 1 號
金廈有限公司	90	90	唐孝群	6,000,000		汽車批發／汽、機車零件配備批發／車胎批發	金寧鄉榜林村伯玉路一段 333 號 2 樓
金烈汽車股份有限公司	85	93	楊洪寶羨	6,000,000	廢止	汽車及其零件材料之買賣業務／汽車之裝飾、維修業務／代理國內外廠商前項產品之報價、投標及經銷業務	金寧鄉榜林村榜林 94 號 1 樓

| 千勝汽車股份有限公司 | 91 | 91 | 洪宏亮 | 1,000,000 | | 汽車零售／汽、機車零件配備零售／船舶及其零件零售／車胎零售 | 烈嶼鄉黃埔村林邊14號 |

車行金湖較多，汽車公司則以金城較多，每個鄉鎮都有車行與汽車公司設籍，很少有一種行業能像這樣較平均分佈，有關車子的服務似乎仍有其地域性。金門人駕駛的汽車廠牌很多，某些廠牌的車子有專門代理商，但一般而言，客戶指定，各種廠牌都賣，尤其不用（也沒有資本）設展示場，如今資訊發達，客戶對車子的了解已不輸銷售人員。在車子的維修方面，除了「裕益汽車行」是「福特車系」金門廠外，金門尚無原廠的維修站。上述的車行與汽車公司都有維修的業務，賣新車也賣中古車，下表的汽車修理廠則主要為修理汽機車。

汽車修理廠

營利事業名稱	設立	異動	負責人姓名	資本額	現況	營業項目	地址
聯興汽車修理廠	80	91	周良憲	40,000		汽車修理業	金沙鎮光前里陽宅200號
大勝機車修理業	68	93	陳天從	30,000		機車及零件零售／修理機車	金沙鎮汶沙里三民路5號
東源汽車修理業	69	82	黃蔡簡明	10,000		修理汽車	金沙鎮汶沙里后浦頭59之1號
欣潔汽車美容	94	94	陳春霖	60,000		汽、機車零件配備零售	金城鎮北門里中興路161巷22號
萬國汽車修理廠	65	93	薛秀能	30,000		汽車修理業／機械設備製造業／其他機械製造業（廢車改體處理）	金城鎮西門里民權路184號
鵬達汽車修理廠	64	77	李增火	20,000		汽車及機車修理	金城鎮東門里中央公路190號
富國機械修理廠	65	88	陳添富	30,000		汽車及機車修理業（汽車）	金城鎮南門里民族路286之1號

祥益專業汽車美容	92	92	黃正豐	20,000		其他汽車服務業（汽車美容、清洗）／機車修理	金城鎮南門里民權路 29 號
宏國（汽車修配廠）	82	95	李沃信	40,000	歇業	汽車及零件批發及零售／其他汽車服務（汽車拖吊清洗打蠟裝潢等）	金城鎮南門里金山路 30 巷 4 號
安達汽車修理廠	65	95	李根水	20,000		汽車修理業	金城鎮南門里珠浦南路 74 巷 11 之 1 號
永新汽車行（汽車修理廠）	80	82	劉燈士	40,000		汽車及零件零售／修理汽車	金湖鎮山外里下庄新生街 42 號
宏成汽車材料修理廠	73	88	吳天從	40,000	歇業撤銷	汽車零件批發及零售／汽車修理	金湖鎮山外里下庄光武路 31 號
合興汽車保養所	88	88	王朝固	100,000		汽車修理	金湖鎮正義里尚義村 8 之 3 號
有千汽車修理廠	77	77	陳有情	20,000		汽車修理	金湖鎮正義里夏興 3 號
日通汽車修配廠	93	93	陳宗禮	88,888		汽車修理／汽、機車零件配備零售／車胎零售	金湖鎮正義里夏興 80 號
第一汽車修理廠	80	88	陳宗禮	20,000	歇業撤銷	修理機車／汽車及零件零售／汽車百貨零售	金湖鎮正義里夏興 80 號
金車汽車修理廠	76	76	許明坤	20,000		汽車修理	金湖鎮新市里國順街 1 號
先進汽車修理廠	76	90	李明妹	30,000		汽車修理／汽、機車零件配備零售	金湖鎮新市里國順街 26 號
木星汽車修理廠	76	76	陳秀卿	30,000		汽車修理	金湖鎮新市里國順街 2 號
逢春車行（汽車修理廠）	76	90	楊逢春	20,000		汽車修理／（電機除外）	金湖鎮新市里國順街 3 號

輝煌 汽車行	93	93	呂文斌	100,000		汽車修理／其他汽車 服務（汽車清洗、美容） ／液化石油氣汽車改 裝	金湖鎮蓮庵里西村 36 號
東林汽車 行（汽車 修護保養 廠）	90	90	翁再文	100,000		汽車零售／汽、機車零 件配備零售／車胎零 售／汽車拖吊（赴現場 拖吊）	金寧鄉盤山村下堡 14 之 1 號
發福（發 興車行）	81	82	洪雅明	20,000		修理汽車／汽車及零 件零售／	烈嶼鄉林湖村東林 街 117 之 2 號
發福	65	81	洪有象	10,000	歇業 撤銷	汽車修理／其他器物 修理（腳踏車、汽化 爐）、機械設備製造修 理配	烈嶼鄉林湖村東林 街 131 號

　　修車或購買新車，其間涉及很多經濟與社會因素，節能減碳政策的宣導、金融海嘯都會影響汽車的銷售，金門人的購車行為尚待進一步研究。若從下表的統計數字來看，2005 年汽車銷售大幅增長，2006 和 2008 突然銳減，2009 年是史上高峰，比前一年幾乎增加一倍，何以會有這樣的消長，很難從金門的環境去理解，2009 年為地方選舉年，全島陷入瘋狂，或許有助於炒熱氣氛，但仍不足以說明汽車的需求。事實上，買新車的人固然增多了，金門民眾真正依賴的交通工具還是普通重型機車。最近三年，每年都有 2,000 多輛的成長率，顯示機車仍是民眾的最愛，不管是油價考慮、機動性選擇、停車問題、車子維修，尤其金門沒有大眾捷運系統，以機車代步最為理想，更重要的是汽車考照不易，機車無照駕駛的情形，在鄉下地方相當普遍。

年度汽機車增加數

年度	2003	2004	2005	2006	2007	2008	2009
汽車	764	883	1,214	833	1,018	807	1,529
機車	782	1,203	1,513	1,491	2,293	2,491	2,813
合計	1,546	2,086	2,727	2,324	3,311	3,298	4,342

資料來源：金門監理所（計算方式：當年 12 月份減去 1 月份）

　　目前金門縣內路網系統綿密而完整，環島系統亦連結完整，只是道路路寬層次凌亂，無法據此判斷主次要道路，令人較不具方向感。部分鄉鎮基礎道路品質欠佳，有改善之必要，但不應只想到拓寬，應顧及鄉村基礎設施之完備，避免金門地區獨特之鄉村風情遭建設破壞，這是金門未來道路系統建設必須審慎面對之議題。一般而言，金門地區並無車流之交通壓力，「塞車」、「車流」、「車陣」，這是不曾聽聞的概念，在金門開車是相當舒暢的事。早年金門沒有紅綠燈（小金門目前也沒有），重要的十字路中間會設圓環，近路口處劃一條白線，所有車輛得先停車再開，左轉車要繞圓環行駛。紅綠燈取代「白線權威」後，反諷的是車禍反而變多，人車爭道的糾紛頻傳，政府除了多設交通號誌外，就是到處裝監視器，到2010 年 2 月為止，全島共建置 113 處監視器、563 個鏡頭，金門縣警局希望藉由這張「天羅地網」，可以改善金門地區日漸敗壞的治安。[100]監視器對於防竊、防搶、防盜確實是好幫手，然而當你清楚地了解到「老大哥」（Big Brother）正看著你時，真的還能輕鬆愉快旅遊嗎？

　　解嚴後金門最顯而易見的建設成果就是道路，泥土路面愈來愈少，取而代之的是水泥路面和柏油路面，以及少部份大理石路面。1949 年，國軍進駐島上，先後運用兵工，修築公路，日增月盛，迄 1987 年公路全長 362公里，密度每平方公里有 2.450 公里，四通八達，密如蛛網，路傍遍植樹木，綠蔭夾道，即使窮鄉僻壤，車子都可以開到門口。基本上，近 20 年來，金門的公路里程數並沒有增加，根據金門縣政府工務局的統計，2008年公路里程數總計為 372 公里，平均每平方公里長度為 2.476 公里，幾乎沒成長，因金門實在已經沒有開新路的必要。道路工程只是拓寬和整建，就像小金門的「濱海大道」，原本為軍方的戰備道路，路面僅鋪有兩行的水泥路，即所謂的「車轍路」，在車轍路上無法會車，車子必須預先找空地避讓。現在的道路線型已改變，當年用來隱蔽行車與燈光的木麻黃多數被砍掉，雖然改善了行車的視距與壓迫感，但是美化過的道路景觀已經完全走味。部份車轍道改為一般路面，鋪設植草磚或水泥磚，另外一部份則保留原來風貌，烈嶼的自行車道就是利用車轍路改闢而成。到 2008 年為止，水泥車轍道為 7.2 公里，只比 1998 年少了 0.2 公里。

---

[100] 莊煥寧，〈佈下天羅地網環島監視系統啟用〉，《金門日報》，2010 年 2 月 5 日。

　　這幾年政府大力提倡節能減碳，許多人喜歡來金門騎自行車自助旅行，金門交通旅遊局和金門國家公園管理處合作，特別在全縣五個鄉鎮規劃了五條自行車旅遊路線，並免費提供 300 輛自行車供遊客洽借。遊客來金門騎自行車美其名為「懷古風情」，兼具環保與健康，金門在地人也興起騎自行車運動，愈來愈多高檔自行車被「進口」到金門。如同「鴛鴦馬」，在消聲匿跡多年之後，金門的「鐵馬」也回來了。回想在那個沒有汽車的年代，每天得踩著不時會「落鏈」的腳踏車上學。坡太大騎不上去，只好下來推，下坡速度太快，沒敢騎的只能牽著走，不論是騎車或走路，從來都不是浪漫的事。如今汽車多了，車禍也多了，很多道路從未見有人行走，很多人也忘了走路的感覺，離家五百「步」大概就會用車，不能想像沒車的日子。金門人從「沒車的日子」走到「不敢想像沒車的日子」，豈是一句「懷古風情」了得？

第五章　以觀光客為消費主體的行業

第一節　特產專賣業

壹、貢糖店

　　對從小生活在貢糖氛圍中的金門人來說，貢糖是個既熟悉又陌生的「概念」。所以熟悉，因為它是「食品」，為何陌生，因為它是「禮品」。作為「禮品」的貢糖數量遠遠超過作為金門人「食品」的貢糖數量。換句話說，在地金門人其實沒有想像中常吃貢糖，如同，不是每位金門人都在喝高粱酒。認為金門人都吃貢糖，喝高粱酒，只是外地人的浪漫想像，不是事實。然而，當大批媒體，各種旅遊節目爭相報導金門的貢糖時，業者除了一而再，再而三地述說似是而非的傳奇外，對於貢糖，愈來愈覺得無話可說。究竟這個產業對金門人的生活有何影響，有何價值，該如何面對貢糖產業的興盛與衰敗，我們始終沒有完整的論述。走過六十個年頭，金門貢糖如今已享譽中外，在華麗的包裝紙下，各家貢糖廠都有它令人動容的故事。一口貢糖，一口高粱，再加上一段故事，這樣的金門才會讓人永遠難忘。首先，就從貢糖的由來說起吧！

　　關於貢糖的名稱與由來，目前流傳著三種說法：

一、為明代帝王愛吃的品茗茶點，因閩南地處偏僻，無力繳稅，乃以此糖進貢皇帝，皇帝龍心大悅，賜名為「貢糖」，此明代皇帝可能就是朱元璋（明太祖）。

二、因早期貢糖的製作，需靠人力捶打，捶打的閩南話叫做「摃」，取其音，謂之「摃糖」，之後美化為「貢糖」，使之沾點貴族氣息。

三、金門華僑由東南亞僑居地傳入。

　　以上三種說法，沒有歷史文獻可資佐證，但以第一項的可能性最小。就所謂的「貢品」而言，若指「朝貢」之品，這是誤讀歷史。朝貢制度是

中國古代對外關係的基本架構，[1]換句話說，是國與國的關係，中國地方官
如何能有朝貢行為。若單純只是「進貢」的貢，也與事實不符。貢糖之所
以味美在其「酥脆」，從閩南到南京，千里路途，如何能保其新鮮。貢糖
不比荔枝，即使累死再多的快馬也到不了京城。若明朝帝王真愛食用此種
糕點，京城中不乏好手藝的師傅，沒有非得進貢的道理。「進貢」傳聞向
來是商品行銷的一種手法，江蘇邳州有一種名貴特產，原名「苔菜」，色澤
鮮綠、質地爽口，味道像海蜇，食用價值與栽培在秦之時即有記載，迄今兩
千二百多年，是一種純天然的綠色高級脫水蔬菜。據說也是因為在清乾隆年
間曾進貢給朝廷，因而被稱為「貢菜」。「貢菜」與「貢糖」的得名頗有異
曲同工之妙，雖然性質不同，時代環境也不同，但效果顯然一致。

　　金門有句俗諺說：「紅烟番仔火，貢糖油炸粿」。從吃的角度來解釋，
油條包貢糖，吃法獨特，口味極佳，顯示富貴人家的生活品味。然而，若
香煙與火柴來自華僑，貢糖何嘗不能循此模式傳入金門。由於貢糖的製作
需用麥芽糖，麥芽非金門能生產，若不從廈門輸入，就必須由南洋帶回。
若我們不從「花生酥」型態去思考貢糖，貢糖有可能是南洋「進貢」給朝
廷的物品。1368 年，明朝建立，明太祖朱元璋明確規定安南、占城、高麗、
暹羅、琉球、蘇門答臘、爪哇、湓亨、白花、三弗齊、渤泥以及西洋、南
洋等國為「不征之國」，並且確定了「厚往薄來」的朝貢原則。鄭和下西
洋（南洋）之後，南洋各國紛紛來中國朝貢，諸國所進貢的物品中，可能
就有糖果糕點。華僑將此糖果糕點帶回金門，告訴鄉親，此係以前進貢給
中國皇帝的糖果，鄉人因而稱之為「貢糖」，這樣的推論當較接近史實。

　　因此，關於貢糖，必須區分為狹義與廣義。狹義而言，當指需經捶打
的花生酥，產品以「竹葉貢糖」、「鹹酥貢糖」、和「千層貢糖」為代表。
其他的產品，包括「豬腳糖」、「花生糖」、「口酥」、「寸棗糖」、「米
香」（又名糯米酥）[2]、「麻荖」等，乃至於「桶餅」等，都已被包裝成「伴
手禮」，統稱「貢糖」了。至於口味，以及混合的材料，太過繁雜，已無
探究的必要。不論狹義或廣義，貢糖都不是金門獨一無二的商品。花生糖
在台灣相當普遍，不乏著名的店家，「花生酥」也隨處可見。基本上，花

1　莊國土，〈略論朝貢制度的虛幻：以古代中國與東南亞的朝貢關係為例〉，http://www2.
　　thu.edu.tw/~trc/2-thuup/3-program/first/2-work/1-01.pdf。

2　洪春柳，《七鶴戲水的故鄉》（台北：設計家文化，1996 年），頁 126。

生糖不是貴重的食品，某些地方甚至只是祭拜神明的供品。台灣不以「貢糖」稱呼花生糖，但還是有「貢糖」之產品，例如高雄內門鄉創業百年的「余家花生糖」，便有「貢糖」的品名。

貢糖在廈門，如今也相當普遍，當地有一種獨特的貢糖吃法，叫作「貢糖夾餅」。首先把燒餅切開，填入五花八門的材料，像是芫荽、貢糖、醃蘿蔔酸、鹹魚肉、肉鬆，再淋上辣椒醬、蒜頭醬，或黃芥末等。正宗的吃法是什麼都來點，把一個小小的燒餅撐的圓圓滾滾的。雖然五味雜陳，卻是入口即化，香酥甜美的貢糖在餅中一支獨秀，耐人尋味，非常奇特。位於廈門翔安區北部的馬巷鎮，是「閩南四大古鎮」之一，自古以來就有人用「車輪滾滾，紙字千萬捆」來形容馬巷的「無商不富」。馬巷古有「貢糖、香餅、燒炸棗」三寶，貢糖現稱「花生酥」，俗稱「豆仁夫」。古時馬巷一帶盛產花生，故貢糖作坊多，其中「福三春糕餅店」製作的貢糖名聞遐邇，大量銷往廈門、泉州、漳州，甚至台海各地，生意做得很火。各地信徒每逢初二、十六都用「豆仁夫」敬拜觀音佛祖，龍海一帶還用作訂親禮物，成為一種吉祥物品。據說明代同安地方官曾以「豆仁夫」為貢品進獻朝廷，備受皇上稱道，故名「貢糖」。金門貢糖傳承自馬巷，因此貢糖的典故也與馬巷相同。

另外，在被稱為金門人原鄉的泉州，貢糖的歷史也很悠久。位於鯉城區百源路的「郭記涂門貢糖店」，據經營者說，已有百多年的歷史，創立的年代不會晚於 1884 年，傳到今天已經有五代。剛開業時，只有老泉州人知道，也只有老泉州人才吃過涂門貢糖。現在涂門的貢糖，已是無人不知無人不曉，生意已經做到晉江、石獅一帶了。泉州涂門貢糖的做法與金門完全一樣，但是他們的貢糖傳說，卻是比金門晚了好幾百年。金門人特愛明朝，貢糖獻給明代的皇室。然而，郭記的貢糖卻獻給清朝皇帝。相傳郭記的先祖曾製作近百種的甜點，進貢給皇帝，皇上青睞此糖，故取名「貢糖」。考郭記先祖時的皇帝，正是德宗光緒朝，傳聞慈禧老佛爺愛吃零嘴，以貢糖為甜品，不無可能。

貢糖的典故，大同小異，都是進獻給皇帝，只是朝代有別。福建省漳州龍海市白水鎮的「白水貢糖」，年代久遠，聞名遐邇。它的歷史典故來自乾隆下江南。傳聞當年乾隆皇帝喜好遊山玩水，一日喬裝打扮來到白水鎮玳瑁山金仙岩小憩，寺僧端出該山產製的烏龍茶和當地名點「白水貢糖」

款待，乾隆大悅，賜名為「佛手茶」，並欽點「白水貢糖」為貢品。從此，「白水貢糖」聲名大振，貢糖的製作工藝也就世代相傳下來。以上有關貢糖的傳聞，只能以「稗官野史」看待，不能名為「歷史典故」。傳聞下的貢糖或許有其尊貴性，但是作為一門技藝的貢糖製作，並不是件容易的事，除了地利之外，還有天時的考量。

泉州旅遊局把「貢糖」翻譯成英文，意思為「節日糖」，因為在泉州，貢糖一般都是節日的時候吃，為的是「招祥迎春」。春節期間貢糖的需求量大，除了因應節慶外，中秋以後，天氣轉涼，乾燥的氣候適宜製做和保存貢糖。在金門，貢糖製作和旅遊一樣，都有淡旺季，夏天或霧季時，貢糖容易油化，品質不易控制，生意較差，部份商家只好度小月。加上金門航運交通不便，無法即時交遞貨品，顧客不能安心購物，商家也不敢大量生產，因此，事業難有突破。若說早期的貢糖店是靠天吃飯的行業，一點也不為過。然而，事在人為，一方面是業者的努力，一方面是大環境的改變，以上的問題似乎都已獲得改善或解決。工廠空調設施，真空包裝技術、航空快遞、物流倉儲知識的增進，大大改善金門的貢糖生產。加上開放觀光，人潮引來新的商機，金門的貢糖店如雨後春筍，最興盛時，全縣的貢糖店超過三十家，詳見下表。

貢糖店（廠）

營利事業名稱	核准設立	最近異動	負責人	資本額	組織類型	現況[3]	地址
一來順貢糖	64	95	陳黎明	1,050,000	獨資		金湖鎮新市里復興路
弘泰貢糖廠	64	92	黃彩霞	45,000	獨資		金城鎮北門里中興路
金美貢糖廠	64	92	楊麗媛	50,000	獨資		金湖鎮新市里復興路
木記貢糖廠	65	92	蔡瓊珠	500,000	獨資		金城鎮北門里中興路
金瑞成貢糖廠	65	94	洪松柏	30,000	獨資		烈嶼鄉黃埔村林邊
長注貢糖廠	65	82	陳素珠	30,000	獨資		金沙鎮光前里陽宅
金鼎祥貢糖廠	65	88	吳綉綠	40,000	獨資	歇業	烈嶼鄉林湖村東林街
中興貢糖店	68	87	陳秀月	20,000	獨資		金寧鄉后盤村後村
天工貢糖廠	68	82	李清文	50,000	獨資		金城鎮北門里中興路
明祖貢糖	68	82	薛德清	40,000	獨資		金城鎮北門里中興路

3　以營利登記為準，事實上，大部份店家已轉行，只剩招牌。

天一貢糖廠	68	85	李清景	40,000	獨資	歇業	金城鎮古城里復興路
新名記貢糖	68	94	李月黎	1,000,000	獨資	歇業	金城鎮北門里中興路
仙合貢糖廠	69	95	蕭文圓	30,000	獨資	歇業	金沙鎮光前里陽宅
古今貢糖店	71	93	楊忠成	40,000	獨資		金城鎮南門里珠浦南路
福成貢糖廠	73	73	蕭秋妹	30,000	獨資		金沙鎮汶沙里復興街
頂好貢糖店	75	86	許寶瑞	30,000	獨資	歇業	金湖鎮新市里復興路
上好貢糖特產	79	90	蔡彩娥	40,000	獨資		金湖鎮瓊林里瓊林
太祖貢糖店	79	83	蔡錦裕	40,000	獨資		金湖鎮新市里復興路
津津貢糖廠	79	85	薛淑明	30,000	獨資	歇業	金城鎮北門里中興路
天王貢糖特產店	80	93	李清林	200,000	獨資		金城鎮北門里中興路
巧口貢糖	81	87	陳碧雪	40,000	獨資	歇業	金湖鎮新市里武德新莊
統好貢糖食品行	82	91	周成忠	20,000	獨資		金沙鎮浦山里浦邊
薌品貢糖店	82	87	方素貞	20,000	獨資	歇業	烈嶼鄉林湖村東林街
皇品貢糖	83	85	翁戴桂	10,000	獨資		金沙鎮山里洋山
天下貢糖	84	93	李金泰	20,000	獨資		金湖鎮新湖里湖前
名記食品企業	85	92	陳金慶	3,000,000	公司		金寧鄉伯玉路
紅高粱餅店	85	85	洪小萍	20,000	獨資		烈嶼鄉上歧村青岐
聖祖貢糖店	86	89	葉錦湖	20,000	獨資		金寧鄉伯玉路
陳金福食品（股）公司	93	97	陳金福	10,000,000	（股）		金城鎮東門里伯玉路

　　民國 60 年代以後金門開始有專門製造販賣貢糖的店鋪，幾乎所有的老牌貢糖店都出自糕餅店，貢糖只是其中一小部份商品，可以說只是副產品。例如「名記」以做漢餅及傳統閩南式茶點起家，金瑞成的淵源則是「合成餅店」。在經濟部商業登記中，貢糖店歸屬於「糖果製造業」，事實上，這些貢糖店所登記的營業項目眾多，包括：烘焙炊蒸食品製造業、糖菓餅乾買賣批發及零售業、其他農畜水產品批發業與菸酒批發零售業，後期成立的店才會使用糖果製造業。事業體的名稱有貢糖廠、貢糖店、與貢糖特產中心等。大部份商家都是製造與銷售，少部份商家只從事批發零售，不製造。所取的店名都有特別的涵意，其中有師承關係、競爭目的，以及仿傚的用意。除了名記（與陳金福號）後來以「公司」的型態經營外，其餘的都是獨資的家庭或家族事業。

從地理區位上來看，貢糖店主要分佈在金城鎮北門里中興路、金湖鎮新市里復興路，以及小金門東林街。金沙鎮的貢糖店較為零星，規模也小，金寧鄉只有一家，伯玉路上的店係由別的地方遷來。為了拓展客源，較具規模的店會在別的市鎮設分店，金城的到金湖開分店，金湖的到金城開分店，小金門的到大金門開分店。這幾年，伯玉路成了重要幹道，適合大型遊覽車停靠，因而吸引各類商家來此設廠，聖祖貢糖設在伯玉路的店面，便是很好的建築廣告。相較之下，金城街道與新市街道，只能行人徒步，店面窄小，無法容納遊覽車載來的大批觀光客，已逐漸沒落，有些本店已歇業，轉往分店發展。另外，為遷就觀光客，商店得盡量開在旅遊景點附近，才能攔截到觀光團，例如金瑞成在「八達樓子」的分店，就是一種區位考量。

若加上分店，總數比上表多一倍。金瑞成有兩家分店，紅高粱有四家分店，名記有六家，聖祖高達九家，至於「天下」系列，更是令人眼花撩亂，無從分辨。早年，貢糖店主要的顧客為本地人與阿兵哥，各家店都有自己的顧客群，雖然賺不了大錢，大抵可以生活。開放觀光後，形勢完全改觀，若無足夠的品牌知名度，很難吸引客人上門。於是，金門的貢糖店慢慢形成四強鼎立的局面：天工（天下、天王）、名記（名師伯、陳金福號）、聖祖（太祖），與小金門的金瑞成。天工貢糖，創於 1968 年，並於 1997 年榮獲「消費金商獎」，昔日是非常有人氣的貢糖店，店址歷史較悠久，居住在金門的人，大都知道，如今已風華不再。因此，整體說來，現在金門的貢糖店是三分天下的局面。

論歷史，「名記」最悠久。本店創於 1947 年，是金門第一老店，創始人名叫「陳世命」，「命」與「名」的閩南語發音接近，因而以「名記」為店號。[4]傳到第二代，兄弟四人，各開分店，都以「名記」為商標，不但未增加客源，反而給客人帶來困擾。老三陳金慶自立門戶，以「名師伯」（未登記）為商標，自創品牌。經營一段時間後，發覺用這個名字在經營上要再投資很多的成本下去，也就是從新的商標、包裝材料，甚至行銷、對外廣告，都要重新再花一遍錢，成本很高，實質效果在金門卻是很有限

---

[4]　參閱陳映蓉，〈打造金門特色的貢糖業者──名記、金瑞成貢糖店經營者訪談記錄〉，《歷史文化學習網》，「鄉土尋訪」。http://culture.edu.tw/index/hometownvisit_view.php?type=5。

的。基於此種考量，所以又將店名改回原來的「名記貢糖」。老四陳金福，採取彈性作法，創設「金名記實業有限公司」，延續老字號，並創造「陳金福號貢糖」新品牌。而後於 2005 年擴大經營規模，轉型成立「陳金福食品股份有限公司」。目前「陳金福號」的品牌知名度和喜好度已超越原有「名記」老字號，是「青出於藍，更勝於藍」，但是對名記老店來說，恐怕禍福難料。

論規模，「聖祖」名氣最響亮。聖祖原名「太祖」，核准成立於 1990 年。後來以「聖上貢品，祖藝薪傳」為期許，更名為「聖祖」。在金門貢糖市場，聖祖最晚加入戰局，但戰果最豐碩。目前有三間工廠，九間門市，除了金門本地外，也在台北開設連鎖門市，更是唯一拓展至廈門開設廠店合一模式的貢糖企業。聖祖貢糖旗艦店設在金寧鄉伯玉路二段，佔地 500 坪，建築雄偉，大陸觀光客常誤以為是免稅商店。聖祖引進現代化的經營管理模式，善於產品行銷，曾經上架統一超商，目前仍透過統一購物便，宅配商品。除了把貢糖精緻化外，聖祖食品也致力於金門茶點文化的推廣，對帶動整個貢糖產業的轉型與發展貢獻很大。十幾年前，當聖祖家族的兄弟姐妹決定經營貢糖生意時，就已懂得利用各種行銷策略，打響品牌。例如，成立大賣場、籌備各種大型商展，設計商標與品牌，參加各種食品評鑑會，利用得獎來提升知名度。金門開放觀光以後，「聖祖貢糖」，幾乎成了金門貢糖的代名詞，是最多數觀光客所認識的店，也是最賺觀光客錢的貢糖店。順便一提，聖祖的商標人物圖像是明太祖（至少是明朝的皇帝），店名改為聖祖後，圖像未變，結果是，以清聖祖康熙的廟號配上明太祖朱元璋的圖像，這真是一次始料未及的歷史錯置。「聖祖」若不願承認這個錯，就得時時以「聖上貢品，祖藝薪傳」自我解嘲。

論傳統，「金瑞成」最保守。位於小金門的金瑞成在金門貢糖店的興亡史中，扮演著中流砥柱的角色。大小金之間，尚有一水之隔，天時地利都不如大金門，想要在眾家諸侯廝殺中倖存，需要有過人的膽識。金瑞成創立於 1960 年，原本是一家糕餅店，偶而也做貢糖，但賣得少，客人也少。1992 年金門開放觀光，貢糖的銷售增加了，餅反而沒有利潤，就在這一年停止糕餅的製做。金瑞成的老店在林邊，除了在地人之外，少有觀光客知道。於是，洪金造老闆以他獨到的眼光，看到小金門景點「八達樓子」未來的商機，毅然投入大筆資金在附近買地建屋，1998 年「八達樓子」分

店啟用，金瑞成的貢糖時代正式來臨。在傳統的閩南式建築群中，佇立一棟三層樓高，帶點南洋風味的巴洛克式建築，確實很醒目，不但是當地的地標，而且因為地處交通要道旁，意外帶來極佳的廣告效果。如同上述的店，金瑞成也傳到第二代，家族兄弟姐妹雖多，但是「傳子不傳女、傳媳不傳婿」，除了兄弟外，姐妹未有自立門戶的。這倒未必是洪老先生「重男輕女」的偏見，傳統中國的老行業都有這種傾向。

在經營策略上，金瑞成堅持穩定中求發展，不因為表面的利益而冒險，也不用削價競爭來拓展市場。堅守品質，堅定價格，長期下來，品牌深獲顧客的信賴。金瑞成最著名的商品是竹葉貢糖，完全得由人工包裝，因為費工，其他店家不太願意投入。這是保存最完整風味的貢糖，一般的貢糖在品嚐時，沒有特別的香氣，不像竹葉貢糖，在打開袋子的剎那，便可聞到竹葉與貢糖的香氣。比較遺憾的是，竹葉貢糖不耐久放，一旦打開就得吃完，要不然就要用密封罐保存，或放置冰箱，這是紙張包裝的缺點，不能防潮。金瑞成的第二代老闆洪松柏先生，熱愛書法，曾委請名書法家張炳煌為「竹葉貢糖」題字，金瑞成貢糖廠因而更增添了些許的藝術氣息。讓客人一邊品嚐竹葉貢糖，一邊欣賞藝術，這就是洪老闆的心志。目前金瑞成的二樓有一些書畫作品展示，經常有藝文界朋友來訪，「品茶論英雄」，「揮毫比高下」，在地方上傳為美談。雖然二樓空間不大，卻是金門唯一的私人藝術展示館。

金門自有貢糖店以來，將近一甲子，先後成立的商店（包含貢糖賣場）超過百家，以金門人對歷史的狂熱，實在不應該讓這段歷史流失。期盼這些店家能夠「取之社會，用之社會」，為金門的貢糖發展留下完整的記錄。也建議主政者，金門要發展觀光，不能沒有文化建設。沒有文化內涵的觀光，猶如鏡花水月。希望不久的將來，我們能有金門人的貢糖文物館，見證這段美麗的歷史與回憶。

貳、青草行

在中國人的世界中，自神農氏嚐百草以來，青草醫藥的歷史與傳聞從未間斷。早期貧苦的農村社會，沒有漢藥店、中醫生，即時有中醫師，也是有錢人家才看得起。當貧困的人們生病時，只能依靠家族或鄰居口耳相

傳的草藥祕方、或是廟裡的藥籤、或是居家附近的草藥仙。對一些日常簡易疾病，如感冒或是蚊蟲咬傷等，草藥的確發揮了一定的效用。有的草藥著重「強身、保健、預防」的概念，有的草藥據信對治療西醫難以治療的慢性病有其療效。不論醫學上如何看待草藥，草藥對中國人的影響，已無法完全從科學的眼光來理解。事實上，許多草藥經過醫藥專家研究分析後，已證實其中有與西藥相同的治療成分。近年來，台灣社會愈來愈重視生機療法與自然醫療，對這門祖先傳下來的智慧願意投入更多的精神去研究，無論是藉由藥草增加免疫力，調整身體的小病痛，或是提煉草藥中的成分用於美容養生，草藥醫學已成為現代人的一種時尚。

　　在金門有許多原生的草藥，例如「一條龍」、「海芙蓉」等，民間常拿來與一種豆科的根泡成藥酒，用於跌打推拿、舒筋活血、解熱鎮痛。這種豆科植物的根現在稱為「一條根」，其實以前很少人知道它的名字。金門一條根的歷史可能已有三百年，據說從明鄭時期開始，就受到民間草藥界行家的重視。但是，因為屬於民間藥，傳統醫藥典籍未加記載，例如清代官方所編的《醫宗金鑑》就沒有收錄。學界也沒有相關的成分、藥理學上的研究資料，以致在民國 80 年代以前，除了金門當地的百姓和在金門當兵，對草藥有研究的老軍人外，沒有人知道可以挖來泡成藥酒，作為養生保健用。金門開放觀光之後，了解一條根作用的人，立刻發現這種草藥的新商機。青草行與一條根商行紛紛成立，金門縣政府農業主管單位也摻上一腳，協助種植、研究、製造，於是一條根的加工商品推陳出新，終於與貢糖並列為金門重要的商品。

　　一條根是一種野生大豆，為匍匐性的多年生草本植物，因為具有細長的主根直伸入土生長，挖出的根部大都單一細長，少有分岔，因此俗稱一條根。一條根的莖露出地面不多，要徒手拔出一條根不容易，因此又俗稱「千斤拔」。金門多風乾旱的地理條件，特別適合一條根的生長，過去在金門地區的紅土丘陵及西北、西南的砂質土壤地常見土生土長的一條根。近年來，受到盛名之累，野生的一條根已被挖光，市面上看到的都是人工栽培。一條根具有耐乾旱的特性，栽培管理相當方便，人工栽培，快的話，一年便可採收，目前以西浦頭、古寧頭、安歧等村栽種最多。

　　據學者調查，金門的野生一條根共有三種：「澎湖大豆」、「蔓草蟲豆」及「闊葉大豆」。目前金門所推廣之品種為「闊葉大豆」，學名為

Glyine tomentella Hayata，別名「金門一條根」、「圓葉一條根」、「闊葉野大豆」、「長葉大豆」、「絨毛大豆」、「短絨野大豆」。人工栽培的一條根，生長期約一年半至二年，當根長到25到30公分、根莖約1.5到2公分時，即可收成，每分地的根產量可達100餘公斤。採收時先剪掉莖葉，以鋤頭或犁自畦的兩邊翻開，再用人工挖掘。挖出來的根用水清洗泥砂，經晾乾後即可出售。也可以先用繩子將根捆成一束，在陽光下曬一天，使它定型，然後解下繩子，再攤開於陽光下乾燥，方便貯存，等待出售。

據大陸出版的《中藥寶典大百科》記載，[5]一條根具有「平肝、健體、止盜汗、強壯」等功能，常用於防治風濕症、強筋骨、壯身體。許多人將一條根與韓國人參相比，實情如何不得知，但廣告效果奇佳，觀光客到金門都會順便帶些一條根及其相關產品回去。民國84年10月，金門第一家一條根專業推廣中心「浯記一條根商行」成立，在金門農業試驗所的協助下，積極栽種「闊葉大豆」，研發各種商品，逐漸打響「金門一條根」的名號。然而，利之所在，趨之若鶩，許多商家跟著投入這個市場，各種「青草行」與「一條根商行」紛紛設立，茲將此時期的商家製表如下：

青草行

營利事業名稱	設立	異動	負責人	資本額	組織類型	現況	地址
金門一條根青草行	82	88	洪美英	20,000	獨資		金湖鎮新湖里信義新村
一條根實業社	84	95	蔡添祿	200,000	獨資		金寧鄉盤山村伯玉路
浯記一條根商行	84	94	林淑員	100,000	獨資		金寧鄉后盤村后沙
一條根實業社金城分店	86	95	李麗明	200,000	獨資		金城鎮北門里中興路
金門一條根藥行	89	89	王異生	20,000	獨資		金湖鎮新市里復興路
太武山一條根商行	90	91	許秉雄	100,000	獨資		金城鎮北門里中興路
金門一條根青草行金城店	90	91	王異生	20,000	獨資	歇業	金城鎮北門里民生路
香蜂一條根商行	91	92	楊素卿	100,000	獨資		金城鎮北門里中興路

---

5 本光碟內容分為「總論」、「各論」、「病症索引」三部分。總論共分三章，介紹中藥的性能、泡製及應用。各論共分十七章，介紹解表藥、清熱藥、化痰止咳平喘藥……抗腫瘤藥共十七大類。收集一百五十餘種常用中藥及植物圖片。每種中藥又分概述、性味、歸經、功效、應用、用量用法、使用注意、選方等九個項目詳細介紹，讓使用者能夠更清楚的辨識及了解。

一條根實業社伯玉分店	91	94	李麗明	50,000	獨資	歇業	金寧鄉盤山村伯玉路
浯記一條根商行金城分行	91	94	許有志	50,000	獨資	歇業	金城鎮北門里民生路
山外一條根青草行	92	92	王建順	100,000	獨資		金城鎮民權路
山外一條根青草行中興店	93	93	王建順	100,000	獨資		金城鎮北門里中興路
一條根實業社山外分店	93	94	黃映燁	200,000	獨資	歇業	金湖鎮山外中正路
山外一條根青草行新湖店	94	94	王建順	100,000	獨資		金湖鎮新湖里漁村
王大夫一條根商行	94	94	王建順	100,000	獨資		金湖鎮新湖里信義新村
后沙一條根商行	94	94	許孟涵	50,000	獨資		金城鎮北門里民生路
王大夫一條根有限公司	95	95	王異生	1,000,000	公司		金湖鎮新市里復興路
金牌一條根實業社	96	96	張家睿	200,000	獨資		金湖鎮新湖里塔后

　　基本上，金門目前的一條根行業是四分天下的局面。論知名度，以「王大夫」系列商品最受歡迎。王異生與王建順父子所創立的本店與分店數目最多，包括「王大夫一條根」、「金門一條根」與「山外一條根」。「王大夫」因為家學淵源，最早接觸到一條根，對一條根的效用也知之甚詳。「王大夫」為品牌名稱，也是當地人對「王大夫一條根藥行」老闆王異生的尊稱。王氏祖先王騰，生於清同治年間，由福建同安縣渡海而來，落居金門十九都後浦，以王大夫名號懸壺濟世。王異生是王騰第四代孫，秉承祖業，深得家傳，從民國 50 年代開始行醫，經常在金門美人山一帶行走，發現在這一代的乾旱荒地上，有許多野生的一條根，因而與民間草藥「一條根」結緣。1966 年王異生創立「金門王大夫一條根藥行」，以本身在治療跌打傷痛上的專業，開發出與運動傷害、筋骨酸痛相關的貼布、藥膏與噴劑。除此之外，目前的產品包括沐浴用品、燻香條、藥草浴等。因王氏祖籍同安，與廈門淵源深厚，乃計畫將一條根商品拓展到大陸市場。「王大夫」已經連續 5 年參加在廈門舉行的「投洽會」、「台交會」，並選擇了成都的一家醫藥公司與之合作開發一條根藥品。王異生在接受《廈門日報》記者訪問時表示，[6]計畫建立一個金門一條根博物館，展示一條根醫藥文化。其中包括中國傳統中醫的炮製用具、民間醫藥、民間處方，特別是一條根在金門的開發應用及從野生到人工栽培的發展史。文物館地址選定在金門，將取名「王大夫一條根文物館」。

6　《廈門日報》，2006 年 9 月 22 日，「廈門網」（海峽網）。

　　論品牌形象與研發能力，「浯記一條根商行」算得上是金門第一品牌。「浯記」善於利用學者與學術研究為其背書，並且利用 ISO 的認證來強化產品的品質保證。歷年來得過不少的獎項，包括經濟部中小企業處「金獅獎」、金門縣政府的「優良廠商獎」、中華民國消費者協會的「國家商品品質金牌獎」，以及金門縣農業試驗所品牌認證書。基本上，「浯記」的發展方向為生物科技產業，意圖將一條根塑造成具本土性與傳統性的草藥，成為符合現代醫學、衛生管理規定及具有科學化、國際化目標之商品。它的產品從養生概念出發，未來可能會繼續研發其他保健養生產品。目前的產品有「養生藥材」、「勁茶」、「養生食補」、「酸痛藥浴包」、「濕痛好油」、「保安藥膠布」、「噴劑」等。「浯記」的行業別為「藥品、化妝品及清潔用品零售業」，登記的營業項目包括：西藥批發業、食品什貨批發業（保健食品、一條根批發）、飲料批發業、菸酒批發業、中藥批發業、化妝品批發業。因此，「浯記」本身不能從事藥品的生產與製造，必須委由台灣 cGMP 或 GMP 合格藥廠製作，[7]「浯記」的「濕痛好油」與「春生油」便是委由「天乾製藥有限公司 cGMP 藥廠」製作。

　　論未來發展潛力，「香蜂一條根商行」值得關注。成立於民國 91 年 7 月的「香蜂」，創辦人為楊素卿小姐，她引進了歐洲的香蜂草，[8]結合了「浯記」的技術，開發出「香蜂一條根」的新品牌。雖然設立時間較短，但在金門的消費市場上仍有一定市場份額。目前在金城設有門市，在台中有辦事處，在台北的百貨公司也設有專櫃。「香蜂」設立之初，對於整體企業的經營方向與作法並無太多的考量，僅以提供高品質的健康產品作為經營的目標。然而，因為產品的內容與其他商家的同質性太高，倍感競爭壓力，因此輔導，尋求與其他特產店合作，例如「馬家麵線」。雖然通路擴大了，

---

[7] 「優良藥品製造標準（Good Manufacturing Practices，簡稱 GMP）」，因鑑於目前國際間對於 GMP 之要求大多與時俱進，GMP 之標準不斷提升，亦即目前所稱的 cGMP「現行優良藥品製造標準（current Good Manufacturing Practices，簡稱 cGMP）」簡言之：cGMP 是 GMP 的進化。參閱行政院衛生署：http://www.doh.gov.tw/cht2006/index_populace.aspx。

[8] 香蜂草（Lemon balm），學名：Melissa，新鮮的葉子可為沙拉和水果添加檸檬味。乾燥後可作為芳香藥草茶，有助消化、減輕壓力和鎮靜的功效。亦有不錯的養生妙用，能消除腸胃脹氣、治療失眠、抗憂鬱。其中含有百分之一的鳳仙花油，這種油對燒傷有特別的功效，對於治療刀傷也很有效果，所以香蜂草也可拿來治療這些外傷。另外，香蜂草萃取之精油是屬於高級之香精原料。

但是「香蜂」未設立自己的官網，品牌知名度仍不如前面二家，新近在金寧鄉慈湖路開設的大型展售中心，倒是頗能吸引觀光客的注意。「香蜂草」是歐洲歷史上知名的藥草，若能適切與一條根結合，開發出有別於傳統金門一條根的商品，應該會有廣大的市場，「香蜂」的潛力仍待開發。

論在業界的資歷，首推「一條根實業社」。該公司創立於民國 82 年，創辦人為蔡添祿先生，總公司設於金寧鄉伯玉路與盤果路口，分公司設於金城中興路，在山外也有分店。金門縣政府為保護金門原生藥草，特別成立「金門藥用植物研發中心」，蔡添祿為響應政府的政策，於是投入人力與資力，致力推廣一條根產業，期望以科學化、專業化、企業化之精神，積極研發各種相關產品，提供大眾使用。目前所開發的產品有十一項，主要為食品類，包括：一條根養生茶、一條根健固寶、養生饍食、一條根糖、益條根藥酒、高粱飲醋與高粱醉蛋。藥品類有益條根行血金絲膏、益條根舒暢噴劑、益條根萬靈膏，均委由台灣高雄的藥廠製作。另外，尚有屬於化妝品類的冰膚滾珠凝露。比較值得注意的是該公司在藥品類使用了「益條根」諧音的品牌名稱，可見該公司想突破競爭的決心。然而，這種作法固然可以用來和別家產品作區隔，卻局限了品牌行銷的機會。「一條根」是原料，也是商品，將之註冊為商標或公司名稱，未必能搶占市場先機。如今又另立名目，更加使消費者無所適從。「一條根」的「益條根行血金絲膏」、「一條根」的「一條根茶」，這樣的名稱不太順口，不利口語傳播。

總結來說，目前金門的一條根產業，不論是新產品的開發或商品的行銷，都到了必須重新檢討的時候。「一條根」原來只是「潤葉大豆」的根，而且不是金門所獨有，是可以輕易栽種的作物，如此一來，「一條根」原來的神秘傳奇被打破了，不再能吸引觀光客。如果它的功效一直停留在鎮痛止癢、跌打損傷，或養生美容，這樣的商品將很快在市場上消失。畢竟同性質的商品太多了，金門的一條根無法與這些大藥廠競爭。金門的一條根商行，規模太小，沒有能力投入研發工作。作為藥品的一條根，得委託台灣的藥廠製造，作為食品的一條根雖然可以自行開發，可惜難有突破，產品不外茶包、食饍、藥酒與美容浴品，價位又相對偏高，很難打進台灣市場，遑論進軍國際。一條根產業若想繼續發展，「金門藥用植物研發中心」應多加努力，從生物科技的角度，網羅學者專家投入研究，若能找出

一條根醫學上的新突破，必定使金門一條根歷史留名。否則一條根永遠只是金門的農特產品，一條根商行也只是從事藥草批發零售的「青草行」。

參、製刀廠

在各種即將消失的老行業中，攝影愛好者對打鐵店似乎情有獨鍾。喜歡用鏡頭捕捉大鐵錘敲打燒紅的鐵片時火花迸射、鐵匠肌肉突起、面目通紅、汗流浹背的景象，那是一種力與美的結合。這樣的畫面讓人不禁回想起兒時農村的生活，打鐵店是記憶中最典型而永恆的老行業。打鐵業的發展過程，與地方的開拓歷史息息相關。在開墾之初，由於墾殖荒地，種植農作物，以及日常生活上迫切需要各種用具，打鐵店因而發展起來。在打鐵尚未機械化的年代，老舊的打鐵店內常見幾位鐵匠通力合作，有人負責鼓動風爐，有人負責反覆錘打燒紅鐵片，放入水中急速冷卻，經過多次冶煉成型後，再用磨刀石磨到鋒利為止。最常見的打鐵店，熔爐安放在屋宇中間偏左，熔爐旁邊的牆面上供奉行業神「爐公」牌位，熔爐左下方則安裝鼓風箱，兩側牆壁或門口架子上掛滿柴刀、菜刀、鐮刀、鋤頭等成品供顧客挑選。

傳統的打鐵店以打造鋤頭、鉤、耙、柴刀、菜刀等常見的器具與刀具為主。據許維民的《金門小型產業調查研究》，金門的鐵匠還會「製鍋、造鑊、打鐵桶」。在民國 70 年代以前，金寧鄉的「湖尾村」（中堡），幾乎「半鄉里」的人家，都是從事鐵匠工作，儼然是以鐵器製造為業的「專業村莊」，但如今已沒落，沒有專業鐵匠了。自從農業步入機械化後，這些農具幾成無用的廢鐵，而手工菜刀也被進口刀具與機器快速生產的刀具所取代。在諸多不利因素影響下，打鐵店生意一落千丈，加上打鐵技藝幾乎都是「父傳子，子傳孫」，一脈相傳的行業，普遍面臨後繼無人的窘境。金門的打鐵店大都開業在「後浦」（金城），以林姓家族的「金永利」、吳姓的「金合利」最有名。然而，若不是 1992 年金門開放觀光，這兩家老牌打鐵店，恐怕也會走入歷史，成為絕響。金門開放觀光，為金門人帶來新的商業契機，金門「砲彈」鋼刀，因而水漲船高，經過各種媒體爭相報導後，名聞中外，與高粱酒、貢糖，號稱金門三大特產。

　　由於打造鐵器所使用的鐵材特性各有不同，如生鐵的熔點低、質地脆硬，熟鐵的熔點高、具延展性，鋼鐵則十分堅硬，熔點達千度以上。因此鐵匠在打造不同器具前必須慎選材質，才能打造出最完美的器具，鋼鐵是製刀最理想的材料。金門不產鐵礦，卻不乏鋼，在一座很難栽種作物的島嶼上，竟然處處可以「生出」鋼鐵，對這種「天上掉下來的禮物」，除了「神話」，沒有別的形容詞了。1958 年 8 月 23 日下午，中國人民解放軍發起震驚世界的「炮擊金門」戰役（我方稱為「823 砲戰」），持續到當年 10 月 6 日。此後，大陸方面採取「單（日）打雙（日）不打」的方式，一直持續到 1979 年元旦。在炮戰的那幾天內，金門島上共落下 47 萬多發的砲彈，加上往後 20 年的「宣傳彈」，數量相當驚人。金門用來製菜刀的砲彈有兩種，一種是會爆開的「榴彈」，一種是不會爆開的「砲宣彈」。榴彈是中共炮擊金門的主要砲彈，炮戰後期金門利用美國的幫助，也以八吋榴彈反擊。至於「砲宣彈」，可以追溯到第一次世界大戰。在砲彈裡塞傳單，再裝填適量的炸藥，然後向敵方陣地射擊，這「適量」的炸藥可以把砲彈炸開，但是又不會把砲彈裡塞的傳單燒毀，就這樣把心戰傳單送過去了，遠比派出斥候部隊到敵人陣營發傳單要安全多了。當然，這種低裝填量的砲彈還是會打死人，不少金門民眾被砲宣彈打成重傷，打死的案例，時有所聞。砲宣彈才是金門鋼刀的主要材料，一顆砲宣彈，光是砲身就可以打造約 40 把鋼刀，加上夾藏文宣的內層六道鋼片、上下底座，又可以燒出 50 至 60 把不等的「剁刀」和「切刀」。

　　昔日的烽火，鍛造了金門傳統的製刀產業，當年大陸的炮彈狂轟濫炸金門，以恐嚇台灣當局，根本不會想到反而救了金門的夕陽產業──打鐵。詩人墨客喜歡以「金門廈門門對門、大砲小砲砲打砲」，嘲諷這段國共的戰爭史，甚至以三國演義「草船借箭」的故事，暗指金門人意外發了一筆橫財。的確，危機往往就是轉機，遍地的砲彈片確實成為打鐵業者的寶山。第二次世界大戰後期，美軍轟炸當時被日軍佔領的金門，因此遺留許多炸彈殼，被金門打鐵業拿來作為打造刀具的材料，這是金門最早的「砲彈鋼刀」。1958 年「823 砲戰」以後，廢砲彈殼數量遽增，砲彈鋼質削鐵如泥的特性，正好作為打造菜刀的上好材料。許多打鐵店遂就地取材、廢物利用，製作鋼刀。

　　目前金門有兩家著名的製刀廠，論品牌知名度首推「金合利製刀廠」，負責人吳增棟先生，是第三代傳人。吳增棟祖父吳宗山，於清光緒 34 年習藝於廈門，以打鐵營生，專事農具之鍛造。第二代傳人吳朝熙繼承父親志業，於 1937 年創立「金合利」。當時金門島上工業不振，島民賴魚鹽或務農維生，日用百貨，皆從漳州廈門輸入，惟隔海販運，船工腳費，物價數倍。吳朝熙為服務桑梓，一肩挑起鑄爐，走遍鄉里聚落，為島民打鐵製刀，人稱「打鐵師」。當時，打鐵行業不單是鍛造廚房刀具，更多的還是民生鐵製用品的修補。「823 砲戰」後，金門除了廢彈殼增多了外，更多的是軍人。人口多了，民生需求也就跟著水漲船高，菜市場與部隊廚房的用刀需求也相對激增，於是有很多市場肉販、部隊廚師便拿著廢彈鋼片求助金合利。初期的金合利只收取微薄的打製費用，並且多是先製刀再付款，因為每種行業對刀的需求不一，有自己固定的「手路」，打鐵師父得看人製刀，是以無法按照既定規格來大量產製。製成一把刀後，用刀人使用起來若不順手，不滿意，打鐵師會重新再來，從失敗中求取經驗。

　　戒嚴時期，金門沒有觀光客，以砲彈打造的鋼刀，主要賣給金門民眾或在金門當兵的軍人，數量有限。工廠設備不足，一天最多打個十幾、二十把菜刀，當時阿兵哥為了現場取貨，一等就是好幾個鐘頭。1970 年代，每年寒暑假救國團都會舉辦金門戰鬥營活動，來自台灣的戰鬥營團員在結束活動返回台灣之前，經常會光顧「金合利製刀廠」，把店裡的「砲彈鋼刀」搶購一空。這讓吳增棟印象深刻，難以忘懷，也因此發現鋼刀的觀光商機。1983 年吳增棟接下了家傳的打鐵鋪，有計劃地蒐集購買島上的廢彈殼，憑藉過人刀藝與巧思，堅持手工製刀，誓言鍛造出中外馳名的鋼刀。1992 年 11 月 7 日金門戰地政務解除，打開觀光大門。大批觀光客湧入金門，吳增棟看到現場製刀的賣點，於是籌措新台幣 900 萬元，在金寧鄉伯玉路建造新廠，現場製刀秀，打響知名度，將打鐵鋪發展為一間總廠、四間門市規模的公司，把傳統的老行業，蛻變為觀光新產業。他的金合利製刀廠不僅吸引台灣觀光客，更成為軍方接待外籍貴賓的觀光賣點。中共的砲彈變成金門鋼刀，讓外國人不禁讚嘆金門人化腐朽為神奇的頭腦，「砲彈鋼刀」於是成為推展國民外交的好禮物。吳增棟將砲彈鋼刀藝術化、精緻化，產品走向跳脫過去實用菜刀的窠臼，又開發了隨身小刀、仿古刀劍

等紀念性商品。例如，他將砲彈腰身兩圈「彈帶」取下，做成刀柄，這款「八二三紀念刀」推出後即大受歡迎。

2004 年底中國大陸開放福建省人民旅遊金門，吳增棟的工廠幾乎是觀光客必到的景點。當年砲擊金門的砲彈，經過吳師傅的巧手，被大陸觀光客花高價買回當菜刀，連大陸客自己都始料未及。這些經過烽火淬煉後留下的歷史遺物，再藉由中國觀光客之手「回流」大陸，成了最具收藏與紀念價值的伴手禮。回顧兩岸半個世紀以來的對峙，砲彈與鋼刀一來一往，彷彿在告訴兩岸人民：「戰爭無情、和平無價」，[9]「砲彈鋼刀」的背後其實更有一層化干戈為玉帛的寓意。除了「金合利」之外，金門尚有一家老牌製刀廠，茲將兩家製刀廠及其分店列表如下：

製刀廠

營利事業名稱	核准設立	最近異動	負責人姓名	資本額	組織類型	現況	地址
金永利	64	95	林清河	180,000	獨資		金城鎮東門里莒光路
金合利製刀廠	72	98	吳增棟	3,000,000	獨資		金寧鄉榜林村伯玉路
金永利特產行	79	79	林世安	40,000	獨資		金城鎮北門里民生路
金合利製刀廠模範店	82	93	吳增棟	10,000	獨資		金城鎮東門里模範街
金永利金城店	83	83	林有鑫	40,000	獨資		金城鎮東門里民族路
金合利製刀廠總兵署店	95	95	吳增棟	300,000	獨資		金城鎮北門里浯江街

「金永利刀鋪」創立至今超過 60 年，開始鍛造砲彈鋼刀則始於 1958年。據傳當時有一名阿兵哥，為了克服砲彈轟炸的恐懼，抱著撿來的「砲彈鋼片」來到鐵鋪，請求少年打鐵師林世安替他製成鋼刀。就這麼一個期望，讓林世安興起替金門人消除「可怕記憶」的單純想法，於是展開了六十年與鼓風爐、鏗鏘敲打聲為伍的打鐵人生。為此，天天生活在「打、敲、鑄、磨」的刀光劍影中，林世安把耳膜震破了一個洞。雖然身體付出了代價，卻也為他贏得了「金門菜刀大王」的封號。「金永利製刀老舖」位於「邱良功母節孝坊」附近，後來又在金寧鄉伯玉路開設新廠，公司名稱為

---

[9]　金門縣文化局，《戰爭無情，和平無價（823 金門戰役五十週年專輯）》，金門：金門文化局，2008 年。

「金永利鋼刀」（未見登記），又名「金門刀」。「金永利」的名號特別多，有一點武俠小說的浪漫，諸如「刀王之王」、「鐵腳鋼刀」、「鋼鐵菜刀」以及「菜刀王」等，尤其是「刀王之王」，以漫畫家牛哥繪製的漫畫作為註冊商標。

「金永利」的菜刀是手工打造，特別鋒利、耐用、剛韌合宜，即使切割硬物也不易變形。據「金永利」第二代傳人林有鑫先生表示，他在 20 多歲時就繼承家業，當上「鍛刀匠」。原先「金永利」製造的菜刀都是以條鋼為材料，鍛造的方法和產品種類，沒有什麼新奇的地方。林有鑫接手家業後，在偶然的機緣下，嘗試以砲彈廢鋼為材料。經過熔鑄、淬煉、鍛造等過程，最後成形，一把由砲彈鍛造而成的菜刀竟然真的成功了，而且鋒利程度大大超過了用一般鋼條鍛造的菜刀。金門的廢砲彈到處都是，不愁原料來源。但真正讓林有鑫覺得欣慰的是能將戰爭武器化為民用烹飪廚具，即使是普通百姓，也能為兩岸和平盡點心力。菜刀雖是小物件，卻傳達了兩岸人民對和平的共同期盼。如今，由林有鑫公司生產的菜刀成了金門特產之一，隨著金廈旅遊業的發展，許多廈門家庭也用上了「金永利」的菜刀。

回顧那段苦難的歲月，看著堆積如山的廢砲彈，不免讓人有點感傷。對金門人來說，鋼刀帶來的財富，再多也難以抹平砲彈造成的傷害。或許有人會說，金門的製刀業是發戰爭財。對這樣的批評，兩位製刀師父應該會感觸良多，歷史畢竟是歷史，誰也無法改變，後人能做的是，記取歷史的教訓。「砲彈鋼刀」是商品，也是文化和傳承，希望將來能成立一座「刀劍博物館」，陳列展示過去打鐵做刀的器具，以及各式刀器，為金門歷史文化留下紀錄，讓每把砲彈打造出的鋼刀，見證兩岸烽火的苦難。[10]

肆、製麵店

在筆者小時候，民生物質頗為匱乏，功課上要有很好的表現才能央求父親帶去菜館去吃一碗「陽春麵」。陽春麵，又稱「光麵」或「清湯麵」，是指一種不加任何菜餚配料，只有湯的麵條，常見於中國上海地區。陽春

---

[10] 參見「吳增棟：磨亮金門砲彈鋼刀」，http://www.cna.com.tw/TWHero/。

麵的名稱起源於農曆十月的別稱「小陽春」，相傳由於這種麵食的價格只需十分錢，因此被冠以陽春麵的名字。在那個清貧的年代，麵條雖然不是多麼珍貴的食材，但是要煮出一碗讓人齒頰留香的麵食，除了手藝好外，還需一些調味料，這些東西只有菜館裡才有。如今，台灣經濟起飛，人民富裕了，「陽春麵」人人吃得起，幾乎是小吃攤上最便宜的麵食，儘管便宜，卻沒有被歷史遺忘，只是味道雖在，吃麵的心境卻不如從前。

這些年，台灣流行吃麵線，原本是街頭巷尾的小吃，搖身一變，居然可以成為大飯店的主食。兄弟大飯店蘭花廳的「清炒麵線」，可別當它只是一般的麵線，它可是一道開胃解膩的經典佳餚。賣麵線也可以賣到成為台灣飲食界的傳奇，「阿宗麵線」把麵線經營成企業成功的典範。當國宴移師台南時，台南著名的小吃「麵線」，被精心設計成了招待外國元首的台灣美食。究竟麵線有何魅力，會變成當今台灣飲食文化的時尚？仔細想想，麵線的學問還真是不簡單，連學位論文都拿來作為研究題材。[11] 吃麵線原本就是中國民間常見的習俗，過生日要吃麵線，去霉運要吃麵線，麵線拌了麻油、紅糖、酒等物，甚至還可充作婦女坐月子的補品。吃麵線是台灣各地，包括外島人民共同的回憶，但是每個人的記憶卻不大相同。

從做法上來看，麵線有「手工麵線」與「機械製麵線」之分，從形態上看，有「白麵線」與「紅麵線」之分，從地理區位上來看，又有「南部麵線」與「北部麵線」之分，加上外島，則又有「馬祖老酒麵線」、「澎湖西衛麵線」，以及「金門麵線」等，若再從口味上分，更是讓人眼花撩亂，「麻油麵線」、「豬腳麵線」、「蚵仔麵線」、「大腸麵線」、「麵線糊」、「麵線羹」，還有其他各種新口味，可以用「族繁不及備載」來形容了。事實上，從麵線的發展歷史來看，台灣的傳統麵線只有兩種：「本地麵線」與「福州麵線」。漳州與泉州移民從大陸帶到台灣的麵線稱作「本地麵線」，以彰化的鹿港和福興、台北的木柵和萬華居多；由福州先民帶來台灣的麵線、閩南人稱之為「福州麵線」，分佈在嘉義以南居多，例如台南麻豆和學甲、嘉義的布袋等。兩種麵線最大差異在於「本地麵線」有使用「米糠」，因為米糠，本地麵線煮起來的麵線湯頭會比較黏稠，福州

---

11 黃博偉，《蛋白質含量、乳化劑種類及冷卻時間》，國立臺灣大學食品科學技術研究所，碩士論文，1998 年。

麵線的湯頭比清淡。也因為米糠比較會發霉，本地麵線較不易保存，因此有些人會在麵線中加入鹼水（鹼粉）來制酸，防止酸敗。[12]

馬祖的「太平麵」可以說是最著名的「福州麵線」。「太平麵」就是煮一碗麵線，配上太平（鴨蛋）。鴨蛋諧音為「壓浪」，讓出洋過海的親人一帆風順，旅程平安，這就是馬祖人：「吃鴨蛋，講太平」民俗由來。生日時，馬祖人會為家人準備一碗「太平麵」，「麵」與「命」字諧音。福州特產「索麵」，拉得很長，俗稱「長壽麵」，代表長壽富貴，「太平麵」就成為祝壽生日最佳的食品了。在馬祖傳統美食中，有一道老酒麵線，做法類似「太平麵」。利用老酒蒸煮麵線，再配上一片煎蛋，應該就是福州「太平麵」的演化，現在已成為當地的美食，隨時可以吃到，不用等生日時吃。隨著社會進步，馬祖人現在生日多以生日蛋糕取代，但是，長輩們還是喜歡吃「太平麵」。

台灣本島流行的是「紅麵線」，其原料與作法與「白麵線」一樣，只是多了一道工序。將「白麵線」推進密閉的蒸箱，「蒸」上八小時，此時麵線的性質由「澱粉」轉變為「醣類」，因此聞起來有一股焦糖香味。根據黃博偉的研究，經「蒸」處理過的麵線，拉力與硬度較高，但滑膩感（smoothness）會變差。也就是說，紅麵線雖然耐煮不易軟，但口感上較差，因此有些業者會先添加色素或醬油，製成紅麵線再蒸二小時，此時的麵線又紅又軟。「蒸」的過程是紅麵線製造的重要工序，但會增加成本，許多不肖業者乾脆加入「耐煮劑」，以達到麵線耐煮的效果，完全沒有蒸的過程。「耐煮劑」是合法的食品添加劑，可以用於某些食品，但是不能用於麵線。許多麵線商品標榜不含防腐劑，事實上都違法添加。台灣製作紅麵線的廠家太多，根據消基會的調查，市售麵線有一半以上鈉含量超過標準值，[13]消基會建議患有高血壓等疾病的消費者，不要把麵線當正餐食用，最好淺嚐即止。烹煮麵線時，建議最好先過水燙麵線，再撈出烹煮，並降低調味料的使用，以減少鈉的攝取。

製作麵線的原料是麵粉、食鹽與水，因此即使強調「低塩」，鈉的含量還是偏高。至於標榜「無塩」，根本是商業噱頭。手工麵線是用鹽來防

---

[12] 參閱「手工麵線的歷史」，http://wq2799.myweb.hinet.net/images/history.htm。
[13] 參閱消基會出版《消費者報導》雜誌，2004 年 4 月號，第 276 期，第 31 至 42 頁。

腐,用日曬(紫外線)來殺菌,所以手工麵線一定會鹹。手工麵線的鹽份,只要在煮的時候水多一點,就可以把麵線中多餘的鹽分釋放出來,所以煮完之後進入口中的鹹度就會剛剛好,也就不會有鈉攝取過多的問題。這正是「白麵線」的烹調方式。談到手工「白麵線」,當然以澎湖的白麵線最著名。澎湖手工麵線源自於西衛,已流傳百年的歷史,由於得天獨厚的地理環境,加上日曬充足,又有個鹹水風的吹拂,讓澎湖麵線的口感獲得肯定。西衛的手工麵線耗時耗力,已經有許多人家改由機器製作,不但節省時間,增加產量,價錢也低廉,使得手工麵線面臨市場的考驗。澎湖縣政府為了保存這項悠久的文化及味道,積極推廣澎湖西衛麵線,除了建立西衛認證標章的制度,讓大家可以有辨識手工麵線的標識,也積極的舉辦行銷推廣活動,希望能讓西衛手工麵線的傳統有新價值的延續。[14]

論品牌形象,西衛的手工麵線仍然不如金門的麵線。金門金寧鄉的盤山村自清朝起始,就有一項行業馳名全金門。前清時期,該村就有十餘家「牛磨間」,居民自行磨麥粉,利用古法製作麵線,銷售全島,口碑甚佳,咸稱「金門最好的麵線」。隨著時代的轉變,從事此一行業的人家只剩三四家,產品雖然還是十分精巧美味,可惜不懂行銷及廣告,知名度不高。論知名度,當然就是同鄉,位於伯玉路的「馬家麵線」。馬家麵線是金門的麵線老店,祖傳三代,至今已有百年的歷史。馬家曾祖在廈門同安的老家時即以製造麵線起家,傳入金門後設址於南門里舊街內。馬家麵線使用傳統手工製麵技術,引用金門純淨水質,配合當地獨特天候,經由風、陽光自然曝曬乾燥。道地家鄉口感,一直以來深受金門本島居民青睞,推崇為金門麵線第一品牌,並受廣大消費者喜愛作為居家饋贈親友的禮品。馬家麵線除了原有的口味之外,還加入了高粱、山藥、番茄、蔬菜等多種不一樣的口味。除了麵線之外,馬家麵線也開發搭配麵線的獨家醬料,口味有高粱酒豆腐乳、麻辣豆腐乳、蒜蓉辣椒醬、香辣小魚乾等。

馬家麵線在網路上頗獲好評,位在伯玉路上的店面,觀光客經常絡繹不絕,試吃的人潮此起彼落,熱鬧非凡。論知名度或許不如馬家,但因為是「聖祖貢糖」的家族企業之一,「上古厝麵線」的市場還是很可觀。上

---

[14] 參閱高茂雄,〈百年傳承工法細緻,澎湖推廣西衛麵線〉,《大紀元》,2008 年 10 月 31 日報導,http://epochtimes.com/gb/8/10/31/n2315287.htm。

古厝麵線除了秉持傳統麵線的製作方法外，更重視麵線製作「接、掛、甩、搦」，一氣呵成的功夫。所生產的麵線吃起來也特別細緻、Q柔而且沒有鹹味。為將金門手工傳統麵線的特色發揚光大，上古厝以多元化生產方式，在麵線種類上，堪稱金門第一。除傳統的原味麵線之外，尚有養生系列的紅棗、海菜、紫菜……等麵線，口味不僅與眾不同，而且兼具健康概念。更難得的是，上古厝還將金門過去有錢人家獨自精心調配的私房麵線醬料，以現代化的生產技術研發上市，這也是「上古厝麵線」比別家更專業，更受歡迎的原因。

　　至於「大方鬍鬚伯」則強調古早味，產品有古早味、高粱、芋頭、山藥、紅麴、南瓜、QQ 寬麵、QQ 麵線等，醬料有豆瓣醬、豆腐乳等十餘種。大方麵線從民國63年開始建立屬於自己的品牌，經營至今已有30餘年的歷史，目前已更名為「大方食品公司」，公司設於金城鎮環島北路。據聞三十餘年前，後浦老街上有一位留著一撮鬍鬚的老人，以傳統手工技術製作麵食，國軍弟兄雖然經常品嚐他的麵線手藝，卻不知其名，只是覺得有種親切感，因而便以「鬍鬚伯」稱之，這是「鬍鬚伯」名號之由來。

　　以上三家是觀光客熟悉的金門麵線專賣店，他們的麵線種類多、賣相好看，價格相對的也比一般行情高。對本地消費者來說，這種包裝精美的麵線適宜當禮物送人，買來平常食用的話，過於奢侈。本地消費的麵線出自其他製麵店，這些隱身在巷弄內的鋪子，口味與品質不輸知名店家。有些商店可能沒有營業登記，或是以別的行業登記，對旅居外地的金門人，以及麵線行家的台灣觀光客而言，這類「名不見經傳」的麵線，才是「正港的」金門麵線。茲將登記有案的麵線製造店家列表如下：

製麵店

營利事業名稱	設立	異動	負責人姓名	資本額	組織類型	現況	地址
白雪（商店）	64	65	楊根烈	40,000	獨資		金沙鎮汶沙里博愛街
志成（麵店）	64	82	王秀英	10,000	獨資		金城鎮東門里民族路
泉興（麵店）	65	83	張振興	40,000	獨資		金湖鎮新市里中正路
振裕麵店	65	82	許明華	10,000	獨資		金城鎮東門里民族路
東成製麵店	65	88	許英傑	10,000	獨資	歇業	金城鎮東門里菜市場路
梅山（製麵店）	68	81	李亞月	40,000	獨資		金湖鎮山外里山外街

川東切麵店	73	93	黃永福	40,000	獨資		金城鎮北門里浯江街
天水製麵	78	82	楊天水	10,000	獨資	歇業	金城鎮東門里民族路
上古厝麵線信義分店	82	89	葉錦湖	20,000	獨資		金湖鎮新湖里信義新村
上古厝麵線	85	88	陳緣姿	20,000	獨資		烈嶼鄉上歧村青岐
馬家麵線	86	92	馬志亮	200,000	獨資		金寧鄉伯玉路一段
上古厝麵線伯玉分店	89	89	陳緣姿	100,000	獨資		金寧鄉伯玉路二段
大方鬍鬚伯	90	94	徐大川	200,000	獨資	歇業	金城鎮西門里環島北路
娘家麵線	92	93	倪慧涼	200,000	獨資		金城鎮古城里舊金城

　　廈門有麵線，金門也有麵線，不過，廈門的麵線是用「炒」的，金門的麵線則是用煮的，廈門麵線被當作上桌佳餚，可以做為宴客菜餚，金門的麵線則流傳於市場巷弄，當作小市民的尋常小吃。金門人吃麵線的歷史由來已久，從食品科學的角度上來說，多數麵線由小麥及配料製成，小麥富含蛋白質，營養成分高，其中的維生素 B1、B2、E，具有抗氧化、促進新陳代謝的功能。原本是很健康的美食，卻因為許多不肖業者在麵線製作過程中加入太多的鈉塩、乳化劑、耐煮劑，以及不應該有的防腐劑，使麵線變成人們敬而遠之的食品。值得欣慰的是，在競爭激烈的麵線市場，金門的麵線商家都能秉持金門人誠實敦厚的精神，堅決維護麵線的品質，使金門麵線不但美味，而且養生。近幾年，金門縣鄉土文化建設促進會及金門縣工商策進會大力推動金門麵線文化，舉辦麵線美食試吃會、傳統手工麵線業歷史回顧展、生產器具回顧展、手工麵線 DIY 製作示範，以及地方傳統特色產品特賣會等。[15]這些作為都值得肯定，但是最重要的是食品安全的把關，一旦出問題，不只麵線商譽受損，整個金門的形象也會跟著陪葬。金門的商家規模小，沒有足夠的能力從事商品檢驗，政府應承擔責任，不要讓無心的小錯變成不能修補的傷害。

伍、特產行

　　許多西方學者經常為「文化」（culture）與「文明」（civilization）的差異爭論不休。有人認為「文化」較偏向於「精神」層面，而「文明」則

---

[15]　例如 2007 年 6 月 29 日在金門總兵署舉行的「麵麵俱到──金線情」系列活動。

屬於「物質」層次。誰是誰非，雖然沒有定論，但是一般人的認知確實就是這樣。這些年，物質文明充斥台灣各個角落，功利主義浪潮高漲，各種文化與觀光活動都沾染了強烈的物質主義色彩。許多傳統的民俗祭典活動正快速的凋零，文化資產也同時無聲無息的流失。甚至有人認為民俗祭典只不過是「迷信」與「浪費」的代名詞，完全否定其存在價值。為何如此，原因其實也很簡單，因為傳統的民俗祭典與節慶活動缺少商業誘因，只能靠政府與某些特定團體的努力，未能獲得實質的金錢奧援，進而透過商業行銷手法吸引更多人潮參與。如何將商業利益結合到文化觀光與旅遊中，正是近幾年地方新節慶的主要賣點。

新節慶已脫離了傳統宗教與民俗的意涵，是一種商業包裝下的觀光活動。目前台灣較著名的新節慶，北、中、南、東與離島，不下三十種，而且還在增加中。一般而言，新節慶興起的背景很多元，包括為促銷地方產業、為發展觀光和社區營造或從傳統走向創新的改變等。[16]各地方新節慶的背景、活動內容及特色可能不盡相同，但是都有一項共同特徵，就是加入地方農漁牧特產的促銷，將產品行銷包裝成所謂的「文化季」、「文化節」或「文化祭」。從中文字義上來看，應該使用「季」或「節」，然而，因為受到日本文化的影響，許多地方愛用「祭」這個字，雖然不正確，卻可保留節慶原來的宗教意涵，「祭」一詞更能貼切表達慶典的宗教淵源。每到節慶時期，到處旗海飄揚，觀光人潮絡繹不絕，為地方政府帶來無限的商機，因此炒熱了各種原本名不見經傳的地方特產，而後，再利用網路與電視的媒體傳播，新的節慶與地方特產合而為一，相輔相成，共同帶動地方的觀光與旅遊事業。這些新節慶例如宜蘭「三星蔥蒜節」、新竹「北埔柿餅節」、苗栗「三義木雕藝術節」、台南「麻豆文旦節」、屏東「東港黑鮪魚觀光文化季」、台東與花蓮「花東金針花季」、澎湖「風帆海鱺節」等。

這些新節慶大都已定型化，每年固定舉行，農漁特產有其時效性，因此更能激勵觀光人潮。相較之下，不具時間特性的特產要發展成新節慶必須更賣力行銷。2002 年金門縣政府推出「詩酒文化節」，希望結合詩詞、美酒與畫家彩繪的瓷器來提升金門的形象，拉抬本土藝術家的國際地位，

---

[16] 陳柏舟、簡如邠，《台灣的地方新節慶》，台北：遠足文化，2004 年。

進而彰顯「觀光立縣，文化金門」的建縣宏旨。[17]「酒香古意——金門詩酒文化節」的企劃委由金門觀光局金酒公司承辦，主旨在「開發金酒、行銷金門」，基本上，藝術文化是虛，高粱酒行銷是實，因此活動規模雖大，卻是後繼無力，成了絕響。金門高粱酒在市場上有一定的知名度，在台灣本島各大賣場皆可購得，是一種專賣企業，已不能視為地方特產，因此無法成為地方新節慶。反倒是高粱作物的收成讓觀光客覺得新奇，金城鎮因此順勢推出「高粱文化節」。海蚵是金門的特產，尤以金寧鄉多，因此金寧鄉公所也推出了「石蚵文化節」，另外，金門先後也曾有過「貢糖藝術節」、「麵線節」等，可惜規模太小，只是地方性的活動，對促銷金門的特產幫助不大。

促銷與商展一類的商業活動，對地方特產的推廣有其一定的價值，但是，商品的販售最終還是得回到店面中來進行。金門的特產行前身大多是雜貨店，因為領有煙酒牌照，可以販售酒類商品。原先登記的營業項目除了煙酒（公賣品）外，主要還是日用百貨的批發與零售。事實上，金門除了高粱酒與貢糖產能較大，貨源較不虞匱乏外，能夠鋪貨到店裡販售的特產不多，因此所謂的特產行中販賣的不完全是金門在地生產或製造的物品，各種南北乾貨皆有販售，尤其是小三通盛行時，大陸貨冒充金門特產，讓來自台灣的觀光客時有怨言。當金門駐軍大量減少後，特產行中有關雜貨的銷售幾乎停止，慢慢轉型成以販賣金門當地製品為主的專業商店，顧客群也由駐軍與在地居民轉向觀光客。這時候的特產行才開始突顯出「金門」的意涵，把特產與金門連結在一起。回顧金門先後成立的特產店、特產行、與特產中心，茲將登記有案的店家列表如下。這些事業體都是獨資，其中大部份已歇業或轉型，就數量而言，集中在金城鎮。

特產行

營利事業名稱	設立	異動	資本額	營業項目	地址
大方特產中心	65	92	20,000	公賣品（煙、酒）批發／山產批發／調味料批發／麵粉批發／麵條、米粉、粉絲批發／其他食品什貨批發	金城鎮西門里環島北路

---

[17]　李錫奇，〈再現浯洲儒林冠冕〉，《金門日報》，2002 年 11 月 27 日。

金海鷗商店 （特產行）	65	92	40,000	其他食品批發業／其他農、畜、水產品批發業／菸酒批發業	金湖鎮新市里復興路
遠美特產行	69	91	20,000	食品、飲料零售業／菸酒零售業	金湖鎮新市里復興路
珍好佳 特產中心	70	92	40,000	菸酒零售業／糖類批發業／裝設品零售業	金城鎮北門里民生路
佶林特產中心	77	81	20,000	手工藝品零售／陶瓷品零售／雕塑品（印章）零售／公賣品（煙、酒）批發及零售	烈嶼鄉林湖村東林街
金永利特產行	79	79	40,000	五金及日用器皿零售	金城鎮北門里民生路
京品特產行	80	91	10,000	其他食品批發業／菸酒批發業	金城鎮北門里民生路
聚語軒 （特產店）	80	90	30,000	飲料店業／餐館業／食品、飲料零售業／菸酒批發業	金湖鎮新市里復興路
名屋 （特產中心）	81	96	10,000	青果批發／公賣品（煙、酒）批發及零售	金城鎮東門里民族路
金門特產中心	82	84	1,260,000	蔬菜、肉類、水產類批發／魚貨運銷、家禽批發／花卉盆栽、其他農畜水產品批發／公賣品批發及零售／飲料、成衣、文具、書籍、其他娛樂用品批發／集郵、古錢、古玩書畫、雕塑品批發	金沙鎮光前里後水頭
展萊特產行	82	82	40,000	日用什貨批發及零售／公賣品（煙、酒）批發	金城鎮北門里中興路
三瑞特產	82	82	20,000	日用什貨批發及零售／公賣品（煙、酒）批發	金城鎮東門里民族路
捷安（特產店）	82	89	10,000	其他食品批發業／菸酒批發業	金城鎮南門里莒光路
正玉特產店	82	82	10,000	日用什貨批發及零售／公賣品（煙、酒）批發及零售	金寧鄉盤山村下堡
甘霖特產	83	83	10,000	日用什貨批發／公賣品（煙、酒）批發	金沙鎮西園里田墩
春森特產行	83	83	30,000	日用什貨批發／公賣品（煙、酒）批發	金城鎮北門里中興路
竣華特產店	83	83	120,000	糖果、餅乾零售／乾貨類零售／罐頭食品零售／公賣品（煙、酒）零售	金湖鎮山外里建華

鼎鼎特產店	83	83	20,000	日用什貨批發／公賣品（煙、酒）批發	金湖鎮正義里成功
北金特產店	83	83	20,000	日用什貨批發／公賣品（煙、酒）批發	金湖鎮正義里成功
裕凱特產行	84	86	10,000	其他食品什貨批發／公賣品（煙、酒）批發及零售／金銀飾品／珠寶飾品	金城鎮北門里民生路
馬祖特產中心	84	94	20,000	日用什貨零售／公賣品（煙、酒）零售	金寧鄉安美村西浦頭
金馬特產中心	84	84	20,000	日用什貨零售／公賣品（煙、酒）零售	金寧鄉安美村西浦頭
瑞展特產	92	93	10,000	菸酒零售業／菸酒批發業／食品什貨批發業	金城鎮北門里中興路
大方特產中心	93	94	20,000	菸酒批發業	金城鎮西門里環島北路
人情味特產行	93	96	200,000	食品什貨、飲料零售業	金湖鎮漁村
怡軒特產行	95	95	20,000	菸酒零售業	金湖鎮新湖里環島南路
一六八特產行	96	96	100,000	食品什貨、飲料零售業菸酒零售業日常用品零售業	金沙鎮汶沙里忠孝新村

　　從營業項目來看，特產行販售的商品包羅萬象，但大致上可以歸納為下列幾種：

一、金門酒廠生產的酒

　　包括酒廠配銷的和商家自行收購的各種紀念酒，雖然金門酒廠有自己的行銷通路，但是紀念酒與專門配銷金門居民的節慶酒，以及各種年份的陳年高粱，一直是特產店的招牌，也是行家觀光客的最愛。

二、貢糖

　　金門的貢糖廠都有自己的門市，自產自銷。規模較大的商家，會出貨給特產中心，因此，幾乎所有的特產中心都會販售來自不同貢糖廠的產品，觀光客可以隨意在特產中心買到自己喜歡的品牌。

三、紀念品

　　主要為鋼刀與陶藝品。金門鋼刀材料取自砲彈，因此特別具紀念意義，若純粹就品質與實用性而言，價位太高，除了觀光客外，不易大量行銷。目前已經有一些低價位，非正統的鋼刀混入市場，對金門鋼刀品牌產生嚴重威脅。陶藝品主要為「風獅爺」形象的陶器。金門位於福建東南，島上無高山屏障，東北季風風勢強勁，因此居民利用風獅爺來「鎮風止煞」。風獅爺守護著村落與村民，是金門特有的民間信仰，也是金門特有的景觀。[18]金門當地的陶藝家如呂榮和、王明宗與吳鼎信等，取風獅爺形象，製成商品，利用商業行銷的手法大力推廣，「鼎鼎軒陶坊」與「浯洲陶藝坊」所製作的風獅爺藝品，造型樸拙可愛，觀光客常大量購買以贈送親友。

四、牛肉乾

　　「十個去算命，九個不可吃牛肉」。[19]金門人不吃牛肉，因此老一輩的親人都會用各種理由告誡子弟，敬重為農家辛勤耕種的黃牛，不可宰殺，遑論食用。曾幾何時，如今金門生產製作的牛肉乾充斥在各大賣場，成為金門極為重要的特產。唐代時陳淵曾來金門牧馬，顯見金門的環境適合畜牧，金門到處可見農家放牧的牛，許多觀光客戲言在金門開車，小心撞到牛。農具機械化後，牛已較少用於耕種，多數賣給工廠做成肉乾。早期金門地區吃牛肉的以軍方為多，成立於民國 65 年的「高坑」，原本為食品雜貨批發及零售業，後來以供應「全牛大餐」聞名，常見軍方將官在此用餐。舊的「高坑」歇業後，民國 96 年另成立「高坑牛肉店」，繼續餐飲業，並且製作肉乾出售。「高坑牛肉乾」是金門著名的品牌，歷史較為悠久，但市場不如後起之秀「良金」，主因在「良金」有自己的牧場，牛肉乾由牧場自製，不假手其他工廠代工。「良金牧場」成立於 1990 年，當時行政院農委會為了解決金門酒廠酒糟過剩的問題，鼓勵農民養牛。「良金」所養的牛最多時高達五千多頭，[20]後來碰到「口蹄疫」事件，活牛不

18　參閱楊天厚、林麗寬，《金門風獅爺與辟邪信仰》，永和市：稻田，2000 年。
19　吳家箴，《浯島情懷》（金門：作者自印，2008 年），頁 227。
20　「訪問良金牧場老闆──薛承琛先生」，金門縣立金城國民中學「金雞母隊」製作，http://www.kcjh.km.edu.tw/chen/goldhen/g063.htm。

得出口到台灣，為解決黃牛過盛無市場問題，「良金牧場」於是開始從事生鮮牛肉分級包裝，並向金門縣政府申請牧場附設加工廠，研發高粱牛肉乾的製作，建立金門高粱牛肉乾品牌，成為金門牛肉乾業界的第一品牌。

　　繼「高坑」與「良金」之後，「永群牧場」也加入肉乾製作的競爭，為區隔市場，「永群」主打黑毛豬肉乾與高粱黑豬肉香腸。另外，標榜金門肉乾的尚有「老農莊食品商行」的「金門肉乾」，以及「興茸觀光牧場」的小西門鹿肉乾。鹿肉是新近出來的產品，市場接受度尚在考驗中。「興茸」的鹿場飼養計劃，技術指導來自彰化縣「鹿世界觀光牧場」。2002年金門發生「梅花種鹿」失縱事件，喧騰一時，官司纏訟三年多，最後得知種鹿被船公司「建華航運」私自賣到中國大陸。2007年2月，最高法院判船公司賠償貨主330萬，金門人戲稱這隻失縱的鹿為「超級種鹿」。「興茸」養鹿以採割鹿茸為主，鹿肉乾僅是附帶產品，數量有限。以上這些金門特產的肉乾，主要賣點是金門高粱酒的酒糟。根據金門縣畜試所的研究，高粱酒糟的蛋白質量約20%，高於玉米的12%，以酒糟60%搭配其他飼料，是最佳的養牛飼料配方，養出的牛肉質與量都深受各界好評，比美日本的松板牛肉。[21]原本被當作廢棄物的高粱酒糟，沒想到會在養牛業找到第二春，將來若活牛可以出口，金門的牧場前途無可限量。

五、其他農漁產加工製品

　　金門的農產品中較具商業價值的應是花生與高粱，花生用以製作貢糖，高粱則由金酒公司收購，成為製酒原料，雖然兩種作物目前仍在栽種中，但產量不大，不足以供應工廠需求。早期民間將收成的花生委由工廠榨油，生活習慣改變後，沙拉油取代花生油，連帶種植花生的也變少，在金門，花生並未成為商品。至於高粱，基本上，這是一種政策性的作物，沒有市場可言。近年來，許多屬於地方性的醃漬物，經過科學化包裝後，也上架成為觀光客的伴手禮。例如「金門酸白菜工坊」與「逸園工作坊」的酸白菜，雖然口碑極佳，可惜金門耕地有限，大白菜的種植面積難以突破。情況如同烈嶼鄉的芋頭，金門俗諺說：「烈嶼芋，毋免卜（嚼）」，

---

[21] 「金門高粱酒糟養牛，李炷烽勉化垃圾為黃金」，《大紀元》2008年8月31日報導，http://www.epochtimes.com/b5/8/8/31/n2247389.htm。

譽其鬆軟香甜，雖然每年有二、三萬公斤的產量，[22]仍是供不應求，未到收成便被預訂一空。金門其實不乏小型產業，只是不足以供應市場大量需求，石蚵的情形也一樣，「生吃都不夠，那得曬乾」，這就是金門農漁特產的宿命。至於已有 35 年歷史的「趙王食品工廠有限公司」，因為沒有原料上的困擾，可以大量生產，其著名的「趙王醋」，如今已行銷台灣全省，在各大超市、量販店與公教福利中心皆可購得其商品。

　　「趙王醋」行銷的成功模式，預告了金門特產行的沒落。販賣金門特產不再是特產行的專利，各種商行都可以分一杯羹，甚至連風景區的攤販也可以摻一腳。近年來，台灣各地民眾瘋網路團購，加上宅配方便快速，各種商品皆可直接向廠商訂購，不用再假手特產行。這是一種新的市場行銷，雖然對傳統的購物方式造成相當大的衝擊，但是一般人還是喜歡逛商場，享受東挑西撿的樂趣，這是人性，傳統與現代還是可以並存，相互為用，因此「特產行」依舊不會消失，只是在經營上必須有新的思維。2002年 12 月，金門籍的李九六先生，在金湖鎮設立第一家「新思維」商行，2004 年 7 月再在金城鎮設立「囍莊中正商行」，繼續金門特產的販售。「新思維」引進資本主義的經營模式，一方面，把傳統窄小昏暗的商店變成動線流暢有空調設備的量販店，以此來吸引觀光客。另一方面，廣設直營店與加盟店，把「新思維」的旗幟傳遞到台灣本島，目前除了金門本島有七家「新思維」和兩家「囍莊」外，在台灣新竹、淡水、永和、中和、高雄等地，都有「新思維」的店面。[23]「新思維」集團結合數十位股東，其商業野心非常明確——一統金門的高粱酒與特產販售。對「新思維」的前景，趨勢專家或許有不同的解讀，但是對「新思維大樓」的興建，地方上藝文界與文化界人士多所期待，這是一種金門人對自己家鄉的眷戀，就像當年華僑寄錢回來建造洋樓一樣。或許有一天，世界各個角落都可以品嚐到金門的特產，但對金門人來說，我們所要的可能只是一方淨土，可以生、可以養、可以終、可以老。

[22] 許維民、許維權，《金門小型產業調查研究》（修正本）（金門縣：內政部營建署金門國家公園管理處，2003 年），頁 12。

[23] 楊樹清，〈李九六打造金門新思維〉，《金門日報》，2009 年 7 月 4 日。

陸、酒廠與陶瓷廠

酒與大部分中國文人有密切關係，與歷代一般中國人的日常生活，也密不可分。歷代君王、諸侯的朝會宴饗，少不了酒，因此，爵、斝、觶、角、壺、觥等酒器也成了重要的一種禮器。中國古代多用穀物釀酒，因此五穀豐登與否，成為歷代政府是否開放酒禁，或者徵取酒稅輕重的一項根據，酒與歷代民生、賦稅逐漸產生直接關係。但是，酗酒狂歡，可能敗德亂性、損己害人，因此有人從道德意識上講酒德、作酒訓，勸人節飲。也有人從醫學觀點上，講究酒的藥效，製作藥酒，或以酒補身。再加上中國地大物博，各地農作物品種、當地水質及釀酒技術的一些差異，就有了饒富地域色彩的各式佳釀。文人雅士在酒後或者記下各種釀酒技術，或者寫出各種酒詩、酒談。於是，酒更豐富了中國人多采多姿的生活面。

在中國悠久的歷史長河中，很多事物都走在世界的前面，酒也是一樣，有著它自身的光輝篇章。在中國，由穀物釀造的酒一直處於優勢地位，因此，探討釀酒的起源問題主要就是探討穀物釀酒。中國酒的歷史，可以追溯到上古時期。首先，從文獻上來看，《史記‧殷本紀》關於紂王「以酒為池，懸肉為林」、「為長夜之飲」的記載，以及《詩經》中「十月獲稻、為此春酒」和「為此春酒，以介眉壽」的詩句等，都表明了中國酒之興起已有 5,000 年的歷史了。另據考古的證明，在近代出土的新石器時代陶器製品中，已有專用的酒器，說明了在原始社會，中國釀酒已很盛行。以後經過夏、商兩代，飲酒的器具也越來越多。在出土的商殷文物中，青銅酒器占相當大的比重，顯示當時飲酒的風氣確實很興盛。自此之後的文字記載，關於酒的起源描述雖然不多，但關於酒的敘事卻是不勝枚舉。

飲酒想起詩，賦詩想起酒。酒與詩好像是孿生兄弟，結下了不解之緣。《詩經》是中國最早的一部詩歌總集，我們從中聞到濃烈的酒香。飲酒是樂事，但由於受到生產力的制約，大量釀造酒並不容易。所以有了一點酒，往往想到祖先，用作祭祀之用，與神靈共享。「清酒既載，騂牡既備。以享以祀，以介景福。」（《大雅‧旱麓》）祭祀者並不是白白地請吃請喝，而是對神都抱有希望。水旱風雷，常常威脅人們的生存，在無法主宰自然的情況下，只能向神靈祈禱風調雨順，禾稼豐收，免於饑饉。「自今以始，歲其有。君子有穀，詒孫子。于胥樂兮。」（《魯頌‧有馬必》）從春而

複，由夏而冬，人們一面披風雪，冒寒暑，不停耕耘，也一面向神靈膜拜，暗暗祝禱，然而真正讓人們眉開眼笑，飲得安樂，飲得熱鬧的，當是在禾稼登場的時候。

2002 年秋收之時，金門辦了一場「醉戀金門」的詩酒文化節，除了地方物產展覽外，也邀請藝術名家彩繪陶瓷酒器，隨興創作。飲酒賦詩，一時之間宛如王羲之的「蘭亭」場景再現，「群賢畢至，少長咸集」，在杯觥交錯中，登莒光樓賞一輪明月，此情此景，連李白都會羨慕。金門因酒而富，因酒而貴。沒有高粱酒，金門只是名不見經傳的「蕞爾小島」，古今多少戰役，都付笑談中，金門那幾場小小的戰事，誰還記得。因為名酒，金門得以廣邀天下英雄豪傑，得以招徠詩人墨客，藉他們的筆喙，把金門推銷出去。高粱酒對於金門人而言，可以微醺，可以酩酊，可以小酌，可以牛飲，可以營利，可以送禮。高官應酬，庶民待客，都離不了酒，無法想像沒有高粱酒的金門，若說高粱酒是金門的代名詞，絕對不會「太超過」。

金門屬大陸型氣候，島上不僅無巨川長流，且全年降雨量稀少，高溫乾燥，自然條件不佳。因此，水稻農業發展受限，僅適合種植雜糧作物，例如高粱、玉米、甘藷及大小麥等。大陸未淪陷前，金門人喝的酒，除了少數由廈門、漳泉等地進口外，其餘多是以土法釀製的甘薯酒。1949 年後，國軍雲集金門，酒之銷路大暢，釀酒商家應運而興，據許維民的調查與《金門縣志》的記載，50、60 年代，金門民間業者製作米酒、高粱酒、地瓜酒者 18 家，其中金城 10 家、金寧 1 家、金沙 7 家。「古寧頭大捷」之後，金門防衛司令部由十二兵團胡璉將軍任司令官，領軍進駐。當時，金門百姓生活困苦、糧食短缺，即使利用飛機空投糧食，也會完全破碎，無法使用。因此，全島軍民完全以地瓜為主要糧食，但地瓜吃後易飽易餓，無法提振士氣。[24] 胡璉將軍想起與金門相似的東北家鄉，有著「高粱高、甘蔗長」的俗諺，便下令金門島民全面種植高粱。

之後，為因應財政困難，必須有效開拓財源，作為建設所需，乃於 1953 年徵用葉華成先生的「金城酒廠」，創設「九龍江酒廠」，開始生產高粱

---

[24] 關於金門人以地瓜裹腹的情形，可閱讀楊樹清，《番薯王》，金門：財團法人金門縣社教文化活動基金會，2003 年。

酒。金門西岸是「漳江」（又名九龍江）的入海處，因以命名，寓意不忘大陸錦繡河山。酒廠隸屬福建省政府，1956 年，金門戰地政務實驗區成立，福建省政府遷台，酒廠改隸金門戰地政務委員會，更名為「金門酒廠」。酒廠成立後，嚴禁民間私釀，各種酒類概歸公賣，公賣制度於焉建立。1977 年 12 月，金門高粱酒納入國家公賣體系，由原本的民營企業轉為政府公營事業，銷售臺灣。1998 年 2 月，因應政府政策，正式改制為「金門酒廠實業股份有限公司」。

金門酒廠

營利事業名稱	核准設立	最近異動	負責人姓名	資本額	組織類型	現況	營業項目	地址
金門酒廠實業股份有限公司	87	98	李清正	5,000,000,000；實收 2,700,000,000	（股）公司	營運中	一般廣告服務業／中藥製造業／食品什貨、飲料零售業／菸酒零售業／五金零售業／農產品零售業／畜產品零售業／水產品零售業／國際貿易業／展覽服務業／製酒業／酒類輸入業／倉儲業／生物技術服務業／菸酒批發業／飲料批發業／化粧品批發業／塑膠膜、袋批發業／酒精批發業／酒精零售業／化粧品零售業／塑膠膜、袋零售業	金寧鄉桃園路 1 號

大凡名酒之釀製，須具三個優良條件：氣候與空氣、水質、原料。金門濱海大陸，有大陸氣候與海洋氣候調節。空氣新鮮，含有多種香味微生物，製麴時已滲入麥粉之中，酒麴培養繁殖旺盛，自然產生香味，麴為釀

酒主要媒介，麴質良窳，與酒質攸關，水質亦甚重要，糖化遲速，發酵之良否，酒味之優劣，無不與水相關。金門地區屬花崗石岩帶，水質含稀有礦物質及有機物質，有利於釀酒。金門酒釀造技術，承襲傳統優良古法，大部份作業係由人工操作。釀酒過程，為使高粱成份發揮盡致，採用三道作業制，三道輪迴完畢，需時 41 日，產品管制，由檢驗室嚴格檢驗與控制，并不斷改進技術作業，以提高品質。自 1976 年起，為符現代企業管理要求，講求科學方法，以求提高品質，增加產量，降低成本，先後投資台幣 5,000 萬元，重建現代化生產線兩條，自高粱進庫、泡沉、入鍋蒸飯、冷卻涼糟、拌麴粉、發酵、再入鍋蒸酒等，實施一貫作業，其間蒸酒改用機械電力操作，乃金門酒史一大革新。

金酒令譽，馳名中外，惟酒類屬公賣物資，1977 年應「台灣省煙酒公賣局」要求，納入台灣公賣系統，同年 11 月雙方簽約，金酒正式銷往台灣市場，此為 26 年來金酒銷售方式的一大轉變。金門高粱酒納入國家公賣體系銷台後，年產 60 度酒 250 萬公斤，其中 70%間接銷給公賣局。因條約限制，金酒銷台有一定配額，後經公賣局同意逐年放寬，增加供銷量。從 1991 年到 2000 年，生產數量增加為 2.1 倍（60 度酒），銷售數量增加為 2.3 倍，盈餘增加為 9.6 倍，[25]顯見金酒的的公賣利潤優渥。金酒盈餘是金門財政重要來源，為期保持以往既有盈利，並符合金門與台灣售價一致原則，於是適度提高酒價。在 1998 年以前，金門高粱酒一直是產量過剩，一半的產量嚴重滯銷。2001 年，委由統一集團代理金門高粱酒，因此「白金龍」出現在每一家 7-ELEVEN 的貨架上，囤積多年的存貨頓時消化掉。市場上更傳聞金酒公司即將上櫃，從金門縣民或酒廠員工手上流出的金酒股條也滿天飛舞，未上市盤價格曾經從一股 20 元、50 元，喊到 80 元，甚至曾經超過 200 元。原因無他，這年頭到哪裡找一股能賺 25 元的「傳統產業」？[26]原本預計 2001 年上櫃的金門酒廠，讓股民垂涎，市面上甚至曾出現假股票，讓金門酒廠忙著刊登廣告澄清並無發行股票或股條。

1998 年 2 月「金門酒廠」改制為「金門酒廠實業股份有限公司」，雖然改制成公司，事實上還是直接隸屬於金門縣政府。近年來配合行政院政

---

25 陳水在，《敬恭桑梓　飛躍十年》（金門：金門縣政府，2001 年），頁 20。
26 「去年營收 51 億元，每股盈餘 25 元金門酒廠：金門的大金庫」，2001 年 3 月 9 日。
　　資料來源：「台灣網路──產經新聞網」，http://news.taiwannet.com.tw/。

策進行公司化，並準備員工釋股、縣民釋股、申請上櫃，此事被金門人形容是「忍痛配合」。主因就在於民營化之後，金門酒廠必須繳給中央更多的稅。但是，公營企業的民營化已經沒有回頭路，所幸金門酒廠近幾年來憑藉靈活的轉型動作，年年大發利市。以目前而言，金門酒品是台灣白酒的第一品牌，在台灣市場佔有率高達 80%，年銷售額 90 多億元。其中盈餘 50 餘億元，即是金酒公司因具有獨占力而獲得之超額利潤。不但每年上繳中央政府 30 餘億元稅收，最近數年每年還能捐贈縣府二三十億元，回饋縣民，推動不少社會福利措施。諸如金門縣老人年金、老人免費搭乘車船、學童營養午餐等，其經費無不由金酒公司盈餘一肩挑起。

　　在外人眼中金門酒廠是會下金雞蛋的「金雞母」，在金門政客眼中金門酒廠是主政者的「禁臠」，在金門民眾眼中，從來就不清楚這是怎麼一回事。金門酒廠開放參觀後，每年有將近 30 萬人次進來品嚐高粱酒，酒香滿室，但對金門酒廠卻是一無所知。這些年來，金門酒廠成了學術研究的熱門話題，學位論文一本接一本，從這些論文題目來看，金門酒廠的經營與管理確實可以做為一種「典範」，但熟知內情的人不免擔心金門酒廠未來該何去何從。

金門酒廠研究學位論文

研究生	論文名稱	學校研究所名稱	論文別	年度
翁自保	金門酒廠組織變革對經營績效及金門縣財政之影響	銘傳大學管理科學研究所	碩士	2001
陳彥慈	金門酒廠民營化政策論證分析	國立政治大學公共行政研究所	碩士	2002
胡美真	多種銷售量預測模型之評估比較——以金門高粱酒為例	國立高雄應用科技大學工業工程與管理研究所	碩士	2004
王和協	金門酒廠產品經營大陸市場廣告訴求與產品涉入程度對廣告效果影響之研究	大葉大學國際企業管理學研究所	碩士	2006
陳麗竹	製酒業運用創新提升競爭力之探討以金門酒廠（股）公司為例	中山大學人力資源管理研究所	碩士	2006
陳明坤	金門酒廠實業股份有限公司競爭力分析	國立高雄大學高階經營管理研究所	碩士	2007

　　金門酒廠從軍管、到縣政府直營，如今要民營化，未知的前景，讓金門人深感不安。民營化以後，金門縣政府仍將是金酒的最大股東，持有49%股權。這會變成雙軌制，同時有兩個老闆，一是縣政府，一是民間大股東。更多人干預，事情會更難做。台灣加入世界貿易組織（WTO）之後，專賣制度的保護傘將取消，回歸正常稅制，金門酒廠必須繳納每公升185元的菸酒稅，盈餘勢必銳減。進口烈酒在取消關稅後的降價，對國產酒也是一大威脅，利潤縮水，到時候只有靠增加產量、增加外銷、節省成本，才能維持獲利。

　　老子說：「飄風不終朝，驟雨不終日」，在內外夾擊下的金門酒廠，如今也走到了十字路口。從歷史發展來看，這是一個轉捩點，或許可以再創高峰，或許會步上「遠東航空」的後塵。古今中外，多少「白銀帝國」，不論如何叱咤風雲，終究土崩瓦解，空留餘恨。撇開金門酒廠自身的發展週期與宿命不論，要知道「人定勝天」向來都是迷思，也許金門人該想想沒有酒廠後，金門人還剩下什麼。如今的金門民眾已被金門酒廠完全制約了，每到配售時節，金門全島就會處處喧囂著廣播器的聲音，呼喚著民眾記得前往購買。芸芸眾生往往在每次節慶配售活動中，被迫要去認識新的酒種和新的配套方案，而金門酒廠總是在此時趁勝追擊，廣立名目，製造各種購買誘因與喝酒場合。於是我們可以看到，金門高粱酒除了以時間分的「陳高」（熟成5年）、「窖藏」（12年）等；以製程分的「二鍋頭」、「大麴酒」之外，還有各類的名堂與「出頭」。例如，與地方民防組訓有關的男、女自衛隊造型酒、與戰爭有關的八達樓子、古寧頭、八二三砲戰紀念酒、與終戰年份有關的八二三炮戰20、30、40周年紀念酒、與節日有關的春節、中秋、端午三節配售酒。光是酒名，就已夠讓人眼花撩亂，如何還有餘力去區分年份，金門這堂用喝的歷史，恐怕沒有幾個人能夠All Pass。

　　於是，金門人就在這種年復一年，周而復始的買酒、囤酒、賣酒、喝酒中度過。民眾搶購小利，父母官投其所好，至於金門如何發展，下一代如何出路，對那些終日忙於選舉的政客來說，似乎永遠事不關己。金門酒廠已歡度50周年，每年盈餘數十億，但是至今連一間像樣的高粱酒文化館都沒有，金門酒廠接待處大門口的酒史館，與其說是「館」，不如說是新舊商品陳列處罷了。金門酒廠養活了半個金門，沒有金門酒廠，金門現

在可能還是窮鄉僻壤。金門酒廠也麻痺了半個金門，讓大半個「民族」因酒而瘋狂。唐代大詩人「酒十斗，詩千首」，一年乾掉十斗高粱酒的金門人，所在多有，能寫一首好詩的，屈指可數。「醒來吧！金門人」。

俗話說：「舊瓶裝新酒」，好酒也得好的容器，金門酒廠的酒供不應求，每年為縣府賺進大把鈔票，但是另一家同樣是政府經營，用來製作裝酒容器的工廠，卻是命運大不同。相較於酒廠與金門民眾的生活息息相關，金門陶瓷廠顯得有點默默無聞，多數民眾只聞其名，難以侵門踏戶一窺堂奧，一直到 1997 年 12 月 25 日廠區內設置了「金門陶瓷博物館」，開放遊客進入參觀，縣民才能真正認識這家全國唯一的「官窯」。

金門陶瓷廠

營利事業名稱	核准設立	最近異動	負責人姓名	資本額	組織類型	現況	營業項目	地址
金門縣陶瓷廠	64	96	石永和	36,000,000	獨資	營運中	陶瓷及陶瓷製品製造業／其他食品批發業／菸酒批發業／其他零售業（陶瓷品）／國際貿易業	金湖鎮新湖里漁村14 號

「金門陶瓷廠」創建於 1963 年，初期以生產手繪餐碗、盤為多，被民間稱為「碗廠」，1967 年之後，以生產金門高粱酒瓶為大宗，最盛時期，館中有員工 2、300 人，年產能可達 500 餘萬支。曾與故宮博物院訂約合作生產仿古產品，產品頗受信賴與好評。金門陶瓷廠主要產品分為藝術陶瓷類與酒瓶及日用瓷製造類，內容涵蓋傳統青花、彩繪、鬥彩、浮彩、結晶釉等陶瓷文化藝術產品。這些精美的陶瓷藝術與主題瓷瓶酒，是政府高官餽贈的最佳禮物，聲名遠播，目前連總統府、外交部等中央各部會，乃至大陸皆慕名來下訂單。陶瓷廠在 1991 年至 1995 年因承製公賣局酒瓶，故年年均有盈餘，最高時甚至超過一億元。[27]1996 年以後公賣局該類酒滯銷，同時其他酒瓶之採購亦改採公開招標方式，使得陶瓷廠不是唯一可以

---

[27] 陳水在，《敬恭桑梓，飛躍十年》，頁 21。

承接局酒瓶製作的廠商,再加上成本高、競爭力差,使得該廠的銷售業績一落千丈,因此自 1996 年起逐年生產虧損,1999 年時虧損高達 7,000 多萬。

受到全球經濟不氣的影響,台灣本島的陶瓷產業紛紛出走,有的將產業外移至東南亞、有的遠赴大陸設廠。金門陶瓷廠面臨礦源封閉及瓦斯、原物料飛漲等困處,還能走出一條自己的路,實屬難能可貴。除了工廠員工上下一心團結努力外,李柱峰縣長牽線促成與金酒合作,全力開發主題瓷瓶,爭取客源,也是陶瓷廠轉虧為盈的大功臣。金門陶瓷廠副廠長楊蕭泰指出,主題瓷瓶酒會依客戶要求,著手進行圖案設計,產品多樣化且個性化。例如,中央及縣政府各機關單位指定莒光樓等圖案,代表金門人文特色,用以餽贈外賓,或表揚績優員工。一般客戶生日、結婚及公司行號週年慶,也都選擇瓷瓶酒當作紀念性的餽贈禮品,不但送者大方又深具意義。主題瓷瓶每年成長約 80 萬件,十分可觀。據陶瓷廠自己發佈的資料,2007 年 1 月 1 日至 6 月 30 日的營收情形如下表:

營收	73,191,214
營業外收入	1,741,365
支出	74,907,376
盈虧	25,203

到 2008 年 11 月為止,盈餘已超過三百萬元,在此景氣寒冬裡,金門陶瓷廠卻能異軍突起,獨領風騷,確實羨煞不少行業,陶瓷廠員工們不用再擔心休無薪假,大家每天忙得不亦樂乎。對任何人來說,有工作做,是一件多麼幸福的事!

金門尚有一家與高粱酒無關的陶瓷廠,論名氣當然沒有「金門陶瓷廠」的響亮,但行家都知道,「宏玻陶瓷廠」的五彩金龍,馳名海內外。宏玻陶瓷廠是第一家民營工廠,第一家外銷工廠,成立於 1979 年,董事長顏達仁曾任金門縣副縣長(1988-1990),也是 1963 年金門陶瓷廠的五位創廠元老之一,在陶瓷這條路上雖已耕耘多年,仍一本初衷,致力於發展優質陶瓷製作技術。宏玻陶瓷廠早期以研發日用陶瓷、金門特殊風情之紀念物為主,並為金門防區各部隊委製專屬紀念茶具、酒具。近年來則致力於傳承陶瓷藝術及新品的創作研發,堅持以「藝術陶瓷生活化、生活陶瓷藝

術化」，促成了璀璨的「黃金系列」誕生，該創新作品使用自戰國時代開使流傳的鎏金工藝技術，經繁複的高溫窯火精燒，讓作品結合黃金討喜的色澤和精緻瓷器清脆的質感，展現令人驚嘆之美。

　　金門是一個人文古蹟、觀光文化蘊藏豐富的特殊海島，不僅保存了明清閩南建築風貌，到處揚溢著戰爭遺留下來的歷史氣氛。這個曾經是烽火漫天的戰地，如今已成鳥語花香的樂園，每年引進了數十萬遊客造訪，留下無限的讚美與驚嘆。古文物的精神保存，創作新品的研發，傳承中華藝術，宏揚中華文化，這是金門宏玻陶瓷廠建廠的宗旨，何嘗不也是金門人對自我的期許。

第二節　旅館住宿業

壹、招待所

　　解嚴以前，金門對於流動戶口管制極為嚴格，民眾凡離村里外（留）宿，必須填具居民外宿卡，再持往留宿所在地之村里戶籍申報站，辦理外宿登記手續。由台來金人口，於抵金之當日，即應向居留地之村里戶籍申報站，辦理臨時戶口登記手續，如居留逾期六個月以上者，則通知其辦理戶籍遷入，或限期離境。警政單位為貫徹便民服務，自 1972 年 3 月起，民眾申請辦理赴台手續，依行政院所頒：「戡亂時期台灣與金馬地區往返申請辦理辦法規定」辦理，由政委會授權警察局，核發民眾往返台金許可證。另訂頒補充規定，凡出境逾六個月以上者，即通知其家屬或鄰長，將其戶籍代辦遷出。社團、民間廠商行號，向台聘（邀）僱人員來金，須先報請核准。復於 1986 年 7 月修訂「金門地區出入境人口管制規定」，有效消弭空戶漏口及防止役男逃避兵役或民防組訓。並於 1987 年 3 月訂定「金門地區對非本地區人口遷入登記處理作業規定」乙種，以確實掌握居民動態，達到人必歸戶，戶必歸鄰之要求，使本縣戶政業務步上正軌。

　　為了有效掌握及管制人員進出，戰地的金門是沒有旅館業存在的，非設籍本地的人不得到金門訪友，探親必須申請得到許可，如果有外賓到訪，則軍方和官方都設有外賓招待所，離島官兵到金門本島出差或短期度

假，必須按軍階住宿在軍方所設置的招待所。不同時期內，金門有幾處供這些人員住宿的場所。[28]

一、金城招待所

位於金城鎮光前路，係旅居新加坡華僑所建的兩棟洋樓，1961 年，軍人之友社在這裡設立「中國軍人之友社金城招待所」，當時凡是到前線勞軍的團隊，大都在「紅大埕」金城招待所住宿。烈嶼及各離島到臺灣、金門本島出差，因受船班限制無法趕回駐地的官兵，還有烈嶼到本島參加活動的學生，也可憑公函在此辦理住宿，住宿費用低廉。招待所門口原為一片紅土空地，城區居民習慣稱為「紅大埕」。[29]招待所成立初期，空地作為停車場，戰地政務解除後，洋樓歸還民間，金門開放觀光後，被民間業者租用經營旅社及出租套房。

二、浯江招待所

三級古蹟「清金門鎮總兵署」，自 1950 年代開始，曾先後做為金門防衛司令部、福建省政府、金門戰地政務委員會、金門縣警察局的辦公處所，那段時期並曾以「浯江新村」為名。在作為「金門防衛司令部戰地政務委員會」辦公處時期，右側由華僑於 1921 年所建的洋樓，則作為「金門戰地政務委員會浯江招待所」，提供住宿及官方宴客服務，這裡接待的對象以官方身分者居多。1996 年元月，福建省政府遷返金門辦公後，原浯江招待所改為省府的員工宿舍。

三、山外招待所

山外招待所成立於 1958 年之後，名為「中國軍人之友社金門招待所」，係借用位於山外村的陳期宰洋樓修改而成，以接待來金門視察的中級軍官為主，高級軍官則由另設在太武山的金防部招待所負責接待。迎賓館落成後，這裡的人員及其接待工作，逐項移往迎賓館。

---

[28] 黃振良、董群廉合著，《和平的代價──金門戰地史蹟》（金門：金門縣文化局，2007 年），頁 264-7。

[29] 楊加順總編輯，《時光膠囊──金門懷舊影像集珍》（金門：金門縣文化局，2008 年），頁 124。

四、迎賓館

在山外村後南雄山麓。先後經駐軍忠誠、虎軍、班超三部隊構築，在層巒疊嶂下，炸石開山，工程浩大，佔地 58,00 餘坪，建地 2,600 坪。正面坑道口為一所二層大樓，一樓為中正廳，擺設莊嚴典雅，可供住宿賓客欣賞電影、舉行晚會以及集會、小憩、交誼。二樓為中山圖書館，典藏各類圖書報誌甚富，供住客閱覽。樓外可鳥瞰山外，新市全景。樓下坑道長 220 公尺，寬 180 公尺，有單人套房 12 間，雙人套房 2 間，雙人客房 2 間，四人客房 17 間，中西餐廳各一，可容酒席 30 桌，佈置均甚高貴華麗。工程歷時二年，於 1980 年完成，由蔣經國親自題額撰記。

除了軍方與官方的招待所之外，比較像旅館的當屬「華僑之家」。緣起於 1973 年 9 月，旅星鄉僑之「浯江公會」，首次組團返金省親，對故鄉之各項建設進步，社會安定繁榮，至為感奮，在縣政府與「華僑協會」及地方人士接待之下，於是發起興建華僑之家。華僑返回僑居地後即進行籌募，先由新加坡寄回捐款新台幣 154 萬元，作為籌建基金，經縣政府同意以模範街口舊菜市場之地供為建址。並由地方人士陳卓凡等組成華僑之家大廈籌建委員會。尋以所定地址未臻理想，而暫告停頓。1976 年 2 月旅汶萊鄉僑，又組團回鄉省親，一行 36 人，由團長林嘉長、領隊李皆得率領回鄉，籌建華僑之家再度受到熱烈響應。同年，「浯江公會」又派人回鄉協調，盼能儘速興建，幾經選擇，乃定於莒光樓右側坡地，佔地 895 坪，惟因設計建築圖樣，經費龐大，非一時所能籌足，乃訂定捐款獎勵辦法，先後獲印尼、馬來西亞之雪蘭莪吧生、馬六甲、吉膽及汶萊坡、菲律賓等地僑團僑胞同聲協力支持，籌集新台幣近千萬元，並於 1977 年華僑節舉行動土待建，但至 1978 年底，仍因建築圖樣變更問題，再以莒光樓整體景襯考量，又被擱置。

迄 1981 年 3 月，縣政府撥租金城鎮西郊（金門中學前面廣場右側）公地 26.87 公畝，工程計劃亦奉金防部核准，同年 5 月，由政委會秘書長曹興華主持動土，8 月招標興建，歷時一年，一座美輪美奐的「華僑之家」大廈，終於告竣。樓高三層，建築型式新穎，佔地 4.55 公畝，每層面積 200 餘台坪。內設「浯江廳」、「印尼廳」、「汶萊廳」、「馬來西亞廳」等，供返鄉僑親聯誼活動之用，並懸掛捐款人肖像，藉資感念各地鄉僑贊

助之意。設套房 22 間，以供鄉僑暨中外貴賓蒞金住宿憩息之需，另有會客廳、辦公室、管理室各一間，底樓未隔間，設置餐飲廳，供為賓客餐飲宴會之所。服務對象為：

1、返鄉探親、觀光之華僑。

2、來金訪問參觀之國內外賓客。

3、與地區業務有關人員。

4、本縣籍遷台返鄉探親之民眾。

5、烈嶼鄉來本島公幹之公教人員及民眾。

「華僑之家」現已改名為「新華僑之家飯店」，雖然仍在營業中，但卻未被金門交通旅遊局納入「熱門飯店」，也未登錄在交通部觀光局的「旅館與民宿系統」中，不論「合法」與「非法」，皆未見「華僑之家」的營業情形。

貳、旅館

1987 年，政府開放大陸探親，並宣佈解嚴，兩岸情勢趨向緩和，金門似乎不須再扮演「反共跳板」的角色。1992 年 11 月 7 日，金門解除臨時戒嚴，次年年初，全面開放觀光旅遊，大量觀光客湧入金門，「世界禁地」的神秘面紗終被掀開。但是，對於金門的開放，政府單位顯然還沒有準備好，對於金門觀光的長遠發展，相關單位也沒有擬定適當的管理辦法與開發方針。每個金門人都想要發觀光財，大家爭著興建旅館飯店，旅館和飯店如雨後春筍，多達 70 家，合法的卻只有 25 家，其餘的旅館竟然都無法取得使用執照，被迫歇業。

金門旅館家數、房間數、員工人數統計表

資料期間：2009 年 9 月

	合法旅館			非法旅館			小計		
	家數	房間數	員工人數	家數	房間數	員工人數	家數	房間數	員工人數
金門縣	25	1,162	280	1	48	1	26	1,210	281
合計	25	1,162	280	1	48	1	26	1,210	281

合法旅館[30]

營利事業名稱	設立	異動	負責人	資本額	組織類型	現況	地址
凱蒂旅館	81	96	許燕道	200,000	獨資	停業	金湖鎮山外里下莊中興路 48 號
仁愛山莊	81	82	翁文燦	40,000	獨資	歇業	金寧鄉盤山村仁愛新 2 號
上賓飯店	82	82	陳倍隆	100,000	獨資		金城鎮西門里民權路 33 號
濱海旅館（大飯店）	82	96	陳永財	200,000	獨資	停業	金湖鎮新湖里漁村 24 號
金湖旅館	82	98	蔡玉羨	150,000	獨資	註銷	金湖鎮山外村黃海路 101 號
南富園民俗文化育樂渡假村	82	89	呂榮和	2,000,000	獨資	歇業	金湖鎮蓮庵村東村 1-1 號
金馬旅館	82	82	呂應心	200,000	獨資	歇業	金湖鎮蓮庵村庵邊 2-1 號
金城大成育樂有限公司（飯店）	83	83	翁章成	1,000,000	股份公司		金城鎮北門里民生路 16 號
金寶來大飯店（股）公司	83	94	吳嘉獎	96,320,000	股份公司		金寧鄉湖埔村下埔下 90 號
風獅爺渡假村（竣華大飯店）	83	95	張松林	21,300,000	有限公司	停業	金湖鎮山外村建華 66 號
台金大飯店（股）公司金門分公司	84	88	林建榮	同總公司	分公司		金沙鎮西園里何斗村高陽路 1 號
許氏宏福有限公司	84	84	許振福	3,000,000	獨資		金城鎮民族路 169 號
金瑞大飯店（股）公司	84	93	彭火興	5,000,000	股份公司		金城鎮民權路 166 號 1 之 7 樓
金帝大飯店	84	85	張伊雯	200,000	獨資		金城鎮西門里民權路 107 號
海福大飯店	84	94	林水千	20,290,000	獨資		金城鎮西門里民權路 85 號

---

[30] 榮湖山莊、華欣商務飯店、長鴻商務大飯店無商業登記料。

海花園大飯店	84	84	林志國	490,000	獨資		金城鎮西門里光前路 76 巷 2 號
浯江大飯店（股）公司	84	90	孫惠文	59,925,000	股份公司		金城鎮西海路三段 100 號
六桂飯店（股）公司	84	95	翁國得	5,000,000	股份公司		金城鎮莒光路 164 號
金麗麗大飯店	84	91	陳麗紅	5,000,000	獨資		金寧鄉湖埔村下埔下 52 號
麟閣大飯店	84	91	林天成	200,000	獨資	歇業	金城鎮民生路 9 號
海洋商店（飯店）	84	95	洪麗萍	100,000	獨資	歇業	烈嶼鄉林湖村東林街 156 號
金沙假日大飯店（股）公司	85	86	張碧雲	195,000,000	股份公司		金沙鎮后浦頭 135 號 1 樓
福華大飯店	85	85	陳錦章	200,000	獨資		金湖鎮山外里黃海路 103 之 1 號
山外飯店	88	88	吳秀治	50,000	獨資		金湖鎮山外里黃海路 97 之 8 號
金城山莊	88	88	林束梨	200,000	獨資	停業	金城鎮賢庵里西海路三段 56 巷 2 號
瑞美大飯店	89	96	楊配治	100,000	獨資	停業	金沙鎮汶沙里國中路 51、53 號
四海國際大飯店有限公司	91	91	陳梅	5,000,000	有限公司		金城鎮金水里西海路一段 9 號
海客棧	92	92	許秀英	200,000	獨資		金湖鎮新湖村漁村 78 號
新金門旅館	97	97	許江河	200,000	獨資		金城鎮南門里民族路 172 號

　　由於業者惡性競爭，加上觀光資源受限，旅館業熱潮迅速退燒，沒幾年的時間，金門地區的觀光事業開始走下坡，各大旅館生意一落千丈。即便是合法經營也難敵不景氣。根據交通部觀光局的統計，2008 年度金門所有合法旅館的營運情形如下表：

金門縣旅館營運報告表

資料期間：2008 年

年度	總出租客房數	客房住用數	客房住用率	住宿人數	營業收入	裝修及設備支出	員工人數
總計	197,504	65,725	33.28%	133,432	73,000,428	10,038,160	1,058

資料來源：交通部觀光局旅館及民宿管理資訊系統

金門縣各鄉鎮旅館營運報告表

資料期間：2008 年 1 月至 2008 年 12 月

鄉鎮	總出租客房數	客房住用數	客房住用率	住宿人數	營業收入	裝修及設備支出	員工人數
金城鎮	88,228	38,916	44.11%	77,370	44,905,509	8,471,560	582
金沙鎮	32,104	12,791	39.84%	28,146	14,726,039	1,376,600	228
金湖鎮	18,368	1,552	8.45%	2,980	1,368,100	190,000	54
金寧鄉	58,804	12,466	21.20%	24,936	12,000,780	0	194
烈嶼鄉	0	0	0	0	0	0	0
烏坵鄉	0	0	0	0	0	0	0
總計	197,504	65,725	33.28%	133,432	73,000,428	10,038,160	1,058

資料來源：交通部觀光局旅館及民宿管理資訊系統

　　上表顯示，金門的旅館主要集中在金城鎮，約佔總數的一半。在「金門縣交通旅遊局」所推薦的熱門飯店中，金城有 11 家、金湖 3 家、金寧 3 家、金沙 2 家，合計 19 家。房間以單人房、雙人房、四人房與家庭房為主，價位上以「長鴻商務大飯店」最貴，因為長鴻有「總統套房」。在分級上金門的旅館都是一般旅館，沒有「國際觀光旅館」，也沒有「一般觀光旅館」。各家的房價不同，大致如下表，有假日與非假日的差別，議價空間很大，很少依定價收費：

金門縣合／非法旅館部分資料表

資料日期：2009 年 9 月

旅館名稱	參考房價	房間數	營業面積	員工人數	現狀
浯江大飯店	2,240-3,680	121	5,500.0	32	合法／營業
金瑞大飯店	2,700-3,900	100	3,950.0	36	合法／營業

金沙假日大飯店	1,400-10,000	99	6,752.0	30	合法／營業
長鴻商務大飯店	3,600-10,000	80	2,000.0	16	合法／營業
四海國際大飯店	700-1,700	79	5,253.0	11	合法／營業
台金大飯店	1,600-4,200	77	3,752.0	18	合法／營業
金寶來大飯店	1,380-3,660	61	4,500.0	15	合法／營業
金麗麗大飯店	1,000-1,800	50	1,162.0	10	合法／營業
海景飯店	1,200-1,500	48	864.0	1	非法／營業
金城山莊 （停業至 97/11/11）	1,000-1,800	47	267.0	6	合法／停業
宏福大飯店	1,050-2,500	46	1,924.0	6	合法／營業
大成飯店	1,000-1,600	46	1,300.0	7	合法／營業
福華大飯店	1,000-1,800	43		10	合法／營業
風獅爺渡假村（停業）	1,000-1,600	35	4,646.0	6	合法／停業
海花園大飯店	1,380-3,000	35	1,121.0	11	合法／營業
六桂飯店	800-1,800	30	300.0	7	合法／營業
海福大飯店	1,400-4,500	28	424.0	6	合法／營業
金帝大飯店	1,000-1,400	28	155.0	5	合法／營業
上賓飯店	800-1,700	26	900.0	1	合法／營業
山外飯店	1,000-1,800	25	598.0	6	合法／營業
凱蒂旅館（停業）	800-1,500	22	550.0	6	合法／停業
金門旅館 （停業至 97/11/25）	1,000-1,600	20	580.0	8	合法／停業
華欣商務飯店	1,280-1,480	20	555.24	10	合法／營業
瑞美大飯店（停業）	400-1,000	16	968.0	2	合法／停業
海客棧	600-800	16	433.0	3	合法／營業
濱海旅館 （停業至 2009/4/30）	500-1,300	12		12	合法／停業

資料來源：交通部觀光局旅館及民宿管理資訊系統（家數：26／房間數：1,210／員工人數：281／營業面積：平方公尺）

　　個別而論，「浯江大飯店」最具氣派與規模。位於金城鎮的浯江大飯店，樓高四層，擁有 121 間豪華客房，除了各式餐廳、宴會廳外，亦設有當地名產精品店。有可容納 500 人的港粵中餐廳，以及洋溢浪漫氣氛的歐式自助餐廳、適合洽商聊天的鋼琴酒吧和談心小憩、靜享悠閒的咖啡廳等。同樣座落於金城鎮的「金瑞大飯店」，交通便利，週邊是縣政府、電

信局、法院等，到街上購物及走訪古街非常方便。飯店內部裝潢高雅清新、精緻美觀、賞心悅目。商務套房 100 間，採用進口防火壁紙，防火地毯，防火門五星級設備，紅木家具，同質床組。一樓歐式自助餐，二樓江浙名菜，豪華禮堂，大宴小酌，可席開 40 桌。金瑞大飯店的餐廳榮穫 ISO-9002 國際品質認證。與金瑞大飯店程度差不多的是「台金大飯店」。座落於高陽路上的台金大飯店，整棟建築全部採用名貴的進口建材和歐美系列裝潢，外觀顯得相當高貴有氣派，內部讓人感覺非常典雅舒適，這是聘請名建築師設計規劃的。比起台灣的許多知名飯店，當然是較為遜色，但在金門，評價還算不錯，地點比較偏僻，不像金瑞大飯店是在金城鎮的中心，但是如果是跟旅行團的話，出入都以遊覽車為主，所以沒有太大差別。類似的飯店尚有「金寶來大飯店」與「海福大飯店」。金寶來耗資二億，建築與設備在消防、保全、警衛系統方面都有完善的規劃，是金門最具現代化的多功能休閒飯店，經營主管具有台灣國際觀光飯店四朵梅花級以上之實務經驗。海福成立於 1995 年，已過了金門光觀鼎盛時期，因此必須創新，走出自己的風格。海福走的是簡約和風式的商務設計，館內有完善的無線網路與輕巧的視聽享受，商務設備巧妙地安排在飯店空間之中，充分將商旅概念以超越想像的風格展現，帶給讓顧客嶄新的住宿體驗。

論知名度，首推「金沙假日大飯店」。成立於 1999 年 10 月 25 日，座落於榮湖湖畔，環境優雅，背山面湖，青山綠水（太武山）（榮湖、金沙水庫）環繞，怡人的亞熱帶氣候，為休閒、渡假之勝地。飯店外觀設計採金門特有建築風格，中西合璧，雲牆馬背，融入簡潔之歐式建築，堪稱金門僅有，擁有精緻客房 74 間，渡假式全家福 12 戶，可供親朋聚會泡茶、聊天喝酒、健身之用，也有尊貴 VIP 套房 2 間，商務、度假兩相宜。金沙假日大飯店曾榮獲金門地區 91、92 年衛生評鑑特優飯店，並獲復興航空、立榮航空、中國時報、民生報、戶外雜誌、TVBS 休閒旅遊報導推薦住宿之飯店。金門地區舉辦大型活動經常指定金沙假日大飯店為住宿之飯店，如 91 年詩酒節及 92 年料羅灣長泳等活動。

商務型觀光旅館似乎是金門旅館業的未來希望，金湖鎮甚至視之為帶動地方發展的希望工程。金湖鎮商圈過去主要仰賴駐軍消費，但是駐軍裁減後，景氣不振，因此，地方各界期待透過商務型觀光旅館的興建，帶動就業市場和觀光發展。目前金湖極缺優質的大型旅館，商務型觀光旅館興

建案若能順利招商，未來除可提升旅遊及住宿品質外，也可帶動金湖地區之發展，有助於金門東、西之平衡發展與繁榮。為輔導本縣旅館業提升經營品質，促進觀光業發展，金門縣政府可謂絞盡腦汁。除了推動「旅館業週轉金無息貸款」，更成立「旅館服務品質輔導團」，針對現有營業之 18 家旅館，請學者專家抵金「把脈」，積極輔導並提供業者諮詢。

根據交通旅遊局的說法，本縣旅館大抵以中小企業或以家族經營型態為主，住宿品質主要面臨的課題為：「旅館設備老舊，缺乏資金改善」、「缺乏專業人士提供改善品質建議事項」、「地區缺乏具專業之旅館業從業人員」，以及「旅館品質資訊不透明，旅客選擇不易」。[31]事實上，按照這個診斷，只能治標不能治本。金門旅館的問題在興建之初便已注定，再怎麼「拉皮」改裝，也無法喚回當初的容顏，解決之道就是打掉重建。金門需要國際級的大型觀光飯店，形成金門觀光的焦點，進而提升金門整體觀光環境，並藉由國際觀光旅館開發計畫案作為帶動地方整體觀光建設的標竿。審議中的「泗湖濱海型風景區設置國際觀光旅館開發案」，商機很大，但對金門環境的衝擊也很大，觀光發展與環保，孰輕孰重，究竟是帶動金門起飛，或是禍延子孫，有權作決定的人應該三思。

金門發展觀光之主要客源來自台灣，其次是大陸，一年 25 萬人，加上台灣 50 萬人，每年金門停留之旅客最少有 75 萬人次。如果，金門吸引廈門旅遊市場 4%的遊客來金參觀，便會讓金門的旅遊市場更活絡。[32]這是對數字的「迷思」，金門旅館業對發觀光財顯然太樂觀了，2008 年度十幾家營業中的飯店，客房住用率是三成，住宿總人數為 133,432 人，營業收入 73,000,428 元，姑且不用扣除其他營運成本，光是付給員工的薪資，每人的年所得不到十萬元。試問，這個行業的前景在哪裡？

走在金門街頭，如今仍可見到一些「旅館」與「飯店」的招牌，這些建築早已人去樓空，老舊不堪，絕大部份是未被政府核准的「非法」旅館。雖已歇業，事實上它們也曾風光過，在觀光鼎盛的那幾年，車水馬龍的情形，不比現在的大飯店遜色。要了解金門旅館的興衰，不能不記錄這些所謂「非法」的旅館。

---

[31] 楊水詠，〈兩劑處方為旅館業打強心針〉，《金門日報》，2009 年 8 月 8 日。
[32] 楊水詠，〈泗湖設觀光旅館審議委員樂觀其成〉，《金門日報》，2009 年 6 月 17 日。

非法旅館名錄

鄉鎮	數量	旅館名稱
金沙鎮	4	金沙山莊、滿庭芳渡假中心、太武渡假村、海灣賓館
金湖鎮	13	成功旅館、冠城大飯店、金嘉華大飯店、夏興客棧、擎天山莊、大慶之家、太湖山莊、楓橋山莊、國泰大飯店、我家客棧、瓏泉山莊、瓊林渡假村、珩山老爺山莊
金城鎮	13	北城之家、古崗山莊、金滿樓、珠山大飯店、渤海山莊、天祥旅館、莒光旅館、雅景飯店、皇家山莊、楓蓮山莊、銘源別館、皇嘉山莊、海景飯店、
金寧鄉	4	白沙灣渡假村、頂堡山莊、皇鼎大飯店、國賓飯店、
烈嶼鄉	4	小金門渡假大飯店、登民別墅、仁愛賓館、悅來旅館

資料來源：交通部觀光局旅館及民宿管理資訊系統

總　　數：38 家

　　2002 年 7 月底，位於中山林的「皇鼎大飯店」發生火警，造成 2 死 5 傷的慘劇。這場火燒出了命案，也燒出了金門開放觀光十年來所暴露的問題，消息不但上了各大報，許多電視台還爭相報導，那籠罩在濃煙下的房客倉皇逃生的畫面，一再呈現在國人面前，對金門整體觀光形象，造成難以估計的傷害。火災發生後，縣府有關部門在縣長李炷烽的率領下召開記者會，提出說明，也拿出證據，顯示縣府已依據相關法規多次針對該違法業者進行懲處，惟業者經縣府輔導及懲處後，基於「成本」考量，寧可在合法、待合法邊緣遊走，不願也無力積極進行改善，終至釀成大禍。我們不想在政府的失職上作文章，事實是，幾乎每家「非法」旅館都有像皇鼎的情形，急著想在剛開放的旅遊市場大撈一筆，但是對旅館經營這一行業，完全陌生，不但業者是生手，政府也是生手，都把旅館業看得太簡單了。查處非法旅館，縣府責無旁貸，在消防安檢及違法查處上，必須有更積極的行動。但欲徹底解決問題，還是得從問題的根源找起，金門旅遊市場最大的問題在於「商序」的重建。金門是個封閉的島嶼，島民性格明顯反映在商業行為上，金門旅遊產業的同質性太高，因而競爭激烈，結果就是玉石俱焚。

　　金門的旅館業經過十餘年的發展，如今還得政府的輔導，這究竟是政府的錯還是業者的無能。認為辦幾場座談會、找幾個專家學者來諮詢，就可以挽救金門的旅遊業，未免太天真了。市場自有市場的機制，好的政策當然有助於金門的觀光發展，但必須順勢而為，也就是說要懂得掌握時代

405

的潮流，了解趨勢演變，預作長遠的規劃與配套措施。政府的職責除了獎勵與輔導外，更重要的是「教育」，教育人民不要競逐當下的利益，教育業者要尊重金門這塊「土地」，以及金門所呈現的「形象」。「觀光立縣、文化金門」，不是執政者的口號，它是眾多金門人的期許，希望透過觀光發展以保存並推展金門文化，讓歷史的金門也能成為現代化的生活樂園。若因觀光而葬送金門文化，金門遲早會成為無情荒地，荒地無情，人也無情。

年少之時讀《孟子·梁惠王》。孟子去見梁惠王，王曰：「叟！不遠千里而來，亦將有以利吾國乎？」孟子對曰：「王何必曰『利』？亦有『仁義』而已矣」。當時覺得孟子真是有夠死腦筋的。年近半百之時，再看這段文字，突然有種深沉的感慨。兩千年前，太史公也曾為這段話廢書而嘆。司馬遷一生讀書無數，卻是在看到這句「王何必曰利」的時候，放下書本，長嘆一聲，「嗟乎，利誠亂之始也」。在一片「興利除弊」的氛圍中，引用這段典故，誠然不合時宜，但是，金門究竟要的是什麼，誰能告訴我們。澎湖人民為了要不要設賭場，以公投表決，最後由反對一方獲勝，為了後代子孫的福祉，「利」畢竟不是唯一的考量。

參、民宿

根據「民宿管理辦法」（90 年 12 月 12 日發佈）的定義，所謂「民宿」係指利用自用住宅空閒房間，結合當地人文、自然景觀、生態、環境資源及農林漁牧生產活動，以家庭副業方式經營，提供旅客鄉野生活之住宿處所。設置民宿的處所有固定的規範，並不是所有的民居都可以充當民宿。一般而言，民宿之設置，以下列地區為限，並須符合相關土地使用管制法令之規定：風景特定區、觀光地區、國家公園區、原住民地區、偏遠地區、離島地區、經農業主管機關核發經營許可登記證之休閒農場或經農業主管機關劃定之休閒農業區、金門特定區計畫自然村、非都市土地。既名民宿，自然不能經營得像大飯店或旅館，因此客房數須有所限制。一般的民宿在 5 間以下，且客房總樓地板面積 150 平方公尺以下為原則。但位於原住民保留地、經農業主管機關核發經營許可登記證之休閒農場、經農業主管機關劃定之休閒農業區、觀光地區、偏遠地區及離島地區之特色民宿，得以客房數 15 間以下，且客房總樓地板面積 200 平方公尺以下之規模經營之。

前項偏遠地區及特色項目，由當地主管機關認定，報請中央主管機關備查後實施，並得視實際需要予以調整。

　　民宿，英文簡寫為 B&B（bed and breakfast），意指「提供住宿及早餐的旅館」，可以說從有人類歷史以來就存在著某種形式的「民宿」。B&B 一詞來自英格蘭、蘇格蘭與愛爾蘭等地，常可在民間房子的窗戶上看到這類招牌。早在殖民時代，來到美國這塊土地上的拓荒者，當他們搭火車橫越大西部時，會在中途暫時找一個可以棲風避雨的家，這些「小旅館」（inn）與「客棧」（tavern），日後便演變成 B&B。在「經濟大蕭條」時代（Great Depression），許多人把自己家裡多餘的房間挪出來給旅行者使用，為家裡多掙一點額外收入，於是就有了「供膳寄宿舍」（boarding house）的出現。不景氣之後，人們開始覺得「供膳寄宿舍」是給低收入旅行者或流浪漢住的，於是這一行便沒落了。1950 年代以後，美國各大高速公路旁盡是「汽旅館」，「供膳寄宿舍」已成了歷史名詞。經濟好轉之後，大量美國人到歐洲旅遊，再度對 B&B 產生興趣。如今，B&B 已不再是廉價旅館的代名詞，而是與汽車旅館和飯店同等級的住宿設施。

　　台灣民宿觀念萌芽於 1997 年，2000 年時開始發展，民宿之所以崛起為了要擺脫旅館、度假村的制式服務和觀光商業化的環境氣氛，希望藉由強調「鄉土式溫馨」的情感交流，讓人產生回歸故鄉的親切感受。2002 年前後農委會、文建會與各縣市政府開始輔導民宿發展。翌年，一群年青的民宿業主投入民宿的經營，尋求以歐風、異國風、休閒風的民宿新浪潮，提供「築夢」的浪漫感受。2004 年民宿成為台灣休閒旅遊產業的寵兒，各縣市民宿數量從兩位數攀升到三位數。到 2005 年時民宿成長漸趨飽和，市場競爭開始出現區塊化的現象，民宿主題也日益多元化。2006 年以個性化的創意民宿為主流，經營者用自己的藝術美感和生活理念，營造獨特的庭園建築風格，提供人們「創意生活美學」。2007 年則強調「悠閒自在」的民宿觀，營造庭園生活空間給旅遊者，強調「自由自在地分享鄉村田園生活」。2008 年以後都會地區開始出現「日租套房」[33]，這是一種都市版的民宿。近年來都市郊區民宿業者數量倍增，導致民宿陷入「殺很大」的價格戰，相對的，另外一波精緻奢華型民宿也陸續出現，民宿市場於是變成 M 型落差的兩極化消費型態。

---

[33]　《蘋果日報》，2008 年 8 月 27 日，E1 版。

　　民宿類型的多元化趨勢，出現在 2003 至 2004 年間，《TOGO》、《HERE》、《行遍天下》等旅遊雜誌以「山居歲月」、「島嶼風情」、「異國情調」、「田園風格」、「原住民風」等名詞來區隔不同的民宿類型。2005 年農委會編印《綠色民宿手冊》，[34]積極輔導農舍型民宿轉型，以「鄉村民宿」作為台灣休閒農業的新定位。因應民宿的多元化發展，建築類型當然必須要有自己的特色，例如：清境的歐風、墾丁的地中海風、峇里島風、宜蘭的農舍別墅風、九份的老厝創意改造風、金門的閩南文化古厝風……。新民宿浪潮開始強調民宿空間設計創意、休閒美感佈置，或主題餐飲美食，民宿主人以各有所長獨領風騷，創造民宿熱話題，未來像這樣的「風格品牌」民宿將會逐漸抬頭。2008 年以後的民宿競爭，將會邁向「民宿風格」與「民宿品牌」，換言之，民宿作為休閒旅遊產品，經過十年的市場考驗後，將會在觀光旅館、汽車旅館、精品旅館、度假村、休閒農場、傳統山莊之外，開創另一個獨立的旅遊市場區塊，這時才是民宿真正的戰國時代。

　　1995 年 10 月 18 日，金門國家公園正式成立，這是國內第一座以維護歷史文化資源為主的國家公園。金門國家公園管理處為推動文化資產保存維護、建立政府民間夥伴關係、活化使用文化資產、提供國人親近古厝，自 1998 年起開始推動傳統建築地上經營權設定、修復活化利用，目前已辦理 72 棟傳統建築設定，並完成修復 50 棟，部份規劃為展示館，並已標租 27 間古厝民宿與 2 間特色賣店。金門國家公園管理處為提供標租古厝民宿經營人輔導訓練課程，同時提供金門民宿從業人員觀摩交流機會，特委託太玥工作室辦理「金門國家公園傳統建築標租民宿賣店輔導案」，辦理民宿賣店諮詢與經營輔導課程、案例講座、島嶼傳統建築再利用研討會，期能透過優良業者經驗傳承與教育訓練，分享民宿經營能力，增進對於文化資產價值與風土民情的整體認識，提昇整體民宿服務品質，讓民宿經營者成為宣導國家資產價值的先鋒部隊。

34　「綠色民宿」是以環境保護的概念為基礎，結合地方特色與文化，達到生態永續發展的生態旅遊方式。簡單說，就是「低環境衝擊」、「自然共生」及「舒適性」，善用自然資源、節省能源，創造出一個容易維護管理，同時可滿足遊客住宿休息需求的地方。

　　金門國家公園古厝民宿是國家公園推動文化資產保存的創舉，民宿主人秉持對於金門歷史土地、古厝文化與民宿生活的熱情，與金門國家公園管理處共同建立起金門古厝民宿品牌，讓旅客深刻感受金門風土人情，培育國人對於文化資產的關心與支持，讓國家珍貴文化資產得以妥善保存維護。目前在國家公園內的古厝民宿總共有七個聚落，分別為：南山聚落、北山聚落、山后聚落、瓊林聚落、歐厝聚落、珠山聚落與水頭聚落。[35]

一、南山聚落

　　附近的景點有水尾古塔、關帝廟、北山古洋樓、振威第、古寧頭戰史館、金門唯一的鱟保護區、古寧頭斷崖、遍佈海邊的石蚵田。代表民宿為「南山 5-6 號民宿」（湖畔江南）。位於古寧頭南山的雙鯉湖旁，湖畔遍植楊柳，景色優美，頗賦江南風光，是一棟三落古厝，古樸典雅，房間佈置採阿嬤時代的大紅花系為主題，燈具都是民宿主人親手製作。

二、北山聚落

　　北山位於一緩坡上，有著坐山觀局（雙鯉湖）的格局，西南臨雙鯉湖，與南山相對，兩村合稱「雙鯉風水」。以「北山 23-3 號民宿」（雙鯉湖畔番仔樓）」為代表。屬於雙層樓五腳基型式，雅緻古樸，後落天井可觀星賞月，二樓可眺望雙鯉湖，樓台是賞夕陽的最佳景點，視野極佳。

三、山后聚落

　　為金門晚清時期的僑村，佔地 15,000 平方公尺。從清光緒二年（1876）動工起，至光緒二十六年（1900）完工歷 25 年。計完成 18 棟傳統大厝，其中包括王氏宗祠與學塾海珠堂。代表民宿為「山后 45 號民宿」。國家公園耗資 1476 萬，總面積百餘坪，格局為一落四欅雙護龍，共有 5 個套房，每間套房間都有不同的設計風格，有「海洋風」、「英式古典風」「美式鄉村風」、「懷舊風」、「景點房」。2009 年 5 月 27 開始掛牌營業，在所有的古厝群裡面，它的歷史是嶄新的。正因為它是「新造」而非「整修」的古厝，所以它一切都是新的，沒有老房子的「陳味」。

---

[35] 資料來源：「金門國家公園管理處全球資訊網」，http://www.kmnp.gov.tw/。

四、瓊林聚落

由五個房份甲頭所組成的集村，各個甲頭無單一朝向，聚落內部仍保持明中葉以來的結構，為金門規模最大的自然村。著名的民宿有「瓊林131號民宿」，又名「朗月民宿」。雙落大厝，組砌的牆面鋪做「出磚入石」，相傳這種「出磚入石」的房子所建造的時代大都在康熙年間，島上居民利用斷瓦殘礫，重建安身立命的房子，是最具有時代性的傑作。「瓊林159號民宿」（笨斗居）。本屋建於嘉慶年間，後由其裔孫蔡世英君於光緒年間鄉試中歲進士，修改成書院。「瓊林100號民宿」（樓仔下），為古厝民宿，屬二落大厝，又稱雙落大厝。整個建築物成為前後兩落的宅院，祖廳置於後落，因此高度上後落高於前落。

五、歐厝聚落

聚落結構分為上社及下社，上設的建築物大致朝西，築有許多隘門，防禦性格強；下社建築物朝向較上社為整齊，為坐東北、向西南的方向，典型梳式佈局。代表民宿為「歐厝17號與25號民宿」（歐厝海邊民宿）」。

六、珠山聚落

珠山是金門少數保存完整的傳統建築聚落，房子以大潭為中心而蓋，是一處風水聚落，登上雞庵山頂可眺望整個珠山。著名民宿有「珠山28號民宿」（珠山老爺），由國家公園耗資一千多萬重新整建，結合閩式古厝與洋樓風格，可說是中西合璧的千萬豪宅，兼具傳統建築美學與現代生活機能，民宿本身及周邊就是值得細細品味的絕妙景點。「珠山75號民宿」，此棟民宿原建於清光緒年間，由珠山信房19世紹禮旅菲返金所建之雙落加雙護龍，又稱（圍牆內）。民初僑匯中斷迫於生計，只好拆其右護龍建材賣予他人，重建時便只剩下雙落左護龍。1949年後國軍借住大廳及部分護龍空間，一旁便為45師所建之防空洞，目前由金門國家公園整修委託經營民宿。定期展示珠山村史、薛氏祖譜及顯影月刊31本及蛋畫等。「珠山41號民宿」（珠山大夫第），位居珠山大社外圍，為兩落大厝，加左右護龍的傳統建築，格局十分可觀，外觀的六角砌磚，更是金門民居少見的精緻手法，值得留心欣賞。

七、水頭聚落

　　水頭村是一多姓氏的血緣聚落，至少有十八姓在此落地生戶。本村的「蕃仔厝」數量之多，全島第一。因此有諺語說：「有水頭的富，無水頭的厝」。這是水頭人的驕傲，也是華僑的貢獻。清初，水頭人到杭州、錦州經商，清末到印尼開拓謀生活，可以說是僑鄉中的僑鄉。僑民們把他們奮鬥的成就表現在精緻美麗的建築上，造就了今日水頭村的景觀。[36]水頭的古厝民宿特別多，幾乎已快變成「民宿村」了。像是「小倆口ㄟ番仔樓」（4 號與 6 號）、「博士的家」（28 號與 29 號）、「戀鄉情」（37 號與 53 號）、「百萬民宿」（33 號）、「水頭邀月」（85 號）、「水頭客棧」（121 號）、「銃樓民宿」（34 號）、「西江月」（44 號）、「定風波」（54 號）與「水調歌頭」（40 號）等。因為水頭的歷史情懷，許多民宿的房間喜歡用詩詞中的名句，尤其是「40 號民宿」，「水調歌頭」和「水頭」八竿子打不著，但是對霧裡看花的遊客來說，卻有無限的想像空間。

　　目前金門國家公園管理處仍持續在整修並標租古厝，作為民宿與特色賣店。但是，金門的民宿並不是全部集中在國家公園內。根據「金門民宿發展協會」的統計，加入會員的民宿有 40 家，包括金城鎮 21 家、金湖鎮 9 家、金寧鄉 7 家、烈嶼鄉 3 家，數據與「交通部旅遊局」稍有出入：合法營業者 48 家，歇業者 20 家，[37]合計 68 家。「金門觀光旅遊局」推薦了這 48 家熱門民宿，國家公園內的民宿主要賣點是閩式建築風格，其他地方的民宿則各有特點。后湖與下浦下的民宿，可欣賞海景夕陽、小金門的民宿可看廈門夜景、夏興與塔后的民宿則帶點歷史與戰爭的傷痕。

　　大體上，金門的民宿經營還在摸索階段，需要藉助其他地方的經驗。雖然有政府的輔導與獎勵，但是如果不能掌握市場脈動，一味的講求「特色」，還是無法吸引遊客。金門是交通不方便的離島，來金門旅遊很難隨興為之，即使是背包客也很難「說走就走」，多多少少得作些事先的準備與安排。也

---

[36] 許維民，《走訪金門古厝》（金門縣：金門縣政府，2002 年），頁 42-4。

[37] 山后 48 號民宿、山后 84 號民宿、水頭 29 號民宿、水頭 33 號民宿、水頭 34 號民宿、水頭 37 號民宿、水頭 42 號民宿、水頭 44 號民宿、水頭 63 號民宿、水頭 64 號民宿、水頭 6 號民宿、水頭 86 號民宿、風雅居民宿、珠山 1 號民宿、珠山 28 號民宿、歐厝 17 號民宿、瓊林 153 號民宿、瓊林 159 號民宿、瓊林 1 號民宿。

就是說，金門遊存在著太多的不確定因素。選擇民宿落腳的遊客，比起觀光團的套裝行程更為自由，風險同時也較高。民宿業者不能只是親切溫馨而已，必須要有能力為遊客解決生活及旅遊過程中所遭遇的各種疑難雜症，相較於台灣其他地方的民宿業者，金門的民宿主人要承擔更多的責任，要更能為遊客所信賴。「物」（建築）是靜態的，「風味」雖好，還會有更新奇的選擇，遊客的「口味」一直都在變動中，「價廉物美」已經不是票房保證，只有「品質」與「內涵」才能經由口耳傳播，建立金門民宿真正的「品牌」。

遺憾的是，金門的民宿逐漸走向商品化，現代化的設備一應俱全，空調、有線電視、網路、大型會議室，甚至連 SPA 也有，讓人愈來愈分不清是民宿還是 Motel。金門的人文歷史、戰役史蹟與自然景緻確實很豐富且獨特，但民宿的遊憩魅力，仍待開發。依照「民宿管理辦法」，民宿不是營利事業，原則上由建築物實際使用人自行經營，但離島地區經當地政府委託經營之民宿不在此限。許多外地人來金門標租古厝，以商業的手法經營民宿，這比經營旅館飯店容易多了，不但成本低、資金投入少，經過一番巧思創意後，仍可在一片低迷的旅遊不景氣中異軍突起，找到特定的客源。

金門民宿家數統計表[38]

縣市別	合法營業	停業	小計	歇業	非法營業	停業	小計	歇業	營業合計
金門縣	48	0	48	20	0	0	0	0	48
全國合計	2,762	67	2,829	164	409	0	409	480	3,238

第三節　旅遊服務業

壹、旅遊人數

金門長久以來處於「戰地」的軍事管制，轄內各風景區之遊客以島內居民、少數探親旅客及休假官兵為主。1992 年底金門戰地政務解除，台灣地區民眾對「神祕戰地」充滿好奇心，紛紛前來金門觀光，旅客快速成長，旅遊人口由 1993 年的 247,000 人次，逐步上升至 1996 年的 480,000 萬人

---

[38] 資料來源：交通部觀光局，「旅館及民宿管理系統」，2009 年 8 月。

次，四年間，旅遊人口成長率接近百分之百。主要原因為航空便捷且觀光相關行業如旅行社、住宿業、餐飲業等大量興起，但在供應增加後出現短利經營、惡性競爭現象，逐漸暴露急速成長後漸頹的警訊。以迄 1998 年上半年，因全球經濟不景氣以及國內、外飛安事件頻傳造成旅客卻步，且在觀光相關行業之惡性競爭及旅遊品質無法提升之狀況下，遊客逐年大量減少，迫使尚未完成整體觀光資源規劃的金門觀光產業，短短的營運週期，即面臨成長膨脹與蕭條的兩極衝擊，漸漸露出產業發展的危機。

儘管如此，從台灣來金門的旅遊人口還是呈現穩定成長，除了 2003 年受到「皇鼎大飯店」火災影響，滑落到 40 萬以下，大體上，自 2001 年以後都有 40 幾萬人，2008 年底時更是大幅攀升，高達 568,055 人，比 2007 年底的 474,067 多了將近十萬人。[39]2004 年 9 月 24 日，福建省副省長王美香會見金門縣長李炷烽，宣布開放福建居民赴金門旅遊。同年 12 月 7 日，福建居民赴金門旅遊首團 55 人從廈門「和平碼頭」出發，抵達金門「水頭碼頭」，開啟兩岸相隔半個世紀後的首度遭遇，對金門旅遊業而言，雖是一劑強心針，可惜「金門遊」的人數仍不如預期。根據行政院 2000 年 12 月 21 日核定的「兩岸小三通推動方案及執行計畫」與「試辦通航辦法」規定，大陸地區人民來金馬進行三天兩夜之旅行（觀光），金門地區每日的許可數額為 600 人。因此，倘若「人潮」能夠一團接一團，一天之內最多將有 1,800 名大陸觀光客在金門停留。這種對旅遊人數的過度期待，猶如畫餅充飢，相當不切實際。2004 年大陸「金門遊」的人數僅有 110 多人次，2005 年發展到 3,320 多人次，2006 年增至 17,100 人次，2007 年則達到 21,500 萬人次。截至 2008 年 11 月 20 日，經廈金航線赴金門地區觀光旅遊的大陸遊客人數已超過 50,000 人次。[40]

「小三通」的實施是金門發展的重要里程碑，亦是關鍵點，在兩岸分隔 50 年後，重新展開交流，對 1949 年前原來就與大陸緊密生活在一起的金門，重新燃起另一扇希望之窗。尤其在金門的角色定位上若能有所突破，對金門的整體發展將是非常有助益的。但根據種種的觀察，發現「小三通」實施結果，對金門的經濟發展幫助並不大。[41]

---

[39]　金門縣政府主計室統計月報（98 年 1 月），「表 46 本縣旅遊概況統計」。
[40]　大陸《新華網》，「經廈金航線赴金門旅遊的大陸遊客逾 5 萬人次」，www.news.cn。
[41]　李沃士，《「小三通」後金門永續發展的策略規劃》，銘傳大學社會科學院國家發

金門地區歷年試辦小三通人數統計表

年度	航次 (出／入)	台灣地區人民 (出／入) 境人數	大陸地區人民 (出／入) 境人數	外國人民 (出／入) 境人數	總人數 (出／入)
90	82/ 89	9,738/ 9,751	937/ 951	-/ -	10,675/ 10,720
91	236/ 246	26,151/ 25,545	946/ 1,039	-/ -	27,097/ 26,548
92	754/ 739	78,782/ 76,369	2,016/ 2,936	-/ -	80,798/ 79,305
93	1,540/ 1,537	193,937/ 192,273	9,475/ 9,865	-/ -	203,412/ 202,138
94	1,851/ 1,845	244,504/ 244,099	15,984/ 14,132	-/ -	260,488/ 258,231
95	3,034/ 3,022	278,060/ 273,738	35,833/ 35,399	-/ -	313,893/ 309,137
96	4,030/ 4,014	319,502/ 313,202	46,883/ 45,509	-/ -	366,385/ 358,711
97	4,564/ 4,572	453,273/ 443,748	36,314/ 35,392	2,490/ 2,052	492,077/ 481,192
98	2,734/ 2,719	268,369/ 264,770	54,549/ 54,476	4,239/ 4,200	326,969/ 323,446
合計	18,825/ 18,738	1,872,316/ 1,843,495	202,937/ 199,699	6,729/ 6,252	2,081,794/ 2,049,446

製表日期：98 年 6 月 30 日（98 年只統計 1-6 月）
資料來源：內政部警政署金門縣服務站

出入境人數統計表

年份	金門尚義機場出入境人數統計			金門─廈門出入境人數統計		
	合計	出境	入境	合計	出境	入境
92	1,188,563	606,172	582,391	160,103	80,798	79,305
93	1,441,694	732,975	708,719	405,550	203,412	202,138
94	1,451,879	727,536	724,343	518,719	260,488	258,231

展與兩岸關係碩士論文，2005 年。

95	1,425,489	711,841	713,648	623,030	313,893	309,137
96	1,444,714	719,303	725,411	725,096	366,385	358,711
97	1,070,525	850,236	857,289	973,269	492,077	481,192

資料來源：金門縣政府統計月報（98 年 1 月）

　　台商假道金門赴大陸，對金門的旅遊業實際上沒有太大幫助。由上面兩個統計表即可看出，金門旅遊的人口並未因此增加。也就是說，每年由尚義機場入境金門的人口中，部份為金門人或在金門有事業的人，另外一部份是途經金門前往中國大陸的台商，扣除這部份的人口，再加上由小三通碼頭入境的陸客，所統計出來的數字才是實際在金門的旅遊人數。

本縣旅遊人口統計

年別	88	89	90	91	92	93	94	95	96	97
人數	360,550	343,866	451,459	424,837	384,646	462,598	462,731	465,301	474,067	568,055

資料來源：金門縣政府統計月報（各年年底）

　　每年 4、50 萬的台灣本島人民來金門旅遊，不論是跟團或「自由行」，幾乎都得委由旅行社安排。從早期的「三天兩夜」遊，到現在各種名目的「主題之旅」與「自助旅行」，例如：「人文古蹟之旅」、「自然生態之旅」、「風獅爺之旅」、「海釣之旅」、「自行車之旅」等，旅行社或許不再提供「全套服務」，但是在代購機票、代訂飯店、安排行程、提供旅遊資訊上，仍然扮演著重要的角色。尤其是大陸來的觀光客，雖然只是「兩天一夜」，更是必須由旅行社出面接待。有資格接待大陸觀光客的旅行社須通過縣政府的審查，取得接待資格。根據「金門縣旅行業接待大陸地區人民組團進入金門地區旅行管理辦法」規定，這類旅行社是：「本辦法實施前持有交通部旅行業執照及營利事業登記證，其登記營業所在地在金門縣之綜合、甲種旅行業之總公司或分公司。」截至 2004 年 12 月底為止，通過審查具備接待大陸觀光客資格的旅行社，累計達 16 家，包括金馬、金廈、安全、巨祥、環遊國際、金環球、長伶、育昇、金吉祥、國華金門分公司、金天王、金明生、金瑞、永祥、楓蓮、國華。

415

貳、旅行社

　　1993 年以前金門沒有任何旅行社，一方面是金門沒有這種市場需求，另一方面是政府對旅行社有嚴格的規定，除了資本額限制外，還有很多法律上的問題。旅行社必須專業經營，以公司組織為限，並應於公司名稱上標明旅行社字樣。對在地的金門人來說，雖然看到旅遊業前景一片光明，無奈這個事業不是一般人能負擔。1991 年到 1994 年左右，金門出現了多達 30 幾家的「旅遊資訊中心」，登記的營業內容為「工商、科技、索引資料供應、公賣品（煙、酒）批發」，業務似乎很廣，唯獨不得從事旅行社業務。這種事業體多是資本額一萬到五萬左右的小店（「北航旅遊資訊服務」例外，資本額 20 萬），而且幾乎在旅行社核准成立後幾年便立即收歇。1993 年邵維強的「安全旅行社有限公司」核准成立，這是第一家在地人的旅行社。同一年，目前擔任「金門縣旅行商業同業公會理事長」的吳嘉獎」，也成立了「楓蓮旅行社有限公司」，資本額高達一千萬。此後，許多總公司在台灣的旅行社紛紛在金門設立分公司，加入戰局，就成立的家數而言，以 1993 和 1994 年最多，到 2007 年時為止，有營業登記的合計 50 家，但是中途有人停業，有人歇業，到 2008 年底時，合法經營的旅行社（包括總公司與分公司）共計 25 家，參閱以下二表：

金門旅行社核准成立時間表

年別	82	83	84	85	86	87	88	89	90	91	92	93	94	95	96	合
家數	11	11	2	3	2	2	2	5	2	5	1	3	0	0	1	50

資料來源：經部商業登記資料查詢系統

旅行社家數統計

年底別	綜合		甲種		乙種		合計	
	總公司	分公司	總公司	分公司	總公司	分公司	總公司	分公司
88 年底	-	-	2	7	9	1	11	9
89 年底	-	-	4	9	10	-	14	10
90 年底	-	-	8	12	6	-	14	12
91 年底	-	-	10	13	4	-	14	13
92 年底	-	-	11	12	2	-	13	12

93 年底	-	-	11	14	1	-	12	14
94 年底	-	-	11	13	1	-	12	13
95 年底	-	-	11	11	1	-	12	11
96 年底	-	-	12	11	1	-	13	11
97 年底	-	1	13	10	1	-	14	11

資料來源：金門縣政府統計月報

　　根據「旅行業管理法規」（1953 年 10 月 27 日頒佈，2009 年 3 月 12 日修正），旅行業區分為「綜合旅行業」、「甲種旅行業」及「乙種旅行業」三種。實收之資本總額，規定如下：綜合旅行業不得少於二千五百萬元；甲種旅行業不得少於六百萬元；乙種旅行業不得少於三百萬元；綜合旅行業在國內每增設分公司一家，須增資一百五十萬元，甲種旅行業在國內每增設分公司一家，須增資一百萬元，乙種旅行業在國內每增設分公司一家，須增資七十五萬元。但其原資本總額，已達增設分公司所須資本總額者，不在此限。除了資本額外，還得繳納保證金：綜合旅行業一千萬元、甲種旅行業一百五十萬元、乙種旅行業新臺幣六十萬元。三種旅行社的業務內分別如下：

一、綜合旅行業經營下列業務

　　1、接受委託代售國內外海、陸、空運輸事業之客票或代旅客購買國內外客票、託運行李。

　　2、接受旅客委託代辦出、入國境及簽證手續。

　　3、招攬或接待國內外觀光旅客並安排旅遊、食宿及交通。

　　4、以包辦旅遊方式或自行組團，安排旅客國內外觀光旅遊、食宿、交通及提供有關服務。

　　5、委託甲種旅行業代為招攬前款業務。

　　6、委託乙種旅行業代為招攬第四款國內團體旅遊業務。

　　7、代理外國旅行業辦理聯絡、推廣、報價等業務。

　　8、設計國內外旅程、安排導遊人員或領隊人員。

　　9、提供國內外旅遊諮詢服務。

　　10、其他經中央主管機關核定與國內外旅遊有關之事項。

二、甲種旅行業經營下列業務

1、接受委託代售國內外海、陸、空運輸事業之客票或代旅客購買國內外客票、託運行李。
2、接受旅客委託代辦出、入國境及簽證手續。
3、招攬或接待國內外觀光旅客並安排旅遊、食宿及交通。
4、自行組團安排旅客出國觀光旅遊、食宿、交通及提供有關服務。
5、代理綜合旅行業招攬前項第五款之業務。
6、代理外國旅行業辦理聯絡、推廣、報價等業務。
7、設計國內外旅程、安排導遊人員或領隊人員。
8、提供國內外旅遊諮詢服務。
9、其他經中央主管機關核定與國內外旅遊有關之事項。

三、乙種旅行業經營下列業務

1、接受委託代售國內海、陸、空運輸事業之客票或代旅客購買國內客票、託運行李。
2、招攬或接待本國觀光旅客國內旅遊、食宿、交通及提供有關服務。
3、代理綜合旅行業招攬第二項第六款國內團體旅遊業務。
4、設計國內旅程。
5、提供國內旅遊諮詢服務。
6、其他經中央主管機關核定與國內旅遊有關之事項。

前三項業務，非經依法領取旅行業執照者，不得經營。但代售日常生活所需陸上運輸事業之客票，不在此限。金門的旅行社，早期還有一些乙種的，後期幾乎全部是甲種旅行社，從下表名錄的資本額便可明白。

旅行社名錄[42]

營利事業名稱	核准	異動	負責人姓名	資本額	組織類型	現況	地址
安全旅行社有限公司	82	95	邵維強	7,000,000	有限公司		金城鎮珠浦北路5巷12弄5之1樓

---

[42] 資料來源：經濟部商業司「商業登記資料查詢」、「公司登記資料查詢」，兩個系統的部份資料不一致，資本額括號內之數字為總公司的資本額，地址括號內為總公司所在。

巨陽旅行社有限公司	83	92	許玉芬	8,000,000	有限公司	金城鎮東門里民族路161號
金吉祥旅行社有限公司	83	96	王添洲	7,000,000	有限公司	金城鎮民權路144號
金馬旅行社（股）公司金門分公司	83	92	高淑貞	同總公司（16,000,000）	分公司	金城鎮西門里光前路97號1樓（金門縣金城鎮金城新莊1巷14號1樓）
金環球旅行社（股）公司金門分公司	83	90	翁炳贊	同總公司（8,000,000）	分公司	金城鎮西門里民生路65號（台北市中山區長安東路2段173號5樓）
楓蓮旅行社有限公司[43]	82	95	吳嘉獎	10,000,000	有限公司	金城鎮東門里民族路號1、2樓
永祥旅行社（股）公司金門分公司	85	94	鄭潔萍	同總公司（9,000,000）	分公司	金城鎮北門里中興路161巷14號（台北市松山區南京東路4段50號3樓之2）
國華旅行社有限公司	85	93	陳河彬	10,000,000	有限公司	金湖鎮山外里黃海路15號
三菱旅行社有限公司金門分公司	86	93	陳鵬翔	同總公司（10,000,000）	分公司	金湖鎮新市里復興路28號（台北市松山區八德路3段232號4樓之1）
金瑞旅行社有限公司	87	95	張再勝	10,000,000	有限公司	金城鎮民生路28號
環遊國際旅行社有限公司金門分公司	88	90	李沃耀	同總公司（10,000,000）	分公司	金城鎮西門里環島北路32號1樓（台北市中山區復興北路58號8樓之1）
巨祥旅行社有限公司	89	96	黃志祥	18,000,000	有限公司	金城鎮北門里民生路9號1樓
金天王旅行社有限公司	89	93	李克漆	10,000,000	有限公司	金湖鎮湖前88號2樓

---

[43] 總公司在金門，台北、高雄、嘉義設有分公司。

長伶旅行社有限公司金門分公司	89	96	林永標	同總公司（8,000,000）	分公司	金城鎮西門里珠浦北路34號1樓（臺北市中山區長安東路2段230號4樓之4）
現代旅行社有限公司	89	91	蔡聰敏	3,000,000	有限公司	金湖鎮新湖里塔后122號
金明生旅行社有限公司	90	91	吳明生	10,000,000	有限公司	金城鎮珠浦東路13之5號
育昇國際旅行社有限公司金門分公司	91	91	曾靖雅	同總公司（10,000,000）	分公司	金湖鎮瓊林里227之1號1樓（高雄市新興區中正三路129號5樓之3）
金廈旅行社（股）公司	91	95	毛雲龍	12,000,000	（股）公司	金城鎮北門里民生路43號8樓
萬吉旅行社有限公司	91	91	李邦彥	10,000,000	有限公司	金城鎮北門里民生路30號
安德力旅行社有限公司金門分公司	93	93	李敏德	同總公司（10,000,000）	分公司	金城鎮西門里珠浦西路88巷9號（台中市西屯區何德里西屯路二段90之15號）
冠鵬旅行社（股）公司金門分公司	93	93	陳森木	同總公司（12,680,000）	分公司	金湖鎮正義里成功68號（臺北市中山區松江路131之5號）
海峽友誼旅行社（股）公司金門分公司	93	93	劉賢賢	同總公司（8,000,000）	分公司	金城鎮北門里民生路25號7樓之8（台北市中正區仁愛路2段1號8樓）
金誠國際旅行社有限公司	96	96	蘇莉云	10,000,000	有限公司	金城鎮民族路147號1樓
久妮旅行社（股）公司	82	95	莊振興	3,000,000	（股）公司	核准停業	金寧鄉湖埔村民生路80號
好時光旅行社（股）公司金門分公司	82	95	倪國堯	同總公司	分公司	核准停業	金城鎮北門里珠浦北路5巷2號1樓

永興旅行社有限公司金門分公司	82	94	魏維文	同總公司	分公司	歇業撤銷	金城鎮東門里民生路 9 之 1 號
宏仁旅行社（股）公司金門分公司	82	87	洪振吉	同總公司	分公司	歇業撤銷	金城鎮西門里莒光路 1 段 20 號
九星旅行社有限公司	83	88	陳溢富	3,000,000	有限公司	歇業撤銷	金湖鎮新市里中正路 16 號 1 樓
友信旅行社（股）公司金門分公司	83	84	莊國勇	同總公司	分公司	歇業撤銷	金城鎮西門里民生路 49 號 1 樓
擎天旅行社有限公司	83	92	許惠玲	4,000,000	有限公司	歇業撤銷	金湖鎮新市里中正路 90 號 1 樓
天擎旅行社（股）公司金門分公司	84	90	楊士成	同總公司	分公司	歇業撤銷	金湖鎮山外里山外村黃海路 15 號
立比旅行社有限公司	85	88	許明慧	3,000,000	有限公司	歇業撤銷	金湖鎮黃海路 13 號 1 樓
宏佳旅行社有限公司	88	93	許燕玲	3,000,000	有限公司	歇業撤銷	金城鎮西門里莒光路 177 號
金瓜石旅行社（股）公司金門分公司	90	91	張振煌	同總公司	分公司	歇業撤銷	金湖鎮山外里黃海路 15 號
宏錡旅行社（股）公司金門分公司	91	94	陳惠鈴	同總公司	分公司	歇業撤銷	金湖鎮小徑 69 號 1 樓
太武旅行社有限公司	82	85	王天賜	3,000,000	有限公司	解散	金城鎮北門里莒光路 148 號 1 樓
東林旅行社有限公司	82	84	林長渠	3,000,000	有限公司	解散	金湖鎮山外里山外村黃海路 15 號
金門旅行社（股）公司	82	93	許靜芸	3,000,000	（股）公司	解散	金城鎮東門里環島西路一段 14 號
華安旅行社有限公司	82	82	許乃甫	3,000,000	有限公司	解散	烈嶼鄉林湖村東林 71 之 3 號
輝煌旅行社有限公司	82	89	胡輝煌	8,000,000	有限公司	解散	金城鎮北門里民生路 28、30 號

福華旅行社（股）公司金門分公司	83	83	朱慶桐	同總公司	分公司	撤消	金湖鎮新市里武德新莊30號1樓
金玉滿堂旅行社有限公司	84	84	張奇峯	3,000,000	有限公司	解散	金湖鎮山外里黃海路97之6號1樓
瑞和旅行社有限公司	86	91	楊秋芬	3,000,000	有限公司	解散	金城鎮民生路19號1樓
藍天旅行社（股）公司金門分公司	82	93	黃瓊瑤	同總公司	分公司	撤銷	金湖鎮新市里復興路28號1樓
上好旅行社有限公司金門分公司	83	83	范錦增	同總公司	分公司	撤銷	金城鎮東門里民族路56號
長虹旅行社有限公司金門分公司	91	95	吳如明	同總公司	分公司	撤銷	金湖鎮武德新莊自強路21號5樓之1

　　旅行社是金門旅行產業的「帶頭大哥」，根據縣府委託「國立高雄應用科技大學」在 2001 年下半年度所進行的觀光產業普查與分析顯示，這些旅行業者因職員少、規模小、專業分工能力不足，因此主要服務對象多為台灣旅客，金門當地赴台或前往國外旅遊的接案量並不多。高科大在該份普查中指出，部分業者惡性競爭，將價格下殺到不敷成本，在無利可圖的情況下，聰明的業者就開始整合上、下游產業，或者將成本「轉嫁」給其他相關產業，硬是從飯店、餐飲、特產、遊覽車等業者身上擠出利潤來。因此，旅遊品質始終無法提升，遊客來到金門也只能走馬看花，在站與站、點與點之間「上車睡覺、下車尿尿」。

　　在這種極端困苦的環境中競爭與生存，業者們個個叫苦連天，只有少數稍有遠見的業者敢把價格往上提升，或拿出不同於其他業者的深度旅遊行程，試圖區隔市場，但仍有難挽狂瀾的強烈無力感。惡性循環之下，旅館、餐飲等業者哪還有餘力來進行投資改善，整個金門觀光產業就像走在鋼索上一般，只要一個不小心，運氣稍差一點，隨時會摔得粉身碎骨。從上表所列的歇業與解散家數來看，不難理解旅行社經營的慘烈。然而事在

人為，在政府的輔導和業者的努力下，仍然有些優質的旅行社，繼續在為金門的觀光奉獻心力。像是「楓蓮旅行社」、「金環球旅行社」、「金馬旅行社」、「環遊國際旅行社」、「育昇國際旅行社」，與「金誠國際旅行社」等。

　　根據該公司的網頁記載，「楓蓮旅行社」成立於 1994 年 2 月 21 日，屬於甲種旅行社，事實上，目前的楓蓮已不單純是旅行社，而是旅遊產業集團，資本雄厚，在金門政商界影響力甚大。楓蓮在台灣本島有三家分公司：台北分公司（1996）、高雄分公司（1999）與嘉義分公司（2009），負責國內外及台金兩地旅遊業務，同時出售國內外機票，辦理護照和簽證等各項申請作業手續。金門的總公司屬於地接旅行社，負責接待台灣與大陸來的旅行團，較少做金門人的生意，金門人很少出國，通常不會經由金門在地的旅行社安排出國事宜。除了旅行社外，楓蓮的關係企業包括：

　　1、「楓蓮」、「統帥」、「浯江」聯合通運公司，有高層大巴士 34
　　　　部，中巴士 8 部。

　　2、「冠軍租車公司」，有全新小客車 20 部。

　　3、「海安船運公司」，有遊艇一艘，頓位 19 頓，同時可搭載 56 人，
　　　　負責大小金門海上往返交通。

　　4、「金寶來大飯店」與「凱蒂大飯店」，以及金寶來大飯店附設的
　　　　金寶來餐廳。

　　許多旅行社都有「金門眷探之旅」的行程，楓蓮也不例外，甚至直接就在營業項目中載明。每個來金門旅遊的人，對金門都有不同的印象與感想，眷探是一種較特殊而且讓人回味無窮的經歷，旅行社若能妥善安排食宿、車輛、接送機，對在金門服役的官兵及其眷屬而言，所獲得的回饋絕對不只是金錢而已。1972 年，國防部修頒了一個「國軍官士兵休假條例」，地處前線，有眷官兵有特殊的探眷假。「眷探」是一種人人羨慕的假，畢竟除了返台假外，在金門島上的假都是以小時算。唯一可能在外面過夜的假就是眷探假，那是很大的福利。義務役每季可以辦一次眷探，而每次眷探是三天，直系親屬（父母、子女）及配偶可申請，事實上，來金門眷探的大多數是阿兵哥的女友，辦眷探需要提出機票證明，還有在金住宿證明才可以申請。雖然眷探是人人都可以得到的福利，可是實際上辦眷探的人不多。

「金環球旅行社」總公司設在台北，高雄、金門、廈門設有分公司，是目前台灣唯一擁有雙執照（合法接待大陸人士由金門至台灣旅遊）的旅行社。在1995年成立高雄分公司並轉型加入國外及INBOUND市場，[44]1996年獲消費者協會頒發「消費者旅遊服務類菁英獎」、1997年獲旅遊類最高榮譽「金質旅遊獎」。金環球的關係企業有：「吉星遊覽公司」（1998），擁有15部新穎且最豪華的車隊、「巨星海運公司」（1999）、「坤龍航運股份有限公司」（2002）、「浯江餐廳」（2001）。

兩岸擴大小三通後，大陸觀光客經金門小三通來台灣旅遊，形成一股風潮。金環球旅行社與金航海運預見商機無窮，相互合作，推出金廈小三通八天環台之旅，搶攻陸客市場。金航公司向台中港務局申請「台中－金門」航線，往返共18航次，航程排定自2009年4月中下旬至7月初。首發團259人，從廈門東渡碼頭搭乘小三通客船抵金門水頭碼頭，進行一日遊之後，晚上從料羅碼頭搭「金門快輪」客貨船直航台中港，20日上午6時15分抵達台中港，7時30分順利出關，再轉搭8輛遊覽車遊台，每航次旅客數約200到300人之間。這是政府開放大陸觀光客小三通中轉遊台灣以來，首度有大陸團從金門搭船中轉到台中，團員都感到很高興，認為走了不一樣的遊程，創歷史新紀錄。

「環球國際旅行社」總公司設在台北、分公司設在金門（1999）、高雄（2001），主要為經營金門旅遊、陸客來台旅遊、小三通廈門旅遊、小三通套票機票之相關業務，並接受政府單位、公司行號之金門獎勵旅遊的策劃與執行。環球國際接待過許多大型的旅遊團，有多達3,000人的。近年來常辦理宗教包機業務，協助各宗教團體至福建進香旅遊。2006年操作宗教中轉包機達61架次，今年持續成長，而且客源也有效的開展，2007年超過80架次的中轉包機，接待各地旅客來金門旅遊總量為金門各旅行社的第一名。2008年6月19日小三通全面開放，使得金門廈門的往來更加簡便、方便，所有台灣的旅客可以藉此便捷管道前往廈門旅遊。環球國

---

44 簡單的說，從國內招攬顧客到國外旅遊是outbound市場，從國外招攬客人來國內旅遊是inbound。目前Inbound市場在台灣雖然比不上Outbound要來得有規模，不過未來卻將會是相當重要的產業，尤其在大陸人士來台開放觀光後，導遊的需求也勢必增加，在市場還在逐步成長之際，就得要導向良性發展。好的導遊與旅行社，攸關Inbound旅遊市場的良性發展。

際積極操作台灣團體之小三通廈門旅遊，並使用小三通套票機票與廈門各大酒店搭配自由行，包括華信航空「兩岸快易通」小三通套票機票、復興航空「金廈快線」小三通套票機票、立榮航空「金廈一條龍」小三通套票機票。

參、遊覽車客運公司與汽車租賃行

　　資力雄厚的部份旅行社包下航線數成機票，壓低團費大量攬客，只要把觀光客送上飛機，即能獲得機票折扣，而後面接手的導遊和遊覽車，並無團費分享，只得載著觀光客到特定商店「血拚」，靠商家「回扣」維持開銷，形同「大魚吃小魚，小魚吃蝦米」的旅遊食物鏈。因此，觀光客坐飛機來金門，隨著導遊特產店一家趕過一家，充其量只是購物消費，所看的景點不多，因而毫無觀光品質可言，而且，所謂「羊毛出在羊身上」，特產被灌進「回扣」，剝削消費者。如此的觀光旅遊，以後誰願舊地重遊？誰會「吃好逗相報」，難怪觀光客源日益萎縮，每下愈況。金門開放十多年，觀光旅遊的規劃，完全朝向大陸型態的旅遊規劃，拓寬馬路，便利大型遊覽車快速行駛，但是對於一個處處都是景緻的小型離島，廣建馬路、快速通過村落，並不是最好的觀光設計。金門的道路密度，在早期軍事的考量下，其實已經過於密集，現今又不斷拓寬、新增，不僅影響金門的旅遊方式，連帶生態上也大受影響。開放觀光後，金門地貌景觀最大的改變就是道路系統，以及隨處可見的大型遊覽車。許多所謂的「景點」，以前是人煙罕見的「廢墟」，如今被整修得美侖美奐，柏油的路面，水泥地的停車場，成列的遊覽車，在公廁外排隊的人潮，這就是金門觀光的景象。

　　遊覽車是載運觀光客最方便的交通工具，1993 年以後，許多旅行社自己成立通運公司，購買遊覽車，遊覽車的數量大增，根據金門縣監理所的統計，1999 年以後到 2009 年底，金門遊覽車的數量如下表：

本縣遊覽車統計

年底	88	89	90	91	92	93	94	95	96	97	98
遊覽車	135	132	134	157	160	152	158	154	146	145	151

註：98 年統計到 8 月

這些遊覽車分屬於以下 14 家的「通運公司」，平均每家公司擁有 11 輛左右。這些通運公司一半以上都成立於 1993 年以前，1996 年以後至今十餘年，僅有「金彩遊覽客運有限公司」一家新成立，雖然 2004 年開放小三通，顯然沒有因為新的觀光客源而增加遊覽車，背後的涵意不難理解：一是金門觀光形態的改變，一是觀光業的沒落。旅遊業的興衰，從路上跑的遊覽車數量就可以看出來，這是最粗淺卻真實的感受，不必經由統計數字的解釋。較奇特的是金門的旅行社倒了一半，通運公司卻都還在營運中，遊覽車的牌照取得不易，似乎不輕意釋出。台灣常見的遊覽車廠牌有日本三菱（或扶桑 FUSO）、日本國瑞（或日野 HINO）、日本五十鈴 ISUZU、瑞典新凱 SCANIA、比較好一點的是瑞典 VOLVO、最好的是德國猛獅 MAN，一般而言，歐洲車會比日系車昂貴且馬力大（外觀相同的一輛遊覽車可價差到 100～200 萬以上，以日系車來說大約都在 500～650 萬左右；而瑞典 SCANIA 就至少要 700 萬以上，更不用說瑞典 VOLVO 與德國 MAN）。

通運（遊覽車）公司

營利事業名稱	設立	異動	負責人姓名	資本額	組織類型	現況	地址
浯江通運股份有限公司	82	85	王榮強	40,000,000	（股）公司		金沙鎮光前里新興街 1 號 1 樓
吉茂通運股份有限公司	82	84	莊振源	30,000,000	（股）公司		金城鎮北門里中興路 173 巷 19 之 1 號
大富通運有限公司	82	86	許峻岷	30,000,000	有限公司		金城鎮民族路 228 號 1 樓
大華通運股份有限公司	82	96	李沃耀	30,000,000	（股）公司		金城鎮西門里環島北路 32 號
楓蓮通運股份有限公司	82	89	許燕道	30,000,000	（股）公司		金城鎮東門里環島西路一段 22 號
錦龍通運有限公司	82	96	林家銘	30,000,000	有限公司		金城鎮金門城 3 之 11 號
金門通運股份有限公司	82	90	張欽瑞	30,000,000	（股）公司		金湖鎮山外里下庄中興路 58 號 1 樓
南星通運有限公司	82	94	何進諒	40,000,000	有限公司		金湖鎮新市里中正路 65 號 2 樓

馥華通運有限公司	82	95	蔡宗佑	30,000,000	有限公司	金湖鎮新市里中興路 25 號
金興通運股份有限公司	82	98	蔡福星	30,000,000	有限公司	金門縣金湖鎮山外里下莊中興路 40 號
閩江通運股份有限公司	84	93	王榮強	30,000,000	（股）公司	金沙鎮光前里太武社區 72 號
金環球通運股份有限公司	84	90	翁炳信	30,000,000	（股）公司	金城鎮民權路 70 巷 4 弄 21 號
裕亨通運有限公司	85	97	李錫裕	30,000,000	有限公司	金門縣金湖鎮新市里中興路 25 號
金彩遊覽客運有限公司	94	94	吳明生	10,000,000	有限公司	金城鎮東門里珠浦東路 13 之 4 號

根據交通部統計處「遊覽車營運狀況調查摘要分析」，至 94 年底台閩地區計有 920 家遊覽車業者，較 92 年底增加 30 家，平均每家擁有 12.3 輛車，有 65.8%業者經營車隊接受靠行，平均每家遊覽車業者員工人數約為 14.9 人。就業者登記地區觀之，其中台灣省占 58.8%，台北市占 29.0%，高雄市占 10.8%，金門縣為 1.4%，且 10 年以內新成立之遊覽車業者約占全體業者之半數。

台閩地區遊覽車業者家數與車輛數

地區別	92 年底			94 年底			96 年底		
	家數（家）	百分比（%）	平均每家擁有車輛數（輛）	家數（家）	百分比（%）	平均每家擁有車輛數（輛）	家數（家）	百分比（%）	平均每家擁有車輛數（輛）
總計	890	100.0	11.5	920	100.0	12.3	915	100.0	12.7
台北市	246	27.6	11.3	267	29.0	12.0	241	26.3	13.0
高雄市	115	12.9	9.8	99	10.8	9.0	94	10.3	10.2
台灣省	517	58.1	12.0	541	58.8	13.0	566	61.9	13.0
福建省	12	1.3	…	13	1.4	12.2	14	1.5	10.9

資料來源：交通部統計處「遊覽車營運狀況調查摘要分析」

附　　註：92 年調查範圍為臺灣地區，未包含金門縣。福建省連江縣自 95 年起始有遊覽車營運，因此 92 與 94 年實為金門縣。本表之家數及車輛數係 96 年底有營運之業者與活車資料。

　　96 年台閩地區有 65.2%遊覽車業者表示沒有與相關產業結合進行促銷，而有 34.8%業者則表示有。與相關產業結合之業者所占比例較 94 年增加 1.4 個百分點，其中以與「旅行社」（91.5%）結合為最多，其次為「遊樂區」（27.8%）。

台灣地區遊覽車業者與相關產業結合進行促銷情形

單位：%

項目別	92 年	94 年	96 年
總計	100.0	100.0	100.0
否	81.1	66.8	65.2
是	18.9	33.2	34.8
結合之相關產業			
旅行社	（無此選項）	（89.9）	（91.5）
遊樂區	（63.1）	（30.7）	（27.8）
觀光飯店	（49.7）	（24.7）	（22.8）
特產中心	（26.8）	（7.5）	（3.6）
其他	（12.1）	－	（3.2）

資料來源：交通部統計處「遊覽車營運狀況調查摘要分析」

　　在台灣本島，遊覽車經營型態主要包括「由旅行社承租辦理旅遊」、「由旅行社以外團體或個人包租旅遊」、「由機關、學校或其他團體包作交通車」及「定時定線班車」四種。96 年台閩地區遊覽車以經營「由旅行社以外團體或個人包租旅遊」業務者最多，占 61.6%，「由機關、學校或其他團體包作交通車」者次之，占 60.4%，「由旅行社承租辦理旅遊」者再次之，占 54.0%，「定時定線班車」則居末，占 18.0%，在上述四種經營型態中，平均每輛遊覽車約經營 2.1 種業務。但是金門的情形不同，金門的遊覽車幾乎都是為了載運觀光客，很少有旅遊業以外的業務。

　　就營業收入分析，94 年台閩地區遊覽車全年營業總收入平均每輛為 102 萬 1 千元，主要集中在 50 至 120 萬元間，全年營業淨收入平均每輛為 30 萬 6 千元，淨收入為 40 萬元以下者占總車輛數之 74.5%。若以地區別分析，每輛遊覽車營業淨收入占營業總收入的比例，以台灣省的獲利最高，為 33.1%，其次為台北市之 27.0%。96 年時台閩地區遊覽車全年營業總收入平均每輛為 104 萬 7 千元，主要還是集中在「50 至未滿 120 萬元」

間，全年營業淨收入平均每輛為 28 萬 9 千元，淨收入為 40 萬元以下者占總車輛數之 79.9%。營業淨收入占營業總收入的比例為 27.6%，較 94 年之 29.9%，減少 2.3 個百分點。若以地區別分析每輛遊覽車營業淨收入占營業總收入的比例，以福建省（金門縣）的獲利率最高，為 41.1%，其次為台灣省之 28.9%。

　　遊覽車的營業獲利雖然很高，但這幾年已逐漸走下坡，以金門的觀光景點分佈而言，並不適合大型遊覽車。金門島東西長約 20 公里，南北長約 15.5 公里，中部狹窄處僅 3 公里，面積雖然只有 150 多平方公里，但是著名景點達數十處。行程若安排太緊湊，光是上下車就夠累人的，碰到大熱天，遊興盡失，遊客寧願留在車上吹冷氣，也不願下車品味風景名勝。近年來國人生活水準提高，周休二日帶動國民旅遊風潮，刺激家庭及小團體集體出遊，因此旅行社與旅遊景點之飯店業者策略聯盟，在其規劃的套裝行程中將租車服務納入其中，不僅減少飯店業者的成本也為自己帶來商機。汽車租賃服務在台灣本島與中國大陸都是熱門的新興產業，以租代買逐漸成為一種新的消費時尚。汽車租賃作為一種全新的消費方式，不僅可以有效的緩解汽車生產與消費之間的「瓶頸」，並且對汽車消費市場的拓展也具有不可低估的功效。但是在金門，汽車租賃業的發展還是有限。

台閩地區遊覽車全年營運收入

單位：萬元／輛；%

項目別	營業總收入		營業淨收入		營業淨收入占營業總收入的比例	
年度	94	96	94	96	94	96
總計	102.1	104.7	30.6	28.9	29.9	27.6
台北市	103.2	101.9	27.9	27.9	27.0	27.0
高雄市	189.0	145.2	44.1	28.7	23.3	23.3
台灣省	93.5	101.8	30.9	29.4	33.1	33.1
金門縣	55.5	69.3	11.7	28.5	21.1	41.1

資料來源：交通部統計處「遊覽車營運狀況調查摘要分析

附　　註：營業淨收入為營運總收入扣除本車輛稅費、耗油費、攤提折舊費、保險費、保養維修費、自負肇事理賠損失、車輛配屬人員費用及分攤之人事行政費、行銷管理費及其他行政管理費用。

租賃車輛統計

單位：輛

年底	92	93	94	95	96	97	98
租賃車	95	91	88	86	81	81	80

資料來源：金門監理所

　　從車輛數來看，汽車租賃業很難再創新機。目前在金城鎮、金湖鎮市區可租用機車或汽車，但因金門島內岔路多，路況不熟，政府單位其實不鼓勵旅客租車自由行。以下是金門歷年來核准成立的汽車租賃行，依規定資本額必須五百萬，組織型態多為獨資與合夥，唯一公司型態的「日昇小客車租賃股份有限公司金門分公司」已於 2005 年撤消營業。

汽車租賃行

營利事業名稱	設立	異動	負責人姓名	資本額	組織類型	現況	地址
聯合汽車租賃行	78	78	吳英輝	5,000,000	合夥		金湖鎮新市里中興路 8 號
永成小客車租賃行	81	89	薛根全	5,000,000	獨資		金寧鄉湖埔村民生路 80 號
金馬小客車租賃社	82	91	黃志琳	5,000,000	獨資		金城鎮北門里民生路 5 巷 3 之 1 號
夏興小客車出租行	82	83	洪翠能	5,000,000	獨資		金湖鎮正義里夏興 7 號
譽達小客車租賃行	82	94	薛綺芳	5,000,000	獨資		金湖鎮新湖里塔后 117 號
瑞信汽車租賃行	83	93	蔡碧雲	5,000,000	獨資		金城鎮西門里環島西路一段 111 號
汎德小客車租賃中心	83	83	陳和智	5,000,000	獨資		金湖鎮新市里武德新莊 4 號
富成汽車租賃行	84	84	陳天成	5,000,000	獨資		金城鎮民族路 157 號
冠城汽車租賃行	84	95	李詠柳	5,000,000	獨資		金城鎮民族路 9 號
景昇租車行	84	84	蔡西湖	5,000,000	獨資		金湖鎮新市里林森路 27 號
三德小客車租賃中心	84	91	陳秀琴	5,000,000	合夥		金湖鎮新湖里漁村 28 號
大新小客車租賃行	87	93	黃清注	5,000,000	獨資		金城鎮民生路 63 號
冠軍小客車租賃行	87	87	許燕道	8,000,000	獨資		金城鎮東門里環島西路一段 14 號
日昇小客車租賃（股）金門分公司	82	94	翁明灝	同總公司	分公司	撤銷	金寧鄉盤山村頂堡 70 號
金都汽車租賃行	84	86	許惠玲	5,000,000	獨資	撤銷	金城鎮民生路 57 號

肆、船運公司與航空公司

　　金門是個海島，民生用品、日常所需完全仰賴台灣本島接濟，因此船運業極為發達。船運業需要龐大資金，組織型態多為「股份有限公司」，營業項目包括船舶運送、船務代理、小船經營（娛樂漁船）與國際貿易，只有少部份經營海上客貨運輸業。除了下表的海運公司外，還有大約十餘家的海運行，承攬貨物的運送，規模與資本額都很小，沒有自己的船隻。金門開放觀光後，部份船運公司購入遊艇，在大小金門之間搭載觀光客，或是開到海峽中線從事近海的觀光。

金門的海運公司

營利事業名稱	設立	異動	負責人姓名	資本額	組織類型	現況	營業項目
建華航運（股）公司	65	95	許丕和	24,000,000	（股）		航運業務／船務代理業。
東隆運輸（股）公司金門分公司	77	77	謝政達	同總公司	公司		承攬運輸業／倉庫業／輪船業／前各項有關業務之經營及投資
金航海運（股）公司	77	82	楊肅元	20,000,000	（股）		海上客貨運輸業／上項有關業務之經營及投資
興航海運公司金門辦事處	78	81	呂文理	20,000	獨資	歇業撤銷	運送業／運輸服務（輪船經紀）
金鑫航運（股）公司	83	85	王輝輝	24,000,000	（股）		船舶運送業（經營高雄—金門航線油料運輸業務）
福威航運（股）公司	83	83	王再生	50,000,000	（股）		船舶運送業
金航海運（股）公司金門分公司	84	94	楊維居	同總公司	公司		海上客貨運輸業
南星航運（股）公司	84	90	何進諒	10,000,000	（股）		經營船舶運送業務／船舶買賣業務／船務代理業
海燕海運（股）公司	84	90	洪天規	5,000,000	（股）		船舶運送業

浯江輪渡有限公司	84	92	王漢文	19,025,000	公司		船舶運送業／船務代理業
順達海運（股）公司	84	94	翁麗旋	28,000,000	（股）	停業	船舶運送業／船舶出租業
全民航業（股）公司	84	91	劉建宏	7,200,000	（股）	撤銷	船舶運送業務之經營
和達海運（股）公司	85	94	翁水沙	10,000,000	（股）		船舶運送業
合富海運（股）公司	88	94	洪梓銘	29,000,000	（股）		船舶運送業
海洋海運（股）公司	88	96	洪耀銘	3,600,000	（股）		船舶運送業（限以「（股）公司」型態經營）／小船經營業
巨星海運行	88	92	翁炳贊	200,000	獨資	撤銷	船舶運送業
大榮海運（股）公司	89	96	黃盈蓁	36,000,000	（股）		船舶運送／娛樂漁／船舶及其零件批發／商港區交通船／船務代理業
台金航運（股）公司	89	92	俞全和	20,000,000	（股）		船舶運送業／船務代理業
永展海運（股）公司	89	90	莊水談	27,200,000	（股）		船舶運送業
祥發航運（股）公司	90	94	莊秀蓮	6,000,000	（股）		船舶運送
瑞邦海運（股）公司金門分公司	90	90	黃旺根	同總公司	公司		船舶運送業／船務代理業
金鴻輪船（股）公司金門分公司	90	93	顏阿惜	同總公司	公司	核准停業	輪船航運業／基隆至金門馬祖航線貨運業務之經營。
上和海運（股）公司	91	91	陳愛珠	10,000,000	（股）		船舶運送業
巨星海運（股）公司	91	95	呂保民	10,000,000	（股）		船舶運送業（小船運送業）／船務代理業
坤龍航運（股）公司	91	91	高淑貞	30,000,000	（股）		船舶運送業
金宏興海運（股）公司	91	94	洪鴻斌	5,000,000	（股）		船舶運送業（小船運送業）

金廈海運（股）公司	91	96	楊肅元	45,000,000	（股）		船舶運送業
晉源船務代理有限公司金門分公司	91	91	呂炳忠	同總公司	公司		船務代理業
海園海運（股）公司	91	94	陳黃秀華	5,000,000	（股）		船舶運送業／小船經營業
慶豐航運（股）公司	91	96	洪天棍	4,000,000	（股）		船舶運送業／國際貿易業
永春海運（股）公司	92	92	關沛福	5,000,000	（股）		船舶運送業（小船運送業）
瑞榮船舶管理有限公司金門分公司	92	92	黃旺根	同總公司	公司		沙石、淤泥海拋業／船舶及其零件批發業／船務代理業
德威航運（股）公司	92	95	洪煒翔	20,080,000	（股）		船舶運送業／小船經營業
永安海運（股）公司	92	95	許丕鳴	5,000,000	（股）	停業	國際貿易業／理貨包裝業／船舶運送業（小船運送）
順揚海運行	92	94	李秀華	40,000	獨資	撤銷	船舶運送業
一順船務有限公司	93	93	謝知學	10,000,000	有限公司		國際貿易業／船務代理業／貨櫃出租業／船舶勞務承攬業
鴻順興海運（股）公司	94	95	李文雄	5,000,000	（股）		小船經營業／船舶運送業（限以「（股）公司」型態經營）
飛達海運（股）公司	95	95	歐陽彥椿	1,000,000	（股）		船舶運送業
遠欣船務代理（股）公司	95	95	洪玉真	9,000,000	（股）		船務代理業（限以「公司」型態經營）／國際貿易業
上明海運（股）公司	96	96	鄭嘉鈴	2,000,000	（股）		船舶運送業（限以「（股）公司」型態經營）／國際貿易／家畜家禽批發／
中台航運（股）公司	96	96	俞全和	25,000,000	（股）		船舶運送業
金安航運（股）公司	96	96	楊維居	18,000,000	（股）		船舶運送業

　　在國軍還沒有來金門之前，金門已有許多優良港口，船隻航行於台灣海峽或大陸沿海，大小金門之間也有交通船行駛，負責運送大小金門的人民。國軍來了之後，金門本地軍民人等要到台灣就得搭乘軍方的運補船，即俗稱「開口笑」的兩棲登陸艇（LST）。登陸艇是平底的鐵殼船，行在海上活像一只大搖籃，沒有床位，只能在艙底和甲板上席地而睡。艙內空氣不好，容易暈船，許多人寧願在甲板上找個地點休息。夜裡風寒露重，海水打上甲板，全身淋濕了也只能忍耐，要等二十多小時才能到達高雄港，如果正逢深夜，船艇必須等到天亮再進港。下船、趕火車、搶車廂位置，或是搭「野雞車」，經過十個小時左右抵達台北，蓬頭垢面的模樣，經常會被誤以為是逃難的災民。1970 年海軍舊式的 LST 已不足以擔負台灣對外島人員的載送任務，必須建造新客貨輪來擔任外島人員的運補任務，因而提出了「安捷計畫」（寓意安全又快捷），於是向日本廣島「宇品造船廠」訂造了兩艘客貨輪，定級為「AP」（即人員運輸艦），其中3,000 噸級者取名「太武艦」（執行載送人員到金門之任務，以金門太武山為名）。[45]「太武輪」通航後，對人員的輸運雖然方便多了，但一位難求的船票變本加厲，因為這段時期正逢台灣進行十大建設，金門百姓赴台就業人數大增，舉家外遷的情形十分普遍，赴台的航班「班班客滿」，這是金門人口大遷徙的時代，人數是「八二三砲戰」期間遷台的數倍。自 1972年 1 月 6 日開始，到 1998 年 2 月 16 日上午 10 時於高雄港「新濱碼頭」除役為止，「太武輪」肩負運補人員任務長達 20 餘年。

　　除了軍方的登陸艇和人員運輸艦外，金航公司的「金門快輪」後來也加入載客。金門快輪航速 16 節、噸位 3,480 噸、載客 363 人，客艙分上、下兩層，有雙人的特等艙 3 間、住宿 8 至 15 人的頭等艙 5 間、經濟艙為雙層床鋪，可容納 220 人，雖然很舒適，但是自從民航機飛金門後，已經沒有人願再搭船。金門快輪平時負責載運國軍官兵往返台中港與烏坵，現在停泊在台中港旅客碼頭。每到春節，返金機位一票難求，常見金門旅客擠爆松山機場，金門縣政府為協助鄉親及時返鄉，於 2007 年時與金門快輪所屬公司簽約，以包船契約方式，承攬金門鄉親春節返鄉過節，金門快輪再度勾起金門人塵封的海上記憶。

---

[45] 其他的船艦參閱郭哲銘編著，《浯鄉小事典》（金門縣：文化局，2006 年），頁 172。

小三通航線進出金門港船舶艘數[46]

單位：艘數（艘次）；總噸位（千噸）；平均噸位（噸）

年別	客輪			客貨輪			貨輪		
	艘數	總噸位	平均每艘船舶總噸位	艘數	總噸位	平均每艘船舶總噸位	艘數	總噸位	平均每艘船舶總噸位
93	3,098	1,813	585	6	21	3,448	990	667	674
94	3,706	2,366	639	2		3,178	1,638	1,330	796
95	6,162	2,828	459				924	668	723
96	8,070	3,215	398				1,130	634	561
97	9,159	2,986	326				3,765	1,103	293

資料來源：交通部統計處

　　「金門快輪」雖加入載客，但金門已有空運，一般金門人若非不得已，不會選擇走回頭路，再去忍受暈船的痛苦。2001 年兩岸「小三通」獲得突破性的進展，6 月 1 日雲林縣麥寮光大寮聚寶宮管理委員會，邀集 350 名信徒，舉辦「保生大帝大陸進香團」活動，租用金航海運公司所屬的「金門快輪」，從高雄港出發，經金門料羅港結關後直航大陸廈門港，這是高雄港直航大陸的第一艘客輪。金馬地區自 2001 年 1 月起實施小三通，開放金門港及（馬祖）福澳港為兩岸通航港口，兩岸人民往來人數呈逐年增加趨勢，流通貨物於 94 年達最高峰，後連續兩年減少。

　　累計至 97 年，小三通航線進出港（含福澳港）船舶艘數，按船種分，以客輪 1 萬 395 艘次（占 66.1%）最多，貨輪 5,147 艘次（占 32.7%）居次，客貨輪 180 艘次（占 1.1%）再次之。與上年比較，以貨輪增加 3,163 艘次或 1.6 倍最多，客輪增加 1,625 艘次或 18.5%居次，客貨輪增加 4 艘次或 2.3%。另平均每艘船舶總噸位以客輪 306 噸最高，其次為貨輪 290 噸，客貨輪則為 167 噸，觀察歷年船舶總噸位，順應港口環境及營運規模經濟下，皆以小噸位船舶為主力運輸，以符合運輸效益。就金門港而言，97 年以客輪 9,159 艘次（占 70.9%）居冠，較上年增加 13.5%，貨輪 3,765 艘次（占 29.1%）居次，增加 2.3 倍；而平均每艘船舶總噸位以客輪 326 噸最高，貨輪 293 噸次之。

---

[46] 小三通航線係金門─福州、廈門、泉州、大嶝、漳州等航線及福澳─馬尾，其中金門港係指料羅港區及水頭港區。艘數包括進港及出港船舶。本表只列出金門港部份。

進出港旅客計 104 萬 6 千人次,較上年增加 27 萬人次或 34.3%,呈逐年成長,其中進港及出港旅客各占 49.6% 及 50.4%。由於我國開放腳步較對岸為快,我國籍旅客 95 萬 4 千人次(占 91.2%),增加 42.0%,另大陸籍旅客則由去年突破 10 萬人次後,下滑至 8 萬 7 千人次(占 8.3%),減少 18.3%,顯示 97 年 7 月 4 日起兩岸執行周末包機後,衝擊大陸籍旅客經由小三通航線之客運量。目前每天有六班船往來於金門與廈門(泉州),分屬於以下的航運公司。

金門地區小三通航線經營(代理)公司暨營運船舶

金門水頭港區至廈門港東渡港區航線			
	營運船舶	公司名稱	座位數
台灣	新金龍	金廈海運股份有限公司	230
	東方之星	坤龍航運股份有限公司	300
	馬可波羅	大榮海運股份有限公司	200
	金星	金安航運股份有限公司	230
大陸	捷安	一順船務有限公司	300
	八方	一順船務有限公司	238
	新集美	晉源船務代理有限公司金門分公司	300
	五緣	遠欣船務代理有限公司	338
金門水頭港區至泉州港航線			
台灣	泉金	金廈海運股份有限公司	120
	泉州	金廈海運股份有限公司	235
金門水頭港區至廈門港五通港區航線			
台灣	新金龍	金廈海運股份有限公司	230

資料來源:交通部高雄港務局

航金商船資料表

航線	船名	所屬公司	公司地址
金門—台北	大山	大山航運股份有限公司	高雄市苓雅區四維四路 246 號
高雄／台北—金門	德興輪	德興航業股份有限公司	高雄市苓雅區四維四路 246 號
	大華輪	台金航運股份有限公司	金門縣金城鎮民族路 66 之 3 號
	大中輪	大益輪船股份有限公司	高雄市苓雅區四維四路 242 號
	力豪輪台北	力氏國際股份有限公司	嘉義市美源里民生南路 312 號

	大盈輪高雄	高金輪船股份有限公司	高雄市苓雅區四維四路 242 號
	大益輪	大吉海運股份有限公司	高雄市苓雅區四維四路 246 號
	南海輪	中台航運股份有限公司	高雄市苓雅區四維四路 242 號
	合富快輪停航	合富海運股份有限公司	金門縣金沙鎮官嶼里官澳 50 之 2 號
	金門快輪停航	金航海運股份有限公司	高雄市苓雅區海邊路 28-2 號
	大川輪	大山航運股份有限公司	高雄市苓雅區四維四路 246 號
	金航貳號	金欣海運股份有限公司	高雄市苓雅區四維四路 236 號
	建宏輪高雄	建華航運股份有限公司	金門縣金城鎮民族路 239 號
	金鑫輪高雄	金鑫航運股份有限公司	金門縣金城鎮莒光路 57 號
	合鵬一號高雄	福馬航運股份有限公司	金門縣金城鎮民族路 66 之 3 號
高雄—小金	萬順輪	祥發航運股份有限公司	金門縣烈嶼鄉埔頭 9 號
台中—金門	丹鼎 8 號	德威航運股份有限公司	金門縣金城鎮民生路 43 號 6 樓
台中—金門	建宏輪	建華航運股份有限公司	金門縣金城鎮民族路 239 號
台中—金門	建達輪	建華航運股份有限公司	金門縣金城鎮民族路 239 號
基隆—金門	台福八號	大順輪船股份有限公司	基隆市中正路 24 號 2 樓
	升隆一號	金洋海運股份有限公司	金門縣金城鎮民權路 170 號
嘉義—金門	嘉金輪	奧林匹克航運股份有限公司	嘉義縣布袋鎮岑海里新北六街 15 號
	通順輪	力氏國際股份有限公司	嘉義市美源里民生南路 312 號
花蓮—金門	亞泥一號	裕民	台北市敦化南路二段 207 號 29 樓
	通和	達和航運股份有限公司	台北市中山北路 2 段 113 號 10 樓
台南—金門	友泰一號	瑞邦海運股份有限公司	台南市南區三官路 193 號
	天立一號	瑞誠航運股份有限公司	台南市南區三官路 193 號
	延聯輪	明鑫輪船股份有限公司	台南市安平區健康一街 71 巷 53 號
金門—麥寮‧高雄	同曄三號	同成實業有限公司	
金門—大陸	成信	成信海運行	金門縣金城鎮水頭 156 號
	順富 8 號	順富海運行	金門縣金湖鎮山外里山外 26 之 1 號
	震鴻 8 號	鴻順興海運股份有限公司	金門縣金湖鎮塔后 47 之 5 號
	金吉興 98 號	鴻順興海運股份有限公司	金門縣金湖鎮塔后 47 之 5 號

	金宏興 8 號	金宏興海運股份有限公司	金門縣烈嶼鄉青岐村 28-1 號
	上明輪	上明海運股份有限公司	金門縣金湖鎮塔后 208-7 號
	丹鼎 8 號	德威航運股份有限公司	金門縣金城鎮民生路 43 號 6 樓
	德旺輪	德旺航運股份有限公司	金門縣金沙鎮國中路 31 號
	上和一號	上和海運股份有限公司	金門縣金湖鎮塔后 208-7 號
	丹鼎輪	海洋海運股份有限公司	金門縣金城鎮民生路 43 號 4 樓
	錦龍一號	茂榮海運行	列嶼鄉黃埔村埔頭 25-1 號
	錦龍六號	茂榮海運行	列嶼鄉黃埔村埔頭 25-1 號
	新發 2 號	華隆海運股份有限公司	金門縣金湖鎮漁村 103 號
	聯通一號	飛達海運股份有限公司	金門縣金城鎮珠沙里歐厝 5 號
	金順發	永順海運行	金門縣金城鎮水里前水頭 156-1 號
	東青	上和航運股份有限公司	金門縣金湖鎮塔后 208-7 號
	龍鴻	鴻順興海運股份有限公司	金門縣金湖鎮塔后村 47-5 號
	東益	金廈裝卸承攬股份有限公司（陳木凱）	金門縣金城鎮南門里民權路 25 號
金門—大陸	泉豐 168	泉州市豐澤船務公司	金門縣金城鎮南門里民權路 25 號
	泉豐 166	泉州市豐澤船務公司	金門縣金湖鎮料羅 21 之 1 號
	泉豐 269	泉州市豐澤船務公司	金門縣金湖鎮料羅 21 之 1 號
	泉豐 369	泉州市豐澤船務公司	金門縣金湖鎮料羅 21 之 1 號
	豐澤 6 號	泉州市豐澤船務公司	金門縣金湖鎮料羅 21 之 1 號
	海峽	一順船舶管理有限公司	金門縣金湖鎮料羅里新興街 21 號樓
	海灣	一順船舶管理有限公司	金門縣金湖鎮料羅里新興街 21 號樓
	新萬信	泉州市豐澤船務公司	金門縣金湖鎮料羅 21 之 1 號
	長海 29	金廈裝卸承攬股份有限公司（陳木凱）	金門縣金湖鎮料羅 21 之 1 號
	閩南海盛 9 號	廈門恆中進出口有限公司	金門縣金湖鎮料羅 21 之 1 號
	成功 57	南安市輪船有限公司	金門縣金城鎮南門里民權路 25 號
	成功 17	南安市輪船有限公司	金門縣金湖鎮料羅里新興街 21 號
	東方之星	坤龍航運股份有限公司	金門縣金城鎮民權路 133 號
	金星輪	金安航運股份有限公司	金門縣金城鎮光前路 97 號
	馬可波羅	大榮海運股份有限公司	金門縣金城鎮民生路 28 號

	新金龍	金廈海運股份有限公司	金門縣金城鎮民族路 21 之 3 號
	泉州輪	金廈海運股份有限公司	金門縣金城鎮民族路 21 之 3 號
	泉金輪	金廈海運股份有限公司	金門縣金城鎮民族路 21 之 3 號
	新集美	晉源船務代理有限公司金門分公司	金門縣金湖鎮料羅 21 之 1 號
	捷安輪	廈門輪總	金門縣金湖鎮料羅里新興街 21 號
	五緣輪	廈門遠洋集團	金門縣金城鎮民族路 21 之 3 號

資料來源：金門港務處

　　航金商船包括中華民國籍與大陸籍，陸籍的商船或客輪只能在金門與大陸之間航行。商船包括「東益」、「泉豐」系列、「豐澤 6 號」、「海峽」、「海灣」、「新萬信」、「長海 29 號」、「閩南海盛 9 號」、「成功」，客輪則有「新集美」、「捷安輪」與「五緣輪」。

　　1949 年，國軍入駐金門，十月在西洪五里埔興建機場。[47]1951 年 6 月，國防部核准「復興航空公司」班機飛行金門，每週定時班機一次，不定時若干次，金門籍居民不收費用，1958 年 8 月 23 日因「八二三砲戰」停航。之後，改由空軍總部班機接替，每月四次（後改為每週二次），該班機由政委會租用，乘客以公教人員、眷屬及老弱婦孺為優先。1983 年 6 月 6 日發生金門空中交通史上最悲慘的「六六空難」事件，造成 33 人死亡，失蹤 5 人，只有 9 人生還，金門空中交通安全逐漸獲得相關單位的重視。由於地區軍經建設突飛猛進，中外人士到金門參訪絡繹不絕，為改善空中交通，提供更好的服務，1984 年 4 月 7 日，國防部增加波音 727 客機開航，每天一至兩架次不等，為台金開啟噴射客機新紀元，因公赴台之公教員工及病患急難民眾皆可搭乘。1987 年 9 月 11 日「遠東航空公司」正式首航金門，金門的交通從此擺脫不定期，不定時的軍管時代，人人皆可透過自由購票方式搭乘民航機，不必再受限於軍機，軍船箝制。

　　隨著台金、兩岸交流互動增進，立榮、復興、瑞聯、國華、華信等航空公司相繼入駐金門設點，直飛台北、高雄、台中、嘉義、台南等多個城市，台金每天來回班次多達 60 餘班次，和昔日落後的空中交通情形相較，

---

[47] 「西洪村」位在金門島東，明朝時曾繁盛一時，號稱「人丁不滿百，京官三十六」。數百年來飽受風沙之苦，民國以來幾被掩埋，國軍來了之後闢建榕園，遷村民於西側（即今日金湖鎮山外安民村），西洪遂廢。

已不可同日而語。2000年,瑞聯航空因財務狀況不佳及飛安紀錄不良,被民航局勒令停飛,之後,國華航空的業務由華信接手,2008年遠東停飛,目前飛金門的航空公司僅剩三家:立榮、復興與華信,分別飛台北、台中、高雄、台南與嘉義。根據交通部的統計,金門飛台灣各機場的載客率和載客人數如下表:

金門航線班機載客率(2008年)

航線別	飛行班次	可售座位數	載客人數	載客率	市場占有率
台北—金門	11,583	1,358,068	971,549	71.54	19.79
台中—金門	5,977	505,350	344,909	68.25	7.03
高雄—金門	4,782	404,694	281,663	69.60	5.74
台南—金門	1,666	93,296	73,381	78.65	1.49
嘉義—金門	962	53,872	42,033	78.02	0.86

資料來源:民用航空局

　　半世紀來,由單靠軍機運輸、到租用民航機、以至於開放民航機飛航,金門的空中交通從無到有,由早期每週二班次到最高時一天六十多班次,金門的美麗天空不再是禁區,而鄉親的安全也越來越有保障。但是,受制於氣候,每到霧季,金門機場關閉,鄉民擠爆松山機場,望空興嘆有家歸不得,時而出現為候補機位大打出手的的畫面,還是讓人鼻酸。多年來,每到縣長選舉,或中央民代選舉,「讓金門民眾有條安全快速回家的路」,一直都是競選口號。如今,民選縣長換了兩位,下台的立法委員已不記得名字,口號依舊是口號,金門鄉民還在安慰自己:「有夢最美,希望相隨」。

第四節　飯館餐廳業

壹、中餐館

　　美國作家馬文·哈里斯(Malvin Harris)在1985年時出版了一本科普讀物,名為《好吃:食物與文化之謎》。[48]這是一本研究世界各國不同民

---

[48] 馬文·哈里斯(Malvin Harris)原著,葉舒蕪、戶曉輝譯,《好吃:食物與文化之

族、不同飲食愛好習慣的書，例如，法國人愛吃馬肉，美國人喜好牛肉，回教徒嚴禁豬肉，東南亞某些民族喜食各種昆蟲，甚至一些原始的人種還保留人吃人的習慣等。本書用生動的文筆，對人類飲食文化的演變和分化，何以如此相同又何以相差如此之大，用跨越多學科諸如營養學、農學、畜牧學、生理學、醫學、遺傳學、人類學、環境生態、考古學等相互結合印證的方式，進行多視角的綜合分析，給予解答。在當前世界經濟不斷融合一體化，帶來不同文化尤其飲食文化的交流和衝撞時，人類何以有如此巨大的飲食習慣差異？通過本書增加了我們對人類飲食文化的新解讀，可以說，「飲食人類學」正是我們求解人與文化之謎的新途徑。

　　普天之下，凡經濟條件好一點的人們都會在「吃」上下工夫，一部人類文明史其實就是吃的內容和方式的展現。俄國大餐豐盛、法國菜餚精美、日本料理講究，英國烤魚味道很好，配上土豆，僅此一道菜，就可以吃飽。美國人早餐很簡單，午餐很實惠，所以速食業很發達。德國人的吃法近似北歐，而北歐可能因為氣候寒冷，肉製品和奶製品種類很多，用量也很大。其他許多國家另有「風味餐」。例如，澳大利亞袋鼠成災，鼓勵人們吃袋鼠。泰國鱷魚著名，富有人工養殖經驗，鱷魚大餐款待貴客，最富盛情。印度飯菜香料味濃而色重，多成糊糊狀，各色菜餚放在同一盤子，加上米飯，混合一體。類似的飲食習慣和內容不甚枚舉，今年的澳門美食節（第八屆）考量到飲食的差異，於是找來國內外近百家的著名飲食商號，匯聚各地特色佳餚美食，推出「中式美食街」、「台灣夜市」、「大中華美食街」、「亞洲美食街」、「歐陸美食街」、「風味美食街」、「甜品街」等七大美食街，讓遊客盡享天下佳餚美點，本屆口號是：「感受澳門‧盡享美食」。

　　環遊世界、品嚐美食、讓自己生活中充滿不同的文化與人民的歡笑，是許多人在忙碌工作之餘，給自己許下的新希望，也是夢想的生活方式。旅遊的重頭戲，除了看、除了玩，更在於吃。人們既希望從大自然和人文景觀中獲得精神文化的享受，也希冀從美食中大飽口福，得到味覺上的享受。美食和旅遊這兩個看去似乎毫不相干的主題，竟然如此巧妙地結合出一種激動人心的魅力。這幾年，世界各地都在舉辦旅遊展與美食節，許多

謎》，山東：山東畫報出版社，2001年。

旅遊作家也開始以美食報導作為寫作題材，美食節的規模不斷擴大，由以本地為主到國際參與，由純粹美食節到美食嘉年華，近年來還加插煙火表演、展覽、以及歌舞表演等環節，而且更舉辦烹飪比賽，推廣攝影活動，使得美食節變得更多元化。曾幾何時，一種單純的「口腹之欲」變成了「吃」的競賽，食物已不再只是用來裹腹，食物也可以成為視覺享受的「藝術品」，吃出健康，吃出品味，吃已然成為一門複雜且艱深的學問。

說到吃，中國自古以來不乏著名的饕客。老子曾說：「治大國，若烹小鮮」（《道德經》第 60 章），關於這句話的意思，有各種解釋。一種說法是，小魚很嫩，如果老是翻過來、翻過去，就會碎掉，因此治理大國也不能來回折騰。另一種說法是，治理一個大國，其實就像烹調一鍋小魚湯那麼簡單，輕鬆自在。老子的「道」不易解釋，但可以肯定的是老子對於吃應該很「上道」。中國人的吃，有兩個數字堪稱世界第一：一是吃的總量，二是吃的花樣。從總量看，中國至少吃掉世界 1/5 的食物；吃的花樣則多不勝數，閩南話說：「有毛的吃到蓑衣，沒毛的吃到秤錘」，大概就是這個意思。而且中國餐館遍佈世界，外界流傳這樣的說法：凡有人住的地方，就有中國人；凡有中國人的地方，就有中餐館。此說不算誇大，離中國最遙遠而且有人煙的地方，應該是東加勒比海的那些列島，其中有「飛地」如法國和荷蘭分治的「聖馬丁島」，（荷蘭語：Sint Maarten；法語：Saint-Martin）[49]也有獨立袖珍小國如「多米尼克聯邦」（The Commonwealth of Dominica），儘管遠在天涯海角，那裡不僅有中餐館，而且中國菜餚還頗受當地居民和國際遊客的青睞，常有社會名流光顧。許多外國人說，他們是先從當地中餐館開始而後逐漸瞭解中國的。可以說，正是世界人民的喜愛，促進中餐館的流行，成就了中餐在世界飲食史上的輝煌地位。

然而，在金門，中餐館卻屈指可數，數量與規模遠遠落後台灣本島與世界各地。一些傳統的金門美食，如今尚未被發現，偶而見到電視節目的報導，也多是浮光掠影，千篇一律，難以突顯特色。少了美食家的大力介

---

[49] 飛地是一種人文地理概念，意指在某個國家境內有一塊主權屬於他國的領土。根據地區與國家之間的相對關係，飛地又可以分為「外飛地」（Exclave）與「內飛地」（Enclave）兩種概念，其關係如下：內飛地（Enclave）指某個國家境內有塊土地，其主權屬於另外一個國家，則該地區稱為此國的內飛地。外飛地（Exclave）指某國家擁有一塊與本國分離開來的領土，該領土被其他國家包圍，則該領土稱為某國的外飛地。

紹，金門的美食一直停留在小吃的層次。在金門的旅遊產業中，餐飲仍是較為薄弱的一環。金門要想吸引觀光客再度前來，必須在這方面多下功夫。物產不等於佳餚，食物不等於美食，金門或許先天條件不足，但若能急起直追，事在人為，未必不能開創出一番飲食新氣象。「2009 年台灣美食展」8 月 20 日在台北「世貿 1 館」熱鬧登場，金門縣政府網羅了 12 家在地特產美食業參與盛會，讓民眾不用搭飛機去金門，就能一次體驗金門在地風情。開幕當天縣長李炷烽致詞時說，金門有四百年歷史純淨無污染的石頭蚵，粒粒鮮美彈牙；歷經烽火養活金門人的蕃薯簽、以及純手工製作的安粉（地瓜粉）、高科技熟成的金門黑蒜頭、得天獨厚的高粱牛肉乾、高粱酸白菜，特殊環境才能生長的一條根，還有各種特殊的農特產品，加上現場表演的創意料理，要讓民眾品嚐健康的金門特色美食。

　　從以上縣長的致詞不難看出，金門人對物產與美食的誤解由來已久，根深蒂固。以金門特有的食材，可以做出屬於金門的「風味餐」，用外來的食材也可以料理出溶合金門人情味的佳餚，不必局限於金門的物產。戰地時代的金門，「地脊人貧」，就算有上等的物產，也只是用來充飢，求個溫飽而已，少有閒情逸緻在食物上下功夫，「烹飪」這門學問即便是開餐館的老闆也沒學過。相傳明朝時金門（後浦）才子許獬的夫人，蘭質蕙心，有一雙好手藝，能化腐朽為神奇，竟能將屋頂上暴曬的米乾爆香成流傳至今的著名小吃「米香」，[50]若不是物資極度缺乏，以許夫人的手藝，定然可以在金門的美食史上留下名聲。金門確實有很多像許夫人一樣的人才，手藝雖好，但是囿於歷史環境，只能窩居在小小的「菜館」內，等待識途老馬的光顧。金門開放觀光，影響最深遠的是資訊的取得與傳播，藉由行銷廣告，加上餐館業者自己的努力，金門的「吃」漸漸成為金門旅遊重要的賣點。各種中餐料理、金門美食因應而生，大飯店一家接一家的開，舊的餐館也重新裝潢，努力在建築與菜餚上營造屬於金門的風格。可惜，沒有事先規劃的「百花齊放」，只能用一個字來形容──「亂」。從「門庭若市」到「門可羅雀」，金門的餐館走過遊覽車招搖的年代，還是沒有抓到觀光客的胃。值得欣慰的是經過這番折騰，金門逐漸找回了屬於自己

50　許維民，《故事說金門──記憶裡的搖籃曲》（金門：金門縣文化局，2007 年），頁 74。

的飲食文化，順著這條路走下去，必可喚醒那些沈睡的胃，讓「美食之旅」重燃金門旅遊的熱情。

金門的餐館大致上可以分成三種規模：第一種類型是以當地百姓和阿兵哥為對象的早期餐館，這些餐館都成立於金門開放觀光之前，以飯店為名的有「東方飯店」、「金門飯店」、「群英飯店」、「味王飯店」、「國慶飯店」等，以餐廳為名的有「集成（餐廳）」、「九九海陸餐廳」、「臨海海鮮餐廳」、「海園餐廳」（原先登記為小吃店），以海產店為名的有「阿芬海產店」、「信源海產店」等，其他尚有「陽明菜館」，這些餐館在地方上的口碑都不錯。第二種類型是開放觀光後，以吸引觀光客為主的餐廳，較著名的有「葡京」、「金麒麟」、「金蓮園」、「阡湖」、「金瓦城」、「竹軒川菜料理」，以及新近開張的「盈春閣」與「高坑牛肉店」等，這些餐廳可以容納較多的客人，觀光客團進團出。第三種類型是大飯店內的餐廳，例如「金沙假日」、「台金」、「金瑞」、「浯江」與「金寶來」等，規模大的可容納數十桌，三、四百人，部份餐廳另設歐式自助餐區。[51]

餐館[52]

營利事業名稱	設立	異動	負責人姓名	資本額	營業項目	地址
世運（海鮮餐廳）	64	82	陳增財	10,000	小吃店／公賣品批發[53]	金城鎮北門里中興路148號
東方飯店	65	91	羅秋華	20,000	餐館業／菸酒零售業	金湖鎮新市里復興路24號

---

[51] 不包括已歇業者，核准歇業或停業的餐館如下，事實上仍有部份餐館後來又繼續營業。京都樓餐廳、賓樂（餐廳）、寶成涮涮鍋、鍋寶涮涮鍋、流星花園餐廳、大同餐廳、榕門小館、金銀谷餐廳、京城天下餐廳視唱中心、興農餐廳、品馨海鮮店、中南海中式餐廳、蓮園餐廳、大團圓素食館、卡迪娜（餐廳）、金琴海鮮餐廳、統一飯店、海中寶、新大同（餐廳）、大同飯店、金三角餐廳、龍蝦寶海產餐廳、海洋餐廳、京都樓餐廳。

[52] 全為獨資經營，本表所列雖僅是金門所有餐館的一部份，但已涵蓋目前尚在營運中，「金門交通旅遊局」所推薦的所有「熱門餐館」。這些餐館都有營業登記，而且營業項目主要為餐館，小吃店者另見「飲食業」中的「小吃店」。二者其實很難區分，會有部份商家在論述時重複，本節著重在旅遊與地方美食。

[53] 「公賣品」指煙酒，以下同。一般餐廳都有此項營業登記，本表將之省略。

集成（餐廳）	65	93	翁志英	10,000	餐館業	金城鎮南門里中興路 8 號
金門飯店	70	74	許乃祥	20,000	餐廳	金城鎮北門里民生路 9 號 2 樓
群英飯店	70	82	張錦漪	30,000	一般餐廳	金沙鎮光前里陽宅 46 之 1 號
味王飯店	70	90	許福氣	20,000	餐廳	金城鎮北門里民生路 37 之 4 號
阿芬海產店	72	96	李賢	20,000	餐廳業	金湖鎮溪湖里復國墩 25 號
陽明菜館	73	93	周李星琪	10,000	餐館業	金湖鎮山外里陽明 1 號
九九海陸餐廳	74	90	楊明娥	30,000	餐館業	金湖鎮山外里黃海路 9 號
信源海產店	74	95	王麗玉	20,000	餐館業	金寧鄉湖埔村湖下 60 號
臨海海鮮餐廳	77	82	陳國明	10,000	一般餐廳	烈嶼鄉林湖村羅厝 55 之 1 號
國慶飯店	78	94	郭玉秀	40,000	餐館業	金城鎮北門里民生路 37 之 1 號
漁港海鮮餐廳	82	92	李增水	40,000	一般餐廳	金湖鎮新湖里湖前 48 之 1 號
六三餐廳	83	83	劉秀寶	100,000	一般餐飲	金湖鎮新市里中興路 17 號
海園餐廳	83	92	吳國泰	30,000	餐館業	烈嶼鄉林湖村羅厝 1 號
葡京（港式海鮮）	83	96	顏章團	1,000,000	餐館業	金城鎮西海路 3 段 2 巷 12 號
尚醇海鮮館	84	89	王明賢	20,000	餐館業	金湖鎮正義里尚義 45 號
金麒麟餐廳	87	87	辛炳煌	100,000	中式餐館	金城鎮浯江路 1 之 12 號
阡湖餐廳	89	89	邵世觀	100,000	餐館業	金城鎮古城里金門城 5 之 1 號
竹軒川式料理	90	93	李文德	30,000	餐館業	金城鎮西門里民權路 92 之 1 號
金蓮園餐廳	90	93	陳永財	200,000	餐館業	金湖鎮新湖里漁村 26 號
金瓦城	91	91	李錫敬	30,000	餐館業	金城鎮里北堤路 14 號
廷傑飯店	91	95	洪能芳	50,000	餐館業	金沙鎮汶沙里博愛街 11 號
榕門小館	93	93	許乃寅	20,000	餐館業	金城鎮珠浦西路 50 巷 3 弄 10 號

采軒川式料理	93	96	徐兆祥	50,000	餐館業	金城鎮東門里民族路 33 之 1 號
吉利中西餐廳	95	95	黃進南	300,000	餐館業	金城鎮北門里民生路 22 號
觀音素食館	95	95	戴雨泉	10,000	餐館業	金湖鎮新市里中興路 21 號壹樓
慈心素食館	95	95	陳淑慧	200,000	餐館業	金城鎮西門里民權路 121 號
盈春閣餐廳	96	96	李甘桐	200,000	餐館業	金寧鄉下后垵 17 號
高坑牛肉店	96	96	黃玉華	480,000	餐館業	金沙鎮何斗里高坑 38 號 1 樓

　　在金門觀光旅遊最興盛的那幾年，以上的這些餐廳幾乎都是座無虛席，遊覽車塞滿停車場，小金門的情形尤其明顯。小金門有四家做觀光客生意的餐館，「水上堡餐廳」、「海園」、「德章」與「臨海」。特別是後面三家都位於羅厝村，每到中午用餐時，人聲鼎沸，喧囂聲振動全村，遊覽車載來的客人遠比這個村莊的人口多。羅厝村之所以餐館密度高，與該村的歷史和金門的飲食內容不無關係。金門是個海島，許多農民兼作「討海」，「討海」，顧名思義，就是「在海上討生活」，表示一種職業，也表示這種職業的行為動作。羅厝村的居民十之八九都以討海為業，屬於近海漁場，天亮出海，中午左右便回航，因此漁獲新鮮，海產店會座落在此，道理很簡單。「海鮮」或「海產」於是成為金門美食的第一道菜。

　　金門的漁場，以金門東方台灣海峽靠本島處最為理想，海水較為混濁，是寒暖流交會處，因此洄游魚類及底棲魚類甚為豐富，較具經濟價值的魚類與漁期（舊曆）如下表：

金門各種魚類漁期表

類別	黃花魚	蝦	加魶	龍蝦	鯊魚	螃蟹	鰆魚	鰻魚	鯧魚	石鱸	巴哴	馬鮫	帶魚	力魚
漁期	9-3月	6-12月	10-2月	10-12月	3-6月	11-2月	1-4月	11-3月	4-8月	10-12月	4-8月	2-4月	11-3月	2-4月

資料來源：金門縣志「漁業志」

金門歷年捕獲的魚類計 70 餘種，自 1977 至 1987 年漁獲量統計結果，高級魚產如「黃花」年產 8 至 10 萬公斤、鯧魚約 6 萬 5 千公斤、鰣魚約 2 萬公斤、龍蝦年產 1.2 至 2 萬公斤，另沿岸淺灘牡蠣（海蚵）產量已逾百萬公斤。自民國以來，金門漁業頗盛。在抗日戰爭前，蜑戶釣船經常寄碇金門下市港內，檣桅如織，夕陽簫鼓，漁火滿江，蔚為奇觀。可惜好景不常，如今的情形是，大陸漁船頻頻越界，又經常使用毀滅性捕魚法，包括毒、電、炸魚等，漁業資源業已呈現過度開發，本地漁船早已面臨無魚可捕的困境。民國六十年時代，曾經一網可以捕到數十石（百斤）黃花魚的小金門羅厝村，現在連一艘漁船都沒有，已轉型為觀光漁港。近海漁業資源匱乏不獨是金門的問題，台灣沿海縣市乃至世界各國沿海城鎮，都有類似的困擾。

「黃花魚」是老一輩金門人的美麗記憶，如今只能偶而在餐館中見到，但未必人人吃得起。4、5 斤以上的野生大黃魚，據聞一條的行情在大陸值人民幣 2,000 元以上，比起大陸養殖的小黃魚，無論是肉質或賣相，都不能相提並論。要吃真正的黃魚，當然必須來金門。老六的「黃魚麵線」、盈春閣的「糖醋黃魚」、浯江的「清蒸黃魚」、奧斯卡的「紅燒黃魚」、海園的「麒麟黃魚」、金麒麟的「糖醋黃魚」、金三角的「蔥油黃魚」，做法雖有不同，都是極致美味。葡京的「清蒸鰣魚」，更是不多見，鰣魚多刺，肉質細緻，鱗片可食，只有真正的饕客才懂「鰣魚」的美味。

另一道頗能代表金門風味的海產是「炒沙蟲」。「沙蟲」的產量不多，但價格也不會太貴，在一般的海產店便可享用，信源的「清炒沙蟲」在網路上很有人氣。沙蟲屬於星蟲動物門（Sipincula），學名 Sipnculus Linnaeus，中文學名「方格星蟲」，主要棲息於潮間帶沙下，常見於本島水頭至西園一帶的沙灘。滋味鮮美，老饕間流傳「三快」之說，即「捉要快」（否則即鑽回沙中）、「炒要快」（以保其味）、「吃要快」（以免冷了，失其香脆滋味）。除了海產店簡單的清炒外，某些餐廳也推出這道菜色，例如金麒麟的「火爆沙蟲」與葡京的「酸辣沙蟲羹」，有別於清炒，另有一番風味。沙蟲又叫沙腸子或海金針，狀似蚯蚓，要吃它需要一點勇氣，即使有人戲稱它為「海中威而鋼」，但多數人還是不敢嚐試。

除了黃魚和沙蟲外，金門尚有其他魚、蝦、蟹、蚵作成的菜餚，像是高粱酒醃製的「金門嗆蟹」（記德、信源、葡京），對老饕而言是美食，

但對一般大眾來說，大多敬謝不敏。其他的美食較無特色，不再贅述。至於山產類的佳餚，以小金門的「芋頭」最受青睞。金門人吃芋頭的花樣，可以讓你眼花繚亂，常見的有芋頭粥、芋頭麵線、芋頭羹、芋頭菜、芋頭糕、芋頭餅、芋泥、香酥芋頭、香芋扣肉、香芋雞翅，另外有蒸芋頭、烤芋頭、炸芋片、炸芋角等，小小的芋頭能變化出幾十道飯菜，讓人吃得津津有味，這小小的一個「頭」可真是出盡了風頭，更讓觀光客嘗到了甜頭。芋頭在金門本島多所種植，唯以烈嶼鄉最負盛名，以上林、東林、埔頭、西路四個自然村為主要產地，每年平均產量約二、三萬公斤，是該鄉最主要的高經濟作物。

　　餐館的作法比較講究，但變來變去似乎還是不離金門傳統的口味，與之搭配的肉類增多了，芋頭仍是要角。例如奧斯卡的「芋香子排」、臨海的「扣肉芋頭」、海園的「芋香燒肉」、金三角的「金芋豬腳」，以及金麒麟的「芋泥酥鴨、香芋排骨、拔絲芋頭」等，都是需要花點時間的菜色。早年金門人喜歡用軍用的罐頭豬肉燉煮芋頭，芋頭的軟和肥豬肉的香，光是味道便讓人垂涎三尺，何況大快朵頤，那種滿足之情，只可意會，難以言傳。人性喜歡嚐鮮，傳統口味固然值得保存推廣，但若一層不變，不能與時俱進，還是會被淘汰，畢竟，料理貴在創意。近幾年，金門有些餐館嚐試以組合式的「套餐」，打破傳統的中餐模式，希望吸引更多專為美食而來的觀光客。例如金三角的「金酒餐」（酒糟迦魶、金酒丸子、高粱油雞等），每道菜幾乎都用了高粱酒和酒糟，甘醇美味，令人口齒留香。浦邊海產的「螃蟹大餐」（椒鹽軟蟳、螃蟹粉絲煲、X.O醬炒蟹肉、紅蟳排骨湯、薑汁大閘蟹、奶油螃蟹、三杯螃蟹、蟹肉海鮮羹、咖哩螃蟹、紅蟳米粉、麻油煎螃蟹、清蒸螃蟹），幾乎一網打盡所有的螃蟹料理。高坑的「全牛大餐」（水晶牛肉凍、紅燒牛鞭、麻辣牛筋、清燉牛尾湯等），也是一網打盡，從牛頭吃到牛尾。已有 30 年歷史的「什錦拼盤」，號稱天下第一盤，牛的每個部位都在上面，噱頭十足，難怪媒體爭先採訪報導。

　　中國的餐飲文化博大精深，在歷代君王與美食饕客的要求下，無數先人的烹調智慧、精緻佳餚，以及極具巧思的各類烹調技藝，得以傳承至今，讓中華美食於世界烹飪文化中，占有舉足輕重之地位，與法國菜、意大利菜齊名，深受各國人民喜愛。由於歷史之變遷，時代之改變，台灣餐飲業數十年以來，不僅匯集了各地的料理，更因經濟之繁榮與競爭環境，各家

名廚為求生存與進步，在既有的廚藝上，精益求精且不斷推陳出新。金門飲食界也不例外，除了上述較具地方特色的菜餚外，也承傳了中國八大菜系之精華，例如，竹軒是川式，葡京是港式，其他餐館或多少都會推出幾道八大菜系的名菜。茲將中國八大菜系及其名菜列表如下，藉以幫助讀者了解金門的餐館內涵。

中國八大菜系

菜系	山東 （魯菜）	廣東 （粵菜）	四川 （蜀菜）	福建 （閩菜）	江浙 （浙菜）	湖南 （湘菜）	上海 （滬菜）	安徽 （皖菜）
名菜	松鼠黃魚	香芒雞柳	宮保雞丁	腰花雙脆	西湖醋魚	蒜苗臘肉	雪菜魚片	一品鍋
	京醬肉絲	咕嚕肉	麻婆豆腐	佛跳牆	紹興醉雞	左宗棠雞	蔥烤排骨	紅燒 獅子頭

貳、西餐與咖啡館

西餐指西方國家的菜式，大致可分為法式、英式、意式、俄式、與美式等幾種，不同國家的人有著不同的飲食習慣，有種說法：「法國人是誇獎著廚師的技藝吃」、「英國人注意著禮節吃」、「德國人考慮著營養吃」、「義大利人痛痛快快地吃」。這樣的形容詞雖然有點抽象，卻能貼切地說出各種西餐的特點。

法國人一向以善吃聞名，法式大餐公推為「西餐之首」。除了食材廣泛、加工精細、烹調考究、花色品種多樣之外，更重視調味，調味品種類繁多。以酒為例，何種菜式選用何種酒，有嚴格的規定，不可隨意混合，如清湯用葡萄酒，海味用白蘭地，甜品用各式甜酒等。法國人愛吃乳酪、水果和各種新鮮蔬菜，因此乳酪品種多到讓人不知如何選擇。英國烹飪，有「家庭美餚」之稱，食材講究鮮嫩，以海鮮與蔬菜為主，菜量要求少而精，烹調方式以蒸、煮、燒、燻見長，口味較清淡。菜餚特點是調味時較少用酒，調味品大都放在餐台上由客人自己選用。

意式菜餚歷史悠久，源起羅馬帝國，是西餐之始。羅馬帝國雖已敗亡，但意式菜餚仍可與法國、英國媲美。菜餚特點是原汁原味，味道較濃。義大利人喜愛麵食，麵條的製作將心獨到，各種形狀、顏色、味道的麵條有

數十種，如字母形、貝殼形、實心麵條、通心麵條等，不勝枚舉。俄國人喜歡熱食，愛吃魚肉、肉末、雞蛋和蔬菜，小包子、肉餅、各式小吃頗有名氣。口味以酸、甜、辣、鹹為主。酸黃瓜、酸白菜往往是飯店或家庭餐桌上的必備食品。俄式菜餚影響到一些寒帶的北歐國家和中歐的南斯拉夫民族，他們的日常生活習慣與俄羅斯人相似，大多喜歡醃製的各種魚肉、燻肉、香腸、火腿以及酸菜、酸黃瓜等。至於美國菜餚，較無特色，大抵上是在英國菜的基礎上發展起來的，繼承了英式菜餚的簡單、清淡特點，口味鹹中帶甜。美國人一般對辣的東西不感興趣，常用水果作為配料與菜餚一起烹製，喜歡吃各種新鮮蔬菜和各式水果，美國人對飲食要求不高，只要營養、快捷就好。

　　正規的西餐應包括湯、前菜、主菜、餐後甜品及飲料，最正式的西餐當屬法式西餐，從餐具的擺放到供餐的順序都有一定的標準。但在亞洲的飲食文化中，如香港的茶餐廳、日本的日式西餐廳、台灣的簡餐店，都不會提供全套的西餐食品，故廣義而言，西餐只是一頓包含西式主菜的膳食，咖啡可被一般飲品取代，在香港的茶餐廳和快餐店，湯亦可被中式餐湯取代。大致上，金門的所謂「西餐」就是如此經營，多數是混合著中西式餐點的餐飲店，很少有正規的西餐館。從下表的營業登記來看，只有「三犬西餐廳」、「經典義大利餐廳」、「藍堤牛排西餐廳」、與「爵士義大利」較正統外，其他兼賣餐點的牛排館或咖啡館都不是正統的西餐廳。西餐廳在金門沒有歷史，未來也未必有發展性。相較於中餐館，可以搭配金門的旅遊，發展出屬於金門風味的飲食文化，吸引觀光客前來，西餐廳只有少數客源，而且多為年青族群，除非金門的觀光形態改變，西餐廳的裝潢與食材也能與台灣本島同步，否則很難經營下去，只有真正熱衷此道的業者才能苦撐下去。

　　早年金門駐軍未完全撤出前，山外街上有很多「西餐店」，像是已歇業的「離家500哩碳烤牛排、咖啡」，消費不低，屬於高檔餐廳，輕鬆的爵士音樂與店內愉悅優雅的氣氛，讓許多在金門當兵的軍士官難以忘懷。舊式的西餐廳，多是登記為餐飲或小吃的多功能商店，招牌隨意換，政府很難管，也管不到。「離家500哩」不是營利事業的名稱，「藝耕品味咖啡」原本是「藝耕盆栽」，營業登記為花卉盆栽、菜苗種子，「中央公路」（金門第一家 Lounge Bar）原先的地址經營的是「熱帶魚練歌室」。

西餐廳與咖啡館

餐廳名稱	核准	異動	負責人	資本額	現況	登記營業內容	地址
巴布義式咖啡館	64	94	陳欽漢	200,000		飲料店	金湖鎮新市里復興路 92 號
三言兩語鮮茶咖啡美食館	65	98	陳翠娥	5,000		餐館／飲料店	金湖鎮新市里復興路 116 號
三犬西餐廳	72	84	李增木	20,000		西式餐館	金城鎮北門里珠浦北路 28 之 1 號
金大牛排館	77	84	鄧金秀	10,000		小吃店／冷飲店／視唱中心	金城鎮北門里珠浦北路 28 之 4 號
夢咖啡	77	89	許冰娜	20,000	歇業	其他家庭日常用品批發	金湖鎮新市里自強路 11 號
上咖啡	78	85	吳敏霞	20,000		清茶室／小吃店	金湖鎮新市里自強路 2 號
原鄉緣	79	86	李和協	30,000	歇業	其他餐館（牛排、自助火鍋）	金城鎮西門里中興路 173 巷 24 號
我家牛排	82	89	林德勇	20,000	歇業	小吃店／冷飲店	烈嶼鄉林湖村東林街 115 號
藝耕盆栽（藝耕品味咖啡）	84	84	陳宗新	30,000		花卉盆栽／菜苗種子	金湖鎮新湖里塔后 43 號
經典義大利餐廳	85	96	何月治	10,000		餐館業	金湖鎮新市里復興路 17 號
家歡牛排館（小吃店）	85	85	陳真真	20,000		一般便餐、麵食、點心店	金城鎮珠浦北路 5 巷 30 之 2 號
吧薩（啤酒屋）	87	87	賴惠真	20,000		一般便餐、麵食、冰果店	金城鎮模範街 13 號
藍堤牛排西餐廳	88	88	王菊英	200,000		餐廳業（牛排、西式餐館）	金城鎮東門里民族路 120 號
戰地碳燒咖啡館	88	96	洪宇辰	200,000		飲料店／餐館業／資訊休閒業	金湖鎮新市里復興路 103 號

港灣牛排館	89	91	洪永志	10,000		餐館業	金城鎮珠浦東路 4 巷 36 號
品慕咖啡館	89	92	陳慧君	20,000	歇業	小吃店／飲料店	金湖鎮新湖里新頭 103 號
巴布咖啡	89	90	蔡天送	20,000	歇業	飲料店	金城鎮北門里中興路 161 巷 2 號
路得西餐	92	98	陳亞珠	30,000	歇業	餐館飲料店／食品飲料零售	金城鎮東門里民族路 34-5 號
爵士義大利	93	93	何秋恩	200,000		餐館業	金城鎮西門里珠浦西路 20 號
壹咖啡便利屋	93	97	張麗玉	200,000		飲料店	金城鎮北門里中興路 163 之 3 號
休閒咖啡館	94	94	劉喬偉	40,000		飲料店／食品什貨	金城鎮北門里民生路 9 號
戲骨網路咖啡	95	95	莊麗綉	100,000		資訊休閒業	金湖鎮新市里中正路 5 之 2 號
極速特區網路咖啡	98	98	莊麗綉	100,000		資訊休閒業	金湖鎮新市里復興路 99 號

位於金城浯江北堤路裝潢高檔的法式西餐「普羅旺斯」，也沒有營業登記，更別提「巴里島」、「就是十樓（失落的金門新樂園）」、「金門檸檬香茅（lemon grass）」這一些在查號台上找不到，網路上不見討論的新奇店家。金門沒有夜生活，觀光客常苦於無處可去，於是一些消磨夜色的飲料店便因應而生。金門的夜晚是愈來愈美麗，但是與金門也愈來愈沒有關係，當這些餐飲店起起落落時，仍然屹立不搖的只有「三犬西餐廳」。

「三犬西餐廳」位於北門里珠浦北路，在金門，這並不是最熱鬧的街道，知道這家西餐廳的觀光客不多。但它卻是許多金門人的浪漫回憶，陪伴許多年青人度過青澀少年，走入成熟穩健的中年，能在西餐廳中吃到來自台灣的高級牛排，對那些尚未接受台灣飲食洗禮的金門年青人來說，是一種幾近奢侈的享受。自 1983 年核准設立以來，開業至今將近 30 年，「三

犬西餐廳」是金門的「波麗路」，[54]除了口味獨特，讓人回味無窮外，熱誠的服務，也是重要的信譽保證。金門開放觀光後，「三犬西餐廳」將經營觸角延伸到觀光客，不再像傳統餐館一樣墨守成規，被動地等待客人上門。再怎樣美味的佳餚，如果無人光顧，就只能孤芳自賞，英雄不上戰場，哪能稱英雄。「三犬西餐廳」已然了解這是資訊傳播的時代，廣告行銷有助於商業經營，近來積極想建構自己的網頁，企圖藉由網路來推展品牌。這是一般人的認知，也是金門其他觀光產業商家的作法，可惜的是，大家都把網路行銷看得太簡單，誤以為放上幾張照片，附上聯絡電話與地址，客人就會上門，這種想法太天真了。網路行銷強調時效與即時互動，必須專業專責，不能隨時更新的網站，形同虛設。西餐廳畢竟不同於一般的牛排館，更講究氣氛與情調，客人有其一定的文化水準，若真的湧入三教九流的人潮，恐怕會嚇跑老主顧，這不是業者所樂見的情景。

　　西餐平價化是潮流，台北街頭不乏高檔的西餐廳，但大眾化的牛排館，更受歡迎。每到假日或節日，經常門庭若市，門口大擺長龍等候進場的情形屢見不鮮。1993 年林德勇將平價牛排引進小金門，在東林街上開設「我家牛排」，造成地方飲食界極大的騷動。可容納數十人的用餐環境，加上可隨意取用的沙拉、濃湯、甜點、冷飲等，不論是用餐內容或用餐方式，都是一種新奇的經驗，尤其是小孩子更是興奮溢於言表。大概只有像「我家牛排」或「貴族世家」這類的西餐館，才能縱容放任小孩子自由歡樂。在戰地政務未解除之前，金門的小孩通常要讀完高中或高職之後才會離開家鄉，到台灣求學或就業，離鄉背景固然辛酸，但能見識外面的世界，也很令人期待。作為一種異國文化的西餐廳，對金門人而言，不只是享受美食的地方，也是他們接觸外面世界的一個窗口。

---

[54] 波麗路餐廳，為台灣現今僅存最具歷史的西餐廳，成立於西元 1934 年，迄今已七十餘年。

第六章　行業發展與轉變

第一節　商品展覽與產業行銷

壹、商品展覽

　　金門為一蕞爾小島，限於面積及土壤性質，生產不豐，向來被認為是經濟落後之地區。早年居民日常生活費用多賴僑匯，自大陸淪陷後，物質供應來源更為缺乏，生活之艱苦，可想而知。自胡璉主持金門防務兼理民政以來，深知開發經濟，改善人民生活之必要，銳意革新。砲戰結束後，人民生活較為安定，農漁工商發展與時俱進，各類產品不斷改良研發，品質提高，產量也增加，在縣府及各相關單位積極推動下，金門物產與商品逐漸在國內外打響名號，透過商品行銷，也把金門推向世界舞台。早在 1937 年元月，金門縣商會便曾徵集本縣出產的坡璃沙、白瓷土、黃土、碗青等 4 種礦物，沙參、葛根、地皮骨等 3 種藥品，及紫菜一種海產，參加在龍溪舉行之省展覽會。[1]自此以後，金門縣商會、金門各行業、以及金門縣政府經常組團或應邀到國內外參觀展覽，正式的、非正式的；官方的、民間的，各種類型的商展不下百次，茲就其中較具特色或影響較大者製表如下。

金門歷年境外商品展

年別	展出日期	商展名稱	主辦單位	展出地點
1959	10/03	第一屆全國工商品展覽會	全國工商業總會	台北市博物館
1966	01/06	全國商品展覽會	全國工商業總會	台北市
1977	02/12	金門地區特產展	金門縣政府	台北國軍文藝活動中心
1978	01	金門特產展	金門縣政府	台北市省立護專禮堂
1978	10/10	雙十國慶金門特展		台北市遠東百貨公司

---

[1]　李仕德總編修，《96 年續修金門縣志》，金門：金門縣文化局，2009 年，卷六，《經濟志》，頁 168。

1981	12/10	全國工商展覽會	全國工商業總會	台南市
1984	10/25	第一屆中華民國陶瓷展覽會		台北松山外貿協會展覽館
1987	10/25	中華民國76年陶瓷展覽會		台北松山外貿協會展覽館
1997	04	風獅爺遊台灣金門特色物產展	金門縣商會	台北大葉高島屋百貨公司
2000	06	風獅爺遊新加坡金門特產展	金門縣政府、金門縣商會	新加坡金門會館
2000	01/07	「飛躍浯洲、金門尋幽」物產展	金門縣政府	台北明德春天百貨公司
2002	09/06	醉戀金門在京華物產展	金門縣政府、歷史博物館、吳承典國會辦公室	台北市京華城百貨公司
2003	04/30	金門特產品展銷會	新光三越百貨	台南新光三越百貨公司
2003	07/04	金門觀光物產展	金門縣政府、金門縣商會	桃園縣台貿購物中心
2004	07/09	金門觀光物產展	金門縣政府	高雄市大統百貨公司
2005	07/08	金門風情物產展	金門縣政府	高雄市大統百貨公司
2006	02/23	離島嚴選物產展	金門縣政府、澎湖縣政府	台中市德安購物中心廣場
2006	04/28-30	鄭成功文化節	台南市政府	台南市
2006	09/20	金門—港澳國際包機首航金門特產推介會	金門縣政府	香港、澳門
2006	12/11	第二屆金門商品文化展		新加坡金門會館
2006	12/08-21	金門物產展		高雄大樂民族購物中心
2006	12/29起	金采無限——2007金門地方物產美食展		台中市德安購物中心
2007	01/12-23	金門觀光物產展	太平洋百貨屏東店	屏東
2007	05/04	台北民生旅展		
2007	06/24	風獅爺遊諸羅——耐斯松屋金門縣觀光物產展	耐斯集團、金門縣國際青商會	嘉義市耐斯松屋購物中心
2007	12/7-20	金門物產展		大樂民族購物中心

2008	10/16-26	金門觀光物產展	SOGO 百貨公司	中和廣三 SOGO 百貨公司
2008	10/21-23	第三屆世界金門日	金門縣政府組團參與	廈門市翔安區
2009	06/10-22	金門物產展	太平洋百貨公司	台中豐原太平洋百貨公司
2009	08/20-23	2009 台灣美食展金門館	金門縣政府	台北世貿一館
2009	11/13	2009 台中國際旅展	金門縣政府參展	台中世貿
2009	08/21-11/24	「風獅爺與您相約在遠百──金門第一」物產展	遠東百貨	花蓮店、新竹店、台北市寶慶路
2010	03/26-04/11	金金有味──金門美食旅遊展	德安百貨	台南市德安百貨公司

　　1959 年 5 月，金門政委會將本縣出產之雙龍大麴酒、特選高粱酒、桔子酒等轉經濟部，運送到國外參加芝加哥的國際商品展覽會。同年 10 月 3 日，「第一屆全國工商品展覽會」在台北市博物館舉行，金門縣政府由建設科負責設置「金門館」，陳列高粱酒、貢糖等 65 種工商農漁產品，並製作酒廠模型、提供砲戰實況油畫、地區經建照片，介紹縣政成果，深獲各界好評。1966 年 1 月 6 日，「全國商品展覽會」在台北市南京東路舉行，金門政委會也前往設置金門館。是次參展有各種酒類、瓷器、海產、暨工商礦農的產品百餘種，展期 60 日，售出產品數萬件，收穫甚豐。設置「金門館」漸漸變成常態，尤其是參加全國性工商展覽會，或全國旅遊展時，必定會有「金門主題館」的攤位，販售金門特產並介紹金門風情，例如 1981 年 12 月 10 日在台南舉辦的「全國工商展覽會」、1994 年 6 月 17 日在松山機場外貿協會的「第一屆台灣旅遊展」、以及往後各年台灣各地的旅遊展、美食展，「金門館」幾乎都不缺席。

　　兩岸小三通後，商展的觸角延伸到大陸地區，2002 年 4 月 29 日，由台中世貿中心與大陸中國國際貿易促進委員會廈門市分會，共同舉辦的「2002 年台灣消費品廈門博覽會」在廈門國際會展中心盛大開幕，金門縣長李炷烽應邀參加剪綵。2008 年 10 月 31 日「第三屆世界金門日」在廈門市翔安區舉行，金門縣政府籌組盛大隊伍參加，估計這次世界金門日活動，有 20 幾個國家、100 多個社團代表出席。為將金門品牌行銷全世界，

縣府在大嶝對外小額貿易區舉辦第三屆金門商品農特展，呈現金門縣豐富多元的農特商品，另外也在翔安區四合一館同步舉行族譜研究展示、政府出版品書籍展示、金門農特商品展示、廈金交流研討會等系列活動，並參觀火炬園區、翔安隧道與大嶝對台市場等。「世界金門日」是世界金門籍人士的聯誼大會，目前居住在世界各地的金門人約 120 萬，其中台灣地區約 50 萬。第一、二屆「世界金門日」大會分別於 2004 年和 2006 年在金門和馬來西亞吉隆坡舉行。此次大會邀請了世界各地金門同鄉會（會館）代表及金門鄉賢近千人前往共襄盛舉，共敘鄉情、維護和平、共謀發展，增進海峽兩岸及世界各地金門鄉親區域間的經貿合作、文化交流。

　　設立「金門館」屬於靜態的展示，較為被動，重點可能不在商品的行銷，而是整體金門形象的提升。若從開拓商機與帶動觀光業發展考量，必須有更積極主動的作法。例如「風獅爺遊台灣」與「風獅爺遊新加坡」等活動，極具趣味性且噱頭十足，不但受到熱烈的迴響，也達到活動的效果。「風獅爺」原本是金門的民間信仰，摻雜了各種宗教與迷信的成份，[2]當宗教的面紗漸漸退去，加上一些在地文史工作者的努力經營，「風獅爺」如今已變成代表金門形象的藝術圖騰，許多需要突顯金門的場合，已不再佇立充滿蕭殺氣氛的「八二三砲彈」，取而代之的是各種樣態的「風獅爺」塑像。1997 年金門本土藝術家吳鼎信赴新加坡參與「金門風獅爺遊新加坡」活動，於金門會館展出作品，吳鼎信將「村落屋頂」上的簡單陶藝創作成國際知名的藝術作品，對於轉化風獅爺形象貢獻甚大。基於新加坡和金門的關係，三不五時「風獅爺」就會來走一趟。[3] 2000 年 6 月，金門縣政府結合縣商會在新加坡金門會館舉辦「金門風獅爺遊新加坡」特產展，除宣慰僑胞外，更將金門特有物產、文化、建設、觀光資源等推向國際。2006 年 12 月 14 日新加坡最大華文報紙《聯合早報》，以大篇幅介紹在金門會館展出的「第二屆金門商品文化展」，除了介紹貢糖、金門高粱和金門麵

2　有關「風獅爺」研究的書籍很多，網路上也可以查到很多資料，較具學術價值的可參考陳炳容，《金門風獅爺調查研究》，金門：金門縣社會教育館，1994 年；楊天厚、林麗寬，《金門風獅爺與辟邪信仰》，永和市：稻田，2000 年；許維民，《風獅爺千秋》，金門：金門縣政府，2001 年。

3　宜夫，〈風獅爺遊新加坡〉，《金門期刊》，第 67 期，金門：金門縣文化局，1999年 6 月。

線等美食外，同時訪問了以 823 砲彈製作金門菜刀的吳增棟師傅。此次新加坡金門會館為慶祝大廈擴建竣工，邀請了來自東南亞、台灣、廈門、菲律賓等 18 個同鄉會館代表到場參加，金門各界籌組星馬訪問團，成員包括顏忠誠、李炷烽、副縣長楊忠全、議員莊良時、洪允典、陳玉珍、李沃士、楊應雄以及縣府各局室主管、各鄉鎮長等人，將近四、五百位，是歷年來金門海外商展最壯盛的一次，整個展場被擠得水洩不通。

　　「風獅爺」是金門地方的守護神，對金門人來說有其特殊的濃厚情感，因此在星馬一帶僑界容易引起共鳴。可是，跑到台灣的百貨公司閒逛，通常只被當作一種商業行銷手法。1997 年 4 月，金門縣商會舉辦「風獅爺遊台灣金門特色物產展」，在台北大葉高島屋百貨公司展出。1999 年金門鄉土水彩畫家楊天澤，在高雄漢神百貨公司舉辦「風獅爺遊高雄」水彩畫個展。百貨公司本來就是販售商品的地方，經常會舉辦各地特產展售會，金門特產形象鮮明，最受百貨公司青睞，為金門特產設專門攤位，已接近常態化。台灣本島南北各地的百貨公司，幾乎都曾舉辦過金門商品展。例如：1978 年台北市遠東百貨「雙十國慶金門特展」、2000 年台北明德春天百貨「飛躍浯洲、金門尋幽物產展」、2002 年台北市京華城百貨「醉戀金門在京華物產展」、2003 年台南新光三越百貨「金門特產品展銷會」、2006 年台中市德安購物中心「金采無限-2007 金門地方物產美食展」、以及 2009 年遠東百貨為慶祝 60 週年特別舉辦的「風獅爺與您相約在遠百——金門第一」物產展等，這類展出型態多到不勝枚舉。對某些購物中心而言，例如高雄的「大樂」，「金門地方物產展」已變成是「一年一度」的行事曆。2001 年 6 月金門縣政府斥資 600 萬，舉辦「風獅爺遊台灣」商展活動，於台北市、台中市和高雄市各舉辦一場，期能透過密集跨海行銷以開拓商機。此後，「風獅爺」經常隨同金門特產到處遊歷，2007 年 6 月去了一趟嘉義，2008 年 4 月接著參加台南的「鄭成功文化節」，「府城與金城」號稱「雙城」，「雙城商品交流展」已辦過很多次，金門照舊不缺席。推銷金門商品，光靠「風獅爺」顯然力量不足，連「國姓爺」也來軋一角。

　　不論是「風獅爺」或「國姓爺」，都是過去的歷史，人們遲早會覺得膩。只靠金門縣政府或金門商會，商展活動永遠只是商業行為，獲得利益的也永遠是那些生產貨品的商家，對絕大多數的在地金門鄉親，或在台灣

的金門同鄉而言，沒有實質的意義。或許是因為金門急於走出去，不免讓人覺得「飢不擇食」，能多一些機會銷售金門特產固然是好事，但必須審慎思考彈性疲乏效應，以及負面宣傳所造成的傷害。商展必須建立在推銷整體金門形象上，尤其是旅遊展、美食展一系列的活動更應引進企業參與，讓金門的行業也可以行銷自己，因為商品本身沒有辨識度，同質性太高，塑造品牌 logo 比銷售業績更重要。這些年我們看到一股新的力量加入「商展」的行列，「商展」不一定得在世貿，金門特產也不一定要在百貨公司賣，如今有越來越多的大學舉辦「金門週」活動。台灣各大專院校都有金門籍的學生，「金友會」的組織如同新加坡的「金門會館」，是金門籍同學聯誼、舒解思鄉之情的地方。擺設幾個攤位，販賣些許金門特產，介紹一點金門風情，都與商業無關，但是藉由購買和品嚐這些物美價廉的特產，金門的形象開始在年輕一代心底生根。金門即將有一所國立大學，對地方來說是令人歡欣鼓舞的大事。然而，對金門人來說，我們關心的是如何讓更多的金門子弟去唸大學，培育出更多優質的金門籍大學生，如果大學裡沒有金門人，沒有「金友會」，沒有「金門高中校友會」，大學設得愈多，對金門人而言愈是恥辱。

貳、形象商圈與商店街

何謂商圈，這是一個很不容易界定的概念，有學者認為商圈是變相的「商業區域」，即消費者會前往購物之地理區域裡的商店群，如西門町商圈、高雄大統商圈等。[4]也有學認為商圈是提供商品及商業相關的服務，包含個人及技術，聚集展示、銷售、提供休閒與娛樂，甚至聚會與提供訊息的場所。歷年來有關商圈的學位論文相當多，政府的商圈政策或民間的商圈發展也多還在進行中，因此難有定論。根據財團法人「中衛發展中心」說法：商圈是由多數的店舖集合而成，主要業別包括零售業及服務業，商圈更新再造即是跳脫個別店舖內部範圍的管理，導入區域性的共同經營理念，融合社區意識，由店舖群自主性成立管理組織，透過自發性的消費環

---

[4] 陳嘉民，《都市傳統商圈再造問題之研究：以台南中正形象商圈為例》，國立成功大學建築學系，碩士論文，1999 年。

境改善及服務品質的提昇，創造商圈整體的競爭力及令人愉悅的商業環境。另外，根據經濟部商業司 2000 年「商圈更新再造人才培育計劃」的定義，「商圈」為由多數的店舖集合而成，主要業別包括零售業和服務業。「商店街」則是一種商業屬性的聚集體，它是由多數的中、小零售業者所組成，發揮因商店聚集所產生吸引顧客的相乘效果。「形象商圈」則是結合當地人文、特產與景觀等特色，導入現代化企業經營理念，塑造出具有多元、持續、整體及文化等特性的商圈。

　　為活絡台灣產業發展、促進地方觀光與社區意識營造，政府相關機構陸續推行社區總體營造、地方特色產業、形象商圈、生態旅遊地、大型休閒活動等主題計畫。行政院文化建設委員會推動「社區總體營造計畫」長達十年以上，早年以擺脫社區產業向外開發的觀念為主軸，強調從社區內部著手提昇生活品質，2002 年至 2004 年間的「新故鄉社區營造計畫」則扮演著承先啟後的關鍵角色，提倡民眾共同為居住社區永續盡力。2005，文建會再推出「台灣健康社區六星計畫」，將社區營造分為六大面向，透過產業發展、社福醫療、社區治安、人文教育、環保生態、環境景觀全面拓展，除了培養各地社區人力、開發加值產業，同時營造新興風貌，鼓勵社區利用本身的地方特色資源，提升整體形象，打造健康社區。

　　「形象商圈」計畫是經濟部商業司從 1995 年開始推動的持續性商業環境改造計畫，陸陸續續有「魅力商圈」（都會型、鄉村型、離島型）、「品牌商圈」等不同名稱的相關承接計畫。商圈政策自推動至今已超過 15 個年頭，累計輔導商圈達 112 個。這四個階段的計劃名稱與內容如下表。

商圈政策沿革

年期	1995-1998	1999-2003	2004-2007	2008-2011
總體計畫名稱	擴大經營空間改善商業環境計畫	改善商業環境五年計畫	活化地方商業環境中程計畫	創新台灣品牌商圈四年計畫
階段任務	1. 關心商圈環境，尋找推動夥伴，建立商圈共識。 2. 成立推動組織，描繪具體願景，導入外部資源。	1. 商業轉型過程中對「結構性失業」現象發揮一定支撐效果。 2. 提升傳統商店之競爭力。	1. 在地資源整合。 2. 創發經管實力。 3. 地方治理共識。 4. 自主組織運籌。	1. 累積計畫效益能量及完備機制面建置。 2. 以遊程概念整合行銷優質商圈及其優質文

	商店經營體質提升，商業環境視覺美化，重視商圈產業開發，籌辦各型商圈活動。 3. 研擬永續發展模式。			創產品。 3. 品牌商圈，活力加值。
分項計畫名稱（執行單位）	1. 塑造形象商圈計畫（中國生產力）。 2. 商店街開發推動計畫（中衛）。	1. 機制推動計畫（皓宇）。 2. 人材培育計畫（中衛）。 3. 宣導行銷計畫(中衛、元大)。 4. 成立服務團計畫（中國生產力)。 5. 商圈更新再造計畫。	1. 地方小鎮藍圖規劃計畫。 2. 小鎮商街再造計畫。 3. 魅力商圈營造計畫。 4. 配套硬體建置計畫。 5. 人才培育計畫（中衛、易展） 6. 媒體行銷計畫（民視） 7. 機制推動計畫（皓宇）。	1. 品牌商圈推展計畫。 2. 價值行銷廣宣計畫。 3. 專案管理－創意經濟總顧問團計畫。 4. 地方商圈振興躍進計畫。 5. 配套硬體置計畫（2008 年）。
累計商圈數	8	76	101	112
個案預算規模	商店街及形象商圈300-400 萬	商圈再造 250-400 萬	魅力商圈 300-400 萬小鎮商捲 150 萬	品牌商圈 230-350 萬地方躍進 150-200 萬

資料來源：財團法人中衛發展中心

　　商業空間的流變最早可推衍至我國古代的「結集為市」的商業行為，也就是集天下之貨物於一處交易的場所，在西方，則可追溯至羅馬時代的「廣場」。不管是「市集」或「廣場」，商業空間之成型最早來自於購物與休憩之需求是可以被肯定的。現有商圈基於土地取得昂貴，商業空間被分割到最小單位，由於小就造成各自為政的侷限狀態，以致常造成缺乏整體景觀設計的規劃觀念及公共設施不足、停車不便、騎樓高低不平、摩托

車及攤販橫行、建築物老舊、陳設商品阻礙通道、招牌非法設立等問題。形象商圈除了致力於店家經營體質的改善外，唯有塑造商業空間的特色化、舒適感才有充沛商機可言。國內要做到商圈形象化，就不得不以更積極的法令及設計配套，在人行空間、購物環境、廣告物視覺上多用心改善及管理才有主題鮮明具魅力可言。我國形象商圈政策，最早是將形象商圈、商店街分開計畫推動，後又因改善商業環境五年計畫的結合，因推廣的部份同質性而習於以形象商圈稱呼之。

經濟部商業司的輔導計畫，以每兩年為單位，循「建立」和「強化」兩階段方式進行。自 1995 年起，選定桃園縣角板山建立第一階段形象商圈模式，1996 年持續進行第二階段強化輔導工作，並新增坪林鄉、關子嶺於第一階段的建立輔導工作；連些年以上述模式進行推動，為台灣地方產業開發經營商機，整合當地景觀建設經費，塑造形象特色商圈。經濟部商業司於輔導期間，亦規劃舉辦各項聯合宣傳活動，打響各新興形象商圈知名度。現今的商業環境、經濟發展早已不是單打獨鬥的競爭環境，而是區域行銷時代，如何發揮區域優勢，為商圈帶來更優質的商業形象、生活環境以及商機即是「形象商圈」的宗旨。在接受輔導的商圈中，較知名的有新竹北埔小鎮、台中美術園道、鶯歌陶瓷老街，都是經濟部商業司歷年來的得意之作。本縣有兩個商圈接受輔導，一是 1999-2001 年間的「金城鎮商圈」，一是 2000-2002 年間的「金湖鎮商圈」。

「金城鎮商圈」以模範街為振興發展主軸，結合莒光路商店街、總兵署前及 BAZAR（舊市場）廣場，架構出獨具金門特色的文化商圈及離島商業發展的新模式。模範街興建於 1924 年，全長約 75 公尺，採聯拱式建築造型，是金門唯一中西合璧式店厝街，也是全島最整齊有致的老街。它的特別不僅在於洋溢著外國情調的外觀，更在於它濃厚的人文意涵。1953 年 2 月 11 日，福建省政府撤銷「金門行政公署」，恢復「金門縣政府」組織，借用模範街口的縣商會辦公，此後十餘年間，這條紅磚老街竟日熙熙攘攘，盛極一時。1968 年 10 月 10 日金門縣政府遷到民生路，模範街從此快速式微，昔日繁華街景不復可見。[5] 金門全面開放觀光後，模範街一直是金門的觀光景點，每當觀光客蜂擁而過，已冷清多時的街道，又隱隱浮

5　參閱李金生，《烽火紅樓模範街》，金門：金門縣政府，1999 年。

現昔日繁榮的樣子。1998年，縣府教育局在模範街展開系列「社區總體營造」活動計畫，讓老街一下子活絡起來。「金城鎮形象商圈計畫」通過後，老街再度受到關懷，也被寄予很大的期望。在經濟部商業司的努力下，成立後浦商圈發展協會、定期舉辦教育訓練、建立環境識別標誌系統、製作導覽手冊等，將金城鎮商圈塑造出金門縣最具代表性的金門風情。根據1998年商業司的「形象商圈簡介」，「金城鎮商圈」屬於「文化型」的形象商圈。

  一、文化型：濃厚的人文、藝術、宗教、傳統氣息，經常舉辦相關文化節慶的活動者，如九份、金門金城鎮。

  二、都市城鎮型：在都會區以同業結市或特別規劃吸引客源，在鄉間則以整合店家聯合推廣者，如精明一街、電子街。

  三、觀光型：以風景遊樂區或休憩育樂或特產商品聞名者，國外如拉斯維加斯商店街，國內如北投、烏來。

  四、中途站型：為重要交通動脈之中繼休息站者，如坪林。

  「金湖鎮商圈」的範圍包括新市里之復興路、中正路、黃海路、林森路與自強路。它的性質與「金城鎮商圈」不同，在經濟部商業司「2004活化地方商業環境人才培育網」中，不稱「形象商圈」，而是以「金湖鎮商店街」稱之。1949年以前，金湖鎮的新市街原址是一片黃沙滾滾的農田，國軍進駐金門之後，為因應島上十萬大軍消費需求，有人開始在沙田上以水泥磚瓦搭建商店，形成一條東西走向的商店街。特別是當年大陸的砲彈火力不足，打不到位於太武山後的地帶，於是，金門防衛司令部也在山外溪畔，以鐵皮搭建「中正堂」電影院，成為官兵休假的好去處，讓新市街成為島上十萬大軍最常消費的地方。人潮帶來商機，商家無不大發利市，市街高樓櫛比鱗次，寸土寸金，被譽為金門的「西門町」。兩岸關係逐步和緩後，軍事武器發展日新月異，對岸飛彈已可瞄準鎖定台灣島上任何目標，金門因而失去昔日的戰略地位價值，不再是「反共的最前線」、或是「自由的屏障」，無需再駐防大軍。為配合國軍「精實方案」，金門駐軍陸續撤離，島上官兵走了，生意也就一落千丈，商況大不如前。

  金湖鎮商店街曾於「八二三砲戰」時被夷為平地，重建之後命名為新市里，將街道設計為棋盤式的格局，特產、小吃、軍用品均羅列其中。在經濟部商業司的努力之下，除了街道重新規劃、店招統一之外，各類小吃

及特產名店之串聯均成為本商圈最具特色的性格之一。軟體建設的提昇，包括商圈自理組織的加強與凝聚向心力等，亦投入相當多的心力，期望將本區塑造成獨具特色的形象商圈。金湖鎮商店街所建構的網站，不僅具有導覽功能，更能直接在網上購買金門特色商品，實為一大創舉。目前，金湖鎮公所配合「新市觀光形象商圈暨商店街再造計劃」，希望型塑「一街一特色」的觀光主題，活化已於 2008 年 3 月 2 日歇業的僑聲戲院，使之成為多功能表演廣場，並成立商圈自治會完善組織。僑聲戲院位於商圈中心位置，不但提供文化、休閒、戲劇等功能，更攸關新市里的商圈發展，地位可說非常重要。若能整合內外部環境評析與地方人士、新市商圈店家意見，設定規劃方向：從歷史建築物之「點」狀保存再利用，延伸至周遭「線」狀之店家繁榮，擴及到整合空間環境「面」之存續，結合社區發展，讓山外之人文故事與歷史文化成為商圈的魅力基礎。而緊鄰山外溪之絕佳景觀地理位置，配合戲院周圍景觀串聯，可為單調的市街道路注入一股新活力。這個利用再造僑聲戲院以活絡商圈的計畫，目前還在評估協調中。

金門有三大商業街市，除了金城商圈、金湖商圈外，金沙鎮的「沙美老街」也曾繁華一時。所謂的「沙美老街」，又稱「舊街」，指的是由三民路、成功路、忠孝街、仁愛街、信義街、和平街等組成的一處古市街區域，店面間數約 150 至 200 餘間。「沙美老街」位於沙美中心，是沙美古時各宗族間及沙美與金門、大陸、南洋等商業、產業、農漁產品買賣及感情交流之地，可說是古時金門東半島之港都與歷史久遠之古鎮。人文薈萃、科舉頂盛、自然觀光條件優渥（擁有山與水之故鄉美名及最長之沼澤海岸線）、民俗技藝、小吃、產業（鹽）、農漁業、古厝、洋樓、風獅爺、城隍廟、牌坊等，各種古蹟總數，堪稱金門第一。明朝時金門鹽產業到達巔峰，鹽場多集中在沙美區，造就了「沙美老街」萬商雲集、百業繁榮之極盛景況。

目前，「沙美老街」及附近古聚落幾成廢墟，涵蓋沙美土地面積達三分之二以上，嚴重阻礙沙美城鄉發展。沙美經濟蕭條嚴重，政府一直未能提出有效的振興方案。幾次砲戰，加上「單打雙不打」幾十年，沙美受到戰爭嚴重摧殘迫害，人口大量外流，而於 80 年代金門開放觀光與近年小三通時期，各項建設仍然慢半拍，沙美鎮內老聚落密集，區域投資短少，嚴重落後金城與金湖鎮，遊覽車、觀光客過門而不入，沙美商家分不到一

杯羹。舊街因都市更新而人口外移，建物年久失修毀倒，更讓舊街冷清寂靜，了無生氣。2002 年 3 月 19 日，當金城與金湖兩鎮都獲得經濟部商業司認可，補助經費打造形象商圈後，金沙鎮長黃奕焮也赴台向商業司報告有關該鎮形象商圈規劃設計，[6]期望能夠獲得認同及支持，爭取經費補助以創造金沙鎮優質消費環境，可惜計畫未獲審議委員青睞。2004 年以後，沙美鄉親大聲呼籲搶救沙美老街，一方面要喚醒社區居民的關注，另一方面也讓縣政府正視沙美老街的商業問題。「沙美老街」重生之路，可能不是辦幾場公聽會或研討會就可以做到，也不是補助經費的問題，區區幾百萬，鎮公所應該負擔得起。問題的癥結在於「認知」，居民對於「形象商圈」並不期待，老街的體質也不適合改造，鄉村整建雖然改善了部份環境景觀，仍欠缺作為「商圈」或「商店街」的條件。

金門城街（即今舊金城）歷史久遠，是金門最早的街市，明代時曾為守禦千戶所屯兵之處。故老相傳，當時南門外商賈船舶聚集，城內人煙稠密，有東、西、南、北四大街，城中心還有一條八卦街。清初採遷界政策，墮城毀舍，遷民於內地，舊城因此逐漸變成廢墟。今日城內耕地，仍隨處可見磚礫瓦片，但僅北門外尚存舊街巷一段而已。金門現有街市主要集中在金城、金湖與金沙三鎮，多是國軍進駐之後所建。這三個市鎮商業較發達，因而街道較多，金寧鄉為農業鄉，街道僅盤山街一條，店屋 20 餘棟。盤山村是金寧鄉的行政中心，是鄉公所、警察所、衛生所、圖書館所在，近年政府在當地營建新社區，名曰「仁愛新村」、「柏昱新居」。自伯玉路開發以後，二旁商家林立。

以街市的規模和完整性而言，小金門的東林街頗具「老街」的特色。1958 年「八二三砲戰」後，地區駐軍增多，為方便軍中採購食品，每於清晨期間即有菜攤、肉攤、魚攤、早點攤集中在中正台前廣場，提供軍民買賣。攤位是流動的，交易時間從清晨至上午十點左右便收攤，交易概以軍中副食品為主。為了提升市場功能，提供更便利的貨物採購，並藉以繁榮市區，1963 年間，鄉長李漢秋協調東林鄉親同意提供市場用地，於東林市場現址設立肉攤區、魚販區、蔬菜區等，提供固定攤位售貨。另於村舍間

6　賴俊雄，〈規劃創造永續優質消費環境及健全生活機能黃奕焮全力推動金沙鎮形象商圈〉，《金門日報》，2002 年 3 月 22 日。

的巷道，拆除牆壁改為店面，有店屋 145 棟。1970 年間，逐次興建市場左側兩排店面，同期間東林北街也陸續興建完成，至此東林市區形成，市場買賣熱絡，各類商店林立，而以餐飲業居多，雜貨店次之。80 年間，村郊道路兩旁新建店面陸續加蓋，形成以市場為中心的小型商圈，而有「小西門町」之譽。[7]

由於兩岸局勢和緩，政府施行精兵政策，部隊銳減，生意大不如前，東林街榮景漸退。現在的東林街以「北街」的電動玩具店生意較好，東林市場上午時段忙碌，人潮較多。再來就是從市場前開始，逐漸擴張至「八達樓子」一帶的「新街」，由於面對大馬路，來來往往的人群，造就了這兒的發展潛力。新街有百貨店、餐飲店、藝品行、銀行、通訊行、超商等，帶動買氣，而市場與計程車場也帶來人潮，有助活絡生意。至於原來的「老街」則因房舍老舊和矮小，目前還營業的店家剩不到十分之一，部分的商家也轉移至新街營業。因生意不如從前，地區謀職不易，年青人旅外謀生眾多，故村中多為老年人與孩童，老街了無生氣。東林社區發展協會曾試圖規劃「經濟商圈」，再造老街，但在目前的大環境下，老街重生的願景，只能等待奇蹟。烈嶼尚有一條街，此即是興建於 1973 年的「西方街」，有店屋 60 棟。1970 年代初，是島上駐軍多且經濟最繁榮的時期，西方村也在這段時期闢建這條街道，當時可謂島上最現代化的市街，二層樓的鋼筋水泥建築，只是商機有限，軍隊精簡後，今日的西方街，部分成了住家，有些則常年關門閉戶。

參、新節慶

世界觀光組織（World Tourism Organization，縮寫為 UNWTO）於 2005年時統計，現今全世界每年屬於常規性的慶典活動多達 100 多萬種，參與人數超過 4 億人，估計創造出 50 億美元的經濟效益，慶典活動已成為一種世界性的新興產業。在文化觀光產業發展下，慶典活動已不再像過去一樣，單純只是一項未包含任何商業利益的節日或民族慶典。慶典活動已成

---

[7]　參閱卓環國小所製作的網頁，「走入東林：探索一個村落的成長」，http://www.jhes.km.edu.tw/2006/index.htm。

為一種標榜可以將觀光的負面衝擊降到最低，培養在地居民與訪客的良性互動，維護自然與社會環境，並且可以藉此作為吸引目光焦點，塑造新的地區形象，成為帶動其他建設與發展之催化劑。根據 Frisby & Getz 的研究，[8]慶典活動可讓觀光客回味傳統生活並結合當地歷史文化，給當地帶來正面的印象及實質的經濟利益。經過時空及環境的轉變，相關單位已將慶典活動視為觀光及行銷發展策略，也是許多國家藉以保存或發揚民俗文化、藝術及相關人文資源的方法。

台灣的慶典活動發展，始自 1994 年文建會陸續推動的「全國文藝季」、「縣市國際藝術節」，其後農委會的「一縣市一特色」，及觀光局自 2001 年起推動的「每月一節慶」，進一步推波助瀾，使得國內慶典活動的發展不但多元而且各具特色。根據 2003 年的觀光年報，當年推出 12 項活動，總計參與人數近 1,350 萬人次，觀光收入約 78 億元，對活絡地方產業具有實質效益。慶典活動在國際、國內、地區性與當地觀光行銷策略中扮演一個重要的角色。近幾年來，在觀光局「觀光客倍增」計畫號召，及各縣市單位推廣下，台灣已處處可見各式各樣的慶典活動，平均每三天就有兩項慶典活動的舉辦。[9]根據《中國時報》「全台飆節慶」專題報導，台灣已變成「月月有節慶、周周在狂歡」的嘉年華之島。從年初的跨年、燈會，到各類新興與傳統節慶再生，在各縣市競飆節慶趨勢下，台灣每年至少「製造」出 50 個以上大型節慶，台灣社會型態、休閒方式、文化生活也因而出現重大改變。[10]

在國內諸多新興慶典活動中，以 1996 年宜蘭所籌辦的「國際童玩節」最具指標性，因為童玩節的成功，各縣市開始產生以慶典行銷地方產業的思考。2004 年彰化籌辦「花卉博覽會」，入園人次超過 150 萬人次，是台灣新興慶典的另一個里程碑。苗栗縣政府的客家「桐花祭」，因為有客委會的協助，已是台灣知名的浪漫慶典之一。「桐花祭」以文化扎根、精緻化、專業化、藝術化的精神為訴求，完整結合客家傳統、文化、產業及觀光業者，典型的利用慶典行銷產業。各縣市「慶典競賽」日趨白熱化，慶

8　W. Frisby and D. Getz, "Festival management: A case study perspective". *Journal of Travel Research* 28. 1 (1989), pp. 7-11.
9　陳柏州、簡如邠、黃丁盛，《台灣的地方新節慶》，台北縣：遠足文化，2004 年。
10　《中國時報》，「全台飆節慶專題」，A2 版，2006 年 3 月 6 日。

典不僅與文化產業連結，也與政治行銷掛勾，愈來愈浮濫不實，人們對於所謂慶典活動的期待與興奮之情也一次不如一次。

這是一個以行銷為導向的市場時代，再好的產品，都需要包裝、廣告，金門特產早已名聞遐邇；金門也因戰爭名揚中外，戰役古蹟觀光價值連城，但面對挑戰與競爭，若無精心包裝行銷，也不能吸引買氣及維繫榮景。2002 年金門縣政府與金門酒廠、金門陶瓷廠合辦了一場結合產業與藝術的慶典──「詩酒文化節」。這是地區近年來難得一見的大型活動，結合兩岸四地詩人與畫家的熱烈參與，讓金門美酒溶入「名人、名瓷、名酒、名畫」，藉著媒體傳播躍登國際舞台，呈現在亞洲數十億華人面前，不僅充分闡揚「觀光立縣、文化金門」的涵意，更使浯島仙洲綻放光芒，有助提升國際形象，厚植觀光資源。然而，由於人力、財力有限，此次詩酒文化節系列活動，節目只有當初構思的一半。儘管有大師呼籲類似的活動應定期舉辦，藉此重新擦亮金門和金酒的「金」字招牌，營造觀光新願景，帶動地方繁榮，遺憾的是浯島子民參與不熱烈，「詩酒文化節」恐怕成為絕響。

在金門，真正能吸廣大群眾參與的節慶是農曆 4 月 12 日的「浯島迎城隍」。金門城隍廟共有三處，位處金沙鎮田浦村的「泰山廟」又名「東嶽泰山廟」，始建於明洪武 25 年（1392），廟中供奉的城隍爺與城隍娘是由山東省分火而來，在爵級上屬「都城隍」，因此，一般信眾才會說「東嶽城隍最大」。另外二座縣級城隍廟，則是金城鎮金門城村的「古地城隍廟」與金城鎮後浦的「浯島城隍廟」。城隍繞境遊行，是金門島上最熱鬧的廟會活動，大旗高聳，鑼鼓喧天，各地神輦雲集，香煙繚繞，把整個後浦城炒得熱鬧非凡。[11]根據《金門歲時節慶》一書中對金門的歲時俗節的記述，金門一年中有 120 多次的廟會活動，比較奇特的民俗活動有金城城隍爺繞境巡安、金寧湖下的送王船、沙美慈航寺的「打佛七」、成功村象德宮的「進金紙」等。這些帶有迷信色彩的民俗禮儀，寄托著民眾避兇趨吉的心理願望，也是現成可供利用的觀光資源。

金門民眾宗教信仰以佛教及道教為主，僅有少數的基督教及天主教信徒，所以一般的民間節慶活動以及民俗活動皆有著濃厚的閩南地方色彩。

11　參閱顏西林（編撰），《浯島城隍廟誌》，金門：浯島城隍廟管理委員會，1997 年；楊天厚、林麗寬，《金門的民間慶典》，金門：金門縣社會教育館，1993 年。

金門居民沿襲閩南傳統，因應獨特的歷史經歷與生活經驗，在敬畏天威及尋求慰藉的心理下，促成獨具地方色彩的民俗活動。金門所保有的傳統節慶民俗活動，是當地重要的文化資產。今日，雖然社會快速變遷，科技帶來的文化衝擊改變了很多金門居民的生活作息，但是傳統的禮儀規範仍受歲時節慶的支配，誠如江柏煒所說，金門是現代化發展過程中少數尚未異化的社會與空間。[12]每年的浯島城隍民俗活動，各種文藝陣頭臨場競技，後浦城萬人空巷，給交通、旅館、商店、餐飲、觀光業帶來無限的商機，金門現存的各種民俗禮儀是一筆可觀的旅遊財富。2010 年 4 月初，為行銷地方特色資源，鼓勵地方業者投入商品研發及創新，金門縣政府與金門縣商會特結合「浯島迎城隍」活動，舉辦「浯島迎城隍活動主題商品設計開發競賽」，凡於金門地區設有合法營業據點及公司或商業登記之地方產業業者皆可送件參加，商品必須為完整實體，且具備上市販售之條件及能力。希望藉此為地方產業注入創新觀念，營造地方品牌。

「浯島迎城隍」是傳統民俗節慶，但是經過商業包裝和引進商業行銷後，已不再單純是嚴肅的宗教和民俗活動。每年的農曆 4 月 12 日，在金門島上，是一個充滿喜悅的大日子，金門居民幾乎是以辦嘉年華會的心情，虔誠愉悅地來迎接這個由來已久的慶典。傳統的迎城隍，每三年有一次「大迎」（必逢閏年），有兩次「小迎」，由東西南北四境輪值作爐主，現在它是金門縣政府大力推行的「新節慶」。金門縣長李沃士在 2010 年「浯島迎城隍推動委員會」推動會議上，號召全民總動員共同行銷金門，吸引台灣旅客來金觀光，也企盼國際觀光客上門參訪，將金門推向台灣、走向世界。今年（2010）是浯島城隍爺遷治 330 週年，縣政府必然會利用此一機會大力推銷，舉辦活動。然而，地方政府若只是為辦活動而辦活動，不能妥善連結地方文化與相關產業，甚至讓過多政治力介入而扭曲變形，未來的發展恐怕會面臨難以為繼的命運。

自 2002 年「詩酒文化節」以後，金門所辦的各種「文化藝術節」，一直找不到可持之以恒，傳之久遠的定位。2004 年 10 月首屆「文化藝術節」在莒光樓登場，強調金門變裝，要走出戰地悲情；「2005 金門文化藝

---

[12] 參閱《金門百科 Beta》，「金門民俗慶典」，http://sites.google.com/a/kmip.org/kinmen/Wiki。

術節」主旨在喚起台灣民眾和十月歸國華僑對金門的記憶與情感，凝聚金門人對鄉土未來及人文藝術的發展共識，提昇美學藝術風尚，塑造金門文化觀光形象，並推向國際化；「2006 金門坑道藝術節」要給金門人另一種思考，期許這次的活動讓眾人再度珍視「坑道」這個歷史意義非凡的空間；「2007 金門碉堡藝術節」以「炫幻光影、移動碉堡」為主題，利用「長寮重劃區」的裝置藝術，要叫戰地甦醒；2008 年的「文化藝術節」沒有特別的名稱，主題是「驚艷新金門、精采藝起遊」。金門縣文化局表示，「驚艷新金門」主要是希望民眾能注意到面貌早已不同的金門，「觀光立縣、文化金門」的新定位，使金門早已開始展現出新的風情；「精采藝起遊」的吸引力則是引進豐富多元的國內外表演團隊；「2009 金門戰地國際藝術節」以「藝漾浯島、躍動金門」為主題，將要讓民眾看到金門的轉變與躍進，以文化藝術打造出金門新風情。縣政府更為此次活動出版成果專刊，為連續舉辦六年的文化藝術節立個完美的里程碑。經過六年的摸索，金門的藝術節又回到「戰地文化」，除了引進台灣與世界世俗音樂藝文表演外，活動設計變得愈來愈「只有慶典形式，沒有文化內涵」。多年來，金門縣文化局一直想要讓金門從戰地文化的觀光印象，轉型為藝術文化之都，政府的努力值得肯定，只是這條路不好走，如果沒有「戰地」，金門還有什麼。

金門還有石蚵、高粱與芋頭。烈嶼鄉的芋頭質鬆可口、芳香味美，早已名聞遐邇。不但是到訪嘉賓的最愛，也是訪客攜回台灣餽贈親友的佳品，實是小金門不可多得的農特產品。早在十年前，縣府即曾規劃輔導「烈嶼芋」產銷，成立產銷班，加強土壤和技術改良，以增加產量提高農民收益。然而，十年來，雖然「烈嶼芋」仍舊遠近馳名，但一直沒有大量增產企劃，為烈嶼及金門農特產品打響名號。雖然說，這是一個以行銷為導向的時代，再好的產品，皆需包裝宣傳，建立品牌，增進消費者信心，才能廣為銷售。但「烈嶼芋」的問題不在行銷，每年一到芋頭盛產期，市場上即供不應求。芋頭產業的問題是耕地太小，耕作人口少且年齡偏高，雖然每年有約 3,500 萬元至 4,000 萬元之間的產值，[13]但後繼無人，已有沒落之虞。因此，儘管芋頭好吃，芋頭料理方式讓人眼花撩亂，卻始終無法形成

---

[13] 楊水詠，〈洪成發推廣種香芋擬保價收購〉，《金門日報》，2010 年 3 月 17 日。

一種「芋頭文化」。近幾年，配合縣政府推廣的「一鄉一特產」活動，一些地方人士已開始思考推動烈嶼「芋頭文化節」的可行性。烈嶼的芋田，株株碩大飽滿，芋田之美不輸「竹子湖」，是很好的觀光素材。每年中秋前後是烈嶼芋頭的大產季，地方上會舉辦「芋香節」活動，有香芋料理比賽和放天燈等園遊會。雖然知名度不如「文化藝術節」，對於推動地方觀光，帶動產業發展，活絡烈嶼經濟，「芋香節」仍有其貢獻。

金門以釀造高粱酒聞名，提到金門，不少民眾會聯想到金門特產高粱酒，然而，即使在地的金門人，還是有很多人不曾見過高粱成熟或收成的樣子。金門土壤多屬砂土，壤質差，有機含量少，不能種植稻米，卻適合栽種高粱。金門舊有的高粱品種不佳，日治時期引進東北品種，產量特別高，農民爭相栽種，遍及全縣。金門酒廠設立後，以食米一比一等值換取高粱，保證價格收購高粱，因此，在金門種高粱是重要的一筆收入。金門農民叫高粱為「蘆粟」，每當夏日一到，漫天遍野的高粱田，相當壯觀，尤其是十月底為成熟期，一大片一大片隨著地形起舞的金黃，為金門田野增添新色彩，如果對攝影有興趣，這段期間可以到「東山前」鄰近走一走，那種歐風的田野景觀會讓人驚艷，不想離去。

以前，農民會將採收下來的高粱鋪在大馬路上曝曬，來往的車輛正好可以充當輾穀器，形成一種很奇特的景觀。金門未開放觀光之前，除了軍車之外，民車不多，因此不用擔心行車安全。現在車子多了，怕發生意外，已不准農民在馬路上曝曬高粱，但是在一些較少車輛行經的路面，還是可以見到舊時的景觀。金門高粱已改成機械化耕作，收成後直接送進工廠，走在金門已很難看到農人忙著播種、收割的景象。2006 年 11 月金門金城鎮公所，為了突顯地方特色，特別舉辦第一屆高粱文化節。以金門高粱為主軸，讓民眾體驗高粱的收割，同時參與傳統的高粱掃把及稻草人製作的新鮮感，不少第一次參與的觀光客，玩得不亦樂乎。以後陸續舉辦的「高粱文化節」，都會選在金門酒廠老廠所在的「古地城隍廟」廟埕廣場開幕，主辦單位金城鎮公所歡迎民眾賞古蹟、品酒香，感受古城文化風情。

金門自李炷烽擔任縣長以來，以「觀光立縣、文化金門」為施政主軸，希望整合金門特有的閩南傳統建築及戰役史蹟，融入地方文化，豐富觀光資源，活絡旅遊相關產業，促進金門整體發展。金門島孤懸海外，天然資源貧乏，發展「無煙囪」的觀光旅遊產業，已是別無選擇的途徑。近年來，

金門縣政府積極推動休閒農業，大力開發本土農特產品，輔導產銷班，有計劃地培植「一鄉一特產、村村有產業」，希望建立自有品牌，強化消費者信心，帶動地方發展新契機，提高農、漁、蚵民實質收益。石蚵養殖，可說是金門的重要產業之一，而在金寧鄉的古寧頭，石蚵更是流傳四百多年的傳統產業，也成了石蚵文化節舉辦地的最佳選擇。2003 年 4 月 19 日，金寧鄉公所在古寧村舉辦第一屆「石蚵文化節」活動，推出系列蚵村文化饗宴，冀望活化地方產業特色，結合觀光資源，帶動蚵民新契機。以後每年 4 月，金寧鄉公所都會照例舉辦「石蚵文化節」活動，如挑蚵體驗、剝蚵比賽、創意美食比賽等，2008 年時更準備了 8 千斤的石蚵，首度舉辦千人剝蚵體驗，規模相當壯觀。現任縣長李沃士是古寧村人，對金門海蚵的產業發展及其歷史意義了解最深，2010 年「第八屆石蚵文化節」揭幕時，親率縣府各級主管回老家，一起協助推銷地方的產業「石頭蚵」。「石蚵文化節」的規模愈來愈大，4 月 17 日在古寧頭「蚵村」一登場，即湧入兩千多位民眾參與活動，顯示這是一個成功的新節慶。依據 Mules & McDonald 的研究，評量慶典活動的成功與否，最簡單的方法就是參與人數的多寡。[14]

　　金門可以作為新節慶的素材很多，但不是所有的活動都能吸引到人群，「叫好不叫座」，「叫座不叫好」都不是理想的結果。金門要有自己的文化內涵和產業發展特色，更重要的是永續經營的意志。新節慶大都建立在觀光誘因與產業行銷上，可以說它是一種無根的活動，當人潮散去，無利可圖時，就不會有人想再次舉辦。這幾年，金門急欲「走出去」，如何走出去？怎麼走出去？走去哪裡？已是金門普遍討論的公共議題。新節慶活動可以推銷金門，吸引觀光客，帶動經濟發展，幫助金門「走出去」，因此，政治人物偏好藉此立功。坦白說，四年一任，能做出什麼樣的「千秋大業」？透過新節慶的「大拜拜」，讓人民享受幾日的快樂，讓身體的各處感官活躍起來，也是一種不容易的政績，新節慶往往成為政治人物造勢的最佳場合。誠如《中國時報》所言，「全台飆節慶」這種新興社會運動，已到了必須全面檢討的時候。

---

[14] T. Mules & S. McDonald, "The Economic Impact of Special Events: The Use of Forecasts", *Festival Management and Event Tourism: An International Journal*, Vol. 2 (1994), pp.45 - 53.

　　金門不是一個說想來就可以到的地方，天時地利經常不能配合節慶的進行，很多活動最後通常只有「自己人」捧場，對觀光產業的加乘效果不大。產業可以幫助文化行銷，也可能污染文化的本質，金門的產業發展向來不符期待，若能藉由文化活動為地區注入經濟發展的動能，這樣的新節慶值得鼓勵。自金門開放觀光以來，主政者始終未能跳脫在「利」字上思考，為民謀福利固然重要，更重要的是要讓人民覺得快樂，節慶活動的目的應是要讓人民快樂，不是去幫商人賺大錢。其實，金門並不窮，金門人一直覺得自己很「富有」，不是因為金酒公司提供的福利，而是這塊土地上給了我們太多可作為新節慶的素材。一個擁有如此深厚文化內涵的民族，卻一直急著走出去，急著想把被「戰地」阻隔五十年的錢賺回來。錢的確愈賺愈多，活動也愈辦愈大，只是金門人，你快樂嗎？據《聯合報》報導，澎湖人覺得自己很快樂，主要是「慢半拍」的生活步調，同樣是離島，金門也曾經樂在「慢活」。解嚴後，一切都變了，現在，連節慶活動都講求速度，因為節目太多，花樣太多。又要看、又要玩、又要吃、又要買、觀光客急著來，急著走。節慶結束了，高粱熟成時滿地的金黃，芋田長成時一片片的翠綠，退潮後蚵村的美麗夜色，再也不見「達達的馬蹄」，只留下詩人鄭愁予和他的詩在金門。

第二節　行業變動與區域分佈

　　金門於 1915 年設縣，轄有 6 都，10 保，166 鄉。縣的設立，表示地位的提升，唯政局動蕩不安，為應付時局需要，本縣的行政區劃，經常得配合時局跟著調整。以致本縣自設縣以來，轄屬之區、保、鄉、鎮，名稱及範圍時作更改，或分開，或整合。1953 年金門調整行政區，分為 2 鎮 4 鄉，計金城和金沙兩鎮，金山、金寧、金湖、烈嶼 4 鄉，在鄉鎮以下設村里，全縣共有 53 個行政村里。村里之設置以相鄰的幾個自然村（聚落）劃為一村，在城鎮區域設里，郊區設村。1965 年 9 月裁撤金山，全縣行政區確定為五個鄉鎮：金城鎮、金湖鎮、金沙鎮、金寧鄉與烈嶼鄉，37 個行政村，158 個自然村，[15] 並代管烏坵鄉。金門的行業發展，城鄉之間差異

---

[15] 關於「自然村」的實際數目，一直缺乏有效的官方統計，有些自然村下轄數個「甲

甚大，即使是自然村落，也不盡相同，商業活動明顯影響到聚落發展，自然村落內的經濟活動關係到市集的興衰，從行業分佈區域的變動與消長，可以追蹤了解金門整體產業的發展脈絡，進而了解金門自然村落的歷史、社會與人文。

壹、烈嶼鄉

烈嶼鄉俗稱小金門，位於金門本島西南方，居金門與廈門之間，地處大陸福建省東南方九龍江口外、廈門灣內，並包括大膽、二膽、復興嶼、猛虎嶼、獅嶼等諸小島。行政區分為林湖、黃埔、西口、上林、上岐等5個行政村，轄26個自然村，人口7,000餘人，總面積14.8平方公里。在金門縣五個鄉鎮中，唯一的離島鄉鎮，與大金門往來必須靠渡輪接駁。「小金門」是近代之俗稱，烈嶼居民習慣稱金門本島為大金門（老一輩鄉人以「後浦」稱之），烈嶼島較小，故稱「小金門」，顯然，「小金門」之稱謂係以其相對面積而言。

烈嶼鄉營利事業統計[16]

行政村里	自然村	商家數	歇業數	公司數	工廠數	居宅或店屋數	戶數
林湖村	羅厝	63	39	1	0	57	762
	東林	405	188	16	0	109	
	西路	42	15	0	1	30	
	西宅	82	33	1	0	36	
	湖下	68	39	1	0	15	

落」，有些甲落因人口大量外移而廢村，也有新建的聚落「新村」、「農莊」形成，因此，「自然村」的數目不易統計。2002年《金門縣統計年報》謂157個，而是年金門縣政府委由「國立台灣大學建築與城鄉研究所」規畫的《修訂金門縣綜合發展計畫》，謂167個；最近的《金門日報》報導則是168個。參閱翁碧蓮，〈營建署官員抵金視察污水下水道工程並往縣府拜會〉，《金門日報》，2010年3月17日。

[16] 「商家數」為2007年底的統計，係自1976年以來核准成立的營利事業總數；「歇業數」指已循正常程序申請停業、歇業、解散、廢止者；「居宅或店屋數」的統計為1977年，根據《金門縣志》記載，此資料顯然已過時，但目前尚無正式的官方統計。根據財政部財稅資料中心的統計，2008年時金門需課稅的房屋有14,744宅，增加比率大約50%，可以據此約略推估目前的居宅總數。

	東林街[17]					145	
上岐村	青岐	305	166	4	2	133	614
	上庫	80	33	0	0	42	
	楊厝	27	20	0	0	17	
黃埔村	后頭	97	54	0	0	62	318
	黃厝	53	26	1	0	38	
	庵頂	9	3	0	0	9	
	庵下	8	2	0	0	6	
	林邊	24	16	1	1	11	
	埔頭	41	15	4	1	25	
西口村	后宅	25	20	0	0	26	521
	西吳	31	15	0	0	22	
	下田	12	6	0	0	7	
	東坑	76	46	0	0	55	
	雙口	58	33	0	0	47	
	湖井頭	25	10	0	0	16	
	西方	173	108	3	0	83	
	西方街					60	
上林村	上林	24	?	0	0	76	350
	后井	38	13	1	1	34	
	中墩	15	8	0	0	10	
	南塘	30	18	0	0	10	
	前埔	7	4	0	0	8	
合計		1,822	974	33	6	1,189	2,565

　　烈嶼聚落是個樸實的農村，沒有大型產業，些許農漁特產，只夠供應地區使用，能夠輸出的只有芋頭和貢糖。自然村落中的商家多為雜貨店，提供居民生活所需，部份附近有駐軍的村莊則設有撞球室、冰菓室、浴室、餐飲店等，方便阿兵哥消費。因金門地區有菸酒牌照的福利，幾乎家家戶戶都申請營利登記，將牌照租人，獲取利益，實則真正開店做生意的不到十分之一。烈嶼地區自1976年實施新的商業登記以來，到2007年底為止，累計核准成立的商家高達1,822家，陸續辦理歇業的有974家。地區的居宅數和店屋數合計為1,089棟，商家數遠大於居宅數，顯示每戶人家都是

17　已計入東林村，以下西方街亦同。

營利單位。事實上，自從國軍精實專業之後，以阿兵哥為消費對象的商家，幾乎都已人去樓空。小金門有兩條街道，目前僅剩「東林街」還有商業行為。「東林街」是金門四大市集之一，雖然商況大不如前，仍是地方上重要的買賣交易場所。以前大、小金門之間交通不便，商家兼有轉運與儲存的功能，隨著「九宮」與「水頭」往來頻繁，碼頭設施提升，交通船班次增多，小金門所需的貨物可以即時由大金門送達，傳統店鋪因此漸失機能，沒有繼續存在的價值。

根據經濟部工業局「工廠公示資料查詢系統」，烈嶼有四家工廠：東端碎石廠、紅高粱餅店、亞倫與金瑞成貢糖廠，「東端」已收歇，其餘的食品加工廠不能算是真正的工廠。在公司方面，2007 年底設籍在烈嶼的公司有 33 家，原先公司的登記單位為縣政府，之後移轉到經濟部，2010 年時，烈嶼的公司有 32 家，仍然在營運中的有 20 家。

設籍在烈嶼鄉的公司

公司名稱	公司所在	核准成立	現況
海洋育樂有限公司	林湖村東林 156 號	83/06	核准設立
烈嶼實業股份有限公司	上岐村青岐 128 號	83/07	核准設立
吉華育樂事業有限公司	林湖村東林 120 號 2 樓	84/01	解散
復發營造有限公司	上岐村青岐 5 號	85/09	核准設立
造福春營造有限公司	上林村后井 7 號 3 樓	85/12	核准設立
烈嶼有限公司	黃埔村黃厝 13-1 號	85/12	解散
典林營造股份有限公司	林湖村東林街 143 號	86/03	解散
發美營造有限公司	黃埔村埔頭 9 號	86/04	核准設立
金典營造有限公司	黃埔村埔頭 20-1 號 1 樓	86/10	核准設立
塏怡企業有限公司	林湖村東林 14-1 號 1 樓	87/08	核准設立
傑偉營造有限公司	林湖村東林 2 號	87/08	解散
速利企業有限公司	林湖村東林街 13 號	87/10	解散
今雍實業有限公司	林湖村東林街 14 號	87/90	解散
典林企業有限公司	林湖村東林街 143 號	88/10	解散
寶月泉實業有限公司	林湖村西宅 30 號	89/06	廢止
發福營造有限公司	林湖村東林街 162 號 1 樓	90/02	解散
石鄉企業有限公司	林湖村東林街 171 號	90/04	核准設立
龍谷拉造景有限公司	西口村西方社區 29 號	90/06	核准設立

小烏鴉貿易有限公司	林湖村湖下 38 號	90/11	解散
金宏興海運股份有限公司	西口村西方社區 55 號	91/04	核准設立
千勝汽車股份有限公司	黃埔村林邊 14 號	91/05	核准設立
海園海運股份有限公司	林湖村羅厝 1-1 號	91/10	核准設立
發億營造有限公司	黃埔村埔頭 2 號	94/06	核准設立
金祥發進出口貿易股份有限公司	上岐村青岐 19 號	95/09	解散
金門郎廣告有限公司	上岐村青岐 19 號	96/02	解散
永順成營造有限公司	林湖村東林街 177 號	96/05	核准設立
合順船務代理股份有限公司	黃埔村埔頭 25-1 號	96/10	核准設立
雄發海運股份有限公司	上岐村青岐 37 號	97/01	核准設立
昕揚營造有限公司	上岐村青岐 14-2 號	98/02	核准設立
台灣海峽兩岸農業 生物科技有限公司	上岐村青岐 14-1 號	98/09	核准設立
林長賮室內裝修有限公司	林湖村東林街 181 號	98/10	核准設立
金門檳榔嶼渡假村 開發股份有限公司	林湖村東林北街 81 號	99/03	核准設立

資料來源：經濟部商業司「公司資料查詢」（99 年 4 月）

　　戰地政務解除之前，烈嶼沒有「公司」的商業組織，這些公司雖然設籍烈嶼，但多數不在本地營運，或遷到大金門，或等待註銷。烈嶼的公司主要有三種，一是由傳統營造廠改變的營造公司，為的是爭奪解嚴後地方上的營造與各種公共建設大餅；另外就是船運與海運公司，當金門剛開放觀光時，為快速疏運來小金門觀光的旅客，並發展「海峽中線」旅遊與海釣休閒，鄉人紛紛購入遊艇來載運觀光客；第三種是從事商品買賣銷售的貿易、企業、實業公司。公司主要設在東林與青岐，由於地址只供通訊聯絡用，不是實際的營業場所，因此也有設在自己村中家裡。

貳、金城鎮

　　金城鎮位於金門島的西南角，是金門縣政府所在地，也是金門縣最重要的政經、軍事、文化中心。明洪武年間江夏侯周德興戍守海疆，建築金門城以禦倭寇。清康熙十九年（1680）總兵陳龍移駐後浦，金門軍政、經濟中心逐漸轉移，包括金門鎮總兵署、浯江書院紛紛設立，地方官員及鄉

紳亦捐資修築海堤、城隍廟、奎閣等，地方經濟也蓬勃發展，構成今日城區的主要範圍。1949 年國軍部隊進駐前，原屬福建省金門縣珠浦鎮，東至前盤山、北至東坑、西臨海、南至後湖昔果山，「古寧頭戰役」後設立「城鄉區公所」，隸屬金門第二民政處，管轄區域：東門、西門、南門、北門四個里。1950 年 5 月金門行政公署成立，1953 年 2 月實施地方自治，選舉鎮長，改稱為金城鎮，1965 年 9 月併編金山鄉（除東洲併入金寧鄉外）餘金水、古城、珠沙、垵湖、賢庵等五個行政村，包括原轄東門、南門、西門、北門四個里，計九個行政村里。1974 年 2 月精簡所轄村里，將垵湖村裁撤，其原轄後湖、上下後垵併入金寧鄉榜林村，泗湖併入珠沙村，縮編為現有的東門、西門、南門、北門、賢庵、金水、古城、珠沙八個里。金城鎮因商業化的程度很快，許多傳統閩式建築逐漸在消失中，1992 年戰地政務解除後，現代化的工商大樓紛紛在北門區矗立，而本城的外圍也開始出現一些衛星住宅區，如：金城新莊、富康一村、安和新村、鳳翔一村、鳳翔二村、和平新村等。2010 年 3 月，全鎮有 10,731 戶，人口數為 31,680 人，約占全縣人口數的 33.6%。

金城鎮營利事業統計[18]

村里	自然村（街路）	商家數	歇業數	公司數	工廠數	居宅或店屋數	戶數
北門里 155	中興路	537	217	17	4	129	
	民生路	438	170	82	4	42	
西門里 341	民族路	427	141	68	5	250	1,307
	珠浦（路）	748	345	34	5	23	2,912
東門里 215	浯江街	76	37	1	0	44	1,495
	莒光路	495	203	23	2	213	1,689
南門里 401	民權路	507	223	40	8	105	
	模範街	42	9	0	0	32	

---

[18] 商家數、公司數與工廠數係 2007 年底經濟部「商工登記資料查詢」系統中的統計，某些查詢項目會有重疊、短少，例如和平新「邨」，舊系統使用圖像字體，無法查詢。歇業數遠大於表列數字，尤其在自然村落中，幾乎已無商家。居宅數與店屋數依《金門縣志‧土地志》，統計時間為 1977 年，與今日實際情形不盡相同。在店屋方面較難增長，村落中的居宅數應該有所增加。根據行政院主計處的統計，1990 年底時金門縣的住宅單位數為 11,562 宅，到 2000 年底時增到 13,257 宅，比之 1977 年增加了 4,246 宅。戶數係根據 2010 年 3 月主計處的統計。

	環島西路	73	16	4	1	-	
	環島北路	77	46	16	6	-	
	菜市場	16	6	0	0	-	
	北堤路	36	10	13	0	-	
	光前路	214	80	10	2	38	
	伯玉路[19]	38	19	10	10	-	
	富康一村	94	49	1	0	62	
	金城新莊	95	45	0	0	54	
	安和新村	-	-	0	0	68	
	鳳翔新村	-	-	0	0	178	
珠沙里	珠山	57	25	2	0	84	729
	東沙	58	28	3	0	55	
	歐厝	77	39	2	0	81	
	小西門	42	20	2	1	41	
	泗湖	52	34	2	0	38	
	和平新村	8	0	2	0	122	
金水里	前水頭	244	128	4	0	196	523
	后豐港	77	34	9	3	47	
	謝厝	11	1	0	0	10	
古城里	古崗	164	85	3	0	156	960
	金門城	92	33	7	0	179	
賢庵里	夏墅	31	12	0	0	28	1,101
	山前	39	25	1	0	26	
	官裡	26	8	2	0	25	
	古崏	16	9	1	0	22	
	吳厝	37	8	4	0	27	
	庵前	90	49	0	1	44	
	賢厝	115	52	2	1	69	
	東社	6	2	0	0	4	
	官路邊	18	10	0	0	7	
	向陽吉第	0	0	0	0	120	
	西海路	161	79	11	0	-	
合計		5,334	2,297	376	53	2,619[20]	10,756

---

[19] 舊稱「中央公路」，1958 年完成，1988 年改名為「伯玉路」。資料含原來中央公路的。
[20] 再加四個里的居宅數 1,112，合計為 3,489 宅。

480

　　據《金城鎮志》的記載，[21]後浦是農產品及日用品的交換中心，最初後浦的市集以清總兵署為中心點，沿東西轅門巷道，架棚為市，賣魚及豬肉者多聚於此。1925年興建菜市場，遂移新市場，較著名的店鋪位於現今莒光路上，據耆老回憶，那時後浦的大街就是現在的莒光路。1949年國軍進駐，軍民人口數高達十餘萬人，消費人口驟增，後浦市集乃進而蛻變為副食採購及軍人消費中心。後浦是島上的政治中心，又是西半島最大的市鎮，金西地區的駐軍，每天的副食幾乎全部在此採購。由於消費人口的驟增，原有的商業區不足容納，1953年闢建民生路和民權路。民生路初期都是一些機關社團及住宅，後隨著金城戲院的開張，帶來眾多的人潮，商店相繼設立。民權路旁大都是機關、學校、運動場用地，商店較少。1962再闢建民族路，商店林立，有店屋250棟。1962年又拓寬改建中興街北段，由舊北門街直通民生路，新市街的闢建，也讓商圈逐漸擴大。

　　商圈的擴大可以從商店的數字急遽上升得到佐證。1930年代後浦有13條街市，200多家商號。但現存的統計資料顯示，金城城區的商號，1954年有498家，較前增加了一倍半左右；1963年有643家，是1930年代的三倍，顯示由農漁業轉為商業或兼營商業的人數比例越來越大，市區面貌也隨著軍人消費形態的改變而轉變。最初軍人的休閒娛樂甚為簡單，當時市街也無新穎的娛樂場所，一般只有小說（連環圖）出租店、撞球室，所以軍人的休閒大體是吃飯，逛街、購物，再不就是看小說、看連環圖、吃冰和打撞球。因此，伴隨軍人消費，小吃店、冰果室、撞球室，和必然消費的理髮室如雨後春筍般興起。1960年前後，大型戲院的出現，進一步改變了軍人的消費習慣，看電影成為軍人的最愛。眼光敏銳的商人看到戲院的前景，認為「戲院」是有利可圖的行業，於是集資籌設了「金城大戲院」。1963年1月29日「金城大戲院」落成開幕，戲院位於民生路，交通便利，生意興隆，門庭若市，堪稱為本島建築最早，規模最大之首輪戲院。1966年1月20日位於民權路上的第二家戲院「金聲大戲院」也落成開幕，戲院建築宏偉，與當時台灣的「遠東」等大戲院相比，毫不遜色。第三家戲院「民眾育樂中心」則於1971年7月開幕，一樣生意興隆。

---

[21]　以下論述參閱金城鎮公所編，《金城鎮志》，金門縣：金城鎮，2009年，第六篇「經濟篇」。

　　1980 年代，國軍配合戰略改變，已開始實施「精實案」。進入 90 年代，因武器的進步，金門已無「前線」的戰略價值，軍方開始自金門大規模撤軍，使得依賴軍人消費的金門經濟遭受嚴重打擊，百業蕭條，甚至有店家連續數日無顧客上門的窘狀。隨著國軍的撤守，金門的商業活動也跟著轉型。從宣佈開放觀光起，金城街上充斥著觀光產業的商店，如貢糖店、一條根店、麵線店、特產店，甚至是鋼刀店都到處林立，加上走私盛行，從貞節碑坊至東門菜市場形成一條頗負盛名的「大陸街」，被人戲稱為「匪貨一條街」，專門販售走私進口的大陸產品。從 90 年代後期開始，網際網路和電玩軟體，逐漸成為年輕人的新寵，吸引人們駐足光顧，取代 MTV、KTV 成為軍人消費的場所，金城車站附近更成為網咖集中的地區。自解嚴之後，金門走向自由開放，社會逐漸出現夜間生活的族群，特別是為了因應過慣夜生活的台灣觀光客，於是有了 24 小時營業的商家出現。自 1999 起，金城陸續出現五家 7-eleven。24 小時商店的出現，標示新社會型態的形成，也標示金城地區傳統商店的日趨沒落。

　　消費型態與消費對象的改變，造成傳統商店的沒落，但金城地區的商業活動並沒有因此而中斷。解嚴與開放觀光帶來了另一波產業結構的調整，新興的公司行號快速冒出，傳統的獨資事業很難與之競爭，公司或股份有限公司成了新的組織型態。營造、航運、開發、通運、旅行社、貿易、資產管理等與旅遊和服務為主的相關產業紛紛出現，甚至連特產銷售也不再以商店方式經營，而是採用加盟式的公司行銷。開設公司是否就能帶來更多的利潤，不得而知，但不論就商業發展的趨勢或經商的心態，「公司」這種事業體似乎頗能吸引人，即使營業的內容和規模並沒有擴大，商家還是偏好改組為公司。基本上「實業公司」與「企業公司」要比「實業社」和「企業社」更具說服力，若以資本額分析，公司的資本額則未必多過獨資或合夥事業。金城是金門最大的商圈，擁有最多的商家，市街的歷史悠久，從事商業活動的人口眾多。將公司設在金城，除了地利之便，也是基於歷史傳統的考量。

　　根據《金門縣志》記載，早在 1927 年時后浦人傅錫祺與黃模生便已倡辦電燈公司，另根據《南支調查資料──福建省金門島概況》所載，本島唯一的電燈公司就是設於后浦的「金門電燈電力公司」。除此之外，在日本佔據金門之前，后浦還有一家「金門公司」，擁有一艘汽船名為「金

星號」，每日航行於廈門和后浦兩個地方。金門是島嶼，船運絕對是必要
的事業，金門地區第一家核准通過的公司就是「建華航運股份有限公司」。
自 1970 年後到 2010 年 4 月為止，登記在金城鎮的公司數目有 376 家，其
中分佈在金城街路上的有 306 家，占 81.4%，詳細情形如下：

一、中興路

力威營造有限公司	金鍇有限公司	金城亞太電信有限公司
裕林營造有限公司	銓修企業有限公司	昂星有限公司
和豐營造有限公司	金聯新股份有限公司	宝庭建設股份有限公司
佑烽營造有限公司	九莒實業有限公司	群力建設開發有限公司
駿宇工程有限公司	中華華夏投資顧問有限公司	南星航運股份有限公司
俊宇資訊有限公司	凱恆重機械有限公司	吉茂通運股份有限公司
快立得資訊有限公司	味全江浙餐廳有限公司	海峽傳媒開發有限公司
捷特數位科技有限公司		

二、民生路

金廈旅行社股份有限公司	金瑞旅行社有限公司	巨祥旅行社有限公司
萬吉旅行社有限公司	輝煌旅行社有限公司	瑞和旅行社有限公司
萬事利建設股份有限公司	向尚建設股份有限公司	向上開發建設有限公司
全運建設股份有限公司	首品營造有限公司	新杰營造有限公司
常鼎營造有限公司	侑興營造有限公司	華成營造有限公司
海洋海運股份有限公司	和達海運股份有限公司	祥發航運股份有限公司
坤龍航運股份有限公司	德威航運股份有限公司	聯合金廈物業管理（股）公司
奕勝資產管理有限公司	東禾管理顧問股份有限公司	台協顧問有限公司
譚湘蓉工商顧問有限公司	麟閣大樓管理顧問（股）公司	大慶投資顧問有限公司
金門高金牛股份有限公司	料羅灣國際開發股份有限公司	聯鎧工程有限公司
觀天下養生禪股份有限公司	金坊國際股份有限公司	燁鋒工程有限公司
就是十樓有限公司	能群國際開發有限公司	吳新新水電工程有限公司
金口福食品有限公司	晉陞國際有限公司	金志光水電工程有限公司
永升汽車有限公司	金霸國際電信股份有限公司	金城大成育樂有限公司
禾都汽車股份有限公司	薛祖耀電訊科技有限公司	金門戲院股份有限公司
金馬租賃股份有限公司	百殷資訊有限公司	新向上建業實業有限公司

神泉企業有限公司	掌訊科技有限公司	金礦有限公司
寶坤興業股份有限公司	向上廣告事業有限公司	青籐企業有限公司
金百陽有限公司	永福房屋仲介有限公司	通多利有限公司
金翔鷹企業有限公司	福建金門電力股份有限公司	生技通路有限公司
中華金廈聯網股份有限公司		

三、珠浦東、西、南、北路

燁興營造有限公司	庭院營造有限公司	東里營造股份有限公司
履隆營造有限公司	長昇土木工程有限公司	坤榮營造有限公司
偌盈營造股份有限公司	金鑫營造廠有限公司	五通營造有限公司
大鴻營造股份有限公司	豐禾建設開發股份有限公司	東門周氏產業股份有限公司
千乘營造有限公司	浯島建設股份有限公司	京安開發建設有限公司
臺金開發有限公司	金日信建設開發有限公司	群勝水電工程有限公司
炳崙工程有限公司	大裕水電工程有限公司	晨揚工程顧問有限公司
金明生旅行社有限公司	堡鋒實業有限公司	閩江機電有限公司
安全旅行社有限公司	淶豐實業有限公司	榮坤實業股份有限公司
安寧股份有限公司	康健美學有限公司	廉美五金實業股份有限公司
台灣第一冶金有限公司	龍捷九鼎財富管理顧問有限公司	櫻瑞工業有限公司
台閩文化事業有限公司	龍捷九鼎企業有限公司	威揚生命禮儀事業有限公司

四、浯江街

致誠數位資訊有限公司	金門瓦斯分裝場有限公司	金昌楊電器有限公司

五、民族路

中台航運股份有限公司	建華裝卸股份有限公司	囍莊有限公司
包久有限公司	夏億有限公司	博陵企業有限公司
廷豐工業有限公司	順祺建材有限公司	櫻龍企業有限公司
和平船務代理有限公司	金漢揚建設股份有限公司	久義興股份有限公司
坤達營造工程有限公司	翁山營造有限公司	工麗營造有限公司
金永達車業有限公司	吉祥屋建設股份有限公司	金誠國際旅行社有限公司
金地土木包工業有限公司	金鉦順營造工程有限公司	國際酒業股份有限公司
金廈海運股份有限公司	黃龍建設股份有限公司	巨陽旅行社有限公司
金源利企業有限公司	聯興發企業有限公司	安余貿易有限公司

金鉦順鋼鐵有限公司	大富通運有限公司	金門育樂股份有限公司
建華航運股份有限公司	台金航運股份有限公司	金門白金龍股份有限公司
港勤有限公司	春風工程顧問有限公司	楓蓮旅行社有限公司
華廈國際貿易有限公司	來興企業有限公司	永清清潔服務有限公司
順達海運股份有限公司	金永記食品企業有限公司	老精記食品有限公司
瑞誠航運股份有限公司	一總企業股份有限公司	萊順德貿易股份有限公司
遠欣船務代理股份有限公司	永安海運股份有限公司	許氏宏福有限公司
頤合有限公司	瑤記有限公司	金門高粱醋廠有限公司
鑫煒資產管理有限公司	鴻展工程顧問股份有限公司	

六、莒光路

萬榮汽車股份有限公司	捷源有限公司	金甸企業有限公司
金鑫航運股份有限公司	木記食品有限公司	華欣商務飯店有限公司
六桂飯店股份有限公司	沈長松工程有限公司	宏佳旅行社有限公司
禹陽建設開發股份有限公司	禾冠企業有限公司	銀鶴實業有限公司
金三菱機電股份有限公司	開秀有限公司	太武旅行社有限公司
興運建設有限公司	禹陽生物科技有限公司	金門天力投資顧問有限公司
禹泰營造有限公司	金廈國際貿易股份有限公司	

七、環島西路

儒達國際股份有限公司	俯憲實業有限公司	中銀營造有限公司
金門觀光農場股份有限公司	冠城營造有限公司	新田實業有限公司
楓蓮通運股份有限公司	金門旅行社股份有限公司	世建營造有限公司

八、民權路

明月星麗有限公司	金棠國際有限公司	敏軒消防設備有限公司
合富海運股份有限公司	鼎天建設有限公司	盛禹工程顧問有限公司
建雄營造有限公司	金大中企業有限公司	正高食品企業有限公司
運台實業股份有限公司	營寶工程有限公司	建華營造股份有限公司
金夏裝卸承攬股份有限公司	佑華工程股份有限公司	兆輝營造有限公司
亭育有限公司	金環球通運股份有限公司	麒麟安景觀工程有限公司
杰龍營造工程股份有限公司	東奭營造有限公司	富益營造有限公司
正和國際股份有限公司	秀中實業股份有限公司	冠蓁實業有限公司
育達地接服務股份有限公司	江都股份有限公司	金大輝實業有限公司
信邦營造有限公司	耐思比企管顧問有限公司	鈞統企業有限公司

杰思股份有限公司	金瑞大飯店股份有限公司	寶興裝潢工程有限公司
創力工程事業股份有限公司	迅通聯運服務股份有限公司	逢美工程有限公司
建昌航運股份有限公司	均盛營造有限公司	

九、伯玉路（含中央公路）

金合利實業有限公司	金門特產加工廠有限公司	常勤鐵工工程有限公司
良昕金屬有限公司	金城聯股份有限公司	陳金福食品股份有限公司
秉和企業股份有限公司	倚鋼工業有限公司	譽都汽車有限公司
欣申實業股份有限公司	美勁有限公司	金合興鐵工廠有限公司

十、北堤路

金隆營造有限公司	榕榕園園藝有限公司	威風實業有限公司
常展營造有限公司	晉林貿易有限公司	佶暉科技有限公司
金北堤建設有限公司	台金國際實業有限公司	隆易水電工程有限公司
萬梁有限公司	威力保全股份有限公司	精技材料檢驗有限公司

十一、光前路

冠峰營造股份有限公司	洪國興伐木有限公司	冠峯建設有限公司
洺碩水電工程有限公司	金台工程有限公司	金天地國際股份有限公司
永鑫食品股份有限公司	易陽營造有限公司	山之力企業開發有限公司
立揚儀器有限公司	金利興營造有限公司	宏泓企業有限公司

十二、環島北路

金軒麗實業有限公司	金門大方食品有限公司	大華通運股份有限公司
統精股份有限公司	全弘工程顧問股份有限公司	金虹工程顧問有限公司
道豐營造有限公司	欽盛土木包工業有限公司	松佑營造股份有限公司
力茂營造有限公司	鎮門開發事業股份有限公司	利晟行五金實業有限公司
亞郁營造有限公司	亞郁實業有限公司	金程工程顧問有限公司
金門國際投資股份有限公司		

　　金城鎮的主要街路有 12 條，共有 306 家公司行號在此設籍。以民生路的公司最多，其次是民族路和民權路，珠浦路有東西南北四條，合計公司也不少。基本上，金城的街道不長，各類型公司數目也不多，因此沒有

形成專門行業的聚集情形。目前仍屬於「核准設立」中的公司有 213 家，已解散、廢止、撤消的有 83 家。1992 年以前，金城只有 13 家公司（就這幾條街路而言，不含其他村里），最早向經濟部申請核准成立的是 1970 年的「建華航運股份有限公司」，其次是 1976 年的「金門戲院股份有限公司」。近五年成立的公司中以營造、建設開發、管理顧問最多，與旅遊相關的產業如旅行社、通運公司、特產專賣已較少見，飯店也只有「華欣商務飯店有限公司」；貿易、實業與企業一類的公司也逐漸減少，電信是新的行業，但似乎已呈飽和，現在最熱門的應是國際開發公司。

　　根據《南支調查資料——福建省金門島概況》所載，金門本島堪稱「工廠」的設施如舊式糖廠、花生油工廠、製粉工廠、石灰製造廠及家具工廠等。糖是日常必需的食用品，民間逢年過節，家家戶戶作粿、作年糕均需大量砂糖，而糖果糕餅蜜餞亦以糖為主要原料之一。制糖的作坊，稱榨坊，亦稱蔗鋪，每年甘蔗收穫時，即是榨汁的季節。1937 年以前，全島舊式糖廠共有 9 所，金城轄區內很多村莊均有蔗鋪，例如古崗、金門城（舊金城）、賢厝、古區、庵前各有 1 間。金門以盛產花生聞名，花生早期最主要的消費是用來榨油，金門農村開設不少的「油坊」，是金門重要的傳統工業，《金門新志》說：「當時金門全島，有榨油廠 20 餘家」，其中 8 家位於後浦，所產花生油除供島內居民食用、照明用外，少量輸出。石灰製造工廠，全島約 10 家，后浦有 5 家，產品供建築使用。家具工廠，後浦及沙尾有數家，製造日常用的木製家具。根據《金城鎮志》「工業篇」記載，民國 20 年代，後浦有米粉工廠 2 家，採用暹羅進口碎米製作米粉。民國 40 年代，米粉全島有製造廠 12 家，金城鎮有 4 家。在金門的早期工業中，最興盛的當屬「民間釀酒業」。金門土地貧瘠，惟地瓜盛產，民間用之以釀酒，1949 年以前，島上酒鋪林立，《金門縣志》記載：「舊有民間釀酒 18 家，金城 10 家，金寧 1 家，金沙 7 家。」

　　金門的工業原本就不發達，舊式的工廠不符時代需求，幾乎都已歇業，目前登記有案的工廠，設籍在金城的約 20 餘家，仍在生產中的新式工廠多為「食品製造業」與「金屬製品製造業」。食品製造業的有：時代、巧香、木記貢糖廠、金門大方食品有限公司、金永記食品企業有限公司食品工廠、源鴻農產品加工廠、陳金福食品股份有限公司伯玉廠、口福西點麵包廠等；金屬製品製造業指的是製刀廠和鐵工廠，例如：天久鐵工廠、

金順利鐵工廠、常勤鐵工工程有限公司、群英鐵工廠、復國鐵工廠、倚鋼工業有限公司、金合利製刀廠、金合利實業有限公司鋼刀製造廠等，多數集中在伯玉路上。金門有很多事業體以工廠為名，有製造的事實，但不符合工廠的要件，也不是以工廠申請登記，多數只能視為「傳統手工業」，例如為數眾多的貢糖廠和糕餅店，定位上為商店，不是工廠。金城地區有很多從事手工藝的師父，雖然技藝高超，但商品產量不大，這類商號，不符合一般人對工廠的認知：「工廠，又稱製造廠，是一所用以生產貨物的大型工業樓宇。大部分工廠皆設有以大型機器或設備構成的生產線。」

參、金湖鎮

　　金湖鎮位於金門島東南方，原名滄湖鄉，1953 年 7 月 1 日改為金湖鄉，設址湖前，轄八個行政村。1957 年 12 月改為金湖鎮，1959 年金瓊鄉成立，正義、瓊林兩村撥歸該鄉，1965 年 9 月 16 日金瓊鄉裁併，正義、瓊林又回歸金湖鎮，但新前墩，東沙尾併屬金沙鎮。本鎮位於太武山南麓，東起復國墩，西至雙乳山，南臨料羅灣，北依太武山，形勢險要。轄區內有一金門最大的水利工程，名為「太湖」，或以為金湖之得名源自太湖，[22] 應是時代錯置，太湖完工於 1967 年，以原來的「黃龍潭」挖掘而成，現今是金湖鎮重要的風景名勝，但與金湖鎮之由來沒有直接關係。金湖鎮總面積 41.6 公里，下轄 40 個自然村，劃分為新市里、山外里、溪湖里，蓮庵里、料羅里、新湖里，正義里、瓊林里等八個行政里。由於金門防衛司令部設在太武山麓，軍事設施及據點密集，大量軍官及士兵帶動本鎮的商業發展，太湖邊的新市因而成為金門第二大消費性市街，商店林立，營業鼎盛。週遭的一些自然村落也因此跟著發達，競相做阿兵哥生意，料羅、新頭、下莊、成功、小徑、瓊林等村莊都有街道市場。本縣唯一的商港也在金湖，料羅里內之料羅碼頭為金門縣軍、商用港，早期擔負軍方運輸任務，期間歷經金門戰役，尤其是八二三砲戰，享譽國際，無人不知。

22　參閱「台灣大百科全書」，http://taiwanpedia.culture.tw/web/content?ID=4090。

金湖鎮營利事業統計[23]

村里	自然村	商家數	歇業數	公司數	工廠數	居宅或店屋數	戶數
瓊林里	瓊林	363	120	7	1	247	865
	小徑	164	65	3	2	36	
	珩厝	4	1	0	0	1	
	小徑街	-	-	-	-	42	
	瓊林街	-	-	-	-	25	
正義里	成功	218	57	8	1	136	719
	夏興	117	29	6	1	33	
	尚義	63	16	1	0	68	
	夏興街	-	-	-	-	26	
	成功街	-	-	-	-	26	
山外里[24]	山外	336	178	32	3	92	974
	南雄	26	11	3	0	20	
	下莊（庄）	112	45	4	1	18	
	前埔	25	8	0	0	22	
	安民	30	14	0	0	30	
	建華	41	9	3	0	19	
	陽明	13	2	0	0	9	
	山外街	39	24	-	-	-	
	下庄街	-	-	-	-	48	
	黃海路	134	66	-	-	88	
	中興路	147	68	9	-	43	
新市里	新市[25]	130	-	45	-	18	1,445
	武德新莊	166	73	13	-	131	
	國順街	27	13	-	-	36	
	菜市場	27	10	-	-	81	
	復興路	262	85	-	-	129	
	中正路	221	110	-	-	11	

[23] 「公司數」為 2010 年 4 月統計資料。戶數為 2010 年 3 月的統計。

[24] 含山外街，以及部份黃海路、中興路上的商家，多數為公司，部份與下莊重複計算，總數為 42 家。

[25] 包含以下的幾條街，「商家數」計入街路，地址未註明街路的，計入「山外」。國順街店屋有 36 棟、中正路店屋約 83 棟、武德新莊約 162 戶，部份經營商業。

	自強路[26]	-	-	-	-	43	
	林森路	32	18	-	-	34	
新湖里	湖前	96	38	2	0	64	1,794
	塔后	195	56	28	0	56	
	后園	23	0	3	0	12	
	漁村	80	24	14	1	11	
	新頭	127	35	2	0	76	
	林兜	46	10	7	0	14	
	信義新村	96	41	11	1	48	
	環島南路	20	4	3	0	-	
	新頭街	-	-	-	-	30	
溪湖里	復國墩	42	8	1	0	28	408
	溪邊	65	27	0	0	78	
	下湖	51	13	1	1	36	
	後壟	31	9	0	0	28	
	下新厝	15	4	0	0	18	
	青年農莊 裕民農莊	3	1	0	0	22	
蓮庵里[27]	庵邊	48	7	9	0	35	453
	東村	83	11	0	1	39	
	西村	50	10	0	1	41	
	西埔	11	6	0	1	16	
	峰上	20	6	2	1	38	
	惠民農莊	7	2	0	1	15	
料羅里	料羅	153	56	9	1	213	454
	新塘	17	3	0	0	7	
	新興街	72	13	3	0	76	
合計		4,116	1,433	229	33	2,503	7,112

　　金湖鎮是一個結合了舊聚落與新市街的「半」都會區，轄區的其他行政村里雖然也有小型街道，但真能稱得上「都會」的只有「新市里」，這是金門第二大都會區，除了商業發達外，還有各種都市生活必需的公共設

---

[26] 計入「武德新莊」。
[27] 「三谿橋」有9家公司，計入「庵邊」。

施，例如：復興路上的衛生局、衛生院、台灣銀行、國立金門農工職業學校，金湖國中；中正路上的土地銀行金湖辦事處；林森路上的金湖鎮公所、戶政事務所、稅捐處、金門縣殘障福利協會、國民黨金湖鎮黨部、郵局、金湖國民小學、新市菜市場、籃球場、公車處、警察所等，更重要的是它的人口組成多為外來人口，幾乎都是由其他鄉鎮遷來居住，居民來此的目的主要就是經商。1972 年武德新莊增建完成，與國順街合併為一里，現今戶數為 1,445 戶，商家總數至少 933 家以上，尤其以復興路和中正路最興盛。1958 年的 823 砲戰讓金門許多地方被夷為平地，戰爭結束後，新市里逐漸發展成軍用品的專賣街，每到假日，整條街一片「綠油油」的景象。然而，隨著金門駐軍逐漸減少，商家生意陡落，難以繼續維持，經過地方政府積極奔走，終於獲得商業司同意，規劃成為金門第二形象商圈，打出一店一特色的口號，利用金門在地的風味小吃吸引遊客上門。金門的道地傳統小吃，淋琅滿目，例如廣東粥、麵線糊、閩氏燒餅、手工湯圓、油條、本地牛肉麵等，美食與特產正是新市商圈的賣點。

　　如其名，「新市」是新的市區，儘管商業發達，始終欠缺一種歷史與人文的涵養，若能將「山外」也包容進去，相信對於旅遊觀光會有很大的幫助。1999 年金門的行政規劃再度調整，原鄉鎮下設置的行政村均改為里，金湖鎮的「山外村」變成「山外里」，下轄 8 個自然村：山外、下莊、南雄、前埔、安民、建華、陽明、與新墾之青年農莊。[28]居民多務農，也有經營商店。其中以山外最大，因此以山外作為里名。對許多人來說，包括金門在地人，一直未能明確區分「新市」與「山外」，事實上多數人習慣以「山外」稱呼整個山外地區。嚴格說來，從山外蔣公園環進入山外及新市，這條路叫作黃海路，路的一邊是新市，一邊是山外。「山外村」最晚在明初即已得名，聚落中有一陳氏宗祠，埕前旗桿石上記載明永樂 16 年（1418）陳氏祖先在此開基。據村中的「英武山岩廟」香爐上刻字，顯示聚落發展超過 200 年。身為都會（新市里）旁的傳統聚落，山外村有其恬靜之美，花崗岩牆、紅瓦飛簷、風獅爺、雙落大厝、五腳基洋樓等，都

---

[28] 榕園北側到后壟一帶，自古風沙為虐，一片荒埔無法耕種，民國 50 年代，政府鼓勵縣民前往墾荒，本社即為其中之一，位在后壟面南側，共約 10 戶，由政府貸建農舍，集結成村，請領耕地務農為主，屬金湖鎮山外里管轄。參閱「臺灣地區地名整合檢索系統」，http://placesearch.moi.gov.tw/search/。

是難得的文化資產。山外為一單姓氏的陳家莊，現在居民以陳氏家族為主，另外有隨國軍來金落地生根的「老芋仔」和金門其他鄉里遷入之鄉親。

　　金湖鎮的歷史與人文，近代以來始終與軍事擺脫不了干係。新市、山外如此，料羅、小徑、瓊林、成功、夏興也是如此，常見軍人行走與消費。在《星月無盡》電影中，鮮明的阿兵哥形象，幾乎就跟金門連結在一起，而料羅這條打架街也就成了許多在金門服役的台灣人，一段年少輕狂的回憶。民國5、60年間駐軍集結太武山周邊，因戰略位置需要，轄屬瓊林里自然村之一的小徑，村外營區遍佈，外來人口聚集本村謀生，並以商業為主。另一自然村瓊林，因位居金門島中心，戰略位置同等重要，村內軍事防禦工事眾多。1956年金門戰地政務實施，村內即闢建地下坑道，四通八達連接村莊各要處，主要功能在於發揮火力於地上，保持戰力於地下，因此，素有最堅強的戰鬥村之稱謂。歷史上之瓊林，人才輩出，功名顯赫，文風鼎盛。瓊林之美集歷史古蹟、戰役史蹟及傳統聚落，人文資產極為豐富。

　　相較於瓊林，成功就顯得不起眼。這是一個傳統的漁村，居民大都以捕魚為生。明、清時期，當金門許多村莊號稱「人丁不滿百、京官三十六」時，只有陳坑人未曾在朝廷裡謀得一官半職。但是，因為陳景蘭的誕生，卻改變了陳坑的命運，使本區的發展產生重大轉變，成為一個具有豐富人文內涵與歷史價值的聚落。1921年新加坡僑領陳景蘭經商有成後回到故鄉，興建一棟二層樓高、面寬七開間、磚木結構的洋樓式園邸，洋樓前方有「金湯公園」，為金門規模最大的洋樓花園。成功村舊稱「陳坑」，以陳姓為主，因此洋樓又稱「陳坑大洋樓」。1937年至1945年間，日軍佔據金門，強徵「陳景蘭洋樓」作為指揮所，1949年國軍退防金門，曾進駐防砲部隊、第53野戰醫院，尤其是1958年砲戰之後，洋樓被裝潢成為金門官兵休假中心，內有客房、餐飲部、百貨部、康樂廳等。做為官兵休閒場所的「陳景蘭洋樓」，曾遭受砲擊，屢經修建，但隨著台灣和金門交通逐漸方便，官兵轉而返台休假，洋樓的功能性降低，1992年金門戰地政務結束，洋樓因無專責單位維護而荒廢。2008年，在823戰役50週年前夕，金湖鎮公所為發展觀光，以「僑鄉與戰地之再生：一個關於時間與記憶的地景保存設計」為名，推動「陳景蘭洋樓」及其周邊環境的整建，期許走

過烽火歲月的「陳景蘭洋樓」，能再一次走出歷史，為觀光客述說金門作為僑鄉與戰地的蒼桑過往。[29]

　　陳景蘭熱心公益的事蹟，一直為地方耆老所津津樂道。他將興建洋樓剩餘的建材，建造防禦土匪的「尚卿碉樓」，並將洋樓部分提供做為「陳坑小學」，自廈門延聘師資授課，作育家鄉子弟，為方便鄉親往來廈門，更於 1922 年籌辦「金門輪船公司」，這是金湖鎮商業發展史上重要的一個旅程碑。金門是個海島，在民航機開航之前，對外交通完全仰賴船運，人員、貨物都得靠船舶搭載，因此海運或船運業發展甚早。長久以來金門地區絕大部份之民生物資皆須仰賴台灣本島經由料羅港輸運補給，在戰地政務期間料羅港設施雖未盡理想但尚能滿足需求。1992 年 11 月 7 日解除戰地政務，同時開放觀光後，海運量劇增，致料羅港之裝卸能量逐漸不足。1994 年金門縣政府完成「金門縣籌設水頭國內商港工程規劃」研究，有意以「水頭港」取代「料羅港」，但因涉及層面太廣，必須通盤考量，政府一直未作出決議。水頭商港開發計畫未被交通部採納，經建會公共建設計畫審查評估專案小組於是建議：「金門宜以一港三港區之理念來作整體規劃」。2000 年 12 月 4 日「金門港」奉行政院核定為國內商港，並分為一港三港區，包括料羅港區、水頭港區、及九宮港區。就港區面積來看，料羅不如水頭，但料羅有其深厚的歷史人文和碼頭文化，這是其他港區無法相比的，料羅里的村民大多以捕魚及碼頭工人為生。

　　雖然金湖鎮很早就有商業活動，歷史上也不乏公司型態的商業組織，但符合經濟部商業司規定的公司仍大抵在解嚴後才出現，以下僅將 2010 年 4 月時設籍在各里的公司登錄如下：

一、瓊林里

金彩遊覽客運有限公司	暉笙企業有限公司	石在營造有限公司
夥伴國際開發有限公司	欣寶泉實業有限公司	浩達營造有限公司
眼福有限公司	欣浯企業有限公司	金門瓊林育樂開發（股）公司
金興盛環保科技有限公司		

---

[29] 倪國炎，〈見證戰地滄桑史，金門陳景蘭洋樓明重新揭幕〉，《大世紀》，2008 年 8 月 21 日。http://www.epochtimes.com/b5/8/8/21/n2236658.htm。

二、正義里

建昌營造股份有限公司	嘉錦營造有限公司	金順益營造有限公司
震鑫土木包工業有限公司	金富管理顧問有限公司	宏麒有限公司
山豪建設股份有限公司	金水營造有限公司	金嘉華大飯店有限公司
海鯨國際公關顧問（股）限公司	現代營造股份有限公司	超炬光企業有限公司
欣惠建材有限公司	亞泰工程股份有限公司	金侑德建材有限公司

三、山外里

九九展業股份有限公司	昌陞營造有限公司	青發航運股份有限公司
大林營造有限公司	東林旅行社有限公司	勇利營造有限公司
大觀科技有限公司	松永塗料有限公司	恆盛源生技有限公司
天成巧匠工程有限公司	金山園藝事業有限公司	泉昇營造股份有限公司
太武山事業有限公司	金玉滿堂旅行社有限公司	風獅爺渡假村有限公司
台金廈聯運服務股份有限公司	金名記實業有限公司	恩得實業股份有限公司
台贊山建設有限公司	金門通運股份有限公司	浯江輪渡有限公司
永展海運股份有限公司	金保安企業有限公司	國華旅行社有限公司
立比旅行社有限公司	金南星股份有限公司	結緣實業有限公司
立順營造有限公司	金威通訊科技有限公司	瑞慶有限公司
立聖水電工程有限公司	金翔能源科技股份有限公司	裕亨通運有限公司
宇可國際股份有限公司	金廈環保工程有限公司	環閎實業有限公司
汶霖有限公司	金興通運股份有限公司	馥華通運有限公司
佳根生技有限公司	雨宙實業股份有限公司	櫻龍企業有限公司

四、新市里

九星旅行社有限公司	金天池有限公司	浯洲建設股份有限公司
上金牧場企業股份有限公司	金日新營造有限公司	國順興業有限公司
中央坑道窖藏有限公司	金名記食品製造有限公司	傑聯營造有限公司
中信晶股份有限公司	金尚利股份有限公司	揚名工業股份有限公司
天力奇生物科技有限公司	金門大展有限公司	揚名白土有限公司
天英投資顧問有限公司	金門大順酒廠股份有限公司	菲士比科技有限公司
天圓建設有限公司	金門油庫股份有限公司	閎億營造有限公司
王大夫一條根有限公司	金門鴻運股份有限公司	源發營造工程有限公司
加山營造有限公司	金洋房實業有限公司	瑞城營造有限公司

可倫食品企業有限公司	金華寶聯運地接服務（股）公司	萬昌營造有限公司
古雅印刷有限公司	金源昌股份有限公司	裕亨通運有限公司
台安通運股份有限公司	金鴻源建設股份有限公司	鼎倫食品股份有限公司
永順國際紙業股份有限公司	佶達聯運地接服務（股）公司	嘉豐營造股份有限公司
多綠康生技有限公司	南星通運有限公司	福生食品有限公司
老農莊食品有限公司	紅金龍酒廠有限公司	福建液化石油氣分裝（股）公司
李明源鋼鐵有限公司	桐甫企業股份有限公司	擎天旅行社有限公司
亞富建設開發股份有限公司	海峽商貿開發建設有限公司	聯承建設有限公司
協成兄弟股份有限公司	祐興實業有限公司	馥華通運有限公司
杰旺資訊科技有限公司	酒鄉股份有限公司	鑫門工程有限公司
松築建設有限公司		

五、新湖里

力泰營造有限公司	金大華汽車有限公司	浯洲營造股份有限公司
大荔開發有限公司	金天王旅行社有限公司	崇禮營造有限公司
中郵海峽快線有限公司	金日通興業有限公司	康治企業有限公司
太武山營造股份有限公司	金再興營造有限公司	御品貿易有限公司
太祖實業有限公司	金長信國際貿易有限公司	惟新工程企業有限公司
加麗建設有限公司	金門九龍江酒品事業（股）公司	現代旅行社有限公司
台灣金鷺國際開發（股）公司	金門海聯國際發展有限公司	喜上珠寶股份有限公司
台灣數碼事業股份有限公司	金門發展行銷資訊有限公司	揚隆營造有限公司
巨鵬水電工程有限公司	金威騰貿易有限公司	舜眾企業有限公司
正帛企業有限公司	金夏機電工程有限公司	華隆海運股份有限公司
永裕興海運股份有限公司	金敬業有限公司	雅典建設股份有限公司
立三營造有限公司	金環宇傳播事業有限公司	勤和有限公司
成品股份有限公司	信鼎投資開發有限公司	意思特國際傳播股份有限公司
佑都實業有限公司	奕暉實業有限公司	新思維建設股份有限公司
快好耐實業有限公司	思源國際有限公司	祺昇營造有限公司
良金食品實業股份有限公司	柏興營造有限公司	達躍有限公司
良金實業有限公司	津源建設股份有限公司	漾流行國際有限公司

佳澤營造有限公司	炬峰營造有限公司	漢來營造有限公司
協龍工業股份有限公司	禹陽營造有限公司	福建液化石油氣有限公司
岳展營造有限公司	紀揚營造有限公司	聯捷有限公司
昌沛實業股份有限公司	英格爾營造有限公司	鴻順興海運股份有限公司
金三榮工程股份有限公司	昶碩石業有限公司	麗人開發有限公司
金三榮開發建設股份有限公司	海峽實業有限公司	騰獅企業有限公司
鑫聲傳播事業有限公司	權泰食品有限公司	

六、溪湖里

金港服務企業有限公司	永春海運股份有限公司	

七、蓮庵里

良國環保有限公司	紹青科技檢驗顧問有限公司	聯宏液化煤氣灌裝有限公司
金門合成預拌混凝土有限公司	源信石材股份有限公司	覽成企業有限公司
哲生工程有限公司	源信建材實業股份有限公司	驊騏實業有限公司
哲生營造有限公司	源信預拌混凝土股份有限公司	

八、料羅里

秀景有限公司	金門浯江酒廠實業（股）公司	智明國際投資開發有限公司
忠勇工程有限公司	金門國際貿易有限公司	群力服務企業有限公司
金門協成建材實業有限公司	保羅鐵克科技有限公司	裕祺企業股份有限公司
金門酒糟牛牧業有限公司	祥維營造有限公司	澤發營造有限公司

　　到 2010 年 4 月為止，設籍在金湖鎮的公司總計有 229 家，仍在營運中的超過 3/4，公司總數雖不如金城鎮，停業或廢止的情形也不如金城嚴重。就行業的性質來看，有些共同的公司，如：營造、開發、船運、貿易、工程、旅行社等，但仔細比較會發現彼此之間仍有些微差異。「預拌混凝土」、「牧場企業」只有金湖鎮有，與「酒」相關的企業、與燃料相關的事業、與食品製造相關的行業也多在本鎮，整體說來，本鎮的商業內容與金城鎮不盡相同。金城鎮較多從事商品經濟活動的公司，對金融資產管理

方面也較投入，金城鎮是縣政府所在，自然容易引進與公務相關的事業。但金城是個舊市鎮，後浦商圈已定型化，很難再造，對新設立的公司而言沒有吸引力，但是，一旦把公司設在金城郊外，就無法有效使用城鎮機能。這也就是為什麼金城四個里的公司總數為 306 家，其他四里加起來卻只有 70 家，還不如金湖鎮「新湖里」一個里的數量。「新市里」只可算是半個「都會區」，因為「武德新莊」是住宅區，沒有商業活動，人口也不多，只有 1,445 戶，只比金城的北門里多一點。新市以販售軍用品和特產為主，腹地小，街道也小，不是公司設立的理想地方，因此，金湖的公司都往外移動，山外（尤其是黃海路）可能更適合設立公司。新湖里的塔后、漁村，蓮庵里的三谿橋似乎具有某些可吸引公司設立的條件。評估未來的發展性，金湖鎮的特色在海岸線，範圍包括：復國墩、溪邊、料羅、夏興、成功，適合發展水上活動，料羅灣濱海區域為原花崗石廢礦區，亦具觀光潛能，若能妥善規劃，將有利於發展濱海主題型休閒遊憩區。

肆、金沙鎮

　　金沙鎮位於金門島之東北，三面環台灣海峽，南面與金湖鎮相接，兩者以太武山為界，山以西隸屬本鎮。據民間傳說，清末民初，在原金山港河海交接處發現金沙，因而將港易名為金沙港，在此入海的溪流易名為金沙溪，但行政區之命名則始自 1949 年之民政處時期。當時在第一民政處轄下設有「金沙區」，至 1953 年恢復縣制，才將金沙區改為金沙鎮。民國以來，行政區劃分時有變動，至 1965 年始成現況，總面積 41.1 平方公里，全縣第二大，分成八個行政村里，下轄 51 個自然村。本鎮產業結構以農業為主，商業為輔。農業方面，組織農業栽培共同經營班，使用機械化進行大面積耕作，作物主要為高粱。每當高粱盛產期，可見一大片的高粱田綿延到太武山下或海岸線前，十分遼闊壯觀。商業發展主要以汶沙及陽翟兩市集為主，「沙美老街」商家眾多，消費對象包括在地居民與駐軍，但在吸引觀光客方面，遠不如金城與金湖。但金沙鎮擁有絕佳的觀光資源，鎮內風景名勝處處，古蹟林立，人文薈萃，呈現多樣性風貌，尤其是金門國家公園之設，金沙鎮大半區域被納入，成為觀光景點，對帶動本鎮之旅遊觀光產業幫助頗大。

金沙鎮營利事業統計[30]

村里	自然村	商家數	歇業數	公司數	工廠數	屋宅數	戶數
西園里	西園	59	59	0	0	133	418
	后珩	24	11	0	0	10	
	浯坑	6	1	3	0	32	
	田墩	25	4	0	0	22	
何斗里	何厝	122	37	3	1	69	562
	斗門	129	59	4	0	86	
	高坑	46	25	1	0	43	
	中蘭	70	22	0	0	52	
	高陽路	-	-	2	0	-	
	環島北路	-	-	2	0	-	
浦山里	浦邊	146	45	2	0	100	655
	洋（營）山	109	48	0	0	71	
	劉澳	52	20	0	0	26	
	長福里	3	3	0	0	1	
	后（甌）宅	49	22	0	0	37	
	呂厝	46	9	2	0	24	
	下塘頭	15	5	3	0	1	
官嶼里	塘頭	25	19	0	0	28	573
	官澳	286	119	4	0	234	
	青嶼	106	47	0	0	78	
三山里	山西	67	35	1	1	50	532
	東店	16	3	1	0	12	
	山后	103	55	0	0	105	
	西山前	25	9	0	0	29	
	東山前	24	14	0	0	17	
	碧山	76	39	0	0	73	

---

[30] 「商家數」的統計時間為2007年底，「公司數」統計日期為2010年4月，「戶數」統計日期為2010年3月，「屋宅數」據《金門縣志》記載，時間為1987年。因系統問題，自然村名與里名相同時，數據會有問題。例如劃歸在西園里下的自然村落，不完全如表中所示。

大洋里	田埔	20	5	0	0	20	
	大地	36	24	1	0	32	
	內洋	27	8	0	0	32	
	新前墩	21	4	0	0	15	340
	東山	31	7	1	0	24	
	東溪	18	5	1	0	16	
	東沙尾	19	5	0	0	15	
光前里	陽翟（宅）	250	98	9	4	71	
	東珩	25	6	0	0	18	
	西吳	7	7	0	0	6	
	后水頭	82	29	1	1	77	
	蔡厝	61	20	1	0	57	692
	民享	25	3	0	0	16	
	太武社區	10	0	2	0	-	
	新興街	63	19	4	0	59	
	環島東路	-	-	2	-	-	
汶沙里	沙美[31]	207	74	2	0	210	
	后浦頭	120	30	2	2	120	
	東埔	21	11	0	0	13	
	東蕭	10	0	0	0	19	
	蔡店	2	1	0	1	2	
	英坑	21	12	0	0	26	1,510
	榮光新村	74	24	2	0	43	
	忠孝新村	51	21	1	0	32	
	富康一村	0	0	0	0	15	
	富康二村	0	0	0	0	-	
	沙美街[32]	409	122	30	6	363	
合計		3,239	1,245	87	16	2,639	5,282

---

[31] 沙美的商家統計較複雜，一部份屬於原來自然村中的沙美，一部份在沙美市集中心，屬於汶沙里的數條街道，其間在地址登記上少數有重複。

[32] 三民路、復興街、博愛街、中興街、勝利路、國中路、和平街、成功路、信義路、五福街，商家以三民路、博愛街較多，公司行號則多設於五福街，有 13 家。店屋數含沙美市場。

　　金沙鎮八個行政村里,歷史發展背景不同,因此所呈現的村莊風貌也不一樣。[33]西園里係由舊日的陽田保分割出之行政區,轄西園、后珩、浯坑及田墩等 4 個自然村,以西園村最大,故以西園為里名。西園一帶內海,自古是渡津及海鹽的主要產地,鹽田的開發、生產與管理,與本里早期村莊之拓建,村民的生計有密切相關。附近淺海的牡蠣養殖及海鬚菜、文蛤等海產,也是村民重要的資產,因而有「日出喫鹽坵,雨來喫蚵嘟」之俗諺。除漁、鹽業外,村西北之西江,古有西黃渡,日據前每日有船舶往來於蓮河等地,行船及碼頭工又成村民另一行業,村郊之園坵,耕稼興盛。因盛產牡蠣,村中有蚵殼燒灰廠,為昔日建築及墓穴用灰之來源,現尚有一間。為振興金沙地區的經濟,近年來政府積極將田墩養殖區一帶,規劃籌建銘傳大學分校、金門文化園區等,對未來發展將注入活力。

　　何斗里以斗門及何厝兩村落最大,乃取兩村之首字合成里名。居民以陳氏為大宗,大多以農為生,是本鎮的農業大倉,昔日為各類蔬菜的主要產地之一。近年政府為輔導農民維持土力,以提高生產率,於環島北路兩側的冬季休耕農地上,貼補農民種植油菜,除可供綠肥外,油菜花盛開期間,大地一片花海,花香四溢,蔚為勝景,也成路過旅客駐足觀賞,留影拍照之景點。金門開放觀光以來,於斗門村郊建有太武渡假村、大同餐廳、金門警光會館;何厝村郊有小型卡拉 OK、高坑村有台金大飯店等,為寧靜的農鄉增添些許活力與財氣。

　　浦山里的「浦」指浦邊,「山」指營山,浦邊與營山為里中兩個最大自然村。浦邊為一濱海村落,村民之生計,除了基本之漁、鹽、耕稼外,復因劉澳港與廈門往來之便,帶來航海貿易之發展,其鼎盛期於村中大路頂商販雲集、儼然成一街市,更重要的是藉由航貿活動,激發村民海洋思潮之發達。清廷海禁開放以來,或基於政治、經濟因素,或由於天災疾疫、饑饉的推力,村民乃掀起外出謀生之熱潮,遠赴東洋(日本)、南洋、台灣等地。從此,僑匯也成為村民之生活支柱。而僑民對地方之教育與建設,也積極參與,並於村中建有 10 棟洋樓,洋樓之多,次於前水頭及後浦,

---

[33] 以下有關各村里與自然村之介紹,參閱〈金門縣政府全球資訊網〉「鄉鎮村里:金沙鎮」。因網頁已更新,部份資料已移除。另參閱楊天厚,林麗寬總編纂,《金沙鎮志》,金門縣:金沙鎮公所,2005 年;〈臺灣地區地名整合檢索系統〉,http://placesearch.moi. gov.tw/search/。

排名第三。洋山村民出外經商者多，旅居海外，遍及星、印、馬、菲等地，近代台金交通便利，工商發達，亦有部分族人遷居台灣各地，以求發展。本里對外交通雖無重要幹線經過，但對內對外均順暢。近年，由於交通發達、生活水準提高，各村運用其區位及地方性資源的特色，零星商店次第興起，例如劉澳的海灣 KTV、浦邊的浦邊海產店、統好貢糖食品行、甌宅的瑞福鋁門窗行、營山的金合興海產店、龍蝦寶餐廳、龍鳳 KTV 等。

官嶼里是金門最北的里，也是距大陸最近的村里。轄有塘頭、官澳、青嶼三自然村，以後兩村為大，故里名官嶼。官澳前的澳灣有良好之蔽風條件，又是距離大陸最近之陸地及島上官道之終點，早年與大陸內地民間往來頻繁，也是泉同府縣與金門間官方文件遞送必經之途，為海陸交通之咽喉，以官澳為村名，甚為貼切。因背山面海，富海山之利，昔日除牡蠣養殖外，在蚵田與堤岸間的海埔地，亦曾闢為鹽田，設鹽倉，沿海的官澳渡、枋港，古為內渡安海、石井的要津，均可停泊 70 艘大小船隻，行船也成為村民之營生活動。國軍駐守以來，以軍人為主要消費對象的鄉村商店因應而起，至 1976 年達到最高峰，計有 30 家，後因時勢之轉變，逐漸式微，目前僅 1 至 2 家。

三山里下轄山西、東山前、西山前、山后、碧山、東店等 6 個自然村，除東店外都有一個「山」字，因此就選取「山前、山后、山西」而取行政村名為「三山村」。1999 年，本縣行政區名改制，鄉下設村，鎮下設里，故改名三山里。本里位在金門島的東北部，是一個以山地為主的地形，聚落都是因位在五虎山之周圍而得名。五虎山是金門島上僅次於太武諸峰的第二高山，在冬季強烈的東北季風吹襲下，境內農耕收穫差，維生不易，居民外遷者多，如今本里所屬各自然村，大都是空屋多、住民少的小聚落。1995 年金門國家公園成立，寨仔山區規劃為國家公園「馬山區」之一部分，整修山中廢棄的軍用碉堡，修建登山步道，並於山頂架設瞭望台，成金東區新的休閒旅遊地。山西村因地近軍營，昔日村中有多家商店，多以附近駐軍為主要消費對象，故總統經國先生蒞金視察時曾光臨其中一家小吃店，對該店乾麵大為讚賞，後經《金門日報》披露，聲名遠播，「乾麵」遂成該店的招牌菜。1979 年金門縣政府將位於山后村的海珠堂（村塾），及 16 棟閩南式雙落大厝規劃為「民俗文化村」（現為金門國家公園的一部分），居民成立「財團法人金門山后民俗村文化基金會」經營管理，開

放觀光。金門俗諺說：「有山后富，無山后厝」，用來讚譽山后這些建築的美輪美奐，目前是金門東半島著名的旅遊景點。

　　光前里下轄蔡厝、陽宅、西吳、東珩、蔡店等自然村，為紀念古寧頭戰役陣亡的李光前將軍，於是定名光前村。[34]之後蔡店改屬汶沙里，並增建民享及太武社區。1999 年，改名為「光前里」。本里是金東守備區的軍事中心，商業、服務業等機能也應運而生：金東戲院、軍郵局、軍中福利品供應站、金防部特約茶室等紛紛設立，帶領百貨、文具、澡堂、小說出租、冰果室、攝影社、小吃、撞球室等商店的出現，商業種類琳瑯滿目，一切配合軍人的需求。商家由最初的數家，迅速增至近百家，以金東戲院為中心，陽宅街、新興街、小陽宅等相繼建立，發展成一新興街市，全盛期商機之旺甚或在沙美之上。[35]此種依賴軍事機能而興之商業，自然也因局勢之轉變、軍人消費型態及駐軍裁減而式微，今日之商業較前冷清許多，毗鄰的太武社區設立以來，對其發展略有助益。隨著商業的發展，村中居民開始多元性，先是親友設店定居，繼而各地移民的進入，由原先單一氏族的血緣性村落，演變成今日的雜姓村，姓氏之多，在本鎮中僅次於沙美。

　　大洋里下轄田浦、大地、東溪、內洋、東山、新前墩及東沙尾等 7 個自然村。以大地及內洋規模較大，人口較多，因以兩村的第一個字合成「大洋」，作為行政區之名稱，里公所設在東山。昔日村民生活圈多往沙美，自從山外新市里崛起後，漸轉向新市。東山村與內洋原有顯著區隔，近年隨著鄉村商店及現代住家的興建，現幾將相連，為廣義內洋之一部分。一般外人也習慣把東溪、內洋、東山合稱為「內洋」。明末清初，當內洋村飽受風沙為害時，族人遷居而來，遂集聚成村，村名仍以東山為名。民國60 年代，村中軍人消費型態的雜貨商業曾盛一時，時村南側吳氏宗祠前，

---

[34] 另外一種說法是，本里有青山、有綠水，也有沃野，在優越的地理環境下，舊時的陽翟、蔡厝、后水頭等社，文武科舉昌盛，人才輩出，歷年計有 11 位進士，20 餘位舉人，30 多位貢生，為各里之最，因而里名取為「光前」，寓有承先啟後，再創新猷之深意。

[35] 近年，里東亞力山大育樂股份公司經營的大舞台保齡球館及卡拉 OK，曾風行一時，現其二樓是目前地區裝潢豪華，且屬專業性的大舞池，除平日的例行活動外，常於特殊節慶舉行大型舞會，對地區國際標準舞風氣之提倡及舞技之提昇，貢獻不小。（在環島東路上）

里公所之左旁，有五家商店，俗稱「五間街」，其後再由村中向北擴展至內洋南側。目前村內店鋪已全數歇業，僅內洋南側的「合成商店」仍繼續營業。村中家屋多屬傳統閩南式家居，近年來在村前才逐漸有現代式樓房住家出現。里公所前，舊日設有糖廍，為村中製糖所在。日據時代，村民被迫種植罌粟花，供製鴉片外銷。

汶沙里下轄沙美、汶浦（後浦頭）、東蕭、蔡店、英坑、東埔等6個自然村，其中沙美和汶浦頭最大，因此就取「汶」浦頭和「沙」美合為里名，目前汶沙里的範圍尚包括近年新建的社區：榮光新村、忠孝新村、金沙富康一村、金沙富康二村。東埔是元朝在本島設立浯洲鹽場時期的辦公處所，也是元代至明初全島的行政和經濟中心。沙美、浦頭是浯洲場轄下的二處鹽埕，居民多是鹽民的後代。因為沙美的位置正當河、海的交接處，對島外、島內的交通方便，所以不但是歷來金門東半島交通、經濟、文化的中心，更是明初設千戶所之前，浯洲全島的最高行政機關「浯洲場鹽課司」的所在地。明初江夏侯周德興在浯島建千戶所城，接著清初再從金門城移往後浦，從此政治和經濟中心西移。沙美原是東半島的最大市鎮，國軍進駐後，帶動沙美繁榮一時。1958年八二三砲戰，金門東北角與對岸敵區距離靠近，是落彈量最密的區域，居民或遷往新市里，或遷往台灣各城市，近來又遷往金城市區，人口外流情形嚴重。駐軍大量減少後，沙美的市集更是一落千丈，不復當年盛況。戰地政務體制解除為汶沙里帶來新契機，瑞美大飯店、羅馬假期企業、金沙假日大飯店、7-Eleven連鎖店金沙分店等相繼出現，同時，原金沙鎮公所在地也讓給金門國家公園，將規劃為該管理處金沙服務中心，上列數項建設，對未來汶沙里的發展，將有相當助益。

設籍在金沙鎮的公司

亨旺實業有限公司	金東星水電工程有限公司	環宇文化事業有限公司
柏康企業有限公司	金門礦業有限公司	金門蘭花園藝股份有限公司
冠昱建材有限公司	張力工程顧問股份有限公司	騏勝企管顧問有限公司
紅鵲育樂開發股份有限公司	創意營造有限公司	利兆企業有限公司
長慶保全股份有限公司	龍亨企業股份有限公司	紅青蜓有限公司
金凱撒大飯店有限公司	菱帥實業有限公司	昕揚重機有限公司
吉陞營造有限公司	佳禾營造有限公司	宜興國際實業有限公司

太湖庭園綠化工程有限公司	金聯有限公司	中華兩岸文化民俗技藝交流工作股份有限公司
浯江通運股份有限公司	尚慶營造有限公司	羅緻營造有限公司
亞力山大育樂股份有限公司	尊龍泰美容股份有限公司	御騰實業有限公司
振添汽車修理廠有限公司	榮益營造有限公司	金安航運股份有限公司
瑞美有限公司	農友事業有限公司	古陽工程有限公司
林安營造有限公司	允國商業有限公司	瑋宬營造有限公司
金衛有限公司	安泰源企業有限公司	德旺航運股份有限公司
金沙山莊開發股份有限公司	童麗芬有限公司	陳吉思漢有限公司
泰洋濾水器材料有限公司	金祥興企業有限公司	達盛工程顧問有限公司
太武建材有限公司	品緣禮品企業有限公司	兆鑫營造有限公司
勇進營造有限公司	祖恆貿易有限公司	湯城土木包工工業有限公司
世崇有限公司	鴻日升實業有限公司	隆盈開發股份有限公司
福威航運股份有限公司	豪福事業有限公司	阜康高坑有限公司
金尚工程企業有限公司	和發營造有限公司	金酒生技有限公司
高坑有限公司	長注食品有限公司	隆盈資產管理顧問有限公司
閩江通運股份有限公司	聰泉建材有限公司	榮美開發有限公司
金沙假日大飯店股份有限公司	麒祐開發工程有限公司	台灣工商發展股份有限公司
汶浦工程有限公司	太武營造有限公司	金沙美股份有限公司
岩輝營造有限公司	金寶榮企業有限公司	沿展工程企業有限公司
金殿營造有限公司	瑞霖貿易股份有限公司	金沙大地股份有限公司
喜鵲礦業有限公司	雙峰國際貿易股份有限公司	金沙湖畔育樂有限公司
武聖雲長工程有限公司	台灣津川通商有限公司	正盈營造有限公司

　　以前金門有句俗諺說：「甘願嫁過西一欉芒，毋願嫁過東一個人」。像啞鈴形狀的金門島以瓊林為界，劃分為東（俗稱後面）、西（俗稱前面）兩區，東半島地貧風強，海岸多為岩礁，耕作、海事均不理想；西半島環境較佳，海岸為沙灘，利於船隻舶靠，發跡較早，不論經商、務農都有較好的成果。而且，本島之行政文教中心也大都在此，所以人民收入相對較豐，生活過得較寬裕，因此早期金門女子在擇偶時，不喜歡嫁到東半島，比較喜歡嫁到西半島。拿「人」與「芒」作比較，雖然有點不倫不類，但可以突顯出當時兩邊環境的落差和人們的心態。這句流傳在金門父老口中的俗諺不僅通俗雋永，而且是早期金門文化與環境的見證。金沙地區，土

壤以砂質為主，農業生產環境較西側為差，由於面迎強大的東北風，在國軍進駐金門推動綠化以前，經年飽受風害，因此境內村落設置的風獅爺數量，為全島之冠，形成境內一項特殊的人文景觀。國軍來了之後，太武山形勢險要，成為兵家重地，讓東半島在金門的天秤上浮起，一度超過西半島，「過東」的發展也超越「過西」。

然而，隨著駐軍的撤走，東半島首先遭殃，商業沒落，市況蕭條，生意停擺。因為駐軍而繁華的村落如山外、下莊、陽翟、小徑、料羅與沙美等，以前的餐飲店、冰果室、撞球間，洗衣間、公共澡堂，以及鄉下的雜貨店生意興隆得不得了，不知有多少家庭藉此維持生計。如今，料羅、小徑、陽翟與下莊等地的商店，多已關門大吉，人去樓空。以前號稱金門西門町的新市，房價動輒千萬以上，現在則是有行無市、乏人問津。與之前軍人如織、繁榮昌盛的景況相比，只能用「不可同日而語」來形容。金沙鎮素來以農立鎮，在傳統型態的農業社會支配下，建設略顯遲滯，除了沙美一帶，少有商業可言。國軍撤走後，沙美受害最深。「沙美老街」因都市更新而人口外移，房屋年久失修而毀損倒塌，更讓街景顯得冷清寂靜，了無生氣。自 2004 年起，在王天福先生等人的呼籲下，社區居民與政府單位開始正視沙美的發展。整建沙美老街，是否能成功，還有很多的變數要克服，但金沙鎮已逐漸在走一條遠離老街的新路。金沙鎮擁有豐富的文化觀光遊憩資源，而位於鎮內的國家公園範圍，有「太武山區」及「馬山區」，諸多景點若能有系統加以串連，將成為發展觀光的優勢條件。

現在設籍在金沙鎮的公司只有 87 家，就數量上來看，不如金城或金湖的一個里，作為一種新式的商業組織型態，金沙確實落後很多。在 1992 年以前，金沙鎮只有 3 家公司，開放觀光而引發的籌設公司浪潮並沒有在金沙出現，除了少數營造公司外，與觀光旅遊或房地產開發相關的公司，一直未能有所成長。雖然在金門，公司的所在地有時候只是一個通訊地址，與營運無關，但作為一項商業活動指標，仍可以從中看出商業走向的端倪。從 1992 年開始，首先是「紅鵲育樂開發股份有限公司」核准成立，次年有「金凱撒大飯店有限公司」、「亞力山大育樂股份有限公司」成立，接著是「金沙山莊開發股份有限公司」、「金沙假日大飯店股份有限公司」，最近這一年則有「金沙湖畔育樂有限公司」成立，這些公司的成立已經預示了金沙鎮未來的商業發展走向：如何就本鎮的自然資源及文化特色，分

別發展出不同主題型態的休閒度假專區,如開發北海岸一帶,串聯周邊的觀光景點,由點到線,擴展到面,使北海岸一帶成為極具觀光價值的遊憩區、度假區。這張發展藍圖,初稿應該已經畫好了,就等著努力去做。

伍、金寧鄉

　　金寧鄉位於本島西北隅,三面環海,總面積 29.8 平方公里。1949 年古寧頭大捷後,成立古寧、金盤兩區公所,隸屬金門民政處。1951 年,兩區公所合併,更名為金寧區公所,由金門軍管區行政公署管轄。1953 年縣治恢復才定名為金寧鄉公所,設址於頂堡,1960 年遷於下堡,迄 1986 年元月再遷至現址「仁愛新村」。1993 年元月一日正名為「福建省金門縣金寧鄉公所」,下轄古寧、安美、湖埔、榜林、盤山、后盤等 6 個行政村,37 個自然村,2010 年 3 月時人口數為 17,984 人。本鄉為農業鄉,早年農業人口達全鄉人口三分之一,以生產高粱為主,花生、甘薯為輔,玉米、蔬菜次之,兼有海蚵養殖及畜牧為副業。高粱產量佔全縣三分之一強,為本鄉主要農業收入來源,目前已日漸沒落。本鄉有許多優良的農(海)特產,如紅土落花生、地瓜、一條根、石蚵等,更因地理環之特殊,孕育了聞名中外的古寧頭大捷、823 等戰役。近年來在政府全力推動發展觀光下,有一些重大建設工程陸續在進行中,使得本鄉的環境規劃有了重大的變革,村莊景緻也呈現新的面貌。

金寧鄉營利事業統計[36]

村里	自然村落	商家數	歇業數	公司數	工廠數	屋宅數	戶數
古寧村	南山	197	136	2	4	180	874
	北山	249	140			184	
	林厝	80	40			53	
	慈湖農莊	4	3			12	
後盤村	后盤山	122	85	5	2	63	421
	西山	15	10			8	

---

[36] 「商家數」的統計時間為 2007 年底,「公司數」統計日期為 2010 年 4 月,「戶數」統計日期為 2010 年 3 月,「屋宅數」據《金門縣志》記載,時間為 1987 年。

	后沙	95	48			58	
	嚨口	26	8			14	
安美村	西浦頭	147	61	12	-	58	1,203
	山灶	1	0			5	
	安岐	162	94			76	
	湖南	44	14			15	
	東堡	29	19			20	
	中堡	65	40			35	
	西堡	90	45			45	
湖浦村	湖下	325	172	13	2	228	1,262
	東坑	18	4			10	
	埔後	58	27			21	
	埔邊	39	15			15	
	頂埔下	25	12			21	
	下埔下	78	32			44	
	香格里拉	0	0			21	
榜林村	榜林	224	125	20	6	124	1,184
	昔果山	77	38			56	
	東洲	20	12			24	
	后湖	142	73			89	
	上后垵	61	22			37	
	下后垵	31	16			13	
	龍門大鎮	0	0			50	
	議會山莊	0	0			10	
	甜蜜家園	0	0			10	
盤山村	頂堡	303	171	25	9	132	1,133
	下堡	265	118			128	
	前厝	41	26			11	
	仁愛新村	48	21			24	
	柏昱新居	0	0			40	
	薩爾斯堡	0	0			20	
	盤山街	0	0			23	
	伯玉路	69	17			-	
合計		3,150	1,644	77	23	1,977	6,077

金寧是一個農業鄉，商業不發達，全鄉只有一條街，店屋 23 棟，自伯玉路開通後才有較大規模的商家出現，公司行號多集中在鄉公所所在地的盤山村，本村的營利事業最多，頂堡與下堡合計就有 568 家。今日的頂堡、下堡、前厝三個聚落，以前合稱為「盤山」，明清地方志均寫為「半山」，亦稱「前半山」，以別於「後半山」（後盤）。早期的「盤山」，人口多了之後，範圍擴大，再細分為「頂堡」、「下堡」、「前厝」三部分，之後延用而成為聚落名稱。1982 年仁愛新村社區創建完成後，鄉公所、警察所、衛生所、圖書館都遷到該地，原本因瘟疫流行已被廢村的「下田」，現在變成重要的精華區，商家愈來愈多。

金門盛產海蚵，海蚵產地主要分部在北海岸與西海岸，尤以金寧鄉古寧村海岸所產的石蚵最著名。古寧的石蚵碩大肥美，不僅可生食，亦可料理成鮮美大餐，如：蚵仔煎、蚵仔酥、蚵仔湯、蚵仔麵線，是來金門不可不嚐的美食。古寧村早期通稱為「古龍頭」，金門話發音，龍與寧相同，早期之古龍頭成了今日的古寧頭，故行政村以「古寧」為名。金寧鄉有一個特殊的聚落現象是本島其他鄉鎮所沒有的，即一個血緣家族在其人口繁衍眾多後，即分居鄰近自成一角落，再擴大為一聚落，如古寧頭分為南山、北山、林厝；湖尾分為東堡、中堡、西堡；盤山也分為頂堡、下堡、前厝，這種現象顯示出其定居的地點是一個土地較肥沃而耕作較有收成的區域，故子孫不必繁衍外地。[37]

蚵肉可以食用，蚵殼則可以燒製成灰作為建材。除古寧頭外，燒灰蚵殼的另一個供應地就是湖下。金門以「湖下」為村名的自然村有兩個，一個在金寧鄉湖浦村，另一個在烈嶼鄉林湖村，與羅厝為鄰。據傳在今中、西堡和安岐之間原有一個大湖泊，為古昔金門五大湖之一，安美村的「湖南」即因位在此湖之南而得名，位居湖尾端的聚落則稱為「湖尾」，包括今之東堡、中堡、下堡，而位在湖之下端者則稱為「湖下」。湖下在慈堤南端，以前隔海與大陸相望，現在隔著慈湖與古寧頭相接。湖下的灰窯業起源甚早，在古寧戰役之前即有，主要是提供早期的重要建材——「白灰。」金門灰窯和大陸灰窯使用的原料不一樣，大陸為貝殼，金門則為蚵殼，兩者材質不一，用途則大同小異。對岸的大陸商船（以漳州的為主）算好潮

---

[37] 參閱李增德，《金門古寧頭聚落營造的探討》，金門：金門縣政府，2002 年。

汛時間，前來掏殼船作業的海域收購。由於掏殼的獲利遠勝於一般的農作，因此湖下村民紛紛投入掏殼的行列，最盛時期，據說有數十艘之多，據耆老言，掏殼船的貝殼被運往大陸之後，由各地的灰窯製成殼灰，以漳州最盛。所燒製的白灰，黏性極高，勝過蚵殼灰，可用來抹壁或混三合土，作為建材使用。

除了灰窯業外，湖下尚有其他手工業，例如榨油業與米粉廠。湖下的榨油業起源頗早，據說清末即有人從事此行業，目前村內還留有昔日榨油的油坊。1945 年湖下「三間樓仔」的主人楊英舉、楊清庵、楊鴻禮便是以經營油坊，製作食用油起家，進而購買船隻做起船頭生意。三人所經營的「金合發公司」，鄉人稱為「三公司」，所生產的麻油、花生油，除內銷金門本島之外，也銷往廈門、漳州一帶。經商致富後，三人回到家鄉購地興建住宅，三人雖非出洋華僑，但仍採用當時流行的洋樓形式蓋房子。「三間樓仔」外觀像洋樓，建築形制也有五腳基，實則與僑匯毫無關係。湖下的米粉廠特別多，曾被稱為「米粉村」，最盛時期多達十幾家。米粉製作不難，屬小型加工業，闔家動員，不必僱請工人，加上成本低、利潤豐，因此家家戶戶紛紛投入。後來由於台灣包裝精美、價格低廉、口感更佳的米粉對金門傾銷，金門米粉業不堪一擊，大約到 1960 年以後，湖下已經沒有續存的米粉廠了。

在金門，除了金門酒廠外，沒有大型的工業。雖然金酒公司有一條生產線設在金寧鄉，但是並沒有因此帶動本地的工業發展。設在金寧的工廠大約 20 幾家，其中半數與食品有關，例如天王貢糖、美佳香、上古厝麵線、馬家麵線、趙王食品、萬成食品、名記食品、金城食品等，這類「工廠」雖然已引進機器設備，本質上仍是傳統的「手工業」，而且傾向於強調其手工藝的特色。工業革命帶來的生產機械化和工廠制度，使得傳統手工業受到打擊，不再是工業生產的主流。但在金門，手工業仍然廣泛存在於民間。

金門大部份的村落居民都有血緣有關，這種親屬關係是否會相互影響行業的選擇，不得而知，需要進一步研究，然而，環境對行業的影響卻是毫無疑問。古寧村與湖下村之所以從事掏殼工作，有其歷史背景，是環境因素所造成，但當他們遷移到外地後，不可能有機會再從事以前的行業。換句話說，某些行業有其技術性，可以隨著人們的遷徙而另起爐灶，某些

設籍在金寧鄉的公司

上峰清潔有限公司	宜興機電顧問有限公司	海成營造有限公司
上葳實業有限公司	尚好聯建設股份有限公司	高鈜股份有限公司
上騏工事有限公司	明垚營造有限公司	浯洲一條根生技有限公司
久妮旅行社股份有限公司	東榜機電工程有限公司	盛掄股份有限公司
大業傳播事業股份有限公司	松霖營造有限公司	莊記汽車有限公司
天根草典實業有限公司	金民股份有限公司	速運物流有限公司
太武之春廣播電台（股）公司	金名祖食品有限公司	富宏開發股份有限公司
世宏水電實業有限公司	金佳旺食品有限公司	富韋營造有限公司
永強生物科技有限公司	金和成企業有限公司	進順興實業有限公司
永崴貨物裝卸有限公司	金門水產有限公司	瑞金營造有限公司
仰望有限公司	金門海峽友誼發展有限公司	群山印刷有限公司
全晟特化建材有限公司	金城瀝清股份有限公司	聖祖食品股份有限公司
全富泰實業有限公司	金凌園藝有限公司	熙煌工程有限公司
全進汽車股份有限公司	金烈汽車股份有限公司	睿宏營造有限公司
名城事業股份有限公司	金馬之聲廣播電台（股）公司	福皇營造有限公司
名記食品企業有限公司	金廈有限公司	福益營造有限公司
名都實業有限公司	金陽土木包工業有限公司	福軒營造有限公司
合力營造有限公司	金瑞得建材實業股份有限公司	精茂建設實業有限公司
好好好設計有限公司	金瑞福育樂股份有限公司	閩安科技股份有限公司
存信有限公司	金樂工程有限公司	閩揚企業有限公司
宇昇資訊有限公司	金寶來大飯店股份有限公司	鴻沂營造有限公司
安康保險代理人有限公司	長庚營造股份有限公司	鴻倚企業有限公司
成群營造有限公司	冠鴻國際機電有限公司	鴻漸營造有限公司
佑記土木包工業有限公司	建懋營造有限公司	鑫能興業有限公司
吟冠營造工程有限公司	皇鼎大飯店有限公司	鑫輝工程有限公司
固業有限公司	盈春閣餐廳股份有限公司	

行業則受限於地域，離開原來的環境後便難以生存。金門高粱酒之所以濃醇香馥，因為水質與氣候，若將工廠遷到海峽對岸，即使製造工序都沒變，恐怕不會再有那種屬於「金門的味道」。近幾年金門某些行業極力開拓大陸市場，在大陸設廠，生產「金門的」商品，這是有爭議的，長久來看，

不但品質會變，甚至連名稱都只是「虛有其表」。手工業有其地域性，販賣的不只是商品，更重要的是一種屬於地方的特色。這個邏輯可能不適用於公司行號，但是在金門，許多名為「工廠」與「公司」的企業，本質上仍是手工業，因此，公司的設立還是與地域密切相關。

設籍在金寧的公司行號合計 77 家，其中 1/3 與營造工程有關，食品飯店餐飲業雖然不多，卻頗具知名度，例如名記、聖祖、金寶來、盈春閣等；廣電娛樂更是本鄉的特色事業，例如太武之春、金馬之聲、名城有線、大業傳播等。金寧鄉不是商業市鎮，因此較欠缺一些買賣批發商品的公司，公司類別與其他鄉鎮相較，還是有明顯的城鄉差異。本鄉的自然村落有些人口較多，因此營利事業相對較多，例如：南山、北山、湖下、榜林、頂堡與下堡，歷年來核准設立的「商家」都超過 200 家，屬於較大型的聚落。但公司分佈主要還是在榜林村與盤山村，這兩個行政村近年來出現許多新聚落，除了「仁愛新村」外，尚有「龍門大鎮」、「議會山莊」、「甜蜜家園」、「柏昱新居」、「薩爾斯堡」，以及湖浦村的「香格里拉」等，人口約在一至數鄰之間。新聚落與傳統聚落不同，居民沒有血緣關係，建築也不具閩南風情，但居住的環境品質優於村落，容易吸引年青人購置。這些新聚落以住家為主，很少有商業活動，但在連絡市區或重要設施景點的幹道上，兩旁農地常見新式別墅或供作商業使用的建築，伯玉路的情形尤其明顯。伯玉路由原來的「中央公路」拓建而成，一段在金城，一段在金寧，適合大型遊覽車停靠，因此商家愈來愈多。「金門國家公園管理處」就設在伯玉路上，對於金寧鄉的觀光旅遊發展，有一定的促進作用。

金寧是一個古戰場，1949 年發生的古寧頭戰役，整片戰場就在本鄉區域內，1958 年發生的八二三砲戰，本鄉的古寧地區更是落彈量最多的區域之一，後人如果要憑弔古戰場，絕對不能錯過古寧頭。因此，古寧頭給人的印象就是戰役紀念地，於是，「戰爭與和平」自然而然就成了金寧鄉的觀光賣點。除了「古寧頭戰史館」外，慈湖、雙鯉湖一帶是優質的旅遊去處，「雙鯉溼地自然中心」與「慈湖解說站」是極佳的自然生態教育場所。這些年全世界的環保意識高張，講究不破壞自然的生態旅遊，若能順應此潮流，再針對地方休閒需求，聘請一流景觀工程師予以全盤規劃設計，相信金寧鄉未來的休閒旅遊業，除了可招攬國內與大陸的觀光客外，也能引進國際愛好旅遊人士，提升金門的旅遊品質和知名度。

陸、國家公園

「國家公園」，是指具有國家代表性之自然區域或人文史蹟，其理念源自美國。十八世紀末，保育運動思潮興起，為保護自然環境不被過度開發而破壞殆盡，遂尋求以國家力量強制執行自然環境保護的工作。1872年世界第一座國家公園──「黃石國家公園」（Yellowstone National Park）成立，接著，設立國家公園以保育自然環境的概念快速傳播開來，迄今全球已超過 3,800 座的國家公園。[38]根據國際自然資源保育聯盟（IUCN）認定的國家公園定義標準，台灣於 1972 年制定《國家公園法》，依據該法第六條，國家公園的選定標準如下：

一、具有特殊景觀、地形、地物、化石及未經人工培育自然演進生長之野生或孑遺動植物，足以代表國家自然遺產者。

二、具有重要之史前遺跡、史後古蹟及其環境，富有教育意義，足以培養國民情操，需由國家長期保存者。

三、具有天賦育樂資源，風景特異，交通便利，足以陶冶國民性情，供遊憩觀賞者。

自 1984 年 1 月 1 日成立第一座國家公園（墾丁）以來，台灣接連分別成立了玉山國家公園、陽明山國家公園、太魯閣國家公園、雪霸國家公園、金門國家公園。此外，90 年代初期曾計畫設立「蘭嶼國家公園」，因當地原住民堅決反對而暫緩。1998 年埔里人士提議設置「能丹國家公園」，隔年，遭到鄰近布農族人強烈反彈而作罷。2000 年政府著手積極規劃的「馬告國家公園」，涉及原住民權益，爭議太大，法案至今尚未通過。到目前為止，台灣地區已成立八座國家公園，另外兩座是為保育東沙環礁之珍稀資源及人文資產，於 2007 年 1 月正式成立的「東沙環礁國家公園」。以及，2003 年台南市政府自主、積極地提出申請設置「台江國家公園」（台南市範圍部分），歷經多年努力，終於 2009 年 10 月 15 日公告生效，成為第八座國家公園，自此，台灣從山到海都納入保育範疇。

「金門國家公園」成立於 1995 年，是第六座國家公園，金門地方政府與民意代表原先的構想是籌設「國家戰役紀念公園」，計畫經內政部國

家公園計畫委員會審議通過後，提送行政院院會核定，但名稱改為「金門國家公園」，一方面是基於標準化，另一方面是「戰役」一字太敏感也太狹隘，金門除了戰役史蹟外，還有更豐富的文化及生態景觀。金門國家公園位在閩南沿海邊緣，面積 3,720 公頃，是一座以文化、戰役、史蹟保護為主的國家公園。範圍涵蓋金門本島中央及其西北、西南與東北角局部區域，分別劃分為太武山區、古寧頭區、古崗區、馬山區和烈嶼鄉區等 5 個區域，約佔大小金門總面積之四分之一。區內的地質以花崗片麻岩為主，特殊的植物生態、豐富的野生動物、保存完整的傳統聚落及戰地遺蹟為主要公園特色，也是國內第一座以維護歷史文化遺產、戰役紀念為主，兼具自然資源保育的國家公園。[39]

金門是一個海隅小島，過去承襲了悠久的閩南文化，近代則有僑鄉文化，人文方面保存了許多寶貴而且耐人尋味的資產。這裡的聚落呈現的是小而樸實，又富涵典雅精緻的佈局，馬背、山牆、燕尾、中西合璧的洋樓，以及各式各樣的雕鑿裝飾，都饒富趣味典故。除了聚落、建築之美，金門地區也保留了許多引人入勝的歷史古蹟，園內共有 11 處，例如文台寶塔、黃氏西堂別業、邱良功母節孝坊等，地方信仰特色的風獅爺也相當有特色。這些明清以來的古蹟文物，不只見證了歷史的興衰轉替，也留存一份人與土地的思古幽情，標記著屬於金門的光榮和驕傲。

國內的國家公園多以自然為主題，唯獨金門國家公園是為了保存人文史蹟而設立，但古蹟若只是參觀，就如同上課一般，未免靜態了些，國家公園為了讓歷史建築活化和再利用，花了 10 年時間，投入數千數的經費，整修具有代表性的古厝。這些整修過的古厝，除了開放給業者申請經營民宿外，部分則做為資料館、特色餐廳等，各有不同用途。由於人口外流嚴重，金門的聚落較能維護原貌，但另一方面，卻也因為後代子孫無力維護，加上產權複雜，到處可見任由傾頹的古厝，國家公園願意花大錢整修古厝，固然是好事，但也不是沒有反對聲浪。金門人向來保守，要將祖產抵押給金管處使用 30 年，進行老空間再利用的計劃，是有一些懷疑和矛盾。國家公園花了很長時間與屋主溝通，直到整修出 1、2 間範本，才有愈來愈多的古厝主人樂於接受國家公園的計劃。

---

[39] 參閱黃嘉隆等著，《金門國家公園總論專書》，金門縣：內政部營建署金門國家公園管理處，2010 年。

依據《國家公園法》，國家公園得按區域內現有土地利用型態及資源特性，劃分下列各區管理之：「一般管制區」、「遊憩區」、「史蹟保存區」、「特別景觀區」和「生態保護區」，換句話說，在公園區內的居民，有一些行為是被禁止和管制的，不是完全的「自由」，相關的開發與建設得經過國家公園管理處核可。相較於戰地政務時期，國家公園帶來的不便，其實不是那麼明顯。這十幾年來，金門國家公園為金門帶來的觀光旅遊效益，可以說前所未有，在自然生態保育、人文史蹟維護上所作的研究與調查，也有不錯的成績。然而，弔詭的是，一如其他的國家公園，金門居民未必都喜歡國家公園的存在。國家公園是政府對於自然環境、文化與土地保護較為完善的公共政策，也由於《國家公園法》的實施，對於脆弱的台灣山林與海洋在面對經濟優先與強大開發壓力的情況下，還能勉強的留下一片淨土。金門自解嚴以後，整個社會如脫韁野馬，在「建設」的名目下濫墾濫伐的情形相當嚴重，除了政府與財團的制度性謀殺，許多居民也時時刻刻想要爭取自己開發的空間，加上主政者、民代傾向討好選民爭取選票，支持或從中牟利，使金門的自然資源耗竭持續加速，當金門逐漸變成「水泥島」之時，國家公園將會淪落成國家風景區，對一部份的金門人來說，這正是他們所想要的。

2009 年 4 月 5 日小金門舉行一次諮詢性公投，其中一案為「您是否同意烈嶼鄉不列入金門國家公園管理處管轄範圍，烈嶼地區比照澎湖縣與連江縣由國家風景區管理處管轄服務？」同意率為 79.29%。[40]對此民意反映，金門國家公園管理處表示尊重，但仍堅持認為，烈嶼園區的生物多樣性豐富，在生態保育為世界潮流中，留在國家公園範圍內較好，在國家公園範圍內雖有管制，但即使改為國家風景區，同樣也會有管制。金管處一年投資在烈嶼園區建設約新台幣 3,000 萬元，對地方發展甚大，為何不能獲得居民認同？因為國家風景區的利益更大。搞觀光在台灣的定義幾乎等同於搞建設，歷來國家風景區的運作，根本就是中央資源直接分配地方的一種形式，風管處如同散財童子一般，地方政府沒錢做的建設，就由風管處來做；地方政府無法做的觀光規劃、行銷，只要打上國家風景區，身價

---

40 許加泰，〈烈嶼鄉民公投盼能從國家公園範圍內出走〉，《金門日報》，2009 年 4月 7 日。

立刻提昇，難怪沒設置國家風景區的縣市要抗議，已設立的縣市還要求擴大範圍。整體而言，國家風景區推動觀光的模式就是宣傳、包裝一個景點，然後透過步道、休息亭、停車場、廁所、垃圾桶等公共建設，營造一個不費力、便捷廉價、內容貧乏的觀光環境。顧客方便至上的觀光規劃，其本質完全欠缺生態保育、永續發展的考量。

在國家公園和國家風景區之間，小金門人該如何抉擇，烈嶼島改設成國家風景區真的就能振興地方經濟嗎？公投的結果只是一個數據，不是答案，再多的公投也無法解開現代金門人的徬徨與迷惘。民主政治固然必須尊重民意，但民意也要接受教育，理盲與濫情的民粹，只能帶來一時的快感。一時的錯誤決定，需要數代來償還，金門人對於錯誤決策所造成的禍害感受最深，相信會更加審慎為後代子孫著想。金門國家公園內有許多風獅爺，風獅爺常被拿來作為金門觀光旅遊的代言「人」，「鎮風止煞」的時代已經過去，風獅爺已然成為古蹟，成為歷史。面對未來，金門需要自己的「米涅瓦」（Minerva）和她的貓頭鷹，除了守護金門的平安外，也教導金門人，讓他們更有智慧。

第七章　結語

　　連雅堂先生在《台灣通史》「序」中說：「夫史者，民族之精神，而人群之龜鑑也。代之興衰，俗之文野，政之得失，物之盈虛，均於是乎在。故凡文化之國，未有不重其史者也。」自洪受《滄海紀遺》以來，金門人頗熱衷於志書的編纂，其間也曾有過值得參考的縣志，但尚未有類似的通史著作出版。解嚴後，金門文史界積極投入地方學研究，除了編輯文獻史料叢刊外，也出版了不少歷史敘事的著作，例如《金門史話》、《金門教育史話》、《823 砲戰史話》、《戰地金門史話》、《他們怎麼說歷史》等。雖然都是本於史實論述，有助於歷史真相的瞭解，但都稱不上是嚴謹的通史著作。1999 年中國「福建社會科學院」的研究員受金門鄉親委託，以現代歷史的寫作方式，合編《金門史稿》一書，此書的編著者受過較嚴謹的學術訓練，因此《金門史稿》可算是一部新式的「金門史」。可惜此書只寫到 1949 年兩岸分治，沒能寫出現在金門的真實境況，尤其在題材的選擇上仍然偏向軍事、經濟與政治，對庶民生活著墨不多，由於編著者不是金門人，因此無法深刻體會這一代金門人面對歷史時的矛盾情結。

　　金門人愛讀歷史，愛談歷史，愛寫歷史。然而，對金門人來說，歷史像座迷霧森林，幾十年下來，繞來繞去，還是在迷霧之中，一半的人走不出去，一半的人不想出去。金門人在這座森林裡編造自己的神話，自己的帝王將相、自己的歷史論述。來金門，如何能不與歷史相逢？如何能不追憶古聖先賢？一堵殘牆、一把鋼刀、幾座碉堡、幾條坑道，古厝風華也好，戰地鐘聲也罷，放眼望去，無處不是歷史。貢糖、高粱酒、詩話、藝術節，浪漫有餘，可惜智識不足。除了文學與藝術，金門人還需要一部歷史，一部能夠寫出大時代兒女心聲的歷史。這樣的歷史不獨記錄過往的事蹟，也要藉由鑑往知來，許金門一個願景。更重要的是，面對未來，金門人要用什麼樣的歷史觀與世界對話，才能無愧先民之景命，為子孫謀萬年之福祉。金門史容易寫，難的是如何定義金門人。解嚴開放，社會價值觀日益多元化，甚至連誰才是金門人都沒有共識。住在金門這個島上的人民，有晉代衣冠世族後裔、有亂世遺民、有國共紛爭下的「老芋仔」、有新移民、

有台商、有熱愛金門的詩人、有想在這裡「半 X 半農」的樂活族，還有一些「幽靈人口」，到底誰才是金門人？既然沒有原生的金門人，將來勢必只有「金門縣」、「金門居民」，「住在金門的人」，「金門人」只是一個「想像的共同體」，或是一個浪漫的依戀。當在異鄉出生的下一代對著父祖輩說：「別再叫我金門人，叫金門太沉重」時，金門還剩什麼？

歷史終究得面對民族主義的問題，對金門這個共同體而言，最迫切需要的不是經濟發展，不是離島建設，而是重新建構金門人的「民族主義」，找回失落的核心價值。對僑居各地的金門籍鄉親而言，如今重回故里已找不到記憶中的味道，金門變了，山川景物變了，人心也變了，這個金門，已不是當年的金門。經過包裝和粉飾的閩南文化、僑鄉文化、戰地文化，以及一大堆經由文創產業所製作的「金門文化」，似乎只有觀光客才會相信。鏡頭下的金門與現實生活中的金門，永遠存在著一道鴻溝，民主政治時代的金門，任誰都沒辦法填平它。有愈來愈多的金門人開始懷念被稱為「現代恩主公」的胡璉，計畫為他籌建紀念館，此時的金門似乎更能理解胡璉對金門的貢獻。戒嚴對金門傷害很大，但是大部份的重大建設卻都是完成於威權時代，在金門現代化的歷程上，這位軍事強人有其值得尊敬的地方，若要論斷誰是金門人，胡璉會說：「在精神與感情上，我比金門人更金門。」胡璉是「新金門人」的典範，就像英國的浪漫詩人拜倫（George Gordon Noel Byron, 1788-1824），讀完他的《哀希臘》後才真正了解原來拜倫的祖國不是英國，希臘才是拜倫心中的 Fatherland。所有熱愛金門這塊土地，願意在這裡安身立命的人，不論是「原生的」，或「衍生的」，都是金門人，都是「新金門人」。

「金門行業文化史」，文字表面論述的是解嚴後金門行業的發展與變遷，思想核心卻是以一種近似民族主義的感情，從「新金門人」的意識型態來述說這一代金門人的生活狀況。這是一部庶民文化史，行業作為一種生活方式，意義大於工商業經營。金門缺乏天然資源，沒有可供各級產業發展的環境，經濟活動係基於生活所需，因此行業也多以商品經濟及其相關服務業為主。換個方式說，人是金門行業發展最關鍵的因素，因為十萬大軍駐守而有專為駐軍消費的行業，因為開放觀光而有相應的觀光產業。當軍人走了，觀光客變少了，金門的行業又回到以在地居民為主體的經營方式。俗話說「人多好辦事」，對金門的行業發展而言，「人」才是問題

的癥結，不管是軍人、觀光客、或本地人，只要有人就有生意。金門是個離島，交通再怎麼方便都有其限制，各行各業的消費，除了某些較大型的觀光產業外，都是地方性的營利事業，產品與服務必須直接面對消費者，與消費者接觸面愈大，行業擴展的機會愈大。

　　歷史是人創造的，沒有人就沒有歷史。行業是為了服務人群而經營，沒有人何需三百六十行。民族主義是因為人對出生與成長的土地有感情，是人對 homeland 的眷戀，一種想要有根的感情。洪惟我祖先，渡海而來，入荒陬以拓殖斯土。金門人該如何發揚「種性」面對時代的挑戰，延續先人的志業，再創歷史的光榮，取決於金門人對這塊土地的願望：它可以是「世外桃源」，也可以是「罪惡之城」（Sin City），可以是「海上花園」，也可以是「水泥之島」，可以是「海濱鄒魯」，也可以是「化外之民」，就看這一代金門人如何選擇。選擇需要智慧，智慧來自對歷史的了解，太史公作《史記》以「究天人之際、通古今之變、成一家之言」，良有以也。我輩金門子弟，戮力述作，兢兢業業，莫敢自遑，取金匱石室之書，志不在成就風雨名山之業，只想為這塊土地的人民留下些許紀錄，昭示後人。走過土地，認識人民，婆娑之洋，美麗之島，金門，我輩心中永遠的家園。

參考書目

Agassi, Andre. *Open: An Autobiography*, Knopf, 2009.

Frisby, W. and D. Getz, "Festival management: A case study perspective". *Journal of Travel Research 28*. 1 (1989), pp. 7-11.

Kroeber, Alfred. and C. Kluckhohn. *Culture: A Critical Review of Concepts and Definitions*, New York: Alfred A. Knopf, Inc., 1963.

Mules, T. & S. McDonald, "The Economic Impact of Special Events: The Use of Forecasts", *Festival Management and Event Tourism: An International Journal*, Vol. 2 (1994), pp.45 - 53.

Sardar, Ziauddin. *Introducing Cultural Studies*, New York: Totem Books, 1998.

上海圖書館編,《老上海風情錄:行業寫真卷》(三),上海:上海文化出版社,1998 年。

王和協,《金門酒廠產品經營大陸市場廣告訴求與產品涉入程度對廣告效果影響之研究》,大葉大學國際企業管理學研究所,碩士論文,2006 年。

尹章義、陳宗仁編著,《台灣發展史》,台北,觀光局,2000 年初版。

台灣大學建築與城鄉研究所畫,《修訂金門縣綜合發展計畫》,2002 年。

北珊,〈童年記事——耙草〉,《金門日報》「鄉訊版」,2007 年 4 月 4 日。

江柏煒,《庶民生活的空間美學》,金門:金門縣立文化中心,2002 年。

———,〈閩南建築文化的基因庫:金門歷史建築概述〉,《92 年度傳統聚落保存暨修復研討會論文集》,金門國家公園,2003 年。

———,《「洋樓」:閩粵僑鄉的社會變遷與空間營造》,台灣大學建築與城鄉研究所,博士論文,2002 年。

米復國計畫主持,《金門與澎湖地區傳統聚落及民宅之調查研究》,文建會,1995 年。

式亭三馬著,周作人譯,《浮世澡堂》,北京:中國對外翻譯出版社,2001 年。

台山縣志編寫組,《台山縣僑鄉志》,台山:台山縣檔案館編印,1985 年。

李木隆,《解嚴前「金門報導」對金門發展之分析》,銘傳大學應用中國文學系碩士論文,2006 年。

李錫奇,〈再現浯洲儒林冠冕〉,《金門日報》,2002 年 11 月 27 日。

李錫隆,《金門島地采風》,金門:金門縣政府,1996 年。

李錫隆總編輯,《金門縣世界遺產潛力點研究書目》,金門:金門縣立文化中心,2003 年。

李仕德等編纂,《續修金門縣志》,金門:金門縣政府,2009 年。

李增汪,〈防檢局長拜會,李沃士盼中央支持地區養牛事業〉,《金門日報》,2010 年 1 月 30 日。

李增德，《金門史話》，金門：金門縣文化局，1995年。

———，《金門古寧頭聚落營造的探討》，金門：金門縣政府，2002年。

李彥穎，〈水要煮沸，飲用水金門不合格率最高〉，《台灣醒報》，2010年4月6日。

李金生，《烽火紅樓模範街》，金門：金門縣政府，1999年。

李志泓、洪集輝，〈金門地區資訊網路發展現況〉，「第三屆離島資訊技術與應用研討會」，2003年6月，國立高雄應用科技大學金門分部資訊管理系。

李福井，《他們怎麼說歷史》，金門：金門縣文化局，2008年。

李鐘玨撰，《寧陽存牘》，粵東出版社，清光緒24年（1898）。

沈靜，〈以書寫展現文化金門魅力——淺談博碩士論文補助出版〉，《金門文藝》31，2009年7月，頁24-25。

金以蕾，《金門開放觀光的社會研究》，中興大學都市計劃研究所，碩士論文，1994年。

金門縣文獻委員會，《金門縣志》，金門：金門縣文獻委員會，1922。

金門縣立社會教育館編，《金門縣志》，金門：金門縣政府，1992年。

金門縣政府編修，《金門縣志》（增修版上、中、下三冊），金門：金門縣文獻委員會，1999年版。

金門縣政府印，《敬恭桑梓，飛躍十年》，金門：金門縣政府，2001年。

金門縣文化局，《戰爭無情，和平無價（823金門戰役五十週年專輯）》，金門：金門文化局，2008年。

金門學研究會，《金城鎮志》，金門縣：金城鎮公所，2009年。

金門防衛司令部，《金門工程簡史》，未出版，1965年。

金門國家公園，《大地上的居所》，金門縣：金門國家公園，1998年。

金門國家公園管理處，〈到老聚落住老房子〉，《台灣國家公園》（電子期刊），2007年1月號。

吳島，《滄海紀遺校釋》，台北：台灣古籍（五南），2002年。

吳守禮，「閩南方言過台灣：綜合閩南方言基本字典」，吳守禮，1986，閩南方言過台灣：「綜合閩南方言基本字典」，http://olddoc.tmu.edu.tw/chiaushin/shiuleh-1.htm。

吳家箴，《浯島情懷》，金門：作者自印，2008年。

吳培暉，《金門聚落風情》，台北縣：稻田，1996年。

吳俊育等撰，《金寧鄉志》，金門：金寧鄉公所，2008年。

吳錦發，《春秋茶室》，台北：聯經，1988年。

吳叡人譯，Benedict Anderson原著，《想像的共同體：民族主義的起源與散布》，台北：時報，2010年新版。

林媽肴，〈貢糖石〉，楊加順總編輯，《滄海風雅》（第一屆至第四屆浯島文學獎作品集），金門：金門縣文化局，2007年。

林正士，〈統一超商來金設立據點之可行性研究〉，《國立高雄科學技術學院金門分部學報》，2001年6月出版。

林奇伯，〈反攻歷史——金門導演董振良〉，《台灣光華》，2000年8月。

林清玄，《打開心的門窗》，台北：圓神，1996 年。

林怡種，〈廈門出租計程車，積極營造城市新品味〉，《馬祖日報)》轉載，2006 年 7 月 17 日。

───，〈雙落厝的傳說〉，《金門日報》「浯江副刊」，2009 年 6 月 30 曰。

───，〈推展觀光，盼籌辦鴛鴦馬金婚節〉，《金門日報》，2003 年 4 月 30 日。

林焜熿，《金門志》，南投：臺灣省文獻委員會，1993 年版。

宜夫，〈風獅爺遊新加坡〉，《金門期刊》，第 67 期，金門：金門縣文化局，1999 年 6 月。

胡美真，《多種銷售量預測模型之評估比較──以金門高粱酒為例》，國立高雄應用科技大學工業工程與管理研究所，碩士論文，2004 年。

范寶厚，《臺灣地區錄影帶出租業經營問題研究》，政治大學新聞研究所，碩士論文，1990 年。

洪春柳，《七鶴戲水的故鄉》，台北：設計家文化，1996 年。

洪國正，《烈嶼鄉鄉志》，金門：列嶼鄉公所，2002 年。

洪曉聰，《烈嶼傳統聚落之研究－村落領域關係、擇址和空間組織之探討》，國立成功大學建築研究所碩士論文，1993 年。

洪錦墩、林佳玲、梁亞文、官錦鳳、吳惠琪，〈離島居民就醫選擇與醫療服務滿意度之研究──以金門烈嶼地區為例〉，《中臺學報》，16 (1)，2004 年。

施晶琳，《台灣的金銀紙錢》，台北：蘭台網路，2008 年。

胡淨妮，〈充滿故事的烈嶼鄉文化館〉，《大世紀》，2009 年 7 月 11 日，http://www.epochtimes.com/b5/9/7/11/n2586403p.htm。

徐志仁，《金門洋樓建築形式之研究》，淡江大學建築研究所碩士論文，1993 年。

唐存政，「末代僑批──兼介僑批史略」，http://www.ydtz.com/news/shownews.asp?id=30948。

翁自保，《金門酒廠組織變革對經營績效及金門縣財政之影響》，銘傳大學管理科學研究所，碩士論文，2001 年。

翁翁，〈花火戲影舞年少〉，《金門日報》，2007 年 1 月 5 日。

翁碧蓮，〈牛轉錢坤金門房地產無畏寒冬〉，《金門日報》，2009 年 2 月 4 日。

───，〈營建署官員抵金視察污水下水道工程並往縣府拜會〉，《金門日報》，2010 年 3 月 17 日。

高茂雄，〈百年傳承工法細緻，澎湖推廣西衛麵線〉，《大紀元》，2008 年 10 月 31 日報導，http://epochtimes.com/gb/8/10/31/n2315287.htm。

連雅堂著，《台灣通史》，台北：黎明文化事業股份有限公司，2001 年版。

許如中編輯，陳槃審閱，《新金門志》，金門：金門縣政府，1959 年。

許維民、許維權，《金門小型產業調查研究》（修正本），金門：內政部營建署金門國家公園管理處，2003 年。

許維民，《走訪金門古厝》，金門：金門縣政府，2002 年。

───，《故事說金門──記憶裡的搖籃曲》，金門：金門縣文化局，2007 年。

───，《風獅爺千秋》，金門：金門縣政府，2001 年。

許加泰，〈烈嶼鄉民公投盼能從國家公園範圍內出走〉，《金門日報》，2009 年 4 月 7 日。

陳長慶，《走過烽火歲月的金門特約茶室》，台北：大展，2005 年。

───，《金門特約茶室》，金門：金門縣文化局，2007 年。

陳明坤，《金門酒廠實業股份有限公司競爭力分析》，國立高雄大學高階經營管理研究所，碩士論文，2007 年。

陳炳容，《金門風獅爺調查研究》，金門：金門縣社會教育館，1994 年。

陳榮昌，〈嫁給針車的女人縫補歲月過一生〉，《金門日報》，2006 年 8 月 21 日。

陳品秀，《台南市糊紙工藝研究》，成功大學藝術研究所，碩士論文，2002 年。

陳彥慈，《金門酒廠民營化政策論證分析》，國立政治大學公共行政研究所，碩士論文，2002 年。

陳柏舟、簡如邠，《台灣的地方新節慶》，台北：遠足文化，2004 年。

陳雅鈞，〈金門島史前遺址調查研究〉，金門國家公園管理處網頁，2009 年 6 月 30。

陳津穗，〈破機車金門衝衝衝〉，《聯合報》，2007 年 10 月 3 日。

陳碧鐘總編輯，《出版年鑑，2004 年》，台北：行政院新聞局，2005 年。

陳嘉民，《都市傳統商圈再造問題之研究：以台南中正形象商圈為例》，國立成功大學建築學系，碩士論文，1999 年。

陳映蓉，〈打造金門特色的貢糖業者──名記、金瑞成貢糖店經營者訪談記錄〉，《歷史文化學習網》，「鄉土尋訪」。
http://culture.edu.tw/index/hometownvisit_view.php?type=5。

陳麗妤，〈七夕情人節台金宅配傳遞愛情〉，《金門日報》，2005 年 8 月 12 日。

陳麗竹，《製酒業運用創新提升競爭力之探討以金門酒廠（股）公司為例》，中山大學人力資源管理研究所，碩士論文，2006 年。

郭哲銘，〈金門學芻議〉，《金門文藝》9，2005 年 11 月，頁 16-26。

郭哲哲編著，《浯鄉小事典》，金門縣：金門縣文化局，2006 年。

郭哲銘總編輯，《823 金門戰役五十週年專輯》，金門：金門縣文化局，2008 年。

張火木，《解嚴後金門地方學之發展》，金門：金門縣文史工作協會，2001 年。

張志成譯，Verena von der Heyden-Rynsch 原著，《沙龍：失落的文化搖籃》，台北：左岸，2003 年。

張建騰，〈養牛民眾質疑不環保〉，《金門日報》，2009 年 10 月 6 日。

張元祥，〈金門，第二春　廈門成為金門的後花園〉，《遠見雜誌》，238 期。

張益銘，《金銀紙的秘密》，台北：星晨，2006 年。

張慧玲，〈把以前的金門還給我〉，《金門日報》，2005 年 12 月 6 日。

黃仁宇，《中國大歷史》，台北：聯經，1993 年。

黃明正，〈台灣早期唱片封套設計發展歷程初探〉，《環球技術學院科技人文學刊》，第五期，頁 41-54。

黃振良，《金門農村器物》，金門：金門縣文化局，2007 年。

黃振良、董群廉，《和平的代價：金門戰地史蹟》，金門縣：金門縣文化局，2007 年。

黃嘉隆等著，《金門國家公園總論專書》，金門縣：內政部營建署金門國家公園管理處，
　　2010 年。

黃博偉，《蛋白質含量、乳化劑種類及冷卻時間》，國立臺灣大學食品科學技術研究所，
　　碩士論文，1998 年。

商鴻逵，〈禮失求諸野──談談唐宋以來的市肆食物〉，《中國烹飪》，1982 年第 2 期。

倪國炎，〈金門阿婆餅皮香聞全島〉，《大紀元》，2008 年 12 月 21 日報導。

───，〈金門公眾無線寬頻網路暨地理資訊系統啟用〉，《大紀元》，2008 年 8 月 20
　　日報導。

───，〈見證戰地滄桑史，金門陳景蘭洋樓明重新揭幕〉，《大世紀》，2008 年 8 月 21
　　日報導。

莊煥寧，〈佈下天羅地網環島監視系統啟用〉，《金門日報》，2010 年 2 月 5 日。

莊國土，〈略論朝貢制度的虛幻：以古代中國與東南亞的朝貢關係為例〉，
　　http://www2.thu.edu.tw/~trc/2-thuup/3-program/first/2-work/1-01.pdf。

楊蕭獻，〈金門史的研究與寫作：評《金門史稿》〉，《台大歷史學報》34，2004 年
　　12 月。

楊麗祝編纂，《續修澎湖縣志》，卷十三，《文化志》，澎湖：澎湖縣政府，2004 年。

楊天厚、林麗寬，《金門匾額人物》，金門：金門縣文化局，1995 年。

──────，《金門風獅爺與辟邪信仰》，永和市：稻田，2000 年。

──────，《金門歲時節慶》，金門：金門縣政府，1996 年。

──────，《金門的民間慶典》，金門：金門縣社會教育館，1993 年。

楊天厚、林麗寬總編纂，《金門縣金沙鎮志》，金門：金沙鎮公所，2002 年。

──────，《金門縣金湖鎮志》，金門：金湖鎮公所，2009 年。

楊水詠，〈白毛豬肉香腸可望開放銷台〉，《金門日報》，2009 年 10 月 16 日。

───，〈金門廣播電台金湖鎮再活化〉，《金門日報》，2008 年 3 月 17 日。

───，〈兩劑處方為旅館業打強心針〉，《金門日報》，2009 年 8 月 8 日。

───，〈洪成發推廣種香芋擬保價收購〉，《金門日報》，2010 年 3 月 17 日。

───，〈成功加油站功成身退現址何去何從〉，《金門日報》，2009 年 2 月 17 日。

───，〈泗湖設觀光旅館審議委員樂觀其成〉，《金門日報》，2009 年 6 月 17 日。

楊加順總編輯，《時光膠囊──金門懷舊影像集珍》，金門：金門縣文化局，2008 年。

楊樹清，〈李九六打造金門新思維〉，《金門日報》，2009 年 7 月 4 日。

───，《番薯王》，金門：財團法人金門縣社教文化活動基金會，2003 年。

舒暢，《那年在特約茶室》，台北：九歌，2008 新版。

曾玉雪，《金門南洋華僑之社會衝擊》，銘傳大學應用中國文學系碩士論文，2004 年。

葉鈞培等，《歲時節俗與生命禮儀》，金門縣：文化中心，2000 年。

葉祥曦，〈軍中樂園秘史〉，《中國時報》，E7 版「人間副刊」，2005 年 12 月 20 日。

葉龍彥，《光復切期台灣電影史》，台北：國家電影資料館，1995年。

葉洪生、林保淳合著，《臺灣武俠小說發展史》，台北：遠流，2005年。

葉舒蕪、戶曉輝譯，馬文・哈里斯（Malvin Harris）原著，《好吃：食物與文化之謎》，山東：山東畫報出版社，2001年。

葉麗珠，《新聞媒體對金門社會思潮之衝擊研究──以「金門日報」為例》，銘傳大學應用中國文學系碩士論文，2005年。

經濟部商業司編，《物流經營管理實務》，台北：經濟部商業司，1996。

鄭鴻生，《百年離亂：兩岸斷裂歷史中的一些摸索》，台北：台灣社會研究雜誌社，2006年。

鄭登寶，〈電器行與雜貨店〉，《資訊超商》，1997年。
http://www.dgi.tw/polo/Book/IStore/default.asp?book_id=79

廖東坤，《浯洲芳草》，金門：金門國家公園管理處，2002年。

蔡鳳雛，〈地球的精彩故事由金門開始──金門學研究會的文化宿願〉，《金門文藝》25，2008年7月，頁20-22。

蔡建隆，〈金門縣消防局配合高粱文化節進行防災宣導〉，內政部消防署「消防影音新聞台」，95年11月23日。

潘國正主編，《風城影話》，新竹市：新竹市文化中心，1996年。

劉耕路，《紅樓夢詩詞解析》，吉林：吉林文史出版社，1995年。

賴俊雄，〈規劃創造永續優質消費環境及健全生活機能黃奕焮全力推動金沙鎮形象商圈〉，《金門日報》，2002年3月22日。

應鳳凰，〈金門的書店〉，《金門文藝》28，2009年1月，頁26-29。

藍茵，《浯島念真情》，金門：金門日報，2005年。

顏西林編撰，《浯島城隍廟誌》，金門：浯島城隍廟管理委員會，1997年。

謝重光、楊彥杰、汪毅夫著，《金門史稿》，廈門：鷺江出版社，1999年8月初版。

羅志平，《清末民初美國在華的企業投資》，台北：國史館，1996年。

───，《民族主義：理論、類型與學者》，台北：旺文社，2005年。

羅秀華，《台灣的老行業》，台北：遠足文化，2004年。

蘇偉貞，〈租書店的女兒〉，《中時電子報》「作家部落格──蘇偉貞」，
http://122.147.50.101/su930226。

史地傳記類　AC0017

金門行業文化史

作　　者 / 羅志平
責任編輯 / 林泰宏
圖文排版 / 黃莉珊
封面設計 / 蕭玉蘋

發 行 人 / 宋政坤
法律顧問 / 毛國樑　律師
出版發行 / 秀威資訊科技股份有限公司
　　　　　114 台北市內湖區瑞光路 76 巷 65 號 1 樓
　　　　　電話：+886-2- 2796-3638　傳真：+886-2- 2796-1377
　　　　　http://www.showwe.com.tw
劃撥帳號 / 19563868　戶名：秀威資訊科技股份有限公司
　　　　　讀者服務信箱：service@showwe.com.tw
展售門市 / 國家書店（松江門市）
　　　　　104 台北市中山區松江路 209 號 1 樓
　　　　　電話：+886-2-2518-0207　傳真：+886-2-2518-0778
網路訂購 / 秀威網路書店：http://www.bodbooks.tw
　　　　　國家網路書店：http://www.govbooks.com.tw

2010 年 10 月 BOD 一版
定價：650 元
版權所有　翻印必究
本書如有缺頁、破損或裝訂錯誤，請寄回更換

國家圖書館出版品預行編目

金門行業文化史 / 羅志平著. -- 一版. -- 臺北
市： 秀威資訊科技, 2010.10
　　面； 　公分. -- (史地傳記類；AC0017)
BOD 版
ISBN 978-986-221-604-0 (平裝)

1. 行業　2. 文化史　3. 福建省金門縣

673.19/205.4　　　　　　　　　　99017165

讀者回函卡

感謝您購買本書，為提升服務品質，請填妥以下資料，將讀者回函卡直接寄回或傳真本公司，收到您的寶貴意見後，我們會收藏記錄及檢討，謝謝！如您需要了解本公司最新出版書目、購書優惠或企劃活動，歡迎您上網查詢或下載相關資料：http:// www.showwe.com.tw

您購買的書名：_____

出生日期：_____年_____月_____日

學歷：□高中 (含) 以下　　□大專　　□研究所 (含) 以上

職業：□製造業　□金融業　□資訊業　□軍警　□傳播業　□自由業
　　　□服務業　□公務員　□教職　　□學生　□家管　　□其它_____

購書地點：□網路書店　□實體書店　□書展　□郵購　□贈閱　□其他

您從何得知本書的消息？

　□網路書店　□實體書店　□網路搜尋　□電子報　□書訊　□雜誌
　□傳播媒體　□親友推薦　□網站推薦　□部落格　□其他_____

您對本書的評價：(請填代號　1.非常滿意　2.滿意　3.尚可　4.再改進)

　封面設計____　版面編排____　內容____　文／譯筆____　價格____

讀完書後您覺得：

　□很有收穫　□有收穫　□收穫不多　□沒收穫

對我們的建議：_____

_____

_____

_____

11466
台北市內湖區瑞光路 76 巷 65 號 1 樓

秀威資訊科技股份有限公司　　　收

BOD 數位出版事業部

⋯⋯⋯⋯⋯⋯⋯⋯⋯⋯⋯⋯⋯⋯⋯⋯⋯⋯⋯⋯⋯⋯⋯⋯⋯⋯⋯⋯⋯⋯⋯

（請沿線對折寄回，謝謝！）

姓　　名：＿＿＿＿＿＿＿＿＿　年齡：＿＿＿＿　性別：□女　□男

郵遞區號：□□□□□

地　　址：＿＿＿＿＿＿＿＿＿＿＿＿＿＿＿＿＿＿＿＿＿＿＿＿＿＿

聯絡電話：(日) ＿＿＿＿＿＿＿＿＿＿＿　(夜) ＿＿＿＿＿＿＿＿＿＿

E-mail：＿＿＿＿＿＿＿＿＿＿＿＿＿＿＿＿＿＿＿＿＿＿＿＿＿＿